iCUBE-핵심 ERP

TELEPHONE

I can!

2026 ERP 정보관리사

인사 2급

김진우 · 임상종 · 김혜숙 지음

SAMIL | 삼일회계법인
삼일인포마인

머리말

우리나라 대부분의 기업들이 ERP 시스템을 도입하였거나, 도입을 검토하고 있는 현실에서 한국생산성본부(KPC)에서는 ERP 시스템의 운용과 정보관리에 필요한 인력을 확충하기 위하여 국가공인 ERP 정보관리사 자격시험, ERP Master 제도 및 ERP 공인강사 PTE (Professional Trainer for ERP) 제도를 시행하고 있다.

ERP 정보관리사 자격시험은 국내 최초로 국가가 인정한 비즈니스 전문 자격시험으로 공기업 및 민간기업의 취업에서 가산점이 부여될 만큼 '실무와 취업에 강한 자격증'으로 자리매김하고 있다.

본 교재는 산업현장에서 다년간 ERP를 구축한 사례와 오랜 강의 경험을 바탕으로 집필하였기에 실무자에게는 ERP 실무 적용에 도움을 주며, ERP 정보관리사 자격시험을 준비하는 수험생들에게는 합격을 보장하는 지침서가 될 것이다.

본 교재의 특징은

첫째, 최근 기출문제 분석을 통한 다양한 신규출제 문제 반영!
기출문제를 철저히 분석한 유형별 연습문제와 신규출제 문제를 충실히 반영하였기에 모든 수험생들이 이론 및 실무영역 모두 완벽하게 시험에 대비하도록 구성하였으며, 혼자 공부하는 수험생을 위해서 해설과 풀이를 충실하게 하였다.

둘째, 다양한 사례를 통해 실무 적응 및 응용력 상승!
더존 ICT그룹이 개발하여 보급하고 있는 핵심ERP 실습을 교육현장에서도 쉽게 접근할 수 있도록 다양한 사례를 제공하였으며, 사례실습을 통해 ERP 시스템의 핵심적인 기능과 프로세스를 익혀 실무에서의 적응 및 응용력을 높일 수 있도록 하였다.

셋째, 국가직무능력표준(NCS, National Competency Standards)으로 교재 구성!
NCS에 맞추어 산업현장에서 직무를 성공적으로 수행하기 위해 요구되는 능력을 갖출 수 있도록 내용을 구성하였다.

넷째, 교재 핵심ERP 실무 부분의 백데이터를 장별로 제공하여 원하는 곳부터 실습이 가능!
수험생과 강의하는 분들의 편의를 위해 수강을 못한 경우에도 큰 무리가 없도록 핵심ERP 실무 부분의 내용 중 원하는 곳부터 실습할 수 있도록 백데이터를 구분 제공하였다.

본 교재를 통해 산업현장의 실무자의 실무적응 능력을 높임과 동시에, ERP 정보관리사 자격시험을 준비하는 수험생들이 자격증 취득을 바탕으로 ERP 전문인력으로 거듭날 수 있기를 바란다.

끝으로 본 교재를 출간하도록 도와주신 삼일피더블유씨솔루션 오연관 대표이사님을 비롯한 관계자와 바쁘신 일정속에서 시간을 내어 꼼꼼한 감수작업을 해주신 감수자분들께 깊은 감사를 드리고, 앞으로도 계속 노력하여 보다 충실한 교재로 거듭날 것을 약속드리며, 독자들의 충고와 질책을 바라는 바이다.

저자 일동

ERP 정보관리사 자격시험 안내

1. ERP 정보관리사란?

　　ERP 정보관리사 자격시험은 한국생산성본부가 주관하여 시행하고 있으며, 기업정보화의 핵심인 ERP 시스템을 효율적으로 운용하기 위해 필요한 이론과 실무적 지식을 습득하여 ERP 전문인력 양성을 목적으로 하는 국가공인 자격시험이다.

2. 시험일정

2026년 ERP 정보관리사 자격시험 일정표					
회차	시험일	온라인접수	방문접수	수험표공고	성적공고
제1회	01.24.	25.12.24.~25.12.31.	12.31.	01.15.~01.24.	02.10.~02.17.
제2회	03.28.	02.25.~03.04.	03.04.	03.19.~03.28.	04.14.~04.21.
제3회	05.30.	04.29.~05.06.	05.06.	05.21.~05.30.	06.16.~06.23.
제4회	07.25.	06.24.~07.01.	07.01.	07.16.~07.25.	08.11.~08.18.
제5회	09.19.	08.19.~08.26.	08.26.	09.10.~09.19.	10.13.~10.20.
제6회	11.28.	10.28.~11.04.	11.04.	11.19.~11.28.	12.15.~12.22.

3. 시험시간 및 종목

교시	구분	시험시간	과목	응시자격
1교시	이론	09:00 ~ 09:40 (40분)	회계 1급, 회계 2급 생산 1급, 생산 2급 (위 과목 중 택1)	응시제한 없음
	실무	09:45 ~ 10:25 (40분)		
2교시	이론	11:00 ~ 11:40 (40분)	인사 1급, 인사 2급 물류 1급, 물류 2급 (위 과목 중 택1)	
	실무	11:45 ~ 12:25 (40분)		

　　─ 시험방식: CBT(Computer Based Testing) 및 IBT(Internet Based Testing) 방식
　　─ 같은 교시의 응시과목은 동시신청 불가(예: 회계, 생산모듈은 동시 응시 불가)

4. 합격기준

구분	합격점수	문항 수
1급	평균 70점 이상(단, 이론 및 실무 각 60점 이상 시)	이론 32문항, 실무 25문항 (인사모듈 이론은 33문항)
2급	평균 60점 이상(단, 이론 및 실무 각 40점 이상 시)	이론 20문항, 실무 20문항

5. 응시료 및 납부방법

구분	1과목	2과목	응시료 납부방법
1급	40,000원	70,000원	전자결제
2급	28,000원	50,000원	

- 동일 등급 2과목 응시 시 응시료 할인(단, 등급이 다를 경우 개별적인 응시료 적용)

6. ERP 인사 2급 출제기준(이론 20문항, 실무 20문항)

평가영역	구분	배점	문항별 점수 × 문항 수
이론	경영혁신과 ERP	20	5점(객관식) × 4문항
	인적자원확보	25	5점(객관식) × 5문항
	인적자원개발	15	5점(객관식) × 3문항
	임금 및 복리후생관리	25	5점(객관식) × 5문항
	노사관계	15	5점(객관식) × 3문항
	소　계	100	5점(객관식) × 20문항
실무	ERP 인사 기본정보관리	15	5점(객관식) × 3문항
	ERP 근태 및 급여관리	85	5점(객관식) × 17문항
	소　계	100	5점(객관식) × 20문항

차 례

제1부

ERP 시스템의 이해

1장 경영혁신과 ERP

경영혁신과 ERP

01 ERP 개념과 등장

1.1 ERP의 개념

　ERP(Enterprise Resource Planning)란 우리말로 '전사적 자원관리', '기업 자원관리', '통합정보시스템' 등 다양한 명칭으로 불리우고 있다. ERP는 선진 업무프로세스(Best Practice)를 기반으로 최신의 IT(Information Technology)기술을 활용하여 영업, 구매, 자재, 생산, 회계, 인사 등 기업 내 모든 업무를 실시간 및 통합적으로 관리할 수 있는 통합정보시스템이다.

　ERP라는 용어를 처음으로 사용한 미국의 정보기술 컨설팅회사인 가트너그룹은 ERP를 '제조, 물류, 회계 등 기업 내의 모든 업무기능이 조화롭게 운영될 수 있도록 지원하는 애플리케이션의 집합'이라고 정의하였다. 또한 미국생산관리협회에서는 '기존의 MRP Ⅱ 시스템과는 차별화된 것이며, 최신의 정보기술을 수용하고 고객 주문에서부터 제품 출하 까지의 모든 자원을 효율적으로 관리하는 회계지향적인 정보시스템'으로 정의하고 있다.

1.2 ERP의 구성

　ERP는 기업에서 영업, 구매/자재, 생산, 품질, 원가, 회계, 인사 등 정보생성의 단위업무 시스템이 하나의 통합시스템으로 구성되어 있다. 각 모듈에서 발생된 거래내역은 최종적으로 회계모듈로 전송되어 재무제표 작성까지 연결된다.

　대부분의 ERP 시스템은 환경설정과 기준정보관리 등을 담당하는 시스템관리 모듈과 영업, 구매, 생산, 회계, 인사 등의 단위업무별 모듈과 경영진 및 관리자들을 위한 경영정보 모듈로 구성되는 것이 일반적이다. ERP의 주요 구성은 다음과 같이 나타낼 수 있다.

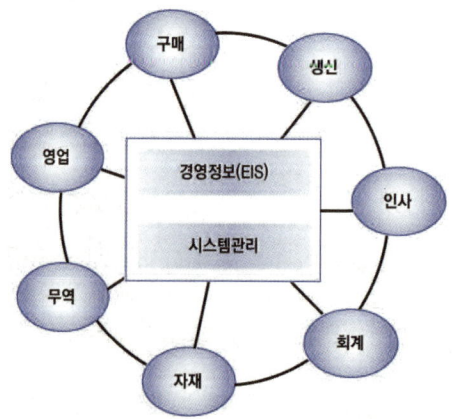

경영혁신과 ERP의 등장

20세기 후반부터 세계 각국의 본격적인 경제개방으로 인해 기업의 경영환경은 급변하게 되었다. 시장은 세계화되고 경쟁이 심화되면서 기업은 생존을 위해 혁신이 필수적인 것으로 이해되고 있으며, 실제로 대부분의 기업 경영자들은 경영혁신을 핵심적인 경쟁전략으로 채택하고 있다.

기업들은 경영혁신을 위해 BPR(Business Process Re-engineering), 다운사이징(Downsizing), JIT(Just in Time), TQM(Total Quality Management) 등 다양한 혁신기법들을 도입하여 실행하고 있다. 그러나 BPR(업무프로세스 재설계)을 실행한 상당수의 기업들이 혁신에 실패하거나 그 성과에 대해 만족하지 못하였다.

그 이유는 업무효율성을 극대화할 수 있도록 업무프로세스를 재설계하였으나, 여전히 부서 간의 커뮤니케이션이 단절되고 일부 반복적인 중복업무의 발생 등으로 인해 큰 성과를 내지 못한 것이다.

이러한 결과를 초래한 가장 큰 이유는 기존의 전통적인 정보시스템은 생산, 물류, 회계, 인사 등 각 시스템이 기능별 단위업무에 초점을 두어 기능별 최적화는 가능하였으나 데이터의 통합성이 결여되어 기업 전체적인 차원에서의 최적화는 어려웠던 것이다. 따라서 이러한 전통적인 정보시스템이 내포하고 있는 한계점을 극복하고 경영혁신의 성과를 극대화하는데 필요한 통합정보시스템 ERP가 등장하게 되었다.

전통적인 정보시스템(MIS)과 ERP는 목표와 업무처리 방식 등 다양한 측면에서 다음과 같은 큰 차이를 보이고 있다.

구 분	전통적인 정보시스템(MIS)	E R P
목 표	부분 최적화	전체 최적화
업무범위	단위업무	통합업무
업무처리	기능 및 일 중심(수직적 처리)	프로세스 중심(수평적 처리)
접근방식	전산화, 자동화	경영혁신 수단
전산화 형태	중앙집중 방식	분산처리 방식
의사결정방식	Bottom-Up(상향식), 상사	Top-Down(하향식), 담당자
설계기술	3GL, 프로그램 코딩에 의존	4GL, 객체지향기술
시스템구조	폐쇄성	개방성, 확장성, 유연성
저장구조	파일시스템	관계형데이터베이스(RDBMS)

개념 익히기

● 업무프로세스 재설계(BPR: Business Process Re-engineering)

비용, 품질, 서비스, 속도와 같은 핵심적 부분에서 극적인 성과를 이루기 위해 기업의 업무 프로세스를 기본적으로 다시 생각하고 근본적으로 재설계하는 것으로, BPR은 모든 부분에 걸쳐 개혁을 하는 것이 아니라 중요한 비즈니스 프로세스, 즉 핵심프로세스를 선택하여 그것들을 중점적으로 개혁해 나가는 것이다.

● 프로세스 혁신(PI: Process Innovation)

PI는 정보기술을 활용한 리엔지니어링을 의미하며, ERP 시스템이 주요도구로 활용될 수 있다. 기업의 업무처리 방식, 정보기술, 조직 등에서 불필요한 요소들을 제거하고 효과적으로 재설계함으로써 기업의 가치를 극대화하기 위한 경영기법이라 할 수 있다.

● 업무프로세스 개선(BPI: Business Process Improvement)

ERP 구축 전에 수행되는 것으로, 단계적인 시간의 흐름에 따라 비즈니스 프로세스를 개선해 가는 점증적 방법

● 리엔지니어링

조직의 효율성을 제고하기 위해 업무흐름 뿐만 아니라 전체 조직을 재구축하려는 경영혁신 기법이며, 주로 정보기술을 통해 기업경영의 핵심 과정을 개편함으로 경영성과를 향상시키려는 경영기법이다. 리엔지니어링은 매우 신속하고 극단적이면서 전면적인 혁신기법이라 할 수 있다.

유형별 연습문제
1.1 ERP 개념과 등장

01 ERP에 대한 아래 설명 중 가장 적절하지 않은 것은?

① ERP라는 용어는 가트너 그룹에서 최초로 사용하였다.
② ERP는 생산, 회계, 인사 등의 업무프로세스를 지원하는 각각의 개별시스템이다.
③ ERP를 통해 BPR이 이루어져 프로세스 개선이 효율적으로 수행될 수 있다.
④ ERP 소프트웨어는 경영혁신의 도구이다.

02 ERP에 대한 설명으로 틀린 것은?

① 인사, 영업, 구매, 생산, 회계 등 기업의 업무가 통합된 시스템이다.
② 기능 최적화에서 전체 최적화를 목표로 한 시스템이다.
③ 모든 사용자들은 쉽게 기업의 정보에 접근할 수 있다.
④ 신속한 의사결정을 지원하는 경영정보시스템이다.

03 다음 중 ERP에 대한 설명으로 옳지 않은 것은?

① 투명경영의 수단으로 쓰인다.
② '전사적 자원관리시스템'이라고 불린다.
③ 전산시스템은 회계, 인사, 자재관리 등의 각 시스템이 분야별로 개발 및 운영된다.
④ 모든 자원의 흐름을 기업 전체의 흐름에서 최적관리를 가능하게 하는 통합시스템이다.

04 다음 중 ERP에 대한 설명으로 바르지 않은 것은?

① 경영혁신 환경을 뒷받침하는 새로운 경영업무 시스템 중 하나이다.
② 기업의 전반적인 업무과정이 컴퓨터로 연결되어 실시간 관리를 가능하게 한다.
③ 기업 내 각 영역의 업무프로세스를 지원하고 단위별 업무처리의 강화를 추구하는 시스템이다.
④ 전통적 정보시스템과 비교하여 보다 완벽한 형태의 통합적인 정보인프라 구축을 가능하게 해주는 신경영혁신의 도구이다.

05 ERP에 대한 다음 설명 중 타당하지 않은 것은?

① ERP란 전사적 자원관리로 선진업무프로세스(Best Practice)와 최신 IT기술을 기반으로 한다.
② 기업 내 모든 업무를 실시간, 통합적으로 수행할 수 있다.
③ 전사적 자원의 최적 활용이 가능하여 업무생산성 증대, 고객서비스 개선, 투명성이 제고된다.
④ 효율적이고 효과적인 기업경영을 위하여 인사급여, 재무회계, 생산, 유통 등 주요 기능별로 최적화된 시스템이다.

06 ERP(Enterprise Resource Planning)와 관련된 다음의 설명 중 가장 거리가 먼 것은?

① 판매, 생산, 재고관리 등의 시스템들이 상호 연동하여 사용자가 요청하는 작업을 즉시 수행할 수 있도록 해주는 통합시스템이다.

② 업무의 표준화, 자료의 표준화에 의한 시스템 통합으로 전사차원에서 통합된 데이터베이스를 구축하여 정보의 일관성 유지는 가능하나 관리의 중복을 배제할 수는 없다.

③ 기업으로 하여금 글로벌 환경에 쉽게 대응할 수 있도록 한다.

④ 정보시스템을 통해 회사의 경영에 필요한 조기경보체제를 구축할 수 있다.

07 다음 중 BPR(업무 재설계)의 필요성이라고 볼 수 없는 것은?

① 기존업무 방식의 고수

② 경영 환경 변화에의 대응

③ 조직의 복잡성 증대와 효율성 저하에의 대처

④ 정보기술을 통한 새로운 기회의 모색

08 다음 설명 중 가장 적합하지 않은 것은?

① ERP에 내장되어 있는 Best Practice를 자사의 업무 프로세스에 맞추어 가는 것 자체가 기업이 추구하는 프로세스 혁신(PI: Process Innovation)이기 때문에 기업업무 전반에 걸친 Business Process Model을 제대로 검토하는 것이 매우 중요하다.

② ERP 시스템 도입 전 PI를 실행함으로써 ERP 시스템에 대한 적응기간을 단축하는 효과를 가져올 수 있다.

③ BPR은 경쟁우위 확보를 위해 기업의 핵심 부문에 대한 비용, 품질, 서비스, 속도와 같은 요인을 획기적으로 향상시킬 수 있도록 업무 프로세스를 근간으로 경영시스템을 근본적으로 재설계하여 극적인 성과를 추구하는 것이다.

④ ERP 시스템을 도입하여 업무에 적용함으로써 BPR이 저절로 수행되는 효과를 기대할 수 있다.

09 다음 중 ERP와 기존의 정보시스템(MIS) 특성 간의 차이점에 대한 설명으로 가장 적절하지 않은 것은?

① 기존 정보시스템(MIS)의 업무범위는 단위업무이고, ERP는 통합업무를 담당한다.

② 기존 정보시스템(MIS)의 전산화 형태는 중앙집중식이고, ERP는 분산처리구조이다

③ 기존 정보시스템(MIS)은 수평적으로 업무를 처리하고, ERP는 수직적으로 업무를 처리한다.

④ 기존 정보시스템(MIS)의 데이터베이스 형태는 파일시스템이고, ERP는 관계형 데이터베이스시스템(RDBMS)이다.

10 다음 [보기]의 (   ) 안에 공통적으로 들어갈 용어는 무엇인가?

┤ 보기 ├

• (   )은 정보기술을 활용한 리엔지니어링을 의미하며, ERP 시스템은 이것을 추진하기 위한 핵심 도구로 활용될 수 있다.
• (   )은 기업의 업무처리 방식, 정보기술, 조직 등에서 불필요한 요소들을 제거하고 효과적으로 재설계함으로써 기업 가치를 극대화하기 위한 경영기법이다.
• (   )은 1992년에 하버드 비즈니스 스쿨의 토마스 데이븐포트(Thomas H. Davenport) 교수가 출간한 책의 제목에서 사용된 용어이다.

① BPR
② 리스트럭처링(Restructuring)
③ 프로세스 혁신(PI, Process Innovation)
④ 전사적 품질경영(TQM, Total Quality Management)

✓ 1.1 ERP 개념과 등장

1	2	3	4	5	6	7	8	9	10
②	③	③	③	④	②	①	①	③	③

01 ② ERP는 개별시스템이 아니라 통합시스템에 해당한다.

02 ③ ERP는 다양한 보안정책으로 인해 접근이 인가된 사용자만 ERP 시스템에 접근할 수 있다.

03 ③ 전산시스템은 회계, 인사, 생산 및 영업·물류관리 등의 시스템을 통합하여 개발 및 운영된다.

04 ③ 기업 내 각 영역의 업무프로세스를 지원하고 통합 업무처리의 강화를 추구하는 시스템이다.

05 ④ ERP 시스템은 주요 기능별로 최적화된 시스템이 아니라 프로세스 중심적이며 전체 업무의 최적화를 목표로 한다.

06 ② ERP 도입으로 관리의 중복을 배제할 수 있다.

07 ① 기존 방식의 고수는 BPR(업무 재설계)의 필요성이라고 볼 수 없다.

08 ① 자사의 업무를 ERP에 내장되어 있는 Best Practice에 맞추어야 한다.

09 ③ 기존 정보시스템(MIS)은 수직적으로 업무를 처리하고, ERP는 수평적으로 업무를 처리한다.

10 ③ 프로세스 혁신(PI, Process Innovation)에 대한 설명이다.

02 ERP 발전과정과 특징

 ERP의 발전과정

ERP는 1970년대에 등장한 MRP(Material Requirement Planning: 자재소요계획)가 시초가 되어 경영 및 IT 환경의 변화에 따라 지속적으로 발전하게 되었다.

① 1970년대의 MRP Ⅰ(Material Requirement Planning: 자재소요계획)은 기준생산계획과 부품구성표, 재고정보 등을 근거로 재고감소를 목적으로 개발된 단순한 자재수급관리 정보시스템이다. MRP Ⅰ은 종속적인 수요를 가지는 품목의 재고관리시스템으로 구성 품목의 수요를 산출하고 필요한 시기를 추적하며, 품목의 생산 혹은 구매에 사용되는 리드타임을 고려하여 작업지시 혹은 구매주문을 하기 위한 재고통제 시스템으로 개발된 것이다.

② 1980년대에 등장한 MRP Ⅱ(Manufacturing Resource Planning: 제조자원계획)는 MRP Ⅰ의 자재수급관리뿐만 아니라 제조에 필요한 자원을 효율적으로 관리하기 위한 것으로 확대되었다. MRP Ⅱ는 생산에 필요한 모든 자원을 효율적으로 관리하기 위하여 이전 단계의 개념이 확대된 개념으로서 시스템이 보다 확장되어 생산능력이나 마케팅, 재무 등의 영역과 다양한 모듈과 특징들이 추가된 새로운 개념이다.

③ 1990년대 ERP(Enterprise Resource Planning: 전사적 자원관리)는 MRP Ⅱ의 제조자원뿐만 아니라 영업, 회계, 인사 등 전사적인 차원의 관리를 위한 시스템이다.

④ 2000년대 이후에는 확장형 ERP(EERP - Extended ERP)라는 이름으로 기존 ERP의 고유기능 확장뿐만 아니라 e-business 등 다양한 분야의 정보시스템과 연결하는 등 협업체제의 시스템으로 확장되었다.

ERP의 발전과정과 각 연대별 정보시스템이 추구하는 목표와 관리범위를 요약하면 다음과 같다.

[ERP의 발전과정과 특징]

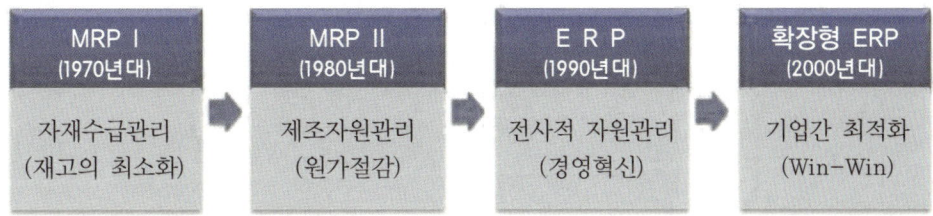

2.2 ERP의 기능적 특징

구분	세부내용
글로벌 대응(다국적, 다통화, 다언어)	글로벌 기업이 사용하는 ERP는 국가별로 해당 언어와 통화 등 각국의 상거래 관습, 법률 등을 지원한다.
중복업무의 배제 및 실시간 정보처리체계 구축	조직 내에서 공통적으로 사용하는 거래처, 품목정보 등 마스터데이터는 한 번만 입력하면 되고, 입력된 데이터는 실시간 서로 공유한다.
선진 비즈니스 프로세스 모델에 의한 BPR 지원	선진 업무프로세스(Best Practice)가 채택되어 있기 때문에, ERP의 선진 업무프로세스를 적용함으로써 자동적으로 경영혁신(BPR) 효과를 볼 수 있다.
파라미터 지정에 의한 프로세스 정의	자사의 업무처리 프로세스에 맞도록 옵션설정 등을 할 수 있으며, 조직 변경이나 프로세스 변경이 있을 시에 유연하게 대처할 수 있다.
경영정보 제공 및 경영조기경보체계 구축	실시간(Real Time) 처리되는 기업의 경영현황을 파악할 수 있으며, 리스크관리를 통해 위험을 사전에 감지할 수 있다.
투명 경영의 수단으로 활용	조직을 분권화하고 상호견제 및 내부통제제도를 강화하여 부정의 발생을 사전에 예방할 수 있다.
오픈－멀티벤더 시스템	특정 하드웨어나 운영체제에만 의존하지 않고 다양한 애플리케이션과 연계가 가능한 개방형 시스템이다.

개념 익히기

● 선진 업무프로세스(Best Practice)

Best Practice란 업무처리에 있어 여러 방법들이 있을 수 있으나 그 어떤 다른 방법으로 처리한 결과보다 더 좋은 결과를 얻어낼 수 있는 표준 업무처리 프로세스를 의미한다.

● 파라미터(Parameter)

프로그램 소스에 코딩하는 것이 아니라 프로그램상의 특정 기능을 사용하여 조직의 변경이나 프로세스 변경에 유연하게 대응하기 위한 것이다.

2.3 ERP의 기술적 특징

구분	세부내용
4세대 언어로 개발	Visual Basic, C++, Power Builder, Delphi, Java 등과 같은 4세대 언어로 개발되었다.
관계형 데이터베이스 시스템(RDBMS) 채택	원장형 통합데이터베이스 구조를 가지며, 관계형 데이터베이스시스템(RDBMS: Relational DataBase Management System)이라는 소프트웨어를 사용하여 데이터의 생성과 수정 및 삭제 등의 모든 관리를 한다. 대표적으로 MS SQL, Oracle, Sybase 등이 있다.
객체지향기술 사용	객체지향기술(OOT: Object Oriented Technology)은 공통된 속성과 형태를 가진 데이터와 프로그램을 결합하여 모듈화한 후 이를 다시 결합하여 소프트웨어를 개발하는 기술이다. 시스템 업그레이드, 교체 등의 경우에 전체적으로 변경하지 않고 필요한 모듈만 변경이 가능하다.
인터넷 환경의 e-비즈니스를 수용할 수 있는 Multi-Tier 환경 구성	클라이언트서버(C/S) 시스템을 통하여 업무의 분산처리가 가능하며, 웹과의 연동으로 e-비즈니스를 수용한다. 웹서버, ERP 서버 등의 Multi-Tier 환경을 구성하여 운영할 수 있다.

유형별 연습문제
1.2 ERP 발전과정과 특징

01 다음은 ERP의 발전과정을 나타낸 것이다. [보기]의 (　) 안에 들어갈 단계를 가장 알맞게 나타낸 것은?

┤ 보기 ├──────────────────────────────

$$MRP \quad \rightarrow \quad (\quad) \quad \rightarrow \quad ERP \quad \rightarrow \quad (\quad)$$

① SCM, 확장형 ERP　　　　　② MRP II, 확장형 ERP
③ CRM, 확장형 ERP　　　　　④ MIS, 확장형 ERP

02 다음의 용어와 설명이 맞지 않는 것은?

① MRP I - Material Requirement Planning(자재소요계획)
② MRP II - Man Resource Planning(인적자원계획)
③ ERP - Enterprise Resource Planning(전사적 자원관리)
④ EERP - Extended ERP(확장형 ERP)

03 다음은 ERP의 발전과정을 도표로 정리한 것이다. 빈칸에 들어갈 말로 올바른 것은?

┤ 보기 ├──────────────────────────────

1970년대	1980년대	1990년대	2000년대
MRP1	(A)	ERP	(B)
(C)	제조자원관리	(D)	기업간 최적화
재고최소화	원가절감	경영혁신	WIN−WIN−WIN

	(A)	(B)	(C)	(D)
①	MRP II	확장형 ERP	자재수급관리	전사적 자원관리
②	MRP II	CRM	자재공급관리	고객관계관리
③	MIS	확장형 ERP	고객관계관리	공급사슬망관리
④	MIS	SCM	자재수급관리	제조자원관리

04 다음 [보기]의 (   )에 들어갈 적당한 용어는 무엇인가?

> **┤ 보기├**
>
> (   )는 생산현장의 실제 데이터와 제조자원의 용량제한을 고려하고, 자동화된 공정데이터의 수집, 수주관리, 재무관리, 판매주문관리 등의 기능이 추가되어 실현 가능한 생산계획을 제시하면서 제조활동을 더 안정된 분위기에서 가장 효율적인 관리를 위해 탄생되었다.

① MRP Ⅰ   ② MRP Ⅱ
③ ERP   ④ 확장형 ERP

05 다음 중 ERP의 기능적 특징에 해당하지 않는 것은?

① 다국적, 다통화, 다언어 지원
② 통합업무 시스템 – 중복업무의 배제 및 실시간 정보처리체계 구축
③ Best Practice Business Process를 공통화, 표준화
④ 불투명 경영의 수단으로 활용

06 다음 중 ERP의 기능적 특징으로 바르지 않은 것은?

① 중복적, 반복적으로 처리하던 업무를 줄일 수 있다.
② 실시간으로 데이터 입·출력이 이루어지므로 신속한 정보사용이 가능하다.
③ ERP를 통해 기업의 투명회계 구현이라는 성과를 가져올 수 있다.
④ 조직의 변경이나 프로세스의 변경에 대한 대응은 가능하나 기존 하드웨어와의 연계에 있어서는 보수적이다.

07 ERP의 특징 중 기술적 특징에 해당하지 않는 것은?

① 다국적, 다통화, 다언어 지원
② 관계형 데이터베이스(RDBMS) 채택
③ 4세대 언어(4GL) 활용
④ 객체지향기술(Object Oriented Technology) 사용

08 ERP 시스템이 갖는 특징을 기능적 특징과 기술적 특징으로 구분할 수 있는데, 그 중에서 기술적 특징에 해당되는 것은?

① 경영정보제공 및 경영조기경보체계를 구축
② 객체지향기술 사용
③ 표준을 지향하는 선진화된 최고의 실용성을 수용
④ 투명경영의 수단으로 활용

09 다음은 ERP의 특징을 설명한 것이다. 특징과 설명을 잘못 연결한 것은?

① 다국적, 다통화, 다언어: 각 나라의 법률과 대표적인 상거래 습관, 생산방식이 시스템에 입력되어 있어서 사용자는 이 가운데 선택하여 설정할 수 있다.

② 통합업무시스템: 세계 유수기업이 채용하고 있는 Best Practice Business Process를 공통화, 표준화시킨다.

③ Open Multi - Vendor: 특정 H/W 업체에 의존하는 Open 형태를 채택, C/S형의 시스템 구축이 가능하다.

④ Parameter 설정에 의한 단기간의 도입과 개발이 가능: Parameter 설정에 의해 각 기업과 부문의 특수성을 고려할 수 있다.

10 다음 [보기]의 (   )에 들어갈 가장 적절한 용어는 무엇인가?

┤ 보기 ├─
- ERP 시스템은 범용패키지로 각 프로세스나 기능별로 다양한 선택 가능한 조건들인 (   )을(를) 포함하고 있어서 회사의 실정에 맞도록 시스템을 설정할 수 있다.
- (   )설정을 통한 도입 방식은 기존의 S/W 자체개발 방식에 비해 상대적으로 시스템의 구축기간이 짧고, 유지보수 비용이 적다는 장점이 있다.

① 파라미터(Parameter)
② 미들웨어(Middleware)
③ 그래픽 유저 인터페이스(GUI, Graphic User Interface)
④ 기업애플리케이션통합(EAI, Enterprise Application Integration)

답안 및 풀이

 1.2 ERP 발전과정과 특징

1	2	3	4	5	6	7	8	9	10
②	②	①	②	④	④	①	②	③	①

01 ② ERP 발전과정: MRP → MRP Ⅱ → ERP → 확장형 ERP

02 ② MRP Ⅱ의 주요 관리범위는 제조자원관리이며, 원가절감이 주된 목표이다.

03 ① MRPⅡ, 확장 ERP, 자재수급관리, 전사적 자원관리

04 ② 보기의 내용은 MRP Ⅱ에 대한 설명이다.

05 ④ 조직의 분권화 및 상호견제와 내부통제제도를 강화하여 투명 경영의 수단으로 활용가능하다.

06 ④ 조직의 변경이나 프로세스의 변경에 대한 대응이 가능하고 기존 하드웨어와의 연계에 있어서도 개방적이다.

07 ① 다국적, 다통화, 다언어 지원은 기술적 특징이 아닌 기능적 특징에 해당된다.

08 ② 객체지향기술 사용은 기술적 특징에 해당되며, 나머지 내용은 기능적 특징에 해당된다.

09 ③ Open Multi-Vendor: 특정 H/W 업체에 의존하지 않는 Open 형태를 채택, C/S형의 시스템 구축이 가능하다.

10 ① 파라미터(Parameter)에 대한 설명이다.

03 ERP 도입과 구축

ERP 도입의 성공여부는 BPR을 통한 업무개선이 중요하며 BPR은 원가, 품질, 서비스, 속도와 같은 주요 성과측정치의 극적인 개선을 위해 업무프로세스를 급진적으로 재설계 하는 것이라고 정의할 수 있다. 따라서 ERP를 도입하여 구축 시에는 BPR이 선행되어 있 거나 BPR과 ERP 시스템 구축을 병행하는 것이 바람직하며, 기업 내 ERP 시스템 도입의 최종 목적은 고객만족과 이윤의 극대화 이다.

3.1 ERP 도입 시 고려사항

ERP 도입을 원하는 회사에서는 일반적으로 ERP 시스템을 회사의 업무에 적합하도록 자체 또는 외주의뢰를 통해 직접 개발하거나, 시중에서 유통되고 있는 ERP 패키지를 구 입하여 도입할 수 있다.

최근에는 ERP 패키지를 도입하는 경우가 대부분을 차지하는데, 그 이유는 ERP 패키지 내에는 선진 비즈니스 프로세스가 내장되어 있어 BPR을 자동적으로 수행하는 효과를 볼 수 있으며, 시간과 비용적인 측면에서도 효율적이기 때문이다. 하지만 ERP 패키지를 도 입하는 경우, 다음의 사항들은 반드시 고려되어야 한다.
① 자사에 맞는 패키지 선정(기업의 요구에 부합하는 시스템)
② TFT(Task Force Team)는 최고 엘리트 사원으로 구성
③ 경험이 많은 유능한 컨설턴트를 활용
④ 경영진의 확고한 의지
⑤ 전사적인 참여 유도
⑥ 현업 중심의 프로젝트 진행
⑦ 구축방법론에 의한 체계적인 프로젝트 진행
⑧ 커스터마이징(Customizing)을 최소화 및 시스템 보안성
⑨ 가시적인 성과를 거둘 수 있는 부분에 집중
⑩ 지속적인 교육 및 워크숍을 통해 직원들의 변화 유도

개념 익히기

● 커스터마이징(Customizing)

'주문제작하다'라는 뜻의 Customize에서 나온 말이다. 사용자가 사용방법과 기호에 맞춰 하드웨어나 소프트웨어를 설정 및 수정하거나 기능을 변경하는 것을 의미한다. ERP 패키지를 도입할 때, 자사의 업무 프로세스와 기능에 부합되도록 ERP 시스템을 회사 실정에 맞게 조정할 수도 있다.

3.2 ERP 도입효과

ERP의 성공적인 구축과 운영은 기업의 다양한 측면에서 그 효과를 찾아볼 수 있다.

1) 통합업무시스템 구축

ERP는 영업, 구매/자재, 생산, 회계, 인사 등 모든 부문에서 발생되는 정보를 서로 공유하여 의사소통이 원활해지며, 실시간 경영체제를 실현하여 신속한 의사결정을 지원한다.

2) 기준정보 표준체계(표준화, 단순화, 코드화) 정립

업무의 표준화는 ERP 구축의 선행요건이다. 예컨대 ERP 시스템 내에서 제품판매를 처리하기 위해서는 거래처와 품목정보 등이 필수적으로 등록되어야 한다. 이러한 거래처와 품목정보 등은 항상 코드화해서 운용되며, 복잡하게 정의하지 않고 단순화하여 정의하는 것이 효율적이다.

3) 투명한 경영

ERP를 사용하면 각 업무영역의 분리와 연계성 등에 의해 자동적으로 조직이 분권화되고, 상호견제 및 내부통제가 강화되어 부정의 발생을 사전에 예방할 수 있다.

4) 고객만족도 향상

ERP를 사용함으로써 실시간 정보를 파악할 수 있기 때문에 고객 피드백 및 응답시간 등의 단축으로 인해 고객만족도가 향상될 수 있다.

5) BPR 수행을 통한 경영혁신 효과

ERP 내에는 다양한 산업에 대한 최적의 업무관행인 베스트 프랙티스(Best Practices)가 채택되어 있기 때문에, ERP의 선진 업무프로세스를 적용함으로써 자동적으로 경영혁신(BPR) 효과를 볼 수 있다.

6) 차세대 기술과의 융합

차세대 ERP는 인공지능 및 빅데이터 분석 기술과의 융합으로 분석도구가 추가되어 선제적 예측과 실시간 의사결정지원이 가능하다.

7) 각종 경영지표의 개선

① 재고 및 물류비용 감소(재고감소, 장부재고와 실물재고의 일치)
② 부서별 및 사업장별 손익관리를 통한 수익성 개선
③ 생산성 향상을 통한 원가절감 및 종업원 1인당 매출액 증대
④ 업무의 정확도 증대와 업무시간 단축(생산계획 수립, 결산작업 등)
⑤ 리드타임(Lead Time) 감소 및 사이클타임(Cycle Time) 단축

개념 익히기

● **리드타임(Lead Time)**

시작부터 종료까지의 소요된 시간을 의미한다. 일반적으로 제품생산의 시작부터 완성품생산까지 걸리는 시간을 생산리드타임, 구매발주에서부터 입고완료까지 걸리는 시간을 구매리드타임, 주문접수에서부터 고객에게 인도하기까지의 걸리는 시간을 영업리드타임이라고 한다. 리드타임을 단축시킴으로써 납기단축, 원가절감, 생산 및 구매 효율성 증대 등의 효과를 얻어 기업의 경쟁력을 향상시킬 수 있다.

● **사이클타임(Cycle Time)**

어떤 상황이 발생한 후 동일한 상황이 다음에 다시 발생할 때까지의 시간적 간격을 의미한다.

● **총소유비용(Total Cost of Ownership)**

ERP 시스템에 대한 투자비용에 관한 개념으로 시스템의 전체 라이프사이클(life-cycle)을 통해 발생하는 전체 비용을 계량화하는 것을 말한다.

● **ERP 아웃소싱(Outsourcing)**

ERP 시스템의 자체개발은 구축에서 운영 및 유지보수까지 많은 시간과 노력이 필요하므로, 아웃소싱을 통한 개발이 바람직하다. 아웃소싱을 통해서 ERP의 개발과 구축, 운영, 유지보수 등에 필요한 인적 자원을 절약할 수 있고, 기업이 가지고 있지 못한 지식 획득은 물론 자체개발에서 발생할 수 있는 기술력 부족의 위험요소를 제거할 수 있다.

3.3 ERP 구축 방법

ERP 시스템은 일반적으로 다음과 같이 분석(Analysis), 설계(Design), 구축(Construction), 구현(Implementation) 등의 단계를 거쳐 구축되며, ERP를 성공적으로 구축하기 위해서는 ERP 구축 모든 단계에서 전 직원의 교육훈련은 필수적이다.

(1) 분석단계

분석단계에서의 핵심은 현재 업무상태(AS-IS)를 분석하는 것이다. 기준프로세스 설정을 위해 현재의 업무 및 프로세스를 파악하고, 문제점이 무엇인지를 분석하는 단계이다.

분석단계에서 이루어지는 주요 업무범위는 다음과 같다.

① TFT 구성(Kick-off)
② 현재업무(AS-IS) 및 시스템 문제 파악
③ 현업 요구 분석
④ 경영전략 및 비전 도출
⑤ 목표와 범위 설정
⑥ 주요 성공요인 도출
⑦ 세부추진일정 계획 수립
⑧ 시스템 설치(하드웨어, 소프트웨어)

(2) 설계단계

설계단계에서는 이전 단계인 분석단계에서 AS-IS 분석을 통해 파악된 문제점이나 개선사항을 반영하여 개선방안(TO-BE)을 도출하는 것이 핵심이다. 이때 TO-BE 프로세스와 ERP 시스템의 표준 프로세스 간의 차이를 분석하여야 한다. 이를 차이(GAP)분석이라고 한다. GAP 분석의 결과를 토대로 ERP 패키지의 커스터마이징 여부를 결정짓는다.

설계단계에서 이루어지는 주요 업무범위는 다음과 같다.

① TO-BE 프로세스 도출
② GAP 분석(패키지 기능과 TO-BE 프로세스와의 차이)
③ 패키지 설치 및 파라미터 설정
④ 추가 개발 및 수정보완 문제 논의
⑤ 인터페이스 문제 논의
⑥ 사용자 요구 대상 선정(커스터마이징 대상 선정)

(3) 구축단계

구축단계는 이전의 분석 및 설계단계에서 도출된 결과를 시스템으로 구축하여 검증하는 단계이다. 분석 및 설계단계에서 회사의 핵심 업무에 대한 업무프로세스 재설계(BPR) 결과를 ERP 패키지의 각 모듈과 비교하여 필요한 모듈을 조합하여 시스템으로 구축한 후 테스트를 진행한다.

구축단계에서 이루어지는 주요 업무범위는 다음과 같다.

① 모듈 조합화(TO-BE 프로세스에 맞게 모듈을 조합)
② 테스트(각 모듈별 테스트 후 통합 테스트)
③ 추가개발 또는 수정기능 확정
④ 인터페이스 프로그램 연계 테스트
⑤ 출력물 제시

(4) 구현단계

구현단계는 시스템 구축이 완료된 후 본격적인 시스템 가동에 앞서 시험적으로 운영하는 단계이다. 이 단계에서는 실 데이터 입력을 통해 충분한 테스트를 거쳐 발견된 문제점들을 보완하여야 시스템의 완성도를 높일 수 있다. 또한 기존의 데이터를 ERP 시스템으로 전환(Conversion)하는 작업과 추후 시스템 운영에 필요한 유지보수 계획 등을 수립하게 된다.

구현단계에서 이루어지는 주요 업무범위는 다음과 같다.

① 프로토타이핑(Prototyping): 실 데이터 입력 후 시스템을 시험적으로 운영하는 과정
② 데이터 전환(Data Conversion): 기존 시스템 또는 데이터를 ERP 시스템으로 전환
③ 시스템 평가
④ 유지보수
⑤ 추후 일정 수립

개념 익히기

● ERP 구축절차

분석(Analysis) → 설계(Design) → 구축(Construction) → 구현(Implementation)

① 분석	② 설계	③ 구축	④ 구현
• AS-IS 파악 • TFT 결성 • 현재 업무 및 시스템 문제파악 • 주요 성공요인 도출 • 목표와 범위설정 • 경영전략 및 비전도출 • 현업요구분석 • 세부추진일정 계획 수립 • 시스템 설치 • 교육	• TO-BE Process 도출 • 패키지 기능과 TO-BE Process 와의 차이 분석 • 패키지 설치 • 파라미터 설정 • 추가개발 및 수정 보완 문제 논의 • 인터페이스 문제논의 • 사용자요구 대상선정 • 커스터마이징 • 교육	• 모듈조합화 • 테스트(각 모듈별 테스트 후 통합 테스트) • 추가개발 또는 수정 기능 확정 • 출력물 제시 • 인터페이스 프로 그램 연계 • 교육	• 시스템운영 (실데이터 입력 후 테스트) • 시험가동 • 데이터전환 • 시스템 평가 • 유지보수 • 향후 일정수립 • 교육

● ERP 구축 및 실행의 성공을 위한 제언

• 현재의 업무방식을 그대로 고수하지 말라.
• 업무상의 효과보다 소프트웨어 기능성 위주로 적용대상을 판단하지 말라.
• 단기간의 효과 위주로 구현하지 말라.
• IT 중심의 프로젝트로 추진하지 말라.
• 커스터마이징은 가급적 최소화 한다.
• 업무단위별로 추진하지 않는다.
• BPR을 통한 업무프로세스 표준화가 선행 또는 동시에 진행되어야 한다.

● 효과적인 ERP 교육 시 고려사항

• 다양한 교육도구를 이용하여야 한다.
• 교육에 충분한 시간을 배정하여야 한다.
• 논리적 작업단위인 트랜잭션이 아닌 비즈니스 프로세스에 초점을 맞추어야 한다.
• 사용자에게 시스템 사용법과 업무처리 방식을 모두 교육하여야 한다.
• 조직차원의 변화관리 활동을 잘 이해하도록 교육을 강화하여야 한다.

유형별 연습문제
1.3 ERP 도입과 구축

01 ERP 도입의 효과로 가장 바람직한 것은 무엇인가?

① 비즈니스 프로세스 혁신　　　　② 자동화
③ 매출증대 및 인원절감　　　　　④ 불량품 감소

02 ERP 도입의 예상효과로 볼 수 없는 것은?

① 투명한 경영　　　　　　　　　② 고객서비스 개선
③ 결산작업의 증가　　　　　　　④ 재고물류비용 감소

03 다음 중 ERP 도입의 예상 효과로 적절하지 않은 것은?

① 업무효율성의 증가　　　　　　② 정보체계의 표준화, 단순화, 코드화
③ 투명한 경영환경 구축　　　　　④ 리드타임(Lead Time) 증가

04 다음 중 ERP 도입 효과로 가장 적합하지 않은 것은?

① 불필요한 재고를 없애고 물류비용을 절감할 수 있다.
② 업무의 정확도가 증대되고 업무 프로세스가 단축된다.
③ 업무시간을 단축할 수 있고 필요인력과 필요자원을 절약할 수 있다.
④ 의사결정의 신속성으로 인한 정보 공유의 공간적, 시간적 한계가 있다.

05 다음은 ERP 도입 의의를 설명한 것이다. 가장 올바르지 않은 것은?

① 기업의 프로세스를 재검토하여 비즈니스 프로세스를 변혁시킨다.
② ERP 도입의 가장 큰 목표는 업무효율화를 통해 새로운 비즈니스 모델을 창출하며, 이를 통해 사업을 다각화 시키는 데 있다.
③ 기업의 입장에서 ERP 도입을 통해 업무 프로세스를 개선함으로써 업무의 비효율을 줄이는 것이다.
④ 고객의 입장에서 ERP 도입은 공급사슬의 단축, 리드타임의 감소, 재고절감 등을 이룩한다.

06 다음 중 'Best Practice' 도입을 목적으로 ERP 패키지를 도입하여 시스템을 구축하고자 할 경우 가장 바람직하지 않은 방법은?

① 기존 업무처리에 따라 ERP 패키지를 수정하는 방법
② BPR을 실시한 후에 이에 맞도록 ERP 시스템을 구축하는 방법
③ BPR과 ERP 시스템 구축을 병행하는 방법
④ ERP 패키지에 맞추어 BPR을 추진하는 방법

07 다음 중 ERP의 장점 및 효과에 대한 설명으로 가장 적절하지 않은 것은?

① ERP는 다양한 산업에 대한 최적의 업무관행인 Best Practices를 담고 있다.
② ERP 시스템 구축 후 업무재설계(BPR)를 수행하여 ERP 도입의 구축성과를 극대화할 수 있다.
③ ERP는 모든 기업의 업무 프로세스를 개별 부서원들이 분산처리 하면서도 동시에 중앙에서 개별 기능들을 통합적으로 관리할 수 있다.
④ 차세대 ERP는 인공지능 및 빅데이터 분석기술과의 융합으로 선제적 예측과 실시간 의사결정지원이 가능하다.

08 다음 중 ERP 시스템 구축의 장점으로 볼 수 없는 것은?

① ERP 시스템은 비즈니스 프로세스의 표준화를 지원한다.
② ERP 시스템의 유지보수비용은 ERP 시스템 구축 초기보다 증가할 것이다.
③ ERP 시스템은 이용자들이 업무처리를 하면서 발생할 수 있는 오류를 예방한다.
④ ERP 구현으로 재고비용 및 생산비용의 절감효과를 통한 효율성을 확보할 수 있다.

09 다음 중 ERP시스템에 대한 투자비용에 관한 개념으로 시스템의 전체 라이프사이클(life-cycle)을 통해 발생하는 전체 비용을 계량화하는 것을 무엇이라 하는가?

① 유지보수 비용(Maintenance Cost)
② 시스템 구축비용(Construction Cost)
③ 소프트웨어 라이선스비용(Software License Cost)
④ 총소유비용(Total Cost of Ownership)

10 다음 중 ERP가 성공하기 위한 요건으로 볼 수 없는 것은?

① 경영자의 관심과 기업 구성원 전원이 참여하는 분위기 조성
② 경험과 지식을 겸비한 최고의 인력으로 TFT(Task Force Team)를 구성
③ 업무환경에 맞는 우수한 ERP package 선정
④ 도입 초기에만 집중적으로 교육 및 훈련 실시

11 기업에 ERP 시스템이 성공적으로 도입되고 운영되기 위해서는 많은 요소들을 고려해야 한다. 다음 중 ERP 시스템 도입을 위한 성공요인으로 적절하지 않은 것은?

① 업무 단위별 추진   ② 경영진의 확고한 의지
③ 지속적인 교육 및 훈련   ④ 현업 중심의 프로젝트 진행

12 다음 중에서 ERP를 도입할 때 선택기준으로 가장 적절하지 않은 것은?

① 경영진의 확고한 의지가 있어야 한다.
② 경험 있는 유능한 컨설턴트를 활용하여야 한다.
③ 전시적으로 전 임직원의 참여를 유도하여야 한다.
④ 다른 기업에서 가장 많이 사용하는 패키지이어야 한다.

13 상용화 패키지에 의한 ERP 시스템 구축 시, 성공과 실패를 좌우하는 요인으로 보기 어려운 것은?

① 시스템 공급자와 기업 양쪽에서 참여하는 인력의 자질
② 기업환경을 최대한 고려하여 개발할 수 있는 자체개발인력 보유 여부
③ 제품이 보유한 기능을 기업의 업무환경에 얼마만큼 잘 적용하는지에 대한 요인
④ 사용자 입장에서 ERP 시스템을 충분히 이해하고 사용할 수 있는 반복적인 교육훈련

14 ERP의 구축단계를 순서대로 바르게 나타낸 것은?

① 분석 → 설계 → 구현 → 구축   ② 설계 → 구현 → 분석 → 구축
③ 분석 → 설계 → 구축 → 구현   ④ 설계 → 분석 → 구축 → 구현

15 ERP 구축절차에 대한 설명으로 가장 바르지 않은 것은?

① 구현단계에서 전 직원을 상대로 요구분석을 실시한다.
② 패키지를 설치한 후 각 모듈별 및 통합테스트를 실시한다.
③ 초기단계에서 AS‑IS를 파악한 후 TO‑BE PROCESS를 도출한다.
④ 최종적으로 시험가동 및 데이터 전환을 실시하고 실제로 운영해 본 후의 유지보수 과정이 필요하다.

16 ERP 구축절차 중 모듈조합화, 테스트 및 추가개발 또는 수정기능 확정을 하는 단계는 다음 중 어느 단계에 해당하는가?

① 구현단계   ② 분석단계
③ 설계단계   ④ 구축단계

17 다음 ERP의 4단계 구축 과정 중 분석단계에 해당하지 않는 것은 무엇인가?

① 모듈의 조합화 및 GAP 분석   ② 목표와 범위 설정
③ 경영전략 및 비전 도출   ④ 현재 시스템의 문제 파악

18 다음 중 ERP 구축 전에 수행되는 단계적으로 시간의 흐름에 따라 비즈니스 프로세스를 개선해가는 점증적 방법론을 무엇이라 하는가?

① BPI(Business Process Improvement)
② BPR(Business Process Re-Engineering)
③ ERD(Entity Relationship Diagram)
④ MRP(Material Requirement Program)

19 다음 중 ERP 도입전략으로 ERP 자체개발 방법에 비해 ERP 패키지를 선택하는 방법의 장점으로 가장 적절하지 않은 것은?

① 검증된 방법론 적용으로 구현 기간의 최소화가 가능하다.
② 검증된 기술과 기능으로 위험 부담을 최소화할 수 있다.
③ 시스템의 수정과 유지보수가 주기적이고 지속적으로 단시간에 이루어질 수 있다.
④ 향상된 기능과 최신의 정보기술이 적용된 버전(version)으로 업그레이드(upgrade)가 가능하다.

20 다음 중 ERP 구축 시 컨설턴트를 고용함으로써 얻는 장점으로 가장 적절하지 않은 것은?

① 프로젝트 주도권이 컨설턴트에게 넘어갈 수 있다.
② 숙달된 소프트웨어 구축방법론으로 실패를 최소화할 수 있다.
③ ERP 기능과 관련된 필수적인 지식을 기업에 전달할 수 있다.
④ 컨설턴트는 편견이 없고 목적 지향적이기 때문에 최적의 패키지를 선정하는데 도움이 된다.

21 [보기]에서 가장 성공적인 ERP 도입이 기대되는 회사는 어디인가?

┤ 보기 ├
- 회사 A: 실무 기반의 맞춤형 시스템을 도입하기 위해 경영진의 참여를 배제한다.
- 회사 B: 업무 절차를 재정립하고, 경험이 많고 유능한 컨설턴트의 도움을 받는다.
- 회사 C: 기존 업무방식이 유지되도록 업무 단위에 맞추어 ERP 도입을 추진 중이다.
- 회사 D: IT 및 ERP전문지식이 풍부한 전산부서 직원들로 구성된 도입 TFT를 결성한다.

① 회사 A　　　　　　　　② 회사 B
③ 회사 C　　　　　　　　④ 회사 D

✓ 1.3 ERP 도입과 구축

1	2	3	4	5	6	7	8	9	10
①	③	④	④	②	①	②	②	④	④
11	12	13	14	15	16	17	18	19	20
①	④	②	③	①	④	①	①	③	①
21									
②									

01 ① ERP 도입의 궁극적인 효과는 비즈니스 프로세스 혁신 추구에 있다.

02 ③ 결산작업의 시간이 단축된다.

03 ④ 업무의 시작에서 종료까지의 시간을 의미하는 리드타임(Lead Time)이 감소된다.

04 ④ 의사결정의 신속성으로 인한 정보 공유의 공간적, 시간적 한계가 없다.

05 ② ERP 도입과 사업의 다각화는 직접적인 관련이 없다.

06 ① 선진 업무프로세스(Best Practice) 도입을 목적으로 ERP 패키지를 도입하였는데, 기존 업무처리에 따라 ERP 패키지를 수정한다면 BPR은 전혀 이루어지지 않는다.

07 ② 일반적으로 ERP 시스템이 구축되기 전에 BPR(업무재설계)을 수행해야 ERP 구축성과가 극대화될 수 있다.

08 ② ERP 시스템의 유지비용은 초기 ERP 시스템 구축 초기 단계보다 감소하게 된다.

09 ④ ERP 시스템에 대한 투자비용에 관한 개념으로 시스템의 전체 라이프사이클을 통해 발생하는 전체 비용을 계량화하는 것을 총소유비용(Total Cost of Ownership)이라 한다.

10 ④ 지속적인 교육과 훈련이 필요하다.

11 ① 업무 단위별 추진은 실패의 지름길이므로 통합적으로 추진하여야 한다.

12 ④ 자사의 규모, 업종 등 특성을 고려하여 자사에 맞는 패키지를 선정하여야 한다.

13 ② 상용화 패키지에 의한 ERP 시스템 구축에는 자체 개발인력을 보유할 필요가 없다.

14 ③ ERP의 구축단계: 분석 → 설계 → 구축 → 구현

15 ① 전 직원을 상대로 요구분석을 실시하는 단계는 분석단계에 해당한다.

16 ④ 구축단계에 해당된다.

17 ① 모듈 조합화는 구축단계에 해당하고, GAP분석은 설계단계에 해당한다.

18 ① BPR(Business Process Re-Engineering)은 급진적으로 비즈니스 프로세스를 개선하는 방식을 의미하며, BPI(Business Process Improvement)는 단계적으로 시간의 흐름에 따라 비즈니스 프로세스를 개선하는 점증적 방법론을 의미한다.

19 ③ ERP를 패키지가 아닌 자체개발 방식을 사용할 경우 사용자의 요구사항을 충실하게 반영하여 시스템의 수정과 유지보수가 주기적이고 지속적으로 단시간에 가능하다.

20 ① ERP 구축 시 유능한 컨설턴트를 통해 최적의 패키지를 선정하는데 도움을 주는 역할을 하며, 프로젝트 주도권이 넘어가지는 않는다.

21 ② • 회사 A: ERP 도입 효과를 극대화 하기 위해서는 경영진의 적극적인 의지가 필요하다. (X)
  • 회사 B: FT는 최고 엘리트 사원으로 구성되어야 하며, 유능한 컨설턴트를 활용 하여야 한다. (O)
  • 회사 C: ERP 도입시 현재 업무방식을 그대로 고수하거나, 업무 단위에 맞추지 않아야 한다. (X)
  • 회사 D: ERP 도입효과를 극대화 하기 위해서는 관련 있는 모든부서의 엘리트 사원으로 구성하여야 한다. (X)

04 확장형 ERP

4.1 확장형 ERP란

(1) 확장형 ERP의 개념

확장형 ERP(Extended ERP)란 EERP 또는 ERP Ⅱ라고도 불리며, 기존의 ERP 시스템에서 좀 더 발전된 개념이다. 기존의 ERP 시스템은 기업내부 프로세스의 최적화가 목표였지만, 확장형 ERP는 기업외부의 프로세스까지 운영 범위를 확산하여 다양한 애플리케이션과의 인터페이스, e-비즈니스 등이 가능한 시스템이다.

확장형 ERP는 다음과 같이 전통적인 ERP 시스템의 기능뿐만 아니라 확장에 따른 고유 기능의 추가, 경영혁신 지원, 최신 IT 기술 도입 등으로 기업 내·외부의 최적화를 포괄적으로 지원하는 시스템이라 할 수 있다.

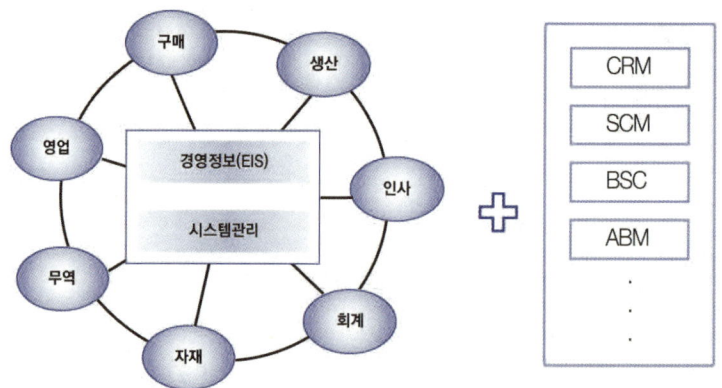

(2) 확장형 ERP의 등장배경과 특징

등장배경	특징
• 기업의 비즈니스 환경의 변화 • 기업 외부 프로세스와의 유연한 통합에 대한 요구 • 협업(Co-work) 상거래의 필요성 • 기존 ERP와 타 솔루션 간의 연계에 대한 요구	• 기업외부 프로세스까지도 웹 환경을 이용하여 지원 • 상거래 지향적인 프로세스로 통합 • 더욱 향상된 의사결정을 지원 • e-비즈니스에 대비할 수 있는 기능 지원

(3) 확장형 ERP에 포함되어야 할 내용

1) 고유기능의 추가

POS(Point of Sales) 시스템, SCM(Supply Chain Management), CRM(Customer Relationship Management) 등 ERP 시스템의 기본적인 기능 이외의 추가기능이 지원되어야 한다.

2) 경영혁신 지원

지식경영, 전략적 의사결정 지원, 전략계획 수립 및 시뮬레이션 기능 등으로 경영혁신을 확대 지원하는 기능이 추가되어야 한다.

3) 선진 정보화 지원기술 추가

IT 기술의 개발 및 도입 시에는 국내·국제적인 표준을 반드시 지원하여야 한다. 그 이유는 추후 무역거래, 기업 간 상거래 및 유사업종 간의 공동구매 등이 더욱 활발해질 것이며, 개방성향이 강한 개방형 시스템의 요구가 늘어나 이종 간의 시스템을 통합하고 지원하는 시스템을 필요로 할 것이다. 기업이 전 세계를 시장으로 삼을 경우 표준을 지향하는 e-비즈니스는 필수적인 부분이다.

4) 전문화 확대 적용

컴퓨터 시스템에 대해 인간 수준의 판단까지 기대하는 것은 아직 어려울 수도 있지만, 인공지능 분야의 발전으로 점차 인간 판단의 역할을 대행할 수 있는 기능이 추가되고, 이러한 기능이 미래의 ERP에도 보완될 것이다. 예컨대 음성인식 기술을 사용하여 거래자료 입력 등을 음성으로 입력할 수도 있다.

5) 산업유형 지원확대

제조업은 ERP를 가장 활발하게 사용하고 있는 업종 중의 하나이다. 금융업, 건설업 등 다양한 분야에서 ERP가 활용되고 있지만, 아직도 일부 산업의 특성은 전혀 고려하지 못하고 있다. 정보기술의 발달과 더불어 산업별로 특화된 전문기능을 추가적으로 개발하여 그 수요에 부응하여야 할 것이다.

4.2 확장형 ERP의 구성요소

(1) 기본 ERP 시스템

기본형 ERP 시스템은 기업에서 반복적이고 일상적으로 발생되는 업무를 처리하기 위해 영업관리, 물류관리, 생산관리, 구매 및 자재관리, 회계 및 재무관리, 인사관리 등의 모듈별 단위시스템으로 구성되어 있다.

(2) e-비즈니스 지원 시스템

e-비즈니스 지원 시스템은 인터넷 환경을 기반으로 기업 및 국가 간의 정보교환은 물론 기술이전, 시장분석, 거래촉진 등의 역할을 담당하고 있다. 주요 e-비즈니스 지원 시스템의 종류는 다음과 같다.

명 칭	주 요 내 용
지식관리시스템(KMS) (Knowledge Management System)	기업의 인적자원들이 축적하고 있는 조직 및 단위 지식을 체계화하여 공유함으로써 핵심사업 추진 역량을 강화하기 위한 정보시스템
의사결정지원시스템(DSS) (Decision Support System)	기업 경영에 당면하는 여러 가지 문제를 해결하기 위해 복수의 대안을 개발하고, 비교 평가하여 최적안을 선택하는 의사결정과정을 지원하는 정보시스템
경영자정보시스템(EIS) (Executive Information System)	기업 경영관리자의 전략 수립 및 의사결정 지원을 목적으로 주요 항목에 대한 핵심정보만 별도로 구성한 정보시스템
고객관계관리(CRM) (Customer Relationship Management)	기업이 소비자들을 자신의 고객으로 만들고, 이를 장기간 유지하고자 고객과의 관계를 지속적으로 유지·관리하는 광범위한 개념으로 마케팅, 판매 및 고객서비스를 자동화하는 시스템
공급망관리(SCM) (Supply Chain Management)	부품 공급업자로부터 생산자, 판매자, 고객에 이르는 물류의 흐름을 하나의 가치사슬 관점에서 파악하고 필요한 정보가 원활히 흐르도록 지원하는 시스템으로, 수요변화에 대한 신속한 대응 및 재고수준의 감소 및 재고회전율 증가를 위해 공급사슬에서의 계획, 조달, 제조 및 배송 활동 등 통합 프로세스를 지원
전자상거래(EC) (Electronic Commerce)	재화 또는 용역을 거래함에 있어서 그 전부 또는 일부가 전자문서에 의하여 처리되는 방법으로, 상행위를 하는 것을 의미

(3) 전략적 기업경영 시스템

기업의 가치창출과 주주 이익의 증대를 목표로 한 주요 관리 프로세스의 운영을 통해 신속한 성과측정 및 대안 수립을 가능하게 하는 전략적 기업경영(SEM: Strategic Enterprise Management)은 경영자의 전략적 의사결정을 위해 기업운영을 위한 전략적 부분을 지원하고 경영정보를 제공해 준다.

전략적 기업경영 시스템에 속하는 대표적인 단위시스템은 다음과 같다.

명 칭	주 요 내 용
성과측정관리 또는 균형성과표(BSC) (Balanced Scorecard)	기업의 성과를 지속적으로 향상시키기 위해서 재무적인 측정지표뿐만 아니라 고객만족 등 비재무적인 측정지표도 성과평가에 반영시켜 미래가치를 창출하도록 관리하는 시스템
가치중심경영(VBM) (Value-based Management)	주주 가치의 극대화를 위해 지속적으로 가치를 창출하는 고객중심의 시스템이며, 포괄적인 경영철학이자 경영기법
전략계획 수립 및 시뮬레이션(SFS) (Strategy Formulation & Simulation)	조직의 목표를 달성하고 비전에 도달하기 위해 최선의 전략을 수립하고 선택된 전략을 실행하는 것을 의미함
활동기준경영(ABM) (Activity-based Management)	프로세스 관점에 입각하여 활동을 분석하고 원가동인 및 성과측정을 통해 고객가치 증대와 원가절감을 도모한다. 궁극적으로는 이익을 개선하고자 하는 경영기법

개념 익히기

● ERP와 확장형 ERP 차이

구 분	ERP	확장형 ERP
목표	기업 내부 최적화	기업 내·외부 최적화
기능	기본 ERP (영업, 구매/자재, 생산, 회계, 인사 등)	기본 ERP + e-비즈니스 지원시스템 또는 SEM 시스템
프로세스	기업내부 통합프로세스	기업 내·외부 통합프로세스
시스템 구조	웹지향, 폐쇄성	웹기반, 개방성
데이터	기업내부 생성 및 활용	기업 내·외부 생성 및 활용

유형별 연습문제
1.4 확장형 ERP

01 다음 중 확장형 ERP 시스템에 포함되어야 할 내용으로 적절하지 않은 것은?

① 산업유형 지원 확대　　② 그룹웨어기능의 포함
③ 전문화 확대 적용　　④ 고유기능의 축소

02 확장형 ERP 시스템은 기업의 핵심기능인 기본형 ERP 시스템과 경영에 필요한 정보를 제공해 주는 전략적 기업경영(SEM: Strategic Enterprise Management) 시스템으로 구성된다. 그 외 인터넷 기반의 정보교환, 제품거래 역할을 담당하는 e－비즈니스 지원시스템도 포함된다. 다음의 단위시스템 중 e－비즈니스 지원 시스템에 포함되지 않는 것은?

① 공급망관리(SCM) 시스템　　② 생산자원관리(MRP Ⅱ) 시스템
③ 지식경영시스템(KMS)　　④ 고객관계관리(CRM) 시스템

03 전략적 기업경영(SEM) 시스템은 기업운영을 위한 전략적인 부분을 지원하고, 경영에 필요한 정보를 제공해 주는 것으로 단위시스템들로 구성될 수 있다. 이 중 가장 적합하지 않은 것은?

① 성과측정관리(BSC, Balanced Score Card)
② 부가가치경영(VBM, Valued－Based Management)
③ 활동기준경영(ABM, Activity－Based Management)
④ 제조자원계획(MRP II, Manufacturing Resource Planning)

04 다음 중 확장된 ERP 시스템의 공급망관리(SCM) 모듈을 실행함으로써 얻는 장점으로 가장 적절하지 않은 것은?

① 공급사슬에서의 가시성 확보로 공급 및 수요변화에 대한 신속한 대응이 가능하다.
② 정보투명성을 통해 재고수준 감소 및 재고회전율(inventory turnover) 증가를 달성할 수 있다.
③ 공급사슬에서의 계획(plan), 소날(source), 세조(make) 및 배송(deliver) 활동 등 통합 프로세스를 지원한다.
④ 마케팅(marketing), 판매(sales) 및 고객서비스(customer service)를 자동화함으로써 현재 및 미래 고객들과 상호작용할 수 있다.

05 다음 [보기]의 (   )에 들어갈 용어로 맞는 것은 무엇인가?

┤ 보기 ├

확장된 ERP 시스템 내의 (   )모듈은 공급자부터 소비자까지 이어지는 물류, 자재, 제품, 서비스, 정보의 흐름 전반에 걸쳐 계획하고 관리함으로써 수요와 공급의 일치를 최적으로 운영하고 관리하는 활동이다.

① ERP(Enterprise Resource Planning)
② SCM(Supply Chain Management)
③ CRM(Customer Relationship Management)
④ KMS(Knowledge Management System)

06 다음 중 ERP 아웃소싱(Outsourcing)의 장점으로 가장 적절하지 않은 것은?

① ERP 아웃소싱을 통해 기업이 가지고 있지 못한 지식을 획득할 수 있다.
② ERP 개발과 구축, 운영, 유지보수에 필요한 인적 자원을 절약할 수 있다.
③ IT 아웃소싱 업체에 종속성(의존성)이 생길 수 있다.
④ ERP 자체개발에서 발생할 수 있는 기술력 부족의 위험요소를 제거할 수 있다.

07 다음 중 ERP와 CRM 간의 관계에 대한 설명으로 가장 적절하지 않은 것은 무엇인가?

① ERP와 CRM 간의 통합으로 비즈니스 프로세스의 투명성과 효율성을 확보할 수 있다.
② ERP시스템은 비즈니스 프로세스를 지원하는 백오피스 시스템(Back - Office System)이다.
③ CRM시스템은 기업의 고객대응활동을 지원하는 프런트오피스 시스템(Front - Office System)이다.
④ CRM시스템은 조직 내의 인적자원들이 축적하고 있는 개별적인 지식을 체계화하고 공유하기 위한 정보시스템으로 ERP시스템의 비즈니스 프로세스를 지원한다.

08 ERP시스템의 SCM 모듈을 실행함으로써 얻는 장점으로 가장 적절하지 않은 것은?

① 공급사슬에서의 가시성 확보로 공급 및 수요변화에 대한 신속한 대응이 가능하다.
② 정보투명성을 통해 재고수준 감소 및 재고회전율(inventory turnover) 증가를 달성할 수 있다.
③ 공급사슬에서의 계획(plan), 조달(source), 제조(make) 및 배송(deliver) 활동 등 통합 프로세스를 지원한다.
④ 마케팅(marketing), 판매(sales) 및 고객서비스(customer service)를 자동화함으로써 현재 및 미래 고객들과 상호작용할 수 있다.

 1.4 확장형 ERP

1	2	3	4	5	6	7	8		
④	②	④	④	②	③	④	④		

01 ④ 확장형 ERP에는 기본기능 이외에 고유기능이 추가되어야 한다.

02 ② 생산자원관리(MRP Ⅱ)시스템은 E-ERP라 불리우는 확장형 ERP의 과거모델이다.

03 ④ 전략적 기업경영(SEM) 시스템에는 성과측정관리(BSC), 가치중심경영(VBM), 전략계획수립 및 시뮬레이션(SFS), 활동기준경영(ABM) 등이 포함된다.

04 ④ 마케팅(marketing), 판매(sales) 및 고객서비스(customer service)를 자동화하는 것은 고객관계관리(CRM)에 대한 설명이다.

05 ② 공급망관리(SCM: Supply Chain Management)에 대한 설명이다.

06 ③ IT아웃소싱을 하더라도 아웃소싱 업체에 전적으로 의존하거나 종속되는 것은 아니고 협력관계에 있다.

07 ④ 지식관리시스템(KMS)은 조직 내의 인적자원들이 축적하고 있는 개별적인 지식을 체계화하고 공유하기 위한 정보시스템으로 ERP시스템의 비즈니스 프로세스를 지원한다.

08 ④ 마케팅(marketing), 판매(sales) 및 고객서비스(customer service)를 자동화함으로써 현재 및 미래 고객들과 상호작용할 수 있도록 지원하는 것은 CRM 모듈의 실행 효과이다.

05 4차 산업혁명과 스마트 ERP

 4차 산업혁명

4차 산업혁명은 인공지능(AI: Artificial Intelligence), 사물인터넷(IoT: Internet of Things), 빅데이터(BigData), 클라우드 컴퓨팅(Cloud Computing) 등 첨단 정보통신기술이 경제 및 사회 전반에 융합되어 혁신적인 변화가 나타나는 차세대 산업혁명을 말한다.

4차 산업혁명의 산업생태계는 사물인터넷을 통해 방대한 빅데이터를 생성하고, 이를 인공지능이 분석 및 해석하여 적절한 판단과 자율제어를 수행하여 초지능적인 제품을 생산하고 서비스를 제공한다.

4차 산업혁명의 주요 기술적 특징에는 초연결성(hyper-connectivity), 초지능화(super-intelligence), 융합화(convergence)를 들 수 있다.

구 분	주 요 내 용
초연결성 (hyper-connectivity)	사물인터넷(IoT)과 정보통신기술(ICT)의 진화를 통해 인간과 인간, 인간과 사물, 사물과 사물 간의 연결과정을 의미한다.
초지능화 (super-intelligence)	다양한 분야에서 인간의 두뇌를 뛰어넘는 총명한 지적 능력을 말한다. 초지능화는 인공지능과 빅데이터의 연계·융합으로 기술과 산업구조를 지능화, 스마트화시키고 있다.
융합화 (convergence)	초연결성과 초지능화의 결합으로 인해 수반되는 특성으로 4차 산업혁명 시대의 산업 간 융합화와 기술 간 융합화를 말한다. • 산업 간 융합화: IT 활용범위가 보다 확대되고 타 산업 분야 기술과의 접목이 활발해지면서 산업 간 경계가 무너지고 산업지도 재편 및 이종 산업 간 경쟁이 격화되는 현상 • 기술 간 융합화: 서로 다른 기술 요소들이 결합되어 개별 기술 요소들의 특성이 상실되고 새로운 특성을 갖는 기술과 제품이 탄생되는 현상

개념 익히기

● 디지털 전환

디지털 전환이란 디지털 기술을 사회 전반에 적용하여 전통적인 사회 구조를 혁신시키는 과정으로 기업에서 사물 인터넷(IoT), 클라우드 컴퓨팅, 인공지능(AI), 빅데이터 솔루션 등 정보통신기술(ICT)을 플랫폼으로 구축·활용하여 기존의 전통적인 운영 방식과 서비스 등을 혁신하는 것을 의미한다. 모바일앱으로 매장 주문과 결재를 할 수 있는 '사이렌오더 서비스' 등이 디지털 전환의 대표적인 사례이다.

5.2 4차 산업혁명 시대의 스마트 ERP

(1) 스마트 ERP와 비즈니스 애널리틱스

최근의 스마트 ERP 시스템은 인공지능(AI), 빅데이터(BigData), 사물인터넷(IoT), 블록체인(Blockchain) 등의 신기술과 융합하여 보다 지능화된 기업경영이 가능하게 하는 통합정보시스템으로 진화하고 있다.

기업경영 분석에 있어 비즈니스 인텔리전스를 넘어 비즈니스 애널리틱스(Business Analytics)가 회자되고 있다. 비즈니스 인텔리전스가 과거 데이터 및 정형 데이터를 기반으로 무엇이 발생했는지를 분석하여 비즈니스 의사결정을 돕는 도구라면, 비즈니스 애널리틱스는 과거뿐만 아니라 현재 실시간으로 발생하는 데이터에 대하여 연속적이고 반복적인 분석을 통해 미래를 예측하는 통찰력을 제공하는 데 활용된다.

스마트 ERP와 ERP 시스템 내의 빅데이터 분석을 위한 비즈니스 애널리틱스의 특징은 다음과 같다.

① 인공지능 기반의 빅데이터 분석을 통해 최적화와 예측분석이 가능하여 과학적이고 합리적인 의사결정지원이 가능하다.

② 제조업에서는 빅데이터 처리 및 분석기술을 기반으로 생산 자동화를 구현하고 ERP 시스템과 연계하여 생산계획의 선제적 예측과 실시간 의사결정이 가능해진다.

③ 과거 데이터 분석뿐만 아니라, 이를 바탕으로 새로운 통찰력 제안과 미래 사업을 위한 시나리오를 제공할 수 있다.

④ 비즈니스 애널리틱스는 질의 및 보고와 같은 기본적인 분석기술과 예측 모델링과 같은 수학적으로 정교한 수준의 분석까지 지원한다.

⑤ 파일이나 스프레드시트와 데이터베이스를 포함하는 구조화된 데이터와 전자메일, 문서, 소셜미디어 포스트, 영상자료 등의 비구조화된 데이터를 동시에 활용이 가능하다.

⑥ 미래 예측을 지원해주는 데이터 패턴 분석과 예측 모델을 위한 데이터마이닝(Data Mining)을 통해 고차원 분석기능을 포함하고 있다.

⑦ 리포트, 쿼리, 알림, 대시보드, 스코어카드뿐만 아니라 예측 모델링과 같은 진보된 형태의 분석기능도 제공한다.

● 스마트 ERP의 특징
- 인공지능, 빅데이터, 블록체인 등의 신기술과 융합하여 지능화된 기업경영 실현이 가능
- 제조실행시스템(MES), 제품수명주기관리(PLM) 등을 통한 생산과정의 최적화와 예측분석을 통해 합리적인 의사결정지원
- 제조업에서의 생산자동화 구현은 물론 생산계획의 선제적 예측과 실시간 정보공유
- 다양한 비즈니스 간 융합을 지원하는 시스템으로 확대 가능
- 전략경영 등의 분석 도구가 추가되어 상위계층의 의사결정을 지원하는 스마트시스템 구축 가능

5.3 4차 산업혁명의 핵심 원천기술

(1) 인공지능

인공지능(AI)은 인간의 학습능력, 추론능력, 지각능력, 자연어 이해능력 등을 컴퓨터 프로그램으로 실현한 기술이다. 인공지능은 기억, 지각, 이해, 학습, 연상, 추론 등 인간의 지성을 필요로 하는 행위를 기계를 통해 실현하고자 하는 학문 또는 기술의 총칭으로 정의되고 있다.

1) 인공지능 기술의 발전

인공지능 기술의 발전은 계산주의 시대, 연결주의 시대, 딥러닝 시대로 구분된다.

① 계산주의 시대

인공지능 초창기 시대는 계산주의(computationalism) 시대이다. 계산주의는 인간이 보유한 지식을 컴퓨터로 표현하고 이를 활용해 현상을 분석하거나 문제를 해결하는 지식기반시스템을 말한다. 컴퓨팅 성능 제약으로 인한 계산기능(연산기능)과 논리체계의 한계, 데이터 부족 등의 근본적인 문제로 기대에 부응하지 못하였다.

② 연결주의 시대

계산주의로 인공지능 발전에 제약이 생기면서 1980년대에 연결주의(connectionism)가 새롭게 대두되었다. 연결주의는 지식을 직접 제공하기보다 지식과 정보가 포함된 데이터를 제공하고 컴퓨터가 스스로 필요한 정보를 학습한다.

연결주의는 인간의 두뇌를 묘사하는 인공신경망(Artificial Neural Network)을 기반으로 한 모델이다. 연결주의 시대의 인공지능은 인간과 유사한 방식으로 데이터를 학습하여 스스로 지능을 고도화한다.

연결주의는 막대한 컴퓨팅 성능과 방대한 학습데이터가 필수적이나 학습에 필요한 빅데이터와 컴퓨팅 파워의 부족이라는 한계를 극복하지 못해 비즈니스 활용 측면에서 제약이 있었다.

③ 딥러닝의 시대

2010년 이후 GPU(Graphic Processing Unit)의 등장과 분산처리기술의 발전으로 계산주의와 연결주의 시대의 문제점인 방대한 양의 계산문제를 대부분 해결하게 되었다. 사물인터넷과 클라우드 컴퓨팅 기술의 발전으로 빅데이터가 생성 및 수집되면서 인공지능 연구는 새로운 전환점을 맞이하였다.

최근의 인공지능은 딥러닝(deep learning)의 시대이다. 연결주의 시대와 동일하게 신경망을 학습의 주요 방식으로 사용한다. 입력층(input layer)과 출력층(output layer) 사이에 다수의 숨겨진 은닉층(hidden layer)으로 구성된 심층신경망(Deep Neural Networks)을 활용한다. 심층신경망은 인간의 두뇌 구조와 학습방식이 동일하여 뇌 과학과 인공지능 기술의 융합이 가능해지고 있다.

개념 익히기

🔍 **딥러닝 알고리즘의 종류**

- CCNN(합성곱신경망): 필터링 기법을 인공신경망에 적용하여 이미지를 효과적으로 처리할 수 있는 심층신경망 기법으로, 이미지 인식 및 분류에 효과적인 알고리즘
- RNN(순환신경망): 순환구조를 가지고 있는 인공신경망이며, 시계열데이터와 같이 순차적인 시퀀스(영상의 단위로 여러 신들이 이어져 지속되는 사건의 한 단위) 데이터를 처리하고 모델링하는 과정에 주로 사용하는 알고리즘

2) 인공지능 규범 원칙

최근에는 인공지능 개발과 사용과정에서 발생하는 위험요소와 오용의 문제에 대해 윤리원칙을 검토 및 채택해야 한다는 움직임이 활발해지고 있다.

2018년 9월 세계경제포럼(World Economic Forum)에서 인공지능 규범(AI code)의 5개원칙을 발표하였다.

코드명	주 요 내 용
Code 1	인공지능은 인류의 공동 이익과 이익을 위해 개발되어야 한다.
Code 2	인공지능은 투명성과 공정성의 원칙에 따라 작동해야 한다.
Code 3	인공지능이 개인, 가족, 지역 사회의 데이터 권리 또는 개인정보를 감소시켜서는 안 된다.
Code 4	모든 시민은 인공지능을 통해서 정신적, 정서적, 경제적 번영을 누리도록 교육받을 권리를 가져야 한다.
Code 5	인간을 해치거나 파괴하거나 속이는 자율적 힘을 인공지능에 절대로 부여하지 않는다.

(2) 사물인터넷

사물인터넷(IoT)은 인터넷을 통해서 모든 사물을 서로 연결하여 정보를 상호 소통하는 지능형 정보기술 및 서비스를 말한다. 수 많은 사물인터넷 기기들이 내장된 센서를 통해 데이터를 수집하고 인터넷을 통해 서로 연결되어 통신하며, 수집된 정보를 기반으로 자동화된 프로세스나 제어기능을 수행할 수 있으므로 스마트가전, 스마트홈, 의료, 원격검침, 교통 분야 등 다양한 산업분야에 적용되고 있다.

사물인터넷의 미래인 만물인터넷(IoE: Internet of Everything)은 사물, 사람, 데이터, 프로세스 등 세상에서 연결 가능한 모든 것(만물)이 인터넷에 연결되어 서로 소통하며 새로운 가치를 창출하는 기술이다.

(3) 빅데이터

빅데이터(BigData)의 사전적 의미는 디지털 환경에서 생성되는 데이터로 그 규모가 방대하고, 형태도 수치데이터뿐만 아니라 문자와 영상데이터를 포함한 다양하고 거대한 데이터의 집합을 말한다.

IT시장조사기관 가트너(Gartner)는 향상된 의사결정을 위해 사용되는 비용 효율적이며 혁신적인 거대한 용량의 정형 및 비정형의 다양한 형태로 엄청나게 빠른 속도로 쏟아져 나와 축적되는 특성을 지닌 정보 자산이라고 정의하였다. 또한 가트너는 빅데이터의 특성으로 규모(volume), 속도(velocity), 다양성(variety), 정확성(veracity), 가치(value) 의 5V를 제시하였다.

구 분	주 요 내 용
규모 (Volume)	• 데이터 양이 급격하게 증가(대용량화) • 기존 데이터관리시스템의 성능적 한계 도달
다양성 (Variety)	• 데이터의 종류와 근원 확대(다양화) • 로그 기록, 소셜, 위치, 센서 데이터 등 데이터 종류의 증가 (반정형, 비정형데이터의 증가)
속도 (Velocity)	• 소셜 데이터, IoT 데이터, 스트리밍 데이터 등 실시간성 데이터 증가 • 대용량 데이터의 신속하고 즉각적인 분석 요구
정확성 (Veracity)	• 데이터의 신뢰성, 정확성, 타당성 보장이 필수 • 데이터 분석에서 고품질 데이터를 활용하는 것이 분석 정확도에 영향을 줌
가치 (Value)	• 빅데이터가 추구하는 것은 가치 창출 • 빅데이터 분석 통해 도출된 최종 결과물은 기업이 당면하고 있는 문제를 해결 하는데 통찰력 있는 정보 제공

개념 익히기

● 빅데이터 처리과정

데이터(생성) → 수집 → 저장(공유) → 처리 → 분석 → 시각화

(4) 클라우드 컴퓨팅

클라우드 컴퓨팅(Cloud Computing)은 인터넷을 통하여 외부사용자에게 IT자원을 제공하고 사용하게 하는 기술 및 서비스를 의미한다. 사용자들은 클라우드 컴퓨팅 사업자가 제공하는 IT자원(소프트웨어, 스토리지, 서버, 네트워크)을 필요한 만큼 사용하고, 사용한 만큼 비용을 지불할 수 있다.

클라우드 서비스는 필요한만큼의 IT자원을 빠르게 확장하거나 축소할 수 있고, 어디에서나 접속할 수 있으며, 기술적인 관리부담이 없다는 장점을 갖고 있다.

1) 클라우드 서비스의 유형

구 분	주 요 내 용
SaaS (Software as a Service)	응용소프트웨어를 인터넷을 통해 제공하여 사용자들이 웹 브라우즈를 통해 접속하여 사용할 수 있도록 서비스로 제공
PaaS (Platform as a Service)	업무용 또는 비즈니스용 응용소프트웨어를 개발하는데 필요한 플랫폼과 도구를 서비스로 제공하여 개발자들이 응용소프트웨어를 개발, 테스트, 배포할 수 있게 지원
IaaS (Infrastructure as a Service)	업무나 비즈니스 처리에 필요한 서버, 스토리지, 데이터베이스 등의 IT 인프라 자원을 클라우드 서비스로 제공하는 형태

2) 클라우드 서비스의 비즈니스 모델

구 분	주 요 내 용
퍼블릭(공개형)	• 전 세계의 소비자, 기업고객, 공공기관 및 정부 등 모든 주체가 클라우드 컴퓨팅을 사용할 수 있음 • 사용량에 따라 사용료를 지불하며 규모의 경제를 통해 경쟁력 있는 서비스 단가를 제공한다는 장점
사설(폐쇄형)	• 특정한 기업의 구성원만 접근할 수 있는 전용 클라우드서비스 • 초기 투자비용이 높으며, 주로 데이터의 보안 확보와 프라이버시 보장이 필요한 경우 사용
하이브리드(혼합형)	• 특정 업무 또는 데이터 저장은 폐쇄형 클라우드 방식을 이용하고 중요도가 낮은 부분은 공개형 클라우드 방식을 이용

5.4 인공지능과 빅데이터 분석기법

(1) 기계학습(머신러닝)

기계학습(machine learning, 머신러닝)이란 방대한 데이터를 분석해 미래를 예측하는 기술로 일반적으로 생성된 데이터를 정보와 지식(규칙)으로 변환하는 컴퓨터 알고리즘을 의미한다.

1) 기계학습의 유형

구 분	주 요 내 용
지도학습	• 학습 데이터로부터 하나의 함수를 유추해내기 위한 방법, 즉 학습 데이터로부터 주어진 데이터의 예측 값을 추측한다. • 지도학습 방법에는 분류모형과 회귀모형이 있다.
비지도학습	• 데이터가 어떻게 구성되었는지를 알아내는 문제의 범주에 속한다. • 지도학습 및 강화학습과 달리 입력값에 대한 목표치가 주어지지 않는다. • 비지도학습 방법에는 군집분석, 오토인코더, 생성적 적대신경망(GAN)이 있다.
강화학습	• 선택 가능한 행동 중 보상을 최대화하는 행동 혹은 순서를 선택하는 방법이다. • 강화학습에는 게임 플레이어 생성, 로봇 학습 알고리즘, 공급망 최적화 등의 응용영역이 있다.

2) 기계학습 워크플로우(6단계)

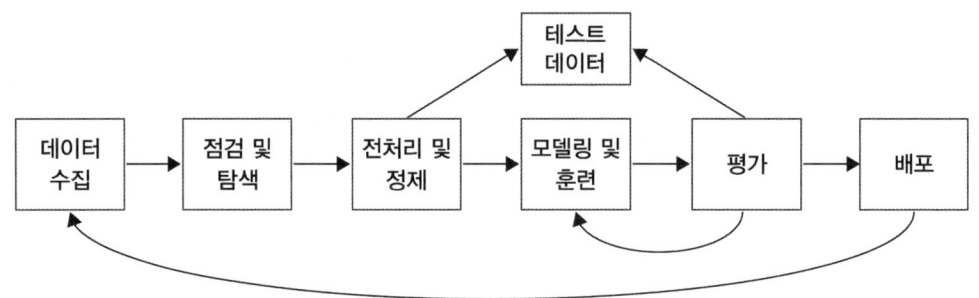

구 분	주 요 내 용
데이터 수집	인공지능 구현을 위해서는 머신러닝·딥러닝 등의 학습방법과 이것을 학습할 수 있는 방대한 양의 데이터가 필요하다.
점검 및 탐색	• 데이터를 점검하고 탐색하는 탐색적 데이터 분석을 수행한다. • 데이터의 구조와 결측치 및 극단치 데이터를 정제하는 방법을 탐색한다. • 독립변수, 종속변수, 변수 유형, 변수의 데이터 유형 등 데이터 특징을 파악한다.

구 분	주 요 내 용
전처리 및 정제	다양한 소스로부터 획득한 데이터 중 분석하기에 부적합하거나 수정이 필요한 경우 데이터를 전처리하거나 정제하는 과정이다.
모델링 및 훈련	• 머신러닝 코드를 작성하는 모델링 단계를 말한다. • 적절한 머신러닝 알고리즘을 선택하여 모델링을 수행하고, 해당 머신러닝 알고리즘에 전처리가 완료된 데이터를 학습(훈련)시킨다. • 전처리 완료된 데이터 셋(data set)은 학습용 데이터와 평가용 데이터로 구성한다.
평가	• 머신러닝 기법을 이용한 분석모델(연구모형)을 실행하고 성능(예측정확도)을 평가하는 단계이다. • 모형평가에는 연구모형이 얼마나 정확한가, 연구모형이 관찰된 데이터를 얼마나 잘 설명하는가, 연구모형의 예측에 대해 얼마나 자신할 수 있는가(신뢰성, 타당성), 모형이 얼마나 이해하기 좋은가 등을 평가하고 만족하지 못한 결과가 나온다면 모델링 및 훈련 단계를 반복 수행한다.
배포	• 평가 단계에서 머신러닝 기법을 이용한 연구모형이 성공적으로 학습된 것으로 판단되면 완성된 모델을 배포한다. • 분석모델을 실행하여 도출된 최종결과물을 점검하고, 사업적 측면에서 결과의 가치를 재평가한다. • 분석모델을 파일럿 테스트(시험작동)를 통해 운영한 다음 안정적으로 확대하여 운영계 시스템에 구축한다.

(2) 데이터마이닝

데이터마이닝(Data Mining)은 축적된 대용량 데이터를 통계기법 및 인공지능기법을 이용하여 분석하고, 이에 대한 평가를 거쳐 일반화시킴으로써 새로운 자료에 대해 예측 및 추측할 수 있는 의사결정을 지원한다.

대규모로 저장된 데이터 안에서 다양한 분석기법을 활용하여 전통적인 통계학 이론으로는 설명이 힘든 패턴과 규칙을 발견한다.

1) 데이터마이닝의 단계

데이터마이닝은 분류, 추정, 예측, 유사집단화, 군집화 등의 다섯 가지 단계로 구분한다.

구 분	주 요 내 용
분류	어떤 새로운 사물이나 대상의 특징을 파악하여 미리 정의된 분류코드에 따라 어느 한 범주에 할당하거나 나누는 것을 의미한다.
추정	결과가 연속형 값을 갖는 연속형 변수를 주로 다루며 주어진 입력변수로부터 수입, 은행잔고, 배당금과 같은 미지의 연속형 변수에 대한 값을 추정(산출)한다.

구 분	주 요 내 용
예측	과거와 현재의 자료를 이용하여 미래를 예측하는 모형을 만드는 것이다.
유사집단화	유사한 성격을 갖는 사물이나 물건들을 함께 묶어주는 작업을 말한다.
군집화	이질적인 사람들의 모집단으로부터 다수의 동질적인 하위 집단 혹은 군집들로 세분화하는 작업이다.

(3) 텍스트마이닝

최근 텍스트, 이미지, 음성데이터 등의 비정형데이터를 다루는 기술이 빠르게 발전하고 있다. 기업에서 생산되는 데이터의 80% 이상은 비정형데이터로 이루어져 있으며, 그 중 텍스트데이터는 가장 대표적인 비정형데이터이다.

온라인 쇼핑몰 이용자는 구매자가 남긴 제품리뷰 텍스트(구매후기)로부터 제품에 대한 정보를 수집한다. 이들 텍스트데이터를 분석하여 구매자의 행동예측과 제품선호도를 분석할 수 있다.

텍스트마이닝(Text Mining)은 자연어 형태로 구성된 비정형 또는 반정형 텍스트데이터에서 패턴 또는 관계를 추출하여 의미 있는 정보를 찾아내는 기법으로 자연어처리(natural language processing, NLP)가 핵심기술이다.

자연어처리(NPL)는 컴퓨터를 이용해 사람의 자연어를 분석하고 처리하는 기술로 자연어 분석, 자연어 이해, 자연어 생성의 기술이 사용된다.

텍스트마이닝 분석을 실시하기 위해서는 불필요한 정보를 제거하고, 비정형데이터를 정형데이터로 구조화하는 작업이 필요한데 이를 위해 데이터 전처리(data preprocessing) 과정이 필수적이다.

5.5 인공지능과 비즈니스 혁신

(1) RPA(로봇 프로세스 자동화)

RPA(Robotic Process Automation, 로봇 프로세스 자동화)는 소프트웨어 프로그램이 사람을 대신해 반복적인 업무를 자동 처리하는 기술을 말한다. 인공지능과 머신러닝을 사용하여 가능한 많은 반복적 업무를 자동화할 수 있는 소프트웨어 로봇 기술이다.

RPA는 반복적인 규칙기반 작업에 특화되어 있으며, RPA와 AI를 통합하는 경우에 RPA로 구현된 로봇은 AI 알고리즘을 사용하여 의사결정을 내릴 수 있고, 기계학습을 통해 작업을 최적화하는 등의 지능적인 자동화가 가능할 수 있다.

1) RPA 적용단계

RPA는 기초프로세스 자동화, 데이터 기반의 머신러닝(기계학습) 활용, 인지자동화의
세 단계 활동으로 구성된다.

구 분	주 요 내 용
기초프로세스 자동화	정형화된 데이터 기반의 자료 작성, 단순 반복 업무 처리, 고정된 프로세스 단위 업무 수행 등이 해당된다.
데이터 기반의 머신러닝 활용	이미지에서 텍스트 데이터 추출, 자연어 처리로 정확도와 기능성을 향상시키 는 단계이다.
인지자동화	RPA가 업무 프로세스를 스스로 학습하면서 자동화하는 단계이며, 빅데이터 분석을 통해 사람이 수행하는 더 복잡한 작업과 의사결정을 내리는 수준이다.

(2) 챗봇

채팅(Chatting)과 로봇(Robot)의 합성어인 챗봇(ChatBot)은 로봇의 인공지능을 대화
형 인터페이스에 접목한 기술로 인공지능을 기반으로 사람과 상호작용하는 대화형 시스
템을 지칭한다.

챗봇은 기업에서 사용하는 메신저에서 채팅을 하듯이 질문을 입력하면 인공지능이 빅
데이터 분석을 통해 일상 언어로 사람과 소통하는 대화형 메신저이다.

(3) 블록체인

블록체인(Block Chain)이란 분산형 데이터베이스의 형태로 데이터를 저장하는 연결구
조체이며, 모든 구성원이 네트워크를 통해 데이터를 검증 및 저장하여 특정인의 임의적인
조작이 어렵도록 설계된 저장플랫폼이다.

블록(Block)은 거래 건별 정보가 기록되는 단위이며, 이것이 시간의 순서에 따라 체인
(chain) 형태로 연결된 데이터베이스를 블록체인이라고 한다.

블록체인은 블록의 정보와 거래내용(거래정보)을 기록하고 이를 네트워크 참여자들에
게 분산 및 공유하는 분산원장 또는 공공거래장부이다.

1) 블록체인 기술의 특징

구 분	주 요 내 용
탈중개성	공인된 제3자의 공증 없이 개인 간 거래가 가능하며 불필요한 수수료를 절감할 수 있다.
보안성	정보를 다수가 공동으로 소유하므로 해킹이 불가능하여 보안비용을 절감할 수 있다.
신속성	거래의 승인·기록은 다수의 참여에 의해 자동 실행되므로 신속성이 극대화된다.
확장성	공개된 소스에 의해 쉽게 구축, 연결, 확장이 가능하므로 IT 구축비용을 절감할 수 있다.
투명성	모든 거래기록에 공개적 접근이 가능하여 거래 양성화 및 규제비용을 절감할 수 있다.

개념 익히기

● 인공지능 비즈니스 적용 프로세스

비즈니스 영역 탐색 → 비즈니스 목표 수립 → 데이터 수집 및 적재 → 인공지능 모델 개발 → 인공지능 배포 및 프로세스 정비

5.6 스마트팩토리

(1) 스마트팩토리

스마트팩토리(smart factory)란 설계·개발, 제조 및 유통·물류 등 생산 과정에 4차 산업의 핵심기술이 결합된 정보통신기술(ICT: Information and Communications Technology)을 적용하여 생산성, 품질, 고객만족도를 획기적으로 향상시키는 지능형 생산공장을 말한다.

스마트팩토리는 사물인터넷(IoT)을 결합하여 공장의 설비(장비) 및 공정에서 발생하는 모든 데이터 및 정보가 센서를 통해 네트워크로 서로 연결되어 공유되고 실시간으로 데이터를 분석하여 필요한 의사결정을 내릴 수 있도록 지원하여 생산 및 운영이 최적화된 공장이다.

1) 스마트팩토리의 등장배경

세계 각국은 국가경제의 핵심인 제조기업의 경쟁력을 향상시키기 위하여 스마트팩토리 구축을 적극 지원하고 있다. 과거에는 생산원가 절감을 위하여 기업의 제조시설을 해외로 이전하는 경향이 많았으나, 최근에는 국가경쟁력 회복을 위하여 제조시설의 리쇼어링 (reshoring) 경향이 두드러지게 나타나고 있다.

스마트팩토리의 주요 구축목적은 생산성 향상, 유연성 향상을 위하여 생산시스템의 지능화, 유연화, 최적화, 효율화 구현에 있다. 세부적으로는 고객서비스 향상, 비용절감, 납기향상, 품질향상, 인력효율화, 맞춤형제품생산, 통합된 협업생산시스템, 최적화된 동적 생산시스템, 새로운 비즈니스 창출, 제품 및 서비스의 생산통합, 제조의 신뢰성 확보 등의 목적을 갖는다고 할 수 있다.

2) 스마트팩토리의 구성영역과 기술요소

스마트팩토리는 제품개발, 현장자동화, 공장운영관리, 기업자원관리, 공급사슬관리영역으로 구성된다.

구 분	주 요 기 술 요 소
제품개발	제품수명주기관리(PLM: Product Lifecycle Management)시스템을 이용하여 제품의 개발, 생산, 유지보수, 폐기까지의 전 과정을 체계적으로 관리
현장자동화	인간과 협업하거나 독자적으로 제조작업을 수행하는 시스템으로 공정자동화, IoT, 설비제어장치(PLC), 산업로봇, 머신비전 등의 기술이 이용
공장운영관리	자동화된 생산설비로부터 실시간으로 가동정보를 수집하여 효율적으로 공장운영에 필요한 생산계획 수립, 재고관리, 제조자원관리, 품질관리, 공정관리, 설비제어 등을 담당하며, 제조실행시스템(MES), 창고관리시스템(WMS), 품질관리시스템(QMS) 등의 기술이 이용
기업자원관리	고객주문, 생산실적정보 등을 실시간으로 수집하여 효율적인 기업운영에 필요한 원가, 재무, 영업, 생산, 구매, 물류관리 등을 담당하며, ERP 등의 기술이 이용
공급사슬관리	제품생산에 필요한 원자재 조달에서부터 고객에게 제품을 전달하는 전체 과정의 정보를 실시간으로 수집하여 효율적인 물류시스템 운영, 고객만족을 목적으로 하며, 공급망관리(SCM) 등의 기술이 이용

(2) 스마트팩토리와 ERP

1) 사이버물리시스템(CPS)과 ERP

사이버물리시스템(CPS: Cyber Physical System)은 실제의 물리적인 제품, 생산설비, 공정, 공장을 사이버 공간에 그대로 구현하고 서로 긴밀하게 통합되어 동작하는 통합시스템이다.

이러한 사이버물리시스템(CPS)은 사물인터넷(IoT) 기술을 활용하여 공장운영 전반의 데이터를 실시간으로 수집하여 공장운영 현황을 모니터링하고 제조 빅데이터를 분석하여 설비와 공정을 제어함으로써 공장운영의 최적화를 수행한다.

사이버물리시스템(CPS)의 데이터를 ERP시스템으로 통합하여 주문처리, 생산계획, 구매관리, 재고관리와 같은 업무프로세스를 지원하는 상호작용이 가능하다.

2) 제품수명주기관리(PLM)와 ERP

제품수명주기관리(PLM: Product Lifecycle Management)는 제품 기획, 설계, 생산, 출시, 유통, 유지보수, 폐기까지의 제품수명주기의 모든 단계에 관련된 프로세스와 관련정보를 통합관리하는 응용시스템이다.

PLM은 제품의 설계, 속성, 관련 문서 등의 정보를 관리하고 제품수명주기에 따른 프로세스를 계획하고 효과적으로 관리하는 제품 중심의 수명주기 관리에 초점을 둔다.

또한 ERP는 기업 전반의 자원 및 프로세스를 통합적으로 관리하는 데 중점을 두고 있으므로 제품의 생산, 유통, 재무프로세스를 효율화 하는데 PLM과 ERP가 상호작용이 가능하다.

유형별 연습문제
1.5 4차 산업혁명과 스마트 ERP

01 다음 중 클라우드 ERP와 관련된 설명으로 가장 적절하지 않은 것은?

① 클라우드를 통해 ERP 도입에 관한 진입장벽을 높일 수 있다.
② IaaS 및 PaaS 활용한 ERP를 하이브리드 클라우드 ERP라고 한다.
③ 서비스형 소프트웨어 형태의 클라우드로 ERP를 제공하는 것을 SaaS ERP라고 한다.
④ 클라우드 ERP는 고객의 요구에 따라 필요한 기능을 선택·적용한 맞춤형 구성이 가능하다.

02 다음 중 클라우드 서비스 기반 ERP와 관련된 설명으로 가장 적절하지 않은 것은?

① ERP 구축에 필요한 IT 인프라 자원을 클라우드 서비스로 빌려 쓰는 형태를 IaaS라고 한다.
② ERP 소프트웨어 개발을 위한 플랫폼을 클라우드 서비스로 제공받는 것을 PaaS라고 한다.
③ PaaS에는 데이터베이스 클라우드 서비스와 스토리지 클라우드 서비스가 있다.
④ 기업의 핵심 애플리케이션인 ERP, CRM 솔루션 등의 소프트웨어를 클라우드 서비스를 통해 제공받는 것을 SaaS라고 한다.

03 클라우드 서비스 사업자가 클라우드 컴퓨팅 서버에 ERP 소프트웨어를 제공하고, 사용자가 원격으로 접속해 ERP 소프트웨어를 활용하는 서비스를 무엇이라 하는가?

① IaaS(Infrastructure as a Service)　② PaaS(Platform as a Service)
③ SaaS(Software as a Service)　④ DaaS(Desktop as a Service)

04 다음 중 차세대 ERP의 인공지능(AI), 빅데이터(BigData), 사물인터넷(IoT) 기술의 적용에 관한 설명으로 가장 적절하지 않은 것은?

① 현재 ERP는 기업 내 각 영역의 업무프로세스를 지원하고, 단위별 업무처리의 강화를 추구하는 시스템으로 발전하고 있다.
② 제조업에서는 빅데이터 분석기술을 기반으로 생산자동화를 구현하고 ERP와 연계하여 생산계획의 선제적 예측과 실시간 의사결정이 가능하다.
③ 차세대 ERP는 인공지능 및 빅데이터 분석기술과의 융합으로 상위계층의 의사결정을 지원할 수 있는 지능형시스템으로 발전하고 있다.
④ ERP에서 생성되고 축적된 빅데이터를 활용하여 기업의 새로운 업무개척이 가능해지고, 비즈니스 간 융합을 지원하는 시스템으로 확대가 가능하다.

05 다음 [보기]의 (   )에 들어갈 용어로 가장 적절한 것은 무엇인가?

> **보기**
>
> ERP 시스템 내의 데이터 분석 솔루션인 (   )은(는) 구조화된 데이터(structured data)와 비구조화된 데이터(unstructured data)를 동시에 이용하여 과거 데이터에 대한 분석뿐만 아니라, 이를 통한 새로운 통찰력 제안과 미래 사업을 위한 시나리오를 제공한다.

① 리포트(Report)
② SQL(Structured Query Language)
③ 비즈니스 애널리틱스(Business Analytics)
④ 대시보드(Dashboard)와 스코어카드(Scorecard)

06 다음 중 차세대 ERP의 비즈니스 애널리틱스(Business Analytics)에 관한 설명으로 가장 적절하지 않은 것은?

① 비즈니스 애널리틱스는 구조화된 데이터(structured data)만을 활용한다.
② ERP 시스템 내의 방대한 데이터 분석을 위한 비즈니스 애널리틱스가 ERP의 핵심요소가 되었다.
③ 비즈니스 애널리틱스는 질의 및 보고와 같은 기본적 분석기술과 예측 모델링과 같은 수학적으로 정교한 수준의 분석을 지원한다.
④ 비즈니스 애널리틱스는 리포트, 쿼리, 대시보드, 스코어카드뿐만 아니라 예측모델링과 같은 진보된 형태의 분석기능도 제공한다.

07 스마트공장의 구성영역 중에서 생산계획 수립, 재고관리, 제조자원관리, 품질관리, 공정관리, 설비제어 등을 담당하는 것은?

① 제품개발   ② 현장자동화
③ 공장운영관리   ④ 공급사슬관리

08 클라우드 서비스의 비즈니스 모델에 관한 설명으로 옳지 않은 것은?

① 공개형 클라우드는 사용량에 따라 사용료를 지불하며 규모의 경제를 통해 경쟁력 있는 서비스 단가를 제공한다는 장점이 있다.
② 공개형 클라우드는 데이터의 소유권 확보와 프라이버시 보장이 필요한 경우 사용된다.
③ 폐쇄형 클라우드는 특정한 기업 내부 구성원에게만 제공되는 서비스를 말한다.
④ 혼합형 클라우드는 특정 업무는 폐쇄형 클라우드 방식을 이용하고 기타 업무는 공개형 클라우드 방식을 이용하는 것을 말한다.

09 인공지능의 기술발전에 대한 설명으로 옳지 않은 것은?

① 계산주의는 인간이 보유한 지식을 컴퓨터로 표현하고 이를 활용해 현상을 분석하거나 문제를 해결하는 지식기반시스템을 말한다.
② 연결주의는 지식을 직접 제공하기보다 지식과 정보가 포함된 데이터를 제공하고 컴퓨터가 스스로 필요한 정보를 학습한다.
③ 연결주의 시대는 학습에 필요한 빅데이터와 컴퓨팅 파워의 부족이라는 한계를 극복하였다.
④ 딥러닝은 입력층(input layer)과 출력층(output layer) 사이에 다수의 숨겨진 은닉층(hidden layer)으로 구성된 심층신경망(Deep Neural Networks)을 활용한다.

10 다음 중 세계경제포럼(World Economic Forum)에서 발표한 인공지능 규범(AI code)의 5개 원칙에 해당하지 않는 것은?

① 인공지능은 인류의 공동 이익과 이익을 위해 개발되어야 한다.
② 인공지능은 투명성과 공정성의 원칙에 따라 작동해야 한다.
③ 인공지능이 개인, 가족, 지역 사회의 데이터 권리 또는 개인정보를 감소시켜야 한다.
④ 인간을 해치거나 파괴하거나 속이는 자율적 힘을 인공지능에 절대로 부여하지 않는다.

11 인공지능 기반의 빅데이터 분석기법에 대한 설명으로 적절하지 않은 것은?

① 텍스트마이닝 분석을 실시하기 위해서는 불필요한 정보를 제거하는 데이터 전처리(data pre-processing) 과정이 필수적이다.
② 텍스트마이닝은 자연어(natural language) 형태로 구성된 정형데이터에서 패턴 또는 관계를 추출하여 의미 있는 정보를 찾아내는 기법이다.
③ 데이터마이닝은 대규모로 저장된 데이터 안에서 다양한 분석기법을 활용하여 전통적인 통계학 이론으로는 설명이 힘든 패턴과 규칙을 발견한다.
④ 데이터마이닝은 분류(classification), 추정(estimation), 예측(prediction), 유사집단화(affinity grouping), 군집화(clustering)의 5가지 업무영역으로 구분할 수 있다.

12 빅데이터의 주요 특성(5V)으로 옳지 않은 것은?

① 속도   ② 다양성
③ 정확성   ④ 일관성

13 스마트팩토리의 주요 구축 목적이 아닌 것은?

① 생산성 향상   ② 유연성 향상
③ 고객서비스 향상   ④ 제품 및 서비스의 이원화

14 [보기]에서 설명하는 RPA 적용단계는 무엇인가?

> **보기**
>
> 빅데이터 분석을 통해 사람이 수행하는 복잡한 의사결정을 내리는 수준이다. 이것은 RPA가 업무 프로세스를 스스로 학습하면서 자동화하는 단계이다.

① 인지자동화   ② 데이터전처리
③ 기초프로세스 자동화   ④ 데이터 기반의 머신러닝(기계학습) 활용

15 [보기]는 무엇에 대한 설명인가?

> **보기**
>
> 실제의 물리적인 제품, 생산설비, 공정, 공장을 사이버 공간에 그대로 구현하고 서로 긴밀하게 통합되어 동작하는 통합시스템으로, 공장운영 전반의 데이터를 실시간으로 수집하여 공장운영현황을 모니터링하고 설비와 공정을 제어함으로써 공장운영의 최적화를 수행하는 것

① 제조실행시스템(MES)   ② 전사적자원관리(ERP)
③ 사이버물리시스템(CPS)   ④ 제품수명주기관리(PLM)시스템

16 [보기]는 무엇에 대한 설명인가?

> **보기**
>
> • 제품, 공정, 생산설비, 공장 등에 대한 실제 환경과 가상 환경을 연결하여 상호작용하는 통합시스템
> • 실시간으로 수집되는 빅데이터를 가상 모델에서 시뮬레이션하여 실제 시스템의 성능을 최적으로 유지

① 비즈니스 애널리틱스(Business Analytics)
② 사이버물리시스템(Cyber Physical System, CPS)
③ 공급사슬관리(Supply Chain Management, SCM)
④ 전사적 자원관리(Enterprise Resource Planning, ERP)

17 머신러닝 워크플로우 프로세스의 순서를 고르시오.

① 데이터 수집 → 점검 및 탐색 → 전처리 및 정제 → 모델링 및 훈련 → 평가 → 배포
② 점검 및 탐색 → 데이터 수집 → 전처리 및 정제 → 모델링 및 훈련 → 평가 → 배포
③ 데이터 수집 → 전처리 및 정제 → 모델링 및 훈련 → 평가 → 배포 → 점검 및 탐색
④ 데이터 수집 → 전처리 및 정제 → 점검 및 탐색 → 모델링 및 훈련 → 평가 → 배포

18 기계학습의 종류에 해당하지 않는 것은?

① 지도학습(Supervised Learning)　　② 강화학습(Reinforcement Learning)
③ 비지도학습(Unsupervised Learning)　④ 시뮬레이션학습(Simulation Learning)

19 인공지능 비즈니스 적용 프로세스의 순서로 올바른 것은?

① 비즈니스 영역 탐색 → 비즈니스 목표 수립 → 데이터 수집 및 적재 → 인공지능 모델 개발
　→ 인공지능 배포 및 프로세스 정비
② 비즈니스 목표 수립 → 비즈니스 영역 탐색 → 데이터 수집 및 적재 → 인공지능 모델 개발
　→ 인공지능 배포 및 프로세스 정비
③ 비즈니스 목표 수립 → 데이터 수집 및 적재 → 인공지능 모델 개발 → 인공지능 배포 및
　프로세스 정비 → 비즈니스 영역 탐색
④ 비즈니스 영역 탐색 → 비즈니스 목표 수립 → 데이터 수집 및 적재 → 인공지능 배포 및
　프로세스 정비 → 인공지능 모델 개발

20 [보기]는 무엇에 대한 설명인가?

┤ 보기 ├
- 분산형 데이터베이스(distributed database)의 형태로 데이터를 저장하는 연결구조체
- 모든 구성원이 네트워크를 통해 데이터를 검증 및 저장하여 특정인의 임의적인 조작이
  어렵도록 설계된 저장플랫폼

① 챗봇(Chatbot)　　　　　② 블록체인(Blockchain)
③ 메타버스(Metaverse)　　④ RPA(Robotic Process Automation)

21 [보기]는 무엇에 대한 설명인가?

┤ 보기 ├
- 축적된 대용량 데이터를 통계기법 및 인공지능기법을 이용하여 분석하고 이에 대한 평가
  를 거쳐 일반화시킴으로써 새로운 자료에 대한 예측 및 추측을 할 수 있는 의사결정을 지
  원한다.
- 대규모로 저장된 데이터 안에서 다양한 분석기법을 활용하여 전통적인 통계학 이론으로는
  설명이 힘든 패턴과 규칙을 발견한다.
- 분류(classification), 추정(estimation), 예측(prediction), 유사집단화(affinity grouping), 군집화
  (clustering) 등의 다양한 기법이 사용된다.

① 챗봇(Chat Bot)　　　　　② 블록체인(Block Chain)
③ 스마트계약(Smart Contract)　④ 데이터마이닝(Data Mining)

22 인공지능 규범(AI CODE)의 5대 원칙으로 적절하지 않은 것은?

① 인공지능은 투명성과 공정성의 원칙에 따라 작동해야 한다.

② 인공지능이 개인, 가족, 사회의 데이터 권리를 감소시켜서는 안된다.

③ 모든 시민은 인공지능을 통해서 정신적, 정서적, 경제적 번영을 누리도록 교육받을 권리를 가져야 한다.

④ 인간을 해치거나 파괴하거나 속이는 자율적 힘을 인간의 통제하에서 인공지능에게 부여할 수 있다.

23 기계학습에 대한 설명으로 옳지 않은 것은?

① 비지도학습 방법에는 분류모형과 회귀모형이 있다.

② 비지도학습은 입력값에 대한 목표치가 주어지지 않는다.

③ 지도학습은 학습 데이터로부터 하나의 함수를 유추해내기 위한 방법이다.

④ 강화학습은 선택 가능한 행동들 중 보상을 최대화하는 행동 혹은 순서를 선택하는 방법이다.

24 [보기]는 무엇에 대한 설명인가?

┤ 보기 ├─
- 인터넷을 통해서 모든 사물을 서로 연결하여 정보를 상호 소통하는 지능형 정보기술 및 서비스
- 해당 기기들이 내장 센서를 통해 데이터를 수집하고 인터넷을 통해 서로 연결·통신하며, 수집된 정보 기반으로 자동화된 프로세스나 제어기능을 수행함
- 스마트 가전, 스마트 홈, 의료, 원격검침, 교통 등 다양한 산업 분야에 적용됨

① 사물인터넷(Internet of Things)

② 클라우드 컴퓨팅(Cloud Computing)

③ 인공신경망(Artificial Neural Network)

④ 사이버물리시스템(Cyber Physical System)

25 [보기]는 업무효율화를 위해 (주)생산디지털 인사팀의 챗봇(Chat-bot) 도입 사례이다. 본 사례에서 챗봇은 어떤 기술적 특성과 비즈니스 혁신 효과를 반영하고 있는가?

> ┤ 보기 ├
>
> (주)생산디지털은 최근 인사 부서의 단순 민원 업무가 급증하자, 사내 인트라넷에 AI 기반 챗봇을 도입하였다. 직원들은 이 챗봇을 통해 "연차 신청 절차는?", "육아휴직 대상은?", "급여 명세서 어디서 출력하나요?" 등의 질문에 대해 실시간 자동 응답을 받을 수 있다. 이를 통해 인사담당자는 보다 전문적인 상담과 전략적 업무에 집중할 수 있게 되었다.

① 인사담당자와의 직접 통화를 통해 복잡한 업무 절차를 간소화한다.
② 인사 시스템 내 결재선 확인 기능을 통해 전자결재 업무를 자동화한다.
③ 템플릿화된 FAQ를 이메일로 배포하여 인사 관련 기업 내부 민원을 줄인다.
④ 빅데이터 기반으로 학습된 AI 챗봇이 반복 질문에 자동 응답함으로써 인사 민원의 자동화와 업무 효율화를 지원한다.

26 [보기]의 (주)생산성에 적용된 기술에 대한 설명으로 가장 적절한 것은?

> ┤ 보기 ├
>
> (주)생산은 ERP 인사 시스템에 신규 기술을 도입하여 직원들의 조직몰입도와 이직 가능성을 분석하고자 한다. 이를 위해 직원들이 작성한 사내 익명게시판의 글, 퇴사 면담 기록, 인사평가 의견란에 입력된 비정형 데이터를 수집하였다. 인사팀은 이를 분석해 직원들의 감정 변화, 이직 징후, 조직문화 개선 방향 등을 도출하고자 한다.

① 소수의 직원들을 직접 인터뷰하여 감정을 분석하는 방식이다.
② 음성 데이터나 이미지 데이터를 처리하는 데 최적화된 AI 기술이다.
③ 자연어 형태의 데이터를 분석하여 유의미한 정보를 추출하는 기법이다.
④ 정형 데이터의 통계적 분석을 통해 직원의 업무성과를 직접 수치화하는 기술이다.

27 [보기]의 (주)생산솔루션 회사가 도입한 인공지능 기술에 대한 설명으로 가장 적절한 것은?

> ┤ 보기 ├
>
> (주)생산인사솔루션은 최근 급변하는 인사 환경에 대응하기 위해 인공지능 기반의 인사관리 시스템을 도입하였다. 인사팀은 이 시스템을 활용하여 입사 지원자의 이력서와 자기소개서를 자동으로 분석하고, 적합한 인재를 선별하는 과정에서 이미지 인식 및 문장 분석 기능을 활용하고 있다. 또한 근무태도 및 성과 데이터를 시계열로 분석하여 인사 평가에 반영하고자 한다.

① RNN은 이미지 데이터를 효과적으로 분류할 수 있는 딥러닝 알고리즘이다.
② RNN은 고정입력값만을 처리할 수 있으며, 순차적인 자연어 분석에는 적합하지 않다.
③ CNN은 시계열 데이터 분석에 최적화되어 있으며, 인사 평가 예측에 주로 활용할 수 있다.
④ CNN은 필터링을 기반으로 이미지 인식에 효과적이며, 이력서 내 사진 판별 등에 활용될 수 있다.

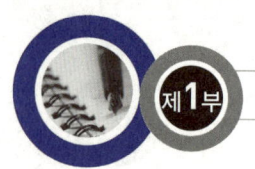

28 [보기]의 (주)생산이노베이션 사례와 같이 스마트ERP를 도입하여 경영혁신을 추진하는 기업의 인사관리 내용으로 적절하지 않은 것은?

┤ 보기├

(주)생산이노베이션은 4차 산업혁명 시대에 발맞춰 경영혁신을 추진하고 있다. 이 회사는 기존 ERP 시스템을 스마트ERP로 전환하여 인공지능 기반의 빅데이터 분석 기능을 도입하고, 이를 통해 인사부서에서 조직 내 이직 예측, 인재 확보 전략 수립, 교육훈련 효과 분석 등을 실시간으로 수행하고자 한다. 또한 경영진은 비즈니스 애널리틱스를 활용한 과학적이고 합리적인 의사결정을 통해 전략적 인사관리 체계를 구축하려 한다.

① 인사부서 내 경험 많은 관리자 개인의 직관에 따라 승진자 명단을 결정한다.
② 인공지능 기반의 교육 분석 시스템을 통해 직무별 최적 교육 콘텐츠를 자동 추천한다.
③ 비즈니스 애널리틱스를 활용하여 인사성과를 수치화하고, 전략적 인사결정을 지원한다.
④ 빅데이터 분석을 통해 고성과 인재의 이직 가능성을 사전에 예측하고, 유지 전략을 수립한다.

29 [보기]의 (주)생산에이아이의 RPA 도입 사례에 비추어 볼 때, 현재 수행 중인 자동화 업무와 향후 계획된 기술 도입은 각각 RPA 적용단계 중 어떤 것에 해당하는가?

┤ 보기├

(주)생산에이아이(AI)는 반복적인 인사 데이터를 수작업으로 정리하던 기존 방식에서 벗어나, 인사기록 자동 작성, 근태 데이터 수집 및 분류, 채용 공고 자동 등록 등 다양한 단순 업무를 자동화하고자 RPA(Robotic Process Automation, 로봇 프로세스 자동화)를 도입하였다. 향후에는 OCR(광학 문자 인식)과 자연어 처리 기술을 연동하여, 이미지에서 이력서 정보를 추출하거나, 면접 후 피드백 텍스트를 분석하여 평가 항목별로 자동 분류하는 기능도 구현할 예정이다.

① 현재: 인지자동화 / 향후: 인지자동화
② 현재: 인지자동화 / 향후: 기초프로세스 자동화
③ 현재: 데이터 기반의 딥러닝 및 머신러닝 활용 / 향후: 인지자동화
④ 현재: 기초프로세스 자동화 / 향후: 데이터 기반의 딥러닝 및 머신러닝 활용

30 [보기]에서 설명하는 디지털 전환(Digital Transformation)의 개념으로 가장 적절한 것은?

┤ 보기 ├

(주)생산컨설팅의 인사팀에서 근무하는 홍과장은 최근 회사가 '디지털 전환(Digital Transformation)' 전략을 추진한다는 발표를 들었다. 이에 따라, 인사팀에서도 기존 종이 기반의 평가 및 급여 관리 시스템을 클라우드 기반의 HR 시스템으로 전환하고, AI를 활용한 직원 성과 분석 및 맞춤형 교육 추천 시스템을 도입할 계획이다.

또한, 회사 전체적으로 빅데이터 분석을 활용한 고객 맞춤형 서비스 제공, 비대면 협업 플랫폼 확대, AI 챗봇을 통한 고객 응대 자동화 등을 추진하고 있다. 이를 통해 기업 내부뿐만 아니라, 고객과의 접점에서도 디지털 기술을 활용한 혁신이 이루어지고 있다.

① 클라우드 컴퓨팅만을 적용하여 기업 운영을 최적화하는 과정
② 디지털 기술을 활용하여 전통적인 사회 구조를 혁신하는 과정
③ 디지털 기술을 활용하여 기업 내부의 IT 부서만 개선하는 과정
④ 스마트폰 보급과 같은 개별 디지털 기기 보급에 초점을 맞춘 과정

1.5 4차 산업혁명과 스마트 ERP

답안 및 풀이

1	2	3	4	5	6	7	8	9	10
①	③	③	①	③	①	③	②	③	③
11	12	13	14	15	16	17	18	19	20
②	④	④	①	③	②	①	④	①	②
21	22	23	24	25	26	27	28	29	30
④	④	①	①	④	③	④	①	④	②

01 ① 클라우드를 통해 ERP 도입에 관한 진입장벽을 낮출 수 있다.

02 ③ 데이터베이스 클라우드 서비스와 스토리지 클라우드 서비스는 IaaS에 속한다.

03 ③ SaaS(Software as a Service)는 클라우드 컴퓨팅 서비스 사업자가 클라우드 컴퓨팅 서버에 소프트웨어를 제공하고, 사용자가 원격으로 접속해 해당 소프트웨어를 활용하는 모델이다.

04 ① ERP는 4차 산업혁명의 핵심기술인 인공지능(Artificial Intelligence, AI), 빅데이터(Big Data), 사물인터넷(Internet of Things, IoT), 블록체인(Blockchain) 등의 신기술과 융합하여 보다 지능화된 기업경영이 가능한 통합시스템으로 발전된다.

05 ③ 비즈니스 애널리틱스는 ERP 시스템 내의 데이터 분석 솔루션으로 구조화된 데이터(structured data)와 비구조화된 데이터(unstructured data)를 동시에 이용하여 과거 데이터에 대한 분석뿐만 아니라, 이를 통한 새로운 통찰력 제안과 미래 사업을 위한 시나리오를 제공한다.

06 ① 비즈니스 애널리틱스는 구조화된 데이터(structured data)와 비구조화된 데이터(unstructured data)를 동시에 이용한다.

07 ③

[스마트팩토리의 구성역영과 기술요소]

구 분	주 요 기 술 요 소
제품개발	제품수명주기관리(PLM: Product Lifecycle Management)시스템을 이용하여 제품의 개발, 생산, 유지보수, 폐기까지의 전 과정을 체계적으로 관리
현장자동화	인간과 협업하거나 독자적으로 제조작업을 수행하는 시스템으로 공정자동화, IoT, 설비제어장치(PLC), 산업로봇, 머신비전 등의 기술이 이용
공장운영관리	자동화된 생산설비로부터 실시간으로 가동정보를 수집하여 효율적으로 공장운영에 필요한 생산계획 수립, 재고관리, 제조자원관리, 품질관리, 공정관리, 설비제어 등을 담당하며, 제조실행시스템(MES), 창고관리시스템(WMS), 품질관리시스템(QMS) 등의 기술이 이용
기업자원관리	고객주문, 생산실적정보 등을 실시간으로 수집하여 효율적인 기업운영에 필요한 원가, 재무, 영업, 생산, 구매, 물류관리 등을 담당하며, ERP 등의 기술이 이용
공급사슬관리	제품생산에 필요한 원자재 조달에서부터 고객에게 제품을 전달하는 전체 과정의 정보를 실시간으로 수집하여 효율적인 물류시스템 운영, 고객만족을 목적으로 하며, 공급망관리(SCM) 등의 기술이 이용

08 ② 폐쇄형 클라우드는 데이터의 소유권 확보와 프라이버시 보장이 필요한 경우 사용된다.

09 ③ 연결주의 시대는 막대한 컴퓨팅 성능과 방대한 학습데이터가 필수적이나 학습에 필요한 빅데이터와 컴퓨팅 파워의 부족이라는 한계를 극복하지 못해 비즈니스 활용 측면에서 제약이 있었다.

10 ③ 인공지능이 개인, 가족, 지역 사회의 데이터 권리 또는 개인정보를 감소시켜서는 안 된다.

11 ② 텍스트 마이닝은 자연어 형태로 구성된 비정형 또는 반정형 텍스트 데이터에서 패턴 또는 관계를 추출하여 의미 있는 정보를 찾아내는 기법이다.

12 ④ 빅데이터의 주요 특성(5V)은 규모(volume), 속도(velocity), 다양성(variety), 정확성(veracity), 가치(value) 등이 해당된다.

13 ④ 제품 및 서비스의 일원화
스마트팩토리의 주요 구축 목적은 생산성 향상, 유연성 향상을 위하여 생산시스템의 지능화, 유연화, 최적화, 효율화 구현에 있다.

14 ①

[RPA(Robotic Process Automation) 적용단계]
- 기초프로세스 자동화(1단계): 정형화된 데이터 기반의 자료 작성, 단순 반복 업무처리, 고정된 프로세스 단위 업무 수행
- 데이터 기반의 머신러닝 활용(2단계): 이미지에서 텍스트 데이터 추출, 자연어 처리로 정확도와 기능성을 향상시키는 단계
- 인지자동화(3단계): RPA가 업무 프로세스를 스스로 학습하면서 자동화하는 단계이며, 빅데이터 분석을 통해 사람이 수행하는 더 복잡한 작업과 의사결정을 내리는 수준

15 ③
- 제조실행시스템(MES): 제조공정의 효율적인 자원관리를 위한 시스템으로 공장운영관리에 필요
- 사이버물리시스템(CPS): 실제의 물리적인 제품, 생산설비, 공정, 공장을 사이버 공간에 그대로 구현하고 서로 긴밀하게 통합되어 동작하는 통합시스템
- 제품수명주기관리(PLM)시스템: 제품의 개발, 생산, 유지보수, 폐기까지의 전 과정을 관리하기 위한 시스템

16 ②

17 ①

[기계학습(머신러닝) 워크플로우 6단계]
- 데이터 수집(1단계): 인공지능 구현을 위해서는 머신러닝·딥러닝 등의 학습방법과 이것을 학습할 수 있는 방대한 양의 데이터와 컴퓨팅 파워가 필요
- 점검 및 탐색(2단계): 데이터의 구조와 결측치 및 극단적 데이터를 정제하는 방법을 탐색하며, 변수들 간 데이터 유형 등 데이터의 특징을 파악
- 전처리 및 정제(3단계): 다양한 소스로부터 획득한 데이터 중 분석하기에 부적합하거나 수정이 필요한 경우, 데이터를 전처리하거나 정제하는 과정
- 모델링 및 훈련(4단계): 머신러닝에 대한 코드를 작성하는 모델링 단계로 적절한 알고리즘을 선택하여 모델링을 수행하고, 알고리즘에 전처리가 완료된 데이터를 학습(훈련)하는 단계
- 평가(5단계): 머신러닝 기법을 이용한 분석모델(연구모형)을 실행하고 성능(예측정확도)을 평가하는 단계
- 배포(6단계): 평가 단계에서 머신러닝 기법을 이용한 분석모델(연구모형)이 성공적으로 학습된 것으로 판단되면 완성된 모델을 배포

18 ④ 기계학습(머신러닝)은 지도학습, 비지도학습, 강화학습 으로 구분된다.
- 지도학습(Supervised Learning): 학습 데이터로부터 하나의 함수를 유추하기 위한 방법으로 학습 데이터로부터 주어진 데이터의 예측 값을 추측하는 방법
- 비지도학습(Unsupervised Learning): 데이터가 어떻게 구성되었는지를 알아내는 문제의 범주 속함
- 강화학습(Reinforcement Learning): 선택 가능한 행동 중 보상을 최대화하는 행동 혹은 순서를 선택하는 방법

19 ①

[인공지능 비즈니스 적용 프로세스]
비즈니스 영역 탐색 → 비즈니스 목표 수립 → 데이터 수집 및 적재 → 인공지능 모델 개발 → 인공지능 배포 및 프로세스 정비

20 ②

- 챗봇(Chatbot): 채팅(Chatting)과 로봇(Robot)의 합성어, 로봇의 인공지능을 대화형 인터페이스에 접목한 기술로 인공지능을 기반으로 사람과 상호작용하는 대화형 시스템
- 블록체인(Blockchain): 분산형 데이터베이스(distributed database)의 형태로 데이터를 저장하는 연결구조체로 모든 구성원이 네트워크를 통해 데이터를 검증 및 저장하여 특정인의 임의적인 조작이 어렵도록 설계된 저장플랫폼
- 메타버스(Metaverse): 가공, 추상을 의미하는 메타(Meta)와 현실 세계를 의미하는 유니버스(Universe)가 합쳐진 말로 3차원 가상현실 세계를 뜻함
- RPA(Robotic Process Automation): 소프트웨어 프로그램이 사람을 대신해 반복적인 업무를 자동 처리하는 기술

21 ④

22 ④

[인공지능 규범(AI CODE)의 5대 원칙]
- Code 1: 인공지능은 인류의 공동 이익과 이익을 위해 개발되어야 한다.
- Code 2: 인공지능은 투명성과 공정성의 원칙에 따라 작동해야 한다.
- Code 3: 인공지능이 개인, 가족, 지역 사회의 데이터 권리 또는 개인정보를 감소시켜서는 안 된다.
- Code 4: 모든 시민은 인공지능을 통해서 정신적, 정서적, 경제적 번영을 누리도록 교육받을 권리를 가져야 한다.
- Code 5: 인간을 해치거나 파괴하거나 속이는 자율적 힘을 인공지능에 절대로 부여하지 않는다.

23 ① 비지도학습 방법에는 군집분석, 오토인코더, 생성적 적대신경망(GAN) 등이 있다.

24 ① 사물인터넷(IoT)에 대한 설명이다.
- 클라우드 컴퓨팅: 인터넷을 통하여 외부사용자에게 IT자원을 제공하고 사용하게 하는 기술서비스
- 인공신경망(ANN): 인간의 두뇌를 묘사
- 사이버물리(CPS): 물리적인 제품, 생산설비, 공정, 공장을 사이버 공간에 두고 동작하는 통합시스템

25 ④ 빅데이터 기반의 AI챗봇을 통해 반복되는 질문에 자동응답처리가 가능하게 되므로, 인사담당자는 보다 전문적인 상담과 전략적 업무에 집중할 수 있게 되었다.

26 ③ 직원들이 작성한 사내 익명게시판의 글, 면담 기록, 인사평가 의견란의 내용 등, 자연어 형태로 구성된 비정형 또는 반정형 텍스트데이터에서 패턴 또는 관계를 추출하여 의미 있는 정보를 찾아내는 자연처리 기법이 핵심기술인 텍스트 마이닝과 관계되는 내용이다.

27 ④
① 이미지 데이터를 효과적으로 분류할 수 있는 딥러닝 알고리즘은 CNN(순환신경망)에 대한 설명이다.
② 고정입력값을 처리하므로, 자연어 분석에 적합하지 않는 것은 CNN(순환신경망)에 대한 설명이다.
③ 시계열 데이터 분석에 최적화되어 인사 평가 등에 주로 활용되는 것은 RNN(합성곱 신경망)에 대한 설명이다.

28 ① 인사부서 내 경험 많은 관리자 개인의 직관에 따라 승진자 명단을 결정하는 것은 보기의 내용과 무관하다.

29 ④ 인사 자료와 관련된 단순 업무를 자동화하고자 RPA(로봇 프로세스 자동화)를 도입하는 것은 RPA 적용단계 중 '기초 프로세스 자동화' 단계에 대한 설명이며, 자연어 처리 기술을 연동하여 이미지에서 이력서 정보를 추출하는 것은 '데이터 기반의 딥러닝 및 머신러닝 활용' 단계이다.

30 ② 4차 산업혁명 시대의 경제 패러다임의 핵심인 디지털전환은 디지털 기술을 사회 전반에 적용하여 전통적인 사회구조를 혁신하는 과정으로 4차산업의 핵심기술(사물인터넷, 클라우드, 빅데이터, 인공지능 등)을 활용하여 기존의 구조, 운영방식, 서비스 방법 등을 혁신하는 것을 의미한다.

제2부

인사관리 이론

01 인적자원관리

1.1 인사관리 및 인적자원관리의 개요

인사관리(personnel management)는 개인, 조직의 목표가 성취될 수 있도록 인력의 확보부터 이직까지의 과정을 계획, 조직, 지휘, 조정, 통제하는 관리과정으로 이해되어왔다. 그러나 오늘날에는 조직구성원을 조직경쟁력의 원천으로 인식한다는 점에서 인적자원관리(human resources management)의 개념으로 사용된다. 인적자원관리는 개개인의 욕구와 개성을 중시하면서 조직에서의 사람을 자산으로서의 인적자원으로 인식하여 개발하는 데 중점을 두고 있으며, 기업의 경제적 효율성(생산성)과 그 구성원이 사회적 효율성(만족)을 극대화하기 위하여 조직 내 모든 구성원의 잠재적 능력을 최대한 발휘할 수 있도록 핵심 인적자원을 확보, 종업원 능력의 개발과 활용, 공정한 평가와 보상, 유지 등의 활동을 계획하고 실행하며 통제하는 활동을 말한다.

1) 인적자원관리 패러다임의 변화

기업의 경영활동에 필요한 유능한 인재를 확보 및 육성하여 개발하고, 적절한 보상을 위한 전반적인 과정을 의미하는 인사관리의 개념에서 확대 및 변화하고 있는 인적자원관리의 다음의 특징을 갖는다.

- 연공중심에서 성과중심(시장가치중심)으로 변화
- 수직적 상하관계에서 수평적 상호관계로 변화
- 일방적인 통보에서 쌍방향 의사소통으로 변화
- 근무성적평가에서 육성 및 개발 평가시스템으로 변화
- 획일적인 보상에서 능력과 성과 위주의 보상으로 변화
- 사람중심에서 역할중심으로 변화
- 비용관점에서 수익관점으로 변화

2) 인적자원관리 담당자의 역할

인적자원관리 패러다임의 변화로 인적자원관리 담당자들이 조직 내에서 수행해야 할 역할은 다음과 같이 규정할 수 있다.

구 분	내 용
행정전문가 (관리전문가)	법과 제도적으로 요구되는 사무적 관리, 기록관리, 행정절차의 효율성에 초점
구성원 조력자 (직원 지지자)	• 종업원 이슈와 관심사에 대한 해결사 • 구성원의 만족도 제고와 역량개발 기회 제공
전략적파트너	• 조직 전략에 대한 인적자원의 기여도 제고(인적자원과 기업전략 동일화) • 인적자원 확립을 통한 차별화된 인적 경쟁력 강화
변화주도자	• 변화하는 환경에 대응하여 조직효과성 제고 • 변화 수준을 점검하고 변화역량 개발 • 코칭과 컨설팅 제공

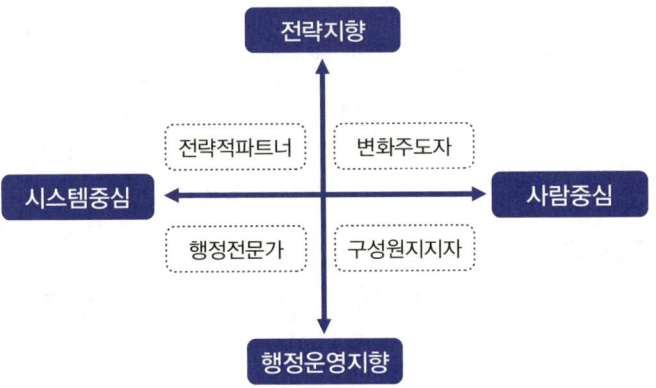

1.2 인사관리의 목적

인사관리의 목적은 조직의 목표인 「생산성 목표」와 조직 자체의 유지를 해야 하는 「유지목표」를 달성하는 것이다. 즉, 인사관리를 잘하게 되면 기업의 수익을 극대화할 수 있고, 그 결과 업적, 생산성, 비용, 품질, 결근율, 이직률 등의 변화를 줄 수 있게 되는 것이다.

• 노동력의 효율적 이용을 통한 노동능력 및 생산성 향상에 기여한다.
• 원재료 · 경비 · 시간 절감 및 인건비 절감을 통한 비용 절감에 기여한다.
• 조직의 목표달성을 위한 노사관계 질서의 유지 · 안정을 유도한다.
• 근로 생활의 질 충족을 통해 근로자의 작업환경과 관계 개선, 노동 의욕의 향상, 종업원의 사기 증진에 기여한다.
• 종업원 만족(생활 만족, 직무 만족, 직장 만족, 기업 만족)을 실현해 고용관계 유지에 기여한다.

1.3 인사관리의 영역

1) 인적자원관리(HRM: Human Resources Management): 기업의 장래 인적자원의 수요를 예측하여 필요한 인적자원을 확보하기 위하여 실시하는 일련의 활동
2) 인적자원개발(HRD: Human Resources Development): 개인과 조직의 개선을 목적으로 조직 내에서 개인 학습활동을 통하여 개인적 향상, 현재와 미래 직무에 대한 능력을 개발하는 것
3) 인적자원계획(HRP: Human Resources Planning): 미래에 필요한 인적자원의 수요를 예측하고 그에 대한 채용, 선발, 훈련, 경력개발, 직무설계 등을 계획하는 것
4) 인적자원활용(HRU: Human Resources Utilization): 인적자원을 조직 내에 배치하고 활용하는 것으로 승진, 평가, 이동, 보상, 업적관리, 배치와 순환, 인사고과 등 인사제도와 운영에 관련된 것
5) 노무관리: 근로자의 능력을 장기간 유지하고 상승시키는 일련의 정책으로, 노사관계를 중심으로 노동조건을 포함한 의미

1.4 인사관리의 이론적 발전과정

(1) 과학적 관리의 인사관리

근로자의 근로의욕을 높이고 능률을 최고로 높이기 위하여 시간연구와 동작연구를 기초로 노동의 표준량을 정하고, 임금을 작업량에 따라 지급하는 등의 여러 가지 합리적인 방법을 연구하였다. 이러한 과학적 관리기법은 미국의 프레더릭 윈슬로 테일러(Frederick Winslow Taylor)에 의해서 1881년 처음 창시되어 오늘에 이르고 있다.

합리적으로 과업을 설정하기 위하여 과학적인 시간연구(표준작업량 연구)를 하였고 시간연구의 전제조건으로 개별 노동자의 작업을 주요 기본동작으로 분석하였으며, 각 기본동작에 대한 단위 시간을 스톱워치로 측정(시간연구)하여 집계하였다. 따라서 불필요한 동작을 제거해서 최선의 작업 방법(동작연구)을 마련하는 동시에 작업시간을 확정하였다.

테일러(F. W. Taylor)는 과업의 달성 여부를 구분하여 동일 작업에 대하여 표준량 이상의 과업을 달성한 경우 고임금을 지불하고, 미달할 경우 저임금을 지불하도록 하는 차별적 성과급 제도를 도입하게 된다.

개념 익히기

테일러의 과학적 관리법	포드시스템

• 표준작업량 연구
• 동작연구와 시간연구
• 차별적 성과급: 표준작업량 이상
  (고임금), 표준작업량 이하(저임금)
• 직장(Boss) 중시: 조직이론의 기초
	• 3S 원칙: 표준화, 전문화, 단순화
	• 3S를 채택한 대량 생산 방식
	• 합리성과 능률 추구
	• 기계적 작업으로 대량 생산(컨베이어 설치)
	• 작업원칙: 작업자는 작업 도중 허리를 굽혀서는
	  안 됨

(2) 인간관계적 인사관리

인간을 기계의 부속물처럼 생각한 과학적 관리의 한계가 나타나기 시작하자 하버드대학의 메이요(Mayor) 등에 의하여 인간성 소외에 대한 비판과 기계주의적인 관리론에 대한 반성이 시작되었다. 호손실험은 메이요 교수와 연구팀이 호손 전기 회사 공장에서 일하는 근자를 대상으로 작업능률 향상에 대한 연구를 하였기에 이것을 호손실험 또는 호손연구라고 한다. 연구결과, 물리적인 작업환경과 임금 즉, 경제적인 노동조건뿐만 아니라 오히려 종업원의 태도나 감정적인 측면과 비공식 조직에 의해 작업능률이 향상되는 것을 발견하였다. 하지만 지나치게 인간의 감정과 비공식 조직만 중시하고 인간행동에서 경제적 자극 또는 경제적 욕구를 경시함으로써 근로자의 동기부여와 인간 조직의 관리 방침에 모순을 주는 단점이 있다.

(3) 행동과학적 인사관리(과업과 인간 지향)

인간관계론을 주장하는 사람들은 인적자원의 특수성만 인식하고 기계론적 인간관을 배격하였다. 그에 따라 인간행동에 관한 종합적이면서 과학적인 연구의 필요성이 강조되면서 원래 인간은 경제적 이익을 얻는 것뿐만이 아니라 매우 다양한 욕구를 가지고 있으며, 욕구 충족을 위해서는 환경 조직에 따른 인간행동의 종합적 연구가 필요하게 되었다.

따라서 과업 중시와 인간 존중을 동시에 추구하는 이론이 나타나기 시작하였으며, 이는 근로자에게 자발적 노력을 유도하기 위한 동기부여 기법이 이용된다.

- 매슬로우(Maslow): 욕구 5단계 이론(생리적, 기본적 욕구 → 안전, 안정의 욕구 → 사회적, 소속 욕구 → 존경 욕구 → 자아실현 욕구)

- 맥그리거(McGregor): X · Y이론

  (X – 본래 게으르고 타율적이어서 강압을 받거나 명령을 받지 않으면 일을 하지 않는 기질, Y – 조직에 따라 책임을 떠맡거나 자진하여 책임을 지려고 하는 기질)
- 허즈버그(Herzberg): 2요인 이론(불만족요인(위생이론)과 만족요인(동기이론))
  - 동기(만족)요인: 만족도가 높아짐에 따라 성과가 좋아지게 하는 요인이다. 성취감, 책임, 성장, 인정과 칭찬, 도전성 등이 있다.
  - 위생(불만족)요인: 불만족은 줄이지만 만족도를 높이지는 못하는 요인이다. 급여, 기술적 감독, 작업조건, 지위, 조직정책과 관리, 대인관계, 직장의 안정성 등이 있다.
- 아지리스(Argyris): 미성숙 · 성숙이론
- 아담스(Adams): 공정성 이론
- 포터(Porter) · 롤러(Lawler): 기대이론

(4) 시스템 접근방식의 인사관리(환경 적응과 혁신 시대)

기업조직을 시스템 구조로 이해하고 조직의 문제를 해결하기 위한 방법으로 시스템 접근방식은 기업조직의 각 부분이 상호 연관되면서 의존하고 있다는 것을 인식하고, 심리학자들의 투입과 산출의 균형을 설명한 이론을 인사조직관리 방식으로 1960년대 중반에 도입되었다.

시스템 접근방식의 인사조직관리는 종전의 폐쇄적 접근방법 보다는 개방적 환경을 강조하는 개방적 시스템 접근으로 기업조직과 시장환경이 상호 영향을 주며, 의존적인 관계를 강조하는 동태적이고 유기적인 이행방식이다.

- 피들러(Fiedler): 상황리더십이론(상황을 중시하면서 긴밀하게 구성원 간 상호작용하는 개방 조직)
- 호웰(Howell)과 히긴스(Higgins): 혁신은 기업가에게 변화의 촉매제이며 기회의 전환 과정임
- 드러커(Drucker): 혁신은 경영자의 중요한 기능이며 기업의 유일한 목표로 '고객창조'의 가치를 제시함

(5) 리엔지니어링 시대

리엔지니어링(Re-engineering)은 1990년 마이클 해머(Michael Hammer)가 제창한 기업 체질 및 구조와 경영방식을 근본적으로 재설계하여 경쟁력을 확보하는 경영혁신 기법이다. 따라서 업무 체계에서의 낭비 요소를 제거하고 모든 사업 활동을 프로세스 중심으로 재편하는 것이다.

(6) 구조조정 시대

기존의 사업구조나 조직구조의 기능 또는 효율을 높이기 위해 조직의 내부 구조를 변화시키는 것이다.

구 분	내 용
디베스티쳐 전략 (Divestiture Strategy)	거대한 기업군을 감량하기 위하여 부실한 부분을 잘라서 매각
다운사이징 전략 (Downsizing Strategy)	필요 없는 인원과 경비를 줄여 낭비 조직을 제거
리스트럭처링 (Restructuring)	기업 환경의 변화에 대응하기 위하여 조직의 구조를 보다 경쟁력 있게 재편
전사적 품질경영 (TQM: Total Quality Management)	상품과 작업의 질을 총체적으로 개선
벤치마킹 (Benchmarking)	경쟁기업뿐만 아니라 특정한 프로세스에 대해 강점을 지니고 있는 조직을 대상으로 적극적으로 학습

개념 익히기

● 인적자원의 특수성

구 분	내 용
존엄성	잉여 기계는 이동 혹은 교체(매각) 할 수 있지만, 인적자원은 쉽게 이동하거나 교체 할 수 없다.
능동성	인적자원은 양과 질이 부족해도 다양한 관리기법을 통해 생산성을 충분히 향상시킬 수 있다.
개발성	인적자원을 정해진 연봉액에 맞추어 채용했지만, 지속적인 교육과 훈련을 통해 연봉가치 보다 훌륭한 인재로 양성할 수 있디.
소진성	자본과 원재료 등은 특정 시기에 비축해 두더라도 그 가치가 보존될수 있지만, 인적자원은 일단 채용하면 해당 시점부터 소비된다고 할 수 있다.

● 인사관리의 기본체계

– 과정적 인사관리

구 분	내 용
인사계획	인사관리의 기본 정책과 방침을 결정, 인사계획 및 인력을 수급하는 계획 입안 등을 담당
인사조직	인사관리 기능의 분담화와 조직화를 담당하며, 경영자, 라인관리자, 인사스텝 기능의 조직화 등을 담당
인사평가	인사관리의 실지 결과에 대한 비교 평가를 담당

– 기능적 인사관리

구 분	내 용
노동력관리	• 고용관리(채용, 배치, 이동, 승진, 퇴직 등을 관리) • 개발관리(교육훈련과 능력개발을 관리)
근로조건관리	• 임금관리(임금체계 및 임금형태 관리) • 복리후생관리(복리후생제도, 근로시간 적정화) • 산업안전관리(산업재해의 방지 및 대책 마련) • 보건위생관리(건전한 노동력 확보)
인간관계관리	인간관계의 개선이나 인간성 실현을 목표로 하며, 동기부여나 근로생활의 질 향상을 위한 제도 및 고충처리제도 도입 및 활성화 역활
노사관계관리	올바른 노사관계확립 및 협력관계 유지를 위한 관리 (노동조합 및 경영의사결정 참여 등)

인사이론

1.5 인적자원관리의 기능

인적자원관리는 하나의 과정(process)으로서 조직 내 인적자원의 확보와 개발, 보상 및 유지라는 하나의 큰 흐름 아래 이루어진다.

[인적자원관리의 5대 기능]

기본기능	확보기능	개발기능	보상기능	유지기능
• 직무관리 • 인적자원계획	• 채용관리 • 선발관리 • 인사이동	• 교육훈련 • 경력관리 • 인사평가	• 임금관리 • 복지후생관리	• 안전보건관리 • 노사관계관리 • 이직관리

1) 기본기능

직무분석, 직무평가, 직무설계의 영역으로 구분되는 직무관리와 현재 또는 중장기적인 차원에서 요구되는 인력의 규모를 예측하고 결정하는 인적자원계획 영역으로 구분된다.

2) 확보기능

기본기능에 따라 조직이 원하는 인력의 규모와 요건에 따라 인적자원을 확보하기 위한 과정으로 종업원의 채용, 모집, 선발, 인사이동(배치) 등이 해당된다.

3) 개발기능

확보기능에 따라 채용된 인재의 지속적인 경력개발을 위한 과정으로 교육훈련, 경력관리(능력개발 관리), 인사평가(승진, 징계) 등이 해당된다.

4) 보상기능

종업원들에 대해 금전적 혹은 비금전적 보상의 공정성을 위한 과정으로 임금관리와 복지후생관리가 해당된다.

5) 유지기능

근로자의 능력을 장기간 유지하고 상승하여 노사 간 협력관계를 유지 발전시켜 근로생활의 질 향상을 위한 과정으로 안전보건관리, 노사관계관리, 이직 관리 등이 해당된다.

개념 익히기

● 인적자원의 특성

구 분	내 용
존엄성	조직의 구성을 하나의 인격체라는 인식에서 출발
능동성	능동적이고 자율적인 성격을 지님
개발성	잠재능력과 자질을 보유하고 있어 장기간에 걸쳐 개발이 가능함
전략성	조직체의 성과와 가장 밀접한 관계를 맺고 있음
소진성	자금이나 물질적 자원처럼 비축해 둘 수 없어 각별한 관리와 배려가 필요

● 인적자원관리에 영향을 미치는 요인

구 분		내 용
외부요인	일반환경	경제적 환경, 사회문화적 환경, 법률적 환경, 기술적 환경, 노동시장 등
	특수환경	정부, 주주, 고객, 경쟁업체, 노동조합, 지역사회 등
내부요인		최고경영자의 경영철학, 기업의 목표, 정책, 전략, 분위기 등

● 인적자원관리 실시 절차

순 서	내 용
① 계획	인적자원정책 결정과 계획 수립 및 조직화(업무분장) → 인력공급추이 파악, 임금기준 파악, 인사평가 및 경력개발, 모집홍보, 선발면접, 배치
② 실행	경영자와 관리자, 인사관리자를 주축으로 계획을 실행하는 과정 → 사기유발, 노사분규해결
③ 통제(평가와 개선)	실행된 계획에 대하여 평가와 피드백을 하는 과정 → 사기향상 정도, 모집효과 분석, 투입비용 계산

● 인사관리의 실시 원칙

- 직무중심주의 원칙
- 전인주의 원칙
- 능력주의 원칙
- 성과주의 원칙
- 공정성의 원칙
- 정보공개주의 원칙
- 참가주의 원칙

유형별 연습문제
1.1 인적자원관리

01 다음 [보기]의 내용이 중심적 목적이 되는 관리영역은?

> ┤ 보기 ├
>
> • 노동력의 효율적 이용과 비용절감을 통한 생산성 향상
> • 조직의 유지 발전을 위한 인적자원의 확보와 능력 계발
> • 종업원의 만족을 위한 공정한 보상과 근로조건 개선

① 인사관리   ② 생산관리
③ 마케팅관리   ④ 회계관리

02 인적자원관리에 대한 설명으로 적절하지 않은 것은 다음 중 무엇인가?

① 종업원을 적재적소에 배치하여 노동력을 관리한다.
② 종업원에 동기부여를 통해 인간적인 만족도를 높인다.
③ 급여, 복리후생 등을 통하여 종업원의 복지향상에 힘쓴다.
④ 효율적인 공정관리를 통하여 제품의 품질을 향상시키도록 한다.

03 다음 중 인사관리의 주요이론 중 과학적 인사관리에 대한 내용에 해당하지 않는 것은?

① 테일러의 과학적 관리 도입이 배경이 된다.
② 종업원의 상호협력관계적 인사관리를 중요시한다.
③ 작업분석 및 시간·동작연구 실시로 차별적 성과급 제도를 도입하였다.
④ 고임금·저노무비를 실천한다.

04 다음 중 인간중심 관점의 인적자원관리와 적합한 것은?

① 전문화   ② 과학적관리
③ 동작연구   ④ 호손실험

05 다음 [보기]에 해당하는 인사관리의 기능적 영역은?

> ┤ 보기 ├
>
> • 임금관리   • 복리후생관리   • 근로시간관리
> • 산업안전관리   • 보건위생관리

① 노동력관리   ② 근로조건관리
③ 인간관계관리   ④ 노사관계관리

06 인적자원관리의 목표로 가장 적합하지 않은 것은 무엇인가?

① 재화와 용역을 창출하여 고객의 욕구를 충족시킨다.
② 종업원의 욕구를 충족시켜 사회적 효율성을 추구한다.
③ 종업원들의 근로 생활에 대한 질적 수준을 향상시킨다.
④ 노동 생산성을 극대화하여 기업의 경제적 효율성을 추구한다.

07 다음 중 최근 인적자원관리의 변화에 대한 설명으로 적절하지 않은 것은?

① 연공중심에서 성과중심으로의 변화
② 획일적 보상에서 성과 위주의 보상으로 변화
③ 수평적 상하관계에서 수직적 상호관계로의 변화
④ 일방적 통보에서 쌍방향 의사소통으로의 변화

08 인적자원관리에 대한 설명으로 올바르지 않은 것은?

① 오늘날에는 인적자원관리 대신 인사관리의 개념으로 대체되어 가고 있다.
② 현대의 인적자원관리는 종업원들의 능력개발이나 육성을 통해 개인과 조직의 목표를 일치시켜 나가는 개발지향적인 성격을 지니고 있다.
③ 인적자원관리는 조직 및 개인의 목표를 달성하기 위하여 인적자원의 확보·개발·보상·유지·이직 및 통합을 여러 환경적 조건과 관련하여 계획, 조직, 지휘 및 통제하는 관리체계라 할 수 있다.
④ 인사관리란 기업의 능동적 구성요소인 인적자원으로서의 종업원의 잠재능력을 최대한 발휘하게 하여 그들 스스로가 최대한의 성과를 달성하도록 하며, 그들의 인간으로서의 만족을 얻게 하려는 일련의 체계적인 관리활동을 말한다.

09 다음 중 인적자원관리의 중요성에 대한 설명에서 우선순위가 가장 낮은 것은?

① 인적자원관리는 근로생활의 질을 추구하여야 한다.
② 인적자원은 무형자산으로 혁신을 통한 부가가치 창출의 주체이다.
③ 인적자원관리의 효율성과 형평성이 분리되어 운영되어야만 한다.
④ 인적자원관리의 의사결정내용은 조직차원의 통합적인 의사결정에 따라야 한다.

10 인적자원관리활동은 구성원들의 능력을 최대한 발휘하여 기업 목표달성에 기여하도록 하는 것이다. 이 중 관련이 없는 활동은 무엇인가?

① 적재적소 배치를 통한 노동력 관리
② 복리후생을 통한 종업원 복지 향상
③ 가격 및 품질 향상을 통한 고객 만족
④ 동기부여를 통한 종업원의 인간적 만족

11 다음 중 인적자원관리 기능에 대한 내용으로 적합하지 않은 것은?

① 확보기능 – 채용관리
② 개발기능 – 교육훈련관리
③ 유지기능 – 인사평가관리
④ 보상기능 – 복리후생관리

12 인적자원관리활동은 확보/개발/보상/유지로 나눌 수 있다. 다음 중 개발활동에 속하는 것은 무엇인가?

① 교육훈련
② 임금관리
③ 모집 및 선발
④ 노사관계관리

13 다음 중 개개인의 잠재 능력과 현재의 직무를 원활하게 수행할 수 있도록 기능 및 기술 수준을 높이기 위한 인적자원관리 활동은 무엇인가?

① 보상 활동
② 확보 활동
③ 개발 활동
④ 유지 활동

14 인적 자원의 수요를 예측하여 사람을 모집하고 합리적인 선발 방법을 통하여 기업에 필요한 인재를 채용하는 일련의 활동을 무엇이라 하는가?

① 인적 자원의 확보 활동
② 인적 자원의 보상 활동
③ 인적 자원의 개발 활동
④ 인적 자원의 유지 활동

15 테일러의 과학적 관리법에 관한 설명으로 가장 거리가 먼 것은?

① 조직 이론의 기초가 된다.
② 차별적 성과급을 지급했다.
③ 동작연구와 시간연구를 한다.
④ 표준화, 전문화, 단순화를 추구한다.

16 포드 시스템의 3S원칙에 해당하지 않는 것은?

① 표준화
② 구조화
③ 전문화
④ 단순화

1.1 인적자원관리

1	2	3	4	5	6	7	8	9	10
①	④	②	④	②	①	③	①	③	③
11	12	13	14	15	16				
③	①	③	①	④	②				

01 ① 인사관리는 개개인의 욕구와 개성을 중시하면서 조직에서의 사람을 자산으로서의 인적자원으로 인식하여 개발하는 데 중점을 두고 있으며, 기업의 경제적 효율성(생산성)과 그 구성원이 사회적 효율성(만족)을 극대화하기 위하여 핵심 인적자원을 확보, 종업원 능력의 개발과 활용, 공정한 평가와 보상, 유지 등의 활동을 계획하고 실행하며 통제하는 활동을 말한다.

02 ④ 인적자원관리는 개개인의 욕구와 개성을 중시하면서 조직에서의 사람을 자산으로서의 인적자원으로 인식하여 개발하는 데 중점을 두는 것으로 효율적인 공정관리를 통한 품질향상은 인적자원관리에는 해당하지 않는다.

03 ② 과학적관리의 인사관리는 종업원의 작업분석 및 시간·동작연구 실시로 차별적 성과급 제도의 도입을 통해 고임금, 저노무비를 실현하고자 하는 것이 특징이며, 테일러의 과학적 관리(기계론적 접근)가 배경이다.

04 ④ 인사관리의 이론적 관리는 과학적 관리, 인간관계적 인사관리, 행동과학적 인사관리, 시스템적 인사관리, 전략적 인사관리로 구분될 수 있다.
- 과학적 관리: 기계론적 접근법으로 돈을 많이 주면 줄수록 더 열심히 할 것이라는 경제적 가설적용
- 인간관계적 관리: 호손실험을 통해 상호간의 협력관계적 인사관리의 중요성을 강조
- 행동과학적 관리: 인간행동의 과학적 이해와 종업원의 동기부여적 자주관리에 중점을 둠
- 시스템적 관리: 개방적 환경을 강조하며 동태적 접근방법을 적용
- 전략적 관리: 기업의 경영전략과 인사전략의 통합화를 통해 조직의 목표달성과 개인욕구를 동시충족 실현

05 ② 임금관리, 복리후생관리, 근로시간관리, 산업안전관리, 보건위생관리는 인사관리 중 근로조건관리에 해당하는 영역이다.

06 ① 인적자원관리의 목표는 기업의 생산성 향상, 구성원의 사회적 효율성(만족) 극대화, 종업원의 창조적 능력 개발과 활용, 근로 생활에 대한 질적 수준 향상 등이며 고객의 욕구 충족과는 관계가 없다.

07 ③ 전통적인 인사관리는 최근 인적자원관리의 개념을 확대 변화되고 있으며 특징은 다음과 같다.
- 연공중심에서 성과중심으로의 변화
- 획일적 보상에서 성과 위주의 보상으로 변화
- 수직적 상하관계에서 수평적 상호관계로의 변화
- 일방적 통보에서 쌍방향 의사소통으로의 변화

08 ① 기업의 경영활동에 필요한 유능한 인재를 확보 및 육성개발하고, 적절한 보상을 위한 전반적인 과정을 인사관리라고 하며, 최근에는 인사관리 대신 인적자원관리의 개념으로 확대, 변화하고 있다.

09 ③ 인적자원관리는 효율성과 형평성이 통합된 관점에서 운영되어야 한다.

10 ③ 인적자원관리는 개개인의 욕구와 개성을 중시하면서 조직에서의 사람을 자산으로서의 인적자원으로 인식하여 개발하는 데 중점을 두고 있다. 가격 및 품질 향상을 통한 고객 만족은 조직구성원에 대한 인적자원관리활동이 아니다.

인사이론

11 ③ 인사평가는 인적자원관리 기능 중 개발기능에 해당한다.
[인적자원관리의 주요 기능]
- 기본기능: 직무관리, 인적자원계획
- 확보기능: 채용관리, 선발관리, 인사이동
- 개발기능: 인사고과, 인사평가, 교육훈련 및 개발, 경력관리
- 보상기능: 임금관리, 복리후생
- 유지기능: 안전보건관리, 이직관리, 노사관계관리

12 ① 인적개발의 범위는 교육훈련관리, 승진관리, 경력개발관리 등이다.
임금관리는 보상활동이며, 모집 및 선발은 확보활동, 노사관계관리는 유지활동에 해당한다.

13 ③ 개개인의 잠재 능력과 현재의 직무를 원활하게 수행할 수 있도록 종업원의 경력관리 및 개발에 도움이 되는 활동은 개발활동에 해당한다.
- 보상활동: 금전이나 복지제도와 같은 금전적 보상과 종업원들이 직무수행과정에서 느끼는 만족감이나 성취감, 보람 등과 같은 비금전적보상 활동을 의미한다.
- 확보활동: 조직이 원하는 인력의 규모와 요건이 결정되면 인적자원을 확보하는 과정이 따르는데 외부나 사내에서 인력을 충원하는 활동을 의미한다.
- 유지활동: 근로자의 능력을 장기간 유지하고 상승시키는 일련의 정책으로 올바른 노사관 확립과 협력관계를 유지하는 것이다.

14 ① 인적자원 확보활동은 채용관리, 선발관리를 통해 인력을 확보하고 인사이동 등의 활동을 포함한다.

15 ④ 표준화, 전문화, 단순화는 포드시스템의 3S 원칙에 해당하며 이를 통해 합리성과 능률을 추구할 수 있다.

테일러의 과학적 관리법	포드시스템
• 표준작업량 연구 • 동작연구와 시간연구 • 차별적 성과급: 표준작업량 이상(고임금), 표준작업량 이하(저임금) • 직장(Boss) 중시: 조직이론의 기초	• 3S 원칙: 표준화, 전문화, 단순화 • 3S를 채택한 대량 생산 방식 • 합리성과 능률 추구 • 기계적 작업으로 대량 생산(컨베이어 설치) • 작업원칙: 작업자는 작업 도중 허리를 굽혀서는 안 됨

16 ② 3S의 원칙에는 표준화, 전문화, 단순화가 있으며, 이를 통해 합리성과 능률을 추구할 수 있다.

02 직무관리

2.1 직무관리의 정의

직무란 종업원들에게 부여된 과업, 임무, 책임을 말하며, 직무관리는 직무의 내용과 이를 담당하는 근로자의 자격에 대한 체계적 정보를 토대로 직무 간의 가치평가를 수행하여 조직목표 달성을 위한 직무의 구조 및 내용의 설계가 이루어지는 활동을 말한다.

직무관리와 관련된 주요 용어는 다음과 같다.

구 분	내 용
작업요소	작업이 나눠질 수 있는 최소단위를 의미
과업(task)	근로자에게 할당된 일의 단위를 의미하며, 특정한 목표를 위해 수행되는 특정한 작업 활동을 의미
직위(position)	한 사람에게 주어진 과업의 집단으로 여러 과업이 결합한 것을 의미
직무(job)	동일하거나 유사한 직위의 집단으로 유사한 업무 내용을 가진 직위들을 하나의 관리단위로 설정한 것으로, 각 직위에 할당된 업무를 의미
직군(job group)	동일하거나 유사한 직무의 집단을 의미(예: 사무직, 관리직, 영업직 등)
직종(job family)	일반적으로 직업이라고도 불리며, 이는 동일하거나 유사한 직군들의 집단을 의미
팀(부서)	상호보완적인 기능을 가진 소수의 사람들이 공동의 목표달성을 위해 상호책임을 공유하고 문제해결을 위해 공동의 접근방법을 사용하는 조직단위

개념 익히기

🔹 **직책과 직급**
- 직책: 직위에 대한 권한과 책임을 뜻하며, 팀장, 본부장 등으로 표현된다.
- 직급: 직무의 등급이나 난이도 등 비슷한 직위를 세분화한 것으로, 과장 1호봉, 과장 2호봉 등으로 표현되며, 직급은 호봉관리를 바탕으로 월급제 사원의 급여계산 시 기준이 된다.

🔹 **직무관리의 절차**
직무분석 → 직무기술서(업무) 및 직무명세서(사람) 작성 → 직무평가 → 직무설계

2.2 직무분석

(1) 직무분석의 정의

직무분석은 특정 직무의 내용이나 성질을 연구와 관찰을 통해 일정한 직무의 성질, 구체적으로 그 직무를 수행하는 데 필요한 숙련, 노력, 책임, 작업환경 등을 알아내는 과정이라고 할 수 있다. 직무분석 담당자들에게 직무분석의 방법과 절차를 사전에 훈련하고, 종업원들이 직무분석과정에 참여할 수 있도록 해야 한다. 직무분석의 최종단계에서는 직무담당자의 확인이 필요하다.

(2) 직무분석의 목적과 효과

직무의 내용과 이를 담당할 사람의 자격요건을 분석하는 과정으로서 직무기술서와 직무명세서가 도출되며, 직무평가와 직무설계의 기초자료로 활용하기 위한 목적이다. 또한 직무분석을 통하여 다음과 같은 효과를 볼 수 있다.

- 종업원의 채용, 배치, 이동, 승진 등의 고용관리의 합리화
- 종업원의 교육훈련 및 능력 개발의 촉진
- 평가관리(인사평가) 및 보상관리(임금관리)
- 업무 분담의 적정화
- 직무 중심의 조직설계 및 업무개선(작업방법 및 공정의 개선)
- 노사관계관리 및 산업안전관리의 기초

개념 익히기

● 직무분석의 오류 유형
- 직무분석의 오류에는 부적절한 표본추출로 인한 오류
- 구성원의 반응세트
- 직무환경변화에 의한 오류
- 구성원의 행동변화

● 반응세트(Response Set)
사람들이 예상된 혹은 왜곡된 방법으로 질문에 대해 일관적으로 답변할 때 발생하며, 질적 척도에 대한 사람들의 해석이나 그 정보를 처리하려고 하는 의도에 대한 잘못된 믿음 때문에 생기게 된다.

(3) 직무분석의 절차

준비단계		실시단계		정리단계
직무요건 예비조사 직무단위결정 분석방법 결정	⇨	직무분석표 작성 직무정보의 수집 직무정보의 분석	⇨	직무기술서(직무내용) 직무명세서(직무요건)

1) 준비단계

직무분석을 할 때 얻어진 자료를 어떤 목적에 활용할 것인지 미리 결정하고, 직무분석에 필요한 전문적 지식과 기능 및 관찰력과 판단력을 구비한 분석자가 선정되어야 한다. 분석의 대상이 되는 직무의 단위를 결정하고 대표 직무를 선정한다.

2) 실시단계

직무의 성격, 직무수행에 요구되는 종업원의 행동 방식, 인적요건 등 구체적인 직무에 대한 정보분석이 이루어진다.

3) 정리단계

직무분석의 최종단계로서 조사결과를 분석·정리하여 직무기술서(직무특성)와 직무명세서(인적특성)가 작성되며 직무담당자의 확인이 필요하다.

구 분	내 용
직무기술서 (job description)	직무분석을 통해 나타난 결과를 직무의 특성을 중심으로 관계자 모두가 이해할 수 있도록 기술한 것으로, 직무내용, 성격, 수행방법 등이 포함된다. • 직무표지: 직명, 소속 과·부, 공장, 코드번호 • 직무개요: 직무수행의 목적이나 내용을 간략히 기술 • 직무내용: 직무수행에 관계되는 제 상황을 보다 상세하게 기술 • 직무요건: 직무수행에 필요한 의무, 절차, 작업조건 등을 기술
직무명세서 (job specification)	직무분석을 통해 나타난 결과를 직무내용 보다는 직무요건인 인적특성에 중심을 두고 기술한 것으로, 교육 및 훈련, 직무경험, 신체적 요건 등이 포함된다.

(4) 직무분석의 방법

구 분	내 용	
관찰법	숙련된 직무분석자가 직무수행자를 직접 관찰하여 관련된 항목을 체크하거나 평가하도록 하는 방법	
	장점	단점
	가장 현실적인 직무 활동에 접근할 수 있으므로 정확한 직무 파악 가능	직무분석자의 주관 개입, 오랜 시간이 소요되는 직무는 적용 불가
면접법	직무분석자가 종업원, 감독자와 직접 면접하여 작업의 내용, 성격 등을 파악	
	장점	단점
	직무에 대한 완전하고도 정확한 지식을 확보 가능	• 여러 종류의 직무를 분석해야 할 경우 많은 시간과 노력 소요 • 면접당사자에게 지급되는 인건비 부담, 광범위한 실시는 불가능
질문지법	표준화된 질문지를 근로자에게 배부하여 스스로 기입하게 하는 방법	
	장점	단점
	신속하게 직무에 관한 사실과 면접법보다 광범위한 자료 수집이 가능하여 시간과 비용이 절약되며, 폭넓은 정보를 얻기 쉬움	• 질문지의 설계 및 작성과 질문지 완성에 있어 통일적인 해석 힘듦 • 완전한 사실을 얻을 수 없음
경험법 (체험법)	직무분석자 자신이 직무 활동을 수행하고 그 체험에 의해 직무에 관한 지식 체득	
	장점	단점
	가장 정확하고 생생한 정보를 얻으며, 각 직무의 상세한 차이 파악	체험 정보가 항상 정확하다고 할 수 없으며, 모든 직무 체험이 불가능
중요사건 기록법	직무성과에 능률적인 행동과 비능률적인 행동을 구분하고, 그 사례를 수집하여 직무성과에 효과적인 행동 패턴을 분석하는 방법	
	장점	단점
	직무 행동과 직무성과 간의 관계를 직접적으로 파악 가능	수집된 많은 직무 행동을 분류 평가하는데 많은 시간과 노력 소요
작업기록법	직무담당자가 매일 자신의 직무에 대한 작업일지와 메모 사항 등을 기록하여 직무 정보를 얻는 방법	
종합분석법	직무분석 방법 중 둘 이상의 방법을 병행하여 종합적으로 분석하는 방법	

구 분	내 용	
워크 샘플링법	직무분석자가 전체 작업 과정 동안 무작위로 많은 관찰을 하여 직무 행동에 대한 정보를 얻는 방법	
	장점	단점
	여러 직무 활동을 동시에 기록함으로써 전체 직무의 모습 파악 가능	직무성과가 외형적일 때만 적용 가능

(5) 직무분석의 기법

구 분	내 용	
과업목록법	설문지를 이용하여 분석하고자 하는 직무의 모든 과업을 열거하고, 이를 상대적 소요시간 및 빈도, 중요성, 난이도, 학습의 속도 등의 차원에서 평가 방식	
	장점	단점
	• 구성원들과 면담을 통하여 작성한 설문 항목을 사용하기 때문에 현실적인 직무 내용을 파악할 수 있음 • 과업을 매우 세부적이며 체계적으로 분석할 수 있음 • 일단 개발되면 교육 용도로 매우 효과적으로 활용	• 개발비용이 많이 듦 • 직무간 비교가 어렵기 때문에 직무평가 등의 용도로는 적합하지 않음
기능적 직무분석 (FJA: Functional Job Analysis)	미국 노동성의 훈련고용국(U. S. Training and Employment Service)에서 개발된 직무분석 기법으로 모든 직무는 자료, 사람, 사물과 관련되어 있다는 가정 하에 직무의 자료관련 기능(통합, 분석, 조정), 사람관련 기능(협상, 감독, 지시), 사물관련 기능(설치, 정밀 작업, 조작 등)으로 정보를 분류·정리하여 작업자의 작업 행동에 초점을 두고 직무를 분석하는 방식	
	장점	단점
	• 작업 행동의 종류와 복잡성 수준, 과업 수행에 필요한 자격요건의 수준을 체계적으로 파악하기에 용이 • 직무분류와 직무평가에 유용하게 활용됨	작업자의 작업행동에 초점을 맞추기 때문에 기능적 분석법의 결과를 가지고 바로 직무평가에 적용하는 데는 한계가 있음

구 분	내 용
직위분석 질문지법 (PAQ: Position Analysis Questionnaire)	맥코믹(McCormick)과 그의 동료들에 의해 개발된 것으로 표준화된 업무 행동·상태 및 직무 특성 등을 측정하는 평가 방식이다. 구성원들의 작업활동에 관한 187개 문항과 임금에 관한 7개 문항으로 총 194개의 문항으로 구성된다. 이 문항들은 정보의 투입, 정신적 과정, 작업 산출, 타인과의 관계, 작업환경/직무 상황, 기타 요건으로 6개의 차원으로 평정하도록 구분되어 있다. 이에 따라 직무수행자의 응답을 바탕으로 직무에 대한 광범위한 정보를 획득할 수 있으며, 대부분의 직무에 적용할 수 있어 표준화된 정보를 수집하는 대표적인 직무분석 방법으로 평가됨

장점	단점
• 개별 직무에 대해 다각적이고 풍부한 정보를 획득하여 많은 자료원에 대한 비교를 가능하게 함 • 변형 없이도 넓은 범위의 직무에 사용 가능 • 선발과 직무분류 용도로 널리 활용됨	• 성과 표준이나 훈련 내용을 설문지의 점수로부터 도출하기 어렵기 때문에 인사평가와 훈련 용도로는 활용하지 못함

구 분	내 용
관리직위 기술질문지법 (MPDQ: Management Position Description Questionnaire)	토나우(Tornow)와 핀토(Pinto)가 개발한 것으로, 관리자의 직무구조(책임관계, 업무수행 상의 제약조건, 필요조건 등)에 관해 객관적 특성을 기술하기 위해 개발된 평가 방식이다. 관리자의 직무는 일반 종업원들의 직무와는 달리 매우 복잡하고 획일적이지 않다. 따라서 관리자가 직무를 수행하는데 요구되는 특정 지식이나 능력에 관한 정보를 제공

장점	단점
• 개별 항목의 해당 관리 직무에서의 중요성 정도, 직무수행에 필요한 지식 등을 제시함 • 타 관리직무로 이동하는 관리자의 교육 필요성을 진단 • 관리직들 간의 직무분류, 직무평가, 보상정책 수립에 유용하게 활용	관리자들의 개인적 자질과 직무의 행동적 요건과 조직성과의 측정을 연계시키는 데에 한계

개념 익히기

● 반응세트(Response Set)

반응세트는 직무분석의 오류 중 하나로 사람들이 예상된 혹은 왜곡된 방법으로 질문에 대해 일관적으로 답변할 때 발생한다. 반응세트는 질적 척도에 대해 사람들의 해석이나 그 정보를 처리하려고 하는 의도에 대한 잘못된 믿음 때문에 생기는 것이다.

2.3 직무평가

(1) 직무평가의 개념과 목적

직무평가란 직무분석에 의하여 작성된 직무기술서, 직무명세서를 기초로 하며, 각 직무의 중요성, 곤란도, 위험도 등을 평가하여 타 직무와 비교하여 직무의 상대적 가치를 정하는 방법이다.

직무평가의 주목적은 합리적인 임금 격차의 결정에 있으며, 직무평가는 인간이 아닌 직무 자체를 평가하는 과정이다. 각종 임금체계의 공정성을 확보하는 수단이며, 인사관리 전반의 합리화, 즉 인력의 확보, 배치, 개발의 합리성 제고를 기하는 데 그 목적이 있다.

(2) 직무평가의 방법

1) 종합적(비계량적) 평가 방법

구 분	내 용
서열법	직무의 중요도 등에 따라 등급을 분류한 후 여러 평가자가 반복 평가하고, 이를 평균하여 각 직무의 서열을 정하는 방법으로 교대서열법과 쌍대비교법으로 구분 • 교대서열법: 구성원 중 가장 우수한 사람과 가장 열등한 사람을 뽑고, 남은 인원 중에서도 역시 같은 방식으로 사람을 추려내는 과정을 되풀이하면서 서열을 결정 • 쌍대비교법: 일일이 임의로 두 사람씩 짝을 지은 다음 서로 비교하는 것을 되풀이하면서 서열을 결정 **장점** • 평가 방법이 간단하고 신속한 평가 가능 • 서열에 따라 결정되기 때문에 평가 시 관대화 경향이나 중심(집중)화 경향이 제거됨 **단점** • 평가자의 주관이 개입될 수 있음 • 직무가치의 차이를 파악할 수 없음 • 유사 직무의 서열화와 직무 수가 많은 기업에서는 적용이 어려움
분류법	사전에 직무에 대한 등급을 정해놓고 직무가 어느 등급에 해당하는지 분류하는 평가 방법 **장점** • 평가 방법이 간단하고 신속한 평가 가능 • 적은 비용으로 효과적으로 분석이 가능 **단점** • 개별 직무에 대한 등급별 정의를 내리기 힘듦 • 평가자의 주관이 개입될 수 있음

인사이론

2) 분석적(계량적) 평가 방법

구 분	내 용
점수법	직무를 요소별로 구분하고, 그 요소의 중요도에 따라 점수를 부여하며 상대적 가치를 종합적으로 평가하는 방법

장점	단점
• 평가자의 주관을 최소화 • 직무 간의 구체적 비교가 가능 • 직무의 상대적 차등을 명확히 정할 수 있음 • 여러 직무 간의 임금 격차에 대한 합리성 및 공정성 확보	• 비용과 시간이 많이 소요됨 • 가중치 설정에 대한 주관적 오류가 발생할 수 있음 • 각 직무에 공통되는 적합한 평가요소의 선정이 용이하지 않음

구 분	내 용
요소 비교법	가장 기본이 되는 몇 개의 기준직무를 선정하여 기준직무의 평가요소별 가치를 임금액으로 환산하여 직무의 상대적 가치를 평가요소별로 비교하여 평가하는 방법

장점	단점
• 임금 공정성 제고 • 평가의 타당도 및 신뢰도가 우수 • 기준직무를 통하여 평가하므로 유사한 직무 및 기업 내의 전체 직무를 평가하는 데 용이 • 직무기준이 적절히 선정되었다면 점수법보다 훨씬 합리적임	• 비용과 시간이 많이 소요됨 • 평가요소에 대한 주관이 개입될 가능성이 높음 • 평가 과정이 복잡함 • 기준직무가 잘못 선정되었을 경우 수용성을 이끄는 데 한계가 있음

개념 익히기

🔍 **직무평가 기준 요소**

구 분	내 용
책임요소	관리감독, 기계설비, 원자재, 직무개선, 책임 등
작업조건요소	위험도, 작업시간, 작업환경, 작업위험 등
숙련요소	지식, 기술, 경험, 교육, 몰입, 도전성, 판단력 등
노력요소	육체적, 정신적 등

 **직무설계**

(1) 직무설계의 개념과 목적

직무설계는 조직의 목표를 달성하고, 직무를 맡은 개인의 욕구를 만족시키기 위한 직무의 내용, 기능, 관계를 조정하여 직무의 내용과 작업 방법을 설계하는 합리적이고 체계적인 과정이다.

직무설계의 목적은 직무 개선을 통하여 조직의 성과 창출과 근로환경 향상을 위함이며, 구체적으로는 다음과 같다.

- 생산성 향상
- 종업원의 동기부여 향상
- 품질개선과 원가절감
- 이직 및 훈련비용 감소
- 신기술에 신속한 적응

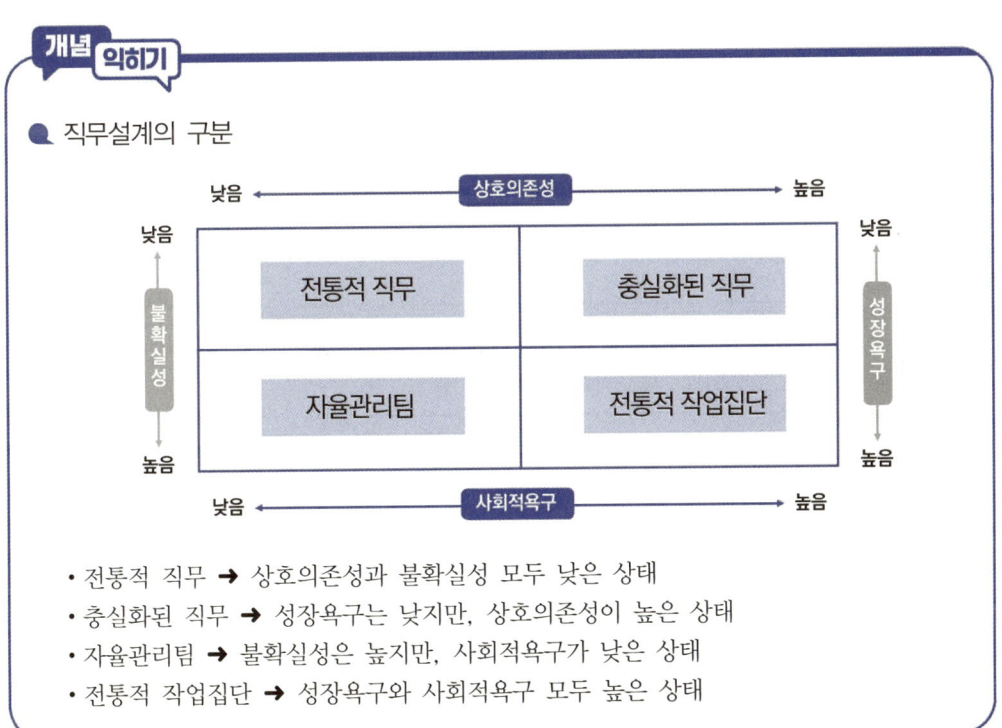

개념 익히기

직무설계의 구분

- 전통적 직무 ➡ 상호의존성과 불확실성 모두 낮은 상태
- 충실화된 직무 ➡ 성장욕구는 낮지만, 상호의존성이 높은 상태
- 자율관리팀 ➡ 불확실성은 높지만, 사회적욕구가 낮은 상태
- 전통적 작업집단 ➡ 성장욕구와 사회적욕구 모두 높은 상태

1) 개인수준 직무설계 방법

구 분	내 용
직무확대 (job enlargement)	과업의 다양성을 늘리기 위해 단순히 수평적으로 직무를 확대한 것으로 직무를 보다 다양하고 흥미 있도록 하기 위해 하나의 직무에 또 다른 직무를 추가시킨 것

장점	단점
• 단순 반복 업무 벗어나 만족도 높아짐 • 이직률 낮아짐	단순히 근로자들의 직무가 추가되는 결과가 나타나기도 함

구 분	내 용
직무충실화 (job enrichment)	직무 내용의 수직적 측면을 강화하여 직무의 중요성을 높이고 직무수행으로부터의 보람을 증가시키는 방법으로 현재의 작업자가 수행하고 있는 직무에 의사결정의 자유 재량권과 책임이 추가되어 과업에 할당되는 것

장점	단점
• 결근율과 이직률 감소 • 품질 개선 • 생산성의 향상	• 기술상의 제약 • 경영자나 노조로부터의 저항 • 성장 욕구 낮은 종업원의 심리적 부담 증가

구 분	내 용
직무전문화 (job specialization)	전체적인 과업을 작은 요소로 분할하고 나누어 담당하도록 하는 것 (수평적 전문화: 과업의 내용과 양에 따른 직무분화) (수직적 전문화: 의사결정 권한과 책임의 배분에 따른 분화)

장점	단점
• 능률 극대화 • 생산성 향상 • 훈련비와 노무비 감소	• 종업원의 권태와 불만 증대 • 결근 이직률 증가 • 직무의 비인간화

구 분	내 용
직무교차	수평적 직무확대의 형태로 각 작업자의 직무 일부분을 다른 작업자의 직무와 중복되게 하여, 공동으로 수행하는 것

2) 집단수준 직무설계 방법

구 분	내 용	
직무순환 (job rotation)	서로 다른 직무로 종업원을 순환시킴으로써 근로자에게 다른 기술을 경험 할 수 있는 기회를 제공하여, 여러 직무를 전체적으로 이해하도록 하는 것	
	장점	**단점**
	• 작업 활동 다양화 • 지루함과 싫증 감소 • 결원보충의 융통성	• 순환 근무에 따른 비용 발생 • 작업 진행 방해 • 동기유발 약함
자율적 작업팀	직무충실화 프로그램이 집단수준에서 실시될 때 사용되는 기법으로 팀이 수행하고 있는 작업을 수직적으로 통합하여 심화시키는 방법이다. 즉 몇 개의 직무들이 하나의 작업집단을 형성하게 하여 이를 수행하는 작업자들에게 어느 정도의 자율성을 허용해 주는 것	

3) 그 외 직무설계 방법

구 분	내 용	
QC서클 (품질관리 분임조)	품질관리 활동을 현장 단계에서 실행하는 종업원 소집단으로서 QC기법에 의해 제품의 품질향상뿐 아니라 일상적인 모든 작업을 개선하는 직무설계 방법	
	장점	**단점**
	• 생산성 향상 • 품질 개선 • 종업원의 사기 증진	• 관리비용 증가 • 종업원의 심리적 부담 증가
직무특성모형 (job characteris tics model)	다섯 가지 직무특성(기술 다양성, 과업 정체성, 과업 중요성, 자율성, 피드백)이 중요 심리상태를 일으켜 개인 및 작업성과에 변화를 가져오게 되는데, 이것은 종업원의 성장 욕구의 강도에 따라 달라질 수 있음을 보여주는 새로운 직무설계 방법	
	장점	**단점**
	• 내적 동기부여 • 작업성과 질적 향상 • 만족감 증대 • 이직률 감소	• 중요 심리상태와 결과변수 간의 분명한 인과관계 입증 소홀 • 중요 심리상태가 직무특성 외의 요소에 의해 유발 가능함을 간과

1.2 직무관리

01 다음 중 직무관련 용어에 대한 설명으로 올바르지 않은 것은?

① 과업: 과업은 독립된 특정한 목표를 위하여 수행되는 하나의 명확한 작업 활동을 말한다.
② 직위: 직위는 특정시점에서 특정조직의 한 종업원 개인에게 부여된 하나 또는 그 이상의 과업들의 집단을 말한다.
③ 직무: 직책이나 직업상의 맡은 바 임무를 말한다.
④ 직군: 직군은 일반적으로 직업이라고도 불리는데 이는 동일하거나 유사한 직군들의 집단을 말한다.

02 다음 [보기]에서 설명하고 있는 직무 관련 용어는 무엇인가?

┤ 보기 ├

독립된 특정한 목표를 위하여 수행되는 하나의 명확한 작업활동이다.

① 과업   ② 직위
③ 직무   ④ 직종

03 다음 중 직무순환의 취지에 대한 설명으로 바른 것은?

① 난이도가 높은 과업을 부여함
② 종업원에게 다양한 직무를 수행하도록 함
③ 하나의 직무를 직무시간 교대를 통해 수행함
④ 종업원 한명이 수행하는 과업의 절대량을 늘림

04 다음 [보기]가 설명하는 내용을 가리키는 용어로 가장 적절한 것은 무엇인가?

┤ 보기 ├

기업에서 부서나 종업원이 하여야 할 일의 내용과 성격에 관련된 중요정보를 수집하고, 이들 정보를 기업의 목적에 적합하도록 체계적으로 정리하는 과정이다.

① 직무분석   ② 직무평가
③ 인사고과   ④ 직무보상

05 다음 [보기]의 설명으로 적합한 것은 무엇인가?

> ┤ 보기 ├
>
> 기업의 직무를 효율적으로 수행하기 위하여 직무에 포함된 업무 내용과 책임 및 직무를 수행하는 데 필요한 개인적 능력, 숙련도, 지식, 직무 환경 등 모든 정보를 체계적으로 수집·분석하여 관리에 적합하도록 체계화하는 과정이다.

① 인사고과
② 직무분석
③ 교육훈련
④ 조직설계

06 다음 중 직무분석의 목적으로 적합하지 않은 것은 무엇인가?

① 임금 관리의 기초 자료를 제공한다.
② 조직 계획에 필요한 자료를 제공한다.
③ 고객 관리 및 서비스 증진 자료를 제공한다.
④ 정원 계획 및 선발 기준의 결정에 활용한다.

07 다음 인사관리 각 용어에 대한 설명으로 적절하지 않은 것은 무엇인가?

① 직무평가란 직무와 직무를 비교하여 상대적 가치를 정하는 절차이다.
② 직무기술서는 직무분석의 결과를 인적 요건에 맞추어 요약한 문서이다.
③ 직무분류는 동일 또는 유사한 역할과 능력을 가진 직무의 집단을 말한다.
④ 직무분석이란 직무의 내용과 성질을 분석하여 인사관리의 기초정보를 제공한다.

08 다음 중 직무관리 절차를 가장 적절하게 나열한 것은 무엇인가?

① 직무평가 → 직무분석 → 직무기술서 작성 → 직무명세서 작성
② 직무분석 → 직무기술서 작성 → 직무명세서 작성 → 직무평가
③ 직무평가 → 직무명세서 작성 → 직무분석 → 직무기술서 작성
④ 직무분석 → 직무명세서 작성 → 직무기술서 작성 → 직무평가

09 다음 직무분석의 절차 중 준비단계에 해당하는 것은 무엇인가?

① 직무단위의 결정
② 직무분석표 작성
③ 직무기술서 작성
④ 직무명세서 작성

10 직무분석을 통하여 직무기술서와 직무명세서를 작성한다. 다음 중 직무명세서에 반드시 기재하여야 할 사항으로 적합한 것은 무엇인가?

① 노동시장에서의 평균임금
② 수행되는 직무의 최소한의 요건
③ 직무내용의 일상적, 주기적 업무구분
④ 직무수행에 필요한 종업원의 기능 및 숙련 지식정도

11 다음 중 직무분석의 방법으로 적절하지 않는 것은 무엇인가?

① 관찰법   ② 면접법
③ 요소비교법   ④ 작업기록법

12 다음 중 직무평가의 설명에 적합한 것은 무엇인가?

① 기업 내 직무의 절대적 가치를 결정한다.
② 직무요건 중 인적요건에 특히 초점을 두고 있다.
③ 인간의 평가가 아니라 직무 자체를 평가하는 과정에 해당한다.
④ 직무분석 이후에 작성하는 보고서로 직무요건에 대하여 기술된다.

13 다음 [보기]의 (   ) 안에 들어갈 용어를 순서대로 바르게 짝지은 것은 무엇인가?

┤ 보기 ├

직무별 임금을 결정하기 위하여 직무의 상대적 가치를 비교 분석하는 과정을 (A)이(라) 하고, 직무에 종사하고 있는 종업원의 능력과 업적을 평가하는 것을 (B)라 한다.

① 직무평가, 인사고과   ② 인사평가, 직무평가
③ 직무분석, 인사평가   ④ 인사고과, 직무평가

14 다음 [보기]에서 설명하고 있는 것은 무엇인가?

┤ 보기 ├

• 주로 직무급을 도입하는 기업에서 합리적인 임금수준을 결정하는 데 많이 활용되고 있다.
• 방법은 서열법, 분류법, 점수법, 요소비교법 등이 활용된다.
• 평가결과에 대한 종업원의 반발이 발생할 수 있기에 충분한 협의가 필요하다.

① 직무설계   ② 직무분석
③ 직무평가   ④ 인사평가

15 다음 중 직무평가에 대한 설명으로 옳지 <u>않은</u> 것은 무엇인가?

① 직무분석에 의한 직무기술서와 직무명세서를 기초로 한다.
② 주요 변수로는 기능, 책임, 노력, 작업조건 등이 제시되고 있다.
③ 각 직무의 중요성, 곤란도, 위험 등을 평가하여 정도가 높을수록 가치가 크다.
④ 직무의 절대적인 가치를 결정하기 위한 것으로 그 직무를 수행하는 사람을 평가한다.

16 직무평가의 목적으로 적절하지 <u>않은</u> 것은?

① 공정한 임금체계의 확립   ② 인적자원관리의 합리화
③ 노사 임금협상의 원활화   ④ 직무기술서와 직무명세서 작성

17 다음 직무평가방법 중에서 비계량적(종합적) 평가방법에 해당하는 것으로 올바른 것은?

① 서열법, 분류법   ② 점수법, 요소비교법
③ 분류법, 점수법   ④ 서열법, 요소비교법

18 다음 직무평가방법 중에서 가장 분석적이고 계량적인 평가방법으로, 평가대상의 각 직무가치를 평가 요소별로 점수화하여 종합적으로 평가하는 방법은 무엇인가?

① 서열법   ② 점수법
③ 분류법   ④ 요소비교법

19 다음 중 직무평가요소의 직무평가기준 중 책임요소에 해당하는 것은?

① 관리감독, 기계설비, 원자재, 직무개선 등
② 위험도, 작업시간, 작업시간, 작업위험 등
③ 지식, 기술, 경험, 교육 등
④ 육체적, 정신적 등

20 다음 중 직무평가요소의 직무평가기준인 숙련요소는?

① 관리감독, 기계설비, 원자재, 직무개선책임 등
② 위험도, 작업시간, 작업시간, 작업위험 등
③ 지식, 기술, 경험, 교육 등
④ 육체적, 정신적 등

인사이론

21 다음 중 직무설계의 장, 단점에 대한 설명으로 적합하지 않은 것은?

구분	장점	단점
① 직무 전문화	생산성 향상	직무의 비인간화
② 직무 순환	지루함 증가	종업원의 권태 증가
③ 직무 확대	단순 반복 벗어남	단순 직무 추가
④ 직무 충실화	품질 개선	종업원 심적 부담 증가

22 직무분석의 절차(단계) 중 실시단계에 수행하는 내용으로 가장 적절하지 않은 것은?

① 직무분석표 작성
② 분석방법의 결정
③ 직무정보의 수집
④ 직무정보의 분석

23 [보기]에 대한 직무분석 방법으로 가장 적절한 것은?

┤ 보기 ├

직무분석자가 전체 작업 과정 동안 무작위로 많은 관찰을 하여 직무 행동에 대한 정보를 얻는 방법

① 작업 기록법
② 워크 샘플링법
③ 마코브 체인법
④ 업무일지 분석법

24 직무전문화에 관한 설명으로 적합하지 않은 것은?

① 종업원의 숙련도를 증대시킬 수 있다.
② 직무의 비인간화 등의 문제점이 발생할 수 있다.
③ 전체적인 과업을 보다 작은 요소로 분할하여 담당하게 한다.
④ 직무의 내용을 고도화하여 작업상의 책임과 권한을 늘리며, 능력을 발휘할 수 있게 한다.

25 직무평가 방법 중 하나인 '서열법(Ranking Method)'의 단점으로 보기 어려운 것은?

① 평가 전반에 평가자의 주관이 개입될 가능성이 높다.
② 직무 간 서열을 통해 상대적 직무가치를 단순하게 파악할 수 있다.
③ 유사한 직무가 많을 경우, 각 직무의 순위를 정확히 매기기 어렵다.
④ 평가 대상 직무 수가 많을 경우, 평가자의 부담이 커지고 신뢰도가 낮아질 수 있다.

답안 및 풀이

 1.2 직무관리

1	2	3	4	5	6	7	8	9	10
④	①	②	①	②	③	②	②	①	④
11	12	13	14	15	16	17	18	19	20
③	③	①	③	④	④	①	②	①	③
21	22	23	24	25					
②	②	②	④	②					

01 ④ 일반적으로 직업이라고 불리며, 동일하거나 유사한 직무의 집단을 직종(운전직, 상담직 등)이라 한다.
직군: 동일하거나 유사한 직종의 집단(사무직, 관리직, 영업직 등)

02 ① 독립된 특정 목표를 위해 수행되는 하나의 명확한 작업활동은 과업에 대한 설명이다.
- 직위: 한 사람에게 주어진 과업의 집단으로 여러 과업이 결합하여 하나의 직위가 된다.
- 직무: 동일하거나 유사한 직위의 집단으로 유사한 업무내용을 가진 직위들을 하나의 관리단위로 설정한 것으로 직책이나 직업상 맡은 바 업무를 말한다.
- 직종: 동일하거나 유사한 직무의 집단을 의미한다(예: 운전직, 상담직, 정비직 등).

03 ② 직무순환의 취지는 종업원에게 다양한 직무를 수행하도록 하여 다른 기술을 경험하고 개발할 수 있는 기회를 제공해 주고 생산공정에 대한 전체적인 이해도를 높이는 것이다.

04 ① 종업원 업무의 내용과 성격에 관련된 중요정보를 기업의 목적에 적합하도록 체계적으로 정리하는 과정을 직무분석이라 하며, 이를 토대로 직무기술서와 직무명세서가 작성된다.
- 직무평가: 직무분석의 결과를 바탕으로 직무의 상대적 가치를 체계적으로 결정하고 그 가치에 따라 서열을 부여하고 직무급의 정보를 제공한다. 인적요소는 배제하고 직무 자체의 중요도를 평가하여 직무급의 결정, 배치전환관리, 인사고과, 교육훈련의 기초가 된다.
- 인사고과: 종업원의 업무수행 상 업적과 잠재적 능력을 측정, 평가하는 것으로 근무성적이나 능력, 태도, 의욕 등을 조직체에 대한 유용성의 관점에서 평가하여 이들의 상대적 가치를 주기적으로 결정하기 위한 제도이다.
- 직무보상(임금관리): 기업이 지불해야 할 임금의 금액과 제도를 합리적으로 관리하는 것을 말한다.

05 ② 특정 직무의 내용이나 성질, 곧 연구와 관찰을 통해 일정한 직무의 성질, 구체적으로 그 직무수행에 필요한 숙련, 노력, 책임, 작업환경 등을 알아내는 과정은 직무분석에 대한 설명이다.

06 ③ 직무분석의 목적은 확보와 유지관리(모집, 채용, 배치, 승진), 개발관리(교육훈련과 경력계획), 평가관리(인사평가), 보상관리(임금관리), 작업방법 및 공정의 개선, 노사관계관리 및 산업안전관리의 기초, 조직계획 등에 있다. 고객 관리 및 서비스 증진 자료를 제공하는 것과는 관련이 없다.

07 ② 직무분석을 통해 나타난 결과를 간략하게 일정한 서식에 정리한 것으로 직무내용보다는 직무요건을, 특히 인적 특성에 초점을 두어 기술한 것은 직무명세서이다.

08 ② 직무관리 절차: 직무분석 → 직무기술서 작성 → 직무명세서 작성 → 직무평가

인사이론

09 ① 직무분석은 준비단계 → 실시단계 → 정리단계로 구분되며 그 내용은 아래와 같다.
- 직무분석의 준비단계: 예비조사, 직무단위결정(예비단계), 분석방법의 결정
- 직무분석의 실시단계: 직무분석표 작성, 직무정보의 수집, 직무정보의 분석(본작업)
- 직무분석의 정리단계: 직무기술서, 직무명세서(정리단계)

10 ④ 직무명세서는 직무표지, 직무개요 및 인적 특성(일반교육정도, 기술훈련, 전문훈련, 과거의 직무경험, 지적 능력, 신체적 요건, 개인특성 등)으로 구성된다. 직무수행에 필요한 종업원의 기능 및 숙련 지식정도는 직무명세서의 핵심적 내용에 해당된다.

직무기술서는 직무표지(직명, 소속 과·부, 공장, 코드번호), 직무개요(직무수행의 목적이나 내용을 간략히 기술), 직무내용(직무수행에 관계되는 제 상황을 보다 상세하게 기술), 직무요건(직무수행에 필요한 제 요건을 정리)으로 구성된다.

11 ③ 직무분석의 방법으로는 관찰법, 면접법, 질문지법, 체험법 등이 있으며, 요소비교법은 직무평가 방법에 해당한다.

12 ③ 직무평가는 인간중심의 평가가 아니며, 직무 자체를 평가하는 것에 초점을 두고 있다.

직무분석을 통해서 작성되는 보고서로 직무내용에 초점을 두고 작성되는 것은 직무기술서, 직무요건 특히 인적사항에 초점을 두고 기술되는 것은 직무명세서라고 한다.

13 ① 직무평가와 인사고과에 대한 설명이다.
- 직무분석은 직무수행에 요구되는 근로의 내용과 조건, 근로자의 지식과 능력 등의 정보를 제공한다.
- 직무평가는 직무분석의 결과를 바탕으로 직무의 상대적 가치를 체계적으로 결정하고 그 가치에 따라 서열을 부여하고 직무급의 정보를 제공한다.
- 인사고과는 종업원의 업무수행 상 업적과 잠재적 능력을 측정, 평가하는 것으로 근무성적이나 능력, 태도, 의욕 등을 조직체에 대한 유용성의 관점에서 평가한다.

14 ③ 직무평가는 기업 내에서 각각의 직무가 차지하는 상대적 가치를 결정하는 것으로 각각의 직무가 지니는 중요도, 업무수행 상 곤란도, 복잡도, 책임도 등을 평가하는 과정으로 동일한 가치를 가진 직무에 대하여는 동일한 임금을 적용하겠다는 임금관리의 공정성을 기할 수 있는 기초자료로 활용할 수 있다.

15 ④ 직무평가는 직무분석의 결과를 바탕으로 직무의 절대적 가치가 아닌 상대적 가치를 체계적으로 결정하고 그 가치에 따라 서열을 부여하고 직무급의 정보를 제공하는 것으로 직무 그 자체의 판단이지, 직무를 수행하는 사람에 대한 평가는 아니다.

16 ④ 직무기술서와 직무명세서 작성은 직무평가 아니라 직무분석 절차 중 정리단계에 해당한다.

17 ① 직무평가 방법은 직무수행의 난이도를 기준으로 하는 종합적(비계량적) 평가방법과, 직무분석에 따라 직무를 기초로 분석하는 분석적(계량적) 평가방법으로 구분된다.
- 종합적(비계량적) 평가방법: 서열법, 분류법
- 분석적(계량적) 평가방법: 점수법, 요소비교법

18 ② 직무를 요소별로 구분하여 점수를 부여하며 직무가치를 평가하는 것은 점수법에 대한 설명이다.
- 서열법: 직무의 중요도 등에 따라 등급을 분류한 후 여러 평가자가 반복평가하고, 이를 평균하여 각 직무의 서열을 정하는 방법이다.
- 분류법: 등급법이라고도 하며 어떤 기준에 따라 등급을 미리 정해 놓고 각 등급의 정의를 명확히 한 뒤 직무를 적절히 판정하여 해당 등급을 맞추어 넣는 평가방법이다.
- 요소비교법: 조직 내의 직무를 평가요소별로 분해하고 가장 핵심이 되는 몇 개의 기준직무를 선정하여 타 직무의 평가요소를 기준 직무의 평가요소와 결부시켜 상호 비교함으로써 조직 내에서 이들이 차지하는 상대적 가치를 결정하는 방법이다.

19 ① 직무평가요소인 직무평가기준은 책임, 작업조건, 숙련, 노력 요소 등으로 구분된다.
- 책임요소: 관리감독, 기계설비, 원자재, 직무개선 등
- 작업조건요소: 위험도, 작업시간, 작업위험 등
- 숙련요소: 지식, 기술, 경험, 교육 등
- 노력요소: 육체적, 정신적 등

20 ③ 직무평가요소인 직무평가기준 중 숙련요소에는 지식, 기술, 경험, 교육 등이 포함된다.

21 ② 직무순환은 작업 활동의 다양화를 통해 지루함과 싫증이 감소된다는 장점과, 순환근무로 인해 작업진행에 방해가 될 수 있으며, 동기유발이 약한 단점이 있다.

22 ② 직무분석은 준비단계 ➡ 실시단계 ➡ 정리단계로 구분되며 그 내용은 아래와 같다.
- 직무분석의 준비단계: 예비조사, 직무단위결정(예비단계), 분석방법의 결정
- 직무분석의 실시단계: 직무분석표 작성, 직무정보의 수집, 직무정보의 분석(본작업)
- 직무분석의 정리단계: 직무기술서, 직무명세서(정리단계)이동, 이직 등의 일정비율을 적용하여 미래 각 기간에 걸쳐 현재인원의 변동을 예측하는 방법

23 ② 직무 분석자가 전체 작업 과정 동안 무작위로 많은 관찰하는 것은 워크 샘플링법에 대한 설명이다.
- 작업기록법: 직무담당자가 매일 자신의 직무에 대한 작업일지와 메모 사항 등을 기록하는 방법
- 마코브 체인법: 시간의 흐름에 따른 개별 종업원의 직무이동확률을 파악하기 위해 개발된 것으로 승진, 이동, 이직 등의 일정비율을 적용하여 미래 각 기간에 걸쳐 현재인원의 변동을 예측하는 방법

24 ④ 직무의 내용을 고도화하여 작업상의 책임과 관한을 늘리는 것은 직무충실화에 대한 설명이다.
- 직무전문화: 전체적인 과업을 보다 작은 요소로 분할하고 나누어 담당하여 종업원의 숙련도를 증가시키는 방법으로 수평적 전문화(과업의 내용과 양에 따른 직무분화)와 수직적 전문화(의사결정 권한과 책임의 배분에 따른 직무분화)로 구분된다.

25 ② 직무들을 상대적인 가치 순서대로 나열하는 방법인 서열법은 직무가치의 차이를 파악할 수 없다.
[서열법의 장점]
- 평가 방법이 간단하고 신속한 평가 가능
- 서열에 따라 결정되기 때문에 평가 시 관대화 경향이나 중심(집중)화 경향이 제거됨
[서열법의 단점]
- 평가자의 주관이 개입될 수 있으며, 직무가치의 차이를 파악할 수 없음
- 유사 직무의 서열화와 직무 수가 많은 기업에서는 적용이 어려움

03 인적자원확보

3.1 인적자원확보의 개요

인적자원의 확보는 기업의 목표를 달성하기 위해 특정 직무를 수행할 수 있는 종업원을 얻는 과정에 대한 체계적이고, 합리적인 과정으로서 인적자원의 충원이라고도 한다. 우수한 인적자원의 확보는 기업의 경쟁력을 제고, 조직의 활력, 조직의 안정성을 확보할 수 있고 종업원은 생계수단의 확보와 자아실현의 욕구를 충족시킬 수 있다.

인적자원의 확보는 인력 수급예측, 인력의 모집과 선발 및 배치로 구성된다. 인력 수급예측은 조직이 미래의 시점에 필요로 하는 인적자원의 양과 질을 판단하고 그에 대한 공급원을 모색하는 과정이며, 모집은 조직이 필요로 하는 사람을 선발하기 위하여 자격을 갖춘 우수한 사람들이 지원하도록 유인하는 과정이다. 선발은 모집활동을 통해서 지원한 다수의 취업희망자 중에서 직무요건에 적합한 사람을 결정하는 과정이며, 배치란 선발된 사람을 특정 직무에 할당하는 것을 말한다.

3.2 인적자원계획

인적자원계획은 인적자원 소요계획으로 현재 및 장래에 각 시점에서 기업이 필요로 하는 특성을 지닌 인원의 수를 예측하고, 이에 대한 사내·사외의 인력공급을 계획해서 인력의 수급을 조정하는 계획 활동이다.

(1) 인적자원의 수요예측

인적자원의 수요예측은 과거의 추세와 현재 상황, 미래에 대한 가정에 입각하여 이루어진다. 수요예측기법 중 계량적 기법들은 과거의 추세가 미래에도 지속될 것이라는 가정하에 미래의 인력 수요를 예측한다. 그러나 기업의 환경이 급변하는 경우에는 이러한 전제가 성립되기 어려우므로 전문가의 직관이나 경험 또는 판단에 근거한 판단적 방법 또는 정성적(질적) 방법에 의한 예측이 바람직한 경우도 있다.

<table>
<tr><th colspan="2">구 분</th><th>내 용</th></tr>
<tr><td rowspan="5">정량적
방법</td><td>추세분석법
(추세투영분석)</td><td>인적자원의 수요와 밀접한 관계를 가진 변수 하나를 선정하여 그 변수와 인적자원수요 간의 관계가 어떠한 추세인지를 분석하여 미래 수요예측</td></tr>
<tr><td>시계열분석모형</td><td>시간의 변동에 따른 변수의 변화 경향으로 미래의 수요를 예측</td></tr>
<tr><td>회귀분석</td><td>인적자원 수요 결정의 다양한 요인들의 상관관계를 도출하여 미래의 수요예측</td></tr>
<tr><td>생산성비율분석</td><td>과거 해당 기업이 달성했던 생산성의 변화에 대한 정보를 가지고 인적 자원 관련 요인과 필요한 종업원 비율을 계산함으로써 미래의 인적자원 수요를 결정하는 기법</td></tr>
<tr><td>작업연구기법</td><td>작업시간과 작업량을 측정하여 미래인력 수요예측</td></tr>
<tr><td rowspan="3">정성적
방법</td><td>명목집단법(NGT)</td><td>서로 다른 분야에 근무하는 사람들을 명목상의 집단으로 간주하여 그들에게 자유로운 아이디어를 문서로 받아 반대 논쟁을 최소화하는 방식으로 문제해결을 시도하는 기법
(진행절차: 아이디어 작성 → 공유 → 토론 → 투표 및 의사결정)</td></tr>
<tr><td>델파이기법</td><td>설문조사 등의 방법으로 다수 전문가의 의견을 수렴하여 미래 상황을 예측

<table><tr><th>장점</th><th>단점</th></tr><tr><td>• 전문가들을 모이게 할 필요 없이 그들의 평가를 끌어낼 수 있음
• 타인의 영향력을 받지 않음</td><td>• 시간이 많이 소요됨
• 응답자에 대한 통제력이 결여</td></tr></table></td></tr>
<tr><td>자격요건분석</td><td>직무기술서와 직무명세서를 활용하여 필요인력을 예측</td></tr>
</table>

참고 인력계획의 수요예측의 접근법에 따른 분류에는 산업공학적 접근법(작업표본 기법), 수학적 기법(시뮬레이션), 통계적 접근법(시계열 분석), 주관적 접근법(경영자 판단) 등이 있다.

(2) 인적자원의 공급예측

인적자원의 수요예측이 이루어지고 나면 인적자원의 공급이 어떻게 이루어질 것인가를 예측해야 한다. 내부공급은 승진이나 배치전환 등을 통하여 공석을 충원하게 되며, 외부 공급은 외부인력을 현재 다른 조직에 종사하거나 미고용상태의 인력을 충원하는 것이다.

1) 내부적 공급예측

구 분	내 용
관리자 목록 (management inventory)	조직 내 모든 관리자의 관리능력을 포함하여 그들의 자세한 정보를 모아놓은 목록
기술 목록 (skill inventory)	비관리직 구성원이 보유하고 있는 기술과 능력을 조사하여 결과를 요약한 자료로 개인의 직무 적합성에 대한 정보를 신속·정확하게 찾아내기 위한 장치
대체도 (인력대체표, replacement chart)	조직 내 특정 직무가 공석이 되면 누가 그 자리를 메울 수 있는가에 대하여 파악하도록 작성한 표이며 다양한 직무와 각각의 직무로 승진 할 수 있는 사람들을 나타내고, 승진 가능성과 직무성과 기재
마코브분석 (마코브체인법, Markov chain method)	시간의 흐름에 따른 개별 종업원의 직무이동 확률을 파악하기 위해 개발된 것으로 승진, 이동, 이직 등의 일정 비율을 적용하여 미래 각 기간에 걸쳐 현재 인원의 변동을 예측하는 방법

2) 외부적 공급예측

- 내부인력 추정 후 조직 외부로부터 공급받을 수 있는 인력의 규모를 예측
- 외부인력은 외부 노동시장의 영향을 크게 받기 때문에 외부인력 수급 상황을 고려하여 공급량을 예측
- 인구 구조, 경제 활동 인구, 실업률, 산업별·직종별 고용 동향 등에 대한 정보 활용 가능

(3) 인력자원의 수요와 공급의 불균형

1) 인력 부족 시 대응 전략

구 분	내 용
초과근로	단기적 방안으로 선호되며 초과근로가 장기화되면 과로와 스트레스가 가중됨
임시직 고용	기간계약 고용과 시간제 고용으로 탄력적인 인력 고용
파견근로 활용	자기사업에 고용하고 있는 근로자를 다른 기업에 파견하여 근로하게 하는 제도
아웃소싱	급속한 시장변화와 치열한 경쟁에서 고부가가치 사업과 업무만 남겨두고 부수적인 업무는 외주에 의존하는 것으로 인력 절감과 생산성 향상 효과 기대

2) 인력 과잉 시 대응 전략

구 분	내 용
직무분할제	하나의 풀타임 업무를 둘 이상의 파트타임 업무로 전환시키는 것
조기퇴직제	일정 연령에 도달한 구성원이 조기 퇴직하여 재도약을 할 수 있도록 하고, 인력 과잉과 경력 정체 현상을 인원감소를 통해 완화하고자 하는 제도
정리해고	경영악화 등의 이유로 인하여 근로자들을 일시적으로 감축시키기 위하여 종업원을 해고할 수 있는 제도
무급휴가제도	기업이 일시적인 불황이나 외부의 특정 요인에 의해 매출 감소 등에 대처하기 위해 인건비 절감 차원에서 시행 가능한 제도
다운사이징	조직의 경쟁력을 높이기 위해 다수의 인력을 계획적으로 감축하는 것
조직 내 직무 재배치	인력 운영의 효율화를 위해 직무분석을 통한 인력의 재배치

개념 익히기

● 인턴제도(인턴십사원제도)

1914년 한국에서 처음 도입된 제도로 구직자를 임시직으로 고용한 후 수습 기간을 거쳐 적격자를 정식으로 채용하는 종업원 모집 방법이다. 기업에서는 인턴사원이 조직에 적합한 인재인지의 판단을 통해 우수 인재의 확보가 가능하며, 인턴사원은 기업 실무를 직접 체험해 볼 수 있는 기회를 가지고 잠재적 고용대상이 될 수 있다는 장점이 있다.

3.4 모집관리

(1) 모집의 정의

모집(recruitment)은 조직이 인적자원의 수요를 충족시키기 위해서 유능한 사람들로 하여금 조직이 제공하는 직무를 받아들이고 지원하도록 영향을 주기 위한 기업의 적극적인 고용활동이다.

(2) 모집의 방법

1) 사내모집(내부모집)

① 기술목록: 종업원의 작업 경험, 기술, 지식 등을 관리하여 채용 승진 자료로 활용
② 사내공모: 사보, 사내 게시판, 인트라넷 등에 공개모집, 승진, 직무 재배치

장점	단점
• 내부직원의 동기유발 및 능력개발 촉진	• 내부쟁탈과 과잉경쟁 발생
• 승진자의 동기유발 및 사기 증진	• 비승진자의 좌절과 사기 저하
• 채용 비용의 절약과 시간의 단축	• 모집 범위의 제한
• 인재에 대한 정확한 능력평가	• 인력개발을 위한 교육 훈련비용 증가

2) 사외모집(외부모집)

① 광고: 신문, 잡지, 인터넷, TV, 지역정보지, 옥외게시판 등 매체를 통한 모집
② 인턴사원제도: 입사 전 수습기간 동안의 근무태도와 성과로 평가하여 신입사원 채용
③ 교육기관의 추천: 학생을 교육시킨 기관을 통해 신뢰성 있는 정보를 파악하여 채용
④ 종업원 추천제도: 종업원 추천자가 예비심사자가 되어 적은 비용으로 큰 효과를 보는 채용
⑤ 헤드헌터: 헤드헌터를 통한 모집은 특정 분야 충분한 경험의 전문가 채용에 활용
⑥ 종업원파견: 종업원 파견업체가 고용한 후 파견계약에 따라 근로에 종사하게 함

장점	단점
• 변화하는 외부환경에 적응	• 내부직원의 사기 저하
• 새로운 아이디어, 관점, 시각 활용	• 채용 비용과 시간의 증대
• 인력개발을 위한 교육훈련 비용 절감	• 조직에 적응하기까지의 기간 필요
• 다수의 인재 조달 가능	• 부적격자 채용 위험성 존재
• 새로운 인재 모집을 통해 조직 분위기를 긍정적으로 전환	

 선발관리

(1) 선발의 개념과 절차

선발(selection)은 모집활동을 통해서 지원한 다수의 지원자들 중에서 조직의 직무요건에 가장 적합한 사람을 결정하는 과정이며, 대부분 기업의 선발절차는 일반적으로 다음과 같다.

> 예비면접 ⇨ 지원서 검토 ⇨ 선발시험 ⇨ 선발면접 ⇨ 신원조회 ⇨ 신체검사 ⇨ 채용

(2) 선발시험

선발시험은 지원자의 능력을 평가하기 위한 입사시험으로 학문적 지식과 지능검사, 성격(인성)검사, 흥미검사, 적성검사(직무함양능력) 등도 병행하고 있다.

구 분	내 용
지능검사	지원자의 종합적 지능을 측정하기 위한 검사
성격(인성)검사	지원자의 성격(욕망, 자신감, 성향)을 측정하여 조직 내 직무 수행에 어떤 영향을 미칠지를 검사
흥미검사	지원자가 가지고 있는 흥미나 관심분야를 측정하는 검사
적성검사	지원자의 잠재적 능력이 어떤 직무에 적합한지에 대한 검사
성취도검사	지원자의 일반지식 또는 전문지식의 수준을 평가하기 위한 방법
실무능력검사	직업인으로서 기본적으로 갖추어야 하는 공통능력과 직무수행에 필요한 역량을 측정하기 위한 검사

(3) 선발면접

면접은 채용과정에서 가장 중요한 선발도구로 인품의 종합적 평가와 잠재적 능력과 의욕, 급변하는 환경 적응 등을 평가하기 위한 것이다.

1) 면접의 유형

구 분	내 용
구조화 면접 (지시적 면접) (정형적 면접)	• 면접자가 기본적으로 아주 세분화되고 상세한 내용의 질문을 준비해서 질문하는 형태 • 질문사항이 매우 조직적으로 작성되며, 지원자의 배경, 지식, 태도, 동기 등에 대하여 자세한 질문을 하는 방식 • 특별한 경우를 제외하고는 보충질문이 없어 훈련을 받지 않았거나 경험이 없는 면접자도 어려움 없이 면접 수행이 가능함
비구조화 면접 (비지시적 면접)	면접자가 특정한 질문 목록을 준비하지 않고 중요하다고 생각되는 내용에 대해 자유롭게 질문하는 방식
준구조화 면접	구조화 면접과 비구조화 면접을 절충하여 중요한 질문은 사전에 설정되지만 면접자가 더 얻고자 하는 정보에 대해서는 자유롭게 추가적으로 질문할 수 있는 방식

2) 면접의 방법

구 분	내 용
AI면접	사람이 아닌 인공지능인 AI가 면접관이 되는 방법
집단면접	각 집단별로 특정 주제에 대한 자유 토론을 할 수 있는 기회를 부여하고, 토론 과정에서 개인적, 사회적 특성을 평가하는 방법
패널면접 (위원회 면접)	다수의 면접자가 한 사람의 피면접자를 상대로 하는 면접방식으로 피면접자에 대한 면접자의 면접 결과에 대해 의견교환의 절차를 거쳐 광범위한 정보 수집 및 정확한 평가하는 방법으로 관리직이나 전문직 선발 시 많이 활용되는 방법
스트레스 면접 (압박면접)	피면접자를 갑작스러운 공격적 행동이나 무시하는 행동 등으로 의도적으로 긴장 또는 좌절 상태에 빠지게 하여 피면접자의 감정 조절 능력 및 인내도를 평가하는 면접방식으로, 주로 대인적인 압박감이 많은 직장환경 하에서 직무를 수행할 수 있는 능력이 있는지를 알아보기 위해 사용하는 선발면접 방법

(4) 선발 도구의 평가 기준

선발 도구가 제대로라면 직무를 잘 수행할 사람을 선발하고, 그렇지 않은 사람은 선발되지 않아야 한다. 선발 도구를 통해 원하는 사람이 잘 선발되었는지를 평가하는 기준은 신뢰성, 타당성, 효용성, 형평성, 선발 비율, 비용－편익 분석 등이 있다.

1) 신뢰성

도구가 선발 대상자들에게 적용되었을 때 안정적이고 일관성 있는 결과를 얻어낼 수 있는지를 판단하는 기준을 의미한다.

구 분	내 용
시험–재시험법 (검사–재검사법)	동일한 사람에게 서로 다른 시기에 동일한 내용의 시험을 실시하여 결과를 측정하는 방법
복수양식법 (대체형식방법)	동일한 사람에게 유사한 형태의 시험을 실시하여 두 시험 간의 상관관계를 살펴보는 방법
양분법 (반분법)	시험 내용이나 문제를 반으로 나누어 각각 검사한 후 두 결과를 비교하는 방법

2) 타당성

시험이 당초에 측정하려고 의도하였던 것을 얼마나 정확하게 측정하고 있는지를 밝히는 정도를 의미한다.

구 분		내 용
기준 관련 타당성	동시 타당성	현직 근로자의 시험성적과 직무성과를 비교하여 선발 도구의 타당성을 검사
	예측 타당성	선발시험에 합격한 사람들의 시험성적과 입사 후의 직무성과를 비교하여 타당성을 검사
내용 타당성		요구하는 내용을 선발 도구가 얼마나 잘 나타내는지를 논리적으로 판단하며 선발시험의 문항 내용이 측정 대상인 직무성과와의 관련성을 잘 나타내고 있는지를 측정
구성 타당성		시험의 이론적 구성과 가정을 측정

3) 효용성

선발 도구의 효용성이 높으면 선발에 있어서 평가도구의 성적이 미래의 직무성과를 예측하는 능력이 크다는 것을 의미한다. 선발 도구의 효용이 높으면 선발 비용이 절감되고 우수 인재의 선발 가능성이 커진다.

4) 형평성

모든 지원자들에게 동등한 기회를 부여해야 한다는 조건이다.

5) 선발 비율의 결정

총선발예정자 수에서 총지원자 수로 나눈 값이 선발 비율이다. 이렇게 계산된 선발 비

율이 1에 가까워질수록 지원자가 선발예정자가 되므로 합격점수가 낮아지고 선발의 효율성도 떨어진다. 선발 비율이 0에 가까워질수록 지원자 수가 선발예정자보다 훨씬 많으므로 합격점수는 높아지고 선발의 효율성도 증가하게 된다.

(5) 선발오류

선발오류란 직무요건의 적임자를 선발하지 못하는 현상을 말한다. 선발할 때 여러 가지 방법을 통해 인력을 선발하지만 1종 오류와 2종 오류를 가져올 수 있다. 이러한 오류 없이 올바른 결정을 하기 위해 선발 도구의 신뢰성, 타당성, 효용성을 높여야 한다.

- 1종 오류: 선발했어야 하는 인원을 놓치게 된 오류
- 2종 오류: 선발하지 말았어야 하는 인원을 뽑은 오류

개념 익히기

● 모집평가의 주요 지표

구 분	내 용
산출율	단계별로 지원자들이 어떻게 축소, 배치되는지를 보여주는 비율
선발율	지원자 가운데 최종 선발된 인원의 비율 ✓ 선발률이 0에 가까운 경우 ➡ 2종 오류 감소(1종 오류 증가) ✓ 선발률이 1에 가까운 경우 ➡ 1종 오류 감소(2종 오류 증가)
수용률	선발에 최종 합격한 사람 중 회사의 입사 제의를 받아들여 실제 입사하는 인원의 비율
기초율	지원자들 가운데 선발 과정을 거치지 않고 무작위로 선택하여 채용했을 때 일정 기간이 경과한 후 업무를 잘하는 사람의 비율

● 타당도와 선발오류

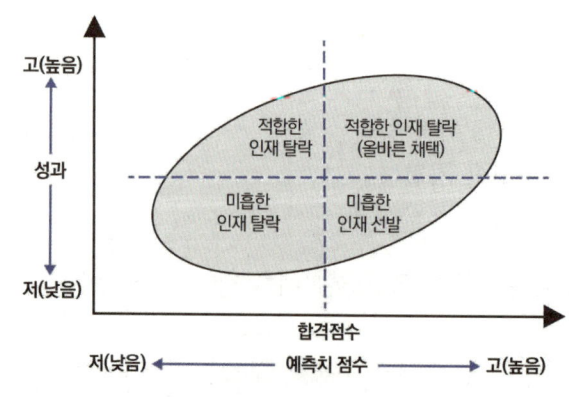

유형별 연습문제
1.3 인적자원확보

01 다음 인적자원의 예측방법 중 수요예측 방법에 해당하는 것은?

① 대체도
② 기능목록
③ 마코브 분석
④ 델파이 기법

02 인적자원계획 방법중 수리적(정량적)기법에 해당하지 않는 것은?

① 추세분석
② 회귀분석
③ 선형계획법
④ 전문가 예측법

03 다음 [보기]에서 설명하는 인력계획의 미래예측기법은?

┤ 보기 ├

ABC 전자(주)는 향후 조직 구성을 계획하는데 있어 각 분야의 전문가 30명을 선정하여 그들로부터 자문을 받아 이를 종합하여 미래 상황을 예측하고 대응하고 있다.

① 선형계획
② 델파이기법
③ 회귀분석법
④ 브레인스토밍

04 다음 중 인력부족의 경우 대응방안으로 적절하지 않은 것은 무엇인가?

① 기간계약고용 또는 시간제고용으로 탄력적인 인력 고용
② 부수적인 업무는 외주에 의존하여 부족한 인력을 보충함
③ 하나의 풀타임업무를 둘 이상의 파트타임 업무로 전환시킴
④ 단기적으로 초과근로를 활용함

05 다음 채용관리의 중요성에 대한 설명으로 적합하지 않은 것은?

① 공정하고 투명한 채용관리를 통해 기업이미지 향상
② 채용을 통해 조직에 새로운 문화 형성 및 변화를 줄 수 있음
③ 인적자원 역량을 축적하여 지속적인 경쟁우위를 창출해야 함
④ 훌륭한 인재를 확보하기 위해 비공개 수시 채용을 확대해야 함

06 다음 중 사내모집을 통한 인적자원 채용과정에 대한 설명으로 적절하지 않은 것은?

① 기존 종업원에게 동기부여가 될 수 있다.
② 내부 임직원의 능력개발을 촉진할 수 있다.
③ 사외모집에 비해 시간과 비용이 소모가 많이 든다.
④ 내부 평가 자료를 적절히 활용할 수 있다.

07 다음 [보기] 중 외부 인적자원 모집 방법끼리 바르게 묶인 것은 무엇인가?

┤ 보기 ├

ㄱ. 사보를 통해 필요 직무 및 충원 인원을 공개 모집
ㄴ. 인력모집 전문업체에 모집을 의뢰
ㄷ. 지역 및 전국적 채용박람회를 통한 모집
ㄹ. 인턴제도를 통해 우수 인재를 모집

① ㄱ, ㄴ
② ㄱ, ㄴ, ㄷ
③ ㄱ, ㄷ, ㄹ
④ ㄴ, ㄷ, ㄹ

08 다음 [보기]의 (   ) 안에 들어갈 적절한 용어는 무엇인가?

┤ 보기 ├

(   )는 어떤 사람이 그 직무에 대한 훈련을 받기 전에 그 직무를 배울 수 있는 능력
또는 잠재적인 능력이 있는지 없는지를 측정하는 방법이다.

① 적성검사
② 지능검사
③ 인성검사
④ 흥미검사

09 다음 [보기]가 설명하는 면접유형에 해당하는 것은 무엇인가?

┤ 보기 ├

피면접자에게 고의로 적대적인 상황을 조성하여 그러한 상황에서도 감정을 적절하게 조절
하는지, 어떻게 대처하는지 등에 대해 관찰한다.

① 패널 면접
② 스트레스 면접
③ 비구조화 면접
④ 집단 면접

10 다음 [보기]에서 설명하는 것은?

┤ 보기 ├

관리직이나 전문직 선발 시 많이 활용되고 있으며, 다수의 면접자가 한 사람의 피면접자를
상대로 하는 면접방식으로 피면접자에 대한 면접자의 면접결과에 대해 의견교환의 절차를
거쳐 광범위한 정보수집 및 정확한 평가를 할 수 있는 면접 유형을 말한다.

① 구조적면접
② 비구조적면접
③ 집단면접
④ 패널면접

11 다음 선발도구의 합리적 조건 중 선발시험의 문항내용이 측정대상인 직무성과의 관련성을 잘 나타내고 있는가를 측정하는 것은?

① 신뢰성
② 내용타당성
③ 대체형식방법
④ 기준관련 타당성

12 인적자원관리 패러다임의 변화에 대한 설명으로 적절하지 않은 것은?

① 연공 중심 → 성과 중심
② 역할 중심 → 사람 중심
③ 비용 관점 → 수익 관점
④ 일방적 통보 → 쌍방향 소통

13 (주)생산성에서는 [보기]와 같이 사내인트라넷을 통해 인적자원을 모집하고자 한다. (주)생산성의 모집방법을 고르시오.

┤ 보기 ├

❑ 모집직무 및 응모자격
• 모집직무

부문	인원	직무내역
생산성정책센터	1	• 생산성 통계 분석·정책연구 • 서비스생선성 공적개발원조 컨설팅
자격검정센터	1	• ERP정보관리사 출제기획 • 국가공인민간자격 시행관리

• 응모자격: 인사규정시행규칙 제21조에 의거 ㈜생산성 근무 2년 이상인 자

① 인턴십
② 헤드헌터
③ 종업원파견
④ 사내공모제

14 인력의 수요가 공급보다 많을 경우 해야 될 조치로 적절하지 않은 것은?

① 아웃소싱
② 직무공유제
③ 파견근로 활용
④ 초과근로 활용

15 행동과학적 인사관리 중 동기부여 이론에 해당하지 않는 것은?

① 맥그리거 - X·Y 이론
② 허즈버그 - 2요인 이론
③ 매슬로우 - 욕구의 5단계 이론
④ 허시와 블랜차드 - 3차원 모델

16 직무평가의 요소 중 책임 요소에 해당하는 것은?

① 육체적, 정신적 노력 등
② 위험도, 작업시간, 작업환경, 작업위험 등
③ 관리감독, 기계설비, 직무개선, 책임, 원재료 등
④ 도전성, 교육, 경험, 몰입, 창의성, 지식, 기술 등

17 인적자원계획 방법 중 내부적 공급예측 방법에 해당하지 않은 것은?

① 대체도　　　　　　　　　　② 마코브 분석
③ 관리자 목록　　　　　　　　④ 델파이 기법

18 Hall의 경력단계모형은 종업원이 직장에 입사하고 퇴직할 때까지 일련의 과정을 연령, 욕구, 작업성 등과 연관하여 4단계로 구분한 것이다. 경력단계와 경력욕구의 조합 중 적절하지 않은 것은?

① 1단계(탐색단계) – 주체형성　　② 2단계(확립과 전진단계) – 친교
③ 3단계(유지단계) – 소비　　　　④ 4단계(쇠퇴단계) – 통합

19 입사 후에 해당 직무자들에 대한 그 직무와 시험문제와의 상관관계를 확인하는 타당도의 유형은?

① 현재타당도　　　　　　　　② 예측타당도
③ 이해타당도　　　　　　　　④ 내용타당도

20 선발시험에 합격한 사람들의 시험 성적과 입사 후의 직무성과를 비교하여 타당성을 검사하는 방법으로 가장 적절한 것은?

① 예측 타당성　　　　　　　　② 구성 타당성
③ 내용 타당성　　　　　　　　④ 동시 타당성

1.3 인적자원 확보

1	2	3	4	5	6	7	8	9	10
④	④	②	③	④	③	④	①	②	④

11	12	13	14	15	16	17	18	19	20
②	②	④	②	④	③	④	③	④	①

01 ④
- 수요예측 기법: 추세분석, 시계열분석, 회귀분석, 생산성비율분석, 명목집단법, 델파이기법 등
- 내부적 공급예측 기법: 관리자목록, 마코브체인분석, 기능목록, 대체도 등

02 ④ 전문가 예측법(델파이기법)은 인적자원계획 방법 중 정성적 방법에 해당한다.
- 정량적 방법: 추세분석법, 시계열분석법, 회귀분석, 선형계획법, 작업연구기법 등
- 정성적 방법: 명목집단법(NGT), 델파이기법(전문가 예측), 자격요건분석 등

03 ② 전문가들을 자문을 토대로 미래 상황을 예측하는 것은 델파이기법에 대한 설명이다.
- 선형계획: 미래예측기법 중 과학적 이론모형의 하나로 변수간의 관계를 선형함수로 표시하여 최적해를 도출해내는 모형
- 회귀분석: 인적자원의 공급예측 방법으로 인적자원 수요 결정의 다양한 요인들의 영향력을 계산하여 미래의 수요를 예측하는 기법
- 브레인스토밍: 심리적 제약이 없는 자유로운 상태

04 ③ 하나의 업무를 둘 이상의 파트타임 업무로 전환하는 것은 직무분할제에 해당하며, 이는 인력과잉에 대한 해결방법이다.
- 인력 부족 시 대응 전략: 초과근로, 임시직 고용, 파견근로 활용, 아웃소싱
- 인력 과잉 시 대응 전략: 직무분할제, 조기퇴직제, 정리해고, 무급휴가제도, 다운사이징, 조직 내 직무 재배치

05 ④ 훌륭한 인재를 확보하기 위해서는 공개 채용을 확대 하여야 한다.

구분	내부모집(사내모집)	외부모집(사외모집)
장점	• 내부직원의 동기유발 및 능력개발 촉진 • 승진자의 동기유발 및 사기 증진 • 채용비용의 절약과 시간의 단축 • 인재에 대한 정확한 능력평가	• 변화하는 외부환경에 적응 • 새로운 아이디어, 관점, 시각 활용 • 인력개발을 위한 교육훈련 비용 절감 • 다수의 인재 조달 가능
단점	• 내부쟁탈과 과잉경쟁 발생 • 비승진자의 좌절과 사기 저하 • 모집 범위의 제한 • 인력개발을 위한 교육훈련 비용 증가	• 내부직원의 사기 저하 • 채용 비용과 시간의 증대 • 조직에 적응하기까지의 기간 필요 • 부적격자 채용 위험성 존재

06 ③ 사내모집은 사외모집에 비해 시간과 비용의 소모가 적다.

07 ④ 인적자원의 모집은 내부모집과 외부모집으로 나누어지며, 사보를 통해 인원을 공개모집하는 것은 내부모집에 해당한다.
- 인적자원의 내부모집: 기술목록, 직무공시, 승진 및 전보, 사보 등
- 인적자원의 외부모집: 광고, 인턴사원제도, 교육기관 추천, 종업원 추천, 헤드헌터 등

08 ① 직무에 대한 능력과 관련된 것은 적성검사이다.
- 지능검사: 지원자의 종합적 지능을 측정하기 위한 검사
- 인성검사: 지원자의 성격(욕망, 자신감, 성향)을 측정하여 조직 내 직무 수행에 어떤 영향을 미칠지를 검사
- 흥미검사: 지원자가 가지고 있는 흥미나 관심분야를 측정하는 검사

09 ② 스트레스 면접에 대한 설명이다.
- 패널면접: 다수의 면접관이 한 명의 지원자를 면접하는 방법으로 평가자간의 신뢰도가 높다.
- 비구조화면접: 지원자의 다양한 측면에 대해 면접관이 자유롭게 질문하고 지원자가 답하는 면접법
- 집단면접: 여러명의 지원자를 한꺼번에 면접하는 방법으로, 시간이 절약되고 지원자간의 비교가 용이함.

10 ④ 면접방법 중 다수의 면접자가 한 사람의 피면접자를 상대로 면접을 진행하는 것은 패널면접이다.
- 구조적면접: 면접의 신뢰성을 높이기 위해 상세 질문지를 사용하여 면접내용을 편차를 줄이며 진행
- 비구조적면접: 정해진 질문지 없이 면접관이 자유롭게 질문하고 그에 대해 질문자가 답을 하며 진행
- 집단면접: 여러명의 피면접자를 상대로 한꺼번에 면접을 진행

11 ② 선발도구의 합리적 조건 중 선발시험의 문항내용이 측정 대상인 직무성과의 관련성을 잘 나타내고 있는지에 대한 측정은 내용타당성에 대한 설명이다.

[선발도구의 평가기준]
- 신뢰성: 도구가 선발 대상자들에게 적용되었을 때 안정적이고 일관성 있는 결과를 얻어낼 수 있는지를 판단하는 기준을 의미한다.

구 분	내 용
시험-재시험법(검사-재검사법)	동일한 사람에게 서로 다른 시기에 동일한 내용의 시험을 실시하여 결과를 측정하는 방법
복수양식법(대체형식방법)	동일한 사람에게 유사한 형태의 시험을 실시하여 두 시험 간의 상관관계를 살펴보는 방법
양분법(반분법)	시험 내용이나 문제를 반으로 나누어 각각 검사한 후 두 결과를 비교하는 방법

- 타당성: 시험이 당초에 측정하려고 의도하였던 것을 얼마나 정확하게 측정하고 있는지를 밝히는 정도를 의미한다.

구 분		내 용
기준관련 타당성	동시 타당성	현직 근로자의 시험성적과 직무성과를 비교하여 선발도구의 타당성을 검사
	예측 타당성	선발시험에 합격한 사람들의 시험성적과 입사 후의 직무성과를 비교하여 타당성을 검사
내용 타당성		요구하는 내용을 선발도구가 얼마나 잘 나타내는지를 논리적으로 판단하며 선발시험의 문항 내용이 측정 대상인 직무 성과와의 관련성을 잘 나타내고 있는지를 측정
구성 타당성		시험의 이론적 구성과 가정을 측정

- 효용성: 선발도구의 효용성이 높으면 선발에 있어서 평가도구의 성적이 미래의 직무 성과를 예측하는 능력이 크다는 것을 의미한다. 선발도구의 효용이 높으면 선발 비용이 절감되고 우수 인재의 선발 가능성이 높아진다
- 효율성: 제공할 비용보다 훨씬 큰 수익을 가져나주는 사람을 선발하고 지원자와 직무의 적합성, 능력과 태도 등 지속적 학습을 통해 장기적 공헌이 가능한 사원인지 판단하는 것을 의미한다.

12 ② 인적자원관리의 패러다임은 사람중심에서 역할중심으로 변화 되었다.

13 ④ 인적자원 모집 방법 중 사내게시판, 인트라넷 등을 통하는 것은 사내공모(사내모집)에 대한 설명이며, 사내 모집은 사외모집에 비해 시간과 비용의 소모가 작다.
- 인적자원의 내부모집: 기술목록, 직무공시, 승진 및 전보, 사보 등
- 인적자원의 외부모집: 광고, 인턴사원제도, 교육기관 추천, 종업원 추천, 헤드헌터 등

14 ② 인력의 수요가 공급보다 많은 경우(인력부족)는 아웃소싱, 파견근로, 초과근로 등의 전략을 취하여야 하며, 직무공유제는 인력 과잉 시 선택할 수 있는 전략이다.
- 인력 부족 시 대응 전략: 초과근로, 임시직 고용, 파견근로 활용, 아웃소싱 등
- 인력 과잉 시 대응 전략: 직무분할제, 조기퇴직제, 정리해고, 무급휴가제도, 다운사이징, 조직 내 직무 재배치 등

15 ④ 행동과학적 인사관리(과업과 인간 지향)에 의한 동기부여 기법의 유형은 다음과 같다.
- 매슬로우(욕구 5단계): 기본적 욕구(생리적), 안정의 욕구, 사회적 욕구, 존경 욕구, 자아실현 욕구
- 맥그리거(X·Y이론): 게으르고 타율적인 X기질과 자진하여 책음을 지려는 Y기질로 분류
- 허즈버그(2요인): 불만족요인(위생이론)과 만족요인(동기이론)으로 분류
- 아지리스의 미성숙 및 성숙이론, 아담스으 공정성 이론, 포터와 롤러의 기대이론

16 ③ 직무평가요소인 직무평가기준은 책임요소, 작업조건요소, 숙련요소, 노력요소 등으로 구분된다.
- 책임요소: 관리감독, 기계설비, 원자재, 직무개선 등
- 작업조건요소: 위험도, 작업시간, 작업위험 등
- 숙련요소: 지식, 기술, 경험, 교육 등
- 노력요소: 육체적, 정신적 등

17 ④ 델파이기법은 수요예측 기법에 해당한다.
- 내부적 공급예측 기법: 관리자목록, 마코브체인분석, 기능목록, 대체도 등
- 수요예측 기법: 추세분석, 시계열분석, 회귀분석, 생산성비율분석, 명목집단법, 델파이기법 등

18 ③ 홀(Hall)의 경력단계 모형 중 3단계인 유지단계는 소비보다는 생산성에 중심을 두고 있다.
- 탐색(1단계): 다양한 진로 탐색(25세 이하)
  ➜ 자아개념 정립 및 경력방향 결정을 통한 주체형성(정체성)
- 확립(2단계): 선택한 직업에 정착하기 위한 노력(45세 이하)
  ➜ 특정 직무영역에 정착(친교성)
- 유지(3단계): 자산의 위치 유지를 위한 노력(64세 이하) ➜ 생산의 시기, 중년위기(생산성)
- 쇠퇴(4단계): 퇴직과 노후를 준비(65세 이후) ➜ 은퇴준비(통합성)

19 ④ 선발도구의 타당도를 평가하는 기준은 아래와 같으며, 시험문제와의 상관관계는 내용타당도에 해당한다.

20 ① 선발도구의 평가기준 중 시험성적(결과)으로 미래의 성과를 예측하는 것은 예측 타당성에 대한 설명이다.

제**2**장

인적자원의 개발

01 인적자원개발
02 조직개발

01 인적자원개발

인적자원은 조직의 목표를 달성하기 위해 필요한 가장 중요한 자원으로 인적자원개발 (human resource development)은 현재 및 미래의 직무수요에 부응하기 위하여 확보된 인재가 보유한 지식, 기술, 능력의 수준을 지속적으로 향상시키는 것을 말한다.

1.1 인사고과

(1) 인사고과의 개념

인사고과는 종업원의 업무수행 상 업적과 잠재적 능력을 측정, 평가하는 것으로 근무성적이나 능력, 태도, 의욕 등을 조직체에 대한 유용성의 관점에서 평가하여 이들의 상대적 가치를 주기적으로 결정하기 위한 제도이다.

(2) 인사고과의 목적

- 임금관리의 합리화: 임금관리의 기초 자료로 활용
- 고용관리의 합리화: 선발, 승진, 전직, 배치 등 인사이동의 기초자료로 활용
- 동기부여의 향상: 종업원들의 현재·잠재적 능력 비교와 숨은 능력을 발견 가능
- 훈련개발의 기준: 교육훈련 및 지도의 기본자료로 활용
- 경영자의 관리 능력 향상 여부 판단의 기초자료로 활용
- 조직과 직무의 개선

(3) 인사고과의 기본원칙(실시원칙)

- 직무기준의 원칙
- 고과자 납득성의 원칙
- 추측배제 및 불소급의 원칙
- 객관성의 원칙
- 고과오차, 오류배제의 원칙
- 공정성의 원칙
- 독립성의 원칙
- 수용성의 원칙

(4) 인사고과의 구성요건

구 분	내 용
타당성	고과 내용이 고과 목적을 얼마나 잘 반영하고 있는가에 관한 성질
수용성	인사고과 제도가 적합하고, 공정하게 운영되어 조직구성원들이 그 결과를 받아들이는 성질
신뢰성	고과 내용이 얼마나 정확하게 측정되었는가에 관한 성질
실용성	기업이 어떤 고과 제도를 도입하는 것인지가 중요하며, 실질적으로 비용보다 효익이 더 큰지를 살펴보는 성질

(5) 인사고과 요소

구 분	내 용
근무태도	책임감, 적극성, 협조성, 규율성, 성실성, 근면성, 순응성 등
근무능력	전문지식과 기능(업무지식, 숙련도, 정확성 등), 관리능력(지도력, 부하 육성능력, 인간관계 관리능력 등), 지적능력(기획력, 판단력, 창의력, 표현력, 분석력 등), 책임감(업무수행 책임, 업무결과 책임 등)
업적 · 성과	목표달성도, 업무처리내용, 섭외 활동의 실적, 부하 육성의 정도 등
적성 · 성격	안정성, 사교성, 결단력, 성취의욕 등

(6) 인사고과의 평가 방법

1) 상대평가 방법

구 분	내 용
서열법	근무성적이나 근무능력에 대해 서열을 매기는 방법으로 쉽게 활용할 수 있음
쌍대비교법	구성원들 중에서 2명씩 골라 계속 비교하는 방법으로 비교의 빈도가 매우 높으니 시설정리기 편리함
강제할당법	고과자가 사전에 일정한 평가의 범위와 수를 결정해 놓고, 일정한 비율에 맞추어 강제로 할당하는 고과 방법(인사고과의 오류 유형 중 중심화, 관대화, 가혹화의 오류 방지 가능)

구 분	내 용
서술식고과법	주로 상사와 부하 직원 사이에서 사용되는 고과 방법으로 상사가 부하 직원의 성과를 분석하고 평가한 후 서술형으로 보고서를 작성한다. 보고서는 부하 직원의 성과와 개선이 필요한 부분, 강점 및 약점 등을 기록하며, 성과를 분석하고 평가하기 위해 개인의 성과를 비교하는 방식이며, 평가의 공정성과 투명성이 보장
토의식고과법	집단적인 고과 방법으로, 팀장과 팀원 사이에서 사용되어 각 팀원들의 성과와 개선이 필요한 부분, 강점 및 약점 등을 서로 토론하고 공유하는 방식이다. 이 방법은 개인적인 성과와는 달리, 팀 전체의 성과를 분석하고 평가하는 방식이며, 팀 내 협력과 의사소통의 효율성을 높여주는 장점이 있다.

2) 절대평가 방법

구 분	내 용
평정척도 고과법	숙련, 노력, 근무성적 등 필요한 분석적 평가요소를 선정하고 해당 근로자가 어느 정도를 발휘하는지 판단하여 점수로 수량화한 각 평가요소의 척도에 그 정도를 표시하는 방법
체크리스트법 (대조리스트법)	평가에 적당한 몇 가지의 표준행동을 구체적으로 기술한 문장을 소정의 리스트에 작성하고 근로자의 능력, 근무상태를 리스트와 비교하여 해당 사항에 체크한 후 채점기준표를 통해 등급을 매기는 방법
강제선택법	근로자의 행동이나 능력을 가장 적합하게 기술한 서술문 두 개와 적합하지 않은 서술문 두 개로 구성하는 방법
자유기술법	가장 단순한 방법으로 근로자의 장·단점과 성과 및 잠재적인 요인의 향상을 위한 제언을 사실적으로 서술하는 방법
중요사건 평가법	평가자가 일을 효과적 또는 비효과적으로 수행하는 요인에 대해 핵심적이고 중요한 행동에 초점을 맞추어 평가하는 방법으로 종업원의 성공적인 업적은 물론 실패한 업적까지 기록하였다가 이 기록을 토대로 평가함
행동(행위) 기준 고과법	피평가자의 실제 행동을 관찰하여 평가하며, 중요사건 평가법을 기초로 하여 더 정교하게 계량적으로 발전시킨 방법으로, 관리자가 실제로 효과적이거나 비효과적인 사건들에 대하여 기술하고, 이를 5~10점 범위로 나눈 척도에 따라 평가하는 방법

3) 목표에 따른 평가 방법

성과목표와 평가 기준을 명확히 하고, 평가자와 피평가자의 참여를 최대화하여 인사고과의 효과를 높이는 방식을 말한다.

① 상사와 부하가 공동으로 목표를 설정하고 달성된 성과를 공동으로 토의함으로써 개인과 조직의 목표를 통합하고 개인의 동기부여와 능력개발을 증진시키려는 방법이다.

② 종업원은 의사결정에 참여할 기회와 상사는 직원을 지원할 기회를 갖는다.

③ 근로자는 동기부여와 자기계발의 기회를 얻을 수 있으나 근로자의 신뢰가 없는 경영환경에서는 효과적인 평가 방법이라 할 수 없다.

4) 종합(평가센터) 평가 방법

비슷한 조직 계층의 6~12명 정도 평가대상자를 평가센터에서 3일 정도 합숙하며 관찰 평가하는 방법이다.

① 비슷한 조직에 있는 근로자를 평가센터에 합숙시켜 개별 면접, 심리검사, 사례 연구 등으로 참가자들을 관찰하고 평가한다.

② 관리자로서의 리더십에 대한 잠재능력을 파악할 수 있고 리더십과 그 능력의 장·단점에 대한 충분한 정보를 제공해 준다는 점에서 관리자 및 신입직원 선발에도 활용되고 있다.

5) 평가정보의 출처에 따른 평가 방법

구 분	내 용
관리자	일반적으로 평가정보를 가지고 있는 사람이며, 책임을 위한 기본적인 자격요건을 가지고 있다고 전제함
동료	부서 내에서 같은 업무를 수행하고 있는 동료들이 평가자로 참여하는 평가이며, 피고과자를 가장 가까이에서 평가하는 방법
부하	직속 상사에 대하여 부하 직원들로 하여금 평가하도록 하는 방법으로 상사와 부하 직원 간의 신뢰관계 파악에 유리한 평가 방법
본인 (자기평가)	근로자의 과업 수행 행태를 가장 잘 아는 사람은 자신이므로 자기평가는 중요한 정보를 제공함
고객	직접적으로 서비스 성과를 관찰하는 사람으로 고객은 가장 좋은 성과정보의 출처임
다면평가 (360° 평가)	본인, 상사, 팀 구성원, 고객까지 평가에 참가하여 성과에 대한 피드백을 얻기 위해 평가하는 방법이며, 다양한 집단들의 평가로 공정성과 신뢰성을 높일 수 있으나 다면평가를 실시하는 규모에 따라 평가가 왜곡될 수도 있음

(7) 인사고과 평가의 오류

인사고과는 어떠한 고과 방법을 이용한다 하더라도 사람이 하는 것이므로 주관적 판단과 편견이 있다는 것을 부정할 수 없으며, 평가에 대한 오류가 발생할 수 있다.

구 분	내 용
현혹효과 (후광효과)	하나의 평가요소에 대한 호의적 혹은 비호의적인 인상이 다른 모든 평가요소에 대해서 동일하게 평가하려는 경향을 나타내는 것
관대화 경향	고과자가 피고과자를 가능하면 후하게 평가하려는 경향
엄격화 경향 (가혹화 경향)	관대화 경향과 반대로 고과자가 전반적으로 피고과자를 가혹하게 평가하여 평가결과의 분포가 평균 이하로 편중되는 경향
중심화 경향 (집중화 경향)	피고과자의 대다수를 중간 정도로 판단하는 경향
대비 효과	특정의 피고과자가 다음에 평가될 피고과자의 평가에 미치는 오류로 객관적인 기준 없이 개개인을 서로 비교할 때 나타나는 오류
논리적 오류	서로 상관관계가 높은 평가요소 간에 어느 한쪽이 우수하면 다른 요소도 당연히 그럴 것이라고 판단하는 경향
시간적 오류 (최근화 경향)	평가 기간 전체를 토대로 평가해야 하지만 기억력의 한계 등으로 최근 실적이나 능력 중심으로 평가하려는 데서 생기는 오류
상동적 오류	타인에 대한 평가가 그가 속한 사회적 집단(학교, 종교, 지역, 국가 등)에 대한 지각을 기초로 해서 이루어지는 판단

개념 익히기

🔵 인사고과의 문제점과 개선방안

- 종업원의 통제형 → 능력개발촉진 및 성장지향형
- 상사중심 → 본인참여의 자주적 고과
- 비공개적 → 공개적
- 인물중시 → 업무능력 · 업적중시
- 다목적, 만능형 → 목적별, 용도별
- 포괄적, 획일적 → 계층별, 요소별
- 추상적 → 구체적, 요소별
- 선의 인사고과, 단수고과 → 다면고과, 복수고과

1.2 교육훈련관리

(1) 교육훈련관리의 개념과 필요성

교육훈련관리는 종업원이 직무를 수행하는 데 필요한 지식·기술·능력·태도를 향상시켜 조직의 목적을 달성하도록 돕는 과정의 체계적 관리라 할 수 있다. 교육훈련과 유사한 개념으로 개발이라는 말이 쓰이는데 교육훈련은 개별 종업원의 현재 직무에 유용한 역량을 얻는 과정이며, 개발은 작업집단이나 조직의 현재와 미래의 직무를 수행하는데 필요한 역량을 획득하는 과정이다.

오늘날과 같은 환경변화와 기업목적의 질적변화가 심한 산업사회에 있어 교육훈련의 필요성은 보다 분명해지고 있다.

필요성	내 용
기술변화	사무자동화, 기계화, 정보화에 적응하기 위해 구성원은 적합한 역량 필요
노동시장의 변화	저출산, 고령화, 실업률의 변화 등으로 인구구조의 변화에 따라 내부 노동시장에 필요한 인력을 양성하는 교육훈련시스템 강화
종업원의 욕구변화	종업원의 성장 욕구가 높아지고 차별화됨에 따른 욕구 만족 결정의 수단
기술 수준의 자연감소	종업원의 보유기술이 시간경과에 의해 자연적으로 감소함에 따른 필요

개념 익히기

● 경영계층에 따라 요구되는 자질

경영층은 기술적 자질, 인간적 자질, 그리고 개념적 자질 등이 모두 필요하지만, 특히 하위 경영층은 기술적 자질, 중간경영층은 인간적 자질, 그리고 최고경영층은 개념적 자질이 가장 필요하다.

(2) 교육훈련관리의 목적

기업 입장에서 전 종업원의 지식·기술·능력·태도를 향상시키고 계속적으로 발휘될 수 있도록 인재를 육성하여 기업을 유지발전이 목적이다. 종업원 입장에서 인간적인 완성을 위한 성장과 이에 따른 처우의 향상으로 볼 수 있다.

1) 학자에 의한 분류

미이(Mee)교수에 의한 교육훈련의 목적	플립포(Flippo)에 의한 교육훈련의 목적
• 사고율 감소 • 커뮤니케이션의 개선 • 사기 제고 • 품질의 개선 • 근로자의 불평 해소 • 감독자의 부담 경감 • 작업 방법의 개선 • 낭비와 소모의 절감 • 결근과 인사이동의 감소 • 습득 시간 단축	• 생산성 증가 • 사고율 감소 • 사기 향상 • 감독자의 부담 감소 • 조직의 안정성과 탄력성의 증가

2) 효율성에 따른 분류

기업의 경제적 효율성 측면	종업원의 사회적 효율성 측면
• 노동시장에서 경쟁력 강화 • 기술변화에 대한 적응력 제고 • 커뮤니케이션 활성화를 통한 직무소외 감소 • 인력배치의 유연성을 제고 • 근후계자 양성	• 품질의 개선 • 사기 제고 • 사고율 감소 • 커뮤니케이션의 개선 • 경쟁력이 강화 • 성장욕구를 충족

(3) 교육훈련의 목표설정과 계획 및 실시절차

기업에서 교육훈련의 목표를 설정할 때에는 다음과 같은 사항을 고려하여 설정하여야
한다.

- 실현 가능한 목표일 것
- 최대한 측정 가능한 목표를 세울 것
- 교육 수단과 교육목표와의 관련이 명확해야 할 것
- 측정 가능한 최종목표를 명확히 설정 할 것
- 최종목표에 도달하기 위한 하위목표를 명시해야 할 것
- 피교육자의 의욕을 북돋을 수 있는 목표를 세울 것
- 실무에서 쉽게 효과가 나타나는 목표를 세울 것

● 교육훈련의 시스템 구조

교육훈련은 조직 목표에서 출발하여 조직의 목표 달성에 기여하는 방향으로 설계되어야
하며, '계획 → 실천 → 통제'의 순서로 진행된다.
· 계획: 교육훈련의 필요성 및 목표 설정 등
· 실천: 교육훈련의 내용 및 시기(기간), 대상자, 교육방법, 담당자(실시자) 선정 등
· 통제: 교육훈련의 평가

(4) 커크패트릭(Kirkpatrick's)의 교육훈련 4단계 평가 기준

구 분		내 용
1단계	반응기준	프로그램의 전반적인 느낌과 만족도에 대한 평가하는 방법
2단계	학습기준	교육훈련 참여자의 지식·기술·능력수준의 향상도를 평가하는 방법
3단계	행동기준	훈련이 종료된 후에 교육훈련 참여자들이 현장에 복귀하여 성과 행동에 일어난 변화를 평가하는 방법
4단계	결과기준	주로 비용과 효익 분석을 실시하여 구체적 수치를 활용하며 교육훈련을 통해 조직의 효과성 증감 정도를 파악하는 방법

(5) 교육훈련의 종류

1) 장소에 의한 분류

구분	직장 내 훈련(OJT: On the Job Training)	직장 외 훈련(Off-JT: Off the Job Training)
내용	직무에 관한 지식과 기술을 습득하는 훈련 방식으로 주로 감독자나 선임자가 직접 부하직원을 개별적으로 훈련시키는 방법	종업원을 직무와 분리시켜 별도의 장소에서 전문가들에 의해 훈련에만 집중할 수 있게 하는 것으로 집단적으로 시행되는 것
장점	· 개개인에 적합한 교육 가능 · 직장 설정에 맞는 교육 가능 · 학습내용을 현장에 바로 활용 가능 · 일과 학습의 병행 가능	· 동일 시간, 장소에서 다수교육 가능 · 업무에 배제되어 훈련에만 집중 가능 · 외부 전문가를 통해 훈련 가능
단점	· 교육시간의 통일 어려움 · 작업수행의 지장초래 가능성 높음 · 교육내용과 수준의 통일이 어려움 · 기업 내·외부 환경에 영향을 많이 받음	· 시간과 비용이 비교적 많이 소요 · 훈련내용을 현장에 바로 적용하기 힘듦 · 교육생들의 능력 차이를 고려하기 힘듦 · 미참여 인원의 업무부담 증가

2) 대상에 의한 분류

대상자	종류	내 용
신입자 교육 훈련	입직 훈련 (오리엔테이션)	채용 직후 회사의 제반 사항, 직무요건, 근무태도 등을 교육훈련 시키는 것으로 신입사원은 회사에 대한 좋은 인상, 친밀감, 애사심을 갖게 함
	멘토시스템 (멘토링)	경험이 많은 자가 신입사원에게 지혜와 경험을 전해주는 시스템으로 멘토의 조직사회화 관련 기능은 지도 활동, 심리적 상담 및 개인적 지원 활동, 조직적 개입 활동으로 이루어짐
현직자 교육 훈련	일반 종업원 훈련	일반 종업원의 시야를 확대하고 분석력, 판단력, 관리의 기초능력을 육성하며 협력 의식 향상과 자질 향상을 위해 노동교육, 교양교육, 기능훈련을 실시하는 것으로, 직업학교 훈련, 도제훈련 등이 해당
	감독자 훈련 (TWI)	직접 부하를 지휘·감독하는 일선의 감독자를 위한 훈련으로 직무 자체에 관한 것 보다는 경험과 지식이 있는 부하들을 성공적으로 다룰 수 있는 기술에 관한 훈련
	관리자 훈련 (MTP)	중간관리자의 교육훈련으로 비교적 광범위한 경영 문제를 다루면서 경영원리의 학습과 관리자로서 필요한 관리기술의 지도를 목적
	경영자 훈련 (AMP)(CCS)	기업 전반의 관점에서 전문적 지식 및 기술, 판단력, 추리력, 계획력, 분석력, 종합력 등을 계발시키고 기업의 사회적 책임을 인식하면서 최고경영자로서 의사결정을 할 수 있고 새로운 기업관의 정립, 경영 전망, 소유와 경영의 분리, 경영환경 변화에 대응, 추진능력, 리더십 등을 중점으로 다루는 훈련

3) 방법에 따른 분류

구 분	내 용
강의식 방법	일정한 장소에 집합된 피교육자를 대상으로 교육자가 일방적으로 강의하고 피교육자는 경청하는 방법
시청각 훈련방법	강의식 교육에 비디오, VCD, DVD, TV, 사진, 도표 등의 시청각 자료를 사용하여 흥미를 유발시키는 방법
사례연구방법	특정 주제에 관한 실제 사례를 작성하여 배부하고 활발한 토론을 함으로써 피교육자의 판단력, 지식, 태도, 분석능력을 발전시키려는 방법
역할연기법	특정한 상황을 설정하여 피교육자에게 그 상황 속의 특정 역할을 맡기고 그 역할에 관한 행동을 실행하도록 하는 방법
코칭	상급자는 강의실의 강사 역할을 수행하며, 역할 모형으로서의 기능을 하여 안내, 조직, 피드백, 강화를 제공하는 교육훈련 방법

구 분	내 용
비즈니스 게임	현실의 경영활동에 근사한 모의적 경영 상태를 설정하여 팀 간의 경쟁을 통하여 투자, 생산, 관리, 판매의 전 과정에 관한 경영 의사결정에 대한 훈련방법
인바스켓법	실제와 비슷하게 가상적인 상황을 설정하고 가상 요구에 따라 의사결정과 업무수행을 하도록 하는 방법. 상사가 메모, 지시, 전화메모 등 업무 지시용지를 바스켓에 넣고 훈련 참가조가 이를 꺼내 상황을 분석하여 회답, 주문, 회의 구상 등의 조치를 취하도록 하는 방법
브레인스토밍	소수의 회의를 통해 둘 이상의 아이디어 결합이라는 연쇄반응을 통해 새로운 아이디어를 창출하는 방법으로 두뇌풍선이라고도 함
감수성훈련	다른 사람이 생각하고 느끼는 것을 정확하게 감지하고 이에 대응하여 유연한 태도와 행동을 취할 수 있는 능력을 개발하기 위한 훈련방법
행동모델법	어떤 상황에 대한 가장 이상적인 행동을 제시하고 교육참가자가 이 행동을 이해하고 그대로 반복하게 함으로써 행동변화를 유도하는 방법
심포지엄	한 문제에 대하여 두 사람 이상의 전문가가 서로 다른 시각에서 의견을 제시하고 토론하는 방법
액션러닝	교육참가자들이 소규모집단을 구성하여 개인과 집단이 팀워크를 바탕으로 경영상의 실제 문제를 정해진 시점까지 해결하도록 하여 문제해결 과정에 대한 성찰을 통해 학습하도록 지원하는 훈련방법
도제훈련	작업장이나 일정한 교육 장소에서 자신의 직속 상사에게 피교육자 간 1:1로 기술이나 경험을 전수받는 훈련방법
그리드훈련	리더의 행동을 생산중심과 인간중심의 복수 연장선 개념 하에 행동 유형을 정립하고, 가장 이상적인 리더는 생산과 인간의 관점 모두를 극대화할 수 있는 9.9형이라고 전제하는 훈련방법
팀빌딩 (팀구축, 작업집단구축)	다양한 부서와 직급의 사람들이 팀을 이루어 교육을 받게 되면 집단역학의 효과를 얻을 수 있으므로 그가 속한 집단을 변화시킴으로써 그 구성원 개개인을 자동적으로 변화시키는 기법

개념 익히기

● 학습곡선(학습효과)

학습곡선이란 어떤 제품을 생산하는데 필요한 제품 1단위당 노동투입량이 누적생산량 증가에 따라 일정비율로 감소하는 다는 경험적 사실을 나타내는 곡선을 의미하며, 능률개선을 학습률 이라고 한다.

 **이동관리**

(1) 인사이동

인사이동(change of job)이란 종업원이 특정한 직무에 배치된 뒤 그의 능력이나 직무의 내용변화 또는 기업운영 상 여러 여건이 변화됨에 따라 수직적 이동과 수평적 이동으로 변화를 가져오는 인사관리 상의 절차를 말한다.

1) 인사이동의 목적

구 분	내 용
생산성 향상	인사이동을 통해 적재적소에 배치 전환될 경우 생산성 향상
모티베이션 향상	자신의 능력·적성에 맞는 직무로 이동하면 모티베이션 향상
조직의 유연성 제고	경영환경 변화에 따른 인적자원의 수요변동에 유연하게 대처
능력개발과 인재양성	직무순환 등으로 다양한 업무수행으로 상급지위 능력개발
매너리즘 타파	한 부서나 직위에 오래 머물 경우 발생할 매너리즘을 타파
직무만족 증가	자신의 능력·적성·의지에 맞는 인사이동으로 직무만족 증가

(2) 배치관리

배치(placement)는 선발된 사람을 특정 직무에 할당하는 것을 말하는데 유능한 종업원을 선발했더라도 배치가 잘못되면 기대하는 직무성과를 얻을 수 없다. 합리적인 적정배치를 위해서는 직무요건과 인적요건을 명확하게 결정하여 두 가지 요건이 합치되도록 배치한다. 전환배치(배치전환)는 일반적으로 종업원을 고용하고 특정 직무에 배치하여 일정 기간이 경과한 후에 종업원의 능력 신장이나 직무변화에 따라 수평적으로 재배치하는 것을 말한다.

1) 전환배치의 목적

구 분	내 용
인적자원의 효율적 활용	인적자원을 적재적소에 배치함으로써 그들의 역량 활용
자기발전의 기회 제공	새로운 직무를 제고함으로 자기발전을 도모
직무충실화 자극	직무전문화, 단순화로 인한 권태와 지루함 제거
후계자 양성	다양한 직무경험을 제공하여 미래의 조직을 이끌 후계지도자 양성
동기부여 향상	도전 가치가 있는 새로운 직무를 제공하고 승진 기회 자극을 통해 종업원들의 동기부여

2) 전환배치의 유형

구 분	내 용
생산 및 판매 변화에 의한 전환 배치	제품 시장의 환경변화로 인해 생산 및 판매 상황의 변동에 따른 전환배치
순환근무	장기간 특정 근무를 할 경우 매너리즘에 빠지는 것을 막기 위한 전환배치
교대근무	근로자의 근무시간을 다른 시간대로 이동하는 전환배치
교정적 전환배치	작업 집단 내 인간관계에 문제가 생겨 상사와 부하의 갈등 심화 시에 하는 전환배치

3) 전환배치의 원칙

구 분	내 용
적재적소적시 원칙	전환배치에 있어 해당 종업원의 능력·직무·시간이라는 세 가지 측면을 모두 고려하여, 이들 간의 적합성을 극대화 한다는 원칙
능력(실력)주의 원칙	종업원의 직무수행능력을 기준으로 배치
균형주의 원칙	기업 내 인재가 특정 직무(직종)에 편중되지 않게 배치
인재 육성주의 원칙	기업 내 모든 직무에 대한 풍부한 경험 축적을 통해 미래지향적 인재 육성을 위한 배치

(3) 승진관리

승진(promotion)은 종전의 직무에 비하여 더욱 많은 능력을 필요로 하는 높은 수준의 직무로 수직적, 상향적으로 이동하는 것으로 종업원의 사기진작에 큰 역할을 한다.

1) 승진관리의 기본 원칙

구 분	내 용
적정성의 원칙 (승진보상의 크기)	조직구성원의 공헌에 따라 어느 정도의 승진과 보상을 받아야 하는지의 적정성과 크기를 파악해야 하며 승진할 능력과 시기가 되었을 때 승진이 가능해야 한다는 원칙
공정성의 원칙 (승진보상의 배분)	조직이 조직구성원에게 나누어 줄 수 있는 승진의 기회를 올바른 사람에게 배분했는가에 대한 원칙
합리성의 원칙 (공헌의 측정기준)	조직구성원이 조직의 목표달성을 위해 공헌한 내용을 정확히 파악하기 위해 공헌도와 능력수준을 무엇으로 간주할 것인가에 대한 원칙

2) 승진관리의 방침

구 분	연공주의 승진	능력주의 승진
의의	근속연수에 비례하여 업무능력과 숙련도가 신장 된다고 보고 근속연수나 시간의 차이에 의해 승진의 우선권을 주는 것	개인의 직무수행능력을 근거로 하여 승진의 우선권을 주는 것으로 조직의 성과를 추구하는 경영자들에게 널리 지지를 받아왔음
합리성 여부	비합리적 기준	합리적 기준
사회행동가치	전통적, 정의적 기준	가치적, 목적적 기준
사회문화적 전통	가족주의, 종신고용제, 장유서열관, 동양사회, 운명공동체적 풍토	단기고용제, 능력서열관, 서구사회, 이익공동체적 풍토
직종과 계층	일반직종, 하위계층	전문직종, 상위계층
승진기준	사람중심	직무중심
승진요소	근속연수, 연령, 학력, 경력	직무수행능력, 업적, 성과
장단점	집단중심의 경영질서 형성, 승진관리의 안정성, 연공기준의 객관화	개인중심의 경쟁질서 형성, 승진관리의 불안정, 평가객관성 확보 곤란

3) 승진의 유형

구 분		내 용
직급승진		조직 내 계급구조를 따라 상위직급으로 이동하는 것
자격승진	직능 자격승진	직무수행능력(직능)을 기준으로 승진시키는 제도로 직능등급의 향상이 반드시 직급의 향상으로 이어지는 것은 아님
	신분 자격승진	직무에 관계없는 속인적 요소에 의한 승진으로 종업원의 경력, 학력, 근속연수 등과 같은 개인에게 속하는 형식적 요소에 따라 자격을 인정하고, 상위의 자격으로 승진시키는 것
역직승진		직계승진의 일부라고 볼 수 있지만, 직무와 직계에 연계되는 직위처리 제도가 확립되지 못하는 경우에는 관리체계로서의 직위만 계장 → 과장 → 차장 → 부장과 같은 역직위의 서열계층이 올라가는 것
대용승진		인사체증과 사기저하를 방지하기 위해서 직무내용이나 임금이 실질적인 변화 없이 직위명칭 또는 자격호칭 등의 직위 심볼 상의 형식적인 승진
조직변화승진		승진 대상에 비하여 직위가 부족한 경우 조직구조 자체를 변화시켜 직위 계층을 만들고 승진기회를 확대하여 실시하는 승진

구 분	내 용
연공승진	조직원의 승진에 있어서 능력보다는 근무경력이나 나이 등 시간의 차이에 의해 승진에 우선권을 준다는 개념으로 근무연수에 비례해서 개개인의 업무능력과 숙련도가 신장된다는 것을 기본으로 함
발탁승진	일정 기간 직무수행능력 및 업적만을 평가하여 특별히 유능한 사람에게 승진의 기회를 제공하는 것

(4) 이직관리

이직(separation)이란 종업원이 기업으로부터 이탈하는 것으로 고용관계가 단절되는 것으로 종업원과 직무 간에 형성되어 있는 연결고리가 끊어지는 것이라고 볼 수 있다.

1) 자발적 이직

구 분	내 용
전직	회사에 불만이 있거나 더 좋은 기회를 찾기 위하여 다른 직장으로 옮기는 것
협의의 이직	결혼, 임신, 출산, 질병, 가족의 이주 등으로 회사를 그만두는 것

2) 비자발적 이직

구 분	내 용
징계해고	회사규정 위반이나 불충분한 업무수행으로 인한 해고(정리해고)
일시해고	경제적 불황이나 인력 과잉으로 인해 인력을 감축하기 위한 해고
기타	정년퇴직, 신체장애, 군복무, 사망 등

(5) 퇴직

퇴직(retirement)이란 경영자와 근로자 간의 합의나 근로자의 일방적 의사표시에 의하여 양자 간의 고용계약이 완전히 파기되어 고용관계가 단절되는 경우를 말한다.

1) 본인의 의사에 의하는 퇴직

구 분	내 용
의원퇴직	종업원이 타 회사로의 전직이나 일신상의 이유, 회사에 대한 불만 등으로 퇴직의 의사를 표시하는 퇴직원을 경영자에게 제출함으로써 이루어지는 퇴직
명예퇴직	정년연령에 도달하지 않는 근로자들에게 근속연수나 연령 등 일정한 기준을 충족하면 그의 자발적 의사에 따라 규정상의 퇴직금 이외에 금전상 보상이나 가산퇴직금 또는 위로금을 추가로 지급하는 등 우대조치를 하여 정년 전에 사직의 형태로 근로계약 관계를 종료시키는 제도

2) 법령의 규정에 의하는 퇴직

구 분	내 용
당연퇴직	종업원의 사망, 휴직기간의 만료, 종업원의 정년연령의 도달, 고용기간을 정하고 채용된 경우의 고용기간 만료, 정년퇴직 등
정년퇴직	사용자가 연령을 정하여 그 연령에 도달한 근로자의 능력여하를 불문하고 자동적·강제적으로 퇴직시키는 제도

1.4 경력개발관리

(1) 경력개발관리의 개념

경력(career)은 한 개인이 일생을 걸쳐 일과 관련하여 얻게 되는 경험을 말하며, 경력개발(career development)은 개인의 경력목표를 달성하기 위한 경력계획을 수립하여 조직의 욕구와 개인의 욕구가 합치될 수 있도록 개인의 경력을 개발하는 활동을 말한다.

구 분	내 용
경력목표	개인이 경력개발을 통하여 도달하고 싶은 미래의 지위
경력계획	경력목표를 설정하고, 이를 달성하기 위한 경력경로를 구체적으로 선택하는 과정
경력개발	개인적인 경력계획을 달성하기 위하여 개인 또는 조직이 실질적으로 참여하는 활동

(2) 경력개발관리의 목적

구 분	내 용
개인적 차원	• 분명한 경력목표 설정이 가능 • 자신의 향후 경력경로 예측이 가능 • 능력과 적성에 맞는 분야에서 일하게 됨으로써 안정감을 느끼며, 학습과 성장 욕구가 강화됨
조직적 차원	• 조직의 향후 인적자원개발 활동의 방향성을 설정하는 데 도움을 줌 • 급변하는 외부환경의 변화 속에서 조직이 필요로 하는 인력의 확보 및 개발이 용이함 • 자격과 경험을 갖춘 유능한 인력을 적시 적소에 활용할 수 있어 조직유효성 향상에 기여

(3) 경력개발관리의 원칙

구 분	내 용
적재적소배치의 원칙	종업원의 능력과 조직의 목표달성에 필요한 직무가 잘 조화되도록 자격요건과 적성 정보를 충분히 파악하여야 한다.
승진경로의 원칙	기업의 모든 직위는 계층적인 승진경로로 형성되고 승진관리가 체계적으로 이루어져야 한다.
후진양성의 원칙	인재 확보를 기업의 외부에서 스카웃하는 방법보다 기업 내부에서 양성하는 것을 원칙으로 하여 종업원에게 동기부여를 하도록 한다.
경력기회개발의 원칙	종업원이 필요한 경력경로 설계가 가능하도록 하여야 한다.

(4) 경력개발제도

구 분	내 용
자기신고제도	종업원이 자기의 직무내용이나 담당직무의 능력 활용도, 개발하고자 하는 능력, 적성 여부, 전직 여부, 보유 자격 등에 대해 일정한 양식의 자기신고서에 작성하게 하여 인사부문에 신고하는 제도
직능자격제도	직무를 수행할 수 있는 능력을 자격에 따라 등급으로 나누고 그 자격을 취득한 사람에게 그에 맞는 지위를 부여하는 방법
기능목록제도 (인재목록제도)	종업원의 직무수행능력 평가에 있어서 필요한 정보를 파악하기 위한 개인별 능력평가표로 종업원별로 기능보유 색인을 작성하여 데이터베이스에 저장하여 인적자원관리와 경력개발에 활용
직무순환제도	담당직무를 순차적으로 교체함으로써 기업의 직무전반을 이해하고 지식·기능·경험을 풍부하게 하는 것으로 개인을 조직의 여러 분야에 노출시킴으로써 개인에게 폭넓은 경험을 제공
종합평가센터제도	근로자의 장래성을 체계적으로 예측하여 경력개발을 추진하는 방법

구 분	내 용
능력개발 시스템제도	종업원 개개인의 적성에 맞는 진로를 선택하여 자신의 능력을 개발시켜 가는 과정에서 나타나는 직무순환과 연수 참가나 자기계발을 위한 지식이나 기술을 습득하도록 하는 방법
경력경로화	개인들이 미래에 보다 높은 수준의 직무를 수행할 수 있도록 비공식 또는 공식적 교육, 훈련 및 직무경험을 제공하는 개별 활동의 연속으로, 조직에서 종업원들을 한 직무에서 다른 직무로 연속적으로 진전시키면서 훈련하는 기법

(5) 경력 정체

경력 정체(career plateau)는 조직 내에서 승진이 정체되거나 책임 있는 직위로의 이동이 막힌 상태를 말한다. 따라서 개인에게 조직에 대한 불만족 및 조직에 대한 헌신도가 하락할 수 있으며, 승진의 한계에 대한 문제뿐만 아니라 개인이 스스로 직무에 만족하지 못해 발생하기도 한다.

개념 익히기

🔍 **홀(Hall)의 경력단계 모형**

구 분	내 용
탐색단계 (1단계)	• 다양한 진로 선택지를 탐색 • 학교 교육과 직장 경험을 바탕으로 적합한 직업을 선정 • 청소년기(17세)~청년기(30세) ➡ 자아개념 정립, 경력방향 결정
확립단계 (2단계)	• 선택한 직업 분야에서 자신을 확립하는 단계 • 해당 분야에 정착하고 업적을 쌓으려 함, 직장변경시 직업은 유지 • 장(壯)년기(30세~45세) ➡ 특정 직무영역에 정착(친교단계)
유지단계 (3단계)	• 자신의 위치 유지를 위해 노력하는 단계 • 신체적 노화와 능력의 도태를 인지, 경력 발전을 이어나가길 원함 • 중년기(45세~55세) ➡ 생산의 시기, 중년위기
쇠퇴단계 (4단계)	• 신체적 인지적 능력의 한계를 느껴 직업 활동의 감소로 이어지는 단계 • 퇴직과 노후생활을 준비 • 장(長)년기(55세 이후) ➡ 은퇴준비

2.1 인적자원 개발

01 다음 중 인적자원개발이 지향하는 것과 거리가 먼 것은 무엇인가?

① 현재 직무와 관련해 수행 개선에 초점을 맞춘 개인개발을 제공한다.
② 미래 직무 과업과 관련해 개인과 조직의 학습과 수행을 개선하는 경력개발을 제공한다.
③ 조직의 효과성을 개선하기 위해 인간의 잠재력과 조직의 수행을 극대화하는 조직개발을 제공한다.
④ 조직의 경영성과에 부합하기 위한 노력으로 인건비 등을 최소화하도록 근무의 강도를 높이는 수단을 강구한다.

02 감독자가 작업 현장에서 종업원을 개별적으로 훈련시키는 직장 내 교육훈련(OJT)의 장점으로 적절한 것은 무엇인가?

① 교육생의 수준에 맞고 교육 훈련이 실제적이다.
② 전문적인 지도자 밑에서 교육에 전념할 수 있다.
③ 다수의 종업원에게 통일적인 훈련을 시킬 수 있다.
④ 교육생은 서로 경쟁심을 가짐으로 훈련 효과가 높아진다.

03 OFF-JT(직장 외 훈련)에 대한 설명으로 옳은 것은 다음 중 무엇인가?

① 직장 내에 상사나 선배가 업무를 수행하며 하급자에게 담당 교육을 훈련하는 기법이다.
② 상사나 동료 사이의 협동심 및 이해관계가 강화되고, 동기부여가 되고 비용이 적게 든다.
③ 교육생에게 정해진 교육일정에 따라 교육이 이루어지므로, 교육생은 훈련에만 전념할 수 있다.
④ 직무에 종사하면서 교육을 받을 수 있게 되며 교육 때문에 업무에 지장을 초래하는 일이 적다.

04 다음 [보기]에서 설명하는 (가)와 (나)를 순서대로 바르게 짝지은 것은 무엇인가?

> **보기**
>
> (가) 일하는 현장에서 실제로 업무를 수행하면서 직무에 대한 지식과 기술을 습득해 가는 훈련 방식이다.
> (나) 종업원을 직무로부터 분리시켜 일정기간 동안 연수원이나 대학 등과 연계 교육하는 방식이다.

	(가)	(나)		(가)	(나)
①	OFF-JT	OJT	②	OJT	OFF-JT
③	입직훈련	경영자훈련	④	경영자훈련	신입사원교육

05 다음 글의 (   ) 안에 적합한 용어는 무엇인가?

┤ 보기 ├

(가)훈련은 주로 기업 전반의 관점에서 전문적 지식, 계획능력, 종합적 판단을 개발하고
기업의 사회적 책임을 인식하도록 하는 교육훈련내용이며, (나)훈련은 직접 부하를 지휘·
감독하는 제일선의 감독자를 위한 교육훈련이다.

	(가)	(나)		(가)	(나)
①	경영자	감독자	②	경영자	일반 경영자
③	감독자	경영자	④	감독자	일반 종업원

06 다음 [보기] 내용의 (가)와 (나)에 해당하는 것을 바르게 짝지은 것은 무엇인가?

┤ 보기 ├

(가) 과거에 실제로 있었던 일이거나 있을 수 있는 상황을 놓고 집단적 토의를 통해 문제를
해결해 나가는 교육훈련 방식이다.
(나) 피교육자가 현재 근무하는 직장에서 정상적으로 자기의 직무를 수행하면서 상사로부터
지도를 받는 교육방법이다.

	(가)	(나)		(가)	(나)
①	사례연구	현장훈련	②	역할연기	현장훈련
③	심포지엄	직장외훈련	④	브레인스토밍	직장외훈련

07 다음 [보기]에서 설명하는 교육훈련 방식은 무엇인가?

┤ 보기 ├

• 주로 OJT에 의존하지만 Off JT를 실시할 수도 있다.
• 동시에 많은 사람을 훈련시킬 수 없다는 단점이 있다.
• 정교한 수작업이 요구되는 공예, 용접, 배관, 목공, 등에 주로 적용되며, 직종에 따라 2~5년
이 소요된다.

① 감수성 훈련	② 도제 훈련
③ 브레인스토밍	④ 비즈니스게임

08 다음 [보기]의 내용이 설명하는 교육훈련의 방법은 무엇인가?

┤ 보기 ├

(   )은 잠재적 아이디어를 많이 도출하기 위하여 타인의 아이디어에 부정이나 비판
발언을 하면 안 되며, 질보다는 양의 원칙에 의하여 새로운 아이디어를 창출하는 방법이다.

① 롤모델법　　　　　　　　　　　　② 브레인스토밍
③ 행동모델법　　　　　　　　　　　④ 심포지엄

09 다음 중 기업의 경쟁상황에서 올바른 의사결정을 제고시키기 위해 개발된 방법으로 교육참가자들을 몇 개의 팀으로 구성하여 모의경영을 하여 의사결정능력을 훈련시키는 방법은?

① 감수성 훈련　　　　　　　　　　② 비즈니스게임
③ 인바스켓 훈련　　　　　　　　　④ 실습장 훈련

10 다음 [보기]의 (가)와 (나)에 해당하는 것을 순서대로 바르게 짝지은 것은 무엇인가?

┤ 보기 ├

(가) 현재의 직위보다 상위계급(등급)의 직위로 이동하는 것
(나) 같은 등급 내에서 호봉이 올라가는 것

	(가)	(나)		(가)	(나)
①	강등	승진	②	승진	승급
③	승급	승진	④	전환배치	승급

11 다음 [보기]가 설명하는 것으로 적절한 용어는?

┤ 보기 ├

산업현장에서 직무를 수행하기 위해 요구되는 지식·기술·태도 등의 내용을 국가가 산업 부문별, 수준별로 체계화한 표준

① MBO(목표관리법)　　　　　　　② 직무기술서
③ 기능목록제도　　　　　　　　　④ NCS(국가직무능력표준)

12 직무 내용과 관계없이 단지 경력, 근속연수, 근무상황, 기본급 등 개인에 속하는 형식적 요소만을 고려하여 승진 기준으로 삼는 유형은 다음 중 무엇인가?

① 역직승진　　　　　　　　　　　② 직계승진
③ 신분자격승진　　　　　　　　　④ 능력자격승진

13 다음 [보기]에서 설명하는 승진 유형은 무엇인가?

┤ 보기 ├

(　　　　)은 직무내용의 실질적인 변화는 없지만 직위 또는 자격호칭에 변화를 주어 인사 체증과 사기저하를 방지하는 방법이다.

① 연공승진   ② 조직변화승진
③ 직급승진   ④ 대용승진

14 현재 담당하는 직무에서 동일한 직급의 다른 직무로 바꾸어 재배치하는 것을 무엇이라 하는가?

① 이동   ② 승진
③ 사직   ④ 이직

15 다음 [보기] 중 배치 및 이동의 원칙을 모두 고른 것으로 가장 옳은 것은 무엇인가?

┤ 보기 ├

ㄱ. 적재적소의 원칙   ㄴ. 능력주의 원칙
ㄷ. 인재육성의 원칙   ㄹ. 학벌 및 연공주의 원칙

① ㄱ, ㄴ   ② ㄱ, ㄴ, ㄷ
③ ㄴ, ㄷ, ㄹ   ④ ㄱ, ㄴ, ㄷ, ㄹ

16 다음 적정배치의 목적과 원칙의 연결이 올바른 것은 무엇인가?

① 장차 간부로서의 인재육성배치: 연공주의 원칙
② 특정부분에 인재가 편중되지 않도록 배치: 균형주의 원칙
③ 직무와 직무수행능력의 결부를 위한 배치: 능력주의 원칙
④ 종업원의 연령과 건강상태에 대한 배려 배치: 적재적소의 원칙

17 종업원 본인의 의사와는 상관없이 기업 경영자가 일방적으로 고용 관계를 단절하는 것을 무엇이라 하는가?

① 이직   ② 해고
③ 퇴직   ④ 사직

18 다음 [보기]에 해당하는 용어로 가장 적합한 것은 무엇인가?

┤ 보기 ├

경영이 악화된 기업이 경쟁력 강화와 생존을 위해서 구조조정을 할 때 종업원을 해고할 수 있는 합법적인 제도로, 경영상 이유에 의한 해고라고도 한다.

① 파면   ② 권고사직
③ 의원면직   ④ 정리해고

19 다음 중 경력개발의 목적으로 적절하지 않은 것은 무엇인가?

① 피고용자의 활용도를 최적화하는 것
② 다른 회사로 전직을 위한 경로를 계획하는 것
③ 개인적 성장의 기회를 마련하고 직무능력을 향상시키는 것
④ 피고용자의 능력과 적성에 맞는 목표를 세울 수 있도록 길잡이를 하는 것

20 다음 중 개인이 경력개발을 통하여 도달하고 싶은 미래의 지위에 해당하는 것은?

① 경력목표   ② 경력경로
③ 경력계획   ④ 경력정체

21 경력목표를 설정하고, 이를 달성하기 위한 경력경로를 구체적으로 선택하는 과정은 무엇인가?

① 경력목표   ② 경력계획
③ 경력개발   ④ 경력관리

22 경력개발관리의 기본 원칙으로 볼 수 없는 것은 다음 중 무엇인가?

① 명확한 승진 경로를 확립한다.   ② 종업원을 적재적소에 배치한다.
③ 내부의 유능한 인재를 발굴한다.   ④ 합리적인 임금관리 체계를 설정한다.

23 다음 중 경력개발계획(CDP)에 대한 설명으로 적절하지 않은 것은 무엇인가?

① 객관적이고 공평한 승진제도를 운영하기 위함이다.
② 상위직무에 필요한 자격요건을 직무명세서 등에 공시한다.
③ 필요한 능력을 강제적으로 개발하는 단기적인 인적자원 개발제도이다.
④ 경력개발의 기본원칙으로 적재적소배치, 승진경로, 자체 후진양성 등이 있다.

24 인사고과의 목적으로 적합하지 않은 것은 무엇인가?

① 능력 활용을 위한 적정 배치   ② 능력 및 업적 평가를 통한 승진
③ 경영 참가를 통한 노사 관계 개선   ④ 동기 부여 및 보상을 위한 적정 평가

25 인사고과에 대한 설명으로 적절하지 않은 것은?

① 임금결정의 중요한 기준이 된다.
② 능력개발의 동기부여 수단이 된다.
③ 절대기준, 상대기준, 결과기준 평가 등이 있다.
④ 인사고과와 직무평가는 같은 성격을 지닌 개념이다.

26 인사고과의 구성요건을 타당성, 신뢰성, 수용성, 실용성이라고 할 때, 그 설명으로 적절하지 않는 것은 무엇인가?

① 신뢰성: 피 고과자가 평가자를 신뢰할 수 있는가?
② 타당성: 고과내용이 평가의 목적을 잘 반영하고 있는가?
③ 수용성: 피 고과자들이 평가결과와 활용목적에 동의하는가?
④ 실용성: 평가비용과 효과 측면에서 평가제도의 효과와 의미를 찾았는가?

27 다음 [보기]에서 설명하고 있는 인사고과의 방법은 무엇인가?

┤ 보기 ├

(   )는 종업원의 성공적인 업적은 물론 실패한 업적까지 기록하였다가 이 기록을 토대로 평가하는 방법이다.

① 목표에 의한 관리법 　　　　② 평가센터법
③ 종합평가법 　　　　　　　　④ 중요사건 기술법

28 다음 [보기]에 적합한 방법은 무엇인가?

┤ 보기 ├

(   )은 중요사건법을 기초로 하여 더 정교하게 계량적으로 발전시킨 것으로, 관리자가 실제로 효과적이거나 비효과적인 사건들에 대하여 기술을 하고, 이것을 5-10점 범위로 나눈 척도에 따라 고과자가 평가하는 방법이다.

① 자기평가법 　　　　　　　　② 평가센터법
③ 행위기준(행동기준) 고과법 　④ 목표에 의한 관리법

29 다음 [보기]의 (   ) 안에 알맞은 것은 다음 중 무엇인가?

┤ 보기 ├

(   )는 인사평가의 타당성, 신뢰성, 객관성을 높이고자 개발된 평가방식으로 근무평가를 위해 상사뿐만 아니라 부하, 동료, 외부인 등의 평가를 모두 모아 종합적으로 평가하는 방법이다.

① 다면평가 　　　　　　　　② 동료평가
③ 상호평가 　　　　　　　　④ 자기평가

30 다음 [보기]에서 설명하고 있는 인사고과의 한계점은 다음 중 무엇인가?

> **보기**
>
> 어떤 분야에서 호의적 또는 비호의적인 경험은 다른 분야에서도 그럴 것이라는 생각이 된다.

① 현혹 효과　　　　　　　　② 최근화 경향
③ 중심화 경향　　　　　　　　④ 관대화 경향

31 인사고과 또는 근무평정을 실시할 때 생길 수 있는 것으로 과거 행위보다는 바로 최근의 행위에 영향을 받음으로써 평가에 오류를 미치는 것은 다음 중 무엇인가?

① 현혹 효과　　　　　　　　② 시간적 오류
③ 상동적 오류　　　　　　　　④ 중심화 경향

32 다음 [보기]에서 설명하는 내용은 다음 중 무엇인가?

> **보기**
>
> 고과 대상자의 호의적 또는 비호의적인 인상 등 평가 대상 인물의 특성 및 전반적인 인상만으로 평가하는 오류이다.

① 현혹효과　　　　　　　　② 관대화 경향
③ 중심화 경향　　　　　　　　④ 논리적 오류

33 도구를 선발 대상자들에게 적용했을 때 안정적이고 일관성 있는 결과를 얻어낼 수 있는지를 판단하는 기준을 나타내는 것은?

① 타당성　　　　　　　　② 효율성
③ 효용성　　　　　　　　④ 신뢰성

34 비자발적 이직에 해당하지 않는 것은?

① 정년 퇴직　　　　　　　　② 일시 해고
③ 파면·해고　　　　　　　　④ 전직·사직

35 플리포(Edwin B. Flippo)에 의한 교육훈련의 목적에 대한 설명으로 적절하지 않은 것은?

① 업무생산성이 향상될 수 있다.
② 사고율이 감소하고 사기가 향상된다.
③ 조직의 안정성이 증가하며, 탄력성이 또한 증가한다.
④ 직원들의 업무 역량이 높아지므로 관리자의 부담이 증가한다.

2.1 인적자원 개발

1	2	3	4	5	6	7	8	9	10
④	①	③	②	①	①	②	②	②	②
11	12	13	14	15	16	17	18	19	20
④	③	④	①	②	②	②	④	②	①
21	22	23	24	25	26	27	28	29	30
②	④	③	③	④	①	④	③	①	①
31	32	33	34	35					
②	①	④	④	④					

01 ④ 인적자원개발은 개인개발, 조직개발, 경력개발을 포함하는 개념이며, 인건비 등을 최소화하도록 근무의 강도를 높이는 수단을 강구하는 것은 인적자원개발이 지향하는 것과는 거리가 멀다.

02 ① 직장 내 훈련(OJT)의 장점이고, ②, ③, ④는 직장 외 훈련(Off-JT)의 장점이다.

구분	직장 내 훈련(OJT: on-the job-training)	직장 외 훈련(Off-JT: off-the job-training)
내용	직무에 관한 지식과 기술을 습득하는 훈련방식으로 주로 감독자나 선임자가 직접 부하직원을 개별적으로 훈련시키는 방법	종업원을 직무와 분리시켜 별도의 장소에서 전문가들에 의해 훈련에만 집중할 수 있게 하는 것으로 집단적으로 시행되는 것
장점	• 개개인에 적합한 교육가능 • 직장 설정에 맞는 교육가능 • 학습내용을 현장에 바로 활용가능 • 일과 학습의 병행가능	• 동일시간, 장소에서 다수교육 가능 • 업무에 배제되어 훈련에만 집중가능 • 외부 전문가를 통해 훈련가능
단점	• 교육시간의 통일 어려움 • 작업수행의 지장초래 가능성 높음 • 교육내용과 수준의 통일이 어려움 • 기업 내·외부 환경에 영향을 많이 받음	• 시간과 비용이 비교적 많이 소요 • 훈련내용을 현장에 바로적용하기 힘듦 • 교육생들의 능력 차이를 고려하기 힘듦 • 미참여 인원의 업무부담 증가

03 ③ 직장 외 훈련(Off-JT)은 직장 외 훈련(OFF-JT)에 대한 설명이며, ①, ②, ④는 직장 내 훈련(OJT)에 대한 설명이다.

04 ② (가)는 직장 내 훈련(OJT)에 대한 내용이며, (나)는 직장 외 훈련(OFF-JT)에 대한 내용이다.

05 ① 가: 경영자훈련, 나: 감독자훈련

[신입자 교육훈련]
- 입직훈련: 채용직후 회사의 제반사항, 직무요건, 근무태도 등을 훈련시키는 것으로 신입사원은 회사에 대한 좋은 인상, 친밀감, 애사심 등을 갖게 된다.
- 멘토시스템: 경험이 많은 자가 신입사원에게 지혜와 경험을 전해주는 시스템으로 멘토의 조직사회화 관련 기능은 지도활동, 심리적 상담 및 개인적 지원활동, 조직적 개입활동으로 이루어진다.

[현직자 교육훈련]
- 일반 종업원 훈련: 종업원의 시야를 확대하고 분석력, 판단력, 관리의 기초능력을 육성하기 위한 것으로, 직업학교 훈련, 도제훈련, 실습장 훈련 등이 있다.
- 감독자 훈련: 직접 부하를 지휘·감독하는 제일선의 감독자를 대상으로 하는 훈련으로 직무 자체보다 부하들을 성공적으로 다룰 수 있는 기술에 관한 훈련
- 관리자 훈련: 중간관리자의 교육훈련으로 비교적 광범위한 경영문제와 관리기술의 지도를 목적으로 한다.
- 경영자 훈련: 기업전반의 관점에서 전문적 지식 및 기술, 판단력, 추진력, 계획력 등을 개발시키고 기업의 사회적 책임을 인식시키기 위한 훈련

06 ① (가)는 사례연구에 대한 내용으로 특정 주제에 관한 실제 사례를 작성하여 배부하고 활발한 토론을 함으로써 피교육자의 판단력, 지식, 태도, 분석능력을 발전시키려는 방법이다.
(나)는 현장훈련에 대한 내용으로 피교육자가 현재 근무하는 직장에서 정상적으로 자기의 직무를 수행하면서 상사로부터 지도를 받는 교육방법이다.

07 ② 작업장이나 일정한 교육장소에서 상사와 피훈련자간 1:1로 훈련하는 방법으로, 정교한 수작업이나 공예, 용접, 배관, 목공 등에 주로 적용되는 교육훈련은 도제훈련에 대한 설명이다.
- 감수성훈련: 교육훈련 방법 중 성장욕구, 자아실현 욕구가 충족될 수 있도록 하는 훈련
- 브레인스토밍: 참가자의 자유연상에 의해 많은 아이디어를 끌어내기 위한 방법
- 비즈니스 게임: 기업의 올바른 의사결정을 위한 교육방법 중 하나로 피교육자들을 몇 개의 팀으로 구성하여 모의 경영을 통한 훈련 방법

08 ② 잠재적 아이디어를 많이 도출하기 위하여 타인의 아이디어에 부정이나 비판 발언을 하면 안 되며, 질보다는 양의 원칙에 의하여 새로운 아이디어를 창출하는 방법은 브레인스토밍에 대한 설명이다.

09 ② 의사결정을 위한 교육방법 중 비즈니스게임에 대한 설명이다.

10 ② 승진은 종업원의 직무서열을 상승시키는 것으로 보수, 책임, 권한의 동반 상승을 기대할 수 있어 동기유발과 사기앙양 등의 효과가 크다. 승급은 미리 정해진 임금곡선에 따라 연령이나 근속연수, 능력 등의 향상으로 기본급이 증액되어 임금 곡선상의 상향 이동을 말한다.

11 ④ NCS는 국가직무능력표준(National Competency Standards)으로 산업현장에서 직무를 수행하기 위해 요구되는 지식, 기술, 태도 등의 내용을 국가가 체계화한 것이다.
- MBO(목표관리법): 성과목표와 평가 기준을 명확히 하고, 평가자와 피평가자의 참여를 최대화하여 인사고과의 효과를 높이는 방식
- 직무기술서: 직무분석을 통해 나타난 결과를 직무의 특성을 중심으로 관계자 모두가 이해할 수 있도록 기술한 것으로, 직무내용, 성격, 수행방법 등이 포함
- 기능목록제도: 종업원의 직무수행능력 평가에 있어서 필요한 정보를 파악하기 위한 개인별 능력평가표로 종업원별로 기능보유색인을 작성하여 데이터베이스에 저장하여 인적자원관리와 경력개발에 활용

12 ③ 직무 내용과 관계없이 단지 경력, 근속연수, 근무상황, 기본급 등 개인에 속하는 형식적 요소만을 고려하여 승진 기준으로 삼는 유형은 신분자격승진에 대한 설명이다.
- 역직승진: 직계승진의 일부라고 볼 수 있지만, 직무와 직계에 연계되는 직위처리제도가 확립되지 못하는 경우에는 관리체계로서의 직위만 계장 → 과장 → 차장 → 부장과 같은 역직위의 서열계층이 올라가는 것을 의미한다.
- 직계승진: 직무주의, 능력주의에 입각하여 직무를 분석, 평가, 분류하여 직위관리체계를 확립하고 그 직무의 자격요건에 맞는 적격자를 선정하여 승진시키는 방법이다.
- 능력자격승진: 지식, 능력, 기능의 잠재적 능력이 승진의 기준이 되어 장래에 유용하다고 판단되면 상위 처우구분에 의해 이동하는 것을 말한다.

13 ④ 직무내용의 실질적인 변화는 없지만 직위 또는 자격호칭에 변화를 주어 인사체증과 사기저하를 방지하는 방법은 대용승진에 대한 설명이다.
- 연공승진: 조직원의 승진에 있어서 능력보다는 근무경력이나 나이 등 시간의 차이에 의해 승진에 우선권을 주는 것으로, 근무연수에 비례해서 개인의 업무능력이 신장된다는 것을 기본으로 함.
- 조직변화승진: 승진대상에 비하여 직위가 부족한 경우 조직구조 자체를 변화시켜 직위계층을 만들고 승진기회를 확대하여 실시하는 승진
- 직급승진: 조직 내 계급구조에 따라 상위직급으로 이동하는 것

14 ① 현재 직무에서 동일한 직급의 다른 직무로 재배치하는 것은 이동에 대한 설명이다.
- 승진: 종업원의 직무서열을 상승시키는 것으로 보수, 책임, 권한의 동반 상승을 기대할 수 있어 동기유발과 사기양양 등의 효과가 크다.
- 사직: 자발적 이직으로 맡은 직무를 내려놓고 물러나는 것을 말한다.
- 이직: 종업원이 기업으로부터 이탈하는 것으로 고용관계가 단절되는 것이다. 자발적 이직(사직)과 비자발적이직(해고)이 있다.

15 ② 학벌 및 연공주의 원칙은 인적자원관리의 원칙과는 무관하다.

16 ②
[인적자원관리(배치=전환배치)의 원칙]
- 적재적소의 원칙: 적합한 인재를 적절한 장소에 배치하여야 한다.
- 능력주의 원칙: 종업원의 직무수행능력을 기준으로 배치하여야 한다.
- 균형주의 원칙: 기업 내 인재가 특정 직무(직종)에 편중되지 않게 배치하여야 한다.
- 인재육성주의 원칙: 기업 내 모든 직무에 대한 풍부한 경험축적을 통해 미래지향적 인재육성을 위한 배치를 하여야 한다.

17 ② 본인의 의사와는 상관없이 기업의 경영자가 일방적으로 고용관계를 단절하는 것은 해고에 대한 설명이다.
이직은 종업원이 기업으로부터 이탈하는 것으로 고용관계가 단절되는 것이다. 자발적 이직(사직)과 비자발적이직(해고)이 있다.

18 ④ 정리해고는 경영이 악화된 기업이 경쟁력 강화와 생존을 위해서 구조조정을 할 때 종업원을 해고할 수 있는 합법적인 제도로, 경영상 이유에 의한 해고라고도 한다.
- 파면: 잘못을 저지른 사람에게 직무나 직업을 그만두게 하는 것을 의미한다.
- 권고사직: 사용자측에서 근로자에게 퇴직을 권유하고 근로자가 이를 받아들여 사직서를 제출하는 형식을 통해서 근로관계를 종료하는 것을 의미한다.
- 의원면직: 본인의 자발적인 의지에 따라 직무에서 물러나게 하는 것을 의미한다.

19 ② 다른 회사로 전직을 위한 경로를 계획하는 것은 경력개발의 목적과는 관계가 없다.

구 분	내 용
기업의 경제적 측면	• 경력개발을 통해 인적자원을 효율적으로 확보가능 • 조직의 노하우를 체계적으로 축적하여 기업 경쟁력 확보가능 • 종업원의 조직 내 협동시스템의 구축이 원활해짐
사회적 효율성 측면	• 종업원의 성장욕구의 충족 가능 • 현재 직무에 대한 안정감과 미래설계에 대한 동기부여 가능 • 불확실한 노동시장에서의 종업원의 경쟁력 확보 가능

20 ① 개인이 경력개발을 통하여 도달하고 싶은 미래의 지위는 경력목표에 해당한다.
- 경력계획: 경력목표를 설정하고, 이를 달성하기 위한 경력경로를 구체적으로 선택하는 과정
- 경력정체: 직무에서 경력개발이 멈추어진 상태

21 ② 경력목표를 설정하고, 이를 달성하기 위한 경력경로를 구체적으로 선택하는 과정은 경력계획에 대한 설명이다.

22 ④

[경력개발관리의 기본원칙]
- 적재적소배치의 원칙: 종업원의 적성·지식·경험·능력과 조직의 목표 달성에 필요한 직무가 잘 조화되도록 배치하여야 한다.
- 승진경로의 원칙: 기업의 모든 직위는 계층적인 승진경로를 통해 승진관리가 이루어져야 한다.
- 후진양성의 원칙: 인재확보를 위해 외부 보다는 내부 승진경로를 통해 종업원에게 동기부여를 하여야 한다.
- 경력기회개발의 원칙: 종업원이 경력 상 필요한 부분을 알게 되면 기업은 종업원을 위해 적절한 경력경로를 설계하여야 한다.

23 ③ 경력(career)은 한 개인이 일생을 걸쳐 일과 관련하여 얻게 되는 경험을 말하며, 경력개발(career development)은 개인의 경력 목표를 달성하기 위한 경력계획을 수립하여 조직의 욕구와 개인의 욕구가 합치될 수 있도록 개인의 경력을 개발하는 활동으로 강제적인 것은 아니며 장기적·계속적인 속성을 갖는다.

24 ③

[인사고과의 목적]
- 임금관리의 합리화: 임금관리의 기초 자료로 활용된다.
- 고용관리의 합리화: 선발, 승진, 전직, 배치 등 인사이동의 기초 자료로 활용된다.
- 동기부여의 향상: 종업원들의 현재적·잠재적 능력 비교와 숨은 능력을 발견할 수 있다.
- 훈련개발의 기준: 교육훈련 및 지도의 기본 자료로 활용된다.
- 경영자의 관리 능력 향상 여부 판단의 기초 자료로 활용된다.

25 ④ 인사고과와 직무평가는 같은 성격을 지닌 개념이 아니다.
- 인사고과: 종업원의 업무수행 상 업적과 잠재적 능력을 측정, 평가하는 것으로 근무성적이나 능력, 태도, 의욕 등을 조직체에 대한 유용성의 관점에서 평가하여 이들의 상대적 가치를 주기적으로 결정하기 위한 제도이다.
- 직무평가: 직무분석의 결과를 바탕으로 직무의 상대적 가치를 체계적으로 결정하고 그 가치에 따라 서열을 부여하고 직무급의 정보를 제공한다. 인적요소는 배제하고 직무자체의 중요도를 평가하여 직무급의 결정, 배치전환관리, 인사고과, 교육훈련의 기초가 된다.

26 ① 인사고과의 구성요소 중 신뢰성이란 고과 내용이 얼마나 정확하게 측정되었는가에 관한 성질이다.

27 ④ 종업원의 성공적인 업적은 물론 실패한 업적까지 기록하였다가 이 기록을 토대로 평가하는 방법은 중요사건 기술법에 대한 설명이다.

28 ③ 중요사건법을 기초로 하여 더 정교하게 계량적으로 발전시킨 것으로, 관리자가 실제로 효과적이거나 비효과적인 사건들에 대하여 기술을 하고, 이것을 5-10점 범위로 나눈 척도에 따라 고과자가 평가하는 방법은 행동기준에 의한 인사고과 방법이다.
- 자기평가법: 자신의 성과에 대해 자기 스스로 평가하도록 하는 것
- 평가센터법: 고과대상자의 장래를 체계적으로 예측하여, 선발, 배치 및 경력 개발 등에 이용하는 방법으로 비슷한 조직 계층의 평가대상자를 평가센터에서 합숙시켜 개별면접, 심리검사 등을 관찰하는 방법
- 목표에 의한 관리법(MBO): 성과목표와 평가기준을 명백히 하고 고과과정에서 평가자와 피평가자의 참여를 최대화함으로써 인사고과의 효과를 높이기 위하여 상사와 부하가 목표를 설정하고 달성정도로 따라 평가하는 방법

29 ① 근무평가를 상사뿐만 아니라 부하, 동료까지 종합적으로 평가하는 방법은 다면평가에 대한 설명이다.
- 동료평가: 부서 내에서 같은 업무를 수행하고 있는 사람들을 평가자로 정하여 동료들을 평가하도록 하는 것으로 동료들이 관찰할 기회가 많은 업무이거나 자율경영팀제로 운영되는 조직일 때 유용한 방식이다.
- 자기평가: 자신의 성과에 대해 자기 스스로 평가하도록 하는 것으로, 해당 분야를 담당하는 사람이 한 사람이거나 독특한 자격, 기술을 보유한 사람 평가 시 사용된다.

30 ① 하나의 평가요소에 대한 호의적 혹은 비호의적인 인상이 다른 모든 평가요소에 대해서 동일하게 평가하려는 경향을 나타내는 것은 현혹효과(후광효과, 헤일로 효과)에 대한 설명이다.

- 최근 효과: 평가기간 전체를 토대로 평가해야 하지만, 최근의 실적이나 능력 중심으로 평가하려는 데서 생기는 오류
- 중심화 경향: 피고과자의 대다수를 중간 정도로 판단하는 경향
- 관대화 경향: 고과자가 피고과자를 가능하면 후하게 평가하려는 경향

31 ② 근무평가 시 과거 행위보다는 최근의 행위에 영향을 받아 평가에 오류를 미치는 것은 최근화 경향(시간적 오류)에 대한 설명이다.

- 현혹효과(후광효과, 헤일로 효과): 하나의 평가요소에 대한 호의적 혹은 비호의적인 인상이 다른 모든 평가요소에 대해서 동일하게 평가하려는 경향
- 상동적 오류(상동적 태도): 타인에 대한 평가가 그가 속한 사회적 집단(학교, 종교, 지역, 국가 등)에 대한 지각을 기초로 해서 이루어지는 경향
- 중심화 경향(집중화 경향): 피고과자의 대다수를 중간정도로 판단하는 경향

32 ① 고과 대상자의 호의적 또는 비호의적인 인상 등 평가 대상 인물의 특성 및 전반적인 인상만으로 평가하는 오류는 현혹효과에 대한 설명이다.

- 관대화 경향: 고과자가 피고과자를 가능하면 후하게 평가하려는 경향
- 중심화 경향: 피고과자의 대다수를 중간 정도로 판단하는 경향
- 논리적 오류: 서로 상관관계가 높은 평가요소 간에 어느 한 쪽이 우수하면 다른 요소도 당연히 그럴 것이라고 판단하는 경향

33 ④ 선발 대상자들에게 적용되었을 때 안정적이고 일관성 있는 결과를 얻어낼 수 있는지를 판단하는 기준을 의미하는 것은 선발도구의 평가기준 중 신뢰성에 대한 설명이다.

- 타당성: 시험이 당초에 측정하려고 의도하였던 것을 얼마나 정확하게 측정하고 있는지를 밝히는 정도를 의미한다.
- 효율성: 제공할 비용보다 훨씬 큰 수익을 가져다주는 사람을 선발하고 지원자와 직무의 적합성, 능력과 태도 등 지속적 학습을 통해 장기적 공헌이 가능한 사원인지 판단하는 것을 의미한다.
- 효용성: 선발도구의 효용성이 높으면 선발에 있어서 평가도구의 성적이 미래의 직무 성과를 예측하는 능력이 크다는 것을 의미하며, 선발도구의 효용이 높으면 선발 비용이 절감되고 우수 인재의 선발 가능성이 높아진다.

34 ④ 전직, 사직 등은 자발적 이직에 해당한다.

- 자발적 이직: 전직, 사직, 휴직
- 비자발적 이직: 징계해고, 일시해고, 정년퇴직, 명예퇴직, 신체장애, 군복무, 사망 등
- 의원퇴직: 종업원이 타 회사로의 전직이나 일신상의 이유, 회사에 대한 불만 등으로 퇴직의 의사를 표시하는 퇴직원을 경영자에게 제출함으로써 이루어지는 퇴직

35 ④ 교육훈련을 통해 직원들의 업무 역량이 높아지면, 관리자의 부담은 감소한다.

- 플립포(Flippo)에 의한 교육훈련의 목적:
  생산성 증가, 사고율 감소, 사기 향상, 감독자의 부담 감소, 조직의 안정성과 탄력성의 증가 등
- 미이(F.Mee) 교수에 의한 교육훈련의 목적:
  사고율 감소, 사기 제고, 품질의 개선, 근로자의 불평 해소, 감독자의 부담 경감, 결근과 인사이동의 감소 등

02 조직개발

2.1 조직개발의 개념

조직개발(OD: organizational development)은 조직변화의 한 방법으로서 조직 효율성을 계속 유지하기 위하여 변신을 되풀이하고 재투자하여 항상 환경에 잘 적응하는 조직을 만들어가는 과정이다. 다만 구성원들이 주도하여 참여하고 자신들이 직접 변화하는 참여적 조직변화이므로 행동과학의 지식과 기법을 많이 응용하는 특징이 있다.

조직개발은 주로 기술, 시장, 기타 여러 방면의 환경적 도전에 적응할 수 있는 조직체와 구성원의 태도 및 가치관을 기르기 위한 교육훈련 전략이며, 구성원들의 행동 변화를 목적으로 하는 감수성훈련 등이라 볼 수 있다.

개념 익히기

● **조직개발의 기본 구성요소**
- 변화주도자(변화중개인): 조직 내 변화를 이끌어가는 사람
- 변화대상자: 개인, 집단 및 조직 전체의 영향 관계를 종합적으로 판단하여 선정
- 개입: 변화주도자가 대상을 변화시키기 위해서 실행하는 다양한 활동

● **조직변화의 방향**
- 개인지향: 조직 내 개인의 성장과 만족을 중심으로 변화하는 방향
  (구성원의 역량 개발, 동기부여, 업무 만족도 향상을 통한 조직의 성과 극대화)
- 고객지향: 고객의 니즈와 기대를 중심으로 변화하는 방향
  (제품, 서비스, 프로세스 등을 개편하여 고객만족 극대화를 통한 충성고객 확보)
- 공생지향: 조직 내·외부의 이해관계자와 협력하여 상호 이익을 극대화하는 방향
  (조직 내부의 효율성이 외부 환경과의 조화를 통한 지족가능한 성장 도모)
- 하습지향: 주직의 발전을 위해 구성원들의 역량개발과 지식 공유를 촉진하는 변화 방향
  (변화하는 사회 환경에 빠르게 적응하고, 조직 혁신을 지속성 도모)

2.2 조직개발의 과정

조직변화의 배경은 조직 내적으로 조직구성원의 불만족과 무기력 등을 극복하고, 조직 외적으로는 장기적 생존을 위해 환경변화에 대응한다는 측면에서 조직변화의 필요성이 대두되었다.

단 계	조직변화의 단계(레윈(Lewin)의 3단계 변화)
해빙 (unfreezing)	조직의 내부 구성원들과 이해관계자들이 기존의 시스템에 대한 모순을 벗어나 변화가 필요하다는 사실을 인식하고, 변화에 대한 공감대를 형성하는 단계이다. 구성원들이 원하는 상황과 현재 상황의 차이를 보여주는 정보를 제공함으로써 협조를 유도하는 단계
변화 (moving)	기존의 태도, 가치, 행동 등을 새로운 것들로 대체하기 위한 단계로서 교육훈련의 시행, 새로운 작업 도입, 각종 시스템상의 조직 등을 수반하는 단계
재동결 (refreezing)	조직의 새로운 가치, 행동, 정책 등을 공식화하고 변화에 부합하는 직원들을 보상하는 등 새로운 변화상태를 안정화하는 단계

2.3 변화담당자

변화담당자는 개인 활동을 수행하는 변화전문가이다. 조직에서는 대체로 변화에 대한 지식, 기법, 실제 경험을 가진 전문가이다. 따라서 변화담당자는 조직개발을 주관하는 역할을 하며, 상위계층의 경영자나 이와 대등한 외부 컨설턴트가 다음과 같은 변화담당자의 역할을 수행하게 된다.

• 조직개발의 목적 및 목표를 파악하고 문제점 진단
• 조직의 변화에 계획적으로 적절히 개입하여 전략적, 체계적으로 변화를 관리
• 구성원들에게 변화의 필요성을 인식시키고 변화를 위한 전략을 수립
• 다양한 형태의 권력과 리더십을 사용하여 변화를 유도
• 변화를 실질적으로 집행하는 과정에 있어서 피드백, 수정, 강화의 역할을 담당
• 집행된 변화의 결과와 효과를 주기적으로 측정 및 평가하여 변화과정을 조정

1) 변화담당자의 기능

구 분	내 용
변화구상자	변화의 방향과 변화를 위한 전략을 계획하고 수립
변화유도자	구성원들에게 변화의 필요성을 알려주고 개발에 참여할 수 있도록 유도
변화지원자	조직과 구성원들의 변화에 대해 피드백 제공 등 구체적인 계획을 수립하고 실무층의 업무를 지원
변화실천자	실무현장에서 구성원들을 지도 및 관리하고, 개선과 개혁 등 실제 변화를 실천하는 실무관리자
교육전문가	조직개발에 필요한 지식, 기술, 조직 행동 변화에 대한 교육 훈련 등을 실시
외부상담자	조직 내부는 물론 조직 외부 컨설턴트의 역할을 수행

2.4 조직 활성화를 위한 리더십이론

리더십(Leadership)은 구성원들이 맡은 일을 열성적으로 실현하도록 이끌어가는 기술로 구성원들이 특정 목표를 지향하게 하고 그 목표달성을 위해 실제 행동을 하도록 영향력을 행사하는 것이다.

구 분	내 용
거래적 리더십	지도자와 부하들 간에 각자 필요로 하는 것의 거래를 통해 변화를 가져오는 리더십 • 높은 성과에 보상하겠다고 약속하고 노력 및 업적에 따라 보상과 칭찬 • 부하의 행동이 규정이나 관례에 어긋남이 없는지 감독, 관찰, 시정 • 책임을 회피하고 중요한 결정은 상사나 부하에게 미루는 편
변혁적 리더십	조직구성원들이 리더를 신뢰할 수 있게 하는 카리스마를 지니고 있으며, 조직의 변화를 가져올 수 있는 새로운 목표를 제시하고 성취할 수 있도록 하는 리더십 • 부하들에게 비전을 제시하고 신뢰하면 자긍심을 유발 • 부하들의 지혜와 논리성, 문제해결력 등을 일깨우는 지적 자극 • 부하 한 사람 한 사람을 존중하며 개별적 관심 • 목표를 쉽게 설명해주고 높은 기대를 갖도록 동기를 부여
카리스마 리더십	모범적, 기업가적 행동을 통하여 개인적 권력을 행사하거나 미래의 비전을 알아보고 현재 상태를 변화시키려고 노력할 뿐만 아니라, 조직을 둘러싸고 있는 환경을 정확히 평가하고 목표를 성취하는 리더십 • 고도의 자신감, 자기신념의 높은 확신, 영향력 행사에 대한 강한 욕구 • 자기가 유능하고 성공적이라는 인상을 심어주기 위해 지속적으로 노력 • 행동뿐 아니라 부하들의 희망, 이상, 감정에 호소

구 분	내 용
팀리더십	기업조직이 팀으로 이루어지면서 팀장의 리더십이 중요하게 되었는데 팀장은 코치나 촉진자, 스포츠팀의 감독의 역할을 수행하여 팀원의 강약점을 파악하여 팀을 개발시키는 역할이 중요 • 팀과 관련되는 외부와의 연결자 역할이며, 회의와 협상을 주선 • 팀원 간의 갈등과 분쟁이 있으면 이를 해결해주고 갈등 최소화를 위해 노력 • 팀원에게 할 일을 제시하고, 가르쳐주고, 지원하며 장단점을 관찰
슈퍼리더십	리더가 먼저 셀프 리더의 행동을 보임으로써 부하의 대리학습 모델이 되고 부하 스스로가 셀프 리더가 될 수 있도록 목표설정을 지원하고 코치의 역할을 하며 조직이 스스로 변화할 수 있도록 변화담당자로서의 역할을 하는 리더십
코칭리더십	문제해결 방안을 전문가가 직접 제시하기보다는 해결 당사자가 해결방안을 스스로 발견할 수 있도록 지원하는 방법
셀프리더십	조직 내에서 리더만이 조직원을 관리하고 통제하는 것이 아니라 조직구성원 모두가 자율적으로 관리하고 이끌어나가는 형태의 리더십
서번트리더십	리더가 권위를 내세우기 보다 구성원들이 자신의 역량을 최대한 발휘할 수 있도록 돕는 '조력자'이자 '봉사자'로서의 역할을 하는 리더십

개념 익히기

● 매트릭스 조직

• 기존 기능부서의 상태를 유지하면서 특정한 프로젝트를 위해 서로 다른 부서의 인력이 함께 일하는 조직으로, 기능별 조직 또는 부문별 조직형태로 프로젝트팀 조직을 결합시킨 독특한 형태의 조직이다.

• 해당 조직 형태는 경쟁이 심하고, 새로운 아이디어에 대한 수명주기가 짧은 고성장 산업 등에서 시작되었지만, 현재는 정부, 학교, 일반 기업 등 다양한 조직에서 광범위하게 사용되고 있다.

유형별 연습문제
2.2 조직개발

01 다음 중 조직개발에 대한 설명으로 적절하지 않은 것은 무엇인가?

① 조직개발의 목적은 조직의 변화를 계획적으로 달성하려는 것이다.
② 팀장은 축구경기에서 감독과 같이 실제 업무를 처리하지 않고 결제 처리만 한다.
③ 조직변화에 대한 신뢰의 구축, 변화에 대한 공감 확인, 절차공유 등으로 저항을 최소화하여야 한다.
④ 집단 내에서 솔직한 대화를 통해 대인관계와 자신의 행동에 대한 통찰력을 높이는 행동경험 훈련을 감수성훈련이라 한다.

02 다음 조직개발의 원칙에 대한 설명 중 옳지 않은 것은 무엇인가?

① 조화의 원칙: 지배적인 문화에 적합한 방식으로 조직 개발을 추진해야 한다.
② 연속의 원칙: 조직 개발은 단계적, 지속적 노력이 아닌 전격적인 방법으로 취해져야 한다.
③ 저항 예상의 원칙: 개입 기법의 적절성과 연속성의 측면에서 저항의 동태성을 인정해야 한다.
④ 선행 경향의 원칙: 먼저 시작하기 좋은 부서나 영역을 결정하고 변화의 중심 부분으로 이동하도록 해야 한다.

03 조직설계의 기본요건이 아닌 것은?

① 복잡성   ② 공식화
③ 집권화   ④ 개별화

04 리더십 이론 중 문제해결 방안을 전문가가 직접 제시하기보다는 해결 당사자가 해결방안을 스스로 발견할 수 있도록 지원하는 리더십은 무엇인가?

① 셀프 리더십   ② 슈퍼 리더십
③ 코칭 리더십   ④ 카리스마 리더십

05 나음 Lewin의 변화과정 중 환경의 변화를 인지하여 고정관념을 탈피하고 개방적이고 새로운 관점을 수용하려는 준비단계는?

① 해빙   ② 변화
③ 재결빙   ④ 정착화

06 조직의 목적을 효율적으로 달성하기 위해서는 조직구성원의 만족, 동기유발 및 성과에 크게 영향을 미치는 리더십(leadership)에 관한 체계적인 관리가 필요하다. 현대적 리더십이론에서 문제해결을 전문가가 직접 제시하지 않고 당사자가 해결책을 스스로 발견할 수 있도록 지원하는 형태의 리더십은 다음 중 무엇인가?

① 셀프 리더십   ② 코칭 리더십

③ 거래적 리더십   ④ 변혁적 리더십

답안 및 풀이

2.2 조직개발

1	2	3	4	5	6				
②	②	④	③	①	②				

01 ② 조직개발은 조직변화의 한 방법으로서 조직 효율성을 계속 유지하기 위하여 변신을 되풀이하고 재투자하여 항상 환경에 잘 적응하는 조직을 만들어가는 과정이다. 다만 구성원들이 주도하여 참여하고 자신들이 직접 변화하는 참여적 조직변화이므로 행동과학의 지식과 기법을 많이 응용하는 특징이 있다. 따라서 팀장이 결제 처리만 하는 것이 아니라 업무에 직접 참여하여야 한다.

02 ② 조직개발의 원칙은 조화의 원칙, 연속의 원칙, 저항 예상의 원칙, 선행 경향의 원칙, 효율적 학습의 원칙, 미래지향적 계획의 원칙이 있다. 연속의 원칙은 조직개발은 단계적이며 지속적인 노력에 의해야 하는 것을 말하며, 일시적, 전격적인 방법은 연속의 원칙에 해당하지 않는다.

03 ④ 조직설계의 기본요건은 복잡성(직무의 수평적, 수직적, 지역적 분화), 집권화(권한 및 명령체계, 의사결정의 집중도), 공식화(업무수행에 있어서의 표준화)이다.

04 ③ 문제 해결방안을 전문가가 직접 제시하는 것이 아니라, 당사자가 해결책을 수수로 발견할 수 있도록 지원하는 것은 코칭리더십에 대한 설명이다.
- 셀프 리더십: 조직 내에서 리더만이 조직원을 관리하고 통제하는 것이 아니라 조직구성원 모두가 자율적으로 관리하고 이끌어 나가는 리더십
- 슈퍼 리더십: 부하들 스스로가 자신을 스스로 리드할 수 있는 역량과 기술을 갖추도록 여건을 조성하는 리더의 행위를 강조하는 리더십
- 카리스마 리더십: 모범적, 기업가적 행동을 통하여 개인적 권력을 행사하거나 미래의 비전을 알아보고 현재 상태를 변화시키려는 리더십

05 ①

[Lewin(레윈)의 변화이론]
- 1단계: 해빙-조직의 내부 구성원들과 이해관계자들이 기존의 시스템에 대한 모순을 벗어나 변화가 필요하다는 사실을 인식하고, 변화에 대한 공감대를 형성하는 단계이다. 구성원들이 원하는 상황과 현재 상황의 차이를 보여주는 정보를 제공함으로써 협조를 유도하는 단계
- 2단계: 이동-기존의 태도, 가치, 행동 등을 새로운 것들로 대체하기 위한 단계로서 교육훈련의 시행, 새로운 업무 도입, 각종 시스템상의 조직 등을 수반하는 단계
- 3단계: 재결빙-조직의 새로운 가치, 행동, 정책 등을 공식화하고 변화에 부합하는 직원들을 보상하는 등 새로운 변화상태를 안정화하는 단계

06 ② 코칭 리더십은 문제 해결방안을 전문가가 직접 제시하기보다는 해결 당사자가 해결방안을 스스로 발견할 수 있도록 지원하는 방법이다.
- 셀프 리더십: 조직 내에서 리더만이 조직원을 관리하고 통제하는 것이 아니라 조직 구성원 모두가 자율적으로 관리하고 이끌어나가는 리더십
- 거래적 리더십: 지도자와 부하들 간에 각자 필요로 하는 것의 거래를 통해 변화를 가져오는 리더십
- 변혁적 리더십: 조직 구성원들이 리더를 신뢰할 수 있게 하는 카리스마를 지니고 있으며, 조직의 변화를 가져올 수 있는 새로운 목표를 제시하고 성취할 수 있도록 하는 리더십

제**3**장

임금 및 복리후생관리

01 임금(보상)관리

1.1 임금의 개요

(1) 임금의 의의

임금(wage)은 사용자가 근로의 대가로 근로자에게 임금, 봉급, 그밖에 어떠한 명칭으로든지 지급하는 일체의 금품을 말하며, 사용자에게나 근로자에게 다 같이 중요한 의의가 있다. 사용자측에서 임금은 제품의 원가를 구성하는 기업의 비용으로서 노무비에 속하며, 이 노무비를 낮추는 것이 원가절감을 가져옴으로 가능한 한 낮은 임금을 지급하려는 경향이 있다. 또한 근로자 측에서 볼 때 임금은 생계를 유지하는 수입의 원천이며, 사회적 신분을 규정하는 기준이 되고, 생활 안정의 기준이 되므로 중요하다. 이에 따라 양자 간의 이해관계가 엇갈림으로 노사분규의 직접적인 원인이 될 뿐만 아니라 인사관리에 있어서 가장 중요한 부분이다.

(2) 임금의 성격

구 분	내 용
종업원의 입장	사회적 신분의 상징, 생계비 및 가계 수입의 원천, 욕구충족의 수단
기업의 입장	기업경쟁력 요소, 인건비 요소, 종업원 채용 및 유지의 요인
국민경제의 입장	기업의 생산 활동 증대, 국민경제 발전에 긍정적인 영향

(3) 임금의 기본원칙

구 분	내 용
적정성의 원칙 (임금수준)	임금수준이 기업, 근로자, 노동시장의 견지에서 적정한 액수만큼 결정되어야 함
공정성의 원칙 (임금체계)	임금수준이 결정된 후 임금총액이 근로자에게 분배될 때 각자가 지니고 있는 인적가치, 업무성과, 직무의 가치 등에 따라 공정하게 분배되어야 함
합리성의 원칙 (임금형태)	임금형태인 임금의 계산, 지불 방법에 대한 관리로서 근로자의 작업 의욕 및 능률향상과 직접적인 관련을 지니고 있음

(4) 임금 지급의 4가지 원칙

구 분	내 용
통화 지불의 원칙	사용자는 근로자에게 통화로 임금을 지급하여야 하며 현물급여는 금지
직접 지불의 원칙	임금은 근로자 본인에게 직접 지급되어야 함
전액 지불의 원칙	법령이나 단체협약에 의한 공제를 제외하고는 전액을 지불하여야 함
정기 지불의 원칙	근로자의 생활 안정을 위하여 매월 일정한 날에 1회 이상 지급하여야 함

1.2 임금관리와 임금수준

(1) 임금관리

임금관리는 기업이 근로자에게 지급해야 할 임금의 금액 및 제도를 합리적으로 계획·조직하고 그 성과를 통제·개선하여 인사관리의 목적 달성에 기여하고자 하는 것을 말한다. 또한 임금관리는 다음의 측면에서 그 중요성을 찾을 수 있다.

- 인재의 확보와 유지
- 종업원의 능력 개발
- 종업원의 사기 향상
- 기업문화의 변화와 조직의 분위기
- 기업의 비용 관리에 따른 재무적 구조 영향

(2) 임금수준 관리

임금수준 관리는 대외적 공정성을 가지는 범위에서의 임금수준의 총액을 결정하는 것을 의미하며, 임금수준은 종업원 1인당 평균 임금액을 말한다. 임금수준을 결정하는 데 영향을 주는 요인으로는 기업의 지급능력, 근로자의 생계비, 사회 일반의 임금수준으로 구분된다.

1) 임금수준 결정요인

구 분	내 용
기업의 지불능력 (상한선)	기업의 지불능력을 벗어난 임금은 결과적으로 기업경영을 어렵게 하기 때문에 임금수준은 기업의 지불능력 범위 내에서 결정될 수밖에 없다.
근로자의 생계비 (하한선)	근로자의 최저생계비는 임금산정의 최저기준일 뿐만 아니라 인간적인 삶을 보장해 줄 수 있는 기초가 된다.
노동시장 임금수준	기업의 지불능력을 상한선으로, 생계비 수준을 하한선으로 하여 그 중간 지점에서 노동시장 요인에 따라 결정된다. 동종 기업의 임금수준, 노동시장의 수요와 공급, 노사 간의 임금교섭에 의하여 임금수준이 결정된다.

2) 임금수준 결정요소

구 분	내 용
내부적 요인	조직의 규모, 기업의 경영방침, 지불능력 등
외부적 요인	경제적 환경(생계비), 노동시장의 수요공급, 경쟁기업의 임금수준, 국가의 법과 규제 등

3) 임금수준의 조정

구 분	내 용
승급	미리 정해진 임금 곡선에 따라 연령이나 근속연수, 능력 등의 향상으로 기본급이 증액되어 임금 곡선상의 상향 이동
승격	직무의 질이 향상된 것에 의한 임금 상승으로 보통 승진과 병행됨
베이스 업 (base up)	연령, 능력 등의 관점에서 동일 조건에 있는 자에 대한 임금 증액이 이루어지는 것으로 임금수준의 전체적인 상향조정 또는 임금인상률을 의미하는 것이다. 근로자의 기본적인 임금 곡선 자체를 전체적으로 상향 이동시켜 임금수준을 증액 조정하거나 인상하는 것
절충형	승급과 베이스 업을 병행한 것으로 승급은 연공급적 성격이며, 베이스 업은 물가보상의 생활급적 요소와 생산성 향상에 대한 성과급적 요소를 포함

4) 임금수준의 거래형태

노동과 임금의 거래현상을 무엇으로 파악하느냐에 따라 다음과 같은 거래 차원으로 분류하고 있다.

구 분	내 용
심리적 거래	노동을 임금과 교환하면서 얻는 만족감 등을 포함하는 일체의 만족감을 보상으로 인식
경제적 거래	노동을 상품의 가격으로 보는 것으로 노동력의 구매자인 조직은 양질의 노동력을 확보하기 위해서, 노동력의 공급자인 근로자는 제공하려는 노동력에 대해 얻어지는 소득을 증대시키기 위해 각각 노력하는 가운데서 이루어지는 것
정치적 거래	보상을 노사 당사자 사이에서 권력과 영향력이 작용하여 결정되는 것으로 인식
사회적 거래	보상을 조직과 개인이 관계를 맺음으로써 개인이 받게 되는 것으로 조직과 사회에 있어서 지위의 상징으로 인식
윤리적 거래	보상이 노사 당사자 간 경제원리와 협상에 의해 결정되기 보다는 윤리의식을 토대로 공정하게 교환되어야 한다고 인식

(3) 최저임금제도

국가가 저임금근로자의 최저생활을 보호하기 위하여 노사 간의 임금 결정 과정에 개입하여 임금의 최저수준을 정하고 사용자에게 이 수준 이상의 임금을 지급하도록 법적으로 강제하는 법정 임금을 말한다.

- 2025년 최저임금: 시급 10,030원
- 2026년 최저임금: 시급 10,320원(2025년 대비 2.9% 인상)

개념 익히기

🔍 임금피크제

근로자가 일정 연령에 도달한 시점부터 임금을 삭감하는 대신 근로자의 고용을 보장(정년 보장 또는 정년 후 고용연장)하는 제도로, 기본적으로 정년보장 또는 정년연장과 임금삭감을 맞교환하는 제도라고 할 수 있다.

 1.3 근로기준법 상의 임금

근로기준법은 헌법에 따라 근로조건의 기준을 정함으로써 근로자의 기본적 생활을 보장, 향상시키며 균형 있는 국민경제의 발전을 꾀하는 것을 목적으로 한다.

(1) 근로기준법에서의 용어

구 분	내 용
근로자	직업의 종류와 관계없이 임금을 목적으로 사업장에 근로를 제공하는 자
사용자	사업주 또는 사업 경영 담당자, 그밖에 근로자에 관한 사항에 대하여 사업주를 위하여 행위하는 자
근로	정신노동과 육체노동
근로계약	근로자가 사용자에게 근로를 제공하고 사용자는 이에 대하여 임금을 지급하는 것을 목적으로 체결된 계약
임금	사용자가 근로의 대가로 근로자에게 임금, 봉급, 그밖에 어떠한 명칭으로든지 지급하는 일체의 금품
단시간근로자	1주 동안의 소정근로시간이 그 사업장에서 같은 종류의 업무에 종사하는 통상근로자의 1주 동안의 소정근로시간에 비해 짧은 근로자
일용직근로자	근로의 대가를 일급, 시급, 성과급으로 계산하여 받는 자로서 동일한 고용주에게 3개월 이상 계속하여 고용되지 않는 근로자 [참고] 고용보험법령상 일용직근로자는 1개월 미만 고용되는 자를 말하며, 근로복지공단에 일용근로 확인서를 제출하는 절차를 고용보험 취득신고를 한 것으로 인정하고 있다.

(2) 근로기준법에서의 임금

1) 근로시간 [근로기준법 제50조]

① 1주간의 근로시간은 휴게시간을 제외하고 40시간을 초과할 수 없다.

② 1일의 근로시간은 휴게시간을 제외하고 8시간을 초과할 수 없다.

- 근로기준법상 근로시간: 실제근로시간 + 대기시간 + 작업에 필요불가결한 시간
- 실제근로시간: 초과 근로시간 등을 포함해서 근로자가 실제 근로를 한 시간
- 소정근로시간: 근로시간 범위에서 근로자와 사용자 사이에 정한 근로시간
- 법정근로시간: 근로기준법에서 정한 기본적인 근로시간(초과 시 수당을 추가 지급)
- 임금에 포함되지 않는 항목: 해고수당, 각종 위로금, 경조금, 재해보상비, 복지 시설비 등

2) 연장 · 야간 및 휴일근로 [근로기준법 제56조]

사용자는 연장근로와 야간근로(오후 10시부터 오전 6시까지 사이의 근로) 또는 8시간 이내의 휴일근로에 대하여는 통상임금의 100분의 50을 가산하여 지급하고, 8시간을 초과하는 휴일근로에 대해서는 통상임금의 100분의 100을 가산하여 지급하여야 한다.

3) 법정 근로시간

구분		근로자	산후 1년 미만 여성근로자	임신 중 근로자	연소근로자	유해산업 근로자
근로 기준 시간	1일	8시간	8시간	8시간	7시간	6시간
	1주	40시간	40시간	40시간	35시간	34시간
연장 가능시간		당사자 합의 1주 12시간	당사자 합의 1일 2시간 1주 6시간 1년 150시간	불가	당사자 합의 1일 1시간 1주 5시간	연장근로 불가
연장 · 휴일 근로		제한 없음 (여성 본인 동의)	본인 동의 (노동부장관 인가)	명시적 청구 (노동부장관 인가)	본인 동의 (노동부장관 인가)	–
비고					15세 이상 18세 미만	잠수, 잠함작업

4) 연차유급 휴가 [근로기준법 제60조]

① 1년간 80퍼센트 이상 출근한 근로자에게 15일의 유급휴가를 주어야 한다.

② 사용자는 계속하여 근로한 기간이 1년 미만인 근로자 또는 1년간 80퍼센트 미만 출근한 근로자에게 1개월 개근 시 1일의 유급휴가를 주어야 한다.

③ 사용자는 3년 이상 계속하여 근로한 근로자에게는 제1항에 따른 휴가에 최초 1년을 초과하는 계속 근로 연수 매 2년에 대하여 1일을 가산한 유급휴가를 주어야 한다. 이 경우 가산휴가를 포함한 총 휴가 일수는 25일을 한도로 한다.

구 분	내 용
법정휴가	연차휴가, 생리휴가, 출산전후휴가, 가족돌봄휴가 등
약정휴가	하계휴가, 경조휴가, 포상휴가 등

(3) 임금의 구분

구 분	내 용
기준임금	일정한 노동 시간이나 노동량에 대하여 매일 또는 매달 주어지는 고정된 임금 및 노동 협약에서 정한다. • 기본급, 가족수당
통상임금	통상임금은 근로자에게 정기적, 일률적으로 소정근로 또는 총근로에 대하여 지급하기로 정한 시간급, 일급, 주급, 월급 또는 도급 금액을 말한다. 통상임금은 각종 수당을 산정하기 위한 아주 중요한 개념이며, 통상임금의 변동으로 각종 법정수당과 평균임금도 변동된다. • 평균임금의 최저한도 보장 • 해고예고수당, 연장 · 야간 · 휴일근로수당 • 연차유급휴가수당, 출산전후휴가급여
평균임금	통상임금은 근로자에게 정기적, 일률적으로 소정근로 또는 총근로에 대하여 지급하기로 정한 시간급, 일급, 주급, 월급 또는 도급 금액을 말한다. 통상임금은 각종 수당을 산정하기 위한 아주 중요한 개념이며, 통상임금의 변동으로 각종 법정수당과 평균임금도 변동된다. • 평균임금의 최저한도 보장 • 연장 · 야간 · 휴일근로수당, 해고예고수당 ✓ 사용자가 근로자를 해고할 때 30일 전에 예고하지 않은 경우, 30일분 이상의 통상임금을 해고예고수당으로 지급하여야 한다. • 연차유급휴가수당, 출산전후휴가급여

개념 익히기

🔵 **육아휴직제도**

육아휴직제도는 근로자가 피고용자의 신분을 유지하면서, 일정기간 자녀의 양육을 위해 휴직할 수 있도록 하는 제도이며, 만 8세 이하 또는 초등학교 2학년 이하의 자녀(입양자녀 포함)를 양육하기 위해 근로자가 신청하는 경우 사용자는 이를 허용하여야 한다.
• 육아휴직을 시작하려는 날의 전날까지 해당 사업장에서 6개월 이상 근무하여야 한다.
• 육아휴직 기간은 1년 이내 이지만, 일정 요건을 충족하는 경우 6개월을 추가로 사용할 수 있다.
• 육아휴직 급여는 통상임금의 80%을 기준으로 한다.(최저 70만원, 최고 150만원 한도)

🔵 **육아기 근로시간 단축**

육아기 근로시간 단축이란 근로자가 12세 이하 또는 초등학교 6학년 이하의 자녀를 양육하기 위하여 신청하는 것을 말한다.
• 단축 후 근로시간은 주당 15시간 이상이어야 하고 35시간을 초과할 수 없다.
• 근로시간 단축을 신청 받았으나 허용하지 않은 사업주는 500만원 이하의 과태료를 부과 받을 수 있다.

1.4 임금체계 및 형태

임금체계란 임금의 구성요소라고 하며, 임금 지급항목의 구성내용 또는 종업원의 임금액을 결정하는 기준으로, 근로자의 개별 임금수준의 격차를 형성하는 주요한 기준이다.

(1) 임금체계의 분류

임금체계는 기준 내 임금과 기준 외 임금으로 분류된다. 기준 내 임금은 기본급과 정상적인 근무와 관련된 수당으로 이루어지며 그 외의 임금 구성항목은 기준 외 임금이다. 기준임금을 구분하는 이유는 상여금과 퇴직금 등의 산정기준이 되기 때문이다.

1) 기준 내 임금

구 분	내 용	
연공급 (필요가치 기준)	임금 결정 기준을 개인의 학력, 연령, 근속연수 등에 두는 방식	
	장점	단점
	• 생활 보장으로 기업에 대한 귀속의식 확대 및 애사심 함양 기능 • 평가가 어려운 직무에서 적용이 용이함 • 연공 존중의 풍토에서 질서 확립 및 사기 유지 가능	• 동일 노동, 동일 임금의 실시 곤란 • 성과와 능력을 제대로 반영하지 못해 고급인력의 확보와 유지 곤란 • 인건비 부담의 가중과 임금관리의 경직성 야기 • 무사안일의 직무 태도 야기
직무급 (직무가치 기준)	노동의 질과 양에 따라 격차를 두는 제도로 임금 결정 기준을 직무의 중요성과 난이도에 두는 방식이다. 직무분석과 직무평가를 통한 직무의 상대적 가치로 기본급이 결정되므로 '동일 노동, 동일 임금의 원칙'이 지켜지는 임금체계	
	장점	단점
	• 능력주의 풍토 조성과 임금 배분의 공정성 제고가 가능 • 개인별 임금 격차에 따른 불만 해소 • 동일 노동, 동일 임금 실현이 가능 • 공정한 임금 지급을 통해 유능한 인력의 확보 및 활용 용이	• 절차가 복잡하고 객관적인 평가기준의 설정이 곤란 • 연공주의에 친숙한 경우 이에 대한 저항 가능성이 높음 • 우리나라의 경우 노동이동이 자유롭지 못하기 때문에 상대적으로 적용에 제한이 있음

구 분	내 용
자격급	근로자의 자격 취득에 따라 임금에 차이를 두는 제도로 직무급과 연공급을 절충한 형태 **장점** • 근로자의 자기 발전 욕구 함양 • 임금액을 예상할 수 있어 근로의욕이 향상됨 • 적재적소에 인력배치 가능 • 직무급의 경직성에 의한 인재 확보 **단점** • 조직 분위기가 저해될 수 있음 • 지나치게 형식적 자기 기준 강조 • 실제 업무에는 소홀하게 될 우려가 있음
직계급	직무급의 일종으로 기업 내의 직무를 분류하여 각 직무간의 기업에 대한 공헌도 서열에 따라 임금을 결정하는 방식
성과급 (결과가치 기준)	조직구성원이 달성한 성과에 따라 보상을 차등적으로 제공하는 방식
직능급 (종업원가치 기준)	직무수행능력에 따라 개별임금을 결정하는 방식으로 직무담당자의 수행능력의 종류와 정도를 기준으로 해서 결정되는 임금제도이다. 연공급(학력, 근속연수)과 직무급(직무가치)의 절충형 제도 **장점** • 능력에 따라 임금이 결정되므로 근로자의 불만 해소 • 인재 확보와 근로자의 능력개발에 유리 • 종업원의 자기개발 의욕을 자극하여 생산성 향상에 기여 • 직무 다양성 실현으로 이직률 감소 및 동기부여 **단점** • 직능을 파악하고 평가 및 기준, 직능등급 분류의 결정이 어려움 • 인건비 부담의 증가 • 경영 질서 유지의 곤란성 • 단순 노무직의 경우 도입이 어려움

2) 기준 외 임금

구 분	내 용
직책수당	직무수행 상의 책임도, 난이도가 타 직원보다 큰 직책을 맡은 경우 지급
특수작업수당	표준작업과는 다른 특수한 작업환경에서 근무하는 경우 지급
특수근무수당	수위, 경비원 등에게 지급
기능수당	특별한 자격, 면허, 기능 보유자에게 지급
초과근무수당	시간외 근무, 휴일근무, 철야근무 등에 대한 지급

3) 부가적 임금

구 분		내 용
상여금		상여의 성격은 복합적인데 사용자의 자의에 의해 관습적으로 주어지기도 하고 기업의 수익에 기여한 근로자의 공헌을 인정하여 상여로 분배되기도 함
퇴직급여	퇴직금	근로자가 퇴직한 경우에는 그 지급 사유가 발생한 날부터 14일 이내에 퇴직금을 지급하여야 하며, 특별한 사정이 있는 경우에는 당사자 간의 합의에 의하여 지급기일을 연장할 수 있음
	퇴직연금	근로자가 장기간 근속하고 고령으로 퇴직하는 경우 노후생활 안정과 복지증진을 위하여 퇴직금 관리기관에서 정기적으로 임금을 지급하도록 하는 제도 ① **확정기여형**(DC: Defined Contribution plan) **퇴직연금** 기업이 납입해야 하는 부담금이 사전에 확정되며, 기업이 근로자 개별 계좌에 정기적으로 기여금을 납입하고, 근로자가 직접 적립금을 운용하게 된다. 종업원의 추가 부담금 납입도 가능 ② **확정급여형**(DB: Defined Benefit plan) **퇴직연금** 종업원이 퇴직할 때 받는 퇴직급여가 사전에 확정되어 기업이 매년 부담금을 납입하여 기업이 직접 책임지고 운용한다. 기업의 적립금 운용 결과에 관계없이 근로자는 사전에 정해진 수준의 퇴직급여를 수령 ③ **개인형 퇴직연금**(IRP: Individual Retirement Pension) 근로자가 직장을 옮기거나 퇴직하면서 지급받는 퇴직급여를 근로자 본인 명의로 적립하여 노후자금으로 활용하도록 하는 제도이다. 적립금의 운용방식은 확정기여형(DC)제도와 동일

4) 법정수당과 약정수당

구 분	내 용
법정수당	연장 및 야간근로수당, 휴일근로수당, 해고예고수당, 생리수당, 출산전후수당, 휴업수당, 연차유급휴가수당, 해고예고수당 등
약정수당	가족수당, 상여금, 직무수당, 근속수당, 인센티브 등

 임금형태의 관리

임금형태란 임금의 산정방법, 임금의 지급방법을 의미하는 것으로 주로 기본급의 산정 방법에 관해서 특징과 차이를 가지는 각각의 형태를 말한다. 임금형태의 기본적인 유형은 고정급제와 성과급제로 나누어진다.

(1) 임금형태의 분류

1) 고정급제

고정급은 근로자의 작업량 또는 노동성과에 관계없이 근로자의 근로시간에 비례하여 임금을 지급하는 형태를 말한다.

구 분	내 용
시간급제	시간을 단위로 결정되는 형태 • 단순시간급제: 작업의 분량과는 관계없이 근무시간에 따라 지급 • 복률시간급제: 과업을 기준으로 다단계의 시간임률 적용(능률 자극효과) (장점: 일정액의 임금이 보장되어 생활의 안정 유지, 임금산정이 간편하고 공정) (단점: 근로자를 자극할 수 없으므로 작업능률이 오르지 않고 수동적 태도 보임)
일급제	1일을 단위로 하여 임금비율을 정하고 근로일 수를 곱하여 결정되는 형태
주급제	1주를 단위로 하여 임금비율을 정하고 1주마다 결정되는 형태
월급제	임금이 월단위로 결정되어 월간의 근무일 수와 관계없이 결정되는 형태
연봉제	나이나 근속연수와 관계없이 능력, 실력, 공헌도를 기준으로 연간 임금수준을 결정하여 매월 균등분할하여 지급하는 성과 중심의 임금형태

인사이론

2) 성과급제

성과급은 개별근로자나 작업집단이 수행한 노동성과를 측정하고, 그 결과에 따라 임금을 산정 및 지급하는 임금형태를 말한다.

① 개별성과급제

구 분	내 용
단순성과급 (고정임률)	고정임률 하에서 생산단위를 기준으로 하는 성과급으로서 생산량 비례급으로 불리며, 제품 단위당 임률에 실제 작업량을 곱하여 금액을 산정
차별성과급 (변동임률)	생산단위를 기준으로 복수임률을 적용하는 것으로 표준작업량 이상이면 고임률을, 이하인 경우에는 저임률을 적용
표준시간급 (고정임률)	과업단위당 표준시간을 정하고 근로자가 표준시간 안에 작업을 완성하면 설정된 표준시간의 임률을 적용하여 지급하는 형태
고과급	근무수행 능력과 실적을 주관적으로 평가하여 기본급을 조정하는 성과급으로 과거 실적에 대한 주관적 평가결과를 기본급에 반영하는 형태
성과보너스	기업의 성과 향상에 기여한 종업원에게 성과의 일부를 분배하는 형태
판매수수료	판매원의 실적인 판매액의 일정비율을 판매원에게 지급하는 형태

② 집단성과급제

구 분	내 용
스캔론 플랜 (Scanlon Plan)	스캔론(Scanlon)에 의해 창시되었으며, 근로자의 참여의식을 높이기 위하여 고안된 성과배분제도이다. 매출액에 대한 인건비의 절약이 있는 경우 그 절약분을 성과로 분배하는 것으로 생산의 판매가치에 대한 인건비 비율이 사전에 설정한 표준 이하인 경우 근로자에게 보너스를 지급하는 제도
럭커 플랜 (Rucker Plan)	럭커(Rucker)에 의해 연구된 것으로 스캔론 플랜보다 정교한 분석에 기초를 두고 있다. 부가가치 증대를 목표로 하며 이를 노사협력체계에 의해 달성하고, 증가된 생산성 향상분을 그 기업의 안정적인 부가가치 분배율로 노사 간에 배분
임프로쉐어 (Improshare)	엔지니어 출신 페인(Fein)이 고안한 제도로 생산직 구성원들에게 적용하는 제도로서 성과 표준치를 제품 하나를 제조하는데 소요되는 표준노동시간을 설정하고 구성원들의 집단적 노력을 통하여 표준 작업시간을 줄인 만큼을 이득으로 계산하여 회사와 구성원들이 합의한 배분 비율에 따라 배분하는 제도
프렌치 시스템 (French System)	작업집단 전체의 능률향상을 목표로 근로자들의 노력에 대해 자극을 부여하는 방식으로 비용 절감에 관심을 두는 제도이다. 실제 산출액에서 기대 산출액(총 투입액×표준 산출비율)을 차감한 비용 절약분을 기업이나 노동자에게 배분하며, 이때 표준비율은 지난해의 실제 성과를 기초로 매년 다시 계산함

③ 기업성과급제

구 분		내 용
이익분배제		기본적 보상 외에 결산 이익의 일부를 근로자에게 지급하는 임금형태로, 근로자들을 기업의 소유주처럼 생각하게 이끄는 제도
주식소유권		근로자들을 실제로 기업의 소유주로 만들어 주는 제도
	스톡옵션	기업의 임직원에게 일정 분량의 주식을 일정 기간 내에 미리 정한 가격(행사가격)으로 매수할 수 있는 권리를 부여하는 일정의 인센티브를 주는 제도
	종업원지주제	근로자의 경영참가의 일환으로 자사 주식을 취득 및 소유하도록 하여 안정주주의 확보라는 기업 방위적 관점에서 강조되었으나 최근에 와서는 근로자의 재산형성 추진의 일환으로 논의되고 있는 제도

(2) 특수임금제

구 분	내 용
집단자극제	일정한 기준에 따라 분류한 근로자 집단별로 임금을 산정하여 지급하는 제도
순응임률제	기업의 임금산정에 있어서 경제적 조건의 변화나 기업의 사정에 순응하여 임금률을 자동으로 변동 및 조정하여 지급하는 제도
이윤분배제도	일정 수준 이상의 성과나 이윤의 일부를 종업원에게 부가적으로 지급하는 제도
성과분배제도	기업이 사전에 결정한 성과표준을 종업원들의 노력으로 초과 달성한 경우 초과 달성 부분을 지급하는 제도

(3) 임금채권보장제도

퇴직한 근로자가 기업의 도산으로 임금 및 퇴직금 등을 지급받지 못한 경우 임금채권보장기금에서 사업주를 대신하여 일정 범위의 체불임금 등을 지급함으로써 근로자의 기본적인 생활 안정을 도모하는 제도

유형별 연습문제
3.1 임금(보상)관리

01 임금의 개념과 역할에 대한 설명으로 적절하지 않은 것은?

① 임금은 종업원이 조직에 제공한 노동에 대한 금전적이고 직접적인 보상이다.
② 임금은 종업원으로 하여금 보다 열심히 일하도록 자극하는 인센티브 효과가 있다.
③ 임금은 종업원과 사용자가 동의할 수 있는 정도이어야 하고 예측 가능한 금액이어야 한다.
④ 임금의 상한선은 생계비로 종업원 생애주기와 정부의 최저임금제 등이 고려된 금액이어야 한다.

02 다음 중 임금에 대한 설명으로 가장 적합하지 않은 것은 무엇인가?

① 근로의 대가로 지급하는 일체의 금품
② 근로자에게는 생계를 유지하는 수입의 원천
③ 은혜적·호의적으로 지급하는 비정기적인 금품
④ 기업 입장에서는 제품 원가를 구성하는 인건비

03 다음 중 임금과 임금관리에 대한 설명으로 적절하지 않은 것은 무엇인가?

① 기업의 임금관리는 인건비의 절약과 종업원의 동기유발을 목표로 한다.
② 근로기준법상에서 임금은 사용자가 노동의 대가로 근로자에게 지급하는 현금으로 정의한다.
③ 임금관리는 종업원이 노동의 대가로 지급받는 임금이 공정하고 합리적으로 지급되도록 관리하는 것이다.
④ 근로기준법 시행령에서 통상임금은 정기적, 일률적으로 소정근로 또는 총근로에 대하여 지급하기로 정해진 임금을 의미한다.

04 다음 중 임금관리 영역에 대한 설명으로 옳지 않은 것은 무엇인가?

① 임금이란 종업원이 노동력을 제공한 대가로 기업이 지급하는 금품을 말한다.
② 임금단위 및 지급방법은 사회적 수준, 생활의 안정, 기업의 지급능력 등을 고려한다.
③ 임금은 근로의욕을 고취시킬 수 있도록 전체에게 동일한 수준으로 지급하여야 한다.
④ 보상이란 기업이 인적자원을 활용한 대가로 종업원에게 제공되는 금전 또는 비금전의 반대급부를 말한다.

05 다음 중 임금지급의 원칙을 잘못 설명하고 있는 것은?

① 임금은 통화로서 지급해야 하며, 현물급여는 금지된다.
② 임금은 법령이나 단체협약에 의한 공제를 제외하고 전액 지불되어야 한다.
③ 근로자의 생활안정을 위해 매월 일정한 날 1회 이상 지급해야 한다.
④ 임금은 근로자 본인 이외의 지정인에게 지급해도 된다.

06 임금수준의 주요 결정요인과 거리가 먼 것은 다음 중 무엇인가?

① 근로자의 생계비　　　　　　　　② 기업의 지급능력
③ 정부의 관련법규　　　　　　　　④ 환율과 무역규모

07 다음 중 임금수준 결정 시 상한선이 되는 요인으로 가장 적절한 것은?

① 기업의 지급능력　　　　　　　　② 근로자의 최저 생계비
③ 타사 혹은 타지역의 임금수준　　④ 임금교섭 및 사회환경

08 다음 중 조직구성원의 보상을 결정하는 데 있어 조직의 내적요소가 아닌 것은 무엇인가?

① 직무의 가치　　　　　　　　　　② 경쟁사의 보상
③ 구성원의 능력　　　　　　　　　④ 조직의 지불능력

09 다음 중 임금수준 결정의 내부적 요소로 적절하지 않은 것은 무엇인가?

① 생산성　　　　　　　　　　　　② 조직규모
③ 임금전략　　　　　　　　　　　④ 경쟁회사

10 임금수준 결정의 내부적 요소에 해당하는 것은?

① 기업의 노사관계　　　　　　　　② 인력시장
③ 경쟁회사　　　　　　　　　　　④ 경제적환경

11 다음 중 임금수준을 결정하는 데 고려해야 할 외부적 요소로 적절한 것은 무엇인가?

① 생산성　　　　　　　　　　　　② 조직규모
③ 임금전략　　　　　　　　　　　④ 인력시장

12 조직의 보상시스템이 갖추어야 할 요건으로 적절하지 않은 것은 무엇인가?

① 적절성　　　　　　　　　　　　② 공정성
③ 안전성　　　　　　　　　　　　④ 경제성

13 종업원에게 지급되는 임금의 구성 요소를 의미하는 것은 다음 중 무엇인가?

① 임금수준　　　　　　　　　　　② 임금체계
③ 임금형태　　　　　　　　　　　④ 임금격차

14 다음 [보기]에서 설명하는 것은 다음 중 무엇인가?

> ┤ 보기 ├
>
> 임금곡선의 상향이동으로 근속연수, 연령, 직무수행능력 등이 변하지 않은 상태에서 종업원에 대한 임금의 증가로서, 하나의 기업 또는 산업, 지역에서 직원의 평균임금액으로서 임금수준을 나타내는 지표로도 쓰이며, 임금 곡선 자체를 상향 이동시키는 것을 의미한다.

① 통상임금   ② 승급 및 승격
③ 베이스 업   ④ 최저임금제도

15 최저임금제도를 채택하는 목적으로 적합한 것은 무엇인가?

① 근로자의 최저 생활 보장   ② 원활한 노사 관계의 유지
③ 적정 가격으로 고객 만족   ④ 원가 절감으로 생산성 향상

16 다음 [보기]는 어떠한 유형에 대한 설명인가?

> ┤ 보기 ├
>
> (　　　　)은 일정 근속연수 혹은 나이가 되면 정년을 보장하는 대신 임금이 일정한 규칙에 따라 감소하는 임금체계를 의미한다.

① 종업원지주제   ② 임프로쉐어
③ 임금피크제   ④ 이윤순응임률제

17 임금체계에 대한 설명으로 적절하지 않은 것은?

① 직무가치에 의한 구분은 종업원이 어떠한 직무를 수행하고 있는가를 임금에 반영하는 것
② 연공급은 종업원의 인적 속성(연령, 근속, 학력, 성별 등)에 따라 가치가 결정되는 것
③ 조직의 근로자 1인당 평균임금의 수준을 결정하는 것
④ 직능급은 종업원이 보유하고 있는 능력에 따라 가치를 결정하는 것

18 다음 [보기]에서 설명하고 있는 내용과 관계가 깊은 용어는 무엇인가?

> ┤ 보기 ├
>
> • 노동협약에서 정한 일정한 노동시간이나 노동량에 대하여 지급되는 임금
> • 기본급, 능률급, 제수당의 세 가지로 구분

① 상여금   ② 복리후생
③ 기준임금   ④ 기준외 임금

19 다음 중 기준 내 임금에 해당되지 않는 것은 무엇인가?

① 직책수당   ② 직급수당

③ 생산장려수당   ④ 휴일근무수당

20 다음 [보기]에서 설명하는 임금체제는 다음 중 무엇인가?

┤ 보기 ├

- 맡은 업무를 기준으로 임금을 결정한다.
- 같은 업무에 대해서는 동일한 임금을 지급한다.
- 업무의 중요성과 난이도에 따라서 상대적 가치를 결정한다.

① 직무급   ② 직능급

③ 자격급   ④ 연공급

21 다음 중 직능급의 설명으로 가장 적합한 것은 무엇인가?

① 학력, 연령, 자격, 근속연수로 임금을 결정

② 직무 내용과 직무 난이도에 따라 임금을 결정

③ 직무 내용과 수행 능력을 복합하여 임금을 결정

④ 직무 분석을 기초로 동일노동에 동일임금을 결정

22 종업원이 보유하고 있는 직무수행능력을 기준으로 임금을 결정하는 임금제도로 종업원의 가치에 기준을 두어 기본급을 결정하는 것은 다음 중 무엇인가?

① 직능급   ② 연공급

③ 직무급   ④ 성과급

23 다음 [보기]의 설명으로 적합한 것은 무엇인가?

┤ 보기 ├

( )은 업무의 초과 달성의 경우나 성과에 대한 보람을 느끼게 하고 지속적인 업무 자극을 위하여 지급되는 임금으로 보너스라고 하는데 우리나라에서는 저임금을 보충하기 위한 생계 보조비로 기본급 성격으로 퇴색되고 있다.

① 상여금   ② 법정 수당

③ 임의 수당   ④ 복리 후생

24 직무급에 대한 설명 중 옳지 않은 것은 무엇인가?

① 직무급은 해당 기업에 존재하는 직무들을 평가하여 상대적인 가치에 따라 임금을 결정하는 제도이다.
② 개별직무의 중요성, 직무수행의 난이도, 작업환경 등이 조사되어 상대적 가치가 매겨진다.
③ 상대적으로 낮은 가치의 직무에 종사하는 종업원보다 높은 가치에 종사하는 종업원의 보상이 높다.
④ 동일한 직무에 종사하는 종업원에게는 그들이 갖는 능력, 학력, 연공에 따른 보상이 별도로 주어지게 된다.

25 다음 중 동일노동 동일임금의 원칙에 적합한 임금체계는?

① 직무급
② 직능급
③ 연공급
④ 성과급

26 임금의 산정 사유가 발생한 날 이전 3개월 동안 근로자에게 지급된 임금의 총액을 그 기간의 총일수로 나눈 금액을 무엇이라 하는가?

① 통상임금
② 명목임금
③ 평균임금
④ 최저임금

27 다음 [보기]의 (　　) 안에 들어갈 용어로 가장 알맞은 것은 무엇인가?

┤ 보기 ├

(　　)은 연장근로, 야간근로, 휴일근로 등에 대한 가산수당을 산출하는 기준이 된다.

① 성과급
② 평균임금
③ 집단임금
④ 통상임금

28 근로의 양과 질에 따라 미리 정해진 근로의 대가로 정기적·일률적으로 임금 산정 기간에 지급하기로 정해진 고정급 임금을 무엇이라 하는가?

① 실질 임금
② 평균 임금
③ 총액 임금
④ 통상 임금

29 통상임금에 산입하는 조건으로 가장 적합하지 않은 것은?

① 모든 근로자에게 일률적 지급
② 수령액에 구애되지 않고 정기적 지급
③ 상여금이나 축의금 등과 같이 임시로 지급되는 급여
④ 소정근로 또는 총근로에 대한 대가로 인정된 경우

30 다음 [보기]에서 설명하고 있는 내용과 관계가 깊은 용어는 무엇인가?

┤ 보기 ├

• 노사 간 상호협의 하에 조직의 성과표준치를 설정하고 그 표준치를 초과한 이득을 회사와 구성원들 사이에 배분하는 제도
• 구성원 참여와 집단수준 인센티브의 두 가지 요소를 포함

① 연봉제도   ② 럭커플랜
③ 스캔론제도   ④ 임프로쉐어

31 다음 [보기]에서 설명하는 내용과 부합하는 특수임금제도는 무엇인가?

┤ 보기 ├

(   )은 근로자 개인별로 임금을 결정하여 지급하는 개인별 임금제도와 달리 일정한 기준에 따라 분류한 근로자 집단별로 임금을 산정하여 지급하는 제도이다.

① 럭커플랜   ② 순응임률제
③ 스캔론플랜   ④ 집단자극임금제

32 다음 [보기]에 적합한 임금의 형태는 무엇인가?

┤ 보기 ├

(   )은 미리 설정된 표준 이하의 일을 한 직공들에게는 1개당의 임금을 낮게 하고, 표준 이상의 일을 한 직공들에게는 1개당 임금을 50%나 많은 임금을 받게 하는 제도이다.

① 단순시간급   ② 단순성과급
③ 차별시간급   ④ 차별성과급

33 평균임금의 적용대상에 해당하지 않는 것은?

① 휴업수당   ② 감급제재의 제한
③ 평균임금의 최저한도   ④ 재해보상 및 산업재해보상보험급여

34 우리나라는 국가가 저임금근로자의 최저생활을 보호하기 위해 최저임금제도를 시행하고 있다. 최근 발표된 2026년도 적용연도 기준 최저임금 시급은 얼마인가?

① 9,860원   ② 10,030원
③ 10,320원   ④ 10,520원

35 법정휴가에 해당하지 않는 것은?

① 연차 휴가 ② 보상 휴가
③ 출산 휴가 ④ 경조 휴가

36 법정외수당(약정수당)에 해당하지 않는 것은?

① 근속수당 ② 휴업수당
③ 가족수당 ④ 직무수당

37 [보기]의 (A)에 알맞은 숫자는 무엇인가?

> **보기**
>
> 일용근로자의 원천징수세액
> [일급여액 − 150,000원] × 6% − 근로소득세액공제[산출세액 × (A)%]

① 45 ② 55
③ 65 ④ 75

38 단위시간당 임금률에 표준시간을 곱하여 임금을 산출하는 방식의 성과급제는 무엇인가?

① 단순성과급제 ② 복률성과급제
③ 차별성과급제 ④ 표준시간급제

3.1 임금(보상)관리

1	2	3	4	5	6	7	8	9	10
④	③	②	③	④	④	①	②	④	①
11	12	13	14	15	16	17	18	19	20
④	③	②	③	①	③	③	③	④	①
21	22	23	24	25	26	27	28	29	30
③	①	①	④	①	③	④	④	③	④
31	32	33	34	35	36	37	38		
④	④	③	③	④	②	②	④		

01 ④ 종업원의 최저 생계비는 임금의 상한선이 아니라 하한선에 대한 설명이다.

02 ③ 임금은 사용자가 근로의 대가로 근로자에게 임금, 봉급, 그밖에 어떠한 명칭으로든지 지급하는 일체의 금품을 말한다. 사용자 측에서 임금은 제품의 원가를 구성하는 기업의 비용으로서 노무비에 속하며, 근로자 측에서 임금은 생계를 유지하는 수입의 원천이며, 사회적 신분을 규정하는 기준이 되고, 생활안정의 기준이 되므로 중요하다. 근로의 대가가 아닌 은혜적, 호의적으로 지급하는 비정기적인 금품은 임금이 아니다.

03 ② 근로기준법에서의 임금은 사용자가 근로의 대가로 근로자에게 임금, 봉급, 그밖에 어떠한 명칭으로든지 지급하는 일체의 금품을 말하므로 현금으로 정의하는 것은 아니다.

04 ③ 임금은 근로자에게 분배될 때 전체에게 동일한 수준으로 지급하는 것이 아니라 각자가 지니고 있는 인적 가치, 업무성과, 직무의 가치 등에 따라 공정하게 분배되어야 근로의욕을 고취시킬 수 있다.

05 ④ 임금은 직접불의 원칙에 의하여 반드시 근로자 본인에게 지급하여야 한다.
[임금지급의 기본원칙]
 • 통화불의 원칙: 임금은 통화(은행권과 주화)로 지급되어야 하며, 현물급여는 금지된다.
 • 직접불의 원칙: 임금은 근로자에게 직접 지불하여야 한다.
 • 전액불의 원칙: 임금은 단체협약에 의한 공제를 제외하고는 전액을 지급하여야 한다.
 • 정기불의 원칙: 매월 1회 이상 일정한 날짜에 임금을 지급하여야 한다.

06 ④ 임금수준의 결정요인은 기업의 지급(지불)능력, 근로자의 생계비, 사회일반의 임금수준(노동시장 임금수준), 노동생산성, 정부의 임금정책과 관련법규, 단체교섭 등이 있다.

07 ① 임금의 수준은 기업의 지불능력(상한선), 종업원의 생계비(하한선), 노동시장의 현황에 의하여 결정된다.

08 ② 경쟁사의 보상은 임금수준 결정의 외적요인이다.
①, ③, ④는 임금수준 결정의 내적요인은 조직의 지급(지불)능력, 직무의 가치, 종업원의 상대적 가치, 조직의 규모와 역사, 노동생산성, 경영방침 등이다.

09 ④ 조직의 생산성, 조직규모, 임금전략은 내부적 요소이며, 경쟁회사는 외부적 요소이다.
[임금수준 결정요소]
 • 내부적 요인: 조직의 규모, 기업의 경영방침, 지불능력 등
 • 외부적 요인: 경제적 환경(생계비), 노동시장의 수요공급, 경쟁기업의 임금수준, 국가의 법과 규제 등

10 ① 기업의 노사관계는 내부적 요소이며, 인력시장, 경쟁회사, 경제적환경은 외부적 요소이다.

11 ④ 임금수준 결정의 외부적 요소는 근로자의 생계비, 사회일반의 임금수준(노동시장의 임금수준), 노동시장의 수요공급, 사회·경제적 환경, 정부의 규제 등이다.
　　　①, ②, ③ 생산성, 조직규모, 임금전략은 임금수준을 결정하는 내부적 요소이다.

12 ③ 기업의 보상시스템에 해당하는 임금관리의 원칙으로는 적정성(적절성)의 원칙, 공정성의 원칙, 합리성의 원칙, 경제성의 원칙이 있다.

13 ② 종업원에게 지급되는 임금의 구성 요소는 임금체계를 의미한다.
　　　• 임금수준은 근로자에게 제공하는 임금의 크기와 관련된 것이다.
　　　• 임금형태는 임금계산 및 지급방법에 관한 것이다.
　　　• 임금격차는 산업별·기업규모별·직종별·성별·학력별·연령별·근속연수별 등의 임금 수준의 동일시점에서의 격차를 말한다.

14 ③ 베이스 업은 연령, 능력 등의 관점에서 동일 조건에 있는 지에 대한 임금 증액이 이루어지는 것으로 임금수준의 전체적인 상향조정 또는 임금인상률을 의미하는 것이다. 근로자의 기본적인 임금 곡선 자체를 전체적으로 상향 이동시켜 임금수준을 증액 조정 인상하는 것이다.

15 ① 최저임금제도는 국가가 저임금근로자의 최저생활을 보호하기 위하여 노사 간의 임금결정과정에 개입하여 임금의 최저수준을 정하고 사용자에게 이 수준 이상의 임금을 지급하도록 법적으로 강제하는 법정임금을 의미한다.(2024년: 9,860원, 2025년: 10,030원, 2026년: 10,320원)

16 ③ 근로자가 일정 근속연수가 되어 임금이 정점에 다다른 후 다시 일정비율로 감소하도록 임금체계를 설계하는 제도로 임금피크제에 대한 설명이다.
　　　• 종업원지주제: 근로자의 경영참가의 일환으로 자사 주식을 취득, 소유하도록 하여 안정주주의 확보라는 기업 방위적 관점에서 강조되었으나 근래에 와서는 근로자의 재산형성 추진의 일환으로 논의되고 있는 제도
　　　• 임프로쉐어(Impro-share Plan): 생산직 구성원들에게 적용하는 제도로서 성과표준치를 제품 하나를 제조하는데 소요되는 표준노동시간을 설정하고 구성원들의 집단적 노력을 통하여 표준작업시간을 줄인 만큼을 이득으로 계산하여 회사와 구성원들이 합의한 배분 비율에 따라 배분하는 제도
　　　• 이윤순응임률제: 기업의 임금산정에 있어서 경제적 조건의 변화나 기업의 사정에 순응하여 임금률을 자동으로 변동·조정하여 지급하는 제도

17 ③ 임금체계는 조직의 근로자 1인당 평균임금의 수준을 결정하는 것이 아니라 근로자의 개별 임금수준의 격차를 형성하는 주요한 기준이다.

18 ③ 임금체계는 기본급과 정상적인 근무와 관련된 수당으로 이루어지는 기준내임금(기본급, 제수당 등)과 기준외임금(상여금, 퇴직금, 연장·시간외·휴일근무수당 등)이 있으며, 기준임금을 구분하는 이유는 상여금과 퇴직금 등의 산정기준이 되기 때문이다.

19 ④ 기준 외 임금 내용으로 특별근무수당(연장근로수당, 시간외 근무수당, 휴일근로수당)과 부가적임금(상여금, 퇴직금)이 있다.
　　　①, ②, ③은 기준 내 임금으로 기본급(연공급, 직무급, 직능급)과 정상적 근무수당(직무수당, 생활수당, 장려수당)이 있다.

20 ① 직무급은 임금결정 기준을 직무의 중요성과 난이도에 두는 방식으로 직무의 상대적 가치에 따라 결정한다.
　　　• 직능급: 직무수행능력에 따라 개별임금을 결정하는 방식으로 직무담당자의 수행능력의 종류와 정도를 기준으로 해서 결정되는 것으로, 연공급(학력, 근속연수)과 직무급(직무의 가치)의 절충형제도
　　　• 자격급: 기업 내 근로자의 자격취득기준을 정해 놓고 그 자격취득에 따라 임금지급의 차이를 두는 제도
　　　• 연공급: 임금결정 기준을 개인의 학력, 연령, 근속연수 등에 두는 방식으로 연공(seniority)은 근로자가 회사 또는 직무에 종사한 기간을 말한다.

21 ③ 직능급은 직무의 내용과 수행 능력을 복합하여 임금을 결정하는 제도이다.
- 학력, 연령, 자격, 근속연수로 임금을 결정하는 것 ➜ 연공급(연령급, 근속급)
- 직무 내용과 직무 난이도에 따라 임금을 결정하는 것 ➜ 직무급(직무의 상대적 가치)
- 직무의 상대적 가치로 임금을 결정하여 '동일노동, 동일임금의 원칙'이 지켜지는 임금체계 ➜ 직무급

22 ① 직무수행능력을 기준으로 임금을 결정하는 것은 직능급에 대한 설명이다.
- 연공급: 임금결정 기준을 개인의 학력, 연령, 근속연수 등에 두는 방식이다.
- 직무급: 노동의 질과 양에 따라 격차를 두는 제도로 임금결정 기준을 직무의 중요성과 난이도에 두는 방식이다.
- 성과급: 개별근로자나 작업집단이 수행한 노동성과를 측정하고 그 결과에 따라 임금을 산정·지급하는 임금형태를 말한다.

23 ① 상여금은 업무의 초과 달성의 경우나 성과에 대한 보람을 느끼게 하고 지속적인 업무 자극을 위하여 지급되는 임금으로 보너스라고 하며, 사용자의 자의에 의해 관습적으로 주어지기도 하고 기업의 수익에 기여한 근로자의 공헌을 인정하여 수익의 일부가 상여로 분배되기도 한다.

24 ④ 동일한 직무에 종사하는 종업원에게는 그들이 갖는 능력, 학력, 연공에 따른 보상이 별도로 주어지는 것은 연공급(연령급, 근속급)이다.

25 ① 동일노동 동일임금을 원칙으로 하는 것은 직무급이다.

26 ③ 임금의 산정 사유가 발생한 날 이전 3개월 동안 근로자에게 지급된 임금의 총액을 그 기간의 총일수로 나눈 금액은 평균임금이다.
- 통상임금: 근로자에게 정기적, 일률적으로 소정근로 또는 총근로에 대하여 지급하기로 정한 시간급, 일급, 주급, 월급 또는 도급금액을 말한다.
- 명목임금: 임금을 화폐단위로 표현한 것이며, 실질임금은 그 화폐로 물건을 구입할 수 있는 임금을 말한다(예: 10년 전 100원으로 아이스크림을 구입하였다면 지금 현재의 100원 금액은 동일하나 그 100원으로 같은 아이스크림을 사 먹을 수가 없다. 이유는 물가가 상승하기 때문이다. 즉, 실질은 물가상승률을 감안한 것이다).
- 최저임금: 국가가 저임금근로자의 최저생활을 보호하기 위하여 노사 간의 임금결정과정에 개입하여 임금의 최저수준을 정하고 사용자에게 이 수준 이상의 임금을 지급하도록 법적으로 강제하는 법정임금

27 ④ 통상임금은 평균임금의 최저한도, 해고예고수당, 연장근로, 야간근로, 휴일근로, 연차유급휴가, 출산전후휴가급여 등을 산출하는데 기초가 된다.

28 ④ 통상임금은 근로자에게 정기적, 일률적으로 소정근로 또는 총근로에 대하여 지급하기로 정한 시간급, 일급, 주급, 월급 또는 도급금액을 말한다.

29 ③ 축의금과 같은 임시급여는 통상임금과 무관하다.
①, ② 통상임금은 정기적, 일률적으로 지급하기로 정한 것이다.
④ 통상임금은 소정근로 또는 총 근로에 대하여 지급하기로 정한 것이다.

30 ④ 임프로쉐어는 노사 간 상호협의 하에 조직의 성과표준치를 설정하고 그 표준치를 초과한 이득을 회사와 구성원들 사이에 배분하는 제도로 구성원 참여와 집단수준 인센티브의 두 가지 요소를 포함한다.
- 연봉제도: 고정급제로 나이나 근속연수에 관계없이 능력, 실력, 공헌도를 기준으로 연간 임금수준을 결정하여 매월 균등 분할하여 지급하는 성과중심의 임금형태로 1년에 받게 될 총액을 일정기간 실적과 잠재적 가능성을 기초하여 산정한다.
- 럭커플랜(Rucker Plan): 성과급제로 스캔론플랜 보다 정교한 분석에 기초를 두고 있으며, 생산 부가가치의 증대를 목표로 한 노사협력체제를 만들어 그 생산성 향상과 성과를 일정비율로 노사 간에 적정히 배분하는 제도이다.
- 스캔론플랜(Scanlon Plan): 성과급제로 매출액에 대한 인건비의 절약이 있는 경우 그 절약분을 성과로 분배하는 것으로 생산의 판매가치에 대한 인건비 비율이 사전에 설정한 표준 이하인 경우 근로자에게 보너스를 지급하는 제도이다.

인사이론

31 ④ 집단자극임금제(집단임금제)는 작업자별로 임금을 산정·지급하는 개인임금제도에 대립되는 개념으로 일정한 근로자집단별로 임금을 산출하여 지급하는 제도이다. 동일제품을 대량생산하는 유동작업의 경우에 효과적이며 집단 내의 팀웍과 협동심이 육성되며 집단 내 신입구성원에의 훈련에 적극적이라는 장점이 있다. 단점은 임금이 개개인의 노력 또는 성과와는 직접적인 관련이 없다는 것이다.
- 순응임률제(=이윤순응임률제): 기업의 임금산정에 있어서 경제적 조건의 변화나 기업의 사정에 순응하여 임금률을 자동으로 변동·조정하여 지급하는 제도

32 ④ 생산단위를 기준으로 복수임률을 적용하는 것으로 표준작업량 이상이면 고임률을, 이하인 경우 저임률을 적용하는 것은 차별성과급에 대한 설명이다.
- 단순시간급: 작업의 분량과는 관계없이 근무 시간에 따라 지급
- 단순성과급: 고정임률 하에서 생산단위를 기준으로 성과급을 계산하여 생산량 비례급이라고도 불림

33 ③ 평균임금의 최저한도 보장은 통상임금에 대한 설명이다.
- 통상임금: 근로자에게 정기적, 일률적으로 소정근로 또는 총근로에 대하여 지급하기로한 임금
  → 평균임금의 최저한도 보장, 해고예고수당, 연장·야간·휴일근로수당, 연차유급휴가 및 출산진후휴가급여 등
- 평균임금: 사유가 발생한 날 이전 3개월 동안에 근로자에게 지급된 임금총액을 그 기간의 총일수로 나눈 금액
  → 퇴직급여, 휴업수당, 재해보상 및 산업재해보상보험급여, 구직급여, 연차유급휴가수당 등

34 ③ 최저임금제도는 국가가 저임금근로자의 최저생활을 보호하기 위하여 노사 간의 임금결정과정에 개입하여 임금의 최저수준을 정하고 사용자에게 이 수준 이상의 임금을 지급하도록 법적으로 강제하는 법정임금을 의미한다.(2024년: 9,860원, 2025년: 10,030원, 2026년: 10,320원)

35 ④ 하계휴가, 경조휴가는 약정휴가에 해당한다.
- 법정휴가: 연차휴가, 생리휴가, 출산전후휴가, 가족돌봄휴가 등
- 약정휴가: 하계휴가, 경조휴가, 포상휴가 등

36 ② 휴업수당은 법정수당에 해당한다.
- 법정수당: 연장 및 야간근로수당, 휴일근로수당, 해고예고수당, 생리수당, 출산전후수당, 휴업수당, 연차유급휴가수당 등
- 약정수당(법정외 수당): 가족수당, 상여금, 직무수당, 근속수당, 인센티브 등

37 ② 일용근로자는 산출세액의 55%를 공제한다.
- 일용근로자 원천징수세액: (일급여액-150,000원) × 6% × (1-55%) × 근로일수

38 ④ 단위시간당 임금률에 표준시간을 곱하여 임금을 산출하는 방식은 표준시간급제에 대한 설명이다.
- 단순성과급: 고정임률 하에서 생산단위를 기준으로 성과급을 계산하여 생산량 비례급이라고도 불림
- 차별성과급: 생산단위를 기준으로 복수임률을 적용하는 것으로 표준작업량 이상이면 고임률을, 이하인 경우 저임률을 적용

02 복리후생관리

2.1 복리후생의 개요

복리후생은 근로자와 그 가족의 생활수준 향상을 위해서 시행하는 간접적인 보상으로 근로자의 건전한 노동력의 확보, 노동생산성의 향상, 근로생활의 안정화와 질 향상 등을 위하여 임금 이외의 간접적인 보상으로서 부가급부라고도 한다.

(1) 복리후생의 효과

근로자	사용자
• 사기가 높아지며, 불만이 감소 • 경영자와의 관계 개선 • 복지에 대한 인식이 깊어짐 • 고용의 안정화, 생활 수준의 향상 • 기업의 경영방침 및 목적에 대한 이해도 향상 • 동기부여를 높이고, 고충을 덜어줌 • 경력개발을 통한 자아실현	• 생산성 향상 • 원가 절감 • 팀워크가 좋아짐 • 인간관계 개선 • 근로자와 건설적인 대화 가능 • 결근, 지각, 사고, 불만 등의 감소 • 기업의 이미지 개선

(2) 복리후생의 목적

기업은 복리후생 제도를 통해 우수인력의 확보, 이직 및 결근의 감소, 동기부여 및 생산성 향상, 원만한 인간관계와 협력적 노사관계 구축, 기업의 사회적 이미지 개선이 가능하다.

구 분	내 용
경제적	종업원의 사기진작, 결근율·이직률 감소, 시장경쟁력 강화
사회적	인간관계 형성 지원, 의료·문화 시설 등 국가사회복지 보완
정치적	정부의 영향력 감소, 노조의 영향력 감소
윤리적	종업원의 생계 지원

(3) 복리후생의 설계

1) 복리후생의 설계 시 고려 요인

사용자(기업) 측 요인	종업원 측 요인
• 복리후생의 목적 • 법적 규제나 준수사항 • 기업의 지불능력과 총보상비와의 관계 • 비용 대비 편익 수준 • 경쟁기업의 복리 및 보상수준 • 절대적·상대적 보상비용	• 내외부 공정성 지각 • 종업원의 개인적 욕구

개념 익히기

🔍 복리후생 설계의 원칙

- 종업원 욕구 충족의 원칙
- 종업원 주도 참여의 원칙
- 종업원 다수 혜택의 원칙
- 기업의 지불 능력 원칙

2) 복리후생 설계 시 결정 사항

구 분	내 용
형태와 범위	어떤 종류의 복리후생 제도를 제공할 것인지, 해당 복리후생 제도에서 지원하게 될 내용과 범위의 결정
비용 분담(재원)	복리후생 제도의 운영에 따른 비용을 사용자(기업)가 전액 부담할 것인지, 참여 종업원도 일부를 부담할 것인지에 대한 결정
수혜대상자 선정	복리후생 제도의 수혜자 범위를 어디까지 할 것인지, 대상자별로 수혜 정도의 차이를 둘 것인지에 대한 결정
유연성 정도	복리후생 제도 관리의 용이성 측면에서 볼 때, 전 직원들에게 일괄적으로 적용할 것인지, 종업원의 특성과 요구를 반영하여 운영할 것인지에 대한 결정
종업원 참여	전 직원들이 참여할 수 있도록 설계하거나, 특정 직종 또는 직군만 참여할 수 있도록 설계

(4) 복리후생 관리의 원칙

구 분	내 용
적정성의 원칙	기업의 복리후생시설이 다수 근로자에게 혜택을 주면서도 기업의 비용 부담 능력에 적당하며, 그 지역의 산업이나 동종 타 기업에 비교하여 큰 차이가 나지 않도록 실시되어야 한다는 원칙
합리성의 원칙	기업의 복리후생시설이 국가나 지역사회에서 실시하는 복리후생시설과 서로 중복되거나 관련성이 결여되는 일이 없도록 조성 및 관리되어야 한다는 원칙
협력성의 원칙	복리후생의 내용설계와 그 운영이 노사협력을 확보하는 차원에서 이루어져야 한다는 원칙

(5) 복리후생의 구분

1) 법률에 따른 구분

법정 복리후생	임의 복리후생
• 법규에 의해 일정 규모 이상의 기업이 의무적으로 실시하여야 하는 복리후생 • 사회보장보험(건강, 산재, 고용, 국민연금) • 퇴직금 및 퇴직연금 • 휴일, 연차유급휴가, 산전·산후 유급휴가, 가족돌봄휴가 등	• 법규가 아닌 기업의 의사 및 사정에 따라 실시하는 복리후생 • 기숙사 제공 및 사내 각종 편의시설 • 보건위생 시설, 보양 시설(보양소, 휴양소) • 사내대출제도, 경조금, 학자금 지원 등

개념 익히기

🔵 **배우자 출산휴가**

근로자의 배우자가 출산한 경우 배우자와 태아의 건강보호 등을 위해 신청, 사용하는 총 20일의 유급휴가이며, 우선지원대상기업 소속 근로자의 경우 휴가 기간에 대해 정부에서 지원하는 배우자 출산휴가 급여를 지원받을 수 있다.

🔵 **가족돌봄휴가**

근로자가 조부모, 부모, 배우자, 배우자의 부모, 자녀(손자녀 등)의 질병, 사고, 노령 또는 자녀의 양육으로 인하여 긴급하게 그 가족을 돌보기 위한 휴가이며, 연간 최장 10일을 일 단위로 사용할 수 있다.

2) 재정에 따른 구분

재정적 복리후생	비재정적 복리후생
• 특별상여, 주식배당, 유급휴가, 유급병가 등	• 보험급여, 휴가시설 이용, 여행기회, 훈련 개발, 유연한 업무 일정, 은행 서비스 등

2.2 새로운 복리후생제도

근로자의 생활 수준의 향상과 물질 중심의 복리후생 대신 정신적 안정과 충족을 추구하는 의식이 싹트고, 다가오는 고령화 사회에 대응하기 위하여 최근 기업은 '생애복지' 차원에서 다양하게 발전하고 있다.

(1) 카페테리아식(선택적) 복리후생

기업으로부터 일방적으로 제공되는 표준적 복리후생과 달리 개인 요구에 가장 적합한 복지 항목과 수혜기준을 근로자들이 자유롭게 선택하는 복리후생제도

장 점	단 점
• 복리후생비의 사전 예측 가능 • 종업원의 욕구 반영으로 동기부여 가능 • 우수 인재 확보와 유지, 노조 영향력 감소 • 개인의 가치관과 생애주기에 따른 자율적이고 합리적인 복지 항목 선택 가능 • 각 복리후생 항목에 대해 합리적인 예산분배가 가능	• 특정 프로그램만을 선호할 수 있음 • 각 개인이 이용할 수 있는 복리후생비 총액 수준 결정이 어려움 • 신청자가 적은 복리후생제도는 비용이 과다 발생 가능 • 근로자가 선택을 잘못할 경우 복리후생 효과 감소 • 프로그램 관리가 복잡하고 운영 비용이 증가

(2) 홀리스틱 복리후생

근로자를 전인적 인간으로서 육체적 · 심리적 · 정신적 측면에서 균형된 삶을 추구할 수 있도록 지원하는 복리후생제도

(3) 라이프 사이클 복리후생

근로자의 초기 직장생활에서 정년퇴직할 때까지 연령에 따라 변하는 생활패턴과 의식 변화를 고려하여 복리후생 프로그램을 달리 제공하는 복리후생제도
(예: 20대 학력보강과 자부심 증진, 30대 주택마련, 40대 사회적 지위와 건강 증진)

사회보험관리

사회보험제도는 국민에게 발생한 사회적 위험을 보험방식에 의하여 대처함으로써 국민의 건강과 소득을 보장하는 제도이다. 사회적 위험이란 질병, 장애, 노령, 실업, 사망 등을 의미하며, 이러한 사회적 위험은 사회구성원 본인은 물론 부양가족의 경제생활을 불안하게 하는 요인이 된다. 따라서 사회보험제도는 사회적 위험을 예상하고 이에 대처함으로써 국민의 경제생활을 보장하려는 소득보장제도이다.

우리나라의 사회보험제도에는 업무상의 재해에 대한 산업재해보상보험, 질병과 부상에 대한 건강보험 또는 질병보험, 폐질·사망·노령 등에 대한 연금보험, 실업에 대한 고용보험제도 등이 있다.

(1) 국민연금

소득이 있을 때 일정액의 보험료를 납부하고, 일정한 사유(노령, 장애, 유족)로 소득이 줄어들거나 없어졌을 때 연금을 지급하여 최소한의 소득을 보장하는 사회보장제도이다.

구 분	내 용
적용대상	• 18세 이상 60세 미만 국내 거주자 • 1인 이상의 근로자를 사용하는 사업장 또는 주한외국기관으로서 1인 이상의 대한민국 국민인 근로자를 사용하는 사업장(당연적용사업장)에 근무하는 사용자와 근로자는 외국인을 포함하여 모두 국민연금에 가입하여야 한다.
적용제외 대상	• 18세 미만이거나 60세 이상인 사용자 및 근로자 • 공무원연금, 군인연금, 사립학교교직원연금, 별정우체국연금 가입자 등 타 공적연금 가입자 • 일용근로자 또는 1개월 미만의 기한을 정하여 사용되는 근로자 • 소재지가 일정하지 아니한 사업장에 종사하는 근로자 • 1개월 동안의 근로시간이 60시간(주당 평균 15시간) 미만인 단시간근로자 • 노령연금수급권을 취득한 자 중 60세 미만의 특수직종근로자 • 조기노령연금 수급권을 취득한 자
산정방법	• 연금보험료 = 가입자의 기준소득월액 × 연금보험료율(9.5%) 　　　　　　　　　　　　(근로자부담 4.75% + 사용자부담 4.75%) • 국민연금 상한액: 6,590,000원, 하한액: 410,000원 • 지역가입자의 경우 9% 모두 본인이 부담

(2) 건강보험

건강보험은 질병이나 부상으로 인해 발생한 고액의 진료비로 가계에 과도한 부담이 되는 것을 방지하기 위하여, 국민들이 평소에 보험료를 내고 보험자인 국민건강보험공단이 이를 관리·운영하다가 필요 시 보험급여를 제공함으로써 국민 상호간 위험을 분담하고 필요한 의료서비스를 받을 수 있도록 하는 사회보장제도이다.

구 분	내 용
적용대상	• 상시 1인 이상의 근로자를 사용하는 사업장에 고용된 근로자(연령제한 없음) • 사용자, 공무원, 교직원, 시간제근로자 • 1월 이상 근무하고 월 60시간 이상의 시간제근로자
적용제외 대상	• 고용 기간이 1개월 미만인 일용근로자 • 병역법에 따른 현역병, 전환복무된 사람 및 군간부 후보생 • 선거에 당선되어 취임하는 공무원으로서 매월 보수 또는 이에 준하는 급료를 받지 아니하는 자 • 고용기간이 1개월 미만인 일용 교직원 • 고용기간이 1개월 이상인 일용근로자 교직원 중 1개월 동안의 근로 일수가 8일 미만인 근로자 • 비상근근로자 또는 1개월간의 소정근로시간이 60시간 미만인 단시간 근로자 • 비상근교직원 또는 1개월간의 소정근로시간이 60시간 미만인 공무원 및 교직원 • 소재지가 일정하지 아니한 사업장의 근로자 및 사용자 • 의료급여법에 의하여 의료급여를 받는 자 • 유공자 등 의료보호대상자로서 건강보험의 적용배제 신청을 한 자
산정방법	• 건강보험료 = 보수월액 × <u>건강보험료율(7.19%)</u> 　　　　　　　　　　(근로자부담 3.595% + 사용자부담 3.595%) • 장기요양보험 = 건강보험료액 × <u>장기요양보험료 13.14%</u> • 자격취득: 당해 사업장의 건강보험 취득대상이 된 때로부터 14일 이내에 취득신고 • 자격상실: 당해 사업장의 건강보험이 상실된 날로부터 14일 이내에 상실신고

참고 직장가입자의 보험료율은 1천분의 80의 범위 내에서 심의위원회의 의결을 거쳐 대통령으로 정한다.

(3) 고용보험

근로자가 실직한 경우에 생활 안정을 위하여 일정 기간 동안 급여를 지급하는 실업급여 사업과 함께 구직자에 대한 직업능력개발·향상 및 적극적인 취업 알선을 통한 재취업의 촉진과 실업 예방을 위하여 고용안정사업 및 직업능력개발사업 등의 실시를 목적으로 하는 사회보장제도이다.

구 분	내 용
적용대상	근로기준법에 따른 근로자
적용제외 대상	• 65세 이후에 고용된 자 　(실업급여는 적용 제외하나 고용안정 · 직업능력개발사업은 적용) • 1월간 소정근로시간이 60시간 미만인 근로자(1주가 15시간 미만인 자 포함) • 공무원(별정직, 계약직 공무원은 임의가입 가능) • 사립학교교직원연금법 적용자 • 별정우체국 직원 • 외국인 근로자
산정방법	• 고용보험료 = 보수월액 × 고용보험료율(1.8%+α) 　　　　　　　　　(근로자부담 0.9% + 사용자부담 0.9%+α)

구 분		근로자	사업주
실업급여		0.9%	0.9%
고용안정, 직업능력 개발사업	150인 미만 기업	–	0.25%
	150인 이상 기업(우선지원 대상 기업)	–	0.45%
	150인 이상 ~ 1,000인 미만 기업	–	0.65%
	1,000인 이상 기업 및 국가, 지방자치단체	–	0.85%

(4) 산재보험

산재근로자와 그 가족의 생활을 보장하기 위하여 국가가 책임을 지는 의무보험으로 원래 사용자의 근로기준법상 재해보상책임을 보장하기 위하여 국가가 사업주로부터 소정의 보험료를 징수(사업자만 부담)하여 그 기금(재원)으로 사업주를 대신하여 산재근로자에게 보상을 해주는 사회보장제도이다.

구 분	내 용
적용대상	근로기준법에 따른 근로자
적용제외 대상	• 공무원재해보상법, 군인재해보상법, 선원법 · 어선원 및 어선재해보상보험법 또는 　사립학교교직원연금법에 의하여 재해보상이 행하여지는 자 • 농업 및 임업(벌목업은 1인 기준), 어업, 수렵업 중 법인이 아닌 자의 사업으로 　상시근로자 수가 5명 미만인 사업장
산정방법	산재보험료 = 보수월액 × 업종별 산재보험료율

유형별 연습문제
3.2 복리후생관리

01 다음 중 복리후생에 대한 설명으로 옳지 않은 것은 무엇인가?

① 복리후생으로 종업원은 사기가 높아지고, 불만의 요소가 감소된다.
② 사용자 측은 생산성 향상 및 원가절감을 도모할 수 있으며, 팀워크가 좋아지고 인간관계가 개선되는 효과를 기대한다.
③ 법규에 의하여 의무적으로 실시하여야 하는 건강보험, 국민연금, 고용보험, 산업재해보상보험 등을 임의 복리후생이라 한다.
④ 복리후생은 직접적인 근로조건의 개선으로는 충족시키기 어려운 경제생활의 안정과 심신의 건강을 증진시키고자 실시하는 서비스이다.

02 다음 중 복리후생의 목적이 적절하게 연결된 것은?

① 정치적 목적: 종업원 생계 지원
② 윤리적 목적: 인간관계 형성지원
③ 경제적 목적: 노동시장에서 경쟁력 상승
④ 사회적 목적: 노동조합에 대한 영향력 감소

03 다음 중 법정 복리후생으로 볼 수 없는 것은 무엇인가?

① 기숙사운영   ② 퇴직금제도
③ 4대 보험제도   ④ 유급휴가제도

04 법정 복리후생제도의 유형으로 적절하지 않은 것은?

① 사회보장보험   ② 산전·산후 유급휴가
③ 퇴직금 및 퇴직연금   ④ 경조금 및 학자금지원

05 다음 [보기]에서 설명하고 있는 복리후생제도는 무엇인가?

┤ 보기 ├

( )은 기업 일방적으로 제공되는 표준적 제도와 달리 개인요구에 적합한 복지항목과 수혜기준을 근로자가 자유롭게 선택하는 복리후생제도이다.

① 카페테리아식 복리후생   ② 홀리스틱 복리후생
③ 라이프사이클 복리후생   ④ 생애복지 복리후생

06 다음 중 근로자의 연령별 주요관심사 중에서 20대에는 학력보장, 30대 주택마련, 40대 사회적 지위와 건강 증진에 관한 프로그램 등을 운영하는 복리후생제도는?

① 법정 복리후생
② 홀리스틱 복리후생
③ 라이프사이클 복리후생
④ 카페테리아식 복리후생

07 근로자가 실직할 경우를 대비하며 실직된 근로자와 그 가족이 생계를 지원하는 고용보험 영역에 포함되지 않는 것은 무엇인가?

① 실업급여
② 산재보상
③ 고용안정사업
④ 직업능력개발사업

08 다음 [보기]에서 설명하고 있는 내용으로 옳은 것은 무엇인가?

┤ 보기├

국가가 국민의 생활안정과 복지증진을 위하여 보험의 원리로 가입자, 사용자, 국가로부터 일정한 보험료를 받고, 이를 재원으로 여러 가지 정형화된 보험금을 지급함으로 소득보전을 목적으로 하는 사회보장제도이다.

① 국민건강보험
② 국민연금
③ 고용보험
④ 산업재해보상보험

09 다음 [보기]에서 설명하고 있는 4대 사회보험의 종류로 가장 적절한 것은 무엇인가?

┤ 보기├

국민 개개인이 소득활동을 할 때 납부한 보험료를 기반으로 하여 나이가 들거나 갑작스런 사고나 질병으로 사망 또는 장애를 입어 소득활동이 중단된 경우 본인이나 유족에게 연금을 지급함으로써 기본 생활을 유지할 수 있도록 하는 제도

① 국민연금
② 건강보험
③ 고용보험
④ 산재보험

10 근로자가 실직한 경우 근로자와 그 가족의 생활 안정을 도모하기 위하여 일정기간 실업급여를 지급하여 생계를 지원하는 사회 보험은 무엇인가?

① 고용보험
② 국민연금보험
③ 국민건강보험
④ 산업재해보상보험

11 다음 중 사회보험에 따른 보상내역이 적절하지 않은 것은 무엇인가?

① 건강보험 - 질병과 부상
② 연금보험 - 노령, 장애, 사망
③ 산업재해보상보험 - 업무상의 재해
④ 고용보험 - 정년퇴직과 자발적인 실업

12 고용보험의 적용제외대상에 해당하지 않는 것은 다음 중 무엇인가?

① 공무원

② 별정우체국 직원

③ 만60세에 새로이 고용된 자

④ 사립학교교직원연금법 적용자

13 다음 중 근로자는 부담하지 않고 사업주가 전액 부담하는 보험은?

① 국민연금

② 고용보험

③ 국민건강보험

④ 산업재해보상보험

14 [보기]의 (   ) 안에 들어갈 보험료율을 고르시오.

┤ 보기 ├

국민연금보험료 = 가입자의 기준 소득월액 × (   )%(연금보험료율)

① 4.5

② 3.3

③ 7.6

④ 9.5

답안 및 풀이

 ## 3.2 복리후생관리

1	2	3	4	5	6	7	8	9	10
③	③	①	④	①	③	②	②	①	①

11	12	13	14						
④	③	④	④						

01 ③ 법규에 의하여 의무적으로 실시하여야 하는 건강보험, 국민연금, 고용보험, 산업재해보상보험 등은 법정 복리후생이라 한다.

02 ③
[복리후생의 목적]
- 경제적 목적: 성과향상, 정신적 성과창출, 노동시장에서의 경쟁력 상승
- 사회적 목적: 기업 내 주변인력 보호, 인간관계 형성 지원, 국가 사회복지 보완
- 정치적 목적: 정부의 기업에 대한 영향력 감소, 노조에 대한 영향력 감소
- 윤리적 목적: 종업원의 생계 지원

03 ①
- 법정복리후생: 국민연금, 건강보험, 고용보험, 산재보험, 퇴직금 및 유급휴가제도(연차, 산전·산후)
- 임의복리후생: 교육비지원, 기숙사제공, 보건위생시설 및 육아시설 확보

04 ④ 경조금 및 학자금 지원 등은 임의 복리후생제도에 해당한다.
- 법정 복리후생: 사회보장보험(건강보험, 산재보험, 고용보험, 국민연금), 퇴직금 및 퇴직연금, 휴일, 연차유급휴가, 산전·산후 유급휴가
- 임의 복리후생: 기숙사 제공 및 사내 편의시설, 보건위생 및 보양시설, 사내대출제도, 경조금, 학자금 지원

05 ① 기업으로부터 일방적으로 제공되는 표준적 복리후생과 달리 개인요구에 가장 적합한 복지항목과 수혜기준을 근로자들이 자유롭게 선택하는 복리후생제도는 카페테리아식 복리후생 제도이다.
- 홀리스틱: 복리후생제도 중 근로자를 다양한 측면에서 균형 잡힌 삶을 추구할 수 있도록 지원하는 것
- 라이프사이클: 직장생활 초기에서 퇴직할 때 까지 연령대별 생활패턴 및 의식변화를 고려하여 지원

06 ③ 근로자의 초기 직장생활에서 정년퇴직할 때까지 연령에 따라 변하는 생활패턴과 의식변화를 고려하여 복리후생 프로그램을 달리 제공하는 복리후생제도는 라이프사이클 복리후생 제도이다.

07 ② 산재근자와 그 가족의 생활비 보상을 위한 산재보상은 산업재해보상보험에 대한 내용이다.
고용보험은 근로자가 실직한 경우에 생활안정을 위하여 일정기간 동안 급여를 지급하는 실업급여사업과 함께 구직자에 대한 직업능력개발·향상 및 적극적인 취업알선을 통한 재취업의 촉진과 실업예방을 위하여 고용안정사업 및 직업능력개발사업 등의 실시를 목적으로 하는 사회보험이다.

08 ② 국민연금은 국가가 보험의 원리를 도입하여 만든 사회보험의 일종으로 가입자, 사용자 및 국가로부터 일정액의 보험료를 받고 이를 재원으로 노령연금, 유족연금, 장애연금 등을 지급함으로써 국민의 생활안정과 복지증진을 도모하는 사회보장제도의 하나이다.
- 고용보험: 근로자의 실직 시 지원을 위한 실업급여와, 구직자에 대한 지원을 위한 고용안정사업을 목적
- 건강보험: 국민의 질병 및 부상에 대한 예방, 진단, 치료, 재활 등 국민건강의 증진을 목적
- 산업재해보상보험: 산재근로자와 그 가족의 생활의 보장하기 위한 목적

09 ① 국민연금은 노령연금, 유족연금, 장애연금 등을 지급함으로써 국민의 생활안정과 복지증진을 도모하는 사회보장제도의 하나이다.

10 ① 고용보험은 근로자가 실직한 경우에 생활안정을 위하여 일정기간 동안 급여를 지급하는 실업급여사업과 함께 구직자에 대한 직업능력개발·향상 및 재취업 등의 고용안정사업 및 직업능력개발사업 등의 실시를 목적으로 하는 사회보험이다.

11 ④ 고용보험은 고용안정과 직업능력개발사업 등의 실시를 목적으로 하는 사회보험이며, 정년퇴직과 자발적인 실업과 관련된 사회보험은 국민연금이다.

12 ③ 만 60세에 새로 고용된 자가 아니라 만 65세 이후 새로 고용된 자가 적용제외대상자이다.

13 ④ 산업재해보상보험은 근로자는 부담하지 않고 사업주가 전액 부담한다.

14 ④ 국민연금보험료는 가입자의 [기준 소득월액×9.5%]이며, 가입자와 사용자가 각각 4.75%씩 부담하게 된다.

03 소득세의 이해

3.1 소득세의 개요

소득세는 개인이 얻은 소득에 대하여 부과하는 조세이다. 우리나라의 소득세 특징은 다음과 같다.

특 징	내 용
국세	과세권자가 국가
직접세	납세의무자와 담세자가 일치
보통세	일반적인 재정수요를 위하여 부과되는 조세
종가세	과세대상의 가액을 과세표준
소득원천설	일정한 수입원천에서 계속 반복적으로 발생하는 소득에 대해서만 과세하고 일시적이고, 우발적인 소득은 그 원천을 알 수 없기 때문에 과세하지 않겠다는 학설로 법령에 열거된 소득만 과세한다. 단, 예외적으로 이자소득과 배당소득은 유사한 소득을 과세하는 유형별 포괄주의를 채택하고 있다.
과세방법	**종합과세** 이자소득, 배당소득, 사업소득, 근로소득, 연금소득, 기타소득을 합산하여 과세한다.
	분류과세 장기간에 걸쳐 발생하는 퇴직소득 또는 양도소득은 다른 소득과 합산하지 않고 별도로 과세한다.
	분리과세 특정 소득에 대해서는 원천징수로 납세의무를 종결(예외)되는 과세제도이다. 2,000만원 이하의 금융소득(이자소득 및 배당소득), 일용근로소득, 복권당첨소득 등이 있다.
개인단위과세	부부나 가족의 소득을 합산하여 과세하지 않고 개인단위로 과세한다.
인적공제	개인소득에 대해 부과하여 부양가족에 따른 개인별 부담능력이 다르므로 이를 고려하여 소득에 대한 인적공제 제도를 채택하고 있다.
누진과세	소득재분배기능을 위해 6%~45% 8단계 초과누진세율을 채택하고 있다.
신고납세주의	납세의무자가 과세표준 확정신고를 함으로써 소득세 납세의무가 확정된다.

(1) 납세의무자

구 분	개 념	납세의무의 범위
거주자	국내에 주소를 두거나 183일 이상의 거소를 둔 개인	국내 · 외 원천소득
비거주자	거주자가 아닌 개인	국내원천소득

(2) 과세기간 및 납세지

구 분		내 용
과세기간	원칙	1월 1일 ~ 12월 31일
	예외	거주자가 사망한 경우: 1월 1일 ~ 사망일
		거주자가 출국하여 비거주자가 되는 경우: 1월 1일 ~ 출국일
납 세 지	거주자	주소지(주소지가 없는 경우에는 그 거소지)
	비거주자	국내사업장의 소재지 (국내사업장이 둘 이상 있는 경우에는 주된 국내사업장의 소재지로 하고, 국내사업장이 없는 경우에는 국내원천소득이 발생하는 장소)

(3) 신고납부

구 분	내 용
중간예납	과세기간 중 1월부터 6월분에 해당되는 소득세의 일부를 미리 납부
확정신고 납부기한	해당연도의 다음연도 5월 1일부터 5월 31일까지 과세표준 확정신고 납부를 하여야 한다.(단, 납세자 사망 시 소득세의 확정신고 기한은 상속개시일이 속하는 달의 말일부터 6개월이 되는 날이다.)

(4) 종합소득세산출세액의 계산

종합소득산출세액은 종합소득과세표준에 세율(6%~45%, 8단계 누진세율)을 적용하여 계산한다.

과세표준	세 율	누진공제
1,400만원 이하	6%	
1,400만원 초과 ~ 5,000만원 이하	15%	1,260,000원
5,000만원 초과 ~ 8,800만원 이하	24%	5,760,000원
8,800만원 초과 ~ 1억 5천만원 이하	35%	15,440,000원
1억5천만원 초과 ~ 3억원 이하	38%	19,940,000원
3억원 초과 ~ 5억원 이하	40%	25,940,000원
5억원 초과 ~ 10억원 이하	42%	35,940,000원
10억원 초과	45%	65,940,000원

3.2 근로소득

(1) 근로소득

소득세법에 의하면 봉급·급료·임금·세비·연금·상여·퇴직급부 및 이러한 성질을 갖는 급여소득에서 필요경비공제 또는 특별공제를 차감한 금액에 세율을 적용하여 소득세를 원천징수하게 되어 있는데, 이러한 소득세 징수 후의 소득이 실질적인 근로소득인 것이다.

근로소득의 범위
① 근로를 제공함으로써 받는 봉급·급료·보수·세비·임금·상여·수당과 이와 유사한 성질의 급여
② 법인의 주주총회·사원총회 또는 이에 준하는 의결기관의 결의에 따라 상여로 받는 소득
③ 법인세법에 따라 상여로 처분된 금액
④ 퇴직함으로써 받는 소득으로서 퇴직소득에 속하지 아니하는 소득
⑤ 종업원 등 또는 대학의 교직원이 받는 직무발명보상금

(2) 비과세 근로소득

구 분	내 용
식대	월 20만원 이내의 금액(별도의 식사를 제공받지 않는 경우)
자가운전보조금	월 20만원 이내의 금액으로 근로자 본인 소유 차량 및 본인 명의(타인 명의 불가, 배우자 공동명의 가능)로 임차한 차량을 업무상 활용하여야 하며, 시내출장비 등 여비교통비를 별도로 받지 않는 경우 비과세 적용
보육수당	6세 이하(과세기간 개시일 기준) 자녀보육과 관련하여 지급하는 자녀 1인당 월 20만원 이내의 금액
출산지원금	지급규정이 있는 기업이 근로자 본인 또는 배우자의 출산과 관련해 출생일 이후 2년 이내에 지급한 출산지원금(2회 이내)은 한도 없이 전액 비과세
연장근로수당	월정급여 260만원, 직전년도 총급여 3,700만원 이하인 생산직근로자가 받는 야간 · 연장근로 수당 등(연 240만원)
국외근로소득	국외에 주재하며 근로를 제공하고 받는 보수 월 100만원 (외항 선박 · 국외 건설현장: 월 500만원)
직무발명보상금	종업원, 교직원, 학생에게 지급하는 직무발명보상금(연 700만원)
일 · 숙직비	회사 지급규정에 의하여 지급되는 실비변상 정도의 금액(출장여비 포함)
연구보조비 (연구활동비)	월 20만원 이내의 금액(관련 법령에 의거하여 연구활동에 직접 종사하는 자)

3.3 근로소득 연말정산 계산구조

```
    급  여  총  액
 - 근 로 소 득 공 제
    근 로 소 득 금 액
 - 종 합 소 득 공 제   인적공제(기본공제), 추가공제, 특별소득공제
 = 과  세  표  준
 × 세          율   : 6% ~ 45%(8단계 누진세율)
 = 산  출  세  액
 - 세액공제 및 감면   : 근로소득세액공제, 자녀세액공제, 연금계좌세액공제, 특별세액공제 등
    결  정  세  액
 + 가     산     세
    총 결 정 세 액
 - 기 납 부 세 액   : 중간예납세액, 원천징수세액, 예정고납부세액, 수시부과세액
 = 원 천 징 수 할 세 액
```

(1) 근로소득금액의 계산

1) 일반근로자

> 근로소득금액 = 총급여액 - 근로소득공제(2,000만원 한도)

총급여액	공제금액
500만원 이하	총급여액 × 70%
500만원 초과 1,500만원 이하	350만원 + (총급여액 - 500만원) × 40%
1,500만원 초과 4,500만원 이하	750만원 + (총급여액 - 1,500만원) × 15%
4,500만원 초과 1억원 이하	1,200만원 + (총급여액 - 4,500만원) × 5%
1억원 초과	1,475만원 + (총급여액 - 1억원) × 2%

2) 일용근로자

총급여액에서 1일 15만원을 공제한다.

> 원천징수세액 = (일급여액 - 150,000원) × 6% × (1 - 55%) × 근로일수

개념 익히기

● 일당이 190,000원인 일용직 사원의 소득세(지방소득세 제외) 원천징수액 계산

[원천징수세액 = (일급여액 - 150,000원) × 6% - 근로소득세액공제(산출세액 × 55%)]

- 190,000원 - 150,000원(비과세) = 40,000원(과세표준)
- 40,000원 × 6% = 2,400원(산출세액)
- 2,400원 × 55% = 1,320원(세액공제)
- 2,400원 - 1,320원 = 1,080원(원천징수할 소득세)

(2) 소득공제

<table>
<tr><th colspan="3" rowspan="2">구 분</th><th colspan="2">공제 요건</th><th rowspan="2">공제금액</th></tr>
<tr><th>소득 요건</th><th>나이 요건</th></tr>
<tr><td rowspan="18">인적공제</td><td rowspan="8">기본공제</td><td colspan="2">본인</td><td>×</td><td>×</td><td rowspan="7">1명당
150만원</td></tr>
<tr><td colspan="2">배우자</td><td>○</td><td>×</td></tr>
<tr><td rowspan="5">부양가족</td><td>직계존속</td><td>○</td><td>만 60세 이상</td></tr>
<tr><td>형제자매</td><td>○</td><td>만 20세 이하
만 60세 이상</td></tr>
<tr><td>직계비속</td><td>○</td><td>만 20세 이하</td></tr>
<tr><td>위탁아동</td><td>○</td><td>만 18세 미만</td></tr>
<tr><td>수급자 등</td><td>○</td><td>×</td></tr>
<tr><td colspan="5">※ 연간 소득금액 합계액이 100만원(근로소득만 있는 자는 총급여액 500만원)이하</td></tr>
<tr><td rowspan="4">추가공제</td><td colspan="2">경로우대</td><td colspan="2">기본공제대상자 중 만 70세 이상</td><td>1명당 100만원</td></tr>
<tr><td colspan="2">장애인</td><td colspan="2">기본공제대상자 중 장애인</td><td>1명당 200만원</td></tr>
<tr><td colspan="2">부녀자</td><td colspan="2">근로소득금액이 3천만원 이하인 근로자가 다음 어느 하나에 해당하는 경우
• 배우자가 있는 여성
• 배우자가 없는 여성으로서 기본공제대상 부양가족이 있는 세대주</td><td>50만원</td></tr>
<tr><td colspan="2">한부모</td><td colspan="2">배우자가 없는 사람으로서 기본공제대상인 직계비속 또는 입양자가 있는 경우(부녀자 공제와 중복적용 배제: 한부모 공제를 우선 적용)</td><td>100만원</td></tr>
<tr><td colspan="3">연금보험료공제</td><td colspan="2">근로자 본인의 국민연금보험료, 공무원연금법 등 (공적연금관련법)에 따라 부담한 부담금ㆍ기여금</td><td>전액</td></tr>
<tr><td rowspan="2">특별소득공제</td><td colspan="2">보험료공제</td><td colspan="2">건강보험료ㆍ장기요양보험료ㆍ고용보험료
(본인 부담분)</td><td>전액</td></tr>
<tr><td colspan="2">신용카드 등 소득공제</td><td colspan="2">신용카드 등 사용금애이 총급여애이 25%를 초과한 사용액(중고차 구입금액의 10% 포함)
• 신용카드: 15%
• 체크. 직불, 현금영수증. 제로페이: 30%
• 문화체육(총급여 7천만원 이하): 30%
• 전통시장 및 대중교통: 40%
  (자녀(손자녀)수에 따른 공제한도 확대 적용)</td><td>300만원(총급여 7천만원 초과시 250만원)과 총급여 20% 중 적은 금액 한도</td></tr>
</table>

(3) 세액공제

구 분	공제대상		세액공제액
근로소득 세액공제	근로소득이 있는 거주자	130만원 이하	근로소득 산출세액 × 55%
		130만원 초과	715,000원 + 130만원 초과금액의 30%
혼인 세액공제	거주자가 혼인신고를 한 경우 생애 1회(초혼 & 재혼 무관)		50만원 (혼인신고를 한 해당 연도)
자녀 세액공제	기본공제대상자에 해당 하는 자녀 및 손자녀 (입양자 및 위탁아동 포함) 가 있는 경우 8세 이상	1명인 경우	25만원
		2명인 경우	55만원
		3명 이상인 경우	55만원 + 2명 초과 1명당 40만원
	출산 · 입양		첫째 30만원, 둘째 50만원, 셋째부터는 1인당 70만원
연금계좌 세액공제	종합소득이 있는 거주자가 연금계좌에 납입한 금액		Min(①, ②)×12% 또는 15% ① Min(연금저축계좌 납입액, 연 600만원) + 퇴직연금계좌 납입액 ② 한도: 연 900만원
월세 세액공제	총급여액 8,000만원 이하(종합소득금액 7,000만원 초과하는 경우 제외)인 무주택 세대주(근로자) 혹은 세대주의 배우자가 국민주택규모 이하의 주택(고시원 및 오피 스텔 포함) 또는 기준시가 4억원 이하의 주택을 임차하고 지급한 월세액		• 공제가능액: 월세 지급액 × 공제율 (연 1,000만원 한도) • 총급여 5,500만원(종합소득금액 4,500만원) 이하: 공제율 17% • 총급여 5,500만원 초과 8,000만원 이하: 공제율 15%(종합소득금액 4,500만원 초과 7,000만원 이하)

구 분		공제대상	세액 공제율	세액공제 한도
특별세액공제	보험료 세액공제 (나이○, 소득○)	보장성보험(생명보험, 상해보험 등)	12%	연 100만원
		장애인전용보험	15%	
	의료비 세액공제 (나이×, 소득×)	총급여액의 3% 초과액 공제대상		전액
		난임시술비	30%	
		미숙아·선천성 이상아	20%	
		본인, 65세 이상자, 장애인 등	15%	
		그 외 부양가족		연 700만원
	교육비 세액공제 (나이×, 소득×) (직계존속×)	취학 전 아동, 초·중·고생	15%	1명 연 300만원
		대학생		1명 연 900만원
		본인(대학원까지), 장애인특수교육비(직계존속포함)		전액
	기부금 세액공제 (나이×, 소득○)	정치자금기부금	100/110	10만원 이하
			15%	10만원 초과
			30%	1천만원 초과
			40%	3천만원 초과
		특례기부금	15% 30% 40%	1천만원 이하 1천만원 초과 3천만원 초과
		고향사랑기부금 (주소지 이외의 지자체에 본인지출) 10만원 이하는 100/110 세액공제 (10만원 초과 20만원까지 40% 적용)		
		우리사주조합기부금		
		지정기부금(종교단체 외)		
		지정기부금(종교단체)		

 원천징수와 연말정산

(1) 원천징수와 연말정산

구 분	내 용
원천징수	• 소득자에게 소득을 지급하는 자(원천징수의무자)가 상대방(원천납세의무자)이 내야 할 세금을 국가에 대신하여 징수하고 납부하는 조세 징수 방법 • 원천징수에 의해 납세의무가 종결되는 완납적 원천징수가 있는데, 완납적 원천징수 대상 소득에는 현행 소득세법상 분리과세 이자소득, 분리과세 배당소득이 속함 • 완납적 원천징수를 제외한 원천징수는 모두 예납적 원천징수라 함
연말정산	매월 급여지급 시 원천징수한 근로소득세 합계액과 과세기간(1월 1일~12월 31일) 동안의 근로소득을 종합해서 산출한 근로소득세를 대조하여 과부족을 정산하는 절차

(2) 연말정산 제출서류

구 분	내 용
연말정산 시 근로자 제출서류 (다음 연도 2월 말까지 제출)	① 소득·세액공제신고서 ② 공제 증명자료(연말정산간소화서비스 제공 자료, 기타 영수증) ③ 기부금명세서 ④ 의료비지급명세서 ⑤ 신용카드 등 소득공제 신청서
연말정산 완료 후 제출서류 (다음 연도 3월 10일까지 제출)	① 원천징수이행상황신고서 ② 근로소득지급명세서

개념 익히기

● 근로소득 간이세액표

원천징수의무자가 근로자에게 매월 급여를 지급하는 때에 원천징수해야 하는 세액을 급여수준 및 기본공제대상 가족 수별로 정한 표를 의미한다.

(근로소득 간이세액표 "예시")

월급여액(천원)		공제대상가족의 수				
이상	미만	1	2	3	4	5
2,050	2,060	21,130원	15,780원	7,590원	4,210원	–
2,060	2,070	21,450원	15,990원	7,790원	4,410원	1,040원
2,070	2,080	21,770원	16,190원	7,990원	4,410원	1,240원

✓ 월급여액은 비과세 및 학자금을 제외한 금액이다.

● 근로소득자의 연말정산

- 일반근로자의 경우 급여지급시 간이세액표에 따라 소득세를 원천징수하고 다음 연도 2월분 급여지급 시 연말정산을 통해 기납부세액과 결정세액을 비교하여 환급 받거나 추가 납부하게 된다.
- 근로소득 이외에 다른 종합소득이 있을 경우 종합소득금액에 합산하여 과세표준 확정신고 시 다른 소득과 함께 다음 연도 5월에 확정신고를 하여야 한다.
- 근로자의 고의, 과실 또는 어떤 이유로 사실과 다른 연말정산을 한 경우 다음 연도 5월에 종합소득세 확정신고를 하여야 한다.
- 두 곳 이상의 근무처로부터 급여를 받는 경우 주된 근무지와 종된 근무지를 정하여 주된 근무지 원천징수의무자에게 근로소득 관련 자료를 제출하여야 한다.
- 중도 입사자의 경우 전근무지의 근로소득을 현근무지 근로소득에 합산하여야 한다.
- 일용근로자는 원천징수만으로 납세의무가 종결되는 완납적 원천징수(분리과세) 대상이므로, 별도 연말정산을 하지 않는다.

● 원천징수 신고·납부(원천징수이행상황신고서 제출)

- 원칙: 원천징수한 달의 다음달 10일까지 신고납부
- 반기별 신고·납부: 상시고용인원 20인 이하인 경우에는 반기(01월~06월, 07월~12월)별로 신고납부 가능

● 지급명세서

원천징수 의무자와 소득자의 인적사항과 소득금액(이자소득, 배당소득, 근로소득, 사업소득, 연금소득, 퇴직소득, 양도소득), 소득금액의 지급시기 등을 기재하여 국세청에 제출하는 서류이며, 소득 유형별로 제출 시기와 방법은 상이하다.

일반적인 경우	다음 해 2월 말일까지
근로소득, 연금소득, 퇴직소득, 원천징수대상 사업소득	다음 해 3월 10일까지
일용근로소득	지급일의 다음 달 말일까지
폐업	폐업일이 속하는 달의 다음 달 말일까지

유형별 연습문제

3.3 소득세의 이해

01 다음 소득세에 대한 설명 중 적절하지 않은 것은 무엇인가?

① 개인별로 과세한다.
② 1년을 단위로 과세한다.
③ 납세지는 사업장 소재지를 근거로 한다.
④ 이자/배당/사업/근로소득은 종합하여 과세한다.

02 다음 중 소득세에 대한 설명으로 적절하지 않은 것은 무엇인가?

① 개인의 소득을 과세대상으로 하는 국세이다.
② 근로소득자는 원천징수하고 연말정산을 통하여 납세의무를 이행한다.
③ 이자소득, 배당소득, 사업소득, 근로소득 등은 개인별로 종합하여 과세할 수 있다.
④ 종합소득이 있는 자는 1월 1일부터 12월 31일까지의 소득을 합하여 다음해 6월 말까지 신고 및 납부하여야 한다.

03 다음 중 소득세 계산 시 종합소득에 포함하지 않는 것은 무엇인가?

① 양도소득   ② 사업소득
③ 근로소득   ④ 이자소득

04 다음 중 우리나라 소득세의 특징으로 적합하지 않은 것은 무엇인가?

① 국세   ② 직접세
③ 보통세   ④ 종량세

05 다음 [보기]의 (   ) 안에 들어갈 내용으로 맞는 것은 다음 중 무엇인가?

┤ 보기 ├

세법상 특정소득에 대하여 납세의무자가 소득세를 직접 납부하지 아니하고, 소득을 지급하는 지급자가 (   ) 의무자가 되어 소득을 지급할 때 일정 세율에 따라 계산한 세액을 소득 귀속자로부터 징수하여 세무관서에 납부한다.

① 연말정산   ② 예정신고
③ 확정신고   ④ 원천징수

06 다음 중 종합소득세 인적공제의 추가공제에 해당하는 것으로 바르게 짝지은 것은 무엇인가?

① 본인공제, 부양가족공제　　　　② 경로우대공제, 장애인공제
③ 부양가족공제, 배우자공제　　　④ 배우자공제, 다자녀추가공제

07 근로소득에 대한 소득공제 중 인적공제에서 적용하는 연령(나이) 요건으로 바르지 않은 것은?

① 부양가족공제 만20세 이하 직계비속　② 부양가족공제 만60세 이상 형제자매
③ 부양가족공제 만55세 이상 직계존속　④ 추가공제의 경로우대자공제 만70세 이상

08 다음 중 (ㄱ) 일반적인 연말정산의 시기와 (ㄴ) 근로소득지급명세서 및 원천징수이행상황신고서 등의 제출기한을 순서대로 바르게 짝지은 것은 무엇인가?

	(ㄱ)	(ㄴ)
①	당해년 12월 말일	익년 1월 10일
②	익년 1월 말일	익년 2월 10일
③	익년 2월 말일	익년 3월 10일
④	익년 3월 말일	익년 4월 10일

09 다음 중 연말정산시 근로자 제출서류로 가장 적절하지 않은 것은?

① 근로소득공제신고서　　　　　② 소득공제 입증서류
③ 신용카드 사용 통보서　　　　④ 근로소득지급명세서

10 연말정산에 대한 설명으로 적절하지 않는 것은?

① 연말정산 월별 납부자의 신고·납부기한은 다음 해 2월 10일이다.
② 연말정산 반기별 납부자의 신고·납부기한은 다음 해 7월 10일이다.
③ 2개 이상의 근로소득이 있는 경우 종된 근무지의 원천징수영수증을 주된 근무지의 원천징수 의무자에게 제출하여 연말정산한다.
④ 중도입사자의 연말정산은 전근무지의 근로소득 원천징수영수증을 발급받아 해당 연도 근로소득에 합산하여 연말정산한다.

11 비과세 근로소득에 대한 설명으로 올바른 것은?

① 월 30만원 한도의 자가운전보조금
② 직무발명 보상금으로서 700만원 이하의 보상금
③ 직전 연도 총급여액이 3,700만원 이하로서 월정액 급여가 260만원 이하인 사무직 근로자가 받는 연장근로수당
④ 근로자 또는 그 배우자의 출산이나 10세 이하 자녀의 보육과 관련하여 지급받는 자녀 1인당 월 20만원의 금액

12 연말정산에 관한 설명 중 적절하지 않은 것은?

① 연말정산 시기는 다음 해 3월 10일이다.
② 연말정산 반기별 납부자의 신고·납부 기한은 다음 해 7월 10일이다.
③ 중도 입사자는 전근무지의 근로소득 원천징수영수증을 발급받아 해당 연도 근로소득에 합산하여 연말정산 한다.
④ 2개 이상의 근로소득이 있는 경우에는 종된 근무지의 원천징수 영수증을 주된 근무지의 원천징수 의무자에게 제출한다.

13 근로소득에서 비과세소득에 해당되지 않는 것은?

① 이자소득
② 실업급여
③ 근로장학금
④ 자가운전보조금

14 소득세 납세의무자에 대한 설명 중 다음 (A)에 알맞은 것은?

┤ 보기 ├

거주자란 국내에 주소를 두거나 (A)일 이상의 거소를 둔 개인을 말한다.

① 100
② 180
③ 183
④ 360

15 다음 중 [보기]가 설명하는 것은?

┤ 보기 ├

소득과세방법으로 장기간에 걸쳐 발생하는 퇴직소득 또는 양도소득은 다른 소득과 합산하지 않고 별도로 과세한다.

① 종합과세
② 분리과세
③ 분류과세
④ 병합과세

3.3 소득세의 이해

1	2	3	4	5	6	7	8	9	10
③	④	①	④	④	②	③	③	④	①
11	12	13	14	15					
②	①	①	③	③					

01 ③ 소득세의 납세지는 거주자의 경우 주소지(주소지가 없는 경우에는 그 거소지), 비거주자의 경우 국내사업장 소재지이다. 부가가치세 납세지가 사업장 소재지이다.

02 ④ 종합소득이 있는 자는 해당연도 5월 1일부터 5월 31일까지 과세표준 확정신고 납부를 하여야 한다.

03 ① 양도소득과 퇴직소득은 분류과세 한다.
- 분류과세: 오랜 시간 누적되어온 소득을 합산해서 과세표준을 계산하면 누진세율로 많은 세부담을 지게 되므로, 누진세율에 의한 세부담을 완화하기 위한 제도이다.
- 종합과세: 이자소득, 배당소득, 사업소득, 근로소득, 연금소득, 기타소득을 합산하여 과세하며, 특정소득에 대해서는 원천징수로 과세를 종결하는 분리과세를 하고 있다.
- 분리과세: 특정 소득에 대해서는 원천징수로 납세의무를 종결(예외)되는 과세제도이다. 2,000만원 이하의 금융소득(이자소득 & 배당소득), 일용근로소득, 복권당첨소득 등이 있다.

04 ④ 소득세는 국세, 직접세, 보통세, 종가세의 특징을 가진다.
- 종가세: 가격에 따라 부과하는 세금으로 과세표준이 금액인 경우의 법인세, 부가가치세, 소득세 등이 이에 해당한다.
- 종량세: 수량에 따라 부과하는 세금으로 과세표준이 수량인 경우로 주정에 대한 주세(리터 기준), 자동차에 대한 자동차세(배기량 기준) 등이 이에 해당한다.

05 ④ 원천징수는 소득자에게 소득을 지급하는 자가 세금을 미리 징수하여 납부하는 제도로 일반납부의 경우는 소득의 지급일이 속하는 달의 다음달 10일까지 원천징수세액을 납부하여야 한다.
- 연말정산: 매월 급여지급 시 원천징수한 근로소득세 합계액과 과세기간(1월 1일~12월 31일) 동안의 근로소득을 종합해서 산출한 근로소득세를 대조하여 과부족을 정산하는 절차

06 ② 인적공제는 기본공제(본인, 배우자, 부양가족)와 추가공제(경로우대공제, 장애인공제, 부녀자공제, 한부모공제)로 구성된다.

07 ③ 인적공제에서 직계존속에게 적용하는 연령(나이) 요건은 60세 이상이다.

08 ③ 매월 급여 지급 시 근로소득 간이세액표에 의해 원천징수하고 다음해 2월말까지 연말정산하여 3월 10일까지 근로소득지급명세서 및 원천징수이행상황신고서를 제출한다.(반기납부자는 7월 10일까지)

09 ④
- 연말정산 시 근로자 제출서류: 소득·세액공제신고서와 공제 증명자료(연말정산간소화서비스 제공 자료, 기타 영수증), 기부금명세서, 의료비지급명세서, 보험료, 교육비, 신용카드 등 소득공제 신청서
- 연말정산 후 근로자 제출서류: 원천징수이행상황신고서, 근로소득지급명세서

10 ① 매월 급여 지급 시 근로소득 간이세액표에 의해 원천징수하고 다음해 2월말 까지 연말정산하여 3월 10일까지 근로소득지급명세서 및 원천징수이행상황신고서를 제출한다.(반기납부자는 7월 10일까지)

11 ② 종업원, 교직원, 학생에게 지급되는 직무발명보상금은 연 700만원까지 비과세 적용된다.
  - 자가운전보조금: 월 20만원 이내 비과세(본인소유 차량을 회사업무에 이용하고 별도 비용을 받지 않는 경우)
  - 연장근로수당: 연 240만원 이내 비과세(월정 급여 260만원, 직전년도 총급여 3,700만원 이하인 생산직근로자가 받는 연장·야간·휴일근로 수당)
  - 보육수당: 6세 이하의 자녀보육과 관련하여 지급받는 금액 자녀 1인당 월 20만원 이내의 금액

12 ① 매월 급여 지급 시 근로소득 간이세액표에 의해 원천징수하고 다음해 2월말 까지 연말정산하여 3월 10일까지 근로소득지급명세서 및 원천징수이행상황신고서를 제출한다.(반기납부자는 7월 10일까지)

13 ① 이자소득은 과세(원천징수) 대상 소득이다.

14 ③ 거주자는 국내에 주소를 두거나 183일 이상의 거소를 둔 개인으로 국내·외 원천소득에 대해 납세의무를 진다.

15 ③ 양도소득과 퇴직소득은 분류과세 한다.
  - 분류과세: 누진세율에 의한 세부담을 완화하기 위한 제도이며, 다른 소득과 합산하지 않고 별도로 과세한다.
  - 종합과세: 이자소득, 배당소득, 사업소득, 근로소득, 연금소득, 기타소득을 합산하여 과세한다. 특정소득에 대하여 원천징수로 과세를 종결하는 분리과세를 하고 있다.
  - 분리과세: 특정 소득에 대해서는 원천징수로 납세의무를 종결(예외)되는 과세제도이다. 2,000만원 이하의 금융소득(이자소득 & 배당소득), 일용근로소득, 복권당첨소득 등이 있다.

인사이론

제4장

노사관리(인적자원의 유지)

01 근로시간 관리

1.1 근로시간

근로시간이란 근로자가 고용주와의 계약에 따라 노동력을 제공하는 시간을 말한다. 근로시간은 근로조건의 가장 중요한 요인 중의 하나이고, 근로자에게 노동의 재생산성을 유지하고 근로의 기본적 생활을 보장하기 위하여 제한이 필요하다.

(1) 근로시간제의 유형

구 분	내 용	
직무공유제	수평적 분할의 방법으로서 하나의 정규 업무를 둘 이상의 파트타임 업무로 전환시키는 직무설계방법	
	장점	**단점**
	• 고용유지 및 창출 • 여가시간 증대로 인한 근로생활의 질 향상 • 종업원 간 지식 · 경험의 공유를 통한 직무성과 향상	• 근무시간 감소로 인한 소득 저하로 노동력 이탈 발생가능성 존재 • 직무 태만으로 인한 성과저하 • 임금 외 복리후생비 등의 비용 증가
탄력근무시간제	일정한 기간 내에서 어느 주 또는 어느 날의 근로시간을 탄력적으로 배치하여 운용하는 근로시간제 일정한 기간을 단위로 총근로시간이 기준 근로시간 이내인 경우, 그 기간 내 어느 주 또는 어느 날의 근로시간이 기준 근로시간을 초과하더라도 연장근로가 되지 않음	
	장점	**단점**
	• 노동력 확보용이 • 불필요한 근무시간의 삭감으로 인한 인건비 감소	• 시간외근무 수당을 줄이려는 수단으로 악용될 소지가 있음
선택적 근로시간제 (자율출퇴근시간제)	1개월 이내의 정산기간을 평균으로 1주 평균 근로시간이 주 40시간을 초과하지 않는 범위 내에서 종업원이 자율적으로 1일 또는 1주 근무시간을 자유롭게 조정하는 직무설계방법	
	장점	**단점**
	• 종업원의 사기증진 • 불필요한 근무시간의 삭감으로 인한 인건비 감소	• 법정근로시간 미달 시 성과저하 가능성

구 분	내 용
간주 근로시간제	사용자가 종업원에게 본인의 근로시간 관리를 위임해주는 제도
재량근로시간제	업무의 성질상 업무수행 방법을 근로자 재량에 맡길 필요가 있는 경우 사용자가 근로자 대표와 서면합의로 정한 시간을 근로한 것으로 인정하는 제도
교대근무제	근로자들을 2개 이상의 조로 편성하여 각 조가 교대로 근무하는 형태

(2) 근로유형의 최근 동향

구 분	내 용
집중근무제	근무시간 중 일정 시간대를 정하고, 이 시간에는 급박한 경우가 아닌 이상 전화를 받거나 걸지 않고, 회의 소집 및 업무지시도 하지 않는 등 업무흐름을 극대화할 수 있는 근무 형태
24시간 선택적 근무제	근로자가 하루 24시간 중 어느 때나 근무시간을 선택하여 근무할 수 있도록 하는 근무 형태
원격(재택)근무제	장소에 구애받지 않고 사무실과 떨어진 곳에서 업무를 수행하므로 재택근무제 등을 활용하여 시간, 공간의 효율성을 높이는 근무 형태
파트타임제	정규 근로시간 보다 짧은 시간을 정하여 몇 시간 동안만 일하는 근무 형태
비정규직	근로시간, 고용의 지속성 등에서 보장을 받지 못하는 고용형태

개념 익히기

🔎 4/40 스케줄 근무

주당 근무일수(4일 40시간)를 줄이는 대신 근로자들이 추가 휴일을 하루 더 가질 수 있도록 선택권을 주는 근무방식으로 집중근무제로 불리어지기도 한다.

장점	단점
• 가정과 직장이 멀리 떨어져 있는 경우 종업원에게 매우 유리함 • 근로자는 워라벨을 실현시킬 수 있음 • 근무시간의 시작과 종료가 관련 종업원에게 동일하여 적용되기 때문에 직무들이 상호관련성이 높은 경우 높은 협동업무진행의 효율성이 높음	• 교대근무제가 없는 작업자의 경우 장비&설비의 활용도가 낮음 • 고객에 대한 서비스 기간이 주당 5일에서 4일로 줄어들 경우 고객의 불만을 야기시킬 수 있음 • 1일 10시간 혹은 그 이상의 근무로 인한 저녁 시간의 단축으로 불만 요인이 될 수 있음

유형별 연습문제
4.1 근로시간 관리

01 다음 [보기]에서 설명하고 있는 근로제도는?

┤ 보기 ├

근로시간관리 중 일정범위의 근로시간 중에서 기업의 업무성격 및 내용 등의 여러 요인을 고려하여 개별근로자가 매일의 출퇴근 시간을 근로자의 자주적인 결정에 의하여 원하는 대로 근무시간을 조정할 수 있는 제도

① 연장 근로시간제　　　　　　　　② 인정 근로시간제
③ 재량 근로시간제　　　　　　　　④ 선택적 근로시간제

02 다음 [보기]가 설명하는 용어로 적절한 것은?

┤ 보기 ├

근무시간 중 일정 시간대를 정하고, 이 시간에는 급박한 경우가 아니면 전화를 받거나 걸지 않고, 회의 소집, 업무지시도 없는 등 업무흐름을 극대화하는 것을 말한다.

① 원격근무제　　　　　　　　　　② 파트타임제
③ 집중근무제　　　　　　　　　　④ 선택적 근무제

03 다음 중 근로자가 일정한 기일마다 근무시간이 다른 근무로 바뀌는 근무상태 제도는?

① 선택적 근로시간제　　　　　　　② 간주 근로시간제
③ 재량 근로시간제　　　　　　　　④ 교대근무제

04 근로시간제 유형에 관한 설명 중 옳지 않은 것은?

① 2주 단위 이내 탄력적 근로시간제에서는 특정일에 1일 8시간을 초과하여 근로하게 할 수 있다.
② 선택적 근로시간제의 경우 1주간의 근로시간이 40시간을 초과한 시간에 대해서는 연장·야간 및 휴일 근로로 적용해야 한다.
③ 재량 근로시간제에서는 업무의 수행 방법이나 수단, 시간 배분 등을 근로자가 결정하며, 근로시간보다 성과에 의해 근무 여부를 판단한다.
④ 간주 근로시간제에서는 근로자가 사유로 인하여 사업장 밖에서 근로하여 근로시간 산정이 어려운 경우에 일정 합의시간을 근로시간으로 본다.

05 야간·휴일 근무에 대한 설명으로 적절하지 않은 것은?

① 야간근로는 오후 12시부터 다음날 오전 8시까지 근무를 말한다.

② 사용자는 임산부와 18세 미만자를 야간 또는 휴일에 근로시키지 못한다.

③ 사용자는 18세 이상의 여성을 야간근로를 시키려면 근로자의 동의를 받아야 한다.

④ 사용자는 휴일근로한 근로자의 경우 8시간 이내는 통상임금의 100분의 50, 8시간을 초과한 경우는 통상임금의 100분의 100을 지급하여야 한다.

06 [보기]는 (주)생산디자인의 근로시간 운영 방식에 대한 사례이다. 해당 기업이 채택하고 있는 근로시간 제도로 가장 적절한 것은 무엇인지 고르시오.

┤보기├

디자인 회사인 (주)생산디자인은 직원들의 창의성과 워라밸 향상을 위해 새로운 근무제도를 도입하였다. 이 제도는 직원들이 1개월 단위로 총 근로시간(예: 160시간)만 채우면, 개인 상황에 따라 출퇴근 시간을 자유롭게 조정할 수 있으며, 하루 6시간 또는 10시간 근무도 자율적으로 조절할 수 있다. 단, 팀 회의와 협업을 위해 오전 10시부터 오후 3시까지는 필수 근무시간(코어타임)으로 정하였다.

① 시차 출퇴근제
③ 선택적 근로시간제

② 법정 근로시간제
④ 의무적 근로시간제

답안 및 풀이

 4.1 근로시간 관리

1	2	3	4	5	6				
④	③	④	②	①	③				

01 ④ 선택적 근로시간는 근로시간관리 중 일정범위의 근로시간 중에서 기업의 업무성격 및 내용 등의 여러 요인을 고려하여 개별근로자가 매일의 출퇴근 시간을 근로자의 자주적인 결정에 의하여 원하는 대로 근무시간을 조정할 수 있는 제도이다.
- 연장 근로시간제: 단체협약 또는 취업규칙에서 정한 기준근로시간을 초과하는 근로시간제
- 인정 근로시간제: 영업, 기사의 취재 등 근로시간의 일부 또는 전부를 사업장 밖에서 근로하여 근로시간을 산정하기 어려운 때에는 소정 근로시간을 근로한 것으로 인정하는 근로시간제
- 재량 근로시간제: 업무의 성질상 업무수행 방법을 근로자 재량에 맡길 필요가 있는 경우 사용자가 근로자 대표와 서면합의로 정한 시간을 근로한 것으로 인정하는 제도

02 ③ 집중근무제는 근무시간 중 일정 시간대를 정하고, 이 시간에는 급박한 경우가 아니면 전화를 받거나 걸지않고, 회의 소집, 업무지시도 없는 등 업무흐름을 극대화하는 것을 말한다.
- 원격근무제: 장소에 구애받지 않고 사무실과 떨어진 곳에서 업무를 수행하므로 재택근무제 등을 활용하여 시간, 공간의 효율성을 높이는 근무 형태
- 파트타임제: 정규 근로시간 보다 짧은 시간을 정하여 몇 시간 동안만 일하는 근무 형태
- 선택적 근무제: 법정 근로시간 범위 내에서 종업원이 1주 또는 1일의 근무시간을 자유로이 정함.

03 ④ 교대근무제는 근로자들을 2개 이상의 조로 편성하여 각 조가 교대로 근무하는 형태이다.
- 선택적 근로시간제: 1개월 이내의 정산기간을 평균으로 1주 평균 근로시간이 주 40시간을 초과하지 않는 범위 내에서 종업원이 자율적으로 1일 또는 1주 근무시간을 자유롭게 조정하는 직무설계방법
- 간주 근로시간제: 사용자가 종업원에게 본인의 근로시간 관리를 위임해주는 제도
- 재량 근로시간제: 업무의 성질상 업무수행 방법을 근로자 재량에 맡길 필요가 있는 경우 사용자가 근로자 대표와 서면합의로 정한 시간을 근로한 것으로 인정하는 제도
- 교대근무제: 근로자들을 2개 이상의 조로 편성하여 각 조가 교대로 근무하는 형태

04 ② 선택전 근로시간제의 경우 1주간의 근로시간이 40시간을 초과하는 경우 통상임금의 100분의 50을 가산하여 근로자에게 지급하지만, 연장·야간·휴일 근로로 적용하지는 않는다.

05 ① 야간근로는 오후 10시부터 오전 6시까지 사이의 근로를 의미하며, 통상임금의 100분의 50을 가산하여 임금을 지급하여야 한다.

06 ③ 총 근로시간을 정해두고, 그 범위 내에서 근로자가 출퇴근 시간을 자유로이 선택하는 근무제도는 선택적 근로시간제에 대한 설명이다.

02 노사관계론

2.1 노사관계

　종업원을 대상으로 노동력을 효율적으로 관리하는 것을 목적으로 하는 인사관리는 두 가지로 나누어진다. 첫째는 그 대상을 개별적으로 인식하는 종업원관계관리(개별적 노사관계)로, 이는 기업이 목적을 달성하기 위하여 필요로 하는 노동력을 채용, 개발, 유지하는 과정에서의 사용자와 종업원의 관계이다. 둘째는 그 대상을 집단적으로 인식하는 노사관계관리(집단적 노사관계)로, 기업과 서로 대립적인 이해관계로 맺어진 집단으로서 노동자 및 노동조합과 사용자와의 관계이다.

개념 익히기

🔵 **노사관계의 특성(이중성)**
- 개별적 노사관계와 집단적 노사관계
- 대립적 관계와 협력적 관계
- 종속적 관계와 대등한 관계
- 경제적 관계와 사회적 관계

🔵 **노동자가 헌법상의 기본권으로 가지는 세 가지 권리 노동(근로) 3권**
- 단결권: 노동자들이 근로 조건 향상을 위하여 노동조합을 조직할 권리
- 단체교섭권: 노동조합을 통해 사용자와 협상할 권리
- 단체행동권: 자신들의 주장을 관철하기 위해 쟁의 행위를 할 수 있는 권리

🔵 **노사관계의 발전과정**
- 전제적 노사관계(착취적) ➡ 온정적 노사관계 ➡ 완화적 노사관계 ➡ 민주적 노사관계

 노동조합

(1) 노동조합의 의의

우리나라 노동조합 및 노동관계조정법 제2조 제4호에서 '노동조합이라 함은 근로자가 주체가 되어 자주적으로 단결하여 근로조건의 유지·개선 기타 근로자의 경제적·사회적 지위의 향상을 도모함을 목적으로 조직하는 단체 또는 그 연합단체를 말한다.'라고 규정하고 있다. 가장 일반적인 이유는 경영층에서 지불하는 임금이나 복리후생 그리고 근로조건과 경영방침이 마음에 들지 않거나 이들을 좀 더 유리한 상태로 돌려놓기 위해 근로자가 노조에 가입한다. 또한 집단 소속감, 경제적 안정감, 자율성과 독립성, 직장환경에 대한 이해와 의사표현, 공정한 인간적 대우, 노조압력과 리더십기회 등이 있다.

(2) 노동조합의 역할

구 분	내 용
단체교섭	임금 및 승급 조건, 노동시간에 대한 사용자와의 교섭
단체협약	노사 간 의견 일치에 대한 협약
노동쟁의	단체교섭이 이루어지지 않았을 경우 사용자에 대한 대항

(3) 노동조합의 기능

구 분	내 용
경제적 기능	노동조합이 노동시장을 배타적으로 독점함으로써 그들의 경제적 지위를 높이려는 기능으로 노조의 가장 주되고 핵심적인 기능
공제적 기능	노동조합이 조합원의 생활을 안정시키기 위하여 착수한 활동 중에서 중요한 것 중의 하나가 공제기능이다. 상호부조를 하기 위하여 준비된 조합기금 중에서 질병, 재해, 노령, 사망, 실업 등으로 일시적이나 영구적으로 노동력을 상실했을 때 조합원의 생활안정을 위해 준비된 조합기금에서 노령자의 부양이나 구직을 위한 여비, 작업도구의 교환비 등을 지불하게 되는 기능
정치적 기능	경제적 기능은 사용자와 단체교섭을 통해서 발휘되는 데 비하여 정치적 기능은 그 상대가 사용자가 아니라 국가나 지방자치단체이다. 노동관계법의 제정과 개정, 세제, 물가정책, 사회보험제도, 임금가이드라인, 기타 복지정책의 개정이나 집행과 관련하여 그들에게 유리하도록 특정 정당을 지지하거나 반대하게 되는 기능

(4) 노동조합의 형태

구 분	내 용
기업별 노동조합	동일한 기업에 종사하는 근로자들로 조직되는 직장별 노동조합의 형태
직업별 노동조합 (1직업 1조합)	특정한 산업 혹은 기업과 무관하게 동일 직업이나 동일 직종에 종사하는 근로자들이 결성하는 노동조합의 형태(역사적으로 가장 오래된 형태)
일반 노동조합	산업이나 직업 및 기업과 무관하게 동일 지역에 있는 기업을 중심으로 조직되는 노동조합의 형태
산업별 노동조합 (1산업 1조합)	일정 산업에 종사하는 근로자들이 특정 기업이나 직종과 무관하게 조직하는 노동조합의 형태

(5) 노동조합의 가입 방법

구 분		내 용
기본적 형태	클로즈드 숍 (closed shop)	조합원 자격이 있는 근로자만 채용하고 일단 채용된 근로자도 조합원의 자격을 상실하면 근로자가 될 수 없도록 하는 제도
	유니언 숍 (union shop)	사용자가 비조합원을 채용할 수 있지만, 채용된 이후 일정기간 내에 피고용자가 자동적으로 노동조합에 가입하게 되는 제도
	오픈 숍 (open shop)	사용자가 조합원이든 비조합원이든 자유롭게 근로자를 채용할 수 있는 제도
변형적 형태	에이전시 숍 (agency shop)	채용된 종업원에 대하여 특정 노동조합의 가입을 강제하지 않지만, 비조합원에 대해서도 조합원들의 조합비에 상당하는 금액을 정기적으로 노동조합에 납입하도록 하는 제도
	메인터넌스 숍 (maintenance shop)	노동조합에 가입된 이후 일정기간 동안은 노동조합원으로서 자격을 유지하여야 한다는 제도
	프리퍼렌셜 숍 (preferential shop)	종업원 채용 시 비조합원보다는 조합원에게 고용상의 혜택을 부여하는 제도
체크오프 제도 (check off system) ((조합비)일괄공제)		사용자가 근로자에게 임금을 지급하기 전에 미리 임금에서 조합비를 공제하여 징수한 후 조합에 일괄적으로 납부하는 제도로 노사 간 협정에 기반하며, 노동조합의 행정편의와 재정안정에 기여하는 효과

참고 노동조합의 가입방법 중 노조의 통제력(지배력)이 가장 높은 형태는 '클로즈드 숍'이다.

2.3 단체교섭과 단체협약

단체교섭이란 노동자와 사용자 또는 사용자 단체가 근로자의 임금 및 근로시간 등의 근로조건 등에 관한 내용을 평화적 방법에 의해 집단적으로 교섭 및 타협하고, 단체협약의 체결하는 절차를 말한다.

(1) 단체교섭의 유형

구 분	내 용
통일교섭	전국적 혹은 지역적인 산업별 또는 직업별 노동조합 대표와 이에 대응하는 사용자 단체와의 교섭방식
대각선교섭	전국적 또는 지역별 및 산업별 노동조합의 대표와 개별기업의 사용자 대표 사이에 이루어지는 교섭방식
기업별교섭	특정 기업 또는 사업장 단위로 조직된 노동조합의 대표와 기업의 사용자 대표 사이에 이루어지는 교섭방식으로 1사업장 또는 기업을 단위로 1사용자와 1노조가 교섭하는 형태
공동교섭	기업별 노동조합의 단위조합 또는 지부가 산업별의 상부단체와 공동으로 당해기업의 사용자 대표와 이루어지는 교섭방식
집단교섭	복수의 기업별 노동조합이 집단을 구성하여 이에 대응하는 복수기업의 사용자 대표와 집단으로 이루어지는 교섭방식

(2) 단체협약

단체협약이란 노동조합과 사용자가 임금, 근로자가 기타 사항에 대하여 협의를 보고 이를 협약이란 형태로 서면화한 것이다. 단체협약의 경우 2년을 초과하여 유효기간을 정할 수 없으며, 단체협약의 효력은 다음과 같다.

구 분	내 용
규범적 효력	단체협약 체결 당사자 간이 아닌 근로자와 사용자 간의 근로관계를 구속하는 효력으로 근로자의 대우 및 근로조건(임금, 퇴직금, 상여금, 복리후생, 근로시간, 정년, 재해보상 등)에 대한 강제적 효력을 의미
채무적 효력	협약 당사자의 권리, 의무에 관한 조항을 의미
조직적 효력	제도·기관의 조직과 운영 등에 관한 조항과 같이 집단적 노사관계에 적용되면서도 개별적인 근로관계와 관련된 효력
지역적 구속력	동일 지역의 동종 근로자에 대하여 단체협약의 효력을 확대 적용하는 효력
일반적 구속력	단체협약의 규범적 효력을 확대 적용하는 하나의 공장이나 사업장을 단위로 한 동종의 과반수 노동조합원에 대하여 적용하는 단체협약의 규범적 효력을 나머지 동종의 비조합 근로자에 대해서도 확대 적용하는 사업장 단위의 일반적 구속력

개념 익히기

● **단체협약의 기능**

　• 근로조건 개선 기능　　• 평화적 기능　　• 경영안정 기능

● **고충처리제도**

　단체협약의 해석 및 적용과정에서 발생한 종업원의 불평·불만 등의 내용을 해결하기 위한 제도

2.4 노동쟁의

　노동쟁의란 노사관계 당사자 간의 임금, 복지후생, 채용 및 해고 등 기타 근로조건에 대하여 노동관계 당사자 간의 의견 불일치로 인한 분쟁상태를 말한다.

(1) 노동쟁의 형태

구 분	내 용
이익분쟁	노사 간의 새로운 권리관계의 창출을 위한 단체교섭 과정에서 상호 간의 주장 불일치로 나타나는 분쟁상태
권리분쟁	노사 간의 단체교섭 결과에 의해 체결된 단체협약의 해석이나 적용 및 이행 여부와 관련하여 상호 간의 주장 불일치로 나타나는 분쟁상태

(2) 노동쟁의 조정제도 유형

구 분	내 용
조정	중립적인 제3자가 협상 과정에서 발생하는 문제를 해결하도록 도움을 주는 형태
중재	노동위원회가 중재위원회를 구성하여 노사 쌍방의 의견을 조율해 결과를 도출하고 확정하는 형태
긴급조정	노동쟁의 행위에 대한 정부의 긴급조치 조정제도이며, 노동부장관이 긴급결정을 결정하면, 중앙노동위원회가 쟁의 행위를 중지시키는 형태

(3) 근로자(노동조합) 측의 노동쟁의

구 분	내 용
파업 (strike)	노동조합의 대표적인 쟁의 행위로 사용자에 대한 근로자의 노동력 제공을 전면적으로 거부하는 행위
태업 (soldiering)	노동조합이 조합원의 노동력을 부분적으로 통제하여 근로자의 작업수행 과정에 작업의 속도를 떨어뜨리거나 작업능률을 떨어뜨리는 행위
보이콧	제품 구매 거절 등의 형태로 나타나는 집단적인 불매운동 행위
피케팅 (picketing)	파업의 효율성을 위하여 파업 피참여자에게 쟁의 행위에 참여할 것을 호소하는 일련의 행위
생산통제 (생산관리)	기업의 경영사정이 크게 어렵고 노사관계가 불안정된 상태에서 발생할 수 있는 쟁의 행위로, 기업의 생산시설을 점유하는 방법 등으로 생산활동을 통제하는 행위
준법투쟁	근로기준법 등 노동관계법 규정을 엄격히 준수하면서 잔업이나 휴일근무 등을 거부하여 기업의 정상화를 힘들게 하는 행위

(4) 사용자 측의 노동쟁의

구 분	내 용
직장폐쇄 (Lockout)	쟁의 중인 사업장에 대하여 생산시설의 폐쇄를 통하여 근로자의 출입 차단과 함께 근로자의 노동력 제공을 집단적으로 거부하는 행위
조업계속 (대체고용)	사용자가 노동조합 측의 쟁의 행위에 참여하지 않는 근로자 중 희망근로자와 관리자 등을 동원하여 조업을 계속하는 행위

2.5 부당 노동행위

사용자가 노동조합의 정당한 권리를 침해하거나, 노동조합이 사용자의 정당한 권리를 침해할 수 있는 일련의 행위를 부당 노동행위라 한다.

구 분	내 용
불이익 대우	사용자의 부당행위로 해고, 전근, 배치전환, 출근정지, 휴직 등이 근로자에게 불이익을 주는 경우
황견계약	근로자가 노동조합에 가입하지 않거나, 탈퇴할 것을 고용조건으로 하여 근로자에게 불이익을 주는 경우
단체교섭 거부	노동조합의 대표자 또는 노동조합원으로부터 위임받은 자와의 단체협약 체결, 기타의 단체교섭을 정당한 이유 없이 거부하거나 방해하는 행위
지배·개입 및 경비원조	사용자가 근로자의 노동조합 조직 또는 운영을 지배하거나 이에 개입하는 행위와 노동조합의 전임자에게 급여를 지급하거나 노동조합의 운영비를 원조하는 행위

개념 익히기

● **구제신청**

사용자의 부당노동행위를 신속히 시정하고 행정적 보호를 위해 도입된 제도로 근로자의 근로(노동) 3권의 구체적인 보장을 통한 노사관계의 안정 및 산업평화의 유지발전에 크게 기여할 수 있는 제도

● **노동조합 총회**

노동조합을 구성하는 전체조합원이 한 자리에 모여 노동조합의 모든 사항을 결정하게 되는 노동조합의 최고의사결정기관을 총회(노동조합총회)라고하며, 시간, 장소, 비용 등 여러 제한요인 때문에 총회개최가 어렵기 때문에 총회에 갈음하는 대의원회를 둘 수도 있다.

2.6 경영참가 제도

경영참가제도는 근로자 및 노동조합의 경영참가 범위 및 정도, 경영참여의 수준, 참가 방식 등 다양한 형태로 경영 의사결정에 참여하거나 영향력을 행사하는 것을 의미한다.

구분		내 용
자본 참가		종업원이 자기회사의 기업경영에 참가하는 제도
	종업원지주제도	근로자가 자사의 주식을 취득, 보유하여 자본출자자로 기업경영에 참여하는 제도
	스톡옵션제도	주식매입선택권이라고 하며, 기업의 설립 혹은 기술혁신 등 기여 종업원(임직원)에게 일정 수량의 주식을 낮은 가액으로 매입할 수 있도록 해주는 제도
이익 (이윤) 참가		기업의 생산성 향상에 노동조합이 적극적으로 참여하고, 기업이 그 대가로 이익의 일부를 근로자에게 배분하는 제도
	스캔론 플랜	근로자의 경영 참여와 개선된 생산의 판매가치를 기초로 한 성과 배분제도
	럭커 플랜	부가가치의 증대를 목표로 노사협력 체제에 의하여 목표를 달성하고, 증가된 생산성 향상분을 기업의 부가가치 배분율로 노사 간에 배분하는 제도
의사 결정 참가		근로자 또는 노동조합이 기업경영 상의 의사결정에 참가하는 것
	노사협의제도	노사 쌍방에게 관심이 있는 사항으로 보통 단체교섭에서는 취급하지 않는 사항에 대하여 노사가 협력하여 협의하는 제도로 천재지변의 대응, 생산성 하락 등과 같이 단체교섭에서 결정되지 않는 사항에 대해 사용자 측과 근로자 측이 서로 협력하도록 하기 위한 제도로 근로조건에 대한 결정권이 있는 근로자가 상시 30인 이상인 경우 의무적으로 설치하는 제도
	노사공동결정제도	경영에 대한 의사결정권이 노사 공동으로 행해지는 제도

개념 익히기

● 경영참가 방법
- 직접참여: 스캔론 플랜, 럭커 플랜, 노사협의제도, 노사공동결정제도
- 간접참여: 종업원지주제

개념 익히기

● 비정규직 근로자

비정규직 근로자는 정규직과 다른 고용형태로, 고용 안정성이 낮고 근로 조건이 열악한 경우가 많으며, 기간제 근로자, 단시간 근로자, 파견 근로자 등으로 분류된다.

구 분	내 용
기간제 근로자	계약기간이 정해진 근로자
단시간 근로자	주당 근로시간이 정규직보다 짧은 근로자
파견 근로자	파견업체 소속으로 특정 사업장에서 근무하는 근로자

● 비정규직 근로자보호법

비정규직 근로자가 받을 수 있는 차별이나 부당한 대우를 막기 위한 법적조치이며, 기간제 근로자, 단시간 근로자, 파견 근로자 등이 대상이 되며, 내용은 다음과 같다.

구 분	내 용
차별 금지	근로기준법 및 기간제 및 단시간 근로자보호 등에 관한 법률에 의해 임금, 복리후생 등에서의 차별 금지
고용 안정성 강화	기간제 근로자의 경우 2년 이상 근무 시 무기계약(정규직)으로 전환
최저임금 보장	비정규직 근로자도 최저임금법에 의해 최저임금을 보장
퇴직금 지급	1년 이상 근속한 비정규직 근로자도 근로자퇴직급여보장법에 따라 퇴직금 지급
사회보험 가입	비정규직 근로자도 사회보험에 가입할 수 있음

유형별 연습문제
4.2 노사관계론

01 다음 중 근로자들이 인간다운 생활을 확보하고 근로조건의 향상을 위해 헌법이 보장하고 있는 근로 3권이 아닌 것은 무엇인가?

① 단결권
② 단체행동권
③ 경영참가권
④ 단체교섭권

02 다음 [보기]가 설명하는 노동 관련 용어는 무엇인가?

┤ 보기 ├
노동자가 주체가 되어 자주적으로 결성하여 근로자의 처우개선 및 노동자의 경제적, 사회적 지위향상을 위하여 조직하는 단체를 말한다.

① 단체교섭
② 노동조합
③ 노동쟁의
④ 단체협약

03 동일 직업이나 동일 직종에 종사하는 숙련공들이 자기들의 지위를 확보하기 위하여 결정하는 형태의 노동조합은?

① 산업별 노동조합
② 직업별 노동조합
③ 기업별 노동조합
④ 일반 노동조합

04 노동쟁의에 대한 설명으로 적절하지 않은 것은?

① 단체교섭 시 단체협약 체결을 하지 못한 경우에 한다.
② 사용자 측 쟁의행위인 피케팅은 근로계약 불이행, 불매운동 등을 하는 것을 말한다.
③ 근로자 측 쟁의행위로 파업, 태업, 보이콧 등이 있다.
④ 노동쟁의는 조정, 중재 등의 조정제도가 있다.

05 다음 [보기]가 설명하는 단체교섭의 유형으로 적절한 것은?

┤ 보기 ├
복수의 기업별 단위노동조합이나 지부가 지역별 또는 업종별로 집단을 구성하여, 이에 대응하는 복수기업이 사용자 대표와 집단적으로 단체교섭을 하는 방식

① 집단교섭
② 통일교섭
③ 대각선 교섭
④ 기업별 교섭

06 다음 중 사용자가 할 수 있는 쟁의 행위에 해당하는 것은?

① 파업　　　　　　　　　　　② 태업
③ 피켓팅　　　　　　　　　　④ 직장폐쇄

07 다음 쟁의조정제도 유형 중 자주적 해결을 기초로 하는 것은?

① 조정　　　　　　　　　　　② 중재
③ 경영참가　　　　　　　　　④ 고충처리제도

08 노동조합의 조직력을 강화하기 위한 것으로 기업이 근로자를 채용할 때 노동조합원이 아닌
자를 근로자로 채용할 수 없는 노동조합 형태를 의미하는 것은 무엇인가?

① 오픈숍　　　　　　　　　　② 클로즈드 숍
③ 유니온 숍　　　　　　　　④ 메인터넌스 숍

09 다음 [보기]에서 설명하는 부당노동행위의 유형에 대한 적절한 용어는?

┤ 보기 ├

- (가) 사용자의 부당노동행위로 근로자에게 해고, 전근, 배치전환, 출근정지, 휴직 등이 성
  립된 경우
- (나) 근로자가 어느 노동조합에 가입하지 아니할 것 또는 탈퇴할 것을 고용조건으로 하거
  나 특정한 노동조합의 조합원이 될 것을 고용조건으로 하는 행위를 부당 노동행위로 규정
  하고 이러한 고용조건에 따라 고용이 이루어지는 경우
- (다) 노동조합이 단체협약 체결이나, 단체교섭을 정당한 이유없이 거부하거나 방해하는
  행위

	(가)	(나)	(다)
①	불이익취급행위	황견계약	단체교섭 거부
②	단체교섭 거부	불이익취급행위	지배, 개입 및 경비원조
③	불이익취급행위	단체교섭 거부	황견계약
④	지배, 개입 및 경비원조	불이익취급행위	단체교섭 거부

10 다음 [보기]에서 설명하는 경영참가 제도 유형의 적절한 용어는?

┤ 보기 ├

기업의 설립 혹은 기술혁신 등 기여종업원에게 일정수량의 주식을 낮은 가액으로 매입할 수
있도록 해주는 제도

① 종업원지주제도　　　　　　② 스톡옵션제도
③ 이익(이윤)참가　　　　　　④ 의사결정 참가

11 비정규직 근로자보호법의 대상이 되는 근로자에 해당하지 않는 것은?

① 파견 근로자
② 원격 근로자
③ 단시간 근로자
④ 기간제 근로자

12 성과배분제도 중 기본적 보상 외에 영업 수익의 일부를 근로자에게 지급하는 것으로 근로자들에게 기업의 소유주로 느끼게 하는 제도는 무엇인가?

① 럭커 플랜
② 이윤분배제도
③ 순응임률제도
④ 임프로쉐어 플랜

13 [보기]의 (   )에 들어갈 내용을 고르시오.

┤ 보기 ├

(   )은 경영에 있어서의 제도·기관의 조직과 운영 등에 관한 조항과 같이 집단적 노사관계에 적용되면서도 개별적인 근로관계와 관련된 부분을 말한다.

① 규범적 효력
② 채무적 효력
③ 조직적 효력
④ 지역적 구속력

14 단체교섭과 비교한 노사협의제에 대한 설명으로 옳지 않은 것은?

① 법적 효력이 있는 합의이다.
② 당사자는 근로자 대표와 사용자이다.
③ 노사 공동의 이익 증진을 목적으로 한다.
④ 기업경영, 생산성 향상 등을 목적으로 한다.

15 [보기]에 해당하는 내용을 고르시오.

┤ 보기 ├

(주)생산의 건설노조는 계약이 이루어질 때 단체교섭을 통하여 영향력을 행사하고 계약기간 중에는 고충처리절차를 통해 영향력을 발휘하여 보상의 내용을 유리하게 하고자 노력한다. 기업 역시 같은 상황에서 경영권을 바탕으로 계약을 유리하게 전개하고자 한다.

① 윤리적 거래
② 정치적 거래
③ 사회적 거래
④ 심리적 거래

16 회사가 근로자에게 회사 주식을 유상 또는 무상의 방법으로 취득하게 하여 근로자를 주주로서 기업경영에 참가시키는 제도로 가장 적절한 것은?

① 락커플랜   ② 스캔론플랜

③ 스톡옵션제도   ④ 종업원지주제도

17 근로자가 경영에 참가하는 방법 중 직접적으로 참여하는 제도가 아닌 것은?

① 럭커 플랜   ② 스캔론 플랜

③ 종업원지주제도   ④ 노사공동결정제도

18 단체교섭의 절차로 옳은 것은?

① 교섭준비 – 예비교섭 – 본교섭 – 마무리교섭 - 교섭의 평가

② 예비교섭 – 교섭준비 – 본교섭 – 마무리교섭 - 교섭의 평가

③ 예비교섭 – 본교섭 – 교섭준비 – 마무리교섭 - 교섭의 평가

④ 교섭준비 – 본교섭 – 예비교섭 – 마무리교섭 - 교섭의 평가

4.2 노사관계론

1	2	3	4	5	6	7	8	9	10
③	②	②	②	①	④	①	②	①	②

11	12	13	14	15	16	17	18		
②	②	③	①	②	④	③	①		

01 ③ 노동(근로) 3권은 노동자가 헌법상의 기본권으로 가지는 세 가지 권리로 단결권, 단체교섭권, 단체행동권을 말한다.

02 ② 노동조합이란 근로자의 근로조건의 개선 및 경제적, 사회적 지위향상과 근로생활의 질 향상을 목적으로 근로자의 자주적으로 결성하는 단체라 할 수 있다.
- 단체교섭: 임금 및 승급 조건, 노동 시간에 대한 사용자와의 교섭
- 노동쟁의: 단체 교섭이 이루어지지 않았을 경우 사용자에 대한 대항
- 단체협약: 노사 간 의견 일치에 대한 협약

03 ②
[노동조합의 형태]
- 기업별 노동조합: 동일한 기업에 종사하는 근로자들로 조직되는 직장별 노동조합 형태
- 직업별 노동조합: 특정한 산업 혹은 기업과 무관하게 동일 직업이나 동일 직종에 종사하는 근로자들이 결성하는 노동조합 형태(역사적으로 가장 오래된 형태)
- 일반 노동조합: 산업이나 직업 및 기업과 무관하게 동일 지역에 있는 기업을 중심으로 조직되는 노동조합 형태
- 산업별 노동조합: 일정 산업에 종사하는 근로자들이 특정 기업이나 직종과 무관하게 조직하는 노동조합 형태

04 ② 기업에 대한 불매운동 행위는 보이콧에 대한 설명이며, 피케팅은 파업의 효율성을 위하여 피참여자에게 쟁의행위에 참여할 것을 호소하는 일련의 행위를 말한다.

05 ①
[단체교섭의 유형]
- 통일교섭: 노동조합의 대표와 이에 대응하는 사용자 단체와의 교섭방식
- 대각선교섭: 노동조합의 대표와 개별기업의 사용자대표 사이에 이루어지는 교섭방식
- 기업별교섭: 특정 기업 또는 사업장 단위로 조직된 노동조합의 대표와 기업의 사용자 대표사이의 교섭방식
- 공동교섭: 기업별 노동조합 또는 지부가 산업별 상부단체와 공동으로 사용자대표와 이루어지는 교섭방식
- 집단교섭: 복수의 기업별 노동조합이 복수기업의 사용자대표와 집단으로 이루어지는 교섭방식

06 ④
- 사용자 측의 노동쟁의 유형에는 직장폐쇄, 조업계속(대체고용) 등
- 근로자 측의 노동쟁의: 파업, 태업, 보이콧, 피케팅, 생산통제, 준비투쟁 등

07 ①
[노동쟁의 조정제도 유형]
- 조정: 중립적인 제 3자가 협상과정에서 발생하는 문제를 자주적으로 해결하도록 도움을 주는 형태
- 중재: 노동위원회가 중재위원회를 구성하여 노사 쌍방의 의견을 조율해 결과를 도출하는 형태
- 긴급조정: 노동쟁의에 대한 정부의 긴급조치 조정제도 이며, 노동부장관의 결정으로 중앙노동위원회가 쟁의행위를 중지시키는 형태

08 ②

[노동조합의 기본적인 형태]
- 클로즈드 숍: 노동조합의 조합원만 사용자에게 고용될 수 있는 제도
- 유니언 숍: 사용자가 비조합원을 채용할 수 있지만, 채용 후 일정기간 내에 노동조합에 가입되는 제도
- 오픈 숍: 사용자가 조합원이든 비조합원이든 자유롭게 근로자를 채용할 수 있는 제도
  노동조합의 변형적인 형태: 에이전시 숍, 메인터넌스 숍, 프리퍼렌셜 숍
- 에이전시 숍: 특정 노동조합의 가입을 강제하지 않지만, 비조합원에 대해서도 조합비에 해당하는 금액을 노동조합에 납입하도록 하는 제도
- 메인터넌스 숍: 노동조합에 가입된 이후 일정기간 동안은 노동조합원으로서 자격을 유지해야 하는 제도
- 프리퍼렌셜 숍: 종업원 채용 시 비조합원 보다는 조합원에게 고용상의 혜택을 부여하는 제도

09 ① 부당노동행위는 정당한 단체행동참가에 대한 해고 및 불이익대우: 근로자가 정당한 단체행위에 참가한 것을 이유로 하거나 또는 노동위원회에 대하여 사용자가 이 조의 규정을 위반한 것을 신고하거나 그에 관한 증언을 하거나 기타 행정관청에 증거를 제출한 것을 이유로 그 근로자를 해고하거나 그 근로자에게 불이익을 주는 행위를 의미한다.
[부당노동행위 유형]
- 불이익 대우: 사용자의 부당행위로 해고, 전근, 배치전환, 출근정지, 휴직 등이 근로자에게 불이익을 주는 경우
- 황견계약: 근로자가 노동조합에 가입하지 않거나, 탈퇴할 것을 고용조건으로 하여 근로자에게 불이익을 주는 경우
- 단체교섭 거부: 노동조합의 대표자 또는 노동조합원으로부터 위임받은 자와의 단체협약 체결, 기타의 단체교섭을 정당한 이유없이 거부하거나 방해하는 행위
- 지배·개입 및 경비원조: 사용자가 근로자의 노동조합의 조직 또는 운영을 지배하거나 이에 개입하는 행위와 노동조합의 전임자에게 급여를 지급하거나 노동조합의 운영비를 원조하는 행위

10 ②

[경영참가제도에는 자본참가(종업원지주제도, 스톡옵션), 이윤참가, 의사결정 참가 등이 있음]
- 종업원지주제도: 근로자가 자사의 주식을 취득, 보유하여 자본출자자로 기업경영에 참여하게 하는 제도
- 스톡옵션제도: 기업의 설립 혹은 기술혁신 등 기여종업원에게 일정수량의 주식을 낮은 가액으로 매입할 수 있도록 해주는 제도
- 이익(이윤)참가: 기업의 생산성 향상에 노동조합이 적극적으로 참여하고, 기업이 그 대가로 이익의 일부를 근로자에게 배분하는 제도

11 ② 비정규직 근로자 보호법의 대상이 되는 근로자는 기간제 근로자, 단시간 근로자, 파견 근로자이다.
- 의사결정 참가: 근로자 또는 노동조합이 기업경영상의 의사결정에 참가하는 것으로, 노사협의제도 및 노사공동결정제도 등이 있다.

12 ② 기본적 보상 외에 영업수익의 일부를 근로자에게 지급하는 임금형태로, 근로자들이 기업의 소유주처럼 생각하게 하는 제도는 성과배분제도 중 이윤분배제도에 대한 설명이다.
- 럭커플랜: 부가가치 증대를 목표로 하며, 노사협력체계의 의해 달성된 생산성 향상분을 노사간에 배분
- 순응임률제: 경제적 조건의 변화나 기업의 사정에 순응하여 임금률을 자동으로 반영하는 제도
- 임프로쉐어: 표준노동시간을 설정 후 그 시간을 줄인만큼을 이득으로 계산하여 일정 비율로 배분

13 ③ 단체협약의 효력중 조직적 효력에 대한 설명이다.
[단체협약의 효력]
- 규범적 효력: 단체협약 체결 당사자 간이 아닌 근로자와 사용자 간의 근로관계를 구속하는 효력
- 채무적 효력: 협약 당사자의 권리, 의무에 관한 조항을 의미
- 조직적 효력: 조직운영과 관련된 집단적 노사관계에 적용되면서도 개별적인 근로관계와 관련된 효력
- 지역적 구속력: 동일 지역의 동종 근로자에 대하여 단체협약의 효력을 확대 적용하는 효력
- 일반적 구속력: 단체협약의 규범적 효력을 확대 적용하는 하나의 공장이나 사업장을 단위로 한 동종의 과반수의 노동조합원에 대하여 적용하는 단체협약의 규범적 효력을 나머지 동종의 비조합 근로자에 대해서도 확대 적용하는 사업장 단위의 일반적 구속력

14 ① 노사협의제는 법적 구속력이 없는 합의이지만, 단체교섭은 단체협약을 체결하여 법적 효력이 존재한다.
  • 노사협의제: 노사가 함께 협의기구를 만들어 기업경영의 여러 문제를 노사공동으로 해결하기 위한 협의·자문제도
  • 단체교섭: 임금 및 승급 조건, 노동시간에 대한 사용자와의 교섭

15 ② 임금수준의 거래형태 중 보상을 노사 당사자 사이에서 권력과 영향력이 작용하여 결정되는 것으로 인식하는 정치적 거래에 대한 설명이다.
  • 윤리적 거래: 보상이 노사 당사자 간 경제원리와 협상에 의해 결정되기 보다는 윤리의식을 토대로 공정하게 교환되어야 한다고 인식
  • 사회적 거래: 보상을 조직과 개인이 관계를 맺음으로써 개인이 받게 되는 것으로 조직과 사회에 있어서 지위의 상징으로 인식
  • 심리적 거래: 노동을 임금과 교환하면서 얻는 만족감 등을 포함하는 일체의 만족감을 보상으로 인식

16 ④ 근로자가 자사의 주식을 취득, 보유하여 자본출자자로 기업경영에 참여하는 것은 종업원지주제도에 대한 설명이다.
  • 락커플랜: 부가가치 수준을 기준으로 성과급을 산정하는 제도
  • 스캔론플랜: 기업내 제안제도와 참여 중심으로 성과급을 산정하는 제도
  • 스톡옵션 제도: 주식매입선택권이라고 하며, 기업의 설립 혹은 기술혁신 등 기여 종업원(임직원)에게 일정 수량의 주식을 낮은 가액으로 매입할 수 있도록 해주는 제도

17 ③ 종업원지주제도는 근로자가 자사의 주식을 취득, 보유하여 자본출자자로 기업경영에 참여하게 하는 제도이며, 경영참가제도 중 간접참가 유형에 해당한다.

18 ① 단체교섭은 '교섭준비 ➜ 예비교섭 ➜ 본교섭 ➜ 마무리교섭 ➜ 교섭평가' 순으로 진행된다.

제3부

핵심ERP 이해와 활용

알고가자! 핵심ERP 설치와 DB관리

❶ 시스템 운영환경

구 분	권장사항
설치 가능 OS	Microsoft Windows 10 이상의 OS (Window XP, Vista, Mac OS X, Linux 등 설치 불가)
CPU	Intel Core2Duo / i3 1.8Ghz 이상의 CPU
Memory	4GB 이상의 Memory
DISK	10GB 이상의 C:₩ 여유 공간

※ 위 최소 요구 사양에 만족하지 못하는 경우 핵심ERP 설치 진행이 불가능합니다.

❷ 핵심ERP 설치

(1) iCUBE 핵심ERP$_{v2.0}$ 설치 파일 폴더에서 [CoreCubeSetup.exe]를 더블클릭하면 설치가 시작된다.

(2) 진행을 하면 아래와 같이 [핵심ERP 설치 전 사양 체크] 프로그램이 자동으로 실행된다. 설치 전 사양체크가 완료되면 바로 핵심 ERP설치가 진행된다.

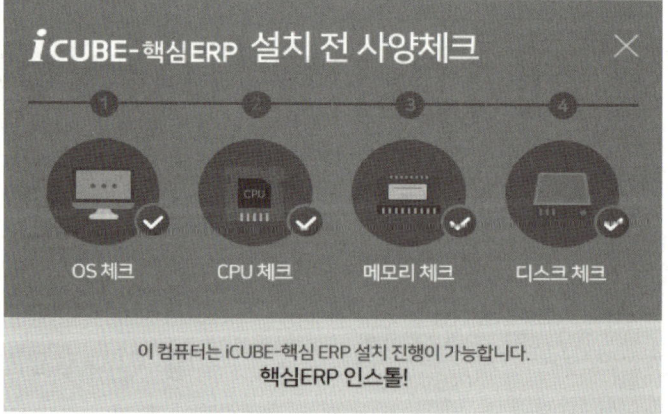

※ ①단계 ~ ④단계까지 모두 충족하지 않으면 핵심ERP 설치 진행이 불가능하다. 모두 만족하면 하단에 '이 컴퓨터는 iCUBE-핵심 ERP 설치 진행이 가능합니다. 핵심ERP 인스톨!'을 확인할 수 있다.

(3) iCUBE 핵심ERP$_{v2.0}$ 사용권 계약의 동의를 위해 [예]를 클릭한다.

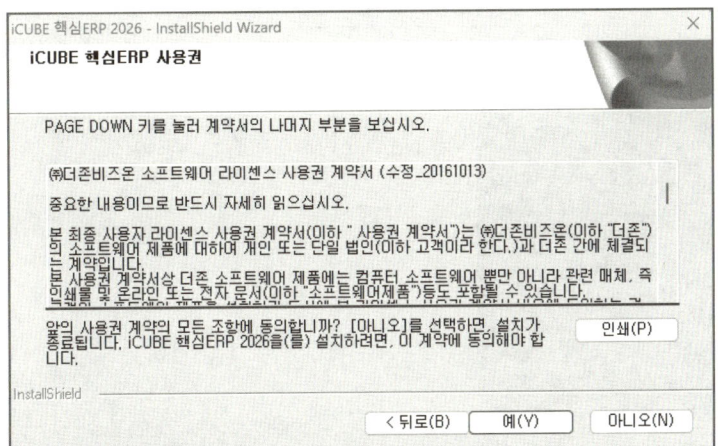

(4) DBMS(SQL Server 2008 R2)의 설치는 시스템 환경에 따라 몇 분간 소요된다. 만약 SQL Server 2008 R2가 설치되어 있다면 iCUBE-핵심ERP$_{v2.0}$ DB 및 Client 설치단계로 자동으로 넘어간다.

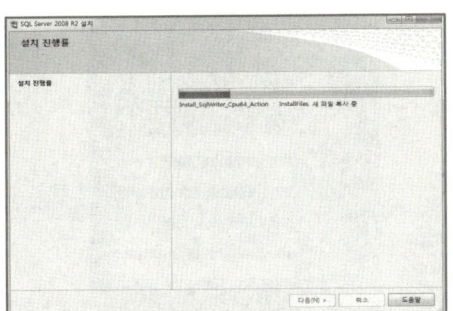 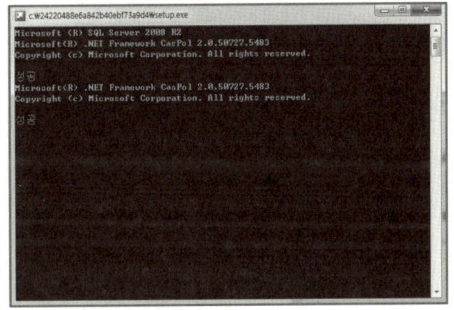

(5) iCUBE 핵심ERP$_{v2.0}$ DB 및 Client 설치가 진행된다.

(6) iCUBE 핵심ERP$_{v2.0}$ DB 및 Client 설치가 완료되면 [완료]를 클릭한다.

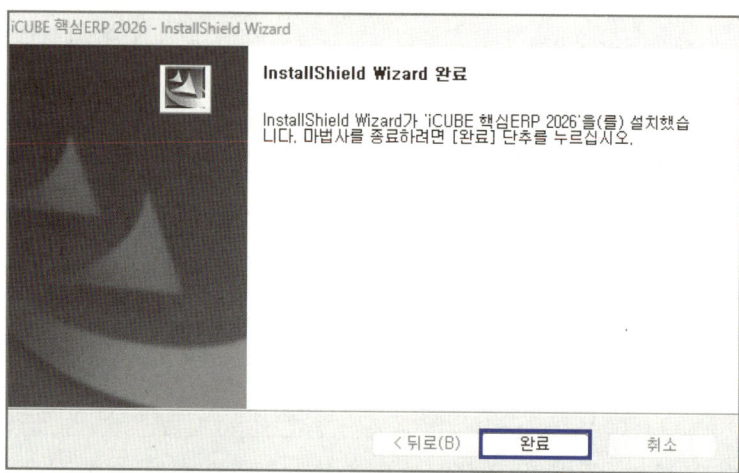

(7) iCUBE 핵심ERP$_{v2.0}$ 프로그램 로그인 화면이 실행되는지 확인한다.

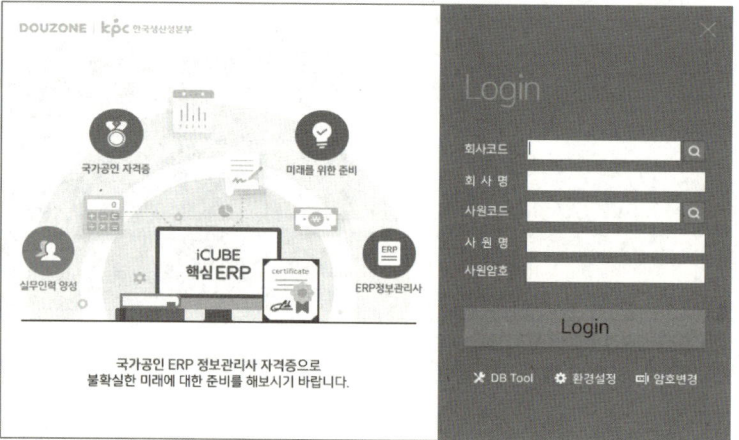

❸ 핵심ERP 실행오류 처리 방법

(1) 로그인 화면에서 회사코드 찾기 아이콘(🔍)을 클릭했을 때 아래의 오류메세지 확인

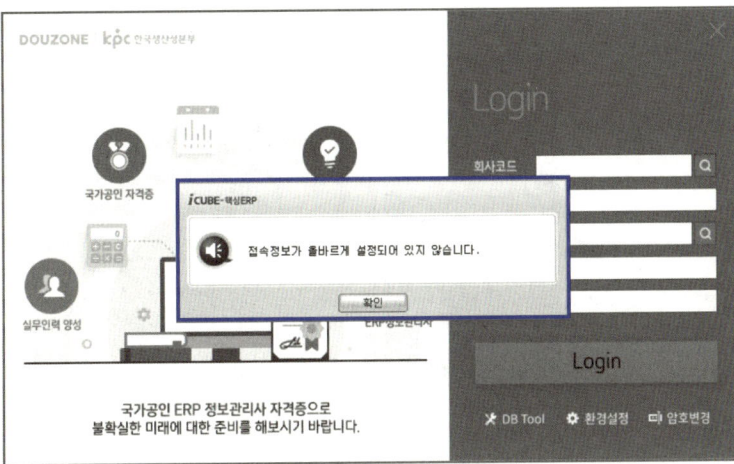

(2) i cube 핵심ERP$_{v2.0}$ 설치 파일 폴더 내 [UTIL] 폴더의 [CoreCheck.exe] 파일을
더블클릭한다. [×] 아이콘을 클릭해 모두 [○] 아이콘으로 변경한 후 프로그램을
실행하면 로그인이 가능하다.

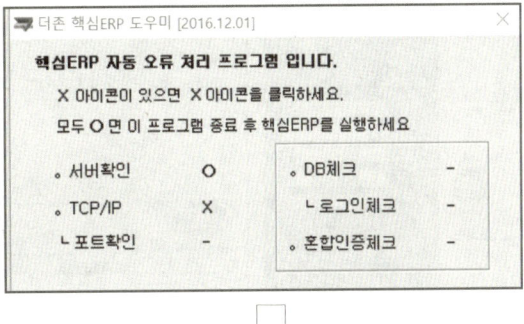

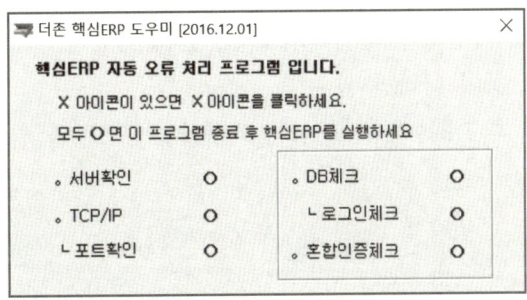

④ 핵심ERP DB관리

(1) DB 백업 방법

① 로그인 창에서 [DB TOOL]을 클릭하여 [DB백업]을 선택한다.

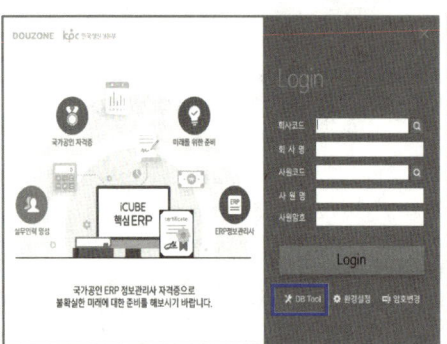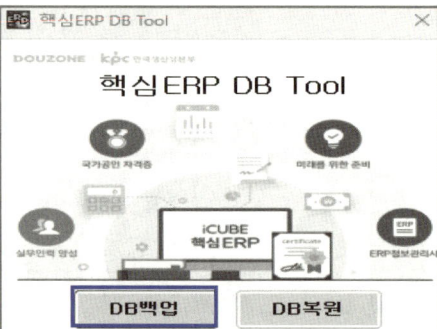

② 백업 경로와 폴더명이 나타나며 [확인]을 클릭하면, 백업이 진행된다.

③ DB 백업이 완료된 후 [확인]을 클릭하면 백업폴더로 이동할 수 있다.

(2) DB 복원 방법

① 로그인 창에서 [DB TOOL]을 클릭하여 [DB복원]을 선택한다.

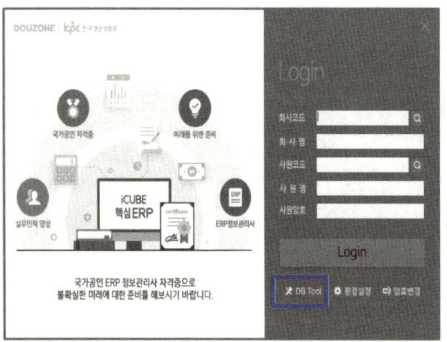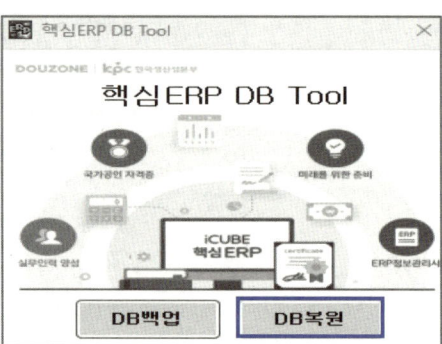

② 복원폴더 지정 및 파일명을 선택하고 [확인]을 클릭한다. 현재 연결중인 DB는 삭제된다는 경고 창이 나타난다.

③ DB 복원 진행한 후 DB복원 완료 창이 나타나면 [확인]을 클릭한다.

알고가자! 핵심ERP 구성

❶ 핵심ERP 모듈 구성

한국생산성본부에서 주관하는 ERP 정보관리사 자격시험의 수험용 프로그램인 i cube-핵심ERP$_{v2.0}$은 (주)더존비즈온에서 개발하여 공급하고 있다.

교육용 버전인 i cube-핵심ERP$_{v2.0}$은 실무용 버전과 기능상의 차이는 다소 있지만 모듈별 프로세스 차이는 거의 없기 때문에 혼란을 야기하지는 않는다.

i cube-핵심ERP$_{v2.0}$은 아래의 그림과 같이 물류, 생산, 회계, 인사모듈로 구성되어 있으며 각 모듈의 업무프로세스와 기능들은 모듈 간 유기적으로 서로 연계되어 있다.

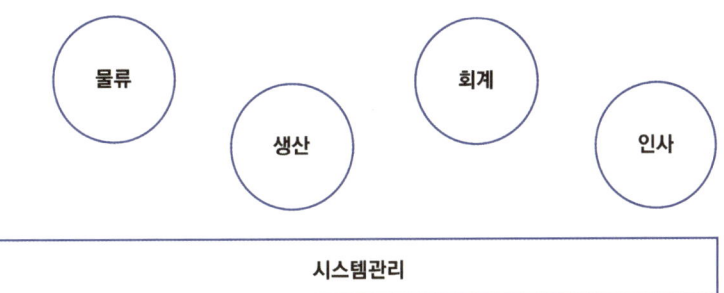

❷ 핵심ERP 화면 구성

i cube-핵심ERP$_{v2.0}$의 화면구성은 사용자의 관점에서 매우 편리하도록 구성되어 있다. 메인화면 좌측에는 전체 메뉴리스트와 함께 최근메뉴보기, 메뉴찾기 등 편의기능들이 위치하며, 우측 상단부에는 데이터를 검색할 수 있는 다양한 조회조건들이 존재한다. 그리고 데이터의 입력화면은 대부분 헤드(상단)부분과 디테일(하단)부분으로 나누어진다.

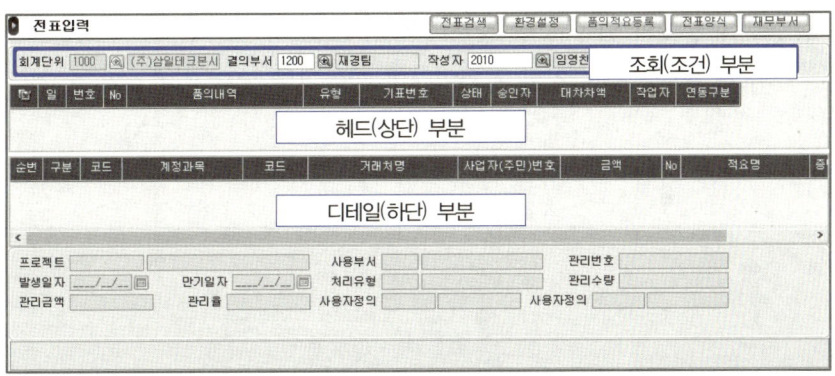

❸ 아이콘 설명

명 칭	아이콘	단축키	기능 설명
닫기	닫기	Esc	화면을 닫는다.
코드도움	코드도움	F2	해당코드 도움창이 열린다.
삭제	삭제	F5	선택한 라인을 삭제한다.
조회	조회	F12	조회조건에 해당하는 데이터를 불러온다.
인쇄	인쇄	F9	선택한 정보를 인쇄하기 위해 인쇄 도움창이 열린다.
화면분할	화면분할		현재 화면만 별도의 화면으로 분리한다.
정보	정보		현재 화면에 대한 프로그램 정보를 보여준다.

❹ 기타 특이사항

(1) 입력데이터 저장방법

핵심ERP는 몇몇 메뉴를 제외하고는 별도의 [저장] 아이콘을 찾아볼 수가 없다. 메뉴를 실행하였을 때 우측 상단에 [저장] 아이콘이 있을 경우에는 [저장] 아이콘을 클릭하여 저장할 수 있지만 대부분의 메뉴에서 입력된 데이터를 저장하는 방법은 다음과 같다.

① 마지막 입력 항목에서 엔터나 마우스를 이용해 다음 필드로 넘어가면 자동 저장된다.

② 데이터 입력 후 상단의 [조회]를 클릭하면 저장의 유무를 묻는 팝업창이 띄워진다.

(2) R-Click 기능

핵심ERP 대부분의 메뉴 실행 상태에서 마우스 오른쪽 버튼을 누르면 데이터 변환, 클립보드 복사 등 다양한 편의기능이 제공된다. 이것을 R-Click 기능이라고 한다.

핵심ERP Master DB설정

01 실습회사 개요

02 회사등록 정보

01 실습회사 개요

필요 지식

(주)삼일테크는 2011년 5월에 설립되어 주로 스마트폰을 제조하여 판매하면서 스마트폰과 관련된 각종 악세서리를 판매하는 기업이다.

본점은 서울 용산구에 위치하고 있으며, 본점에서는 생산업무를 제외한 대부분의 경영활동이 이루어지고 있고, 생산업무는 주로 대구지사에서 담당하고 있다.

(주)삼일테크는의 조직구성은 아래와 같다.

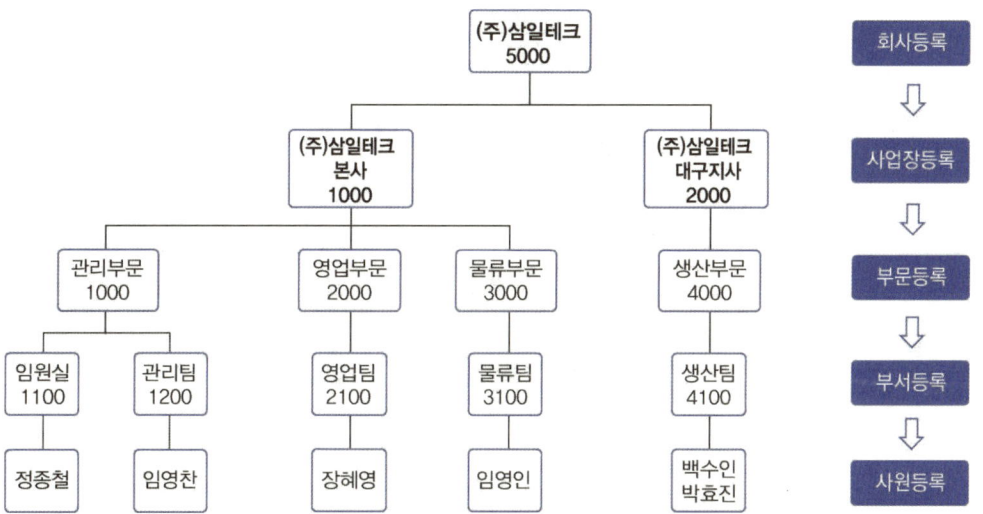

참고 조직의 구성도는 핵심ERP의 실습을 위한 중요한 정보이기 때문에 반드시 이해하여야 한다.

개념 익히기

핵심ERP의 조직구성 프로세스는 반드시 다음의 순서대로 진행하여야 한다.

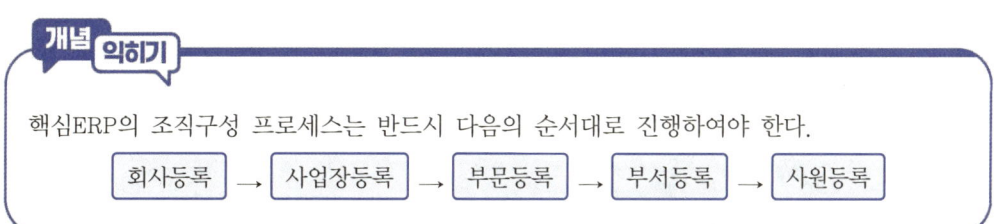

02 회사등록 정보

회사등록

필요 지식

핵심ERP 설치 후 최초의 회사등록을 위해서는 우선적으로 다음과 같이 시스템관리자로 로그인하여야 한다.

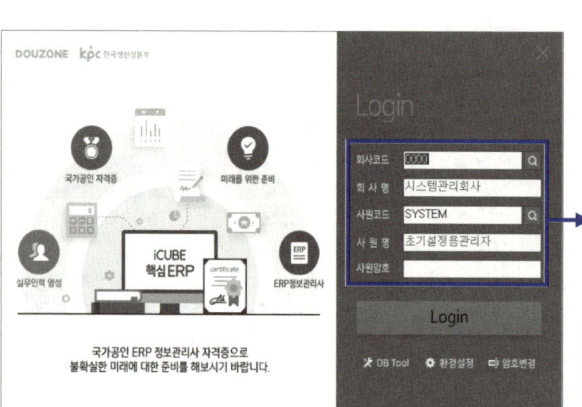

'시스템관리회사' 로그인

바탕화면 🏠 를 더블클릭한다.

❶ 회사코드: '0000'
❷ 사원코드: 대문자 'SYSTEM'
❸ 사원암호: 대문자 'SYSTEM'
　　입력 후 Login을 클릭

프로그램에 최초 로그인하기 위해서 '0000.
시스템관리회사'의 시스템관리자로 로그인
하여야 한다.

개념 익히기

핵심ERP 설치 후 최초 회사등록의 경우에만 회사코드 '0000'으로 로그인이 가능하다.
시스템관리자는 관리자 권한의 계정으로서 핵심ERP 운용을 위한 초기설정 등을 담당한다.

수행 내용 회사등록

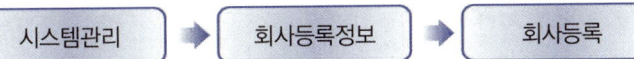

시스템관리 ➡ 회사등록정보 ➡ 회사등록

 (주)삼일테크는 전자제품 제조업을 영위하는 법인으로서 회계기간은 제16기(2026년 1월 1일 ~ 2026년 12월 31일)이다. 다음의 사업자등록증을 참고하여 회사등록 작업을 수행하시오.

- 회사코드: 5000
- 대표자 주민등록번호: 750914 – 1927313
- 설립연월일과 개업연월일은 동일하다.

사업자 등록증
(법인 사업자)
등록번호: 106 – 81 – 11110

법 인 명 (단체명): (주)삼일테크

대　　표　　자: 정종철

개 업 연 월 일: 2011년 5월 1일

법 인 등 록 번 호: 100121 – 2711413

사 업 장 소 재 지: 서울특별시 용산구 녹사평대로11길 30 (서빙고동)

사 업 의 종 류: 업태 제조, 도소매　　종목 전자제품 외

교 부 사 유: 정정교부

2016년 1월 4일
용산 세무서장 (인)

수행 결과 **회사등록**

❶ 핵심ERP 메인화면 좌측 상단의 시스템관리 모듈을 클릭한 후 회사등록정보 폴더의 회사등록 메뉴를 실행한다.

❷ 사업자등록증을 참고하여 [기본등록사항] TAB의 해당 항목에 입력한다.

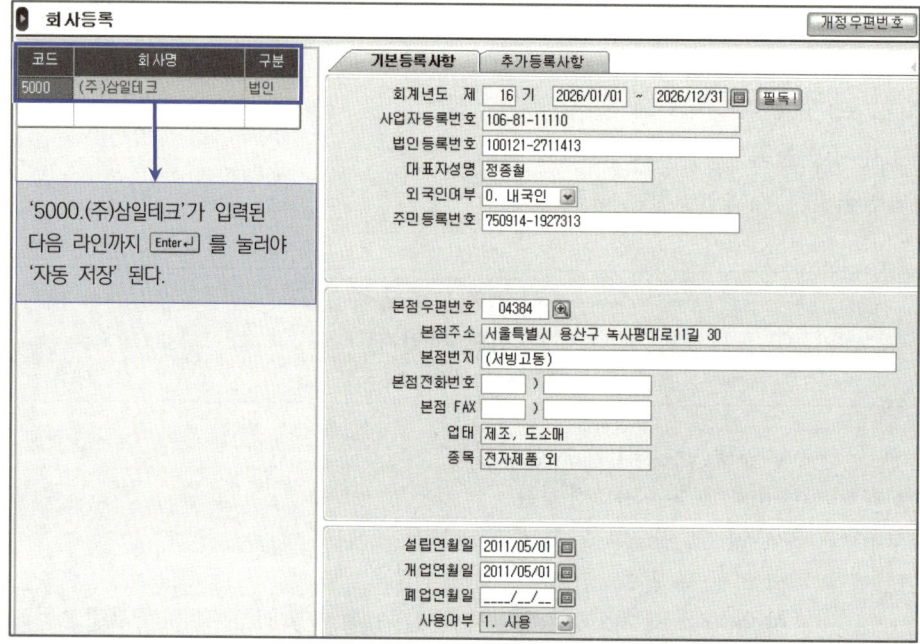

🔖 주요항목 설명

❶ 회사코드: 0101~9998 범위 내에서 숫자 4자리를 입력할 수 있다.

❷ 회계년도: 회사를 설립한 해가 1기이며, 그 다음 해는 2기로 매년 1기씩 증가한다.

❸ 사업자등록번호: 번호 오류 자동체크 기능이 있어 오류 입력 시 빨간색으로 표시된다.

❹ 주민등록번호: 번호 오류 자동체크 기능이 있어 오류 입력 시 빨간색으로 표시된다.

개념 익히기

- 회사등록 정보를 저장하기 위해서는 입력 화면 마지막(사용여부) 항목까지 [Enter↵]를 하여 5000번 다음 라인으로 넘어가야 자동 저장이 된다. 그렇지 않으면 입력된 데이터가 저장되지 않고 사라진다.
- 저장 후 회사명 등 다른 내용은 수정이 가능하지만, 회사코드는 수정이 불가능하다.
- 핵심ERP 입력항목 중 배경색이 노란색인 경우는 필수 입력 항목에 해당한다.

2.2 사업장등록

필요 지식

법인은 사업장 소재지가 다른 복수 사업장을 운영할 수 있다. 다양한 법률이나 기업환경 등에 따라 법인의 통합관리 또는 사업장별 분리관리가 필요하다. 우리나라 부가가치세법에서는 사업장별 과세제도를 채택하고 있다. 따라서 법인은 사업장별 사업자등록증을 근거로 핵심ERP에 사업장을 별도로 등록하여야 한다.

사업장등록을 위해 로그아웃 후 (주)삼일테크의 시스템관리자로 로그인한다.

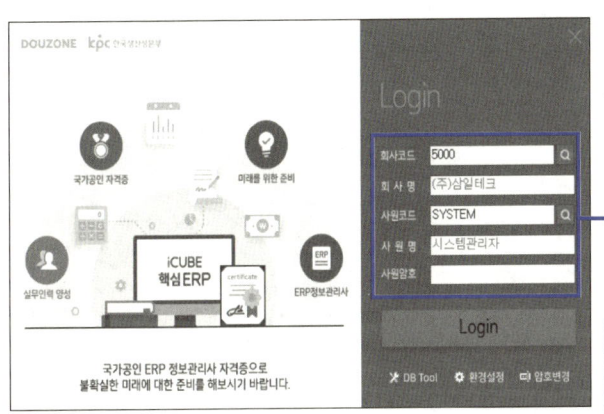

'(주)삼일테크'로 로그인

바탕화면 를 더블클릭한다.

❶ 회사코드: '5000'
❷ 사원코드: 대문자 'SYSTEM'
❸ 사원암호: 대문자 'SYSTEM'
　 입력 후 Login을 클릭

회사등록 후 사업장등록을 위해 로그아웃 후, '5000.(주)삼일테크'의 시스템관리자로 다시 재로그인 한다.

수행 내용　사업장등록

시스템관리　➡　회사등록정보　➡　사업장등록

(주)삼일테크는 서울에 본점을 두고 대구에 지사가 있다. 대구지사(사업장코드 2000)의 사업자등록증과 사업장 관련 추가 사항을 참고하여 본사와 대구지사의 사업장등록 작업을 수행하시오.

사업자 등록증
(법인 사업자)
등록번호: 514-85-27844

법인명 (단체명): (주)삼일테크 대구지사
대   표   자 : 정종철
개 업 연 월 일 : 2013년 8월 1일
법 인 등 록 번 호 : 100121-2711413
사 업 장 소 재 지 : 대구광역시 달서구 선원로10길 11 (신당동)
사 업 의 종 류 : 업태 제조   종목 전자제품 외
교 부 사 유 : 신규

2013년 8월 1일
남대구 세무서장 (인)

- 본사 및 지사의 이행상황신고구분: 반기
- 본사 및 지사의 주업종코드: 322001(제조업)
- 지방세신고지 및 법인구분

구분	본사	지사
지방세신고지	용산구 서빙고동	달서구 신당동
법인구분	주식회사 00	주식회사 00

- 본사에서 부가가치세 총괄납부(승인번호: 202679)

개념 익히기

● 원천징수이행상황신고서

원천징수의무자는 소득을 지급할 때 징수한 원천세를 익월 10일까지 함께 신고·납부하고, 원천징수이행상황신고서를 관할 세무서에 제출하여야 한다.
➡ 월별 신고가 원칙이지만, 상시고용인원 20인 이하의 사업장은 관할 세무서의 승인을 얻은 후 반기신고가 가능하다.

수행 결과 　**사업장등록**

❶ (주)삼일테크 시스템관리자로 로그인 후 사업장등록 메뉴를 실행하면 기본적으로 본사 사업장 코드는 '1000'번으로 자동 등록되며, 본사 관할 세무서 코드(106. 용산)를 조회하여 추가 입력 하고, 이행상황신고구분(1.반기)을 선택한다.

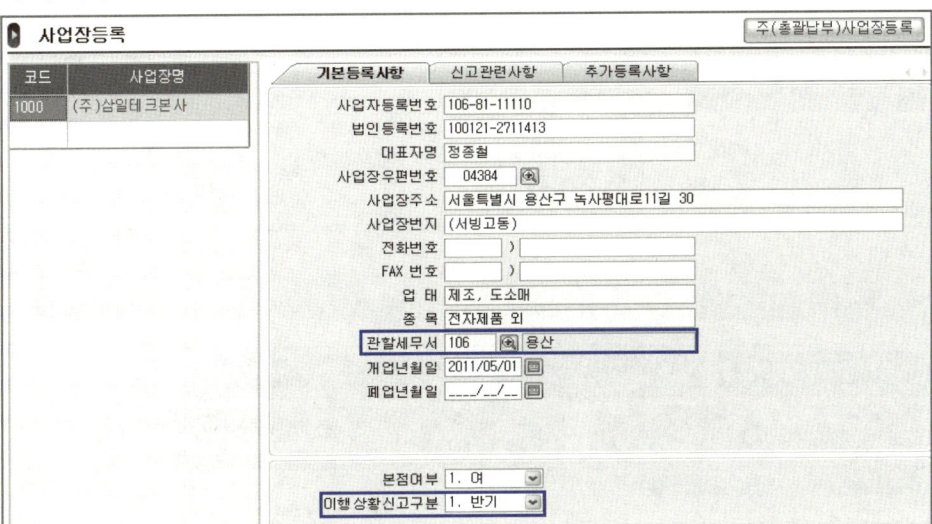

❷ 대구지사의 사업장코드를 '2000'번을 등록하고 사업자등록증 내용을 입력한다.

핵심ERP실무

❸ [신고관련사항] TAB에서 주업종코드와 지방세신고지(주소의 '동' 검색)를 입력한다.

사업장등록　　　　　　　　　　　　　　　　　　　주(총괄납부)사업장등록

코드	사업장명		
1000	(주)삼일테크본사	기본등록사항	**신고관련 사항**	추가등록사항
2000	(주)삼일테크 대구지사		

　　주업종코드 322001 🔍 제조업
　　지방세신고지(행정동) 1117069000 🔍 용산구청
　　지방세신고지(법정동) 1117013300 🔍 서울특별시 용산구 서빙고
　　지방세개인법인구분 22 🔍 주식회사00

사업장등록　　　　　　　　　　　　　　　　　　　주(총괄납부)사업장등록

코드	사업장명		
1000	(주)삼일테크본사	기본등록사항	**신고관련 사항**	추가등록사항
2000	(주)삼일테크 대구지사		

　　주업종코드 322001 🔍 제조업
　　지방세신고지(행정동) 2729058500 🔍 달서구청
　　지방세신고지(법정동) 2729010700 🔍 대구광역시 달서구 신당동
　　지방세개인법인구분 22 🔍 주식회사00

❹ 우측 상단의 주(총괄납부)사업장등록 을 클릭하여 부가가치세 총괄납부 관련 정보를 입력한다.

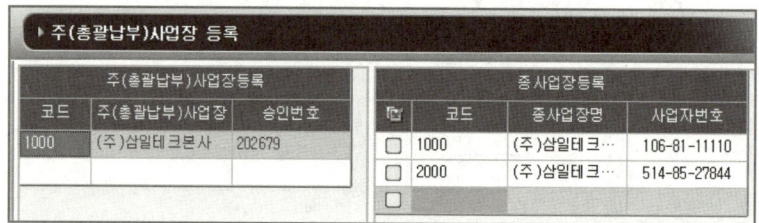

▶ 주(총괄납부)사업장 등록

주(총괄납부)사업장등록			종사업장등록			
코드	주(총괄납부)사업장	승인번호	전	코드	종사업장명	사업자번호
1000	(주)삼일테크본사	202679	☐	1000	(주)삼일테크…	106-81-11110
			☐	2000	(주)삼일테크…	514-85-27844
			☐			

개념 익히기

🔵 **주사업장총괄납부제도**

사업자에게 둘 이상의 사업장이 있는 경우에 정부의 승인을 얻어 부가가치세의 납부를 각각의 사업장마다 납부하지 아니하고, 주된 사업장에서 다른 사업장의 납부세액까지를 일괄하여 납부 또는 환급할 수 있게 하는 제도이다.

➡ 부가세 신고는 각 사업장에서, 세액의 납부(또는 환급)만 주된 사업장에서 한다.

🔵 **사업지단위과세제도**

사업자단위과세제도는 사업자가 여러 사업장을 소유하고 있는 경우, 주된 사업장에서 사업자 등록을 하나만 하여 신고와 납부를 할 수 있는 제도이다. 즉 각 지점의 사업자등록번호는 말소되고, 주된 사업장의 사업자등록번호로 모든 사업장의 세금계산서를 발급 및 수취하는 제도이다.

➡ 사업자등록, 세금계산서 발급, 신고·납부(환급) 모두 주된 사업장에서 한다.

출제유형 ···▶ **회사등록정보(사업장등록)**

문1) 핵심ERP를 사용하기 위해서는 가장 먼저 회사의 조직을 등록해야 한다. 다음 중 등록 프로세스를 올바르게 나열한 것은?

① 회사등록 → 사업장등록 → 부서등록 → 부문등록 → 사원등록
② 회사등록 → 사업장등록 → 부문등록 → 부서등록 → 사원등록
③ 회사등록 → 부문등록 → 사업장등록 → 부서등록 → 사원등록
④ 회사등록 → 부서등록 → 사업장등록 → 부문등록 → 사원등록

문2) (주)삼일테크의 부가가치세신고와 관련된 [세무서코드/주업종코드/전자신고ID]를 설정하려고 한다. 다음 중 실행해야 할 메뉴는 무엇인가?

① 회사등록   ② 사업장등록
③ 시스템환경설정   ④ 부가세관리

문3) (주)삼일테크 대구지사의 관할세무서와 지방세신고지(행정동)로 올바른 것은?

① 용산세무서 – 용산구청   ② 용산세무서 – 달서구청
③ 남대구세무서 – 용산구청   ④ 남대구세무서 – 달서구청

문4) ㈜삼일테크본사와 대구지사 사업장에 대한 다음 설명 중 올바르지 않은 것은?

① ㈜삼일테크본사는 본점에 해당하며, 이행상황신고구분은 '반기'이다.
② ㈜삼일테크는 본사와 대구지사의 부가가치세를 본사에서 총괄납부 하고 있다.
③ ㈜삼일테크 대구지사의 이행상황신고구분은 '월별'이다.
④ ㈜삼일테크 대구지사의 주업종코드는 '제조업(322001)'이다.

핵심ERP실무

2.3 부서등록

부서는 회사 업무의 범주를 구분하는 중요한 그룹단위라고 할 수 있으며, 핵심ERP에서 등록된 부서는 추후 부서별 판매 및 구매현황, 부서별 손익계산서 등 다양한 형태의 보고서로 집계될 수 있다.

수행 내용 **부서등록**

시스템관리 ➡ 회사등록정보 ➡ 부서등록

다음의 사항을 참고하여 (주)삼일테크의 부문등록과 부서등록 작업을 수행하시오.

구 분	부문코드	부문명	사용기간
부 문	1000	관리부문	2011/05/01~
	2000	영업부문	2011/05/01~
	3000	물류부문	2011/05/01~
	4000	생산부문	2013/08/01~

참고 [부서등록] 작업 이전에 [부문등록] 작업이 선행되어야 한다.

구 분	부서코드	부서명	사업장	부문명	사용기간
부 서	1100	임원실	본사(1000)	관리부문(1000)	2011/05/01 ~
	1200	관리팀	본사(1000)	관리부문(1000)	2011/05/01 ~
	2100	영업팀	본사(1000)	영업부문(2000)	2011/05/01 ~
	3100	물류팀	본사(1000)	물류부문(3000)	2011/05/01 ~ 2026/11/30
	4100	생산팀	대구지사(2000)	생산부문(4000)	2013/08/01 ~

* 물류팀은 2026년 12월 1일부로 영업팀으로 통합되어 운영된다.

수행 결과 **부서등록**

❶ 부서등록 메뉴의 화면 우측 상단 부문등록 클릭하여 부문을 등록하고 확인을 누른다.

❷ 부문을 등록한 후 부서를 등록한다.

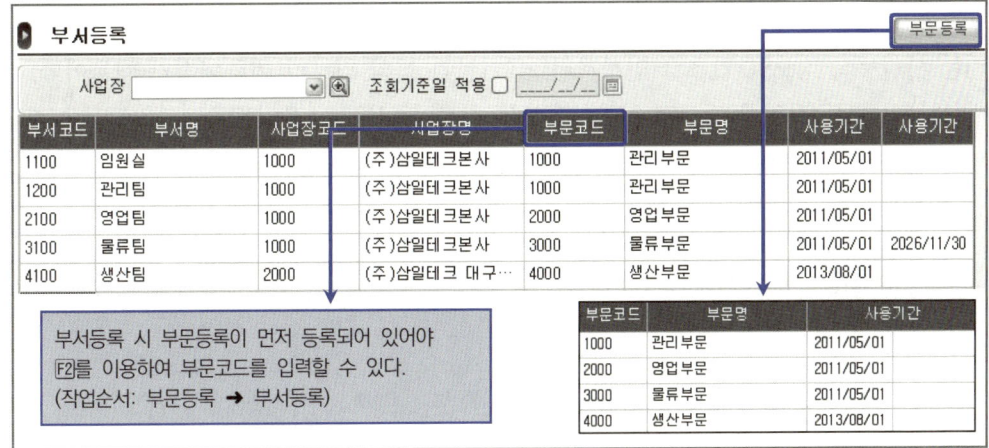

부서코드	부서명	사업장코드	사업장명	부문코드	부문명	사용기간	사용기간
1100	임원실	1000	(주)삼일테크본사	1000	관리부문	2011/05/01	
1200	관리팀	1000	(주)삼일테크본사	1000	관리부문	2011/05/01	
2100	영업팀	1000	(주)삼일테크본사	2000	영업부문	2011/05/01	
3100	물류팀	1000	(주)삼일테크본사	3000	물류부문	2011/05/01	2026/11/30
4100	생산팀	2000	(주)삼일테크 대구…	4000	생산부문	2013/08/01	

부서등록 시 부문등록이 먼저 등록되어 있어야
F2를 이용하여 부문코드를 입력할 수 있다.
(작업순서: 부문등록 ➜ 부서등록)

부문코드	부문명	사용기간
1000	관리부문	2011/05/01
2000	영업부문	2011/05/01
3000	물류부문	2011/05/01
4000	생산부문	2013/08/01

참고 부문코드번호와 부서코드번호는 저장 시 삭제는 가능하지만, 수정이 불가능 하므로 입력시 유의
하여야 한다.

개념 익히기

• 핵심ERP에서 등록된 부문명 및 부서명, 사원명, 품목명 등의 명칭은 언제든지 수정할 수
있지만, 이에 따른 코드는 수정할 수 없으며, 관련 데이터가 발생한 후에는 삭제할 수도
없다.
• 저장 후 관련 데이터가 발생한 상태에서 삭제가 필요하다면, 진행되었던 프로세스의 역순
으로 삭제 및 취소 후 저장한 데이터를 삭제할 수 있다.

2.4 사원등록

필요 지식

사원등록은 회사에 소속된 전 직원을 등록하여야 한다. 그 이유는 핵심ERP 인사모듈에서는 사원등록 정보를 기초로 인사관리, 급여관리 등의 업무가 이루어지기 때문이다. 다만 회사의 모든 직원이 핵심ERP를 사용하는 것은 아니므로, 사원등록 시 소속부서, 입사일, 핵심ERP의 사용자여부와 입력방식, 조회권한 등을 결정하여 등록하여야 한다.

수행 내용 사원등록

시스템관리 ➡ 회사등록정보 ➡ 사원등록

다음의 사항을 참고하여 (주)삼일테크의 사원등록 작업을 수행하시오.

사원코드	사원명	부서명	입사일	사용자 여부	인사 입력방식	회계 입력방식	조회권한
1010	정종철	임원실(1100)	2011/05/01	여	미결	미결	회사
2010	임영찬	관리팀(1200)	2011/05/01	여	승인	수정	회사
3010	장혜영	영업팀(2100)	2012/07/01	여	미결	승인	사업장
4010	임영인	물류팀(3100)	2012/07/01	여	미결	미결	부서
5010	백수인	생산팀(4100)	2016/08/01	여	미결	미결	사업장
5020	박효진	생산팀(4100)	2020/08/01	부	미결	미결	미사용

* 품의서권한과 검수조서권한은 '미결'로 설정한다.

개념 익히기

● 조회권한

구분	세 부 내 용
회사	회사의 모든 데이터를 입력 및 조회할 수 있다.
사업장	로그인한 사원이 속한 사업장의 데이터만 입력 및 조회할 수 있다.
부서	로그인한 사원이 속한 부서의 데이터만 입력 및 조회할 수 있다.
사원	로그인한 사원 자신의 정보만 입력 가능하며, 그 데이터만 조회할 수 있다.
미사용	ERP 로그인이 불가능하여 접근이 통제된다.

● 회계입력방식

구분	세 부 내 용
미결	회계모듈 전표입력 시 자동으로 미결전표가 생성되며, 승인권자 혹은 수정권자의 승인처리를 통해 승인전표로 변경 가능
승인	회계모듈 전표입력 시 자동으로 승인전표가 생성되며, 전표를 수정 및 삭제하고자 할 경우 승인해제를 통해 미결전표로 변경 후 수정이 가능
수정	회계모듈 전표입력 시 자동으로 승인전표가 생성되며, 승인해제를 하지 않아도 전표를 수정 및 삭제 가능

핵심ERP실무

수행 결과 | 사원등록

화면상단의 부서검색 조건을 비워두고 조회한 후 사원등록 정보를 입력한다.

사원코드	사원명	사원명(영문)	부서코드	부서명	입사일	퇴사일	사용자여부	암호	인사입력방식	회계입력방식	조회권한	품의서권한	검수조서권한
1010	정종철		1100	임원실	2011/05/01		여		미결	미결	회사	미결	미결
2010	임영찬		1200	관리팀	2011/05/01		여		승인	수정	회사	미결	미결
3010	장혜영		2100	영업팀	2012/07/01		여		미결	승인	사업장	미결	미결
4010	임영인		3100	물류팀	2012/07/01		여		미결	미결	부서	미결	미결
5010	백수인		4100	생산팀	2016/08/01		여		미결	미결	사업장	미결	미결
5020	박효진		4100	생산팀	2020/08/01		부		미결	미결	미사용	미결	미결

참고 부서란에 Space bar를 누른 후 공란 상태에서 조회한 후 사원등록 정보를 입력하고, 사원코드 번호는 저장 시 삭제는 가능하지만, 수정이 불가능 하므로 입력시 유의 하여야 한다.

주요항목 설명

❶ 사용자여부: ERP운용자는 '여', ERP운용자가 아니면 '부'로 설정한다.

❷ 퇴사일: 퇴사일은 시스템관리자만 입력할 수 있으며, 퇴사일 이후에는 시스템 접근이 제한된다.

❸ 암호: ERP로그인 시 필요한 암호를 설정할 수 있다.

❹ 인사입력방식: 급여마감에 대한 통제권한이다. 승인권자는 최종급여를 승인 및 해제할 수 있다.

❺ 회계입력방식: 회계모듈 전표입력 방식에 대한 권한을 설정한다.

❻ 조회권한: ERP 데이터 조회권한을 설정한다.

❼ 품의서 및 검수조서권한: 실무에서 사용되는 그룹웨어나 자산모듈 운용과 관련된 기능으로서 핵심ERP에서는 활용되지 않는 기능이다.

출제유형 ···▶ **회사등록정보(부서&사원등록)**

문1) ㈜삼일테크본사에 소속된 부서 중 2026년 12월 1일 현재 사용중인 부서는 모두 몇 곳인가?

① 1곳   ② 3곳   ③ 4곳   ④ 5곳

문2) 물류팀 임영인 사원의 장부 조회권한은 무엇인가?

① 사원   ② 부서   ③ 사업장   ④ 회사

문3) ㈜삼일테크에 소속된 사원들의 조회권한에 대한 설명 중 올바르지 않은 것은?

① 본사 관리팀 임영찬 사원은 모든 사업장의 정보를 조회할 수 있다.
② 본사 영업팀 장혜영 사원은 본사 사업장의 정보는 조회 할 수 있으나, 대구지사 사업장의 정보는 조회 할 수 없다.
③ 본사 물류팀 임영인 사원은 조회권한이 '부서'이므로, 모든 부서의 정보를 조회 할 수 있다.
④ 대구지사 생산팀 백수인 사원은 대구지사 사업장의 정보는 조회 할 수 있으나, 본사 사업장의 정보는 조회 할 수 없다.

문4) 정종철 임원의 전표입력 방식에 대해서 바르게 설명한 것은?

① 모든 전표에 대해서 수정 및 삭제가 불가능하다.
② 전표상태에 상관없이 모든 전표 수정이 가능하다.
③ 승인 전표의 경우 수정권자의 승인해제 작업 후 수정 및 삭제할 수 있다.
④ 미결 및 승인전표 삭제시 전표의 승인해제 작업 없이 삭제할 수 있다.

2.5 시스템환경설정

필요 지식

　시스템환경설정 메뉴는 핵심ERP를 본격적으로 운용하기 전에 회사의 상황에 맞도록 각 모듈 및 공통적인 부문의 옵션(파라미터)을 설정하는 메뉴이다. 예를 들어 본·지점회계 사용 여부의 결정, 유형자산의 감가상각비 계산방식, 수량 소수점 자릿수 등 다양한 항목들에 대하여 설정하는 부분이다.

　시스템환경설정에서 설정된 항목은 추후 ERP 운용프로세스에도 영향을 미치므로 신중하게 고려하여야 하며, 시스템환경설정을 변경한 후 적용을 위해서는 반드시 [재로그인]을 하여야 한다.

수행 내용　시스템환경설정

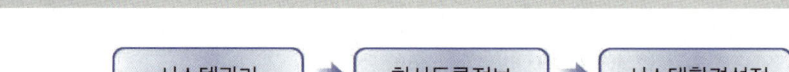

시스템관리 ➡ 회사등록정보 ➡ 시스템환경설정

다음을 참고하여 (주)삼일테크의 ERP 시스템 운용을 위한 적절한 환경설정 작업을 수행하시오.

조회 구분	코드	설 정 내 용
공통	01	본점과 지점의 회계는 구분하지 않고 통합적으로 관리하고 있다.
	03	원화 단가에 대한 소수점은 사용하지 않는다.
인사	02	더존 SMART 연말정산을 사용한다.

수행 결과　시스템환경설정

시스템환경설정

조회구분 1. 공통　　　환경요소 [　　　　　　　　]

구분	코드	환경요소명	유형구분	유형설정	선택범위	비고
공통	01	본지점회계여부	여부	0	0.미사용1.사용	
공통	02	수량소숫점자리수	자리수	2	선택범위:0~6	
공통	03	원화단가소숫점자리수	자리수	0	선택범위:0~6	
공통	04	외화단가소숫점자리수	자리수	2	선택범위:0~6	
공통	05	비율소숫점자리수	자리수	3	선택범위:0~6	
공통	06	금액소숫점자리수	자리수	0	선택범위:0~4	
공통	07	외화소숫점자리수	자리수	2	선택범위:0~4	

시스템환경설정

조회구분 3. 인사

구분	코드	환경요소명	유형구분	유형설정	선택범위	비고
인사	02	더존SMART연말정산 사용여부	여부	1	0.미사용 1.사용	

핵심ERP실무

 사용자권한설정

필요 지식

사용자권한설정 메뉴는 핵심ERP 사용자들의 권한을 설정하는 메뉴이다. 사원등록에서 등록한 입력방식과 조회권한을 토대로 사용자별로 접근 가능한 세부 메뉴별 권한을 부여하여야 하며, 사용자별 핵심ERP 로그인을 위해서는 반드시 사용자별로 권한설정이 선행되어야 한다.

수행 내용 사용자권한설정

다음은 (주)삼일테크의 업무영역을 고려하여 사원별로 ERP시스템 사용권한을 부여하고자 한다. 사원별로 사용자권한설정 작업을 수행하시오.

사원코드	사원명	사 용 권 한	조회권한
1010	정종철	전체모듈(전권)	회사
2010	임영찬	전체모듈(전권)	회사
3010	장혜영	영업관리(전권), 구매/자재관리(전권), 무역관리(전권)	사업장
4010	임영인	영업관리(전권), 구매/자재관리(전권)	부서
5010	백수인	생산관리공통(전권)	사업장

수행 결과 **사용자권한설정**

❶ 사용자권한설정 메뉴의 모듈구분에서 권한을 부여하고자 하는 모듈을 선택한다.

❷ 권한부여 대상 사원명을 선택한다.

❸ [MENU] 항목에 나타난 메뉴가 선택한 모듈의 전체메뉴를 보여주고 있다. 부여할 권한이 '전권' 이라면 [MENU] 항목의 왼쪽 체크박스를 선택하면 전체가 동시에 선택된다.

❹ 화면 우측 상단의 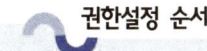 아이콘을 클릭한다.

❺ 권한부여 대상자의 조회권한을 확인한 후 [확인]을 클릭한다.

권한설정 순서

모듈구분 → 사원명 → MENU선택 → 권한설정 → 조회권한 선택 후 [확인]

(1) 정종철의 권한설정: 권한설정 순서에 따라 모든 권한을 설정한다.

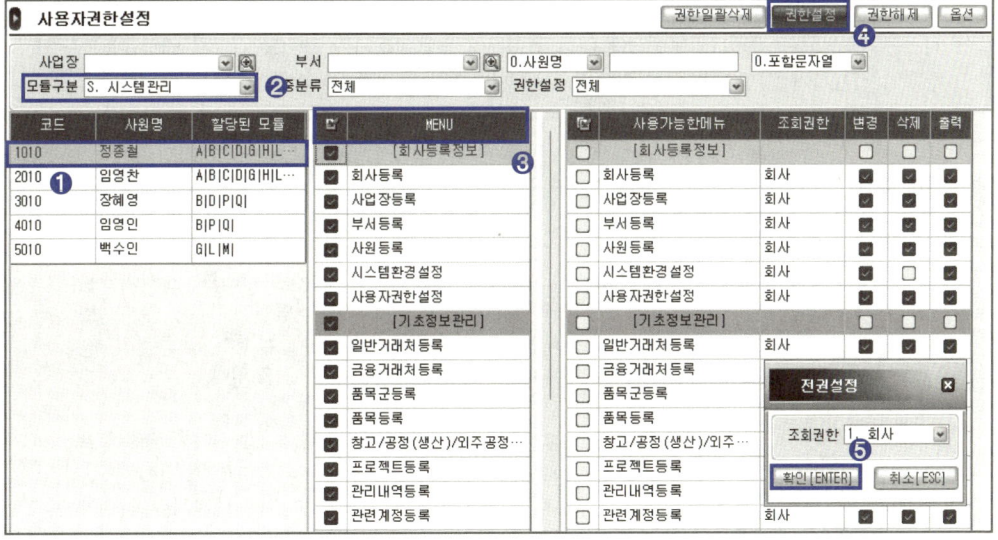

* 다른 모듈(B. 영업관리~C. 원가관리)도 위의 순서에 따라 권한설정 작업을 각각 수행한다.

핵심ERP실무

(2) 임영찬의 권한설정: (1) 정종철과 동일하므로 권한복사를 이용하여 설정한다.

> **권한복사 순서**
>
> • 권한이 설정된(복사하고자 하는) 사원명 선택 → 마우스 오른쪽 클릭 → 권한복사
> • 권한을 설정할(붙여넣고자 하는) 사원명 선택 → 마우스 오른쪽 클릭 → 권한붙여넣기

(3) 장혜영의 권한설정: 영업관리, 구매/자재관리, 무역관리 모듈을 선택하고 권한을 설정한다.

(4) 임영인의 권한설정: 영업관리, 구매/자재관리 모듈을 선택하고 권한을 설정한다.

(5) 백수인의 권한설정: 생산관리공통 모듈을 선택하고 권한을 설정한다.

참고

• 권한해제

  회사에서는 종종 인사이동, 직무변경 등으로 인하여 ERP 시스템 운용의 담당영역도 변경될 수 있다. 이때 사용권한에 대한 추가 또는 해제가 필요하다. 권한해제 방법은 해제대상 모듈과 세부 메뉴를 선택한 후 권한일괄삭제 또는 권한해제 아이콘을 클릭하여 해제할 수 있다.

• 시스템환경설정과 사용자권한설정에 대한 권한은 시스템관리자만 가지고 있도록 해야 한다. 만약 다수의 사용자가 이 메뉴에 접근한다면 ERP 시스템의 통제가 어려워질 수도 있다.

참 고

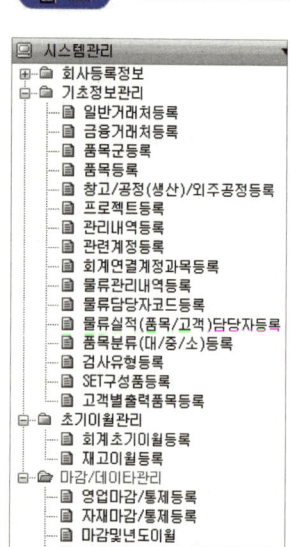

▣ 시스템관리 항목 중 [기초정보관리], [초기이월관리], [마감/데이타관리]의 대부분 메뉴는 인사정보관리에서는 사용하지 않고, 회계관리, 물류관리, 생산관리 등의 작업에서 주로 사용된다.

▣ [회계연결계정과목등록] 메뉴는 핵심ERP 물류, 생산 및 인사모듈에서 발생하는 거래에 대하여 자동으로 회계전표를 발생시키기 위해 관련자료를 회계모듈로 연결하는 작업으로 정상적인 회계처리 (분개) 작업을 위해서 반드시 선행되어야 한다.

▣ [마감/데이타관리] – [마감및년도이월] 메뉴는 입력된 자료를 저장하고 더 이상 수정하지 않을 때 사용된다.

출제유형 ···▶ **회사등록정보(시스템환경설정&사용자권한설정)**

문1) 당사가 ERP에서 사용중인 끝전 단수처리 유형으로 올바른 것은?

① 반올림　　　　② 절사　　　　③ 정상　　　　④ 사용하지 않음

문2) 핵심ERP에서 당사가 설정한 시스템 환경설정 사항 중 올바르지 않은 것은?

① 당사는 본지점 회계를 구분하지 않고 통합하여 관리하고 있다.

② 원화 단가 사용시에 소수점은 사용하지 않는다.

③ 일용직사원에 대하여 대용량 데이터 조회가 가능하다.

④ 더존 SMART연말정산 사용여부는 "사용"으로 선택되어 있다.

문3) ㈜삼일테크의 상반기 영업현황과 영업분석을 정리하고자 한다. 관련내용을 조회하여 정리작업을 수행할 수 없는 사원은?

① 임영찬　　　　② 장혜영　　　　③ 임영인　　　　④ 백수인

문4) 당사 관리팀 임영찬 사원의 사용자권한설정에 대한 설명 중 올바르지 않은 것은?

① 시스템관리 항목의 회사등록정보에 대해 전권이 부여되어 있다.

② 메뉴에 대한 조회권한이 "회사"이므로 모든 사업장의 정보를 입력 및 조회 할 수 있다.

③ 인사/급여관리 메뉴에 대한 권한이 부여되어 있으므로, 관련 정보를 조회 할 수 있다.

④ 영업관리 메뉴는 권한이 부여되지 않아 관련 정보를 조회 할 수 없다.

핵심ERP실무

제**2**장

인사 기초정보 관리

인사모듈 기초환경설정 프로세스

필요 지식

인사모듈의 기초환경설정은 회사의 인사규정을 기초로 하여 핵심ERP를 사용하기 위한 기초환경을 설정해 주는 부분으로서 정확하게 설정되어야 데이터의 오류가 발생하지 않으며, 각종 소득세액 및 사회보험 등의 관련 법규에 의하여 맞추어진 부분으로 인사급여 모듈의 가장 중요한 부분이다.

핵심ERP의 인사모듈 기초환경설정 프로세스는 다음과 같다.

❚ 핵심ERP 인사모듈 기초환경설정 프로세스 ❚

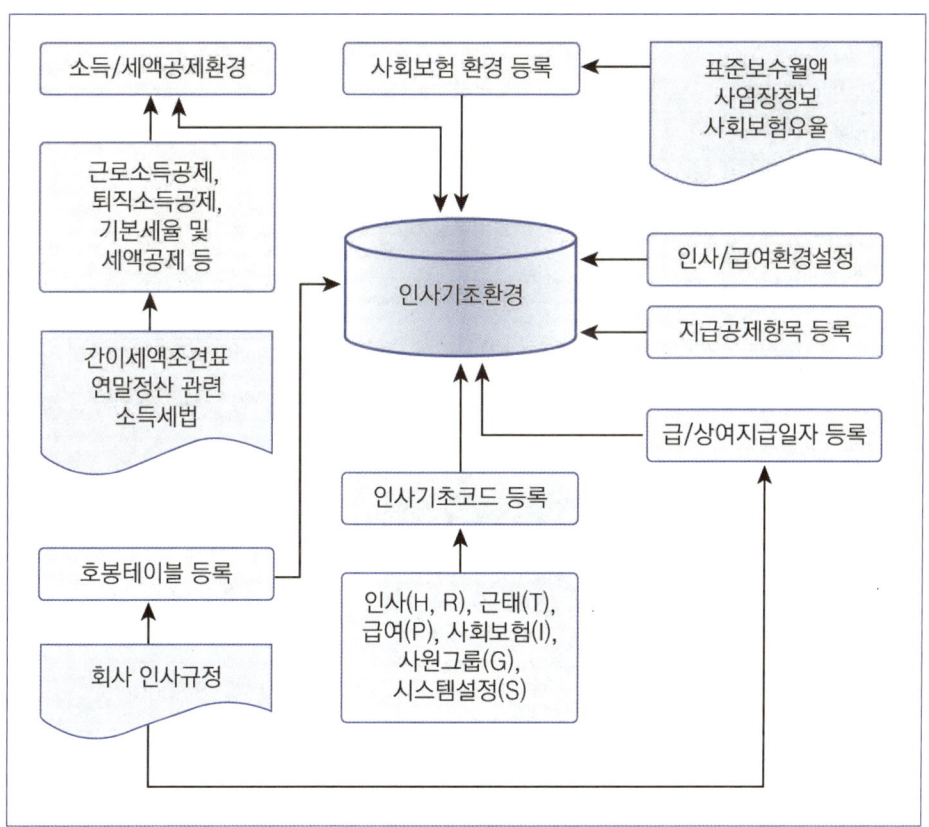

01 인사기초코드등록

필요 지식

인사관리시스템에 적용하기 위한 기초코드를 등록하는 메뉴이다. [회계관리]의 [관리내역등록]과 같이 기초코드를 등록해 놓고 등록된 코드를 각각의 관리메뉴에 적용하면서 필요한 항목은 추가할 수 있도록 하고 있다.

핵심ERP 인사기초코드등록 메뉴에서는 인사 및 급여관리 등에 사용되는 항목을 다음과 같이 분류하고 있다.

0. 인사(H, R)	인사관리(인사정보등록, 인사기록카드 등)
1. 근태(T)	근태/급여관리(근태집계및급여계산, 지급공제항목등록 등)
2. 급여(P)	근태/급여관리(인사정보등록, 연말정산추가입력 등)
3. 사회보험(I)	사회보험관리, 사회보험환경등록
4. 사원그룹(G)	지급공제항목등록, 근태집계및급여계산 등
5. 사업/기타소득(B)	사업소득, 기타소득관리
6. 기타(E)	지급공제항목등록, 퇴직금산정, 주민세납부서 등
7. 시스템설정(S)	기타 시스템전반에 활용

본 장의 인사모듈 기초정보 자료의 입력은 시스템관리자 계정으로 로그인하지 않고 [조회권한]이 '회사'이면서 핵심ERP 인사모듈 사용이 가능한 '임영찬' 사원으로 로그인하여 입력한다.

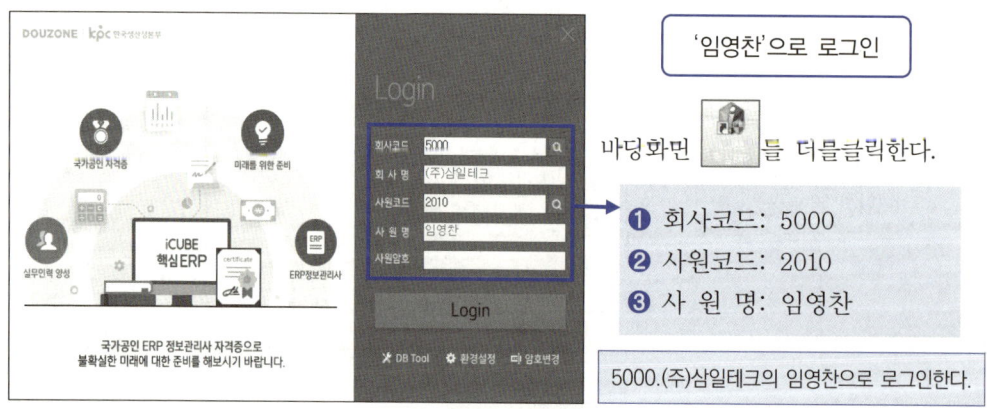

참고 사원등록 입력 시 암호는 설정하지 않았으므로, 암호는 입력하지 않고 로그인 한다.

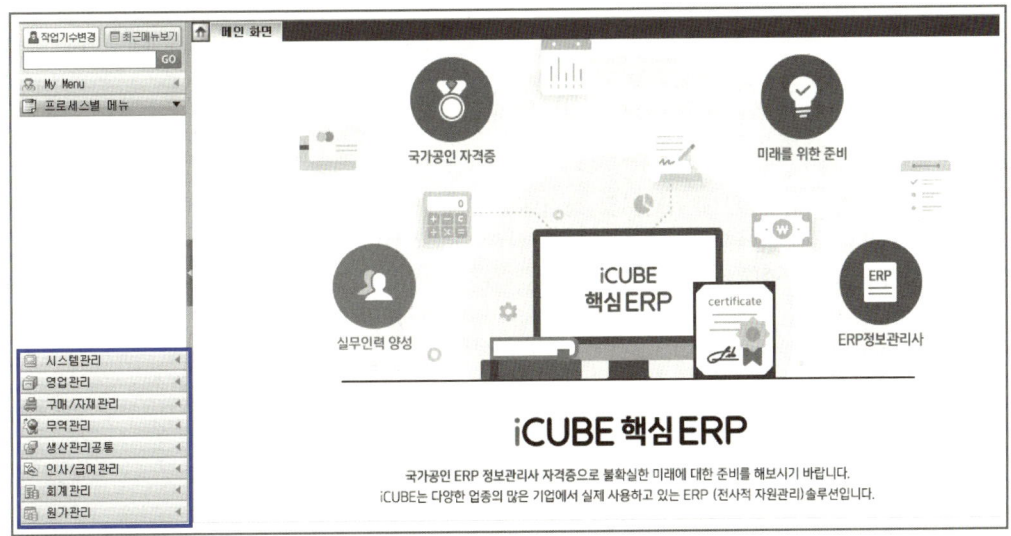

핵심ERP실무

참고 사용자권한설정 메뉴에서 부여한 사용권한에 따른 메뉴가 조회된다.

수행 내용 | 인사기초코드등록

(주)삼일테크의 인사기초코드 등록사항을 참고하여 인사기초코드등록 작업을 수행하시오.

1. 출력구분: 0.인사(H,R)

H4.교육과정	100	직무역량 강화교육	200	I CAN 리더십교육	300	4대폭력 예방교육
H9.자격면허	100	ERP정보관리사	200	FAT(회계정보)	300	TAT(세무정보)

2. 출력구분: 2.급여(P)

	P10	직책수당	P20	가족수당
P2.지급코드	P30	자격수당	P40	식대
	P50	연장근로수당		
P3.공제코드	S40	노동조합비		
	C01	1호봉	C02	2호봉
PE.호봉	C03	3호봉	C04	4호봉
	C05	5호봉	C06	6호봉

개념 익히기

핵심ERP에서 '인사기초코드 등록'은 효율적인 인사정보관리를 위해서 선행되어야 하는 필수 프로세스이다.

- H4.교육과정: 사원들의 교육관리와 평가에 필요
- H9.자격면허: 사원들의 자격수당 지급을 위한 자격취득현황 관리에 필요
- P2.지급코드, P3.공제코드: 사원들의 급여 지급 시 반영될 수당 및 공제항목 관리에 필요
- PE.호봉: 월급제 사원들의 급여관리를 위한 호봉테이블 관리에 필요
- G3.직책, G4.직급: 사원들의 급여지급 시 반영될 수당이나 근태집계 관리에 필요

참고 │ 등록된 인사기초코드를 사용하지 않을 경우, 삭제하지 않고 사용여부를 '미사용'으로 수정하거나 사용종료일을 입력하여 조회되지 않도록 하여야 한다.

수행 결과 인사기초코드등록

❶ 출력구분: 0.인사(H,R)

┃H4.교육과정에 등록된 화면┃

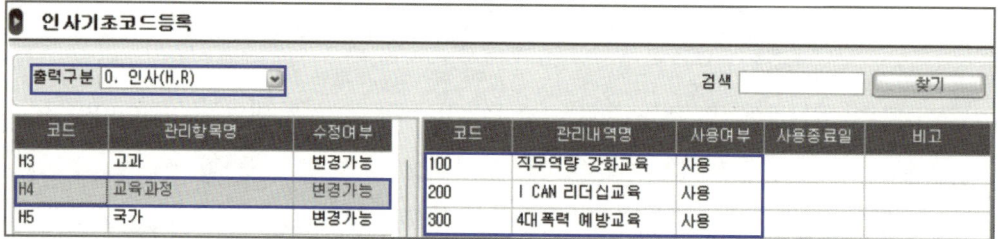

┃H9.자격면허에 등록된 화면┃

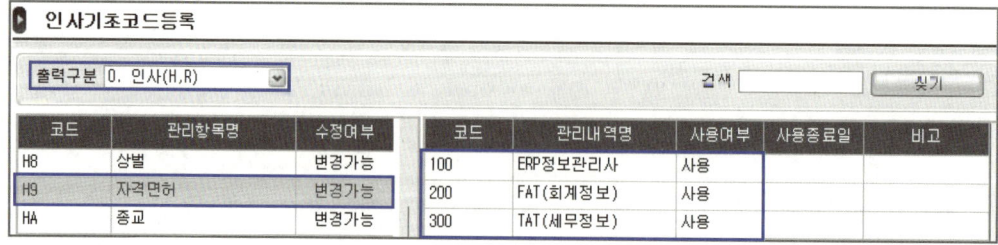

❷ 출력구분: 2.급여(P)

▌ P2.지급코드에 등록된 화면 ▌

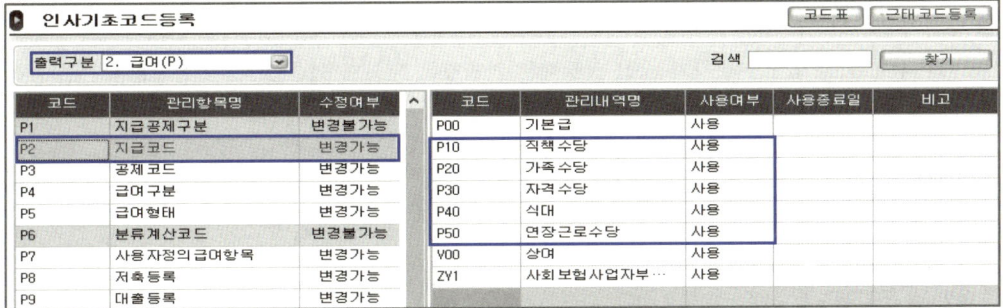

▌ P3.공제코드에 등록된 화면 ▌

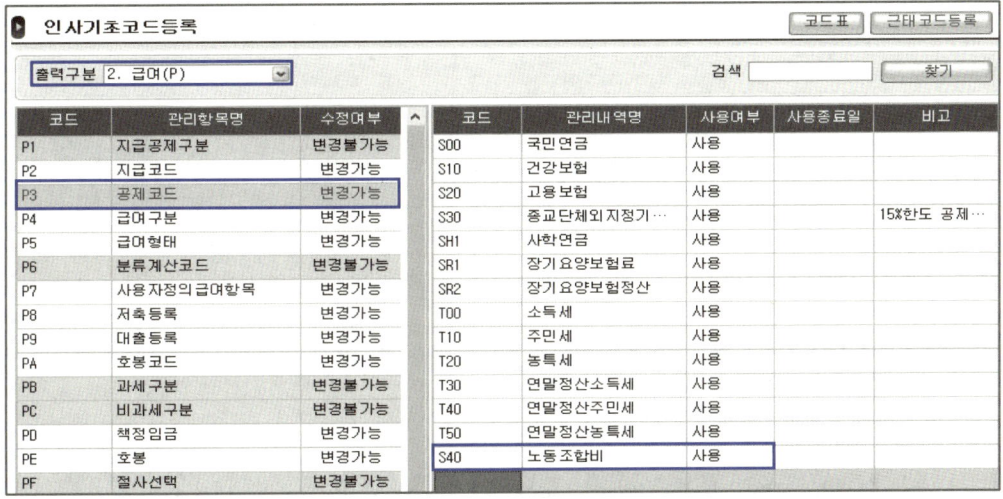

▌ PE.호봉에 등록된 화면 ▌

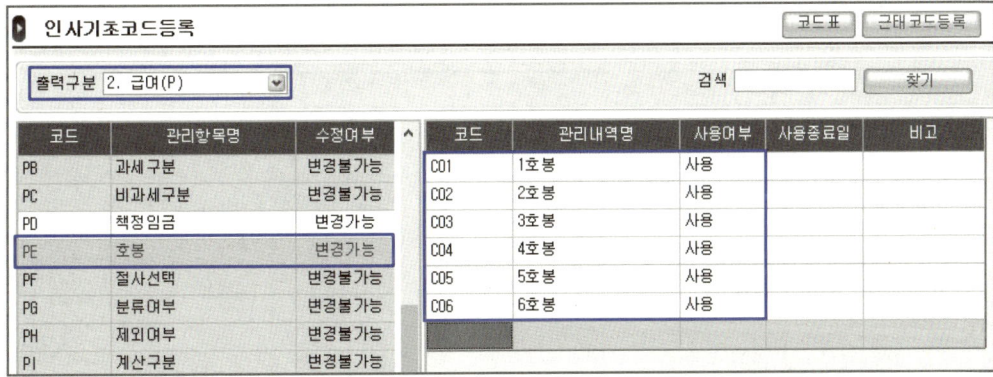

주요항목 설명

❶ 관리항목: 회사등록 시 자동 생성된다.

❷ 수정여부: [변경불가능]일 경우에는 관리항목의 삭제 및 수정이 불가능하며, 관리내역을 등록하거나 수정할 수 없고, [변경가능]일 경우에는 관리항목은 삭제할 수 없으나 관리내역은 추가/삭제/수정이 가능하다.

❸ 비고: 관리내역별 프로그램사용 조건을 설정할 때 입력하며 사용자가 임의로 등록하여 사용할수 없다.

개념 익히기

🔵 인사기초코드등록 메뉴의 비고란 등록 시 화면 하단의 메시지를 확인

• 출력구분(4.사원그룹), G1.고용구분의 상용직 비고란에 '1'을 입력하여야 인사정보 등록에 조회된다.

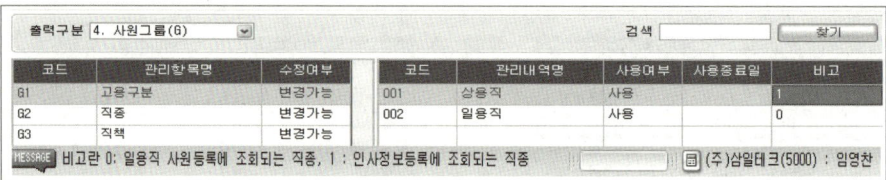

참고 비고란 구분: 0(일용직 사원등록에서 조회), 1(인사정보등록에서 조회)

• 출력구분(4.사원그룹), G2.직종 생산직 비고란에 '1'을 입력하여야 생산직 연장비 과세가 적용된다.

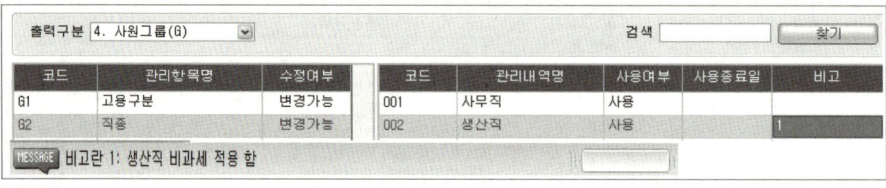

참고 비고란 구분 '1' 선택 시 생산직 비과세 적용

출제유형 ···▶ **인사기초코드등록**

문1) 당사는 급여지급시에 ERP정보관리사 자격취득자에 한해 새로이 자격수당을 지급하기로 하였기에 관련 기초코드 등록을 하고자 한다. 기초코드 등록을 위한 메뉴로 올바른 것은?

① 시스템관리 → 기초환경설정 → 인사기초코드등록
② 인사/급여관리 → 기초환경설정 → 인사기초코드등록
③ 시스템관리 → 기초환경설정 → 지급공제항목등록
④ 인사/급여관리 → 기초환경설정 → 지급공제항목등록

문2) 인사관리를 위한 기초코드의 아래 관리항목 중 사용자가 변경할 수 있는 항목이 아닌 것은?

① H4.교육과정
② H9.자격면허
③ HB.학력
④ HF.발령내역

문3) 핵심ERP의 인사기초코드등록에 대한 설명중 올바르지 않은 것은?

① 수정여부가 "변경가능"인 관리항목의 관리내역을 수정 및 추가 할 수 있다.
② 관리내역명은 수정 가능하지만 관리내역의 코드번호는 저장 후 수정이 불가능하다.
③ 사용하지 않는 인사기초코드는 삭제하는 것이 바람직하다.
④ 알파벳으로 시작하는 관리항목 코드는 시스템에서 관리하므로 반드시 지정된 영문자를 사용하여야 한다.

문4) 다음 중 [인사기초코드등록]의 '4.사원그룹(4G)'출력구분에 대한 설명으로 올바르지 않은 것은?

① 'G4.직급'은 인사정보등록 메뉴에서만 관리하고 있는 코드이다.
② 'G2.직종'의 관리내역 중 '002.일용직'은 일용직사원등록 메뉴에서 조회된다.
③ 생산직 연장근로 비과세 적용은 'G2.직종'의 비고에 '0'을 입력해야 한다.
④ '02.근무조'에 등록된 근무조는 총 3개이며, 사용여부는 모두 '사용'이다.

02 소득/세액공제환경설정

필요 지식

소득/세액공제환경설정은 원천징수와 연관되어 세법상 과세 기준 및 세율 등이 설정되어 있는 부분으로, 각종 소득세를 자동으로 산출하기 위한 기초데이터들이 등록되어 있는 메뉴이다. 회사등록 시 자동으로 기초데이터가 제공되며, 해당년도의 세법이 정해져 있듯이 사용자가 임의로 수정할 수 없는 메뉴이다.

❚ 소득/세액공제환경설정 ❚

소득/세액공제 환경설정　　　　　　　　　　　　　　　　　　　　　　　세율복사

귀속연도 2026 년

구분	항목명
근로소득	기본세율조견표
	소득공제
	세액공제
	간이세액 수입금액 조정
퇴직소득	근속연수공제
	환산급여별 공제

NO	과세표준		세율	누진공제	한도액
1	0	14,000,000	6.000	0	
2	14,000,000	50,000,000	15.000	840,000	
3	50,000,000	88,000,000	24.000	6,240,000	
4	88,000,000	150,000,000	35.000	15,360,000	
5	150,000,000	300,000,000	38.000	37,060,000	
6	300,000,000	500,000,000	40.000	94,060,000	

구분	항목명
퇴직소득	퇴직소득공제율
소득공제	표준공제
	비과세 및 감면항목
	인적공제
	특별공제
	기타공제
농특세/지방소…	농특세 및 지방소득세

NO	항목	공제율
1	퇴직소득공제율	40.000
2	명예퇴직소득공제율	15.000
3	단체퇴직소득공제율	0.000

▌근로소득 비과세 항목 및 지급명세서 작성여부 ▌

구분	항목명
퇴직소득	퇴직소득공제율
소득공제	표준공제
	비과세 및 감면항목
	인적공제
	특별공제
	기타공제
농특세/지방소…	농특세 및 지방소득세

NO	구분	코드	법조문	항목	지급명세서작	공제액
1	비과세	A01	소득세법…	복무병 급여	×	0
2	비과세	B01	소득세법…	동원직장 급여	×	0
3	비과세	C01	소득세법…	요양급여 등	×	0
4	비과세	D01	소득세법…	요양보상금 등	×	0
5	비과세	E01	소득세법…	육아휴직급여	×	0
6	비과세	E02	소득세법…	육아휴직수당	×	0
7	비과세	E10	소득세법…	사망일시금	×	0
8	비과세	F01	소득세법…	요양비 등	×	0
9	비과세	G01	소득세법…	비과세학자금	○	0
10	비과세	H01	소득세법…	위원 수당	○	0
11	비과세	H02	소득세법…	일직료숙직료	×	0
12	비과세	H03	소득세법…	자가운전보조금	×	200,000
13	비과세	H04	소득세법…	제복비 등	×	0
14	비과세	H05	소득세법…	승선 수당	○	200,000
15	비과세	H06	소득세법…	연구보조비	○	200,000
16	비과세	H07	소득세법…	연구보조비	○	200,000
17	비과세	H08	소득세법…	연구보조비	○	200,000
18	비과세	H09	소득세법…	연구보조비	○	200,000
19	비과세	H10	소득세법…	연구보조비	○	200,000
20	비과세	H11	소득세법…	취재 수당	○	200,000
21	비과세	H12	소득세법…	벽지 수당	○	200,000
22	비과세	H13	소득세법…	재해 급여	○	0
23	비과세	H14	소득세법…	근무환경개선비	○	0

> [참고] 지급명세서 작성대상 비과세 근로소득은 원천징수 의무자와 소득자의 인적사항과 소득금액, 지급 시기 등을 작성하여 다음 해 3월 10일까지 국세청에 제출하여야 한다.

출제유형 ···▶ 소득/세액공제환경설정

문1) 핵심ERP의 소득/세액공제환경설정 메뉴에 대한 설명 중 올바르지 않은 것은?

① 소득/세액공제환경설정 메뉴의 내용은 사용자 임의로 수정이 불가능하다.

② 근로소득의 기본세율조견표는 6% ~ 45%까지 8단계로 구분된다.

③ 소득공제의 인적공제 항목 중 70세 이상의 경로자에 대해 1,500,000원이 공제 가능하다.

④ 소득공제의 인적공제 항목 중 장애자에 대해 2,000,000원이 공제 가능하다.

문2) 근로소득을 지급하는 자는 근로소득지급명세서에 지급내용을 작성하여 제출하여야 한다. 아래 비과세 소득 중 근로소득지급명세서 제출대상이 아닌 것은?

① P01.식사대   ② Q02.보육수당

③ H03.자가운전보조금   ④ O01.야간근로수당

문3) 핵심ERP에 설정되어 있는 근로소득공제 항목의 과세표준 구간으로 잘못된 것은?

①   0원 ~ 5,000,000원   ② 5,000,000원 ~ 15,000,000원

③ 15,000,000원 ~ 45,000,000원   ④ 45,000,000원 ~ 9,999,999,999원

03   사회보험환경등록

필요 지식

　사회보험환경등록은 사회보험(건강보험, 국민연금, 고용보험, 산재보험)을 관리하기
위한 사업장의 정보와 귀속년도별로 적용될 등급 및 요율을 관리하는 메뉴이다.

▌핵심ERP 사회보험관리 프로세스▐

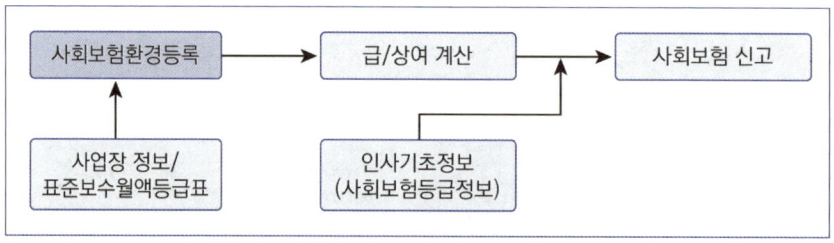

수행 내용   사회보험환경등록

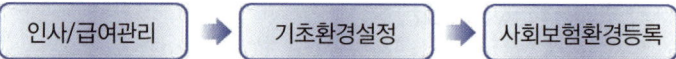

1. (주)삼일테크의 사회보험요율 정보는 다음과 같다. 사회보험환경등록 메뉴에 등록하시오.

구분	건강보험		국민연금		고용보험				산재보험	
	건강보험	장기요양	개인 부담	사업자부담	고용보험	실업급여	고용안전	직업능력	산재보험	산재부담금 (임금채권)
요율	7.19%	13.14%	4.75%	4.75%	0.90%	1.00%	0.15%	0.10%	0.60%	0.05%

※ 고용보험 및 산재보험은 보수총액 방식에 의한다.
※ 사회보험의 공통사업장 관리번호 106 – 81 – 11110 – 0

수행 결과 | 사회보험환경등록

❶ 건강보험, 국민연금, 고용/산재보험 등의 사회보험요율 입력사항을 확인한다.

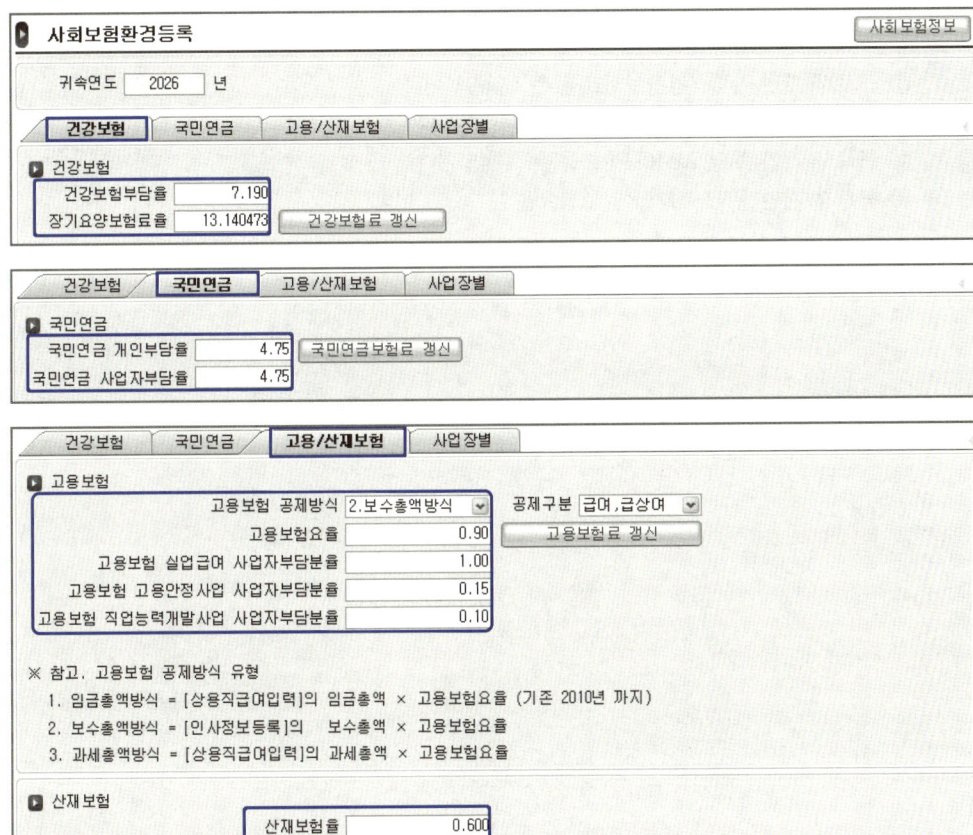

❷ 사업장별 메뉴에서 사회보험 정보를 입력한다.

출제유형 ···▶ **사회보험환경등록**

문1) 당 회사의 2026년 귀속 사회보험 각각의 요율 중 실제 급여 계산 시 적용될 근로자 개인부담 '사회보험요율'에 대한 내용으로 올바르지 않은 것은?

① 근로자 개인 부담 '건강보험요율'은 '3.595'이다.
② 근로자 개인 부담 '국민연금요율'은 '4.75'이다.
③ 근로자 개인 부담 '고용보험요율'은 '0.45'이다.
④ 근로자 개인 부담 '장기요양보험요율'은 '6.57'이다.

04 인사/급여환경설정

필요 지식

근태 및 급여작업에 적용될 기본근로규정을 등록하는 메뉴로써 회사의 급여지급 환경과 근태관리 환경을 등록한다.

❙ 핵심ERP 인사급여환경설정 프로세스 ❙

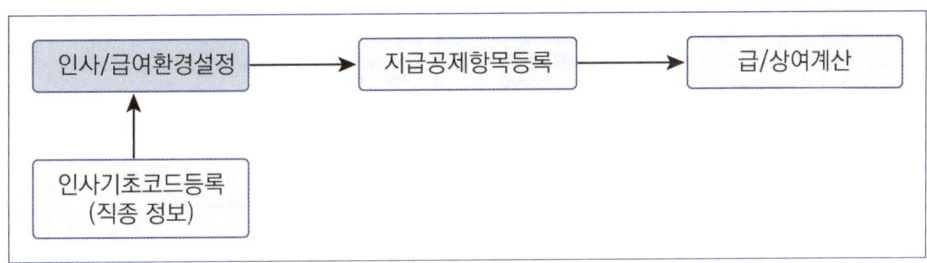

수행 내용 인사/급여환경설정

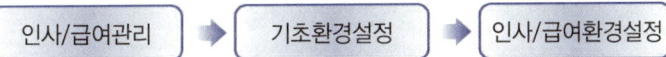

다음은 (주)삼일테크 취업규칙의 일부이다. 인사/급여환경을 설정하는 작업을 수행하시오.

제10조 급여지급을 위한 한달 일수의 산정
급여지급을 위한 기간 산정을 위한 기산일은 사무직, 생산직 매월 1일부터 말일까지의 기간으로 한다.

제21조 중도 입·퇴사자의 급여지급
 1. 신규 입사자의 경우 입사일로부터 일할 계산하여 지급한다.
 2. 퇴사자의 경우 25일 이상 근무하는 경우 월할 계산하고, 25일 미만 근무한 경우 일할 계산하여 지급한다.

제22조 수습기간 및 급여 지급방식
 1. 신규입사자는 3개월간의 수습기간을 두고 급여의 70%를 지급한다.
 2. 수습시작과 종료되는 월의 급여지급은 '일할계산'하여 지급한다.

수행 결과 **인사/급여환경설정**

※ 각 란에서 F2를 누르면 메뉴를 선택할 수 있다.

❶ 출결마감기준에서 1.사무직을 선택하고 2.당월을 선택한 다음 시작일을 '1'로 입력한다.

❷ 입사자급여계산은 '일', 퇴사자 급여계산을 '월일'의 '기준일: 25일'로 입력한다.

❸ 수습직 기준월 3개월, 수습직 지급율 '70%'로 입력한다.

❹ 2.생산직도 같은 방법으로 '2.당월'을 선택한 다음 시작일을 '1'로 입력한다.

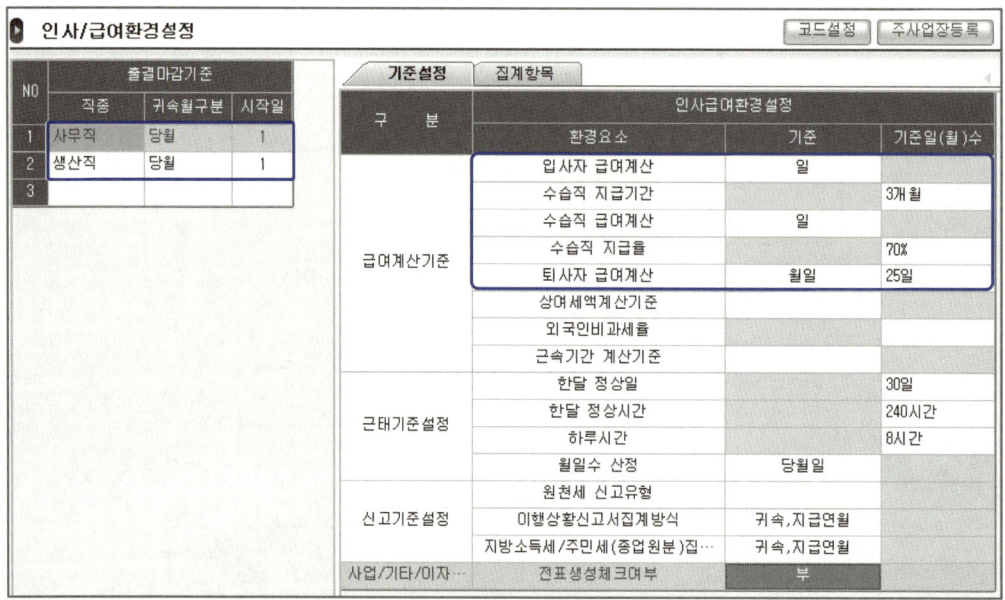

참고 직종을 구분해서 귀속월구분과 시작일을 다르게 등록할 수 있다.

주요항목 설명

❶ 출결마감기준: 급여와 근태 관리의 기준일을 설정한다(필수입력사항).

❷ 직종: 인사기초코드등록에 등록된 직종을 선택한다(사무직과 생산직은 시스템에서 자동으로 등록해주며 그 외 직종은 인사기초코드등록에서 등록한다).

❸ 귀속월구분: 급여와 근태관리의 기준월을 등록한다.

　→ 당월: 급여와 근태관리의 기준월이 현재 속한 달인 경우 선택한다.

　→ 전월: 급여와 근태관리의 기준월이 전달인 경우 선택한다.

❹ 시작일: 급여와 근태관리의 시작이 되는 기준일을 등록한다.

❺ 입사자/수습직/퇴사자 급여계산

→ 월 중도 입/퇴사자 또는 수습직사원의 급여를 계산할 때 해당 월의 급여를 정상지급할 경우 선택한다.

→ 일 중도 입/퇴사자 또는 수습직사원의 급여를 계산할 때 해당 월의 급여를 실 근무일 수만큼 지급할 경우 선택한다.

→ 월일 중도 입/퇴사자 또는 수습직사원의 급여를 계산할 때 해당 월의 근무일수가 설정된 일수를 초과한 경우 월 의 방법으로 지급하고 설정일 수보다 부족한 경우 일 의 방법으로 지급할 경우 선택한다.

❻ 상여세액계산기준: 최근 상여 지급내역이 없는 경우 소득세 계산기준을 등록한다.

❼ 한달 정상일: 한달 기준 근무일수를 등록한다.

❽ 한달 정상시간: 한달 기준 근무시간을 등록한다.

❾ 하루시간: 하루 기준 근무시간을 등록한다.

❿ 월일수 산정: 한 달의 일수를 설정하는 항목이다.

→ 당월일 은 귀속 월의 실 일수를 적용한다.

→ 한달정상일 은 위에서 입력한 한달 정상일의 등록된 일수를 적용한다.

출제유형 ···▶ **인사/급여환경설정**

문1) 당사의 인사/급여환경설정에 대한 설명으로 올바르지 않은 것은?
   (단, 환경설정 기준은 변경하지 않는다.)

① 모든 직종의 출결마감 기준일은 당월 1일에서 말일까지로 동일하다.

② 수습직의 급여는 3개월 동안 급여액의 70%를 지급한다.

③ 입사자의 경우 해당 월의 급여는 '일할' 지급한다.

④ 퇴사자의 경우 해당 월의 급여 지급 시 근무일 수 관계없이 정상 지급한다.

문2) 당사의 인사/급여 기준에 대한 설정을 확인하고, 관련 설명으로 올바르지 않은 것은?
   (단, 환경설정 기준은 변경하지 않는다.)

① 월일수 산정 시, 한달 정상일(30일)을 적용한다.

② 근태집계 시 한달 정상시간은 240시간을 적용한다.

③ 지방소득세 집계 시, '귀속연월'과 '지급년월' 모두 일치하는 소득 데이터를 집계한다.

④ 퇴사자의 경우 해당 월의 급여 지급 시 기준일수(25일) 초과 시 정상 급여를 지급하고, 미만 시 일수 계산하여 지급한다.

05 호봉테이블등록

필요 지식

급여관리를 호봉체계에 따라 관리하는 것으로, 회사에서 각 직급별로 호봉체계를 등록하는 메뉴이다.

∎ 핵심ERP 호봉테이블 등록 프로세스 ∎

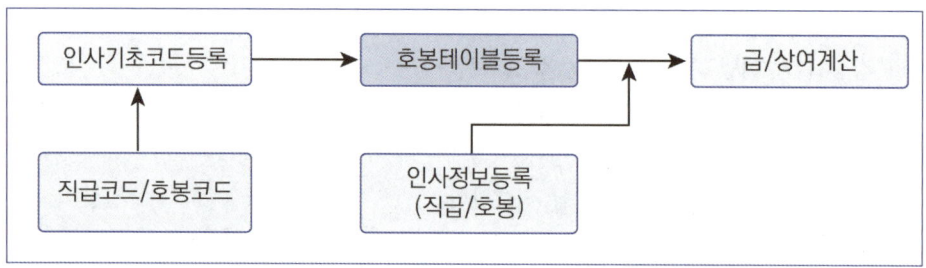

수행 내용 호봉테이블등록

다음은 2026년 1월부터 적용되는 (주)삼일테크의 월급제 사원들의 기본급 호봉테이블이다. 호봉테이블 등록 작업을 수행하시오.

(단위: 원)

구 분	부장	차장	과장	대리	사원
1호봉	4,300,000	3,500,000	3,000,000	2,500,000	2,300,000
2호봉	4,500,000	3,700,000	3,150,000	2,600,000	2,350,000
3호봉	4,700,000	3,900,000	3,300,000	2,700,000	2,400,000
4호봉	4,900,000	4,100,000	3,450,000	2,800,000	2,450,000
5호봉	5,100,000	4,300,000	3,600,000	2,900,000	2,500,000
6호봉	5,300,000	4,500,000	3,750,000	3,000,000	2,550,000

참고 호봉테이블은 월급제 사원의 급여계산에 적용되며, 연봉제 사원과 시급제 사원은 인사정보등록 메뉴의 '책정임금'을 적용한다.

수행 결과 호봉테이블등록

❶ 대상직급에서 부장을 선택한다.

❷ 호봉이력의 '적용시작연월'을 '2026/01'로 입력한다.

❸ 우측 상단의 [일괄등록]을 클릭하여 기본급의 초기치 4,300,000원, 증가액 200,000원을 입력하여 [적용]버튼을 클릭한다.

❹ 호봉이력: 호봉테이블의 적용기간 등록으로 적용시작연월만 입력하면 적용종료연월은 자동 표기된다.

※ 차장, 과장, 대리, 사원의 호봉테이블도 동일한 방법으로 등록한다.

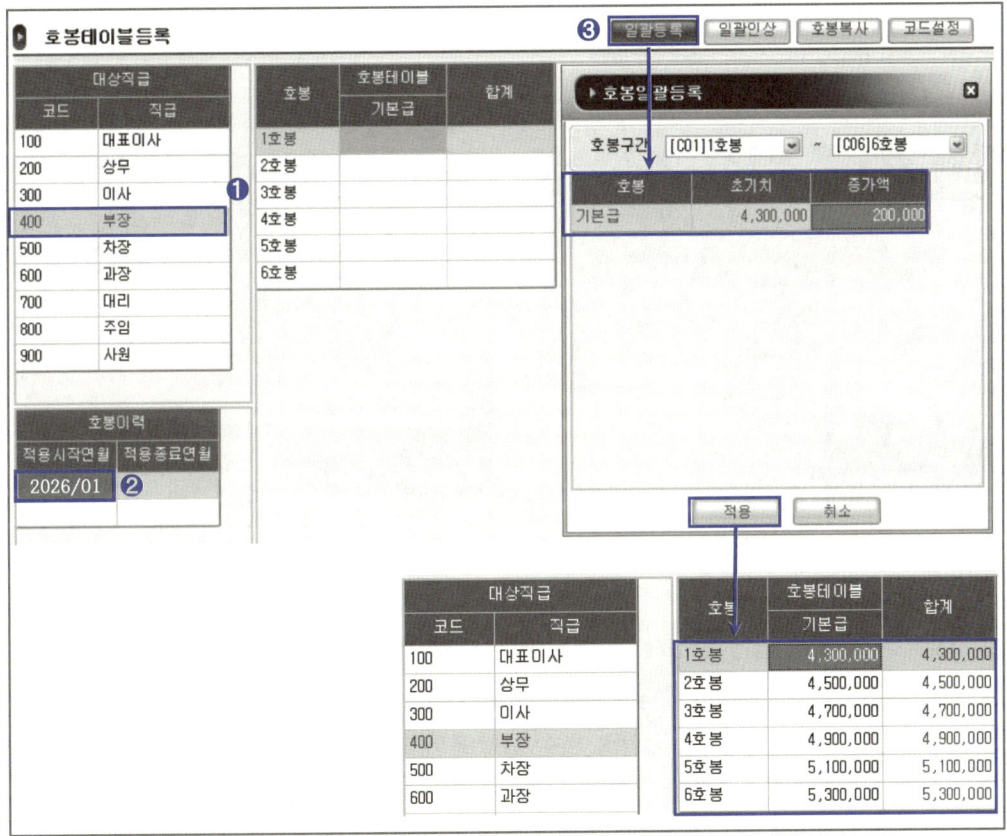

289

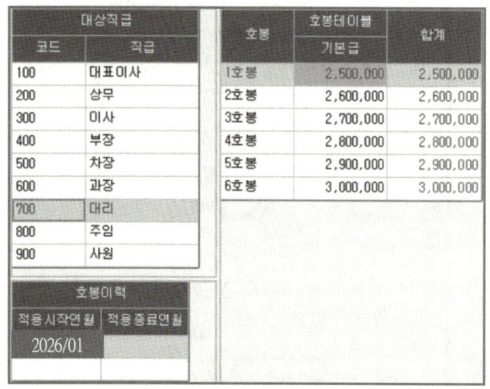

호봉테이블등록 [차장]

대상직급		호봉	호봉테이블	합계
코드	직급		기본급	
100	대표이사	1호봉	3,500,000	3,500,000
200	상무	2호봉	3,700,000	3,700,000
300	이사	3호봉	3,900,000	3,900,000
400	부장	4호봉	4,100,000	4,100,000
500	차장	5호봉	4,300,000	4,300,000
600	과장	6호봉	4,500,000	4,500,000
700	대리			
800	주임			
900	사원			

호봉이력	
적용시작연월	적용종료연월
2026/01	

호봉테이블등록 [과장]

대상직급		호봉	호봉테이블	합계
코드	직급		기본급	
100	대표이사	1호봉	3,000,000	3,000,000
200	상무	2호봉	3,150,000	3,150,000
300	이사	3호봉	3,300,000	3,300,000
400	부장	4호봉	3,450,000	3,450,000
500	차장	5호봉	3,600,000	3,600,000
600	과장	6호봉	3,750,000	3,750,000
700	대리			
800	주임			
900	사원			

호봉이력	
적용시작연월	적용종료연월
2026/01	

호봉테이블등록 [대리]

대상직급		호봉	호봉테이블	합계
코드	직급		기본급	
100	대표이사	1호봉	2,500,000	2,500,000
200	상무	2호봉	2,600,000	2,600,000
300	이사	3호봉	2,700,000	2,700,000
400	부장	4호봉	2,800,000	2,800,000
500	차장	5호봉	2,900,000	2,900,000
600	과장	6호봉	3,000,000	3,000,000
700	대리			
800	주임			
900	사원			

호봉이력	
적용시작연월	적용종료연월
2026/01	

호봉테이블등록 [사원]

대상직급		호봉	호봉테이블	합계
코드	직급		기본급	
100	대표이사	1호봉	2,300,000	2,300,000
200	상무	2호봉	2,350,000	2,350,000
300	이사	3호봉	2,400,000	2,400,000
400	부장	4호봉	2,450,000	2,450,000
500	차장	5호봉	2,500,000	2,500,000
600	과장	6호봉	2,550,000	2,550,000
700	대리			
800	주임			
900	사원			

호봉이력	
적용시작연월	적용종료연월
2026/01	

주요항목 설명

❶ 대상직급: [인사기초코드등록]에 등록된 직급코드 및 직급명이 자동 반영된다.

❷ 호봉: [인사기초코드등록]의 2.급여/PE.호봉에서 입력된 데이터가 자동 반영된다.

❸ 호봉테이블: [인사기초코드등록]의 2.급여/PA.호봉코드에서 입력된 데이터가 자동 반영된다.

수행 내용 호봉테이블등록(일괄인상)

인사/급여관리 ➡ 기초환경설정 ➡ 호봉테이블등록

[사원] 직급에 대하여 기본급 인상을 다음과 같이 적용하고자 한다. 직전의 호봉테이블을 이용하여 인상 후의 호봉테이블 등록작업을 수행하시오.

> – 적용시작연월: 2026년 7월　　　　– 인상금액: 기본급 정액 50,000원

수행 결과 호봉테이블등록(일괄인상)

❶ 대상직급에서 사원을 선택한다.

❷ 호봉이력의 '적용시작연월'을 '2026/07'로 입력한다.(적용종료연월은 자동 반영된다)

❸ 우측 상단의 [호봉복사]를 클릭한 후, 직급(사원), 적용시작연월(2026/01)을 선택하고 [적용] 버튼을 클릭하여 인상 전 내역을 복사한다.

❹ 우측 상단의 [일괄인상]을 클릭한 후 인상금액 입력 후 정액적용을 실행한다.

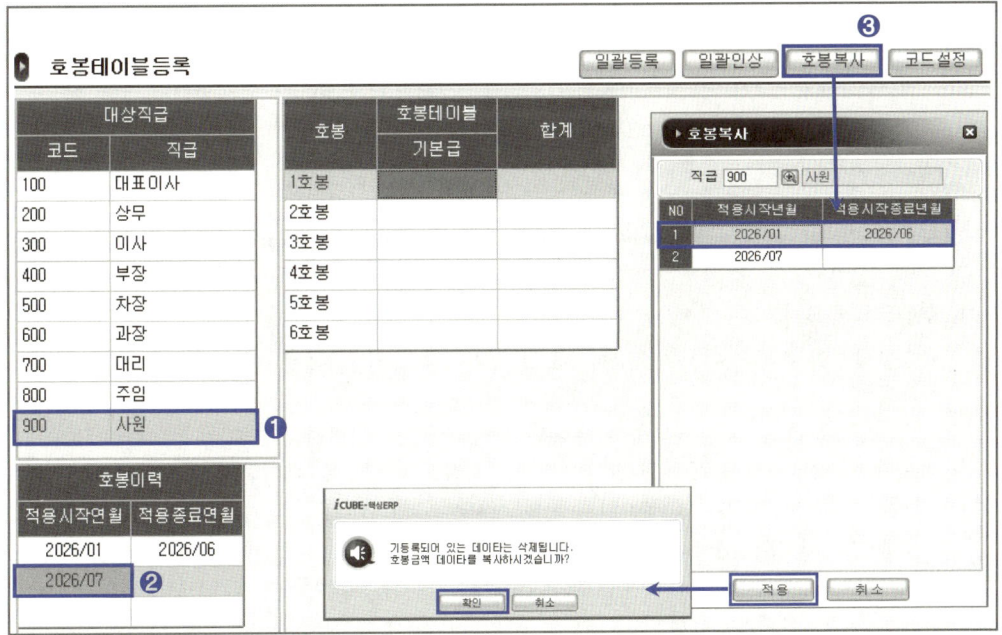

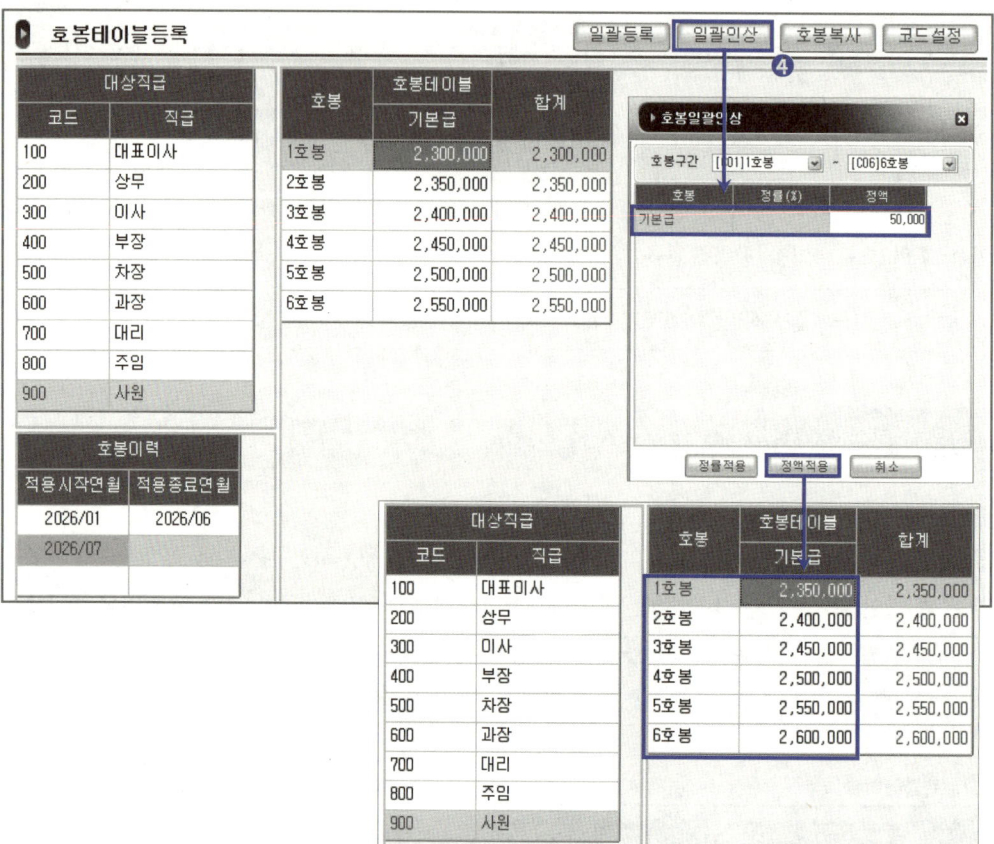

개념 익히기

● 호봉테이블 등록

- 호봉코드와 호봉은 인사기초코드등록의 출력구분[급여(P)]에서 아래의 관리항목별로 등록한다.
  - PA.호봉코드: 호봉세부항목 등록을 말하며 'G'로 시작하는 코드를 부여한다.
  - PE.호봉: 호봉급 등록을 말하며 'C'로 시작하는 코드를 부여한다.
- 일괄인상 : 호봉구간별로 데이터를 일괄 인상하는 버튼이다. 호봉구간을 선택한 후 일정 금액 변동일 경우 해당항목의 [정액]란에 금액을 선택하고, 일정비율 변동일 경우 [정률(%)]란에 금액을 입력하여 해당 버튼 정률적용 / 정액적용 을 누르면 일괄 변경된다.
- 코드설정 : [인사기초코드등록] 메뉴를 이용하지 않고 직급, 호봉코드, 호봉을 등록할 수 있는 메뉴이다.

출제유형 ┈▶ **호봉테이블 등록**

문1) 핵심ERP의 호봉테이블 등록 메뉴에 대한 설명으로 올바르지 않은 것은?

① 호봉테이블은 PE.호봉의 코드 등록 작업이 선행되어야 한다.

② 호봉인상 등록을 위해 적용시작연월을 입력하면 종료연월은 자동 입력된다.

③ 호봉인상은 정률인상과 정액인상이 있다.

④ 호봉테이블의 PE.호봉 코드는 반드시 인사기초코드등록 메뉴에서만 등록가능하다.

문2) 당사는 [사원]직급에 대하여 2026년 7월 기본급 인상등록을 하였다. [사원]직급 5호봉의 인상 후 금액은 얼마인가?

① 2,350,000원   ② 2,500,000원

③ 2,550,000원   ④ 2,600,000원

문3) 당사는 [주임]직급에 대하여 2026년 9월 아래 [보기]와 같이 일괄등록 하고자 한다. 호봉등록 완료 후 [주임]직급의 3호봉 '호봉합계' 금액은 얼마인가?

┤ 보기 ├

• 기 본 급: 초기치 2,350,000원, 증가액 50,000원
• 일괄인상: 기본급 5% 정률인상

① 2,520,000원   ② 2,572,500원

③ 2,625,500원   ④ 2,677,500원

06 지급공제항목등록

필요 지식

급여 및 수당의 계산방식은 회사마다 다를 수 있으며, 다양한 급여계산식을 회사의 환경에 맞추어 설정할 수 있는 메뉴이다.

▌핵심ERP 지급공제항목등록 프로세스▐

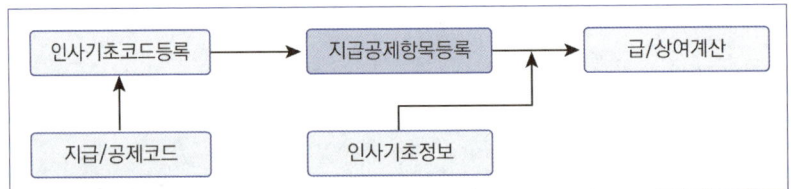

개념 익히기

🔵 **과세되는 근로소득 유형**
- 기본급, 상여, 각종수당(가족수당, 자격수당, 직책수당 등)

🔵 **과세되지 않는(비과세) 근로소득 유형**

구 분	내 용
식대	월 20만원 이내의 금액(별도의 식사를 제공받지 않는 경우)
자가운전 보조금	월 20만원 이내의 금액으로 근로자 본인 소유 차량 및 본인 명의(타인명의 불가, 배우자 공동명의 가능)로 임차한 차량을 업무상 활용하여야 하며, 시내출장비 등 여비교통비를 별도로 지급받지 않는 경우 비과세 적용
보육수당	6세 이하(과세기간 개시일 기준) 자녀보육과 관련하여 지급하는 자녀 1인당 월 20만원 이내의 금액
출산지원금	지급규정이 있는 기업이 근로자 본인 또는 배우자의 출산과 관련해 출생일 이후 2년 이내에 지급한 출산지원금(2회 이내)은 한도없이 전액 비과세
국외근로소득	국외에 주재하며 근로를 제공하고 받는 보수 월 100만원 (외항 선박·국외 건설현장: 월 500만원)
연장근로수당	월정급여 260만원, 직전년도 총급여 3,700만원 이하인 생산직근로자가 받는 야간·연장근로 수당 등(연 240만원)
직무발명보상금	종업원, 교직원, 학생에게 지급하는 직무발명보상금(연 700만원)
연구보조비 (연구활동비)	월 20만원 이내의 금액(관련 법령에 의거하여 연구활동에 직접 종사하는 자)

수행 내용 **지급공제항목등록**

인사/급여관리 ➡ 기초환경설정 ➡ 지급공제항목등록

다음은 (주)삼일테크의 급여와 상여 지급 및 공제항목의 지급기준이다. 지급공제항목등록 메뉴에 지급공제항목등록 작업을 수행하시오(단, 수습직과 중도 입/퇴사자는 [인사급여환경설정]에 따라 지급한다).

1. 지급항목

구 분		과세구분	지 급 내 용
급여	기본급	과세	[분류구분코드: 018.급여형태] • 월급제: 직급과 호봉에 따라 호봉테이블(기본급)을 적용 • 연봉제: 인사정보등록의 책정임금 중 월급을 적용 • 시급제: 총정상근무시간에 인사정보등록의 책정임금 중 시급을 적용(총정상근무시간 × 시급)
	직책수당	과세	[분류구분코드: 006.직책별] 부장: 20만원, 차장: 15만원, 과장: 10만원, 대리: 5만원
	가족수당	과세	[분류구분코드: 016.가족별] 배우자: 5만원, 자: 3만원
	자격수당	과세	[분류구분코드: 014.자격별] • ERP정보관리사: 10만원 • FAT(회계정보): 5만원, TAT(세무정보): 8만원
	식 대	비과세 (식사대)	[무분류] 전 임직원 매월 정액으로 20만원 지급
	연장근로수당 (월정급여제외)	비과세 (야간근로 수당)	[분류구분코드: 1순위 005.직종별, 2순위 018.급여형태] 생산직 시급제: 총연장근무시간에 책정임금의 시급을 곱한 후 50%를 가산하여 지급(총연장근무시간 × 시급 × 1.5)
상여	상여금 (월정급여제외)	과세	[분류구분코드: 1순위 005.직종별, 2순위 018.급여형태] 매년 3월에 사무직(월급제) 사원에게 호봉테이블 기본급의 200%를 지급(기본급 × 2)

2. 공제항목

구 분		지 급 내 용
급여	노동조합비	[분류구분코드: 010.노조별] 노동조합에 가입된 사원에 한하여 매월 1만원 공제
	그 외 항목	시스템에서 반영되고 있는 기본사항 적용
상여	전체 항목	시스템에서 반영되고 있는 기본사항 적용

참고 급여계산을 위해서는 반드시 해당 연도의 급여 및 상여 지급항목과 공제항목이 생성되어야 한다.

핵심ERP실무

수행 결과 **지급공제항목등록**

❶ [급여구분]은 '급여'를 선택하고, [지급/공제구분]은 '지급'을 선택한다.

❷ 화면상단의 [마감취소] 버튼을 클릭하여 '로그인 암호' 화면이 나오면 '확인'을 클릭하여 마감을 해제한다.

❸ [일괄등록] 버튼을 클릭하여 전체수당을 불러온다.

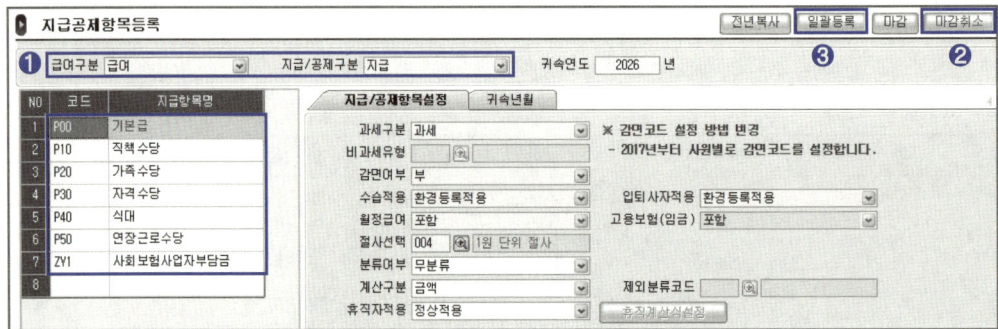

참고 [지급공제항목등록]메뉴는 상단 툴바의 [마감취소] 메뉴를 통해 마감취소 후 수정작업이 가능하며, 작업 후 메뉴 종료 시 자동마감 되므로, 별도의 마감작업은 필요없다.

기본급 등록

❶ [분류여부]에서 분류를 선택한다.

❷ [분류구분코드]에서 F2를 누른 후 018.급여형태를 선택한다.

❸ 코드 란에서 F2를 누른 후 분류명과 002.계산을 선택하여 급여계산식을 설정한다.

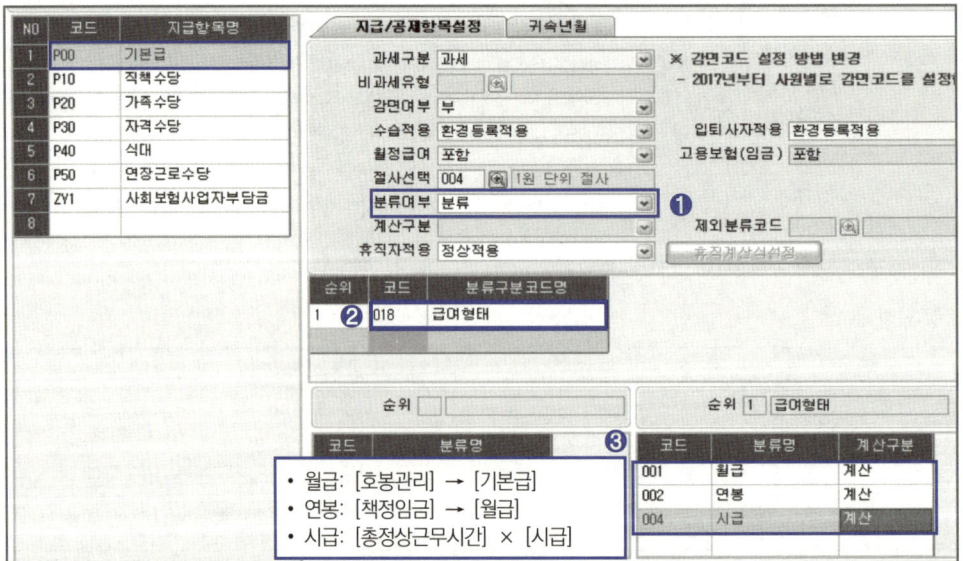

▶ 001. 월급: [급여관련코드] G01(기본급)　　▶ 002. 연봉: [급여관련코드] F02(월급)

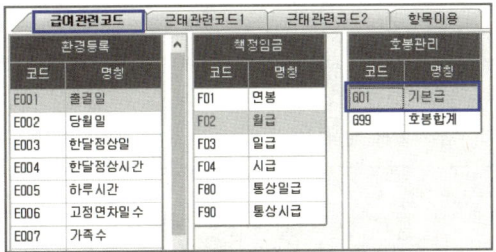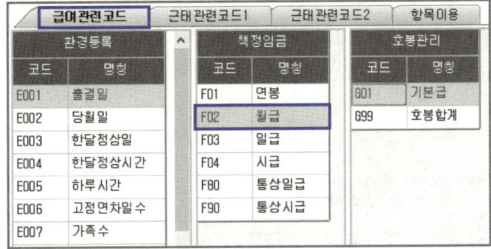

▶ 004. 시급: [근태관련코드1] T01TTT(총정상근무시간) × [급여관련코드] F04(시급)

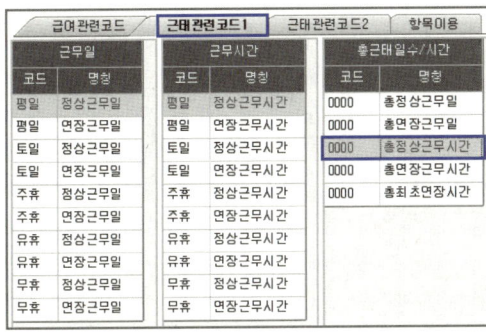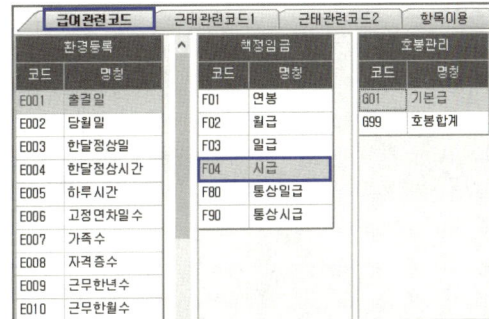

개념 익히기

● 분류여부

・분류: 분류코드와 분류명에 의하여 지급대상에 해당되는 경우에만 지급
・무분류: 지급대상자 구분없이 모든 종업원에게 지급

직책수당 등록

❶ [분류여부]에서 분류를 선택한다.

❷ [분류구분코드]에서 F2를 누른 후 006.직책별을 선택한다.

❸ 코드 란에서 F2를 누른 후 분류명과 001.금액을 선택하여 금액을 입력한다.

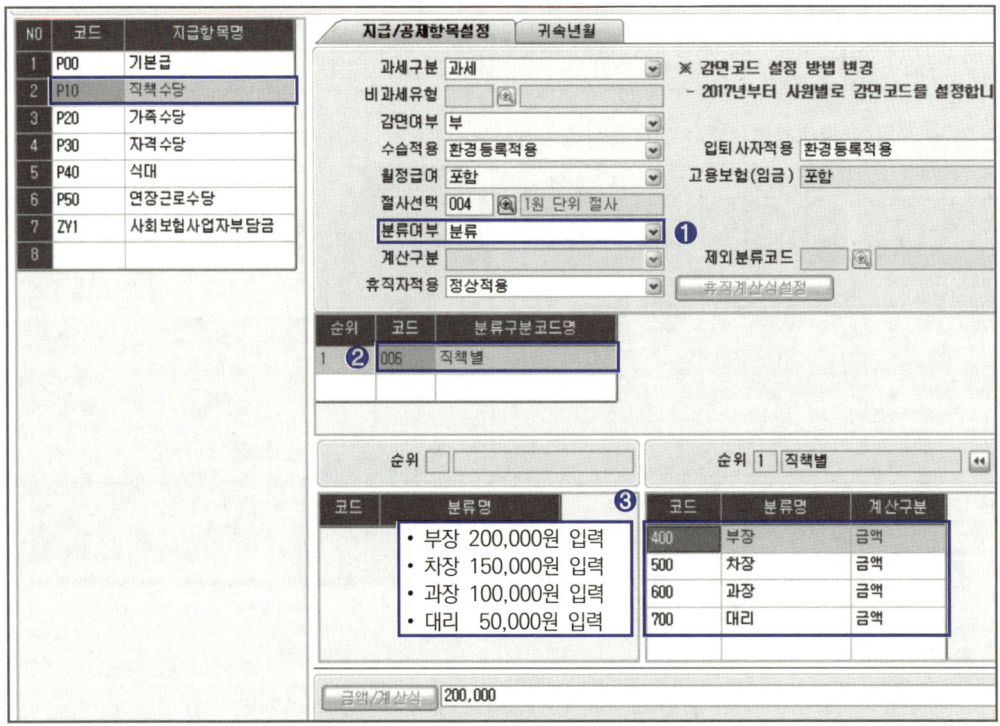

가족수당 등록

❶ [분류여부]에서 분류를 선택한다.

❷ 분류구분코드에서 F2를 누른 후 016.가족별을 선택한다.

❸ 코드 란에서 F2를 누른 후 분류명과 001.금액을 선택하여 금액을 입력한다.

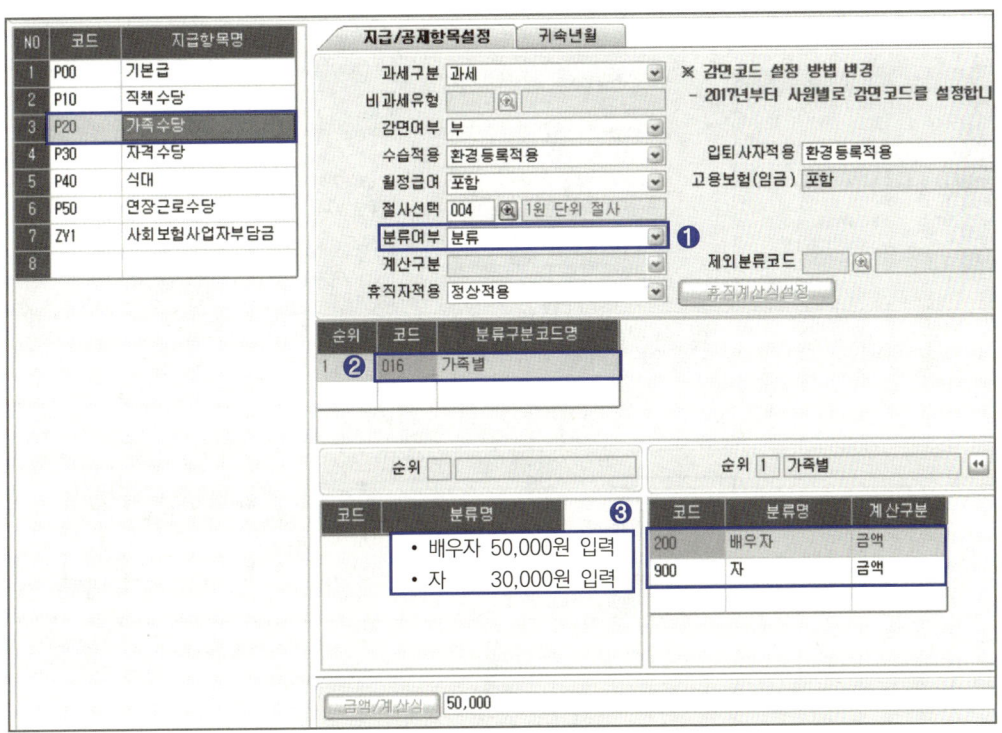

자격수당 등록

❶ [분류여부]에서 분류를 선택한다.

❷ [분류구분코드]에서 F2를 누른 후 014.자격별을 선택한다.

❸ 코드 란에서 F2를 누른 후 분류명과 001.금액을 선택하여 금액을 입력한다.

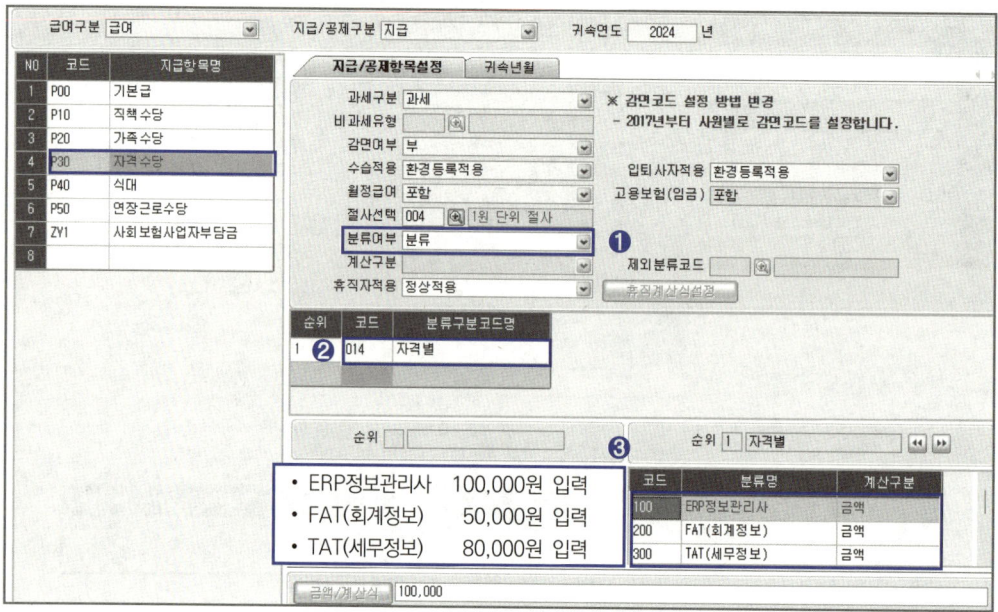

식대 등록

❶ [과세구분]에서 비과세를 선택하고 [비과세유형]에서 P01.식사대를 선택한다.

❷ [분류여부]에서 무분류를 선택한다.

❸ [계산구분]에서 금액을 선택하여 맨 하단의 금액을 입력한다.

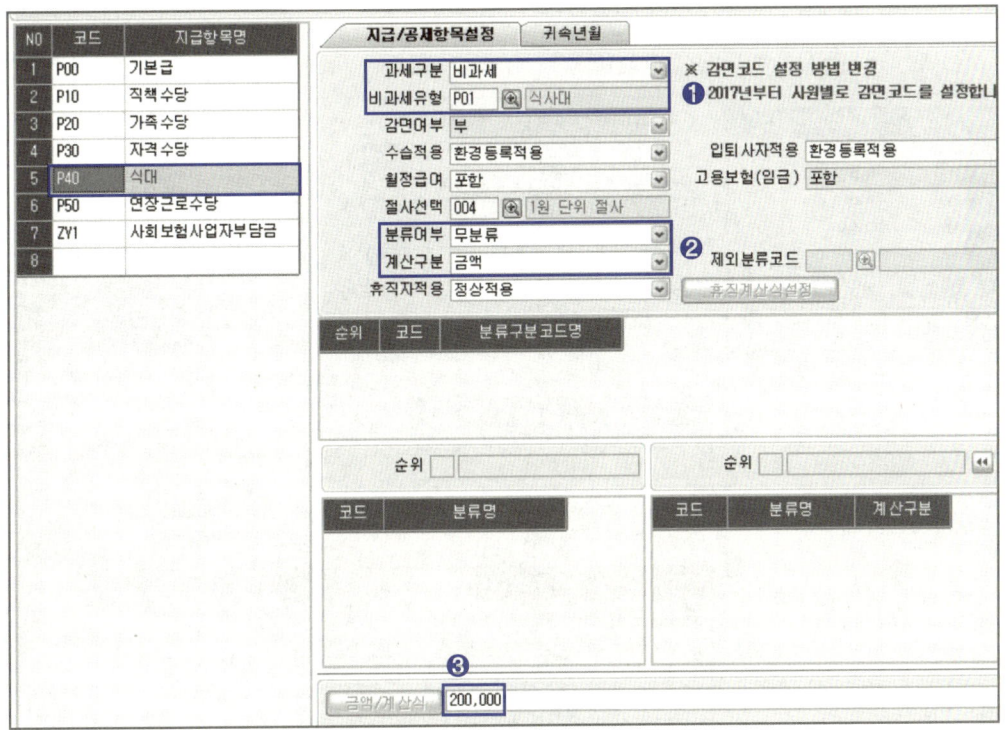

연장근로수당 등록

❶ [과세구분]에서 비과세를 선택하고 [비과세유형]에서 001.야간근로수당을 선택한다.

❷ [월정급여]에서 제외를 선택하고 [분류여부]에서 분류를 선택한다.

❸ [순위]에서 1순위에 005.직종별, 2순위에 018.급여형태를 선택한다.

❹ 순위1 직종별에서 002.생산직을 선택하고, 순위2 급여형태에서 004.시급을 선택한다.
[금액/계산식]에서 계산식을 입력한다.

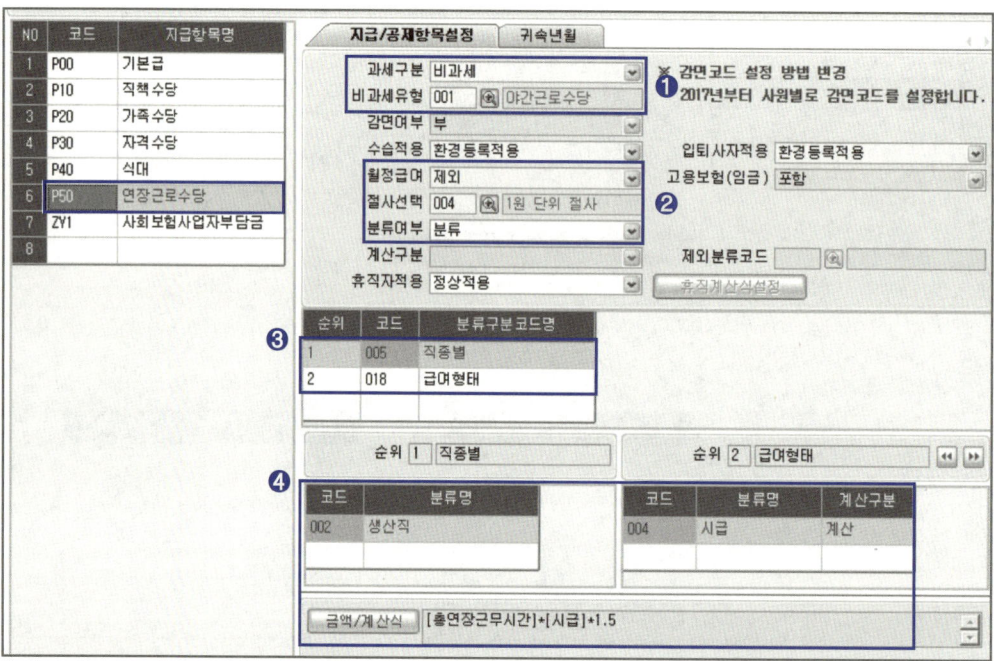

▶ [근태관련코드1] T02TTT(총연장근무시간) × [급여관련코드] F04(시급) × 1.5

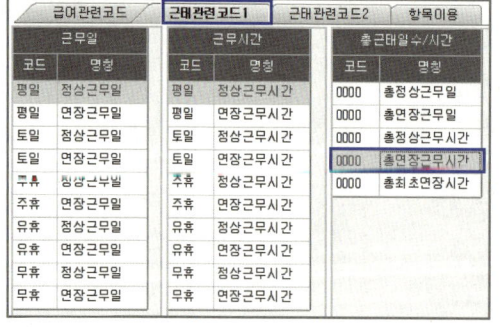 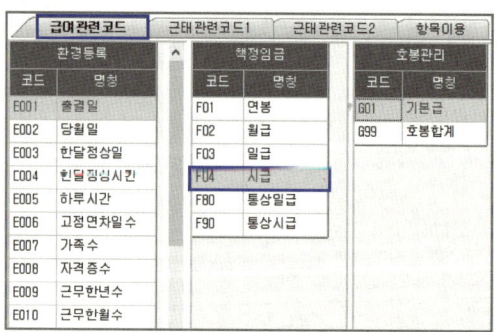

노동조합비 등록

❶ [지급/공제구분]에서 공제 선택 후 조회한다.

❷ 지급항목 코드 란에서 F2를 누른 후 S40.노동조합비를 선택하여 수동으로 반영한다.

❸ 왼쪽 항목명에서 S40.노동조합비를 선택하고 [분류여부]에서 분류를 선택한다.

❹ 코드 란에서 F2를 누른 후 010.노조별을 선택한다.

❺ 분류명에서 001.여를 선택하고, 하단의 [금액/계산식]에 금액 10,000원을 입력한다.

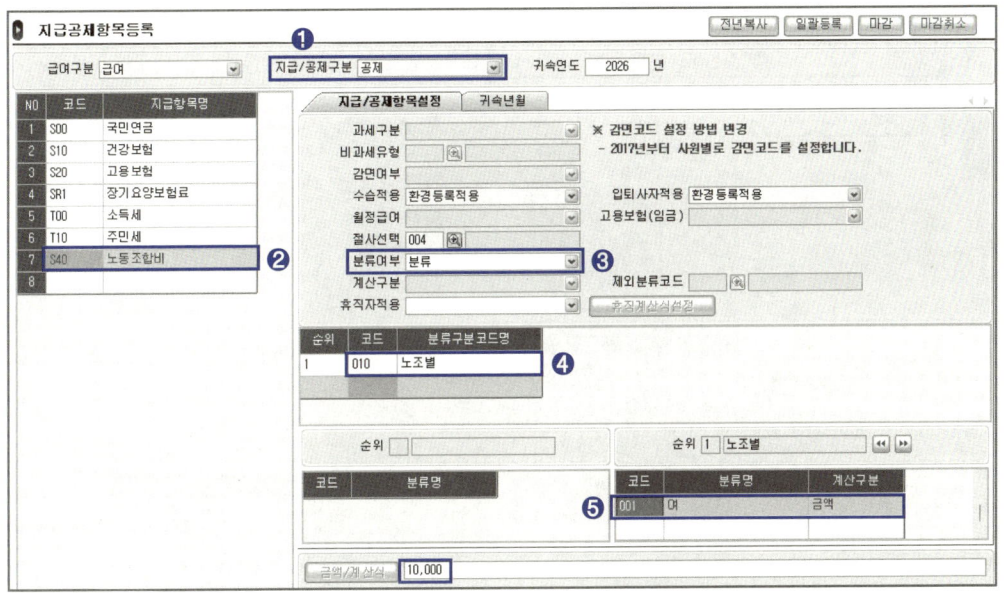

상여금 등록

❶ [급여구분]에서 상여를 선택하고, [지급/공제구분]에서 지급을 선택한다.

❷ [월정급여]에서 제외를 선택하고 [분류여부]에서 분류를 선택한다.

❸ [순위]에서 1순위에 005.직종별, 2순위에 018.급여형태를 선택한다.

❹ 순위1 직종별에서 001.사무직을 선택하고, 순위2 급여형태에서 001.월급을 선택한다.
[금액/계산식]에서 계산식을 입력한다.

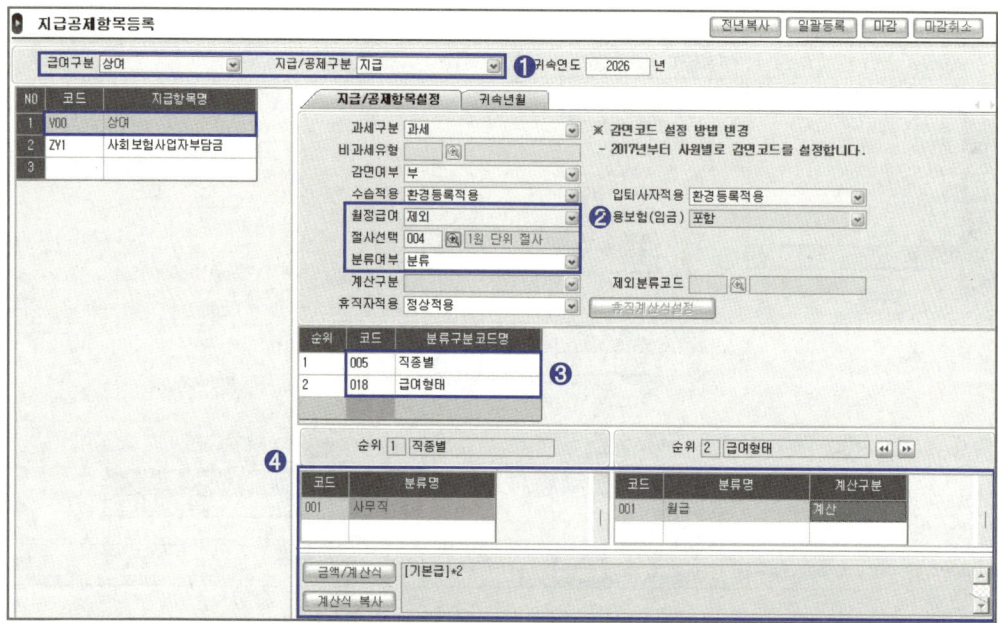

▶ [급여관련코드] G01(기본급) × 2

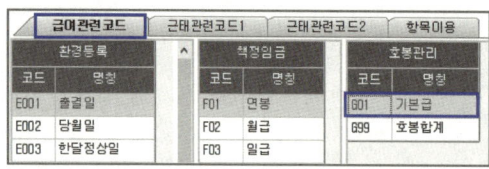

❺ 상여금 공제항목 확인한다.

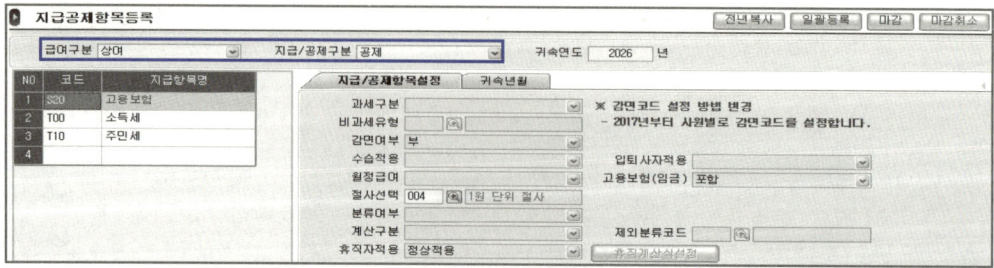

🦅 주요항목 설명

❶ 급여구분: [인사기초코드등록]의 〈P4.급여구분〉에 등록한 항목을 선택한다.

❷ 지급공제구분

- 지급: 지급항목에 〈P00.기본급〉이 자동 생성되며 여기에 등록한 지급항목의 합산금액은 근로소득금액이 된다.
- 공제: 공제항목에 〈S00.국민연금〉, 〈S10.건강보험료〉, 〈S20.고용보험료〉, 〈S30.노동조합비〉, 〈T00.소득세〉, 〈T10.주민세(지방소득세)〉가 자동 생성되며 등록된 공제항목은 근로소득금액에서 차감된다.

❸ 귀속연도: 지급공제항목이 적용되는 귀속연도를 입력한다.

❹ 지급/공제항목: 지급공제구분이 '지급'인 경우 지급항목별 과세구분, 분류여부, 계산구분 및 계산식 등을 설정하며, '공제'인 경우 공제항목에 대한 계산식 등을 설정한다.

❺ 귀속연월: 등록한 지급/공제 항목이 적용되는 귀속 월에 체크한다. [급/상여지급일자등록]에서 등록한 일자가 자동 반영되며 지급/공제 항목이 적용되지 않는 지급일은 체크하지 않는다.

❻ 과세구분

- 과세: 해당항목의 금액은 세액산출에 포함된다.
- 비과세: 과세되지 않는 항목을 말하며 반드시 비과세유형을 선택한다.
- 비과세유형: 과세구분을 비과세로 설정한 경우 활성화된다. 소득세법상 규정된 비과세수당인 경우 반드시 선택하여야 한다.

❼ 수습적용/입퇴사적용 여부

- 환경등록적용: [인사급여환경설정]에서 설정한 값으로 급여가 계산된다.
- 정상적용: [인사급여환경설정]에서 설정한 값은 무시하고 등록된 산식에 의해 급여가 계산된다.

❽ 월정급여: 생산직 연장근로수당 비과세 적용 시 월정액급여 포함 선택한 금액을 기준으로 210만원 이하 사원에게 비과세 처리된다.

❾ 분류여부

- 무분류: 모든 사원에게 동일하게 적용
- 분류: 지급대상을 설정하여 대상자에게만 적용
- 외조건: 설정한 코드를 제외하고 적용

❿ 휴직지급률: 휴직자인 경우에 지급항목별로 계산율을 설정한다.

⓫ 계산구분

- 금액: 해당 금액을 입력
- 계산: 급여관리코드, 근태관리코드 등을 활용하여 계산식을 적용

⓬ 분류계산: 위의 분류여부를 '분류'로 선택한 경우 활성화 되며 코드도움을 이용하여 분류기준을 선택한다(분류기준은 회사 등록 시 자동 생성되며 추가등록 할 수 없다).

핵심ERP실무

출제유형 ┈▶ **지급공제항목등록**

문1) 핵심ERP의 지급공제항목등록 메뉴에 대한 설명 중 올바르지 않은 것은?

① 지급공제항목등록 메뉴는 직원들의 급여계산을 위한 필수 프로세스이다.

② [전년복사]메뉴를 통해서 전년도 귀속 등록한 자료들을 자동 복사할 수 있다.

③ 수정작업을 위해서는 [마감취소] 작업을 선행하여야 한다.

④ 작업완료 이후에는 입력 자료의 안전한 보관을 위해 반드시 [마감]작업을 하여야 한다.

문2) (주)삼일테크에서 지급하고 있는 기본급의 형태가 아닌 것은?

① 연봉　　　　② 월급　　　　③ 일급　　　　④ 시급

문3) (주)삼일테크에서 지급하고 있는 직책수당 중 해당 직책과 금액으로 올바르지 않은 것은?

① 부장: 200,000원　　　　② 차장: 150,000원

③ 과장: 80,000원　　　　④ 대리: 50,000원

문4) (주)삼일테크에서 지급하고 있는 가족수당과 자격수당에 대한 설명 중 올바르지 않은 것은?

① 배우자가 있는 경우 50,000원의 가족수당을 지급하고 있다.

② 직계비속 자녀가 있는 경우 30,000원의 가족수당을 지급하고 있다.

③ ERP정보관리사 자격을 취득한 사원에게 80,000원의 자격수당을 지급하고 있다.

④ FAT(회계정보) 자격을 취득한 사원에게 50,000원의 자격수당을 지급하고 있다.

문5) (주)삼일테크에서 지급하고 있는 연장근로수당에 대한 설명 중 올바르지 않은 것은?

① 연장근로수당은 기본적으로 비과세 대상이다.

② 연장근로수당은 월정급여에 포함되는 항목이다.

③ 연장근로수당은 직종이 생산직인 경우에만 지급대상에 해당된다.

④ 연장근로수당의 계산식은 [총연장근무시간×시급×1.5] 이다.

07 급/상여지급일자등록

필요 지식

[급/상여 지급일자등록]은 회사가 급여와 상여를 지급하는 일자를 등록하는 메뉴이다.

▌핵심ERP 급/상여 지급일자등록 프로세스 ▌

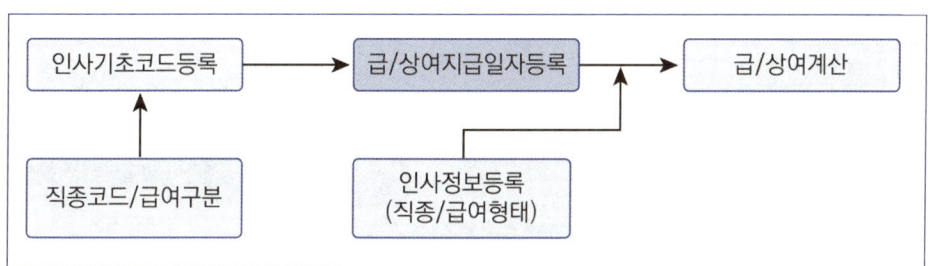

수행 내용 급/상여지급일자등록

인사/급여관리 ➡ 기초환경설정 ➡ 급/상여지급일자등록

다음은 (주)삼일테크의 급/상여 지급일자등록에 대한 내용이다. 급/상여지급일자등록 메뉴에 급여와 상여의 지급일자 등록 작업을 수행하시오.

귀속월	지급일자 동시발행	대상자 선정	급여 구분	대상자			비 고
				사업장	직종	급여형태	
1월	1월28일	직종및 급여 형태별	급여	본사	사무직	월급, 연봉	
	분리			대구지사	생산직	시급	
2월	2월28일	직종및 급여 형태별	급여	본사	사무직	월급, 연봉	
	분리			대구지사	생산직	시급	
3월	3월28일	직종및 급여 형태별	급여	본사	사무직	월급, 연봉	
	분리			대구지사	생산직	시급	
	3월31일	직종및 급여 형태별	상여	본사	사무직	월급	•입사자와 퇴사자는 제외 •상여지급대상기간: 2026/01/01 ~ 2026/03/31
	분리						

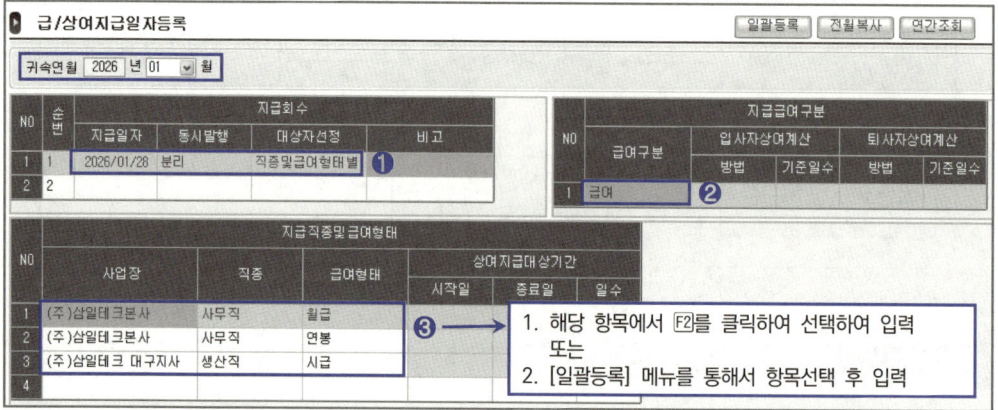

급/상여지급일자등록

1월 귀속 급여지급일자 등록

❶ [귀속연월]에 1월을 입력한 다음 [지급일자]란의 지급일자를 등록하고 [동시발행]란에서 F2를
클릭하여 '2.분리' 선택 후 [대상자 선정]란에서 F2를 클릭하여 '직종 및 급여형태별'을 선택한다.

❷ [지급급여구분]에서 F2를 클릭하여 '급여'를 선택한다.

❸ [지급직종 및 급여형태]에서 F2를 클릭하여 '사업장'과 '직종', '급여형태'를 선택한다.

2월 귀속 급여지급일자 등록

❶ [귀속연월]에 2월을 입력한 다음 1월과 동일한 방법으로 등록하거나, 화면상단의 [전월복사]
버튼을 이용하여 1월 자료를 복사한 후 [지급일자]를 2월 28일로 수정한다.

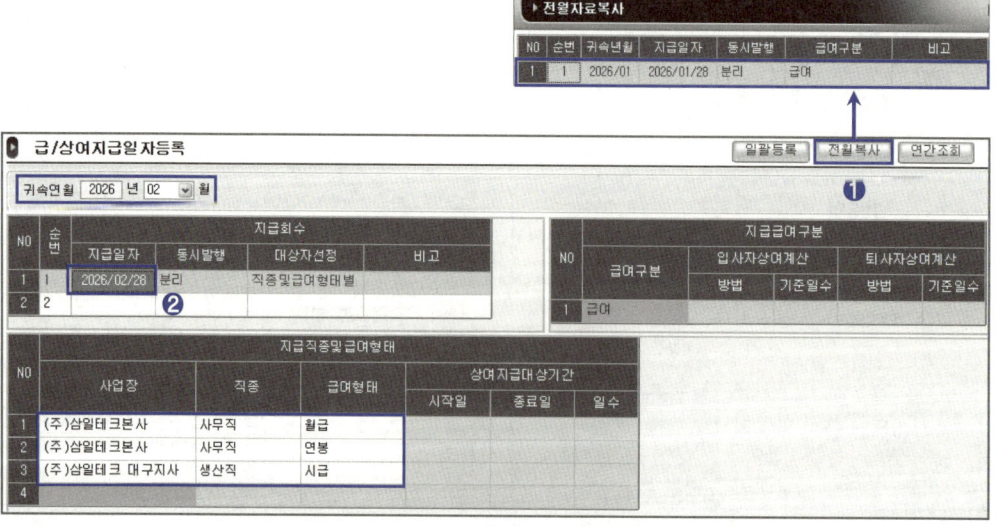

3월 귀속 급여지급일자 등록

❶ [귀속연월]에 3월을 입력한 다음 수동으로 등록하거나, 화면상단의 [전월복사] 버튼을 이용하여
1월 또는 2월 자료를 복사한 후 [지급일자]를 3월 28일로 수정한다.

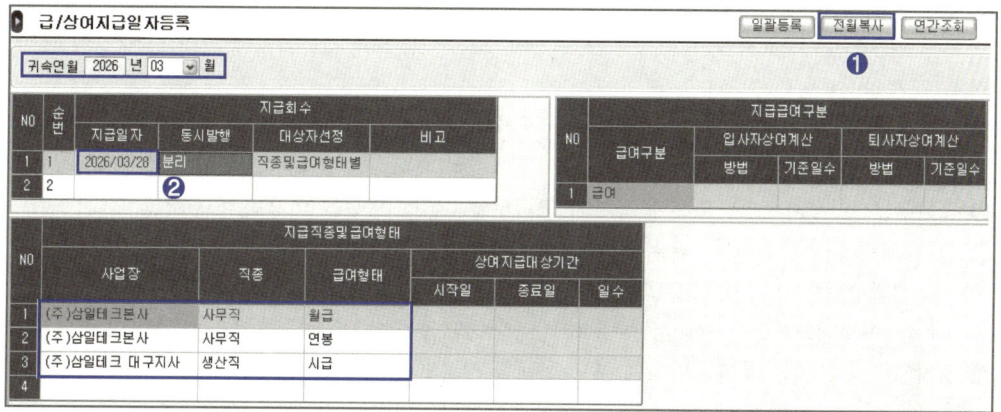

3월 귀속 상여지급일자 등록

❶ [지급일자]란의 지급일자를 등록하고 [동시발행]란에서 F2를 클릭하여 '2.분리' 선택 후 [대상
자 선정]란에서 F2를 클릭하여 '직종 및 급여형태별'을 선택한다.

❷ [지급급여구분]에서 F2를 클릭하여 '상여'를 선택한 후 [입사자상여계산]과 [퇴사자상여계산]
의 [방법]란에서 '제외'를 선택한다.

❸ [지급직종 및 급여형태]에서 F2를 클릭하여 '사업장'과 '직종', '급여형태'를 선택한 후 '상여지
급대상기간'을 입력한다.

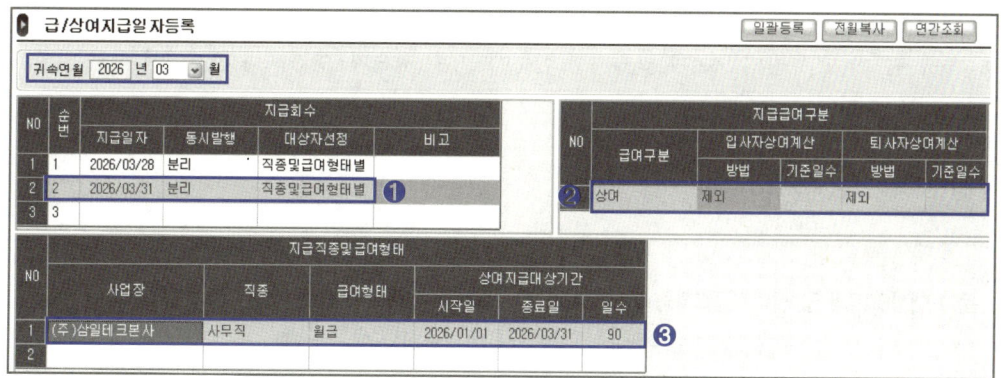

주요항목 설명

❶ 귀속연월: 급/상여의 해당 귀속연월을 입력한다.

❷ 지급일자: 급/상여의 지급일자를 입력한다.

❸ 동시발행: 급여와 상여를 동시에 지급하는 경우 동시를 선택하고, 급여와 상여를 별도로 지급하는 경우는 분리를 선택한다. 동시를 선택한 경우는 동일한 지급일자에 여러 항목(급여, 상여)을 등록할 수 있다.

❹ 대상자선정: 지급하고자 하는 대상자를 선정한다. 직종별 및 급여 형태별 또는 사용자 직접등록을 선택한다. 사용자직접등록은 [상용직 급여입력]에서 직접 사원을 등록할 수 있다.

❺ 급여구분: 인사기초코드등록에 등록된 급여구분을 코드도움을 이용하여 조회한 후 선택한다.

❻ 입사자/퇴사자 상여계산: 급여구분에 상여를 선택한 경우만 입력 가능하다.

→ 계산방법은 인사기초코드에 등록된 계산방법(월/일/월일)에 따라 계산된다.

❼ 직종/급여형태: 지급일자에 지급 해당되는 직종과 급여형태를 코드도움을 이용하여 등록한다.

❽ 상여지급대상기간: 급여구분에 상여로 선택한 경우만 등록하며, 상여금 산출 적용기간을 등록한다.

❾ 상여금지급방식

• 제외: 상여지급대상기간 동안 입/퇴사한 사원에 대해서는 상여금을 지급하지 않는다.

• 일: 상여지급대상기간 동안 입/퇴사한 사원에 대해서는 재직일 수를 상여대상기간으로 나누어 근무한 일수만큼만 지급한다.

• 월: 상여지급대상기간 동안 입/퇴사한 사원에 대해서 상여금을 전액 지급한다.

• 월일: 상여지급대상기간 동안 입/퇴사한 사원에 대하여 설정된 기준 일수를 초과하여 근무한 사원은 '월' 계산방식으로, 이하로 근무한 사원에 대해서는 '일' 계산방식으로 상여금을 지급한다.

❿ 연간조회

해당 귀속연도 동안의 모든 지급일자를 한눈에 볼 수 있으며, 연간조회 환경에서 수정 및 삭제는 불가능하다.

출제유형 ···▶ 급/상여지급일자등록

문1) 핵심ERP의 급/상여지급일자등록 메뉴에 대한 설명 중 올바르지 않은 것은?

① 당사는 3월에 상여금을 급여와 분리하여 지급한다.

② 입사자와 퇴사자는 상여금 지급대상자에 해당한다.

③ 상여금은 (주)삼일테크본사 사무직(월급) 사원들에게만 지급한다.

④ [연간조회] 메뉴를 통해 귀속연도의 모든 지급일자를 조회 가능하지만, 수정 및 삭제는 할 수 없다.

제3장

인사프로세스 실무

01 **인사관리 프로세스**

★ **학습목표(NCS 수행준거)**

급여 대장 등록하기(능력단위요소 : 0202020109_23v5.1)
1.1 채용, 이동, 승진, 퇴직 등 인사발령에 따라 급여원장을 갱신할 수 있다.
1.2 급여계산을 위하여 급여 기초사항을 등록할 수 있다.
1.3 급여계산을 위하여 급여대장 외에 해당 월 조직 구성원의 소득 및 공제에 영향을 줄 수 있는 항목을 등록할 수 있다.

필요 지식

인사관리에서는 사원의 인적정보 등을 등록하여 인사기록카드와 기타 인사정보 현황을 관리 할 수 있는 메뉴이다.

▌인사관리 프로세스 ▌

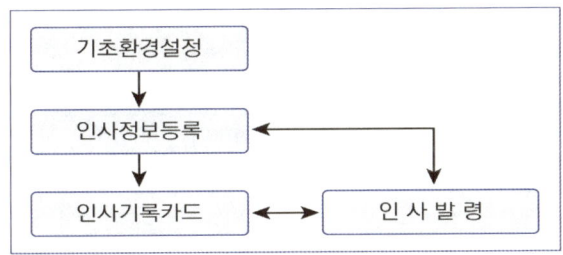

구 분	내 용
기초환경설정	인사관리를 사용하기 위한 기초코드와 환경을 설정하는 부분이며, 모든 프로세스의 선행작업이 된다.
인사정보등록	인적자원에 대한 기본 자료를 등록하고 각종 현황을 조회할 수 있다.
인사기록카드	인적자원에 대한 세부자료를 등록하고 조회할 수 있는 부분이다.
부양가족관리	급여에서 공제되는 부양가족 수와 내역을 등록하는 메뉴이다.
인사발령	인적자원에 대한 각종 인사발령 업무를 처리하고, 인사정보등록 부분과 자동 연계되어 사원정보가 반영된다.

1.1 인사정보등록

필요 지식

인사정보등록은 사원의 가장 기본 데이터를 등록하는 부분으로서 인사급여모듈을 사용하기 위한 가장 기초작업의 일부분이며, 사원명부 등의 각종 현황물을 출력하기 위한 기초정보가 입력되는 메뉴이다.

수행 내용 사원정보등록

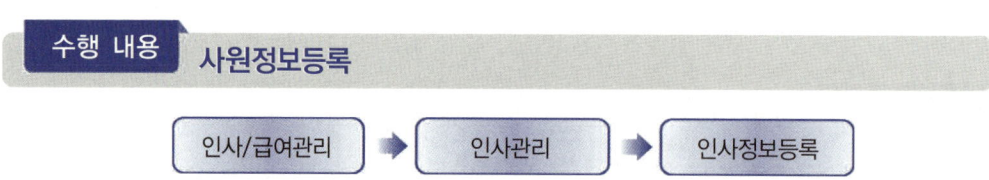

다음은 (주)삼일테크 임직원의 인사정보이다. 인사정보등록 메뉴에 인사정보등록 작업을 수행하시오.

1. 정종철

인 적 정 보							
사원코드	1010	사원명		정종철	주민번호		750914-1927313
주　　소	서울특별시 양천구 국회대로 1 (신월동)				세대주	여	장애인구분	비해당

재 직 정 보							
고용형태	상용직	직종	사무직	급여형태	연봉	직급/직책	대표이사

급 여 정 보							
호　봉	–	계정유형	임원계정	생산직총급여		–	
감면유형	–		급여이체		기업은행 4567-12-1234		
국민연금보수월액	5,000,000원		고용보험보수월액		미가입		
건강보험보수월액	5,000,000원		고용보험여부(대표)	여	노조가입여부	부	
계약시작년월	2026년 1월		연봉		60,000,000원		

2. 임영찬

인 적 정 보							
사원코드	2010	사원명		임영찬	주민번호		850526-1025347
주 소	서울특별시 종로구 김상옥로 1 (인의동)				세대주	여	장애인구분	비해당

(재 직 정 보)

재 직 정 보							
고용형태	상용직	직종	사무직	급여형태	월급	직급/직책	부장

급 여 정 보					
호봉	3호봉	계정유형	사원계정	생산직총급여	-
감면유형	-		급여이체	기업은행 6789-12-4567	
국민연금보수월액	4,700,000원		고용보험보수월액	4,700,000원	
건강보험보수월액	4,700,000원		고용보험여부(대표)	-	노조가입여부	부

3. 장혜영

인 적 정 보							
사원코드	3010	사원명		장혜영	주민번호		880421-2123457
주 소	서울특별시 관악구 관천로 100 (신림동)				세대주	부	장애인구분	비해당

재 직 정 보							
고용형태	상용직	직종	사무직	급여형태	월급	직급/직책	과장

급 여 정 보					
호봉	2호봉	계정유형	사원계정	생산직총급여	-
감면유형	-		급여이체	기업은행 5678-12-1234	
국민연금보수월액	3,150,000원		고용보험보수월액	3,150,000원	
건강보험보수월액	3,150,000원		고용보험여부(대표)	-	노조가입여부	여

4. 임영인

인 적 정 보							
사원코드	4010	사원명		임영인	주민번호		890213-1752111
주 소	서울특별시 성북구 대사관로 133 (성북동)				세대주	여	장애인구분	비해당

재 직 정 보							
고용형태	상용직	직종	사무직	급여형태	월급	직급/직책	사원

급 여 정 보					
호봉	6호봉	계정유형	사원계정	생산직총급여	-
감면유형	-		급여이체	기업은행 3456-12-5678	
국민연금보수월액	2,600,000원		고용보험보수월액	2,600,000원	
건강보험보수월액	2,600,000원		고용보험여부(대표)	-	노조가입여부	여

핵심ERP실무

5. 백수인

인 적 정 보							
사원코드	5010	사원명		백수인	주민번호		870523-1245788
주 소	대구광역시 달서구 달구벌대로 1001 (호산동)				세대주 여	장애인구분	비해당
재 직 정 보							
고용형태	상용직	직종	생산직	급여형태	시급	직급/직책	사원
급 여 정 보							
호봉	-	계정유형		제조계정	생산직총급여	과세(기준금액 초과)	
감면유형	-			급여이체	기업은행 2345-12-6789		
국민연금보수월액	2,600,000원			고용보험보수월액	2,600,000원		
건강보험보수월액	2,600,000원			고용보험여부(대표)	-	노조가입여부	여
계약시작년월	2026년 1월			시급	13,000원		

6. 박효진

인 적 정 보							
사원코드	5020	사원명		박효진	주민번호		981210-2927100
주 소	대구광역시 남구 명덕로 100 (대명동)				세대주 부	장애인구분	비해당
재 직 정 보							
고용형태	상용직	직종	생산직	급여형태	시급	직급/직책	사원
급 여 정 보							
호봉	-	계정유형		제조계정	생산직총급여	과세(기준금액 초과)	
감면유형	T13(2022/12~2026/11)			급여이체	기업은행 5678-12-4567		
국민연금보수월액	2,300,000원			고용보험보수월액	2,300,000원		
건강보험보수월액	2,300,000원			고용보험여부(대표)	-	노조가입여부	여
계약시작년월	2026년 1월			시급	11,000원		

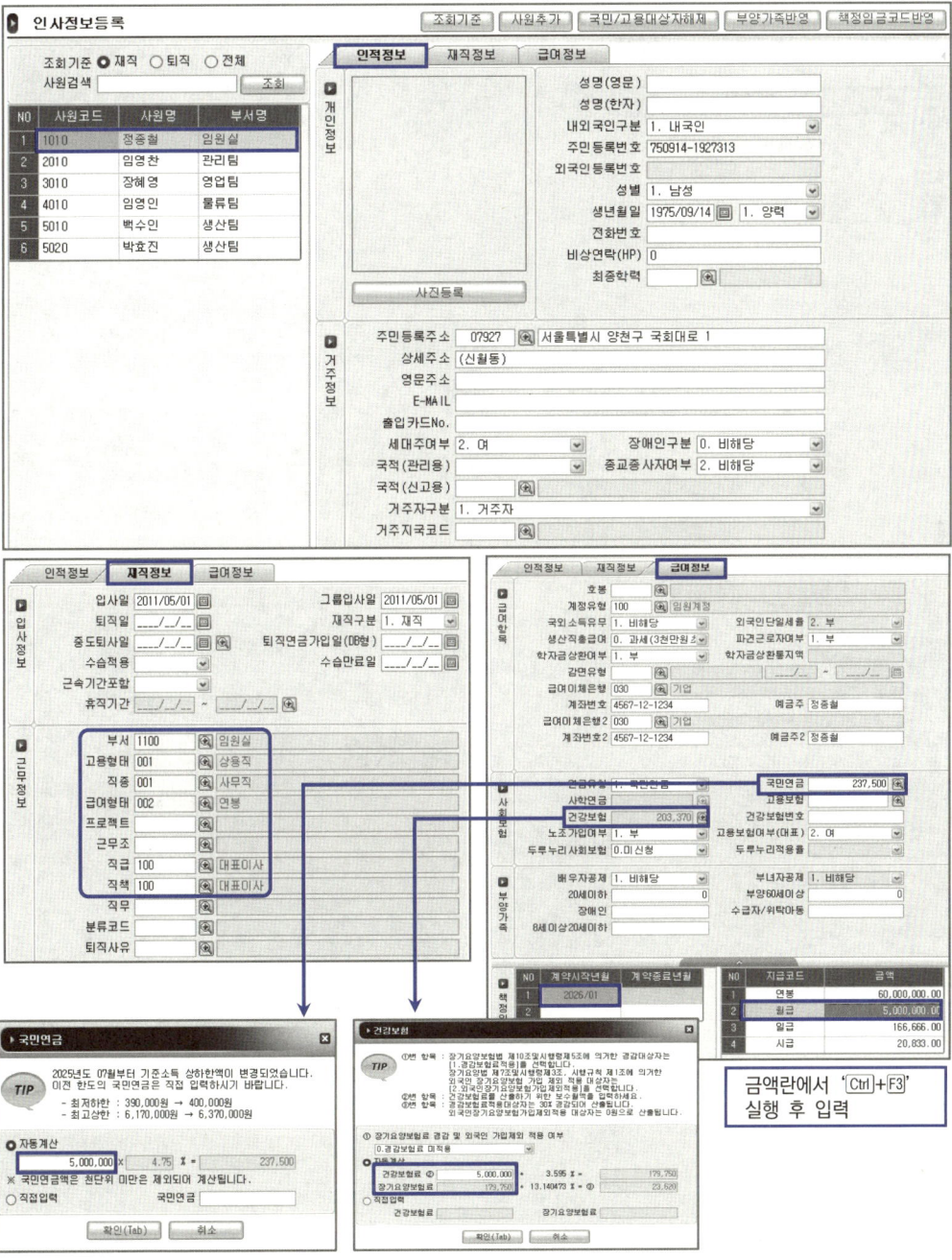

수행 결과 **사원정보등록**

정종철 등록화면

임영찬 등록화면

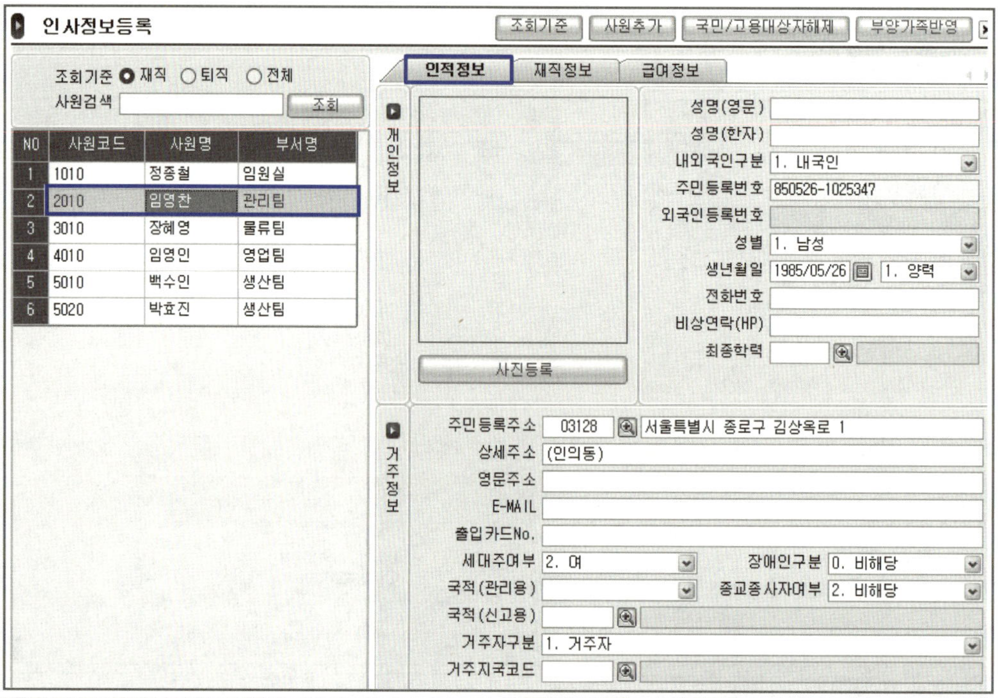

인사정보등록　　　　　　　　　조회기준 | 사원추가 | 국민/고용대상자해제 | 부양가족반영 | ▶

| 조회기준 | ● 재직 ○ 퇴직 ○ 전체 |
| 사원검색 | 　　　　　　조회 |

NO	사원코드	사원명	부서명
1	1010	정종철	임원실
2	2010	임영찬	관리팀
3	3010	장혜영	물류팀
4	4010	임영인	영업팀
5	5010	백수인	생산팀
6	5020	박효진	생산팀

인적정보 | 재직정보 | 급여정보

개인정보

사진등록

성명(영문)	
성명(한자)	
내외국인구분	1. 내국인
주민등록번호	850526-1025347
외국인등록번호	
성별	1. 남성
생년월일	1985/05/26　1. 양력
전화번호	
비상연락(HP)	
최종학력	

거주정보

주민등록주소	03128　서울특별시 종로구 김상옥로 1
상세주소	(인의동)
영문주소	
E-MAIL	
출입카드No.	
세대주여부	2. 여	장애인구분	0. 비해당
국적(관리용)		종교종사자여부	2. 비해당
국적(신고용)			
거주자구분	1. 거주자		
거주지국코드			

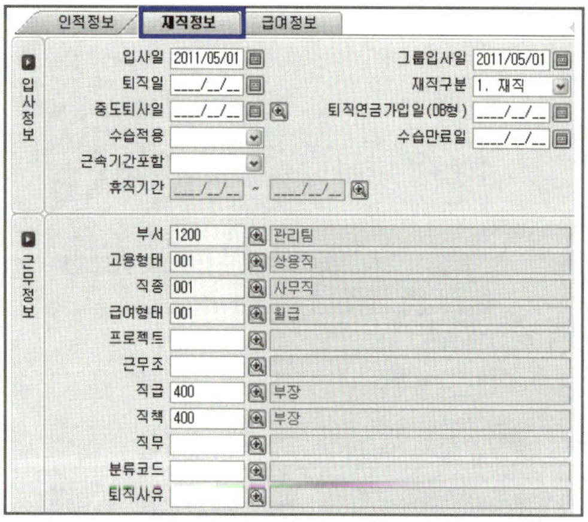

인적정보 | **재직정보** | 급여정보

입사정보

입사일	2011/05/01	그룹입사일	2011/05/01
퇴직일	__/__/__	재직구분	1. 재직
중도퇴사일	__/__/__	퇴직연금가입일(DB형)	__/__/__
수습적용		수습만료일	__/__/__
근속기간포함			
휴직기간	__/__/__ ~ __/__/__		

근무정보

부서	1200	관리팀
고용형태	001	상용직
직종	001	사무직
급여형태	001	월급
프로젝트		
근무조		
직급	400	부장
직책	400	부장
직무		
분류코드		
퇴직사유		

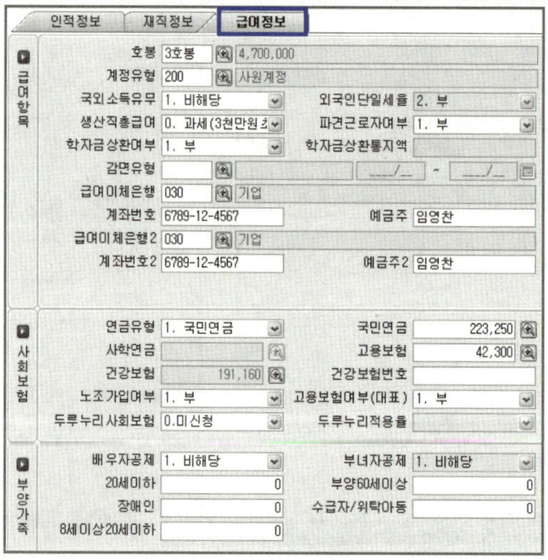

인적정보 | 재직정보 | **급여정보**

급여항목

호봉	3호봉	4,700,000
계정유형	200	사원계정
국외소득유무	1. 비해당	외국인단일세율	2. 부
생산직총급여	0. 과세(3천만원 초과)	파견근로자여부	1. 부
학자금상환여부	1. 부	학자금상환통지액	
감면유형			~ __/__/__
급여이체은행	030	기업	
계좌번호	6789-12-4567	예금주	임영찬
급여이체은행2	030	기업	
계좌번호2	6789-12-4567	예금주2	임영찬

사회보험

연금유형	1. 국민연금	국민연금	223,250
사학연금		고용보험	42,300
건강보험	191,160	건강보험번호	
노조가입여부	1. 부	고용보험여부(대표)	1. 부
두루누리사회보험	0.미신청	두루누리적용율	

부양가족

배우자공제	1. 비해당	부녀자공제	1. 비해당
20세이하	0	부양60세이상	0
장애인	0	수급자/위탁아동	0
8세이상20세이하	0		

> **참고** 재직정보 탭의 '직급'은 필수입력 항목은 아니지만, 급여형태가 '월급'인 사원들의 급여계산을 위해서 반드시 작성되어야 한다.

장혜영 등록화면

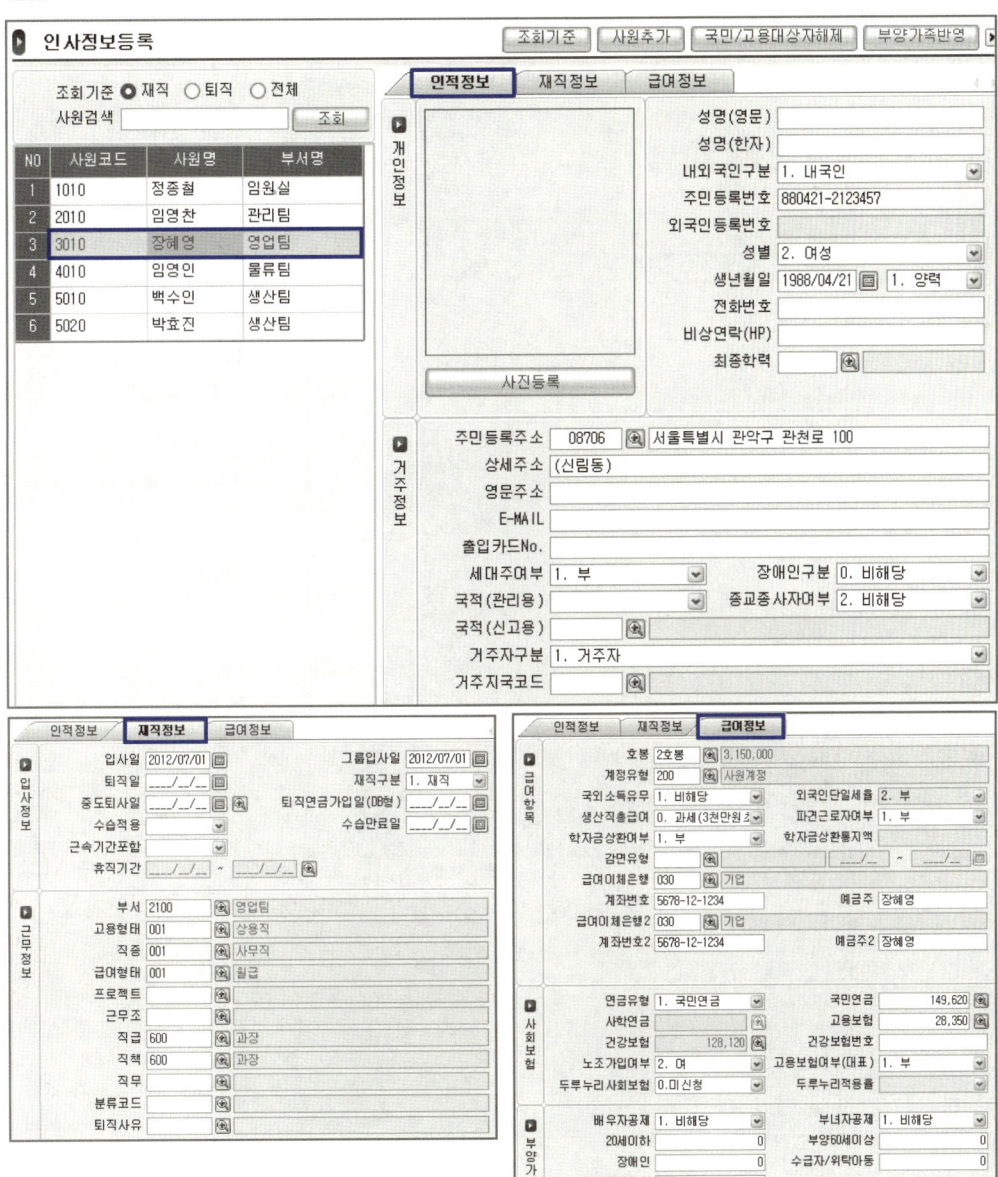

임영인 등록화면

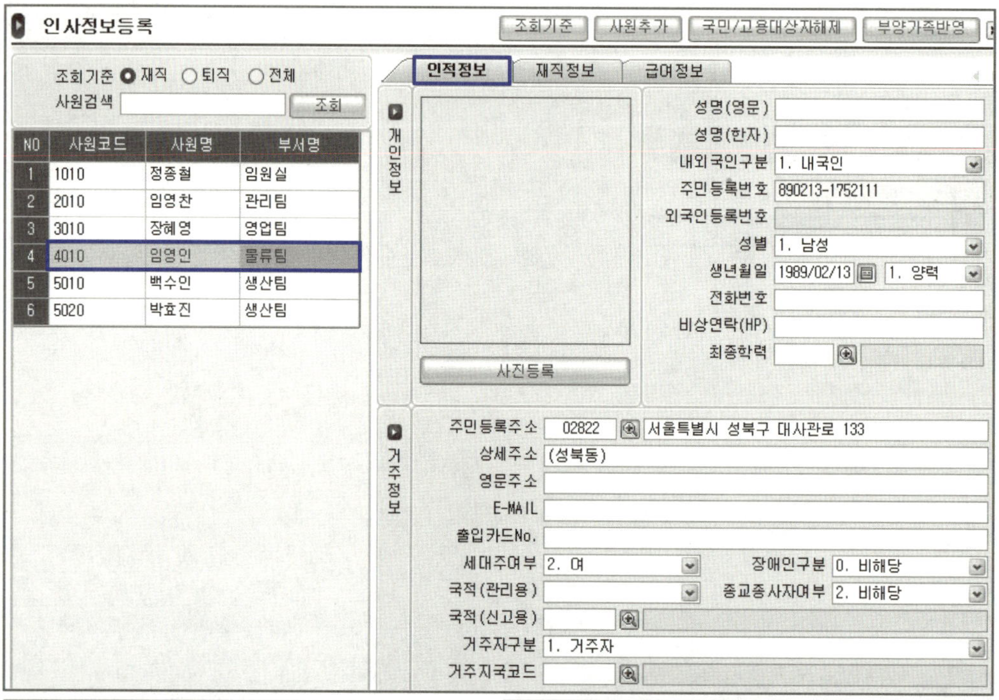

인사정보등록   [조회기준] [사원추가] [국민/고용대상자해제] [부양가족반영]

조회기준 ● 재직 ○ 퇴직 ○ 전체
사원검색 [_____] [조회]

NO	사원코드	사원명	부서명
1	1010	정종철	임원실
2	2010	임영찬	관리팀
3	3010	장혜영	영업팀
4	4010	임영인	물류팀
5	5010	백수인	생산팀
6	5020	박효진	생산팀

[인적정보] [재직정보] [급여정보]

개인정보

[사진등록]

성명(영문) [_____]
성명(한자) [_____]
내외국인구분 [1. 내국인 ▼]
주민등록번호 [890213-1752111]
외국인등록번호 [_____]
성별 [1. 남성 ▼]
생년월일 [1989/02/13] [1. 양력 ▼]
전화번호 [_____]
비상연락(HP) [_____]
최종학력 [___][🔍]

거주정보

주민등록주소 [02822][🔍] 서울특별시 성북구 대사관로 133
상세주소 (성북동)
영문주소 [_____]
E-MAIL [_____]
출입카드No. [_____]
세대주여부 [2. 여 ▼]   장애인구분 [0. 비해당 ▼]
국적(관리용) [_____ ▼]   종교종사자여부 [2. 비해당 ▼]
국적(신고용) [___][🔍]
거주자구분 [1. 거주자 ▼]
거주지국코드 [___][🔍]

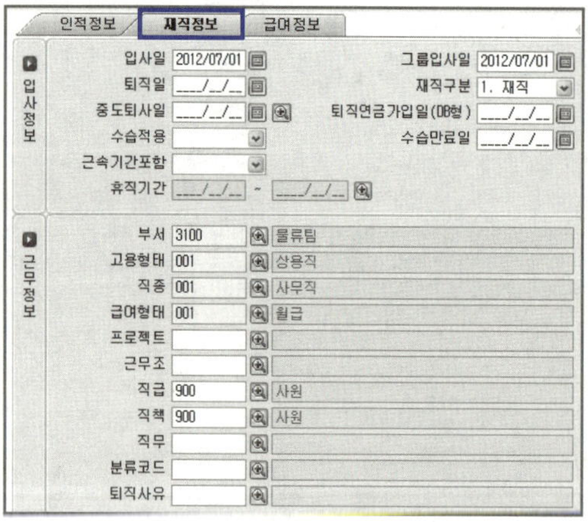

[인적정보] **[재직정보]** [급여정보]

입사정보

입사일 [2012/07/01]   그룹입사일 [2012/07/01]
퇴직일 [__/__/__]   재직구분 [1. 재직 ▼]
중도퇴사일 [__/__/__][🔍] 퇴직연금가입일(DB형) [__/__/__]
수습적용 [____ ▼]   수습만료일 [__/__/__]
근속기간포함 [____ ▼]
휴직기간 [__/__/__] - [__/__/__][🔍]

근무정보

부서 [3100][🔍] 물류팀
고용형태 [001][🔍] 상용직
직종 [001][🔍] 사무직
급여형태 [001][🔍] 월급
프로젝트 [___][🔍]
근무조 [___][🔍]
직급 [900][🔍] 사원
직책 [900][🔍] 사원
직무 [___][🔍]
분류코드 [___][🔍]
퇴직사유 [___][🔍]

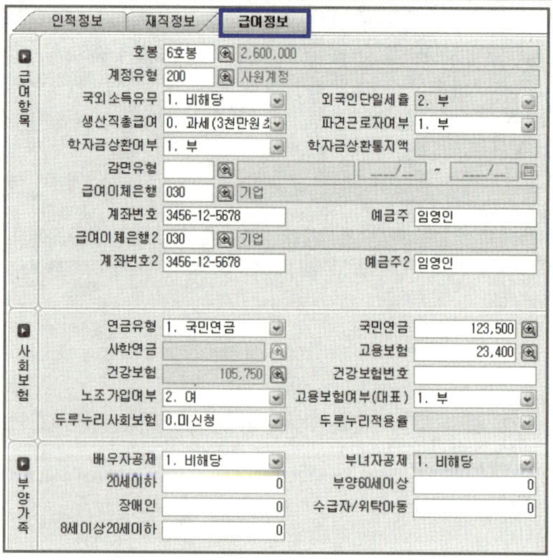

[인적정보] [재직정보] **[급여정보]**

급여항목

호봉 [6호봉][🔍] 2,600,000
계정유형 [200][🔍] 사원계정
국외소득유무 [1. 비해당 ▼]   외국인단일세율 [2. 부 ▼]
생산직총급여 [0. 과세(3천만원초▼] 파견근로자여부 [1. 부 ▼]
학자금상환여부 [1. 부 ▼]   학자금상환통지액
감면유형 [___][🔍]
급여이체은행 [030][🔍] 기업
계좌번호 [3456-12-5678]   예금주 [임영인]
급여이체은행2 [030][🔍] 기업
계좌번호2 [3456-12-5678]   예금주2 [임영인]

사회보험

연금유형 [1. 국민연금 ▼]   국민연금 [123,500][🔍]
사학연금 [___][🔍]   고용보험 [23,400][🔍]
건강보험 [105,750]   건강보험번호 [_____]
노조가입여부 [2. 여 ▼]   고용보험여부(대표) [1. 부 ▼]
두루누리사회보험 [0.미신청 ▼]   두루누리적용률 [____ ▼]

부양가족

배우자공제 [1. 비해당 ▼]   부녀자공제 [1. 비해당 ▼]
20세이하 [0]   부양60세이상 [0]
장애인 [0]   수급자/위탁아동 [0]
8세이상20세이하 [0]

백수인 등록화면

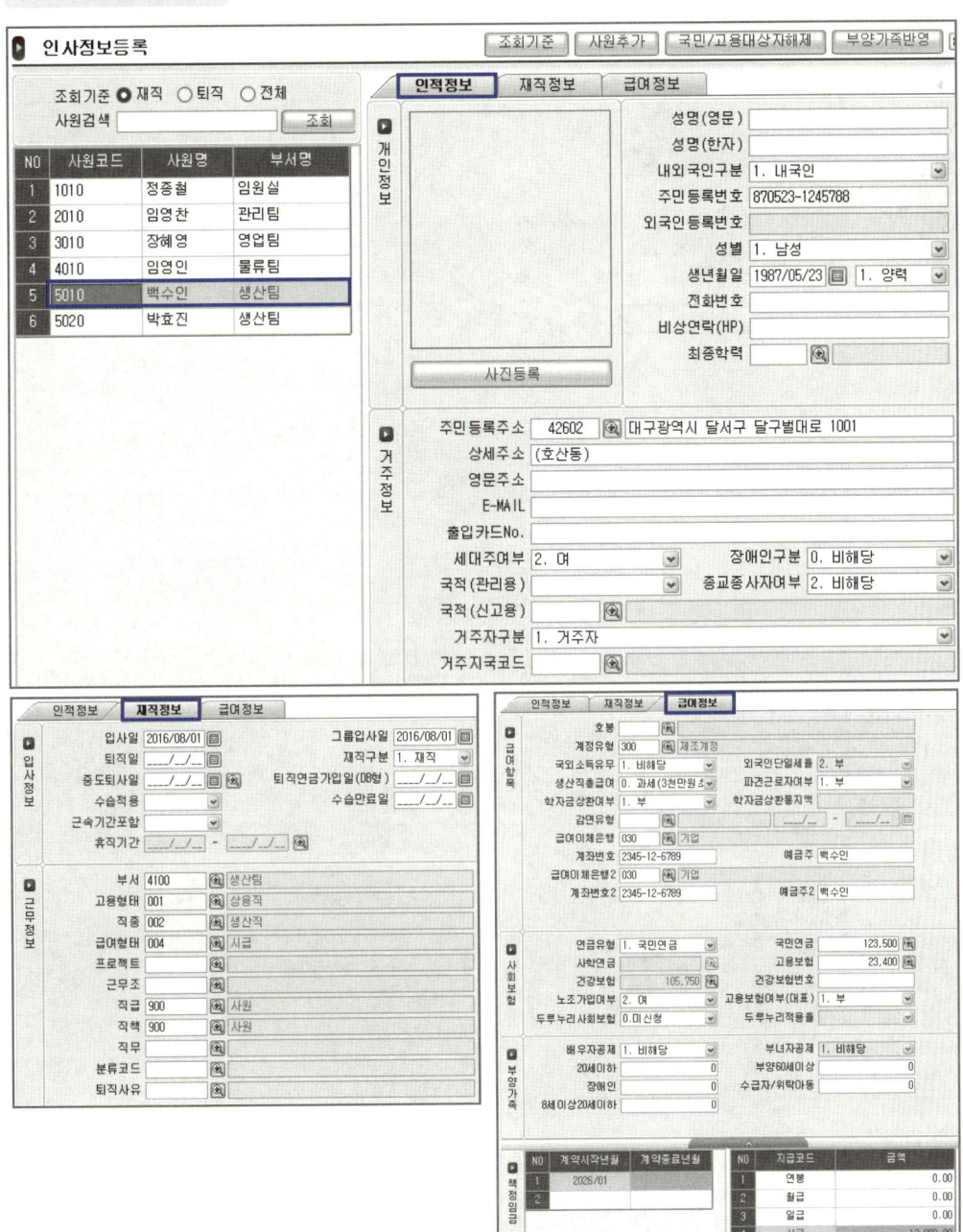

박효진 등록화면

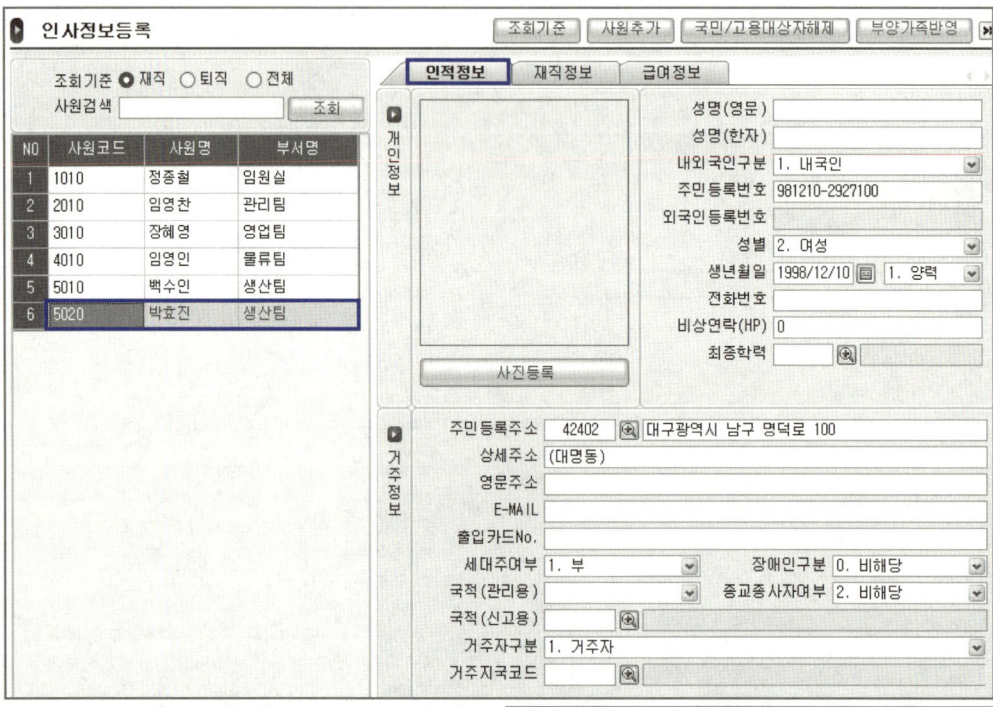

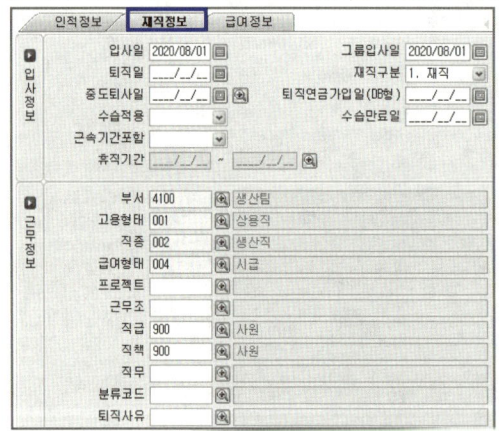

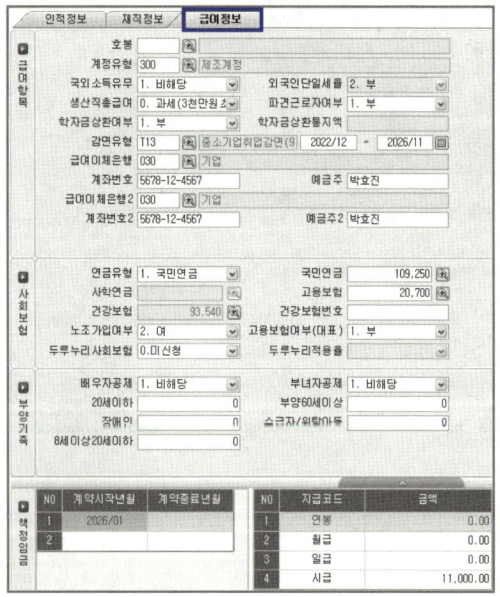

월정급여 260만원, 직전년도 총급여 3,700만원 이하인 생산직근로자가 받는 야간·연장근로 수당 등(연 240만원 한도)은 비과세 적용을 받는다.

주요항목 설명

▐ 인적정보 탭 ▐

❶ 사원코드: 시스템관리의 사원등록 메뉴에서 등록된 사번이며 수정이 불가능하다.

❷ 거주구분: 거주구분을 선택하며, 연말정산 시 비거주자인 경우 비거주자 세액계산 특례에 적용된다.

▐ 재직정보 탭 ▐

❶ 수습적용: 인사/급여환경설정 의 수습직 급여계산방법을 적용할지를 선택한다. 〈1.여〉를 선택하면 수습만료일이 자동으로 계산되어 표기된다.

❷ 수습만료일: 수습적용 〈1.여〉를 선택한 경우 인사/급여환경설정 의 설정된 수습기간을 계산하여 자동 표기된다.

❸ 고용형태: [인사기초코드등록]에 '4.사원그룹(G)' / 'G1.고용구분'의 비고값이 '1'로 등록된 데이터 중 조회하여 선택한다(일용직은 [일용직급여관리]에서 사원등록 및 급여관리가 별도로 이루어진다).

❹ 급여형태: 월급/연봉/일급/시급을 선택한다.
　→급여형태에 따라 급여지급을 별도 관리할 수 있다.

▐ 급여정보 탭 ▐

❶ 외국인단일세율: 외국인 근로자인 경우 연말정산 단일세율 신청자인 경우 '1.여'를 선택한다.

❷ 계정유형: 회계 전표처리 시 적용되는 원가 구분을 선택한다.

❸ 고용보험여부: 고용보험 가입 여/부를 선택한다. →〈1.여〉로 선택한 경우 급여산출 시 고용보험료가 자동 계산되어 공제된다.

❹ 노조가입여부: 노조가입 여/부를 선택한다. →급여에서 공제되는 노조회비는 연말정산 시 기부금공제로 자동 계산된다.

❺ 생산직총급여: 생산직 사원의 연장근로수당 비과세 요건인 전년도 총급여 3,000만원 이하 해당여부를 선택한다.

❻ 책정임금: 사원별 책정임금의 적용 시작년월을 입력하며, 계약 종료년월은 자동 표기됨으로 입력하지 않는다. 금액입력 시 Ctrl + F3을 누른 다음 입력하고 금액입력이 완료되면 다시 한번 Ctrl + F3을 누르면 '*******'로 표시되면서 금액을 감추어 저장하게 된다. 책정임금에 입력된 급여금액은 지급공제항목등록 에서 급여 계산식 구성 시 F** 로 시작되는 코드와 연동된다.

출제유형 ⋯▶ 인사정보등록

문1) 다음 중 인사정보등록메뉴에서 필수 입력항목에 해당하지 않은 것은?

① 주민등록번호　　　　　　　② 고용형태
③ 직급 및 직책　　　　　　　④ 직종 및 급여형태

문2) ㈜삼일테크의 인사정보등록 메뉴에 입력된 내용의 설명 중 올바르지 않은 것은?

① 임영찬은 세대주이며, 장애인구분은 '비해당'이다.
② 장혜영은 세대주에 해당하지 않으며, 장애인구분은 '비해당'이다.
③ 임영인은 사무직(상용직)이며, 급여형태는 '월급'이다.
④ 백수인은 생산직(상용직)이며, 급여형태는 '일급'이다.

문3) ㈜삼일테크의 인사정보등록 메뉴에 입력된 내용의 설명 중 올바르지 않은 것은?

① 임영찬은 월급제 사원으로 부장 3호봉을 적용받으며, 노조가입 여부는 '부'이다.
② 장혜영은 월급제 사원으로 과장 2호봉을 적용받으며, 계정유형은 '사원계정'이다.
③ 임영인은 월급제 사원으로 사원 6호봉을 적용받으며, 두루누리 사회보험 신청자이다.
④ 백수인은 시급제 사원으로 시급 13,000원을 적용받으며, 급여이체 은행은 기업은행이다.

문4) 생산팀 박효진 사원의 인사정보에 관련된 설명으로 올바르지 않은 것은?

① 직급과 직책은 '사원'이며, 근무조는 별도 배정되어 있지 않다.
② 계정유형은 '제조계정'이며, 연장근로 수당에 대해 비과세 적용을 받는다.
③ 2026년 12월 현재 '중소기업취업감면' 대상자이다.
④ 시급제 사원으로 시급 11,000원 적용을 받는다.

인사기록카드

필요 지식

인사정보등록 메뉴에서 급여정보나 근태관련 정보를 등록한다면 그 외의 추가적인 인사관련정보는 인사기록카드에서 등록하며, 입력된 정보는 다른 프로세스의 기초 자료로 활용된다.

▌인사기록카드 프로세스▐

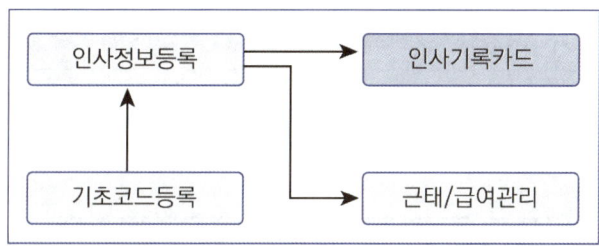

수행 내용 **인사기록카드(면허자격)**

다음은 (주)삼일테크 사원들의 자격증 보유 내역이다. 인사기록카드 면허자격 사항에 등록작업을 수행하시오.

성 명	자격증 종류	취득일	발행기관	수당여부
임영찬	ERP정보관리사	2025년 11월 25일	한국생산성본부	해당
	TAT(세무정보)	2026년 8월 28일	한국공인회계사회	해당
장혜영	ERP정보관리사	2025년 8월 23일	한국생산성본부	해당
	FAT(회계정보)	2026년 10월 23일	한국공인회계사회	해당
백수인	ERP정보관리사	2026년 11월 30일	한국생산성본부	비해당

수행 결과 **인사기록카드(면허자격)**

임영찬 등록화면

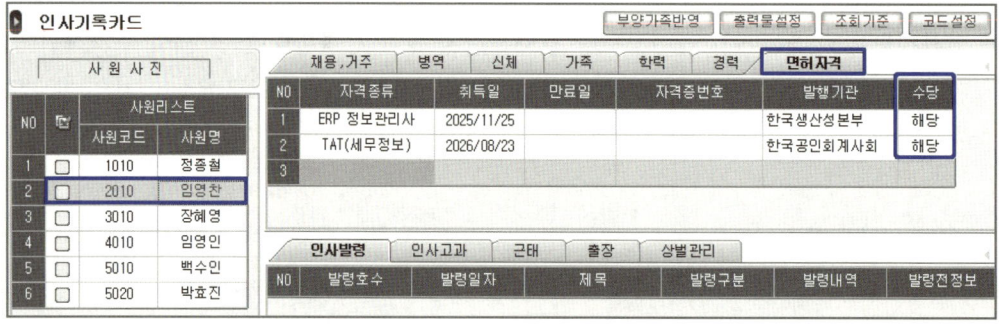

NO	자격종류	취득일	만료일	자격증번호	발행기관	수당
1	ERP 정보관리사	2025/11/25			한국생산성본부	해당
2	TAT(세무정보)	2026/08/23			한국공인회계사회	해당
3						

장혜영 등록화면

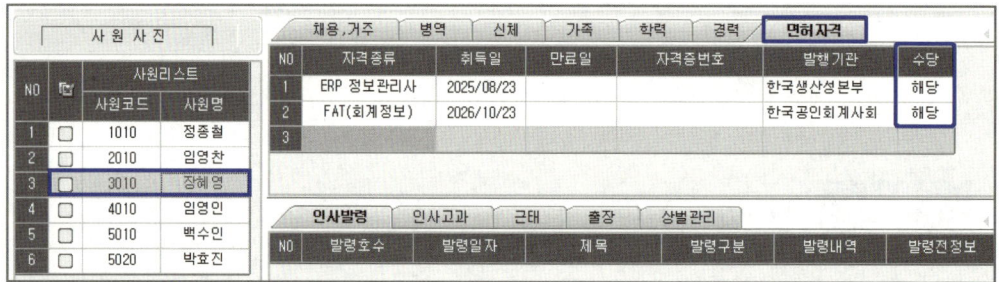

NO	자격종류	취득일	만료일	자격증번호	발행기관	수당
1	ERP 정보관리사	2025/08/23			한국생산성본부	해당
2	FAT(회계정보)	2026/10/23			한국공인회계사회	해당
3						

백수인 등록화면

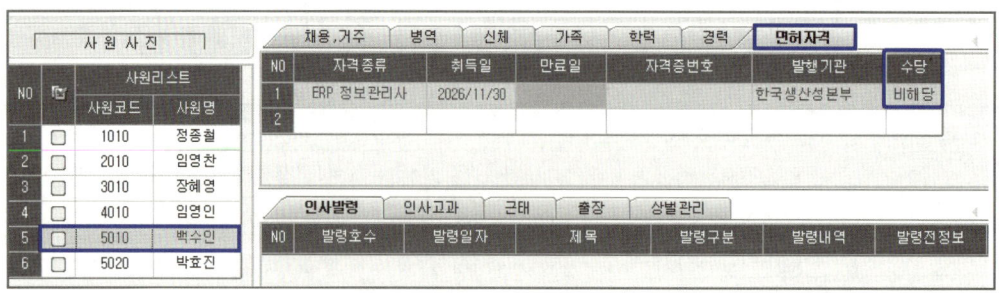

NO	자격종류	취득일	만료일	자격증번호	발행기관	수당
1	ERP 정보관리사	2026/11/30			한국생산성본부	비해당
2						

개념 익히기

🔵 사원정보현황

[인사기록카드]에 입력된 내용은 [사원정보현황] 메뉴에서 항목별로 조회/출력이 가능하다.

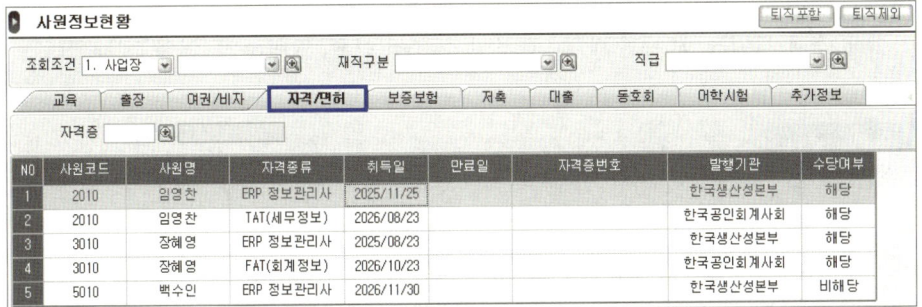

✓ 상단의 [퇴직포함], [퇴직제외] 선택조건에 따라 조회결과가 달라질 수 있다.

✓ 자격증을 선택하는 경우 자격증별 조회가 가능하며, 수당여부가 '해당'으로 선택되어 있는 경우 급여지급 시 [지급공제항목]에 등록된 자격수당이 자동 반영된다.

출제유형 ···▶ 인사기록카드

문1) (주)삼일테크는 모든 사업장에 대해 2026년 하반기에 자격을 취득한 사원에게 자격수당을 지급하고자 할 경우 수당 지급 대상자와 해당 자격증으로 올바른 것은?

① 임영찬(TAT(세무정보)), 장혜영(FAT(회계정보))
② 임영찬(ERP정보관리사), 장혜영(FAT(회계정보))
③ 임영찬(TAT(세무정보)), 백수인(ERP정보관리사)
④ 장혜영(ERP정보관리사), 백수인(ERP정보관리사)

문2) (주)삼일테크는 아래와 같이 자격취득자에 대해 자격수당을 지급하고 있다. 당사가 지급해야 하는 자격수당은 얼마인가? (단, 수당지급 대상이 '해당'인 경우만 지급한다.)

> ERP정보관리사: 100,000원, FAT(회계정보): 50,000원, TAT(세무정보): 80,000원

① 200,000원 ② 250,000원
③ 330,000원 ④ 430,000원

핵심ERP실무

1.3 부양가족관리

필요 지식

급여에서 공제되는 부양가족 수와 부양가족 내역을 관리하기 위한 메뉴이다.

수행 내용 **부양가족관리**

인사/급여관리 ➡ 인사관리 ➡ 인사기록카드

다음은 (주)삼일테크의 사원별 부양가족 사항이다. 인사기록카드의 가족 탭(TAB)에 등록 작업을
수행하고, 인사정보등록 메뉴의 부양가족에 반영(기준일: 2026년 1월 1일)하시오.

1. 임영찬 부양가족명세

성명	관계	동거여부	부양관계	주민등록번호	수당	부양여부/연말정산	장애인구분	내외국인
최혜란	배우자	함	배우자	901111−2111119	해당	대상	비해당	내국인
임지은	자	함	자녀	150226−4111117	해당	대상	비해당	내국인

2. 백수인 부양가족명세

성명	관계	동거여부	부양관계	주민등록번호	수당	부양여부/연말정산	장애인구분	내외국인
김나영	배우자	함	배우자	911212−2111115	해당	대상	비해당	내국인
백용명	부	안함	소득자의 직계존속	551210−1774914	비해당	대상	비해당	내국인
강영미	모	안함	소득자의 직계존속	630626−2015671	비해당	대상	비해당	내국인
백정민	자	함	자녀	150122−3122221	해당	대상	비해당	내국인

임영찬 등록화면

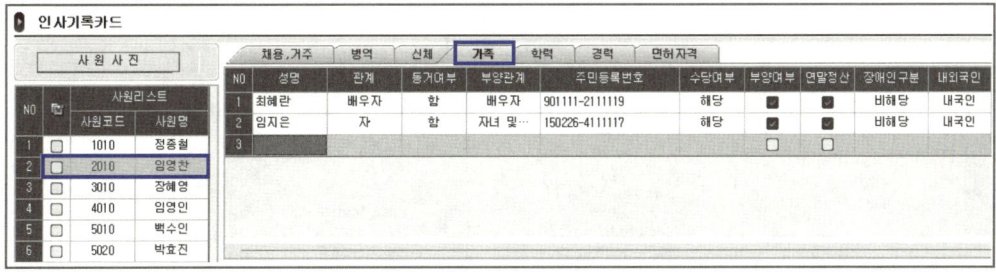

백수인 등록화면

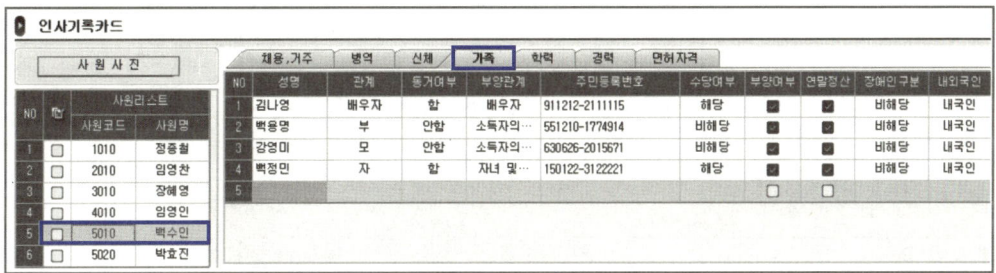

🌿 주요항목 설명

❶ 수당여부: 가족수당 계산 시 수당지급의 대상자인 경우 체크한다.

❷ 연말정산: 연말정산 '인적공제 및 공제항목별명세' 작성대상 가족을 체크하며 '부양여부'가
체크된 경우에는 무조건 연말정산 대상이 된다.

❶ [급여정보] TAB에서 오른쪽 상단부 [부양가족반영]을 클릭한다.

❷ [조회]를 클릭한 후 사원을 선택하고 [인사기록카드반영]을 누른 후 [반영]을 클릭한다.

임영찬 부양가족 반영

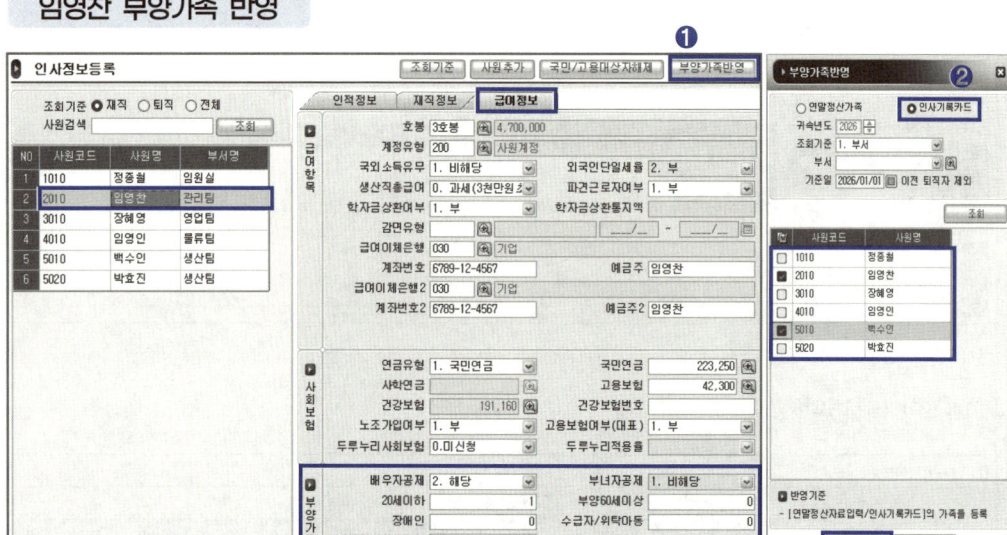

백수인 부양가족 반영

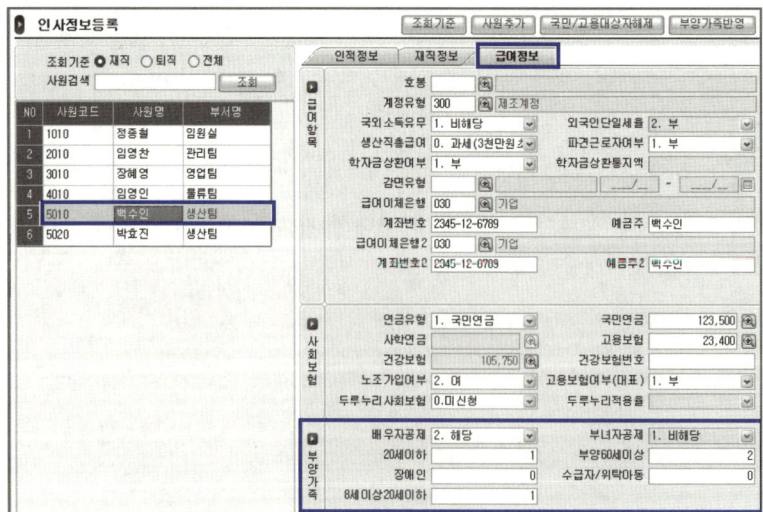

출제유형 ···▶ **부양가족관리**

문1) (주)삼일테크는 임영찬 사원의 [급여] 작업을 진행하기 위해 부양가족 정보를 반영하였다. 부양 가족 공제현황 중 올바르지 않은 것은?

① 배우자 공제: 해당　　　　　　　　② 20세 이하: 1명
③ 장애인: 1명　　　　　　　　　　　④ 8세 이상 20세 이하: 1명

문2) (주)삼일테크는 백수인 사원의 [급여] 작업을 진행하기 위해 부양가족 정보를 반영하였다. 부양 가족 공제현황 중 올바르지 않은 것은?

① 배우자 공제: 해당　　　　　　　　② 20세 이하: 1명
③ 부양 60세 이상: 2명　　　　　　　④ 8세 이상 20세 이하: 0명

1.4 교육관리

필요 지식

회사의 사내 혹은 사외에서 실시되는 각종 교육현황 및 대상자를 등록하고 관리하기 위한 메뉴이다.

수행 내용 교육관리

(주)삼일테크본사 직원들을 대상으로 실시한 직무역량 강화 교육에 대한 현황이다. 교육내역 및 교육대상자 등록 작업을 수행하시오.

○ 교육명(코드): 100.직무역량 강화교육
○ 교육일자: 2026년 7월 6일 ~ 2026년 7월 8일(2박 3일)
○ 교육목적: 직무역량 강화를 통한 경영효율화 도모
○ 교육장소: 제주 신라호텔
○ 담당강사: 김진우
○ 교육기관: 우리컨설팅(사외교육)
○ 교육시간: 15시간(1일 5시간)
○ 대상자 및 교육비 현황

교육대상	인원	1인당교육비	고용보험환급액	실부담금
대표이사 정종철 부　　장 임영찬 과　　장 장혜영 사　　원 임영인	4명	1,000,000원	−	1인당 1,000,000원

수행 결과　교육관리

교육관리 등록 화면

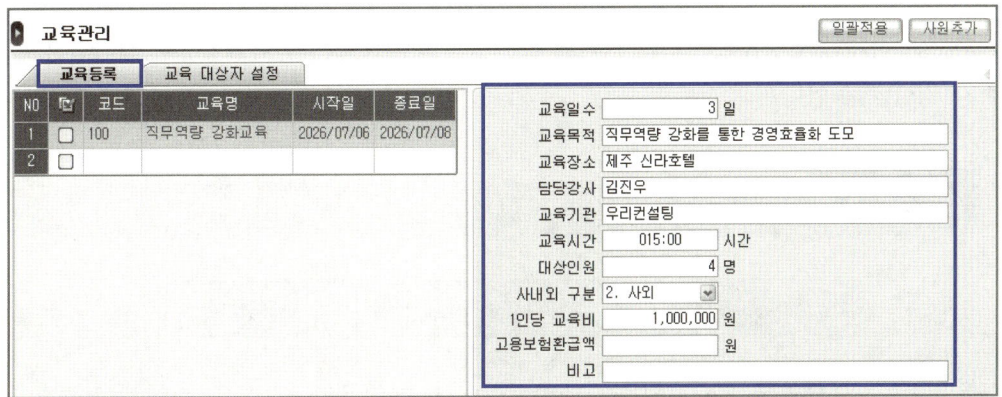

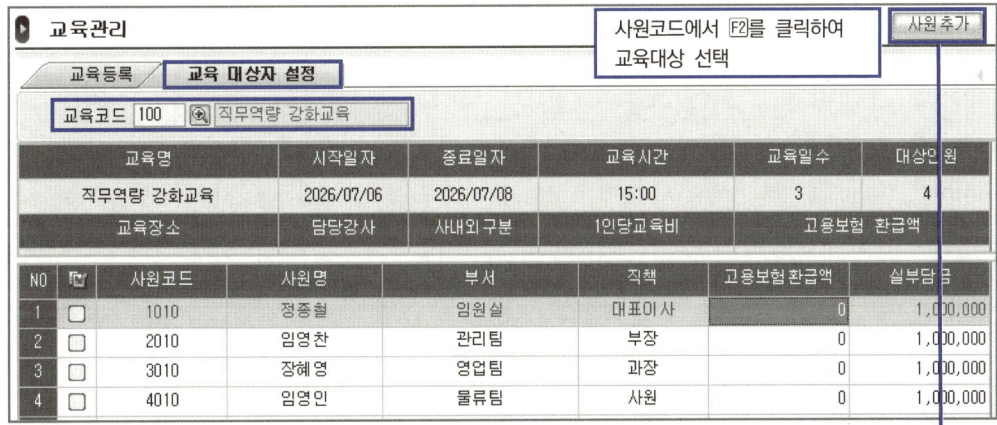

사원코드에서 F2를 클릭하여
교육대상 선택

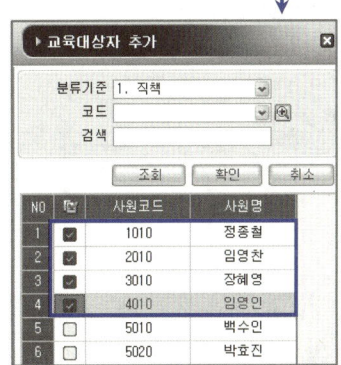

1.5 교육평가

필요 지식

회사의 사내 혹은 사외에서 실시된 교육에 대한 교육참가자의 이수여부와 결과를 관리하기 위한 메뉴이다.

수행 내용 교육평가

인사/급여관리 ➡ 인사관리 ➡ 교육평가

다음은 (주)삼일테크본사의 직원들을 대상으로 실시한 직무역량강화 교육에 대한 결과이다. 교육평가 관련 내용 등록작업을 수행하시오.

사원명	교육일수	이수시간	이수여부	태도점수	평가점수	합계	교육평가
정종철	1일	05:00	미이수	–	–	–	미이수
임영찬	3일	15:00	이수	40점	40점	80점	양호
장혜영	3일	15:00	이수	40점	55점	95점	우수
임영인	3일	15:00	이수	40점	45점	85점	양호

수행 결과 교육평가

교육평가 등록 화면

> 상단의 [마감]버튼 실행 시
> 입력된 교육결과의 내용을 수정할 수 없다.

교육평가 [마감] [마감취소]

교육명 100 🔍 직무역량 강화교육

교육명	시작일자	종료일자	교육시간	교육일수	대상인원
직무역량 강화교육	2026/07/06	2026/07/08	015:00	3	4
교육장소	담당강사	사내외구분	1인당교육비	고용보험 환급액	
제주 신라호텔	김진우	사외	1,000,000		

NO	☑	사원코드	사원명	부서	직책	교육일수	이수시간	이수여부	출석점수	태도점수	평가점수	합계	교육평가
1	☐	1010	정종철	임원실	대표이사	3	005:00	미이수				0.0000	미이수
2	☐	2010	임영찬	관리팀	부장	3	015:00	이수		40.00	40.00	80.00	양호
3	☐	3010	장혜영	영업팀	과장	3	015:00	이수		40.00	55.00	95.00	우수
4	☐	4010	임영인	물류팀	사원	3	015:00	이수		40.00	45.00	85.00	양호

개념 익히기

● 교육현황

[교육관리]와 [교육평가]에 입력된 내용을 사원별 교육현황 및 교육별 사원현황으로 조회, 출력할 수 있는 메뉴이다.

• 사원별교육현황

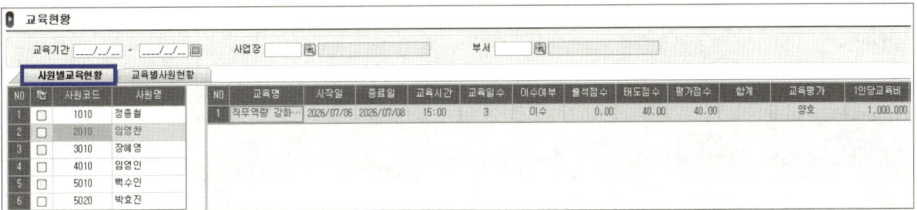

• 교육별사원현황

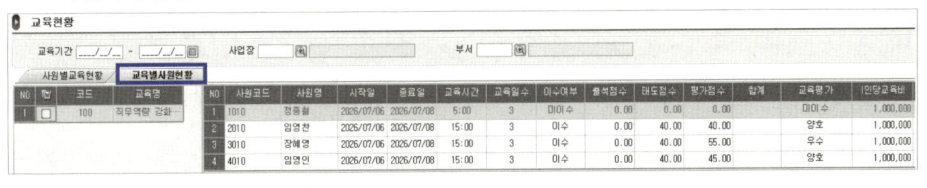

출제유형 ···▶ **교육관리(교육평가)**

문1) (주)삼일테크에서 7월에 실시한 '직무역량 강화교육'의 교육대상자로 옳지 않은 것은?

① 임영찬   ② 장혜영

③ 임영인   ④ 백수인

문2) (주)삼일테크는 7월에 실시한 교육 중 교육평가 결과에 대해 아래와 같이 상금을 지급하고자 한다. 당사가 지급해야하는 교육평가 시상금은 얼마인가?

> • 교육명: 100.직무역량 강화교육   • 시상내역: 평가결과 '우수' (1인당 50,000원)

① 50,000원   ② 100,000원

③ 150,000원   ④ 200,000원

1.6 인사발령

필요 지식

　인사발령은 사원의 인사관련 조건이 변경될 때 발령을 통하여 급여에 승급된 금액을 적용하고 승진이나 근무지변동 등에 대하여는 인사기록카드에 기록하여 관리할 수 있는 메뉴이다.

수행 내용　인사발령

인사/급여관리	➡	인사관리	➡	인사발령등록 인사발령(사원별)

　(주)삼일테크는 다음과 같이 정기인사 발령을 시행하였다. 인사발령 내역 등록과 인사발령을 적용하여 인사기록카드에 변동사항을 적용하시오.

인 사 발 령 공 고

제　　목: 2026년 정기인사

　　　2026년 정기인사 발령 내역을 다음과 같이 공고합니다.

- 발령호수: 2026-001호
- 발령일자: 2026년 1월 1일
- 발 령 자: 대표이사 정종철

발령구분	발령대상자	발령내역			
		발령내역	현정보	발령진징보	발령후징보
보직변경	장혜영	부서	영업팀	–	물류팀
	임영인	부서	물류팀	–	영업팀

2026년 1월 1일

(주)삼일테크 대표이사 정 종 철

 **인사발령**

❶ 발령호수, 제목, 발령구분(F2)를 누른 후 선택), 발령일자를 등록한다.

❷ 발령자를 조회하여 등록한다.

❸ 사원추가 버튼을 클릭하여 사원을 조회(조회조건: 3.사원)하고, 대상자에 적용시킨다.

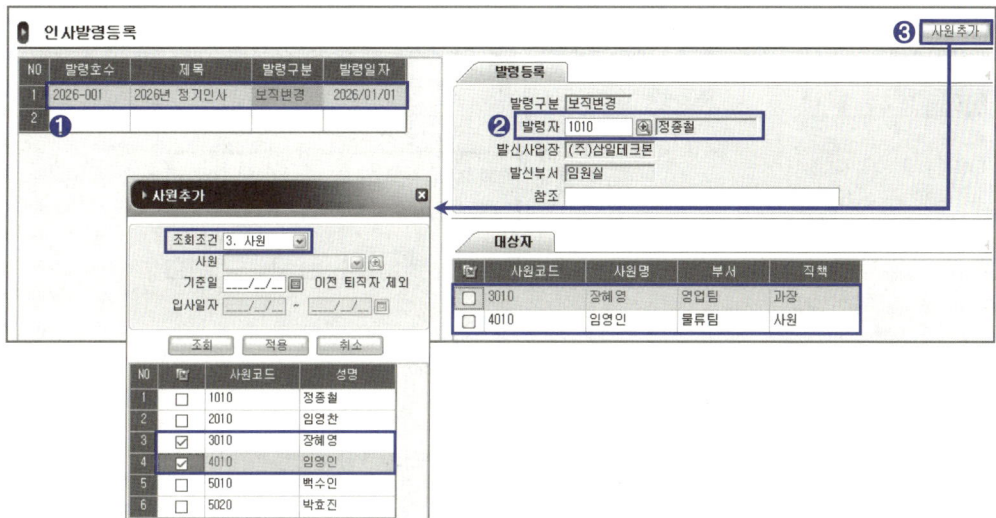

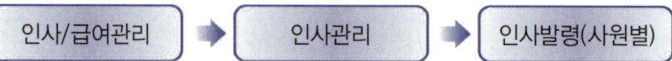

① 발령호수를 등록하면 [인사발령등록]에서 등록한 발령대상자가 조회된다.

② 각각의 발령내역을 등록하고, 발령내역에 해당하는 발령사항을 등록한다.

③ 발령적용 버튼으로 [인사정보등록]에 발령내역을 반영시킨다.

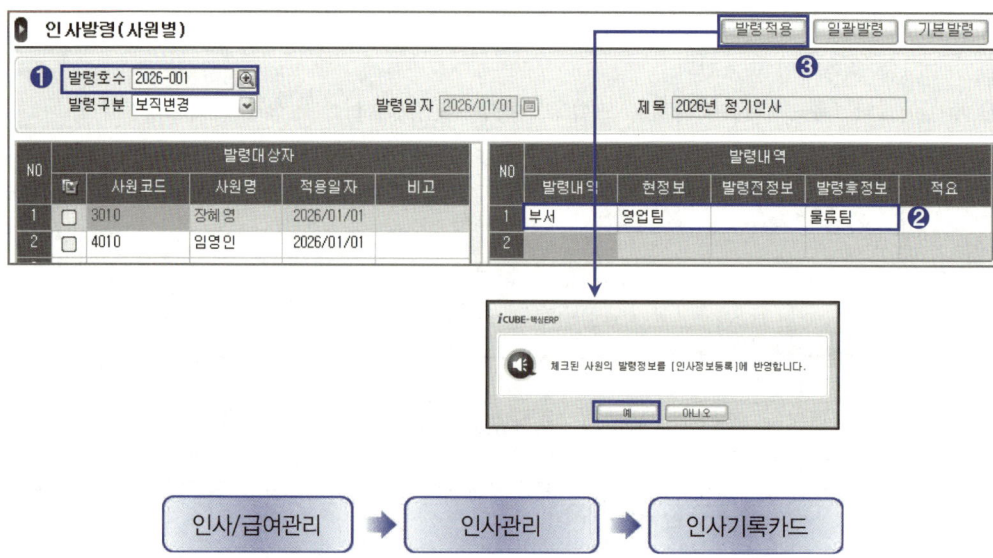

[인사정보등록]에 반영된 인사발령 사항은 [인사기록카드]의 '인사발령'에서 확인할 수 있다.

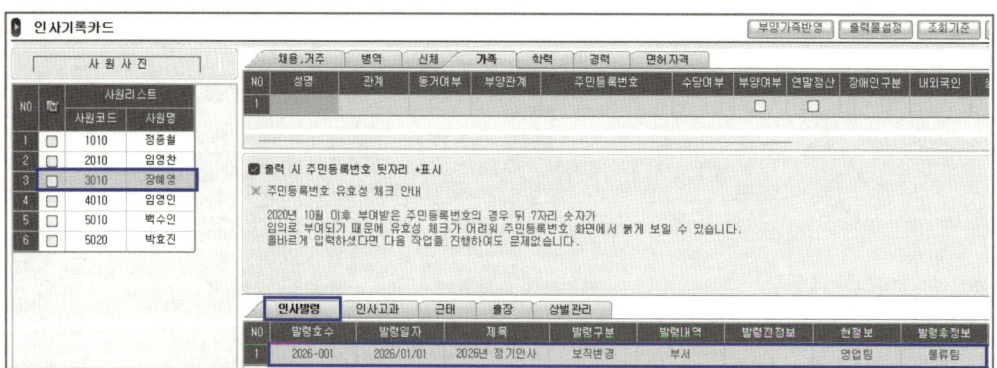

주요항목 설명

① 발령호수: 숫자/문자를 사용하여 등록한다.

② 발령구분: `인사기초코드등록` 의 `HD : 발령구분` 에 등록된 항목이 조회되고 해당 발령구분을 선택한다.

③ 발령대상자: 발령대상 사원과 적용일자는 [인사발령등록]에서 등록한 발령사항이 자동 표기되지만, 적용일자는 수정 가능하다.

④ 발령내역: 발령구분에 해당하는 발령내역이 조회되고 해당 항목을 선택하여 등록한다.

⑤ `기본발령` : 동시에 여러 항목의 발령내역을 적용하는 경우 기본발령에서 발령내역 코드를 등록한다.

⑥ `일괄발령` : 발령대상자에 대한 발령내역을 일괄 등록하고자 하는 경우 사용한다. 발령 적용되지 않은 발령대상자가 조회되며, 적용일자와 발령내역을 입력하고 대상자를 선택 적용한다.

⑦ `발령적용` : 발령대상자를 체크한 후 발령적용을 하면, '발령후정보'란에 등록한 내용이 [인사정보등록]에 적용된다. 발령적용된 사원의 발령내역은 수정이 불가능하다.

> **개념** **익히기**
>
> 발령적용 버튼을 클릭하는 순간 인사정보등록의 해당 정보가 변경되므로, 발령적용 시신중하게 작업을 해야 한다. 또한, 사원별 발령내역은 인사기록카드의 해당 부분에도 반영되어 조회. 출력이 가능하다.

출제유형 ···▶ **인사발령**

문1) (주)삼일테크는 '2026년 1월 인사발령'을 사원별로 진행하고자 한다. 발령호수 '2026-001'의 발령 내역에 대한 설명으로 올바르지 않은 것은 무엇인가?

① 해당 발령호수의 발령일자는 '2026년 1월 1일'이다.

② 해당 발령호수의 발령구분은 '보직변경'이다.

③ 해당 발령호수의 발령대상자는 모두 2명 이며, 대상자 모두 동일한 부서이다.

④ 해당 발령호수의 제목은 '2026년 정기인사'이다.

1.7 인사발령리포트

인사발령리포트는 인사발령 데이터를 조회/출력하는 메뉴로, 조회조건에 따라 인사발령대장을 개인별, 발령구분별, 발령호수별로 조회, 출력할 수 있는 메뉴이다.

인사발령리포트										
개인별	발령구분별	발령호수별	발령내역별							

사원코드			발령일자	2026/01/01	~	2026/01/01				
발령구분			발령호수			발령내역				

사원코드	사원명	발령호수	제목	발령구분	발령일자	적용일자	발령내역	현정보	발령전정보	발령후정보
3010	장혜영	2026-001	2026년 정…	보직변경	2026/01/01	2026/01/01	부서	영업팀		물류팀
4010	임영인	2026-001	2026년 정…	보직변경	2026/01/01	2026/01/01	부서	물류팀		영업팀

1.8 인사고과/상벌현황

인사고과/상벌현황은 [인사기록카드]에 등록된 '인사고과'와 '상벌관리'의 현황을 조회, 출력할 수 있는 메뉴이다.

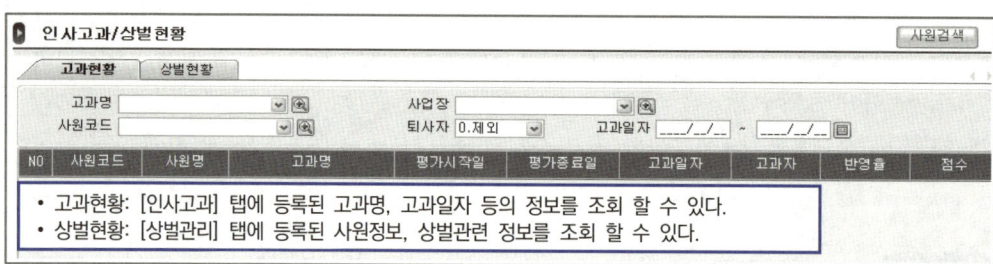

1.9 사원입퇴사현황

사원입퇴사현황은 [인사정보등록]의 입사일, 퇴사일을 기준으로 사원현황을 조회, 출력할 수 있는 메뉴이다.

사원입퇴사현황									
재직자현황	입사자현황	퇴사자현황	이직현황						

사 업 장		부 서		직 종		근 무 조			
직 급		직 책		직 무		프로젝트			
고용형태		급여형태		기준일 2026/01/01 ~ 2026/01/01		□ 퇴사자포함			

NO	사원코드	사원명	주민등록번호	부서명	직책명	입사일	퇴사일	재직기간	그룹입사일
1	1010	정종철	750914-1******	임원실	대표이사	2011/05/01		14년10개월	2011/05/01
2	2010	임영찬	850526-1******	관리팀	부장	2011/05/01		14년10개월	2011/05/01
3	3010	장혜영	880421-2******	물류팀	과장	2012/07/01		13년08개월	2012/07/01
4	4010	임영인	890213-1******	영업팀	사원	2012/07/01		13년08개월	2012/07/01
5	5010	백수인	870523-1******	생산팀	사원	2016/08/01		09년07개월	2016/08/01
6	5020	박효진	981210-2******	생산팀	사원	2020/08/01		05년07개월	2020/08/01

참고 재직기간은 컴퓨터 시스템에 의해 자동으로 계산되므로 조회기준일에 따라 다르게 나타난다.

1.10 책정임금현황

책정임금현황은 [인사정보등록]에서 등록한 책정임금 내역을 조회, 출력할 수 있는 메뉴이다.

NO	사원코드	사원명	부서	직책	입사일	직종	급여형태	계약시작월	연봉	월급	일급	시급
1	1010	정종철	임원실	대표이사	2011/05/01	사무직	연봉	2026/01	60,000,000	5,000,000	166,666	20,833
2	5010	백수인	생산팀	사원	2016/08/01	생산직	시급	2026/01				13,000
3	5020	박효진	생산팀	사원	2020/08/01	생산직	시급	2026/01				11,000

책정임금현황 / 사업장 / 계약시작월 2026 년 01 월 ~ 2026 년 12 월 / 부서 / 퇴사자 1. 포함

1.11 근속년수현황

필요 지식

근속년수현황은 사원들의 근속년수를 입사일 기준으로 조회, 출력할 수 있는 메뉴이다.

수행 내용 근속년수현황

인사/급여관리 ▶ 기초환경설정 ▶ 인사기초코드등록

1. 인사기초코드등록에 근속년수현황 정보 조회를 위한 관리항목(관리내역) 등록 작업을을 수행하시오.

  • 출력구분: 0. 인사(H, R)

코드.관리항목명	코드.관리내역명	
HT.근속년수구분	001.1년 이하(비고 1) 002.2년 이하(비고 2) 003.3년 이하(비고 3) 004.4년 이하(비고 4) 005.5년 이하(비고 5)	010.10년 이하(비고 10) 015.15년 이하(비고 15) 020.20년 이하(비고 20)

근속년수 구분 입력 화면

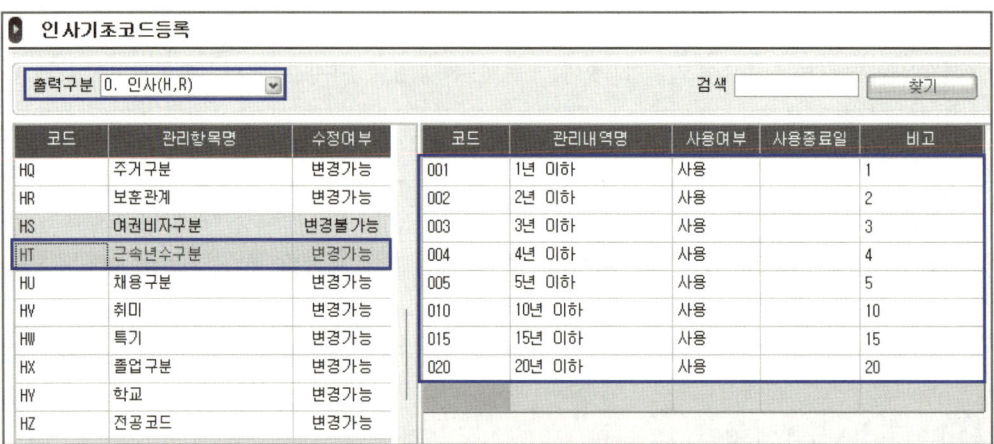

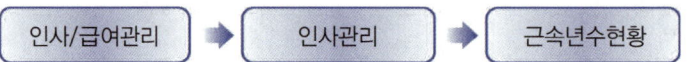

인사/급여관리 ➡ 인사관리 ➡ 근속년수현황

2. 아래 조건을 적용하여 근속년수현황이 5년 초과 10년 이하인 사원을 조회하시오.
(기준일: 2026/06/30, 퇴사자: 0.제외, 년수기준: 1.미만일수 버림, 경력포함: 0.제외)

근속년수 현황 조회

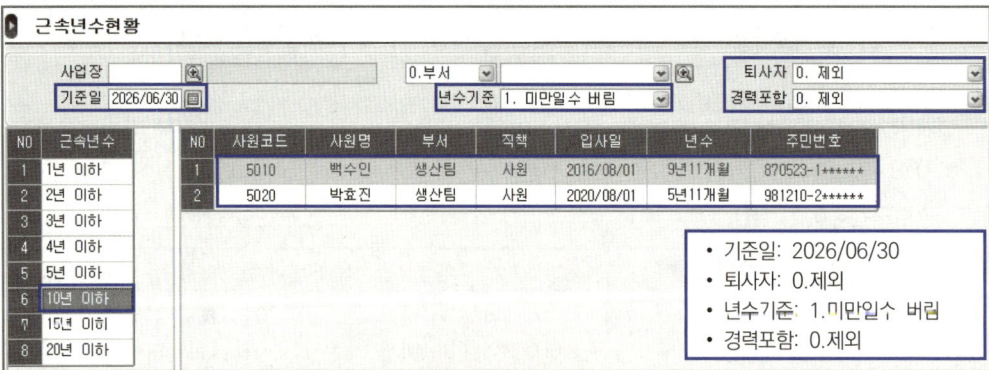

출제유형  **근속년수현황**

문1) (주)삼일테크는 아래와 같은 조건으로 특별근속수당을 지급하기로 하였다. 지급해야 할 특별근속수당은 얼마인가?

> – 기준일: 2026/12/31
> – 퇴사자: 0.제외
> – 년수기준: 1.미만일수 버림
> – 경력포함: 0.제외
> – 근속수당: 10년 초과 30,000원, 15년 초과 50,000원

① 　　　0원 ② 100,000원
③ 160,000원 ④ 190,000원

02 근태/급여관리 프로세스

★ **학습목표(NCS 수행준거)**

근태 관리하기!(능력단위요소 : 0202020109_23v5.2)

2.1 각 부서에서 신청된 휴가와 근태자료를 집계할 수 있다.

2.2 집계된 자료에서 임금 지급 시 포함시켜야 할 금액을 산출할 수 있다.

2.3 산출된 금액을 급여규정 또는 관련 법규의 부합여부를 확인한 후 급여기초자료에 입력할 수 있다.

급여 계산하기!(능력단위요소 : 0202020109_23v5.3)

3.1 급여작업 수행 절차에 따라 단계별로 급여작업을 수행할 수 있다.

3.2 급여작업 검증을 위하여 급여작업 결과와 이전 급여집행 내역을 비교할 수 있다.

3.3 전결 규정에 따라 결재를 진행하기 위하여 급여에 대한 결재 자료를 작성할 수 있다.

3.4 결재 완료된 개인별 급여 지급정보를 조직 구성원에게 안내할 수 있다.

3.5 대량이체 또는 개별이체를 통하여 조직 구성원 개인의 급여계좌에 해당 급여를 송금할 수 있다.

필요 지식

기초환경설정에서 등록된 지급 및 공제항목에 대한 계산식을 토대로 근태를 등록하여 급여계산을 하고 세무보고를 한다. 상용직 급여입력 및 계산에서 계산된 급/상여데이터는 급여대장 및 명세서 출력과 각종 현황, 원천징수이행상황신고서 등의 세무신고 자료에 반영되고, 전표처리하여 회계모듈로 반영한다.

┃ 근태/급여관리 프로세스 ┃

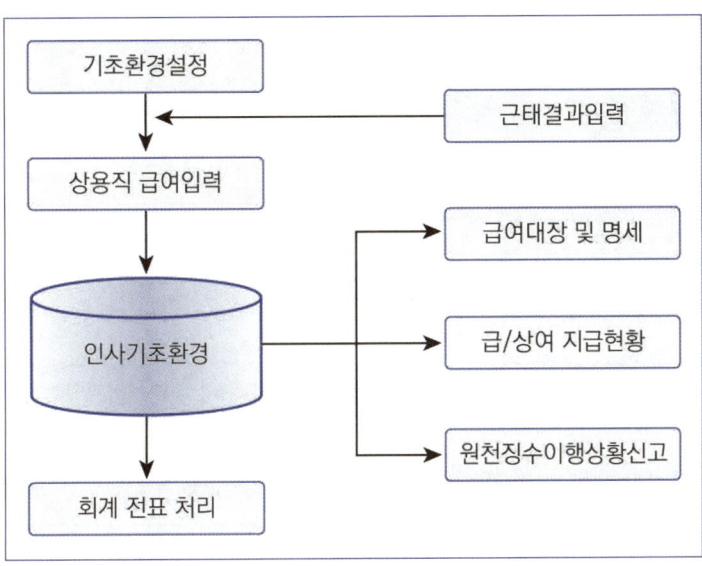

구 분	내 용
기초환경설정	급여관리를 위한 기초환경을 설정하는 부분으로, 급여지급공제 계산식과 지급공제항목, 중도 입/퇴사자, 수습직에 대한 급여지급환경을 설정한다.
근태결과입력	급여귀속기간 동안의 근태내역을 입력한다.
상용직 급여입력	[근태결과입력]에 입력된 근태집계내역을 기초로 [지급공제항목등록]에서 등록된 계산식에 의하여 급여가 계산된다.
일용직 급여관리	일용직 직원에게 지급할 급여를 입력한다.
급여대장 및 명세	확정된 급여데이터로 각종 급여대장과 명세서를 출력하는 부분이다.
급/상여 지급현황	현금별/은행별 급여현황을 조회, 출력할 수 있다.
원천징수이행상황신고	급여데이터 중 소득세 데이터를 집계하여 매월 세무서에 신고하는 원천징수 이행상황신고서를 자동으로 작성해 준다.
회계전표처리	발생된 급여 데이터를 회계관리로 자동전표 처리한다.

2.1 근태결과입력

개인별 연장근로시간, 지각, 휴가 등의 근태내역을 입력할 수 있는 메뉴이다.

근태결과입력

인사/급여관리 ➡ 급여관리 ➡ 근태결과입력

(주)삼일테크 대구지사 생산직 사원의 1월 ~ 3월 근태내역이다. 월별 근태내역 입력을 수행하시오.

월	성명	평일정상 근무일	평일정상 근무시간	평일연장 근무일	평일연장 근무시간
1월	백수인	22	176	12	48
	박효진	22	176	12	48
2월	백수인	20	160	10	40
	박효진	20	160	10	40
3월	백수인	23	184	12	44
	박효진	23	184	12	44

근태결과입력

❶ 귀속연월과 지급일을 선택한다. '출력항목이 설정되어 있지 않습니다.'라는 화면에서 '확인'을 클릭한다.

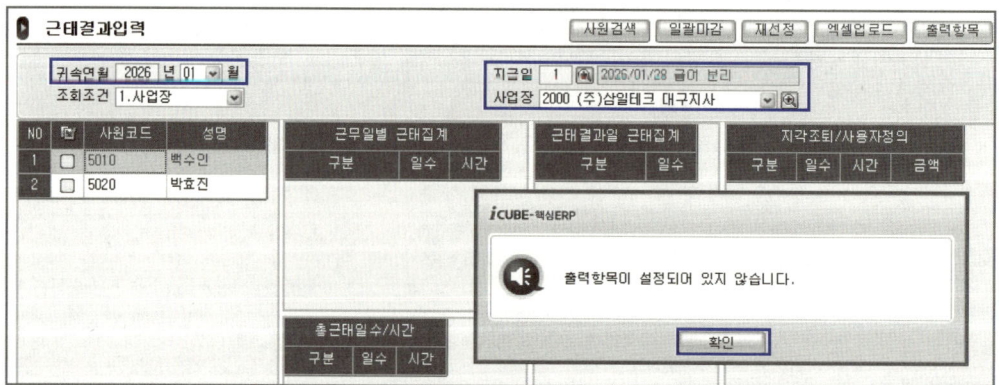

❷ 근태항목 전체를 선택하여 적용을 클릭한다.

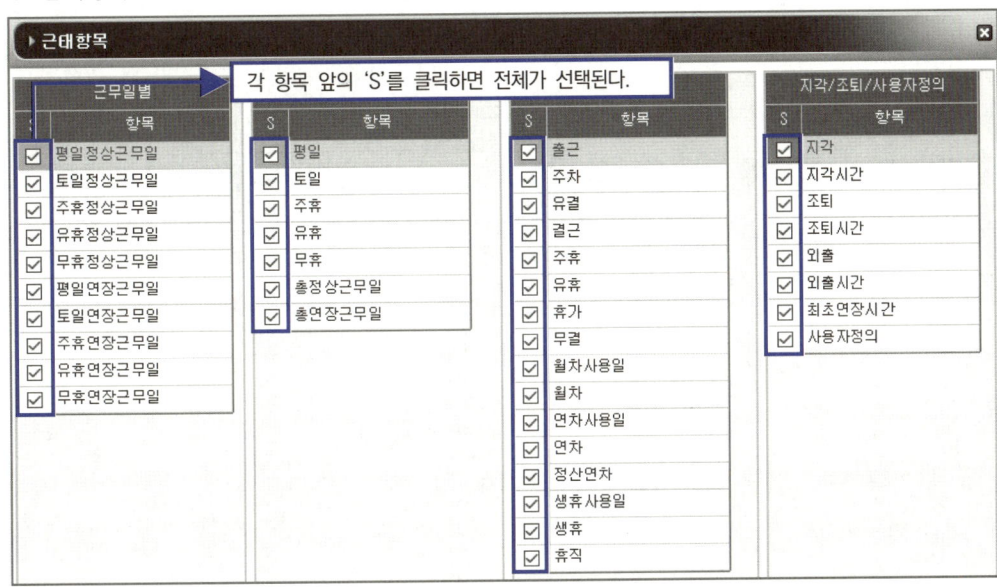

❸ 수행내용에 근거하여 개인별 1월 ~ 3월 근태내역을 입력한다.

백수인 1월 근태결과 입력

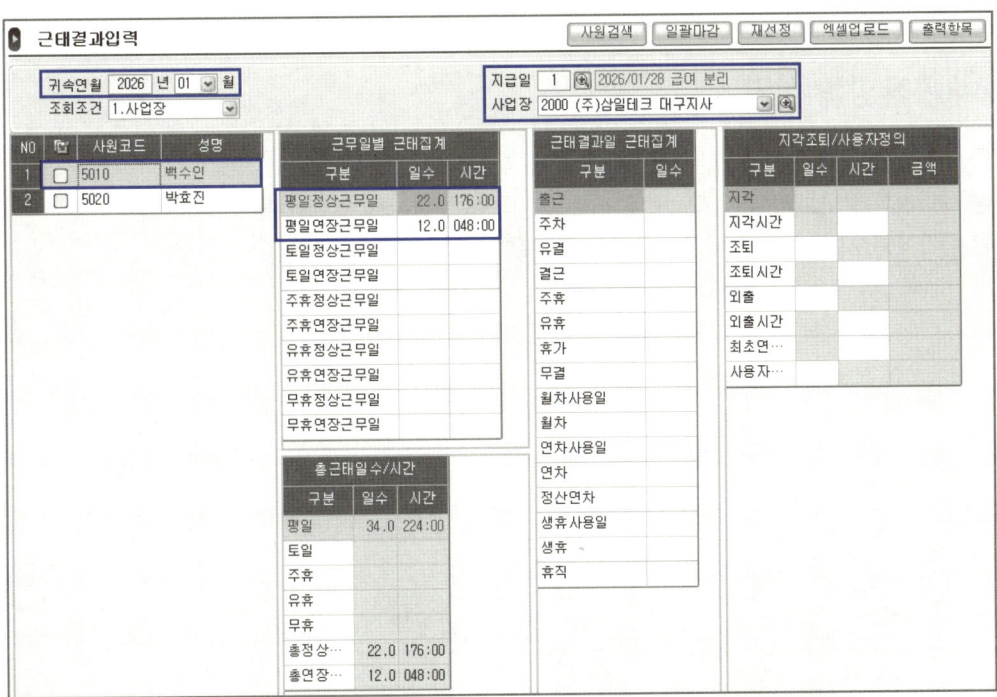

박효진 1월 근태결과 입력

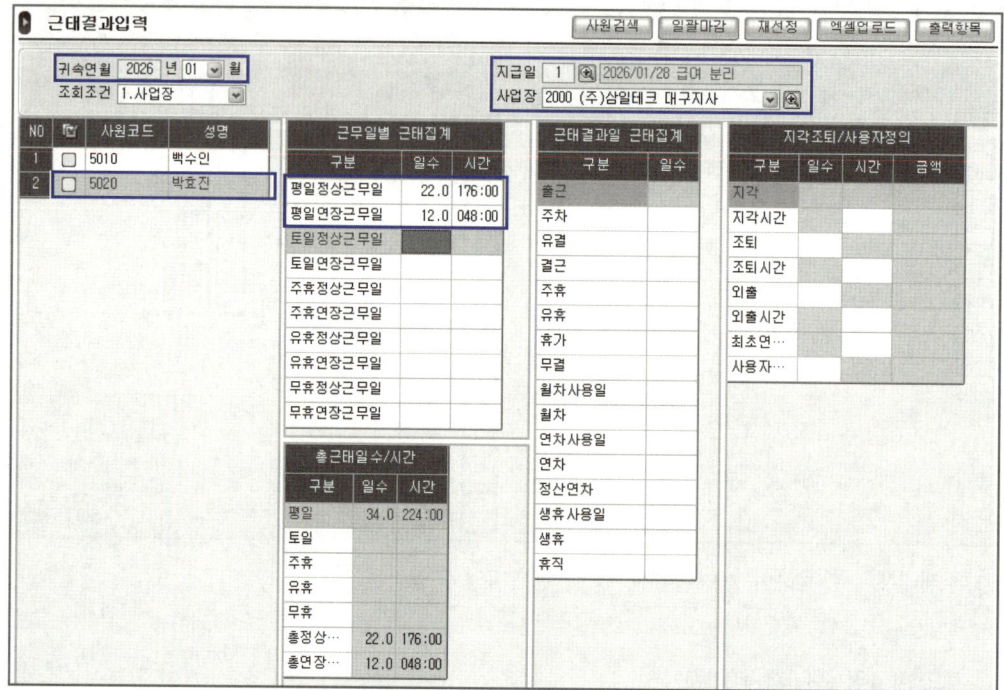

※ 개인별 2월~3월 근태내역도 동일한 방법으로 입력한다.

주요항목 설명

❶ 근무일별 근태집계: 해당 근무구분에 따른 근무일별 일수와 시간을 입력한다.
❷ 근태결과일 근태집계: 출근 등의 근태구분에 따른 일수를 입력한다.
❸ 지각조퇴/사용자정의: 지각, 조퇴, 외출 등의 일수와 시간을 입력한다.

2.2 상용직 급여입력 및 계산

필요 지식

상용직 직원에게 지급할 급여를 계산하는 메뉴이다. [근태결과입력]에 입력된 근태집계내역을 기초로 [지급공제항목등록]에서 등록된 계산식에 의하여 해당 수당금액이 산정되어 [급여내역]에 반영된다.

수행 내용 상용직 급여입력

인사/급여관리 ➡ 급여관리 ➡ 상용직급여입력및계산

(주)삼일테크의 급여 및 상여 지급항목과 공제항목의 지급기준은 [지급공제항목등록] 메뉴에 등록이 되어 있다. [상용직급여입력및계산] 메뉴에서 1월 ~ 3월 상용직 급여와 상여를 계산하고, 각 사원별로 다음의 지급항목별 계산식 입력 작업을 수행하시오.

구 분	계산근거	대상자
기본급	호봉테이블 기본급	임영찬, 장혜영, 임영인
	책정임금 ÷ 12개월	정종철
	총정상근무시간 × 시급	백수인, 박효진
직책수당	부장 20만원	임영찬
	과장 10만원	장혜영
가족수당	배우자 5만원 + 자녀 3만원	임영찬, 백수인
자격수당	ERP정보관리사 10만원 + TAT(세무정보) 8만원	임영찬
	ERP정보관리사 10만원 + FAT(회계정보) 5만원	장혜영
식 대	월정액 20만원	전 임직원
연장근로수당	총연장근무시간 × 시급 × 1.5	백수인, 박효진
상여금	호봉테이블 기본급 × 2	임영찬, 장혜영, 임영인

참고 사용자는 근로자에게 임금을 지급할 때 임금명세서를 의무적으로 교부하여야 하며, 임금의 구성항목 및 계산방법, 법령이나 단체협약에 따른 임금의 공제내역 등을 기재해야 한다.

수행 결과 | 상용직 급여입력

❶ 귀속연월과 지급일을 선택하여 급여대상자를 조회한다.

❷ 급여계산을 하고자 하는 사원을 선택한다.

❸ 급여계산 버튼을 클릭하여 급여를 계산한다.

1월분 급여계산 진행 화면

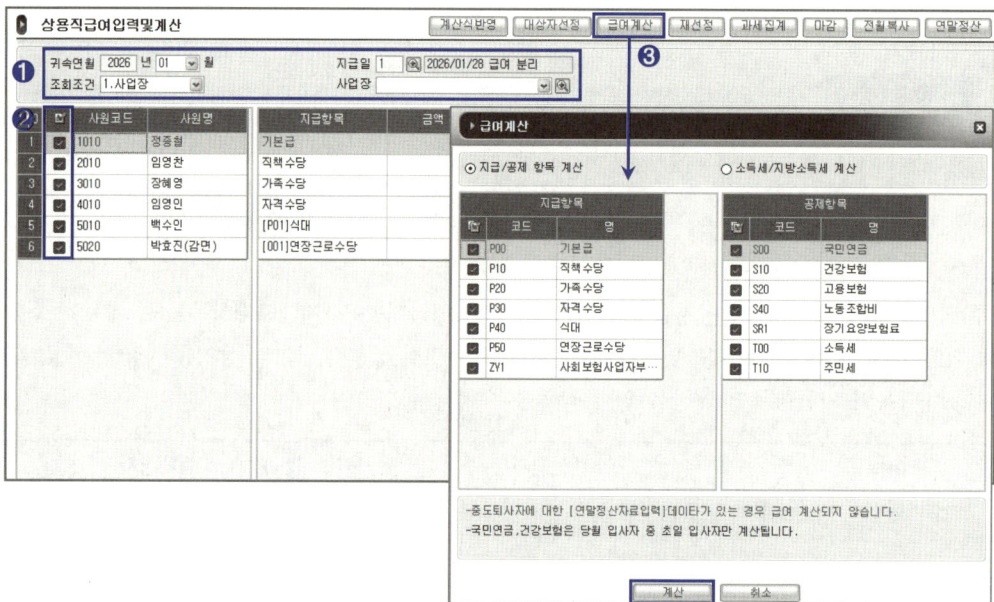

❹ 급여계산이 완료되면 각 사원별로 지급항목별 계산근거 또는 계산식을 입력한다.

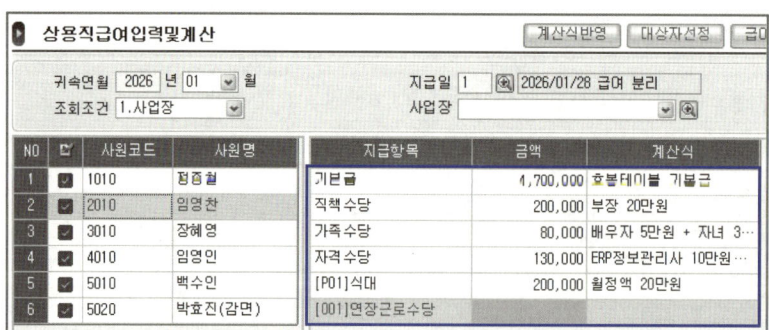

1월분 급여계산 결과

▌정종철▌

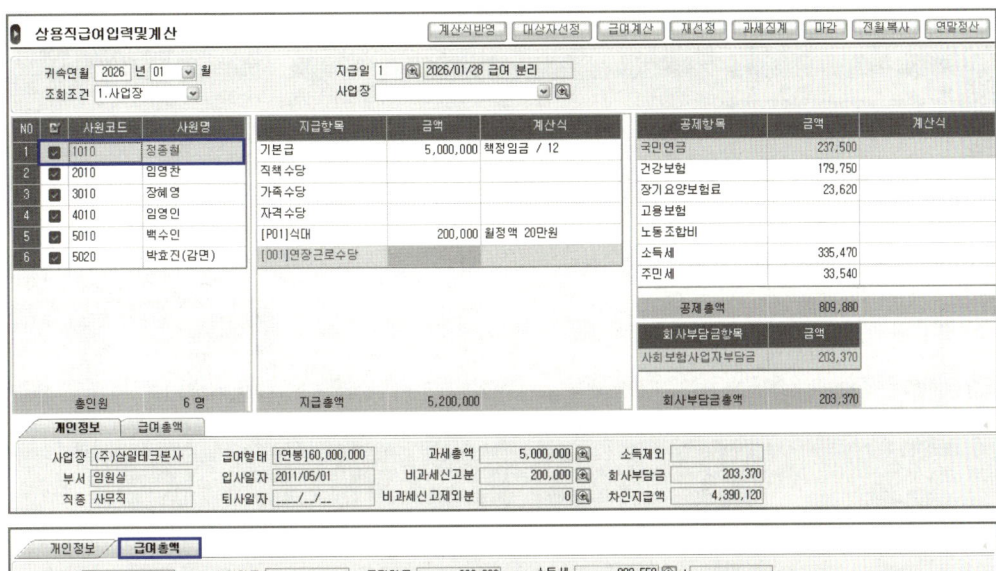

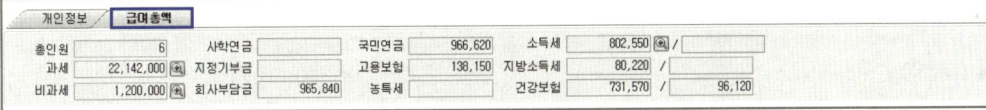

- [개인정보] 탭: 선택된 사원에 대한 급여정보 제공
- [급여총액] 탭: 해당 월 전 사원에 대한 급여정보 제공

▌임영찬▌

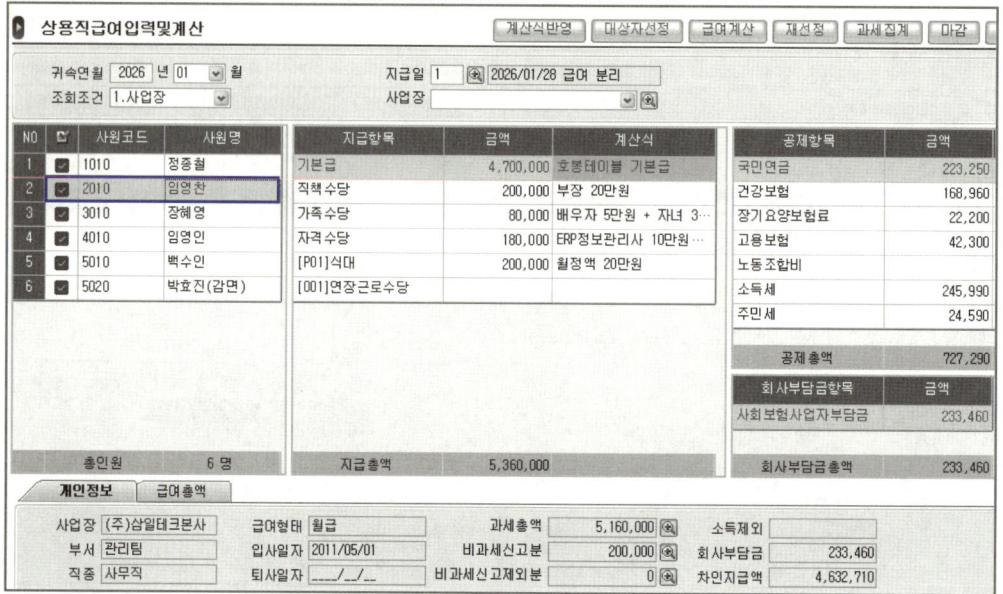

▌장혜영▌

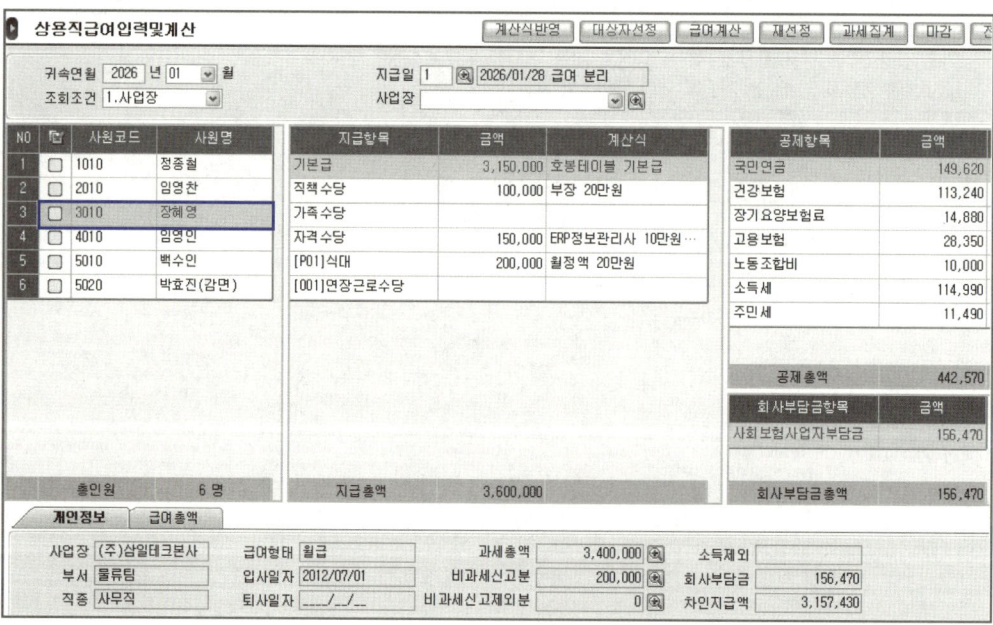

▌임영인 ▌

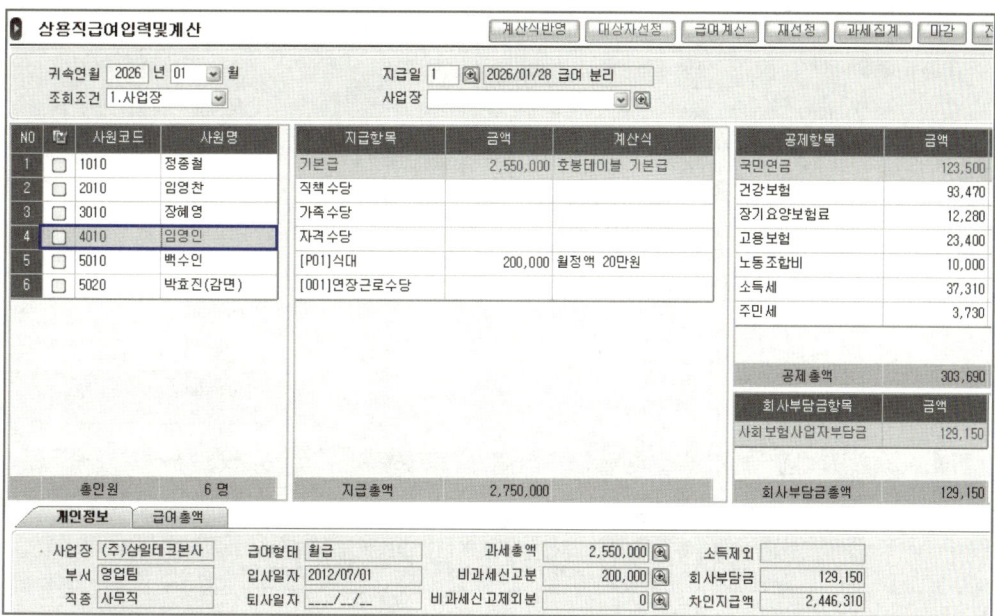

▌백수인 ▌

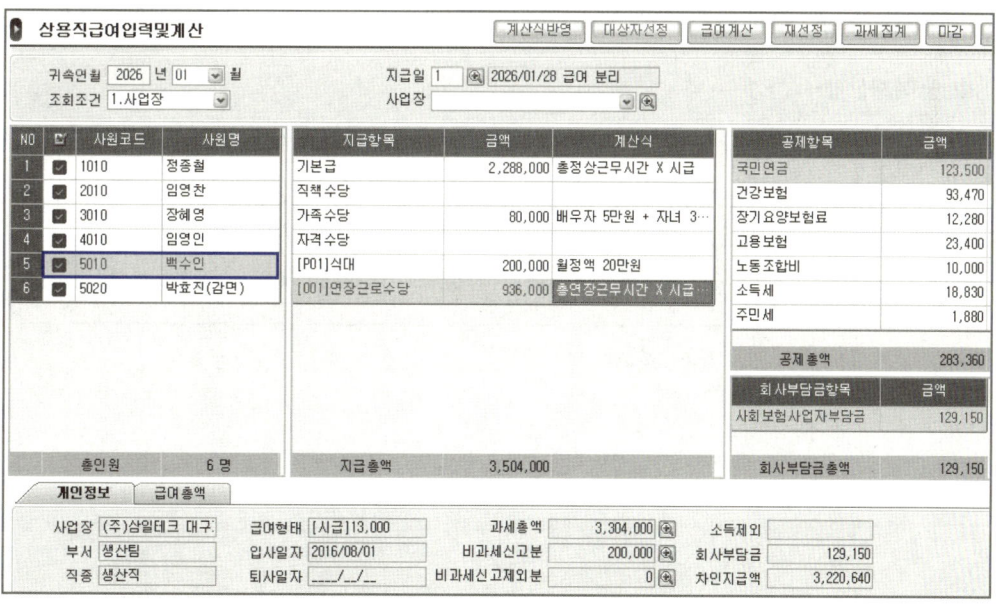

┃박효진┃

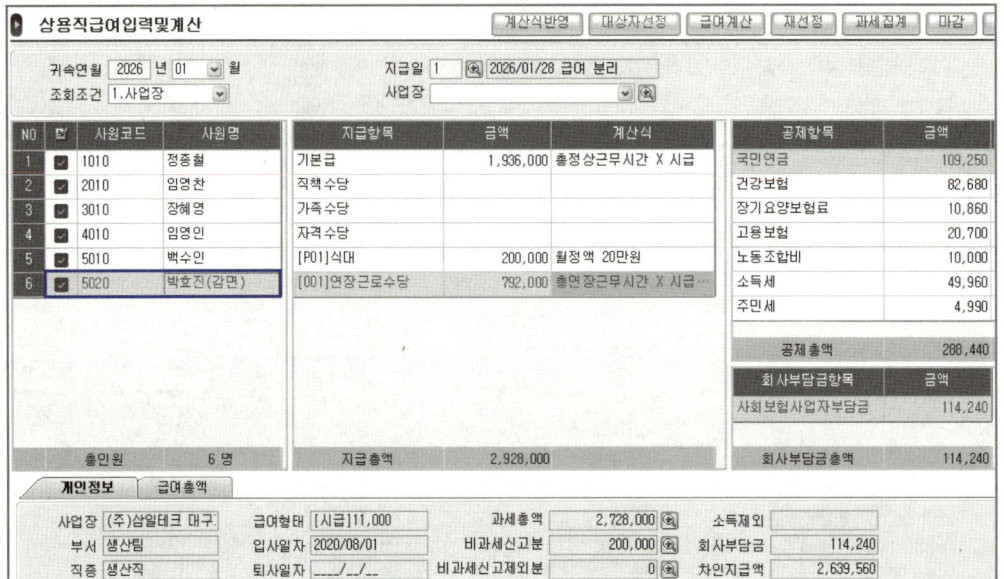

개념 익히기

● 급여계산과 재선정

- 급여계산: 사원정보는 그대로 두고 지급항목 및 공제항목에 대하여 자동계산
- 재선정
  - 대상자선정: [급/상여지급일자등록]의 직종, 급여형태 등에 해당하는 지급대상자를 조회하여 추가하가나 삭제
  - 사원정보: [인사정보등록]에 등록된 사원정보로 급여대상자의 사원정보를 변경

2월분 급여계산 진행 화면

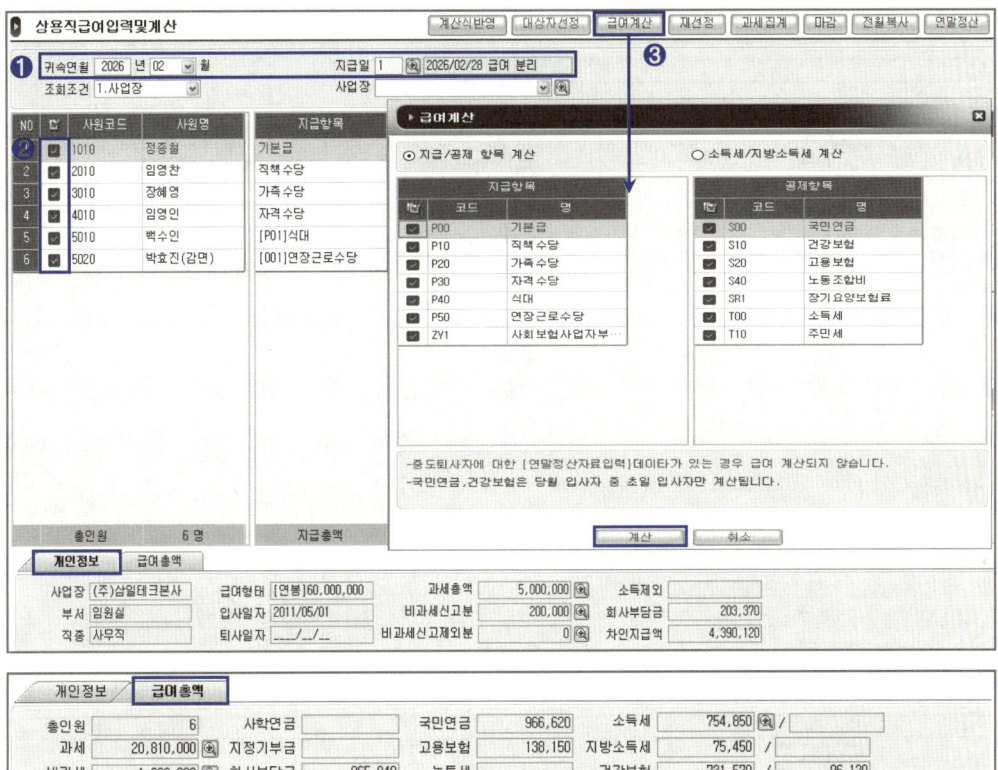

참고) 지급항목별 계산근거는 편의상 1월 귀속 급여자료에만 입력하고, 2월~3월 귀속 급여자료의 입력은 생략하기로 한다.

3월분 급여계산 진행 화면

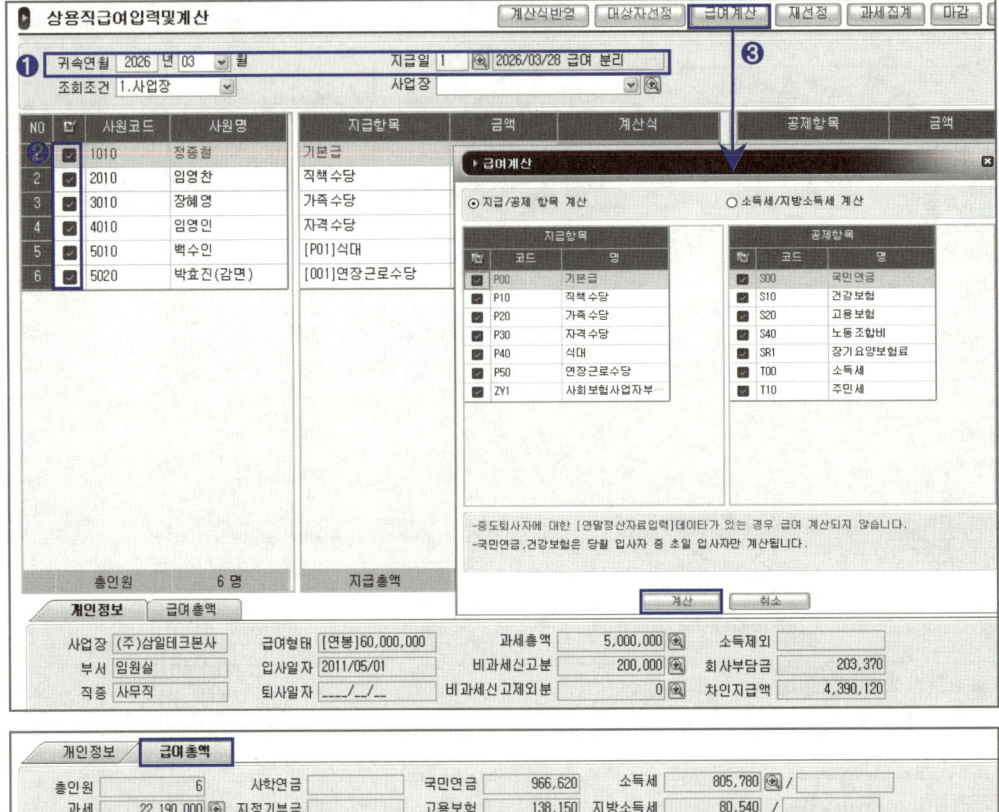

참고 지급항목별 계산근거는 편의상 1월 귀속 급여자료에만 입력하고, 2월~3월 귀속 급여자료의 입력은 생략하기로 한다.

3월분 상여계산 진행 화면

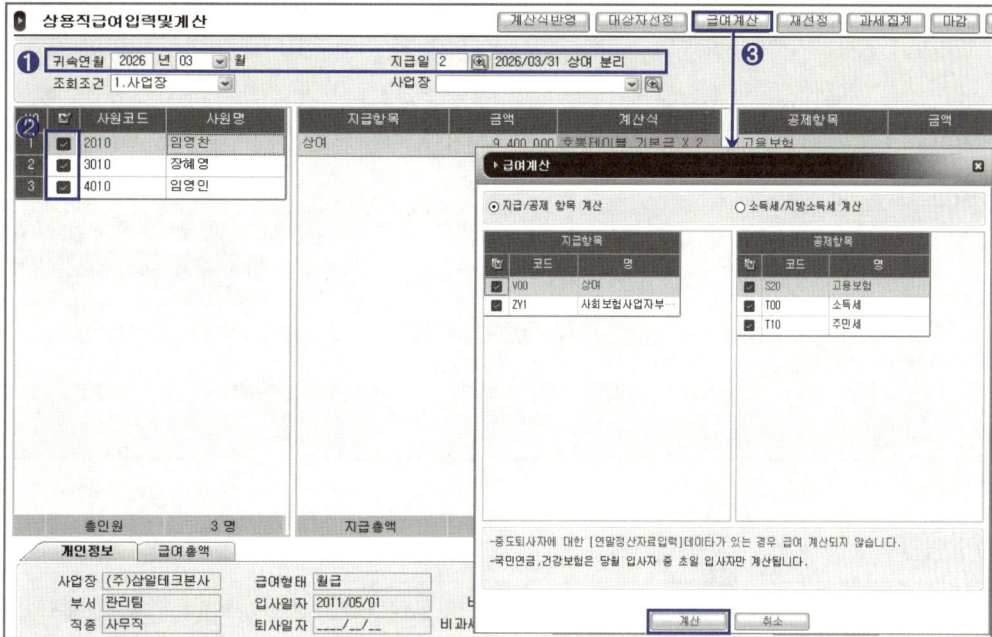

3월분 상여계산 결과 화면

|임영찬|

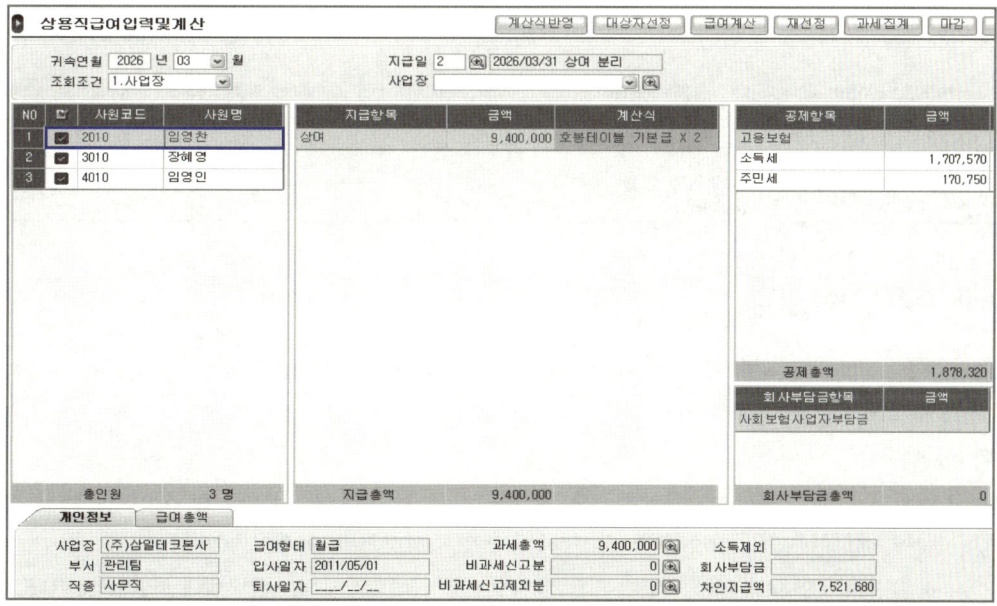

▌장혜영▐

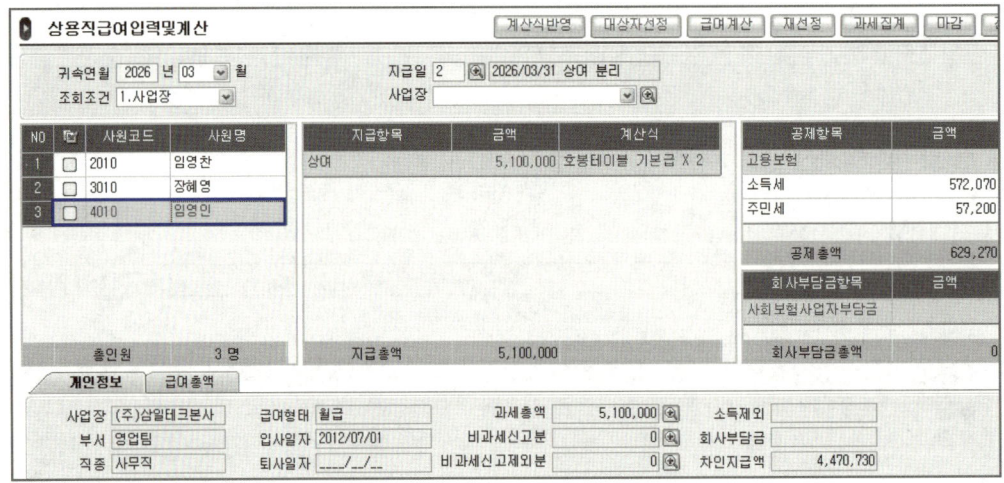

▌임영인▐

🔊 주요항목 실명

❶ [급여계산] : [지급공제항목등록]에서 등록한 계산식을 근거로 수당 및 공제항목의 급여를 계산하고 소득세 등을 자동계산한다.

❷ [재선정]

✔ 대상자선정: [급/상여지급일자등록]의 지급직종, 급여형태, 사업장 및 상여지급대상 기간에 해당하는 지급대상자를 다시 조회하여 추가하거나 삭제한다.

✔ 사원정보: [인사정보등록]에 등록된 사원정보로 급여대상자의 사원정보를 업데이트한다.

❸ 과세집계 : [지급공제항목등록]의 과세구분에 따른 과세, 비과세집계를 다시 한다.

❹ 마감 : 급여데이터에 대한 수정이 불가능하도록 마감한다.

❺ 전월복사 : 다른 귀속연월의 급여데이터를 그대로 적용하고자 하는 경우에 사용한다.

❻ 연말정산 : 입력한 귀속연도의 연말정산 차감징수세액을 공제항목에 반영시킨다.

✔ 재계산: 입력한 귀속연도의 연말정산소득세 등을 다시 계산한다.

✔ 급여로 저장: 조회된 공제금액을 해당하는 급여공제 항목에 반영한다.

✔ 급여에서 삭제: 급여공제 항목에 반영되었던 연말정산 차감징수세액을 삭제한다.

출제유형 ··· ▶ **근태결과입력 / 상용직급여입력및계산**

문1) (주)삼일테크는 초과근무에 대해 수당을 지급하고 있다. 아래 [보기]의 기준을 토대로 2026년 3월 귀속 '급여' 중 ㈜삼일테크 대구지사 백수인 사원의 '초과근무수당'을 계산하면 얼마인가?

> • 초과근무수당 = 1유형근무수당 + 2유형근무수당
> • 초과근무 시급 = 책정임금 시급
> • 1유형근무수당 = (평일연장근무시간 + 토일정상근무시간) × 1.5 × 초과근무 시급
> • 2유형근무수당 = (평일심야근무시간 + 토일연장근무시간) × 2 × 초과근무 시급

① 286,000원 ② 572,000원
③ 858,000원 ④ 1,144,000원

문2) ㈜삼일테크본사의 2월 귀속 사회보험 사업자부담금 금액으로 올바른 것은?

① 200,200원 ② 240,280원
③ 722,450원 ④ 943,120원

문3) ㈜삼일테크 대구지사 박효진 사원의 2월 귀속 급여 중 차인지급액은 얼마인가?

① 1,760,000원 ② 2,370.800원
③ 2,620,000원 ④ 4,700,000원

핵심ERP실무

2.3 급여대장 및 급여명세

[상용직급여입력] 메뉴에서 확정된 급/상여 데이터에 의해서 급여대장과 급여명세를 조회하거나 출력할 수 있다.

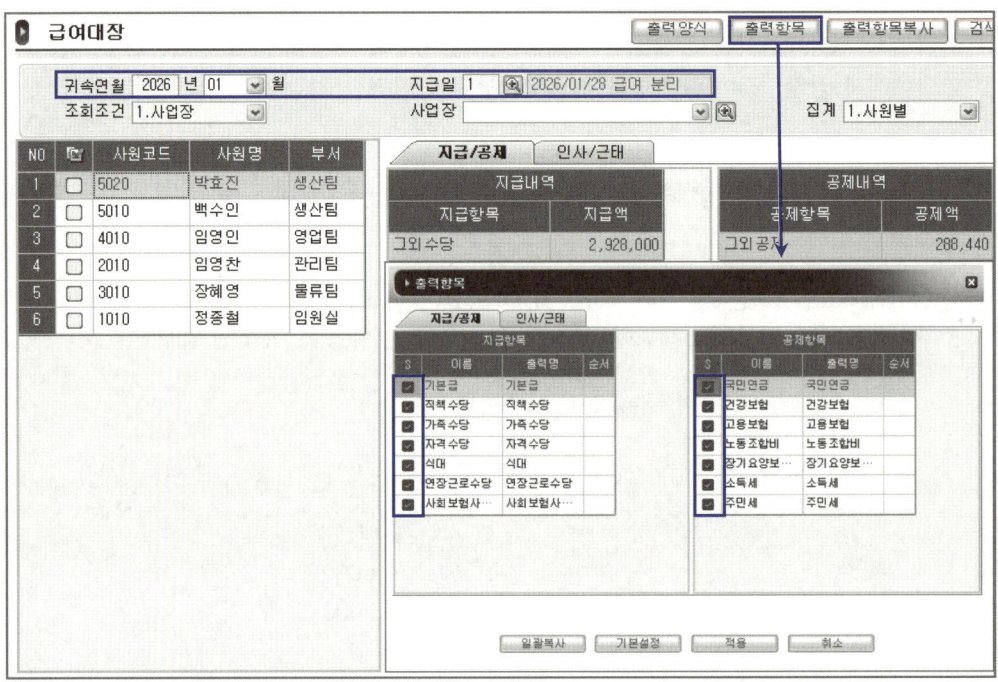

참고 급여대장의 지급/공제 항목의 내용을 확인하기 위해서는 [출력항목]설정 작업이 선행되어야 한다.

1월분 급여대장

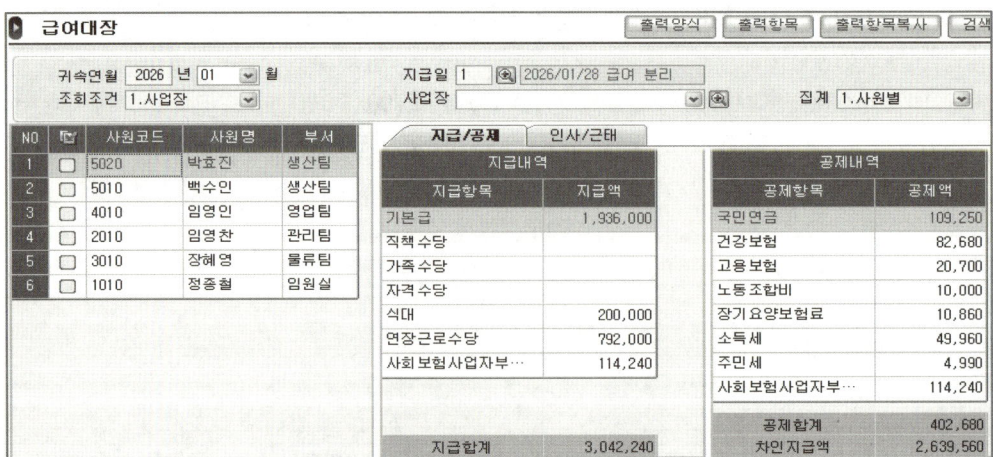

1월분 급여명세

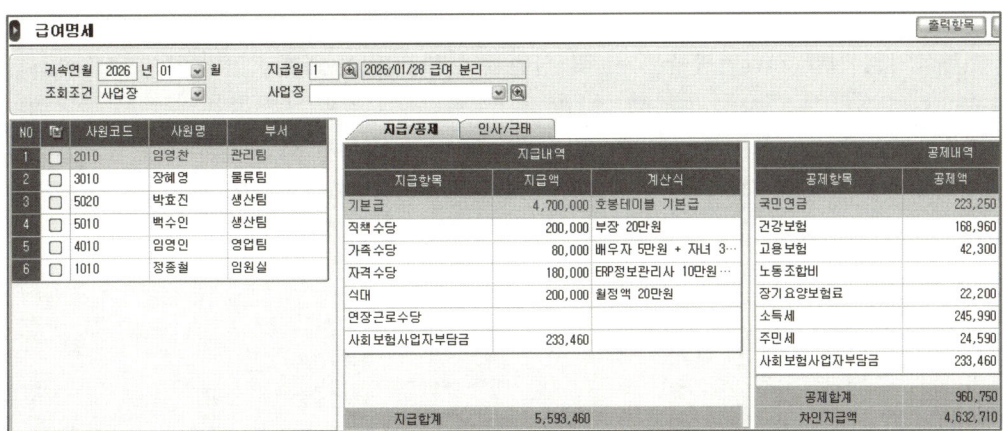

2.4 급/상여이체현황

급/상여의 이체현황을 은행별과 현금으로 조회하거나 출력할 수 있다.

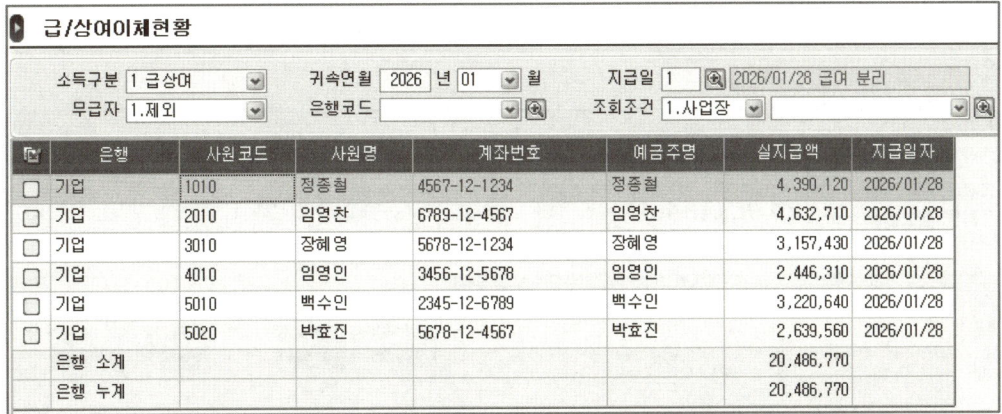

2.5 월별급/상여지급현황

급/상여의 월별 지급현황을 부서 및 사원별 상세 내역을 조회하거나 출력할 수 있다.

부서	사원코드	사원명	기본급	직책수당	가족수당	자격수당	식대	연장근로수당	사회보험 사업자	지급합계	급여합계	국민연금	건강보험	고용보험	노동조합비	장기요양보험	소득세	주민세	공제합계	차인지급액
관리팀	2010	임영찬	4,700,000	200,000	80,000	180,000	200,000		233,460	5,360,000	5,593,460	223,250	168,960	42,300		22,200	245,990	24,590	727,290	4,632,710
			4,700,000	200,000	80,000	180,000	200,000		233,460	5,360,000	5,593,460	223,250	168,960	42,300		22,200	245,990	24,590	727,290	4,632,710
부서 소계			4,700,000	200,000	80,000	180,000	200,000		233,460	5,360,000	5,593,460	223,250	168,960	42,300		22,200	245,990	24,590	727,290	4,632,710
물류팀	3010	장혜영	3,150,000	100,000		150,000	200,000		156,470	3,600,000	3,756,470	149,620	113,240	28,350	10,000	14,880	114,990	11,490	442,570	3,157,430
			3,150,000	100,000		150,000	200,000		156,470	3,600,000	3,756,470	149,620	113,240	28,350	10,000	14,880	114,990	11,490	442,570	3,157,430
부서 소계			3,150,000	100,000		150,000	200,000		156,470	3,600,000	3,756,470	149,620	113,240	28,350	10,000	14,880	114,990	11,490	442,570	3,157,430
생산팀	5010	백수인	2,288,000		80,000		200,000	936,000	129,150	3,504,000	3,633,150	123,500	93,470	23,400	10,000	12,280	18,830	1,880	283,360	3,220,640
생산팀	5020	박효진	1,936,000				200,000	792,000	114,240	2,928,000	3,042,240	109,250	82,680	20,700	10,000	10,860	49,960	4,990	288,440	2,639,560
			4,224,000		80,000		400,000	1,728,000	243,390	6,432,000	6,675,390	232,750	176,150	44,100	20,000	23,140	68,790	6,870	571,800	5,860,200
부서 소계			4,224,000		80,000		400,000	1,728,000	243,390	6,432,000	6,675,390	232,750	176,150	44,100	20,000	23,140	68,790	6,870	571,800	5,860,200
영업팀	4010	임영인	2,550,000				200,000		129,150	2,750,000	2,879,150	123,500	93,470	23,400	10,000	12,280	37,310	3,730	303,690	2,446,310
			2,550,000				200,000		129,150	2,750,000	2,879,150	123,500	93,470	23,400	10,000	12,280	37,310	3,730	303,690	2,446,310
부서 소계			2,550,000				200,000		129,150	2,750,000	2,879,150	123,500	93,470	23,400	10,000	12,280	37,310	3,730	303,690	2,446,310
임원실	1010	정종월	5,000,000				200,000		203,370	5,200,000	5,403,370	237,500	179,750			23,620	335,470	33,540	809,880	4,390,120
			5,000,000				200,000		203,370	5,200,000	5,403,370	237,500	179,750			23,620	335,470	33,540	809,880	4,390,120
부서 소계			5,000,000				200,000		203,370	5,200,000	5,403,370	237,500	179,750			23,620	335,470	33,540	809,880	4,390,120
총계	6명		19,624,...	300,000	160,000	330,000	1,200,...	1,728,000	965,840	23,342,...	24,307,...	966,620	731,570	138,150	40,000	96,120	802,550	80,220	2,855,...	20,486,770

2.6 사원별 급상여변동현황

사원들의 급상여변동현황(기준연월, 비교연월)을 조회조건별로 조회하거나 출력할 수 있다.

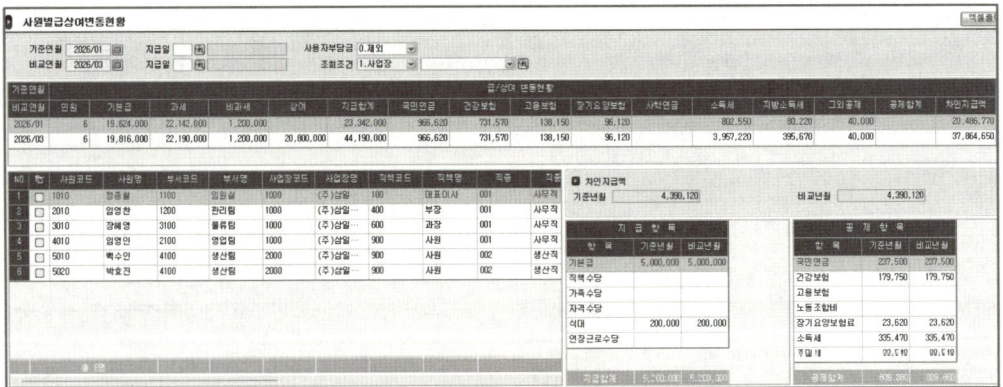

2.7 급상여집계현황

사원들의 급/상여 지급 · 공제 항목의 현황을 집계구분(항목, 기간)별로 조회하거나 출력할 수 있다.

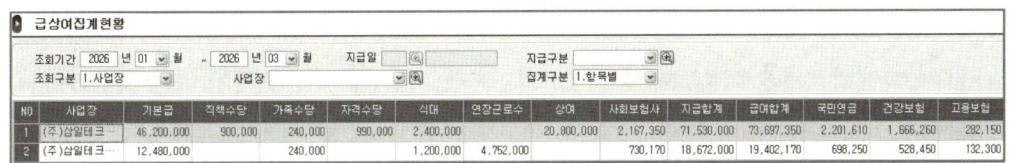

급상여집계현황

조회기간 2026 년 01 ▼ 월 ~ 2026 년 03 ▼ 월 　지급일 [　] 🔍 　지급구분 [　] ▼ 🔍
조회구분 1.사업장 ▼ 　사업장 [　] ▼ 🔍 　집계구분 1.항목별 ▼

NO	사업장	기본급	직책수당	가족수당	자격수당	식대	연장근로수	상여	사회보험사	지급합계	급여합계	국민연금	건강보험	고용보험
1	(주)삼일테크	46,200,000	900,000	240,000	990,000	2,400,000		20,800,000	2,167,350	71,530,000	73,697,350	2,201,610	1,666,260	282,150
2	(주)삼일테크…	12,480,000		240,000		1,200,000	4,752,000		730,170	18,672,000	19,402,170	698,250	528,450	132,300

노동조합비	장기요양보	소득세	주민세	공제합계	차인지급액
60,000	218,940	5,352,720	535,180	10,316,860	61,213,140
60,000	69,420	161,900	16,160	1,666,480	17,005,520

2.8 항목별급상여집계현황

사원들의 항목별급/상여 지급현황을 집계구분별(부서, 직종, 기간, 프로젝트, 근무조)별로 조회하거나 출력할 수 있다.

항목별급상여지급현황

귀속연월 2026 년 01 ▼ 월 ~ 2026 년 03 ▼ 월 　지급구분 100 급여 ▼ 🔍
사업장 [　] ▼ 🔍 　집계구분 1.부서별 ▼

항목	합계	임원실	관리팀	영업팀	물류팀	생산팀
기본급	58,680,000	15,000,000	14,100,000	7,650,000	9,450,000	12,480,000
직책수당	900,000		600,000		300,000	
가족수당	480,000		240,000			240,000
자격수당	990,000		540,000		450,000	
식대	3,600,000	600,000	600,000	600,000	600,000	1,200,000
연장근로수당	4,752,000					4,752,000
사회보험사업자부…	2,897,520	610,110	700,380	387,450	469,410	730,170
지급합계	69,402,000	15,600,000	16,080,000	8,250,000	10,800,000	18,672,000
합계	72,299,520	16,210,110	16,780,380	8,637,450	11,269,410	19,402,170
국민연금	2,899,860	712,500	669,750	370,500	448,860	698,250
건강보험	2,194,710	539,250	506,880	280,410	339,720	528,450
고용보험	414,450		126,900	70,200	85,050	132,300
노동조합비	120,000			30,000	30,000	60,000
장기요양보험료	288,360	70,860	66,600	36,840	44,640	69,420
소득세	2,363,180	1,006,410	737,970	111,930	344,970	161,900
주민세	236,210	100,620	73,770	11,190	34,470	16,160
공제합계	8,516,770	2,429,640	2,181,870	911,070	1,327,710	1,666,480
차인지급액	60,885,230	13,170,360	13,898,130	7,338,930	9,472,290	17,005,520
인원	6	1	1	1	1	2

핵심ERP실무

2.9 급여통계현황

사원들의 급여통계현황을 조회조건별(사업장, 부서, 직책, 급여형태 등)로 조회하거나 출력할 수 있다.

급여통계현황   조회조건설정

조회기간	2026/01 ~ 2026/03	급여구분		사업장		프로젝트	
고용형태		직종		부서		직책	
급여형태		근무조		성별		지급/공제항목	선택전체

NO	사업장	부서	직책		합계		2026/01		2026/02		2026/03
1	(주)삼일테크…	임원실	대표이사	1	13,780,470	1	4,593,490	1	4,593,490	1	4,593,490
2		관리팀	부장	1	22,120,190	1	4,866,170	1	4,866,170	1	12,387,850
3		영업팀	사원	1	12,197,110	1	2,575,460	1	2,575,460	1	7,046,190
4		물류팀	과장	1	15,282,720	1	3,313,900	1	3,313,900	1	8,654,920
5	[1000](주)삼…			4	63,380,490	4	15,349,020	4	15,349,020	4	32,682,450
6	(주)삼일테크…	생산팀	사원	2	17,735,690	2	6,103,590	2	5,484,060	2	6,148,040
7	[2000](주)삼…			2	17,735,690	2	6,103,590	2	5,484,060	2	6,148,040
		합계			81,116,180		21,452,610		20,833,080		38,830,490

2.10 급/상여증감현황

사원들의 급/상여 현황을 기준연월과 비교연월을 선택하여 증감액을 조회하거나 출력할 수 있다.

급/상여증감현황

| 기준연월 | 2026 년 01 월 | 비교연월 | 2026 년 01 월 ~ 2026 년 03 월 | 지급구분 | |
| 집계구분 | 0.사업장 | 사업장 | | | |

항목	기준년월	누계	2026/01	2026/02	2026/03	
기본급	19,624,000	58,680,000	19,624,000	19,240,000	19,816,000	
직책수당	300,000	900,000	300,000	300,000	300,000	
가족수당	160,000	480,000	160,000	160,000	160,000	
자격수당	330,000	990,000	330,000	330,000	330,000	
식대	1,200,000	3,600,000	1,200,000	1,200,000	1,200,000	
연장근로수당	1,728,000	4,752,000	1,728,000	1,440,000	1,584,000	
상여		20,800,000			20,800,000	
사회보험사업…	965,840	2,897,520	965,840	965,840	965,840	
지급총계	23,342,000	90,202,000	23,342,000	22,670,000	44,190,000	
합계	24,307,840	93,099,520	24,307,840	23,635,840	45,155,840	
국민연금	966,620	2,899,860	966,620	966,620	966,620	
건강보험	731,570	2,194,710	731,570	731,570	731,570	
고용보험	138,150	414,450	138,150	138,150	138,150	
노동조합비	40,000	120,000	40,000	40,000	40,000	
장기요양보험료	96,120	288,360	96,120	96,120	96,120	
소득세	802,550	5,514,620	802,550	754,850	3,957,220	
주민세	80,220	551,340	80,220	75,450	395,670	
공제총계	2,855,230	11,983,340	2,855,230	2,802,760	6,325,350	
차인지급액	20,486,770	78,218,660	20,486,770	19,867,240	37,864,650	

연간급여현황

사원들의 일정기간(1년 이내) 동안의 급/상여 전체현황을 분류기준(지급/공제, 과세/비과세)별로 조회하거나 출력할 수 있다.

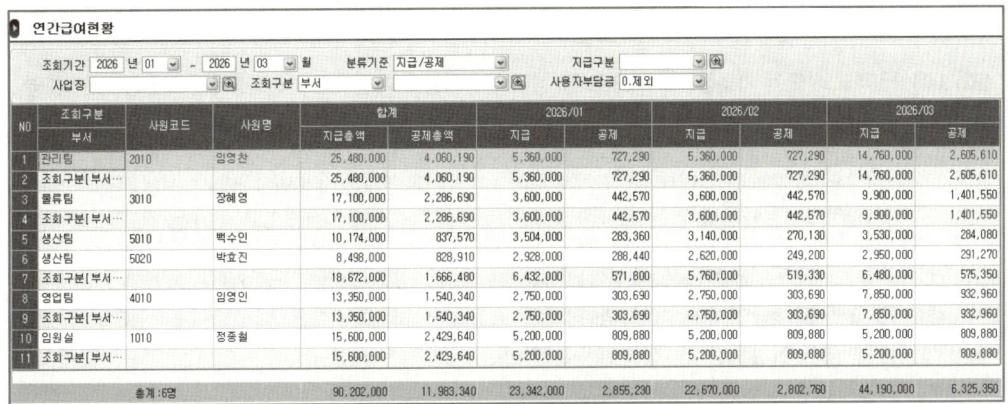

> • [수당별연간급여현황] 메뉴를 통해서 조회기간(1년 이내)의 수당별 현황을 조회조건별로 조회하거나 출력할 수 있다.

급여관련 조회메뉴

문1) (주)삼일테크본사의 1월 급여 이체은행과 지급총액으로 올바른 것은?(단, 무급자는 제외한다.)

① 현금 14,626,570원   ② 기업은행 14,626,570원

③ 현금 20,486.770원   ④ 기업은행 20,486.770원

문2) (주)삼일테크의 모든 사업장을 대상으로 급/상여 변동사항을 확인하고자 한다. 아래 조건에 대한 설명으로 올바르지 않은 것은?

> • 기준연월: 2026년 3월   • 비교연월: 2026년 1월
> • 사용자부담금: 포함

① 급여지급대상 인원은 변동이 없다.

② 기본급과 과세금액이 증가 하였다.

③ 국민연금과 건강보험 금액은 변동이 없다.

④ 비과세 대상 금액은 증가하였다.

문3) ㈜삼일테크에서 1사분기(1월~3월)동안 지급된 급여에 대한 부서별 사회보험사업자부담금 금액으로 올바르지 않은 것은?

① 관리팀 610,110원   ② 영업팀 387,450원

③ 물류팀 469,410원   ④ 생산팀 730,170원

문4) ㈜삼일테크에서 1사분기(1월~3월)동안 지급된 부서별 급여 내역에 대한 설명중 올바르지 않은 것은?

① 관리팀에 지급된 가족수당과 자격수당의 합은 780,000원이다.

② 영업팀에 지급된 기본급 이외의 별도 수당은 없다.

③ 물류팀에 지급된 직책수당과 자격수당의 합은 750,000원이다.

④ 생산팀에 지급된 연장근로수당은 4,752,000원이다.

2.12 일용직관리

일용직 직원을 상용직 직원들과 구분하여 관리하고 일용직 사원에게 지급할 급여를 계산하기 위한 메뉴이다.

구 분	내 용
일용직사원등록	일용직 사원을 상용직 직원들과 구분하여 등록하고 관리하는 메뉴
일용직급여지급일자등록	일용직 사원의 급여일와 해당 지급일자의 대상자를 등록하는 메뉴
일용직급여입력및계산	일용직 사원의 근태를 반영하여 급여를 계산하고, 급여관련 내역을 출력할 수 있는 메뉴

수행 내용 **일용직관리**

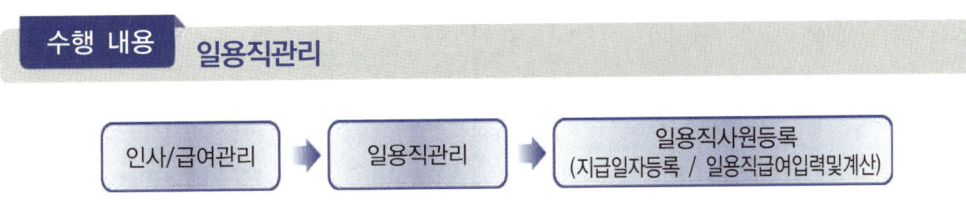

(주)삼일테크본사의 제품 출고량 증가로 물류팀에서 근무할 일용직 사원에 대한 정보이다. 일용직 사원등록, 지급일자등록, 일용직급여입력 및 계산 작업을 수행하시오.

1. 일용직 사원등록

사원코드	성명	입사일	주민번호	주소
5001	김민재	2026/03/14	730212-1152413	서울특별시 구로구 가마산로 134 (구로동)

부서	고용형태	급여형태	급여	급여이체정보
물류팀	일용직	일급	160,000원	기업은행 567-12-6655

퇴직일자	생산직비과세	고용보험	국민연금/건강보험	
2026/03/18	함	여	부	

2. 급여지급일자 등록

일용직 사원의 급여지급은 일정 기간 정산하여 매월 말일에 지급하며, 3월에 근무한 김민재 사원은 총 5일간(3/14~3/18) 근무하였다.

3. 급여입력 및 계산

김민재 사원은 근무기간(평일, 토요일, 일요일) 동안 계속적으로 8시간을 근무하였으며, 비과세 (신고제외분) 금액 8,000원이 포함되어 있다.

수행 결과 · 일용직관리

일용직사원등록 화면

▶ 일용직사원등록

| 사업장 | | | 부서 | | | 고용형태 | | |
| 급여형태 | | | 조회조건 | | | 기준일 | ___/__/__ 이전 퇴직자 제외 |

NO	사원코드	사원명
1	5001	김민재
2		

기본정보 | 추가정보

입사일자	2026/03/14
내외국인여부	내국인
주민등록번호	730212-1152413
외국인등록번호	
우편번호	08317
주소	서울특별시 구로구 가마산로 134
	(구로동)
E-MAIL	
전화번호	핸드폰번호
부서	3100 물류팀
프로젝트	
직책	
고용형태	002 일용직
직무	
급여형태	003 일급
급여이체구좌	030 기업
계좌번호	567-12-6655
예금주	김민재
급여	160,000 원 시간단가 20,000 원
퇴직일자	2026/03/18
생산직비과세적용	함 고용보험여부 여
국민연금여부	부 건강보험여부 부

일용직급여지급일자 등록

❶ 귀속연월을 선택한다.

❷ 상단부 지급일설정 을 클릭하여 내용을 등록한다.

❸ 일용직사원리스트에서 사원을 선택한다.

❹ 추가를 클릭하여 일용직급여대상자로 설정한다.

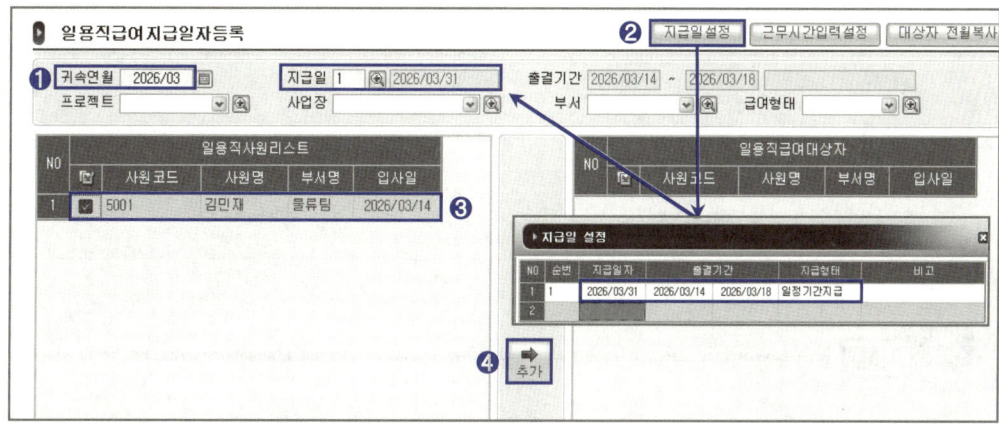

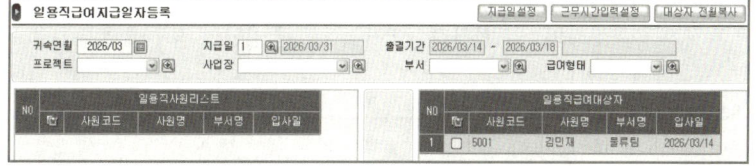

일용직급여입력 및 계산

❶ 귀속연월을 입력하고 지급일을 선택한다.

❷ 사원을 선택한 후 일괄적용 을 클릭하여 일괄적용 시간은 008:00을 입력, 일괄적용 요일은 평일, 토요일, 일요일을 선택한 후 비과세(신고제외분)란에 8,000원을 입력한다.

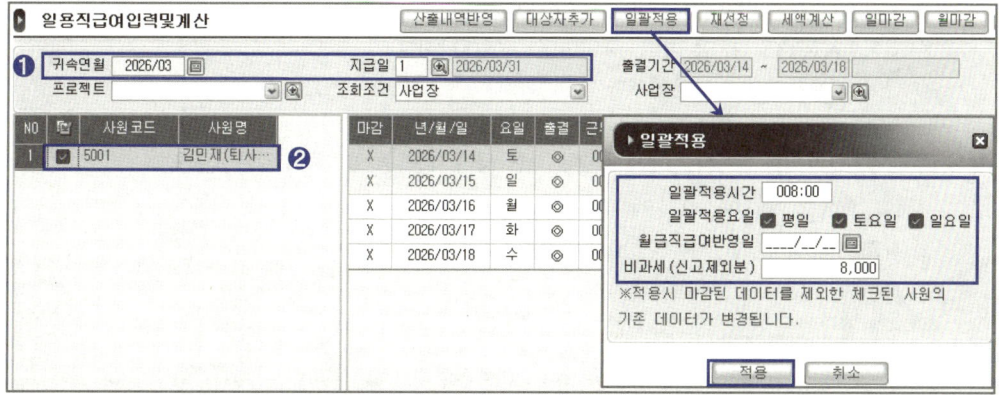

일용직급여입력 및 계산 결과

일용직급여입력및계산				산출내역반영	대상자추가	일괄적용	재선정	세액계산	일마감	월마감	

귀속연월 2026/03 　 지급일 1 🔍 2026/03/31 　 출결기간 2026/03/14 ~ 2026/03/18
프로젝트 　▼🔍 조회조건 사업장 　▼ 사업장 　▼🔍

NO		사원코드	사원명	마감	년/월/일	요일	출결	근무시간	과세	과세추가지	연장비과세	비과세(신고	기타공제액
1	☑	5001	김민재(퇴사…	X	2026/03/14	토	◎	008:00	160,000			8,000	
				X	2026/03/15	일	◎	008:00	160,000			8,000	
				X	2026/03/16	월	◎	008:00	160,000			8,000	
				X	2026/03/17	화	◎	008:00	160,000			8,000	
				X	2026/03/18	수	◎	008:00	160,000			8,000	
	총인원	1 명			합계			000:00	800,000	0	0	40,000	0

월지급액　개인정보　산출내역　급여총액

과세총액	800,000	회사부담금	7,200	고용보험	7,200	소득세	1,350
비과세신고분		기타공제액		국민연금		지방소득세	100
비과세신고제외분	40,000	건강보험		장기요양보험		차인지급액	831,350

개념 익히기

🔍 소액부징수

- 일용근로자의 1일 원천징수액이 1,000원 미만인 경우 소액부징수 특례에 의해 원천징수를 하지 않는다.

출제유형 ···▶ **일용직관리 / 급여관련 기타메뉴**

문1) (주)삼일테크의 3월 일용직 김민재 사원에 대한 다음 내용 중 올바르지 않은 것은?

① 물류팀 소속으로 고용형태는 일용직이며, 급여형태는 일급이다.
② 일급은 160,000원이며, 고용보험 가입대상이다.
③ 퇴직일자는 3월 18일 이며, 국민연금 가입대상이다.
④ 급여 이체은행은 기업은행이다.

문1) (주)삼일테크의 3월 일용직 김민재 사원에 대한 급여 내용 중 올바르지 않은 것은?

① 과세총액은 800,000원, 비과세신고제외분은 없다.
② 사회보험 회사부담금은 7,200원이다.
③ 소득세 총액은 1,350원이다.
④ 차인지급액은 831,350원이다.

회계연결계정과목등록

핵심ERP 물류·생산·인사모듈에서는 경상적으로 발생되는 거래에 대하여 자동으로 회계전표를 발생시킨다. 이렇게 각 모듈에서 회계모듈로 자동으로 자료를 이관할 수 있도록 회계처리(분개) 과정을 미리 설정해 놓은 메뉴가 [회계연결계정과목등록]이다.

수행 내용 회계연결계정과목등록

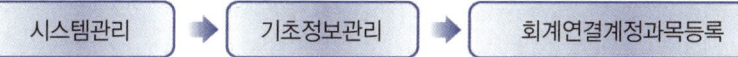

영업관리, 자재관리, 생산관리, 인사관리, 서비스관리, 무역관리 모듈의 세부 전표코드별로 회계연결계정과목의 초기설정 작업을 수행하시오.

수행 결과 회계연결계정과목등록

회계연결계정과목등록 메뉴를 실행한 후 화면 우측 상단의 [초기설정] 아이콘을 클릭하여전체 선택을 한 후 '연결계정을 초기화 하시겠습니까?'라는 메시지가 나오면 [예]를 선택한다.

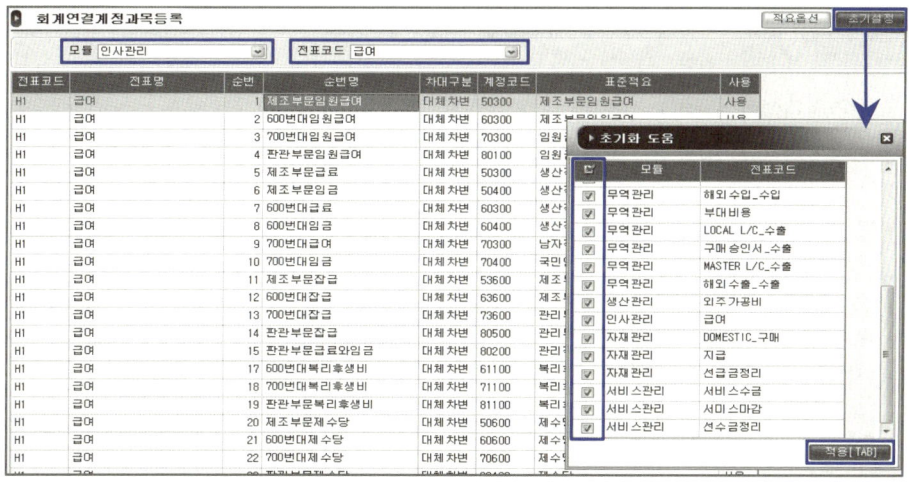

초기설정완료 화면(예: 인사관리_급여)

회계연결계정과목등록   적요옵션   초기설정

모듈 [인사관리 ▼]   전표코드 [급여 ▼]

전표코드	전표명	순번	순번명	차대구분	계정코드	표준적요	사용
H1	급여	1	제조부문임원급여	대체 차변	50300	제조부문임원급여	사용
H1	급여	2	600번대임원급여	대체 차변	60300	제조부문임원급여	사용
H1	급여	3	700번대임원급여	대체 차변	70300	임원급여	사용
H1	급여	4	판관부문임원급여	대체 차변	80100	임원급여	사용
H1	급여	5	제조부문급료	대체 차변	50300	생산직남자직원급여	사용
H1	급여	6	제조부문임금	대체 차변	50400	생산직여직원급여	사용
H1	급여	7	600번대급료	대체 차변	60300	생산직남자직원급여	사용
H1	급여	8	600번대임금	대체 차변	60400	생산직여직원급여	사용
H1	급여	9	700번대급여	대체 차변	70300	남자직원급여	사용
H1	급여	10	700번대임금	대체 차변	70400	국민연금예수금	사용
H1	급여	11	제조부문잡급	대체 차변	53600	제조부문잡급	사용
H1	급여	12	600번대잡급	대체 차변	63600	제조부문잡급	사용
H1	급여	13	700번대잡급	대체 차변	73600	관리부문잡급	사용
H1	급여	14	판관부문잡급	대체 차변	80500	관리부문잡급	사용
H1	급여	15	판관부문급료와임금	대체 차변	80200	관리직원급여	사용
H1	급여	17	600번대복리후생비	대체 차변	61100	복리후생비	사용
H1	급여	18	700번대복리후생비	대체 차변	71100	복리후생비	사용
H1	급여	19	판관부문복리후생비	대체 차변	81100	복리후생비	사용
H1	급여	20	제조부문제수당	대체 차변	50600	제수당	사용
H1	급여	21	600번대제수당	대체 차변	60600	제수당	사용
H1	급여	22	700번대제수당	대체 차변	70600	제수당	사용
H1	급여	23	판관부문제수당	대체 차변	80400	제수당	사용
H1	급여	24	제조부문차량유지비	대체 차변	52200	차량유지비	사용
H1	급여	25	600번대차량유지비	대체 차변	62200	차량유지비	사용
H1	급여	26	700번대차량유지비	대체 차변	72200	차량유지비	사용
H1	급여	27	판관부문차량유지비	대체 차변	82200	차량유지비	사용
H1	급여	31	제조부문상여	대체 차변	50500	제조부문상여금	사용
H1	급여	32	600번대상여	대체 차변	60500	제조부문상여금	사용
H1	급여	33	700번대상여	대체 차변	70500	관리부문상여금	사용
H1	급여	34	판관부문상여	대체 차변	80300	관리부문상여금	사용
H1	급여	41	국민연금예수금	대체 대변	25400	국민연금예수금	사용
H1	급여	42	건강보험예수금	대체 대변	25400	의료보험예수금	사용
H1	급여	43	고용보험예수금	대체 대변	25400	고용보험예수금	사용
H1	급여	44	노동조합비예수금	대체 대변	25400	노동조합비예수금	사용
H1	급여	45	사우회비	대체 대변	25400	사우회비예수금	사용

개념 익히기

회계연결계정과목등록

회계연결계정이 설정되어 있지 않다면 자동 회계전표 발행이 불가능하다.

- 각 모듈별 담당자들이 회계처리를 할 수 있도록 모듈별 전표코드를 설정하는 것이다.
- 각 모듈별 담당자들은 회계처리를 몰라도 회계연결계정이 설정되어 있으면 '전표생성'을 클릭하여 회계처리(미결전표)가 된다.
- 초기설정으로 적용된 차·대변 계정과목은 회사의 상황에 맞추어 변경이 가능하다.
- 초기 설정된 항목은 삭제가 되지 않으므로 회사에서 사용하지 않는 항목이 있을 경우에는 '사용' 항목을 '미사용'으로 설정한다.

회계전표처리

[상용직 급여입력 및 계산]에서 계산된 급/상여 데이터 및 공제금액을 회계처리할 수 있는 메뉴이다.

▌회계전표처리 프로세스 ▌

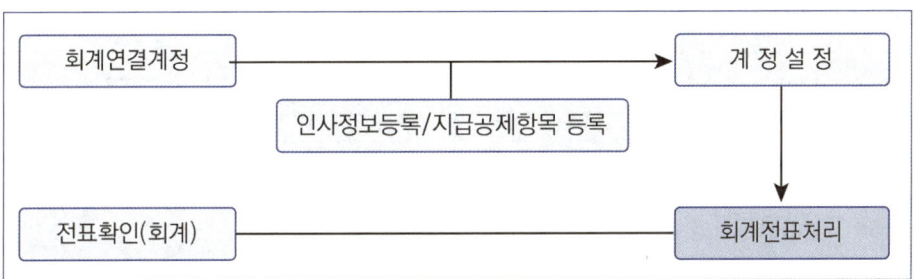

수행 내용 **회계전표처리**

다음은 (주)삼일테크의 계정유형별 급여 지급항목 및 공제항목별 계정과목 현황이다. 계정과목 설정 후 본사의 1월분 상용직 급여지급(결의일자 2026년 1월 28일)에 따른 회계전표를 발행하시오.

1. 지급항목(차대구분: 차변)

구분	기본급	직책수당	가족수당	자격수당	식대	연장근로수당	상여
임원계정	80100	80100	80100	80100	80100	80100	80300
사원계정	80200	80200	80200	80200	80200	80200	80300
제조계정	50400	50400	50400	50400	50400	50400	50500

2. 공제항목(차대구분: 대변)

구분	국민연금/건강보험 /장기요양/고용보험	노동조합비	소득세	주민세 (지방소득세)	차인지급액
임원계정	25400	25400	25400	25400	10301
사원계정	25400	25400	25400	25400	10301
제조계정	25400	25400	25400	25400	10301

수행 결과 **회계전표처리**

❶ 계정과목 설정: 지급유형별, 계정유형별, 항목구분별로 계정과목을 설정한다.

인사/급여관리 ➡ 전표관리 ➡ 계정과목설정

임원계정 지급공제항목 등록

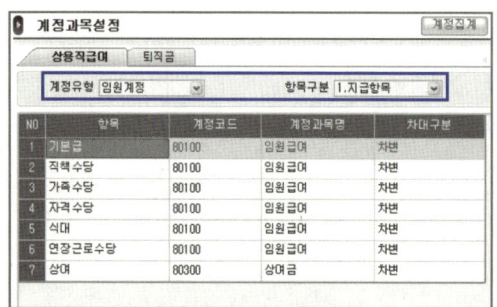

사원계정 지급공제항목 등록

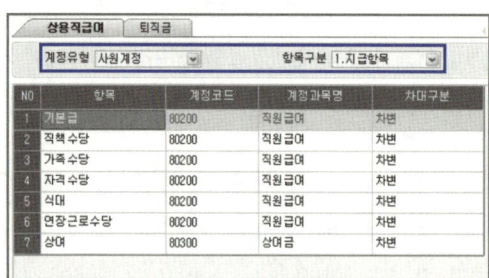

제조계정 지급공제항목 등록

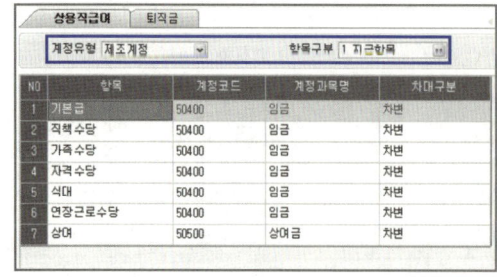

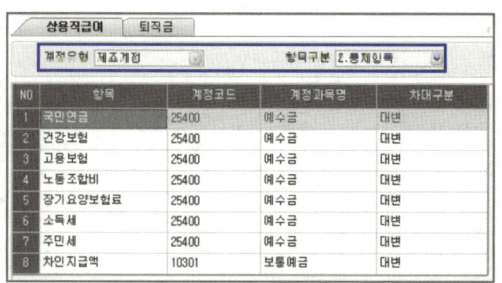

참고 계정과목설정 메뉴에서 계정유형별 지급/공제항목 계정코드 설정이 누락된 상태로 전표집계시
[계정과목이 지정되지 않은 지급/공제항목이 존재합니다]라는 오류메시지가 나타난다.

❷ 소득자별 계정유형 설정

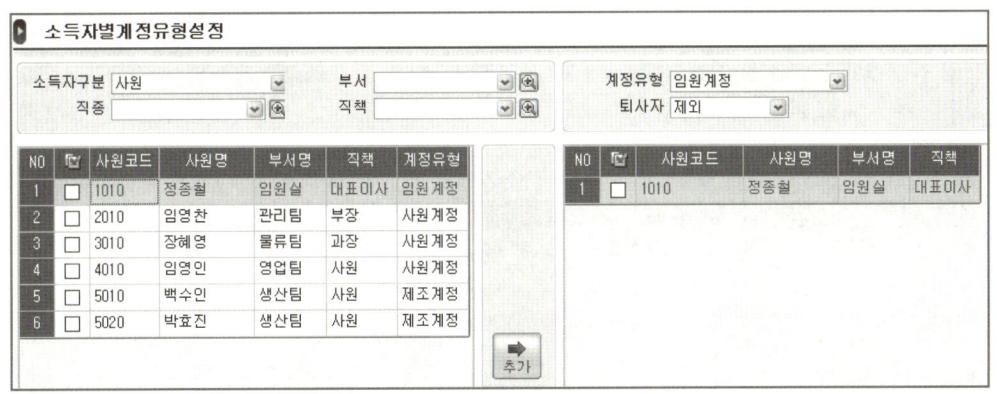

참고 소득자의 계정유형은 본 메뉴에서 설정할 수도 있고, 인사정보등록 메뉴에서 등록할 수도 있다.
인사정보등록 메뉴에서 이미 설정하였으므로 본 메뉴에서는 생략한다.

❸ 전표집계 및 생성

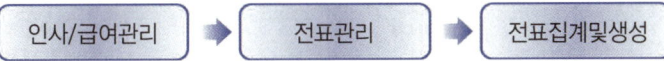

지급유형(1.상용직급여), 귀속연월, 사업장, 결의일자를 입력한 후 [집계내역]을 클릭하여 [본사]
선택 후 확인을 하면 급여지급내역이 자동분개 되어 화면에 표시된다. 분개내역 검토 후 [전표생성]
을 클릭하면 회계모듈 전표입력에 반영될 회계처리가 [전표처리결과] 탭에 반영된다.

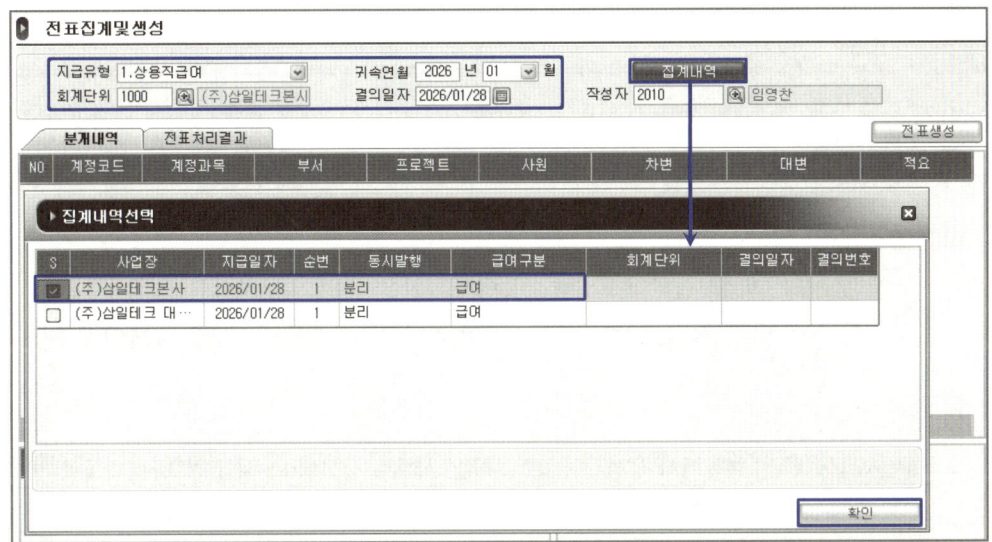

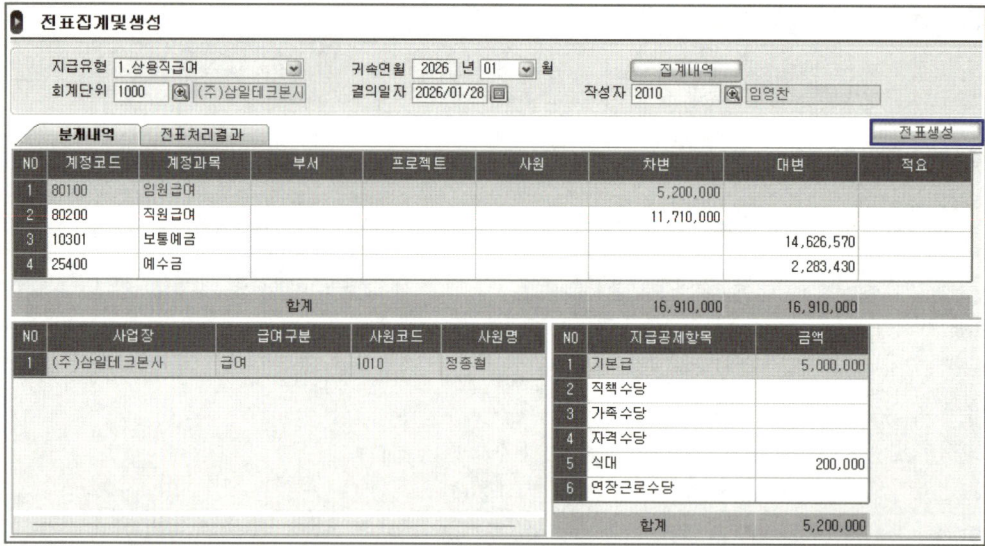

❹ 생성된 전표확인

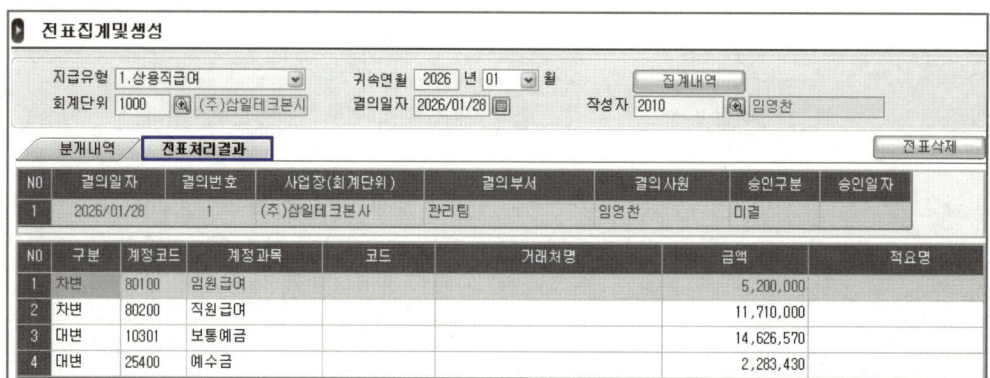

개념 익히기

● 전표집계 및 생성

- 발생한 전표는 회계모듈의 전표입력 메뉴에서 확인할 수 있으며, 해당 전표의 삭제는 전표입력 메뉴에서는 불가능하고, 인사/급여 모듈의 전표관리(전표집계및생성) 메뉴에서 삭제가 가능하다.

● 전표의 승인구분

- [인사/급여관리] 메뉴에서 생성된 전표는 '미결' 상태로 작성되며, 해당 전표는 [회계관리] → [전표/장부관리] → [전표승인해제] 메뉴에서 '승인처리' 하여야 한다.

출제유형 ····▶ **회계전표처리**

문1) 아래 [보기]를 기준으로 2026년 2월 귀속의 전표를 생성하고, 전표처리결과 계정과목별 금액을 확인 시 올바르지 않은 것은 무엇인가?

> • 지급유형: 상용직급여
> • 회계단위: 1000.(주)삼일테크본사
> • 결의일자: 2026/02/28
> • 작성자: 2010.임영찬
> • 집계사업장: ㈜삼일테크본사, ㈜삼일테크 대구지사

① 임　금: 5,760,000원 　　　　　　② 직원급여:　5,200,000원
③ 예수금: 2,802,760원 　　　　　　④ 보통예금: 19,867,240원

문2) "전표집계및생성" 메뉴에서 당월귀속의 전표를 생성하려 했을 때 다음 [보기]와 같은 오류가 발생하였다. 오류에 대한 올바른 처리는 무엇인가?

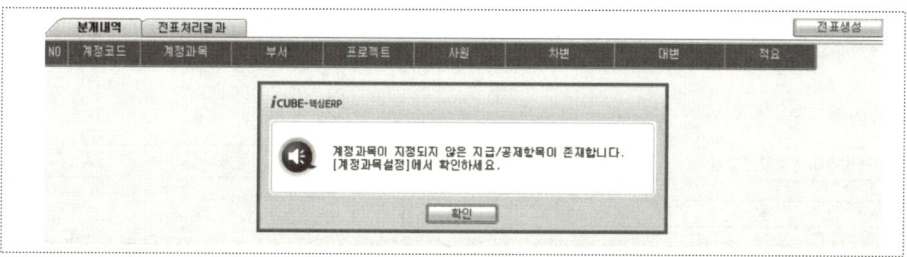

① [전표집계및생성] 메뉴의 〈전표처리결과〉 탭에서 기존에 생성해 놓은 전표를 확인한 뒤 전표 삭제를 한다.
② [소득자별계정유형설정] 메뉴에서 계정유형이 누락된 사원의 계정유형을 설정한다.
③ [계정과목설정] 메뉴의 〈상용직급여〉 탭에서 조회되는 계정유형 별 지급항목의 계정코드 중 누락된 계정코드를 설정한다.
④ [계정과목등록] 메뉴에서 급여처리 내역의 전표처리를 위한 계정과목을 등록한다.

2.15 원천징수이행상황신고서

원천징수이행상황신고서란 회사가 원천징수하고 지급한 소득세법상의 소득금액과
원천징수된 세액을 집계하여 세무서에 보고하는 보고서이다.

수행 내용　원천징수이행상황신고서

인사/급여관리 ➡ 세무관리 ➡ 원천징수이행상황신고서

(주)삼일테크본사의 2026년 3월분 상용직 급여자료 및 일용직 급여자료를 이용하여 원천징수이행
상황신고서를 작성하시오.(단, 근로소득 데이터 반영 기준은 '1. 매월 징수분(전체)'이며, 연말정산
소득세 및 농특세는 '미반영' 한다.)

수행 결과　원천징수이행상황신고서

❶ 제출연도와 신고사업장을 선택하고 ┌신고서추가┐를 한다.

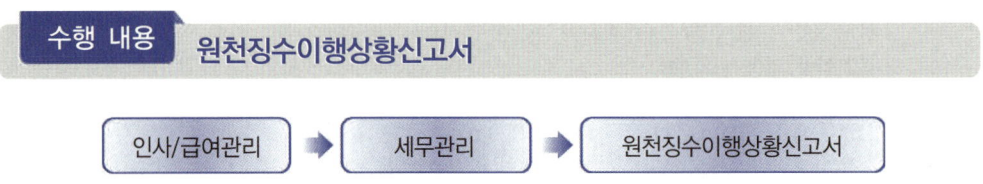

❷ 추가된 신고서의 귀속년월과 지급년월을 선택한 후 상단의 조회 아이콘을 클릭하면 해당 월에
기존 생성된 자료가 없으며 자료를 새로 생성한다.

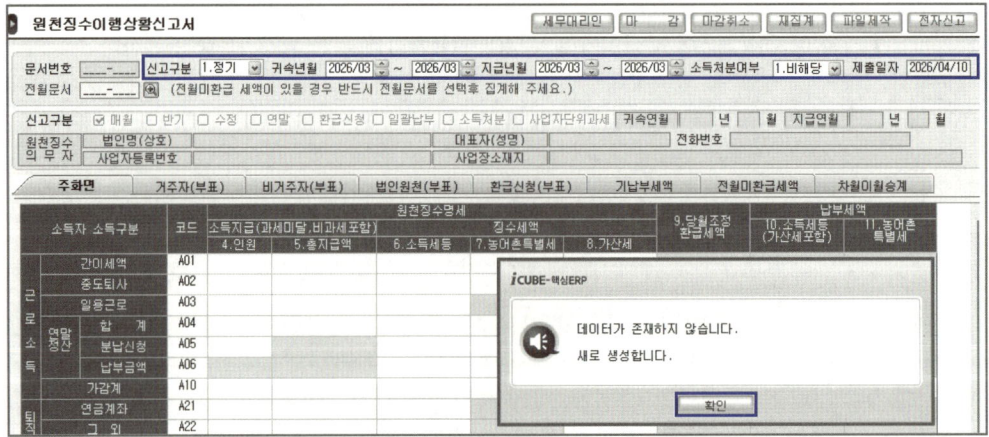

❸ [전월미환급세액] 확인 및 [근로소득 데이터 반영기준]을 선택한 후 적용을 클릭하면 원천징수
이행상황신고서가 생성된다.

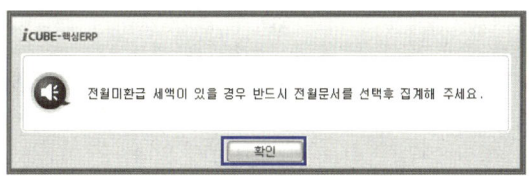

3월분 원천징수이행상황신고서

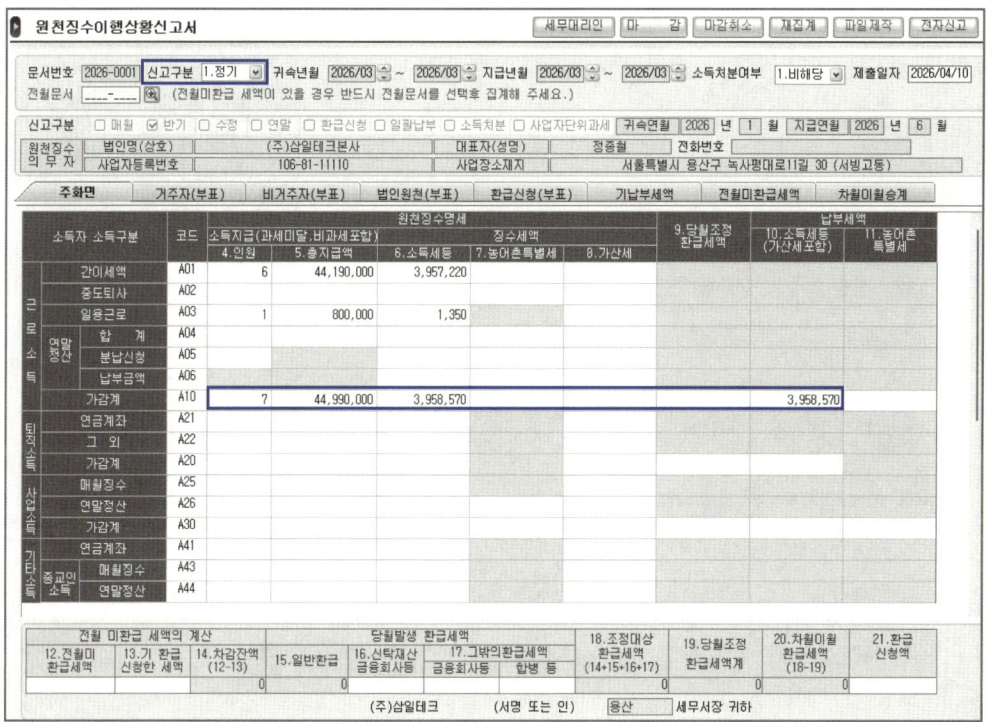

개념 익히기

● 지방소득세특별징수명세/납부서

- 소득에 대한 소득세를 국가에 납부하는 것처럼, 지방자치단체에 납부하는 세금을 지방소득세 라고 하며, 소득세의 10%를 납부하게 된다. 소득세와 동일하게 소득 지급시 회사가 원청징수 하고, 매월 10일에 신고 및 납부하게 된다.
'지방소득세특별징수명세/납부서'는 본점과 지점(종사업장)이 있는 경우, 원천세와 달리 각 관할 지자체에 분리신고 하여야 한다.

❶ '지방소득세특별징수명세/납부서' 생성

❷ '지방소득세특별징수명세/납부서' 조회

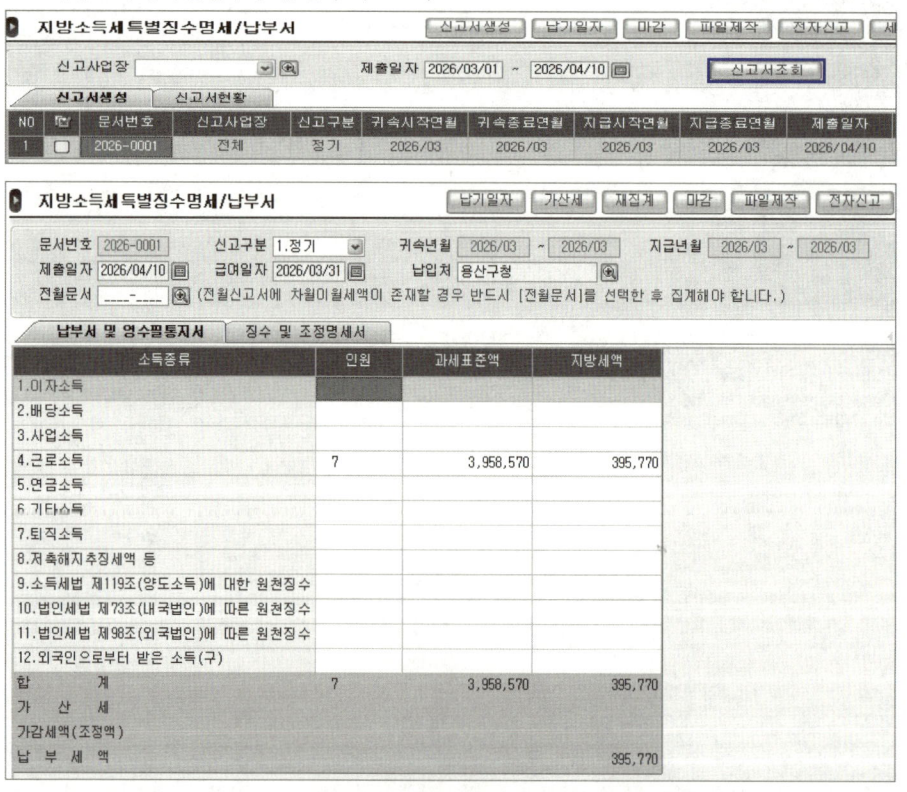

소득종류	인원	과세표준액	지방세액
1.이자소득			
2.배당소득			
3.사업소득			
4.근로소득	7	3,958,570	395,770
5.연금소득			
6.기타소득			
7.퇴직소득			
8.저축해지추징세액 등			
9.소득세법 제119조(양도소득)에 대한 원천징수			
10.법인세법 제73조(내국법인)에 따른 원천징수			
11.법인세법 제98조(외국법인)에 따른 원천징수			
12.외국인으로부터 받은 소득(구)			
합 계	7	3,958,570	395,770
가 산 세			
가감세액(조정액)			
납 부 세 액			395,770

03 사회보험관리 프로세스

★ 학습목표(수행준거)

4대보험 관리하기!(능력단위요소: 0202020109_23v5.4)

4.1 채용, 이동, 승진, 퇴직 등 인사발령에 따라 4대보험을 적용, 갱신할 수 있다.

4.2 집계된 자료에서 4대보험 적용시 포함시켜야 할 금액을 산출할 수 있다.

4.3 결재 완료된 개인별 보험관련 정보를 조직 구성원에게 안내할 수 있다.

사회보험환경등록을 통하여 설정된 사업장의 기본정보와 각종 보험요율은 사원별 인사정보등록 기본정보와 국민연금과 건강보험의 등급이 입력되어 사회보험 취득신고와 상실신고시 반영되고, 관련 신고서로도 반영된다.

▌사회보험관리 프로세스▌

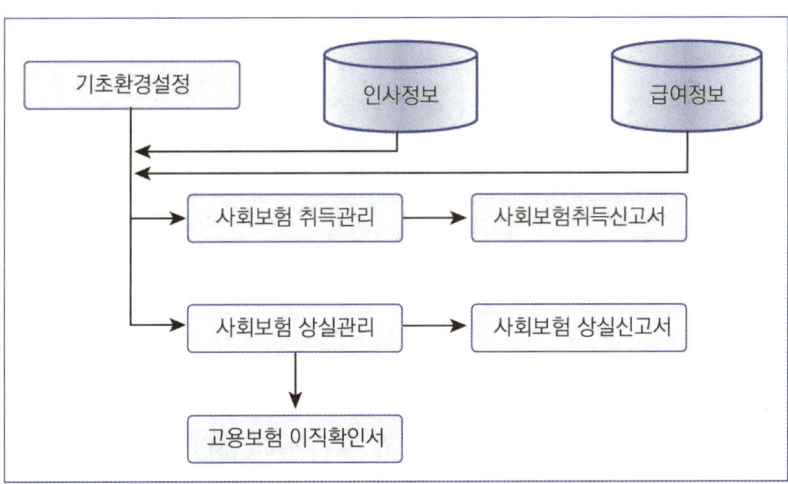

구 분	내 용
기초환경설정	보험요율 및 사업장 정보 등 각 사회보험의 기초환경을 설정한다.
사회보험 취득관리	입사자에 대한 사회보험 취득신고를 위해 기본정보를 입력하는 부분으로서, 인사정보의 입사일자, 주민등록번호 등의 인적사항과 급여정보에서의 등급 등의 정보로서 사회보험 취득신고서를 작성할 수 있다.
사회보험 상실관리	퇴사 등의 사유발생 시 인사정보의 퇴사일자, 주민등록번호 등의 정보와 급여정보의 퇴직금 및 급여 정보로서 사회보험 상실신고서를 작성할 수 있으며, 고용보험의 이직확인서도 작성 가능하다.

3.1 사회보험취득관리

사회보험(국민연금/건강보험/고용보험)의 취득신고를 위해 해당사원의 정보를 입력하는 메뉴이다.

수행 내용 사회보험취득관리

인사/급여관리 ➡ 사회보험관리 ➡ 사회보험취득관리

다음은 (주)삼일테크본사 장혜영 사원의 피부양자 정보이다. 건강보험 피부양자취득신고서에 반영하시오.

신고일	신고구분	자격취득일	관계	성명	주민등록번호	첨부서류
2026/04/01	건강보험	2026/04/01	모	김고은	571217-2123218	부

수행 결과 사회보험취득관리

❶ 신고연도, 사업장, 사원 선택 후 신고구분 탭에서 신고일, 신고구분을 선택한다.

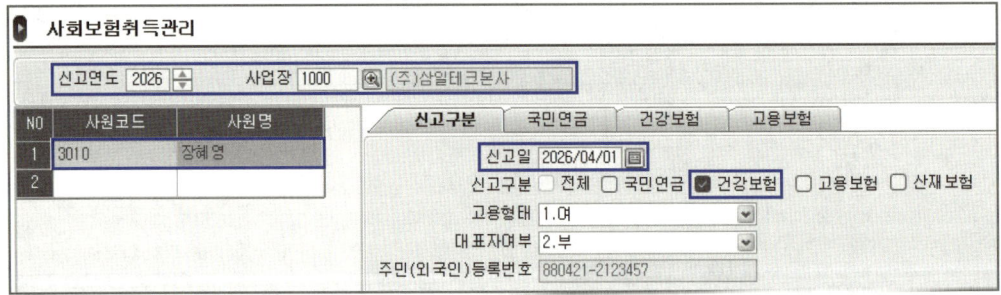

❷ 건강보험 탭에서 자격취득일을 확인하고, '건강보험 – 피부양자: 1.있음'으로 설정한 후 피부양
자의 인적정보를 입력한다.

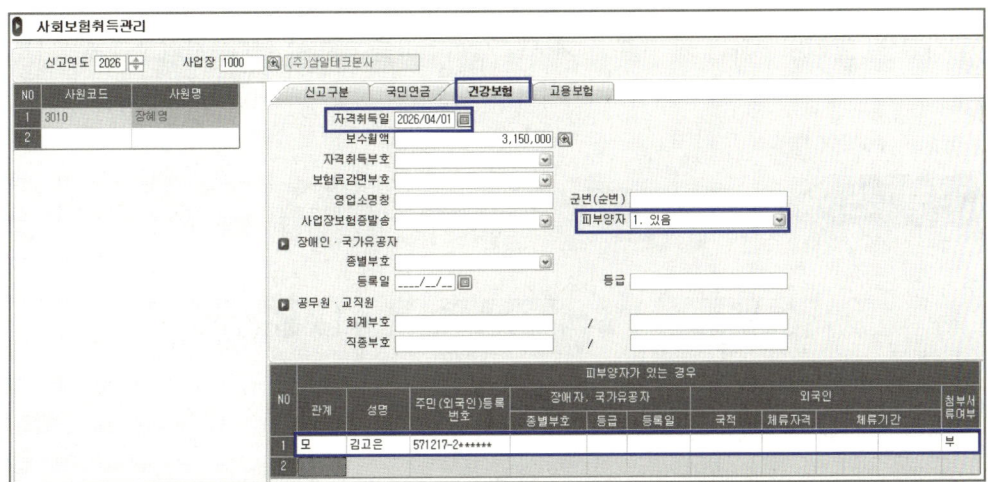

(3.2) **자격취득신고서**

사회보험취득신고 메뉴에 등록된 데이터에 의해 취득신고서가 자동 작성된다.

수행 내용 **자격취득신고서**

(주)삼일테크본사 장혜영 사원의 건강보험 피부양자취득신고서를 조회하시오.

수행 결과 **자격취득신고서**

피부양자 탭에서 자격취득자를 확인한다.

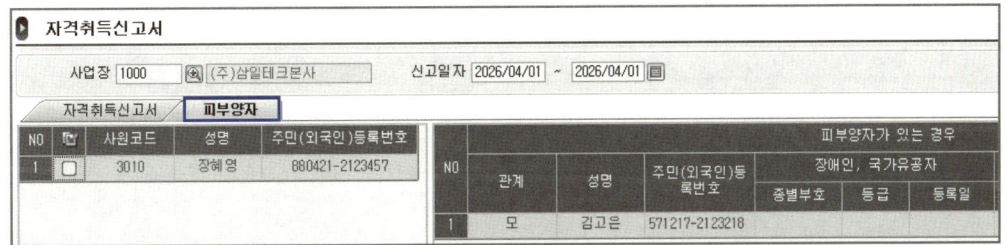

3.3 자격상실관리

퇴사한 사원에 대해서는 퇴사 후 사회보험 상실신고를 하여야 한다. 사업장과 상실신고 대상 사원을 등록하고, 상실정보를 입력하면 사회보험상실신고서에 반영된다.

수행 내용 자격상실신고서

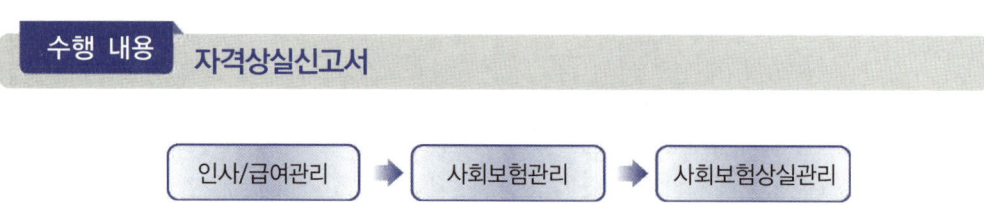

(주)삼일테크 대구지사 백수인은 개인적인 사정으로 4월 1일자로 퇴사하였다. 이에 따른 퇴사처리와 사회보험상실신고를 수행하시오.

신고일/상실일	신고구분	국민연금	건강보험	고용보험
2026/04/02	전체	◦ 상실코드: 003 ◦ 당월상실자 납부여부: 비해당	◦ 상실부호: 001	◦ 상실시 직종: 890 ◦ 구체적 사유: 개인사정 ◦ 구분코드: 11 ◦ 실업급여청구안내: 미안내 ◦ 대체인력채용계획: 있음

수행 결과 자격상실신고서

❶ [인사관리]-[인사정보등록]-[재직정보] 탭에서 퇴사일자를 입력한다.

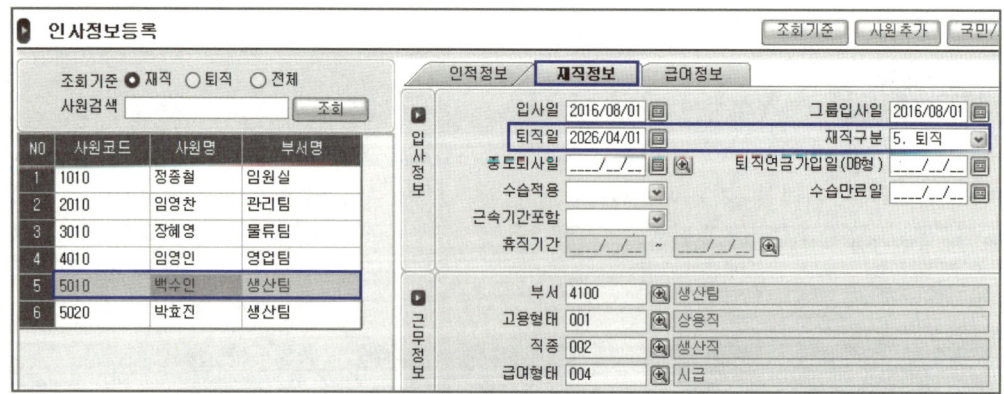

❷ [사회보험관리]-[사회보험상실관리]에서 신고일과 상실사유 등을 입력한다.

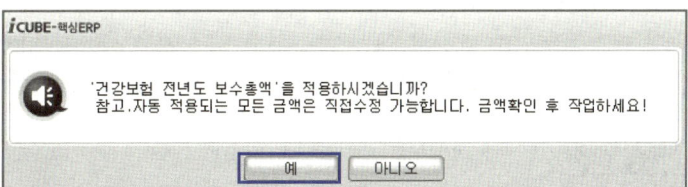

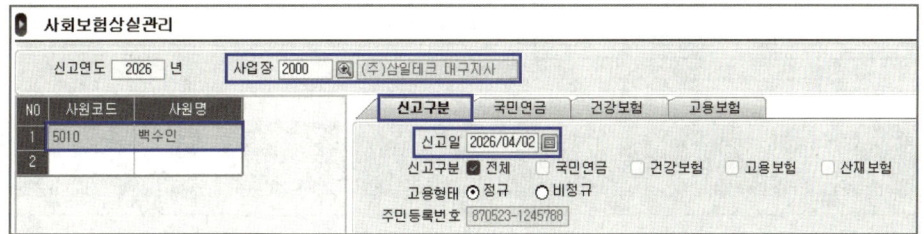

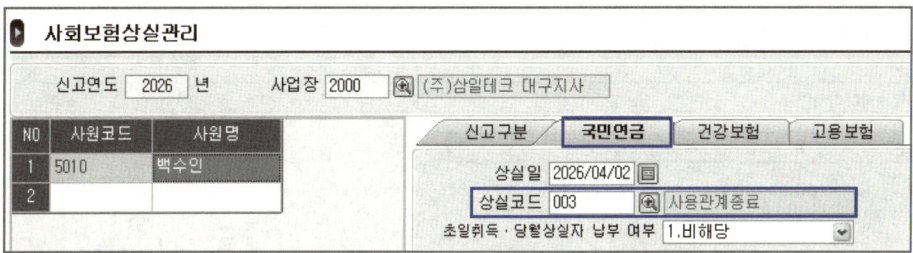

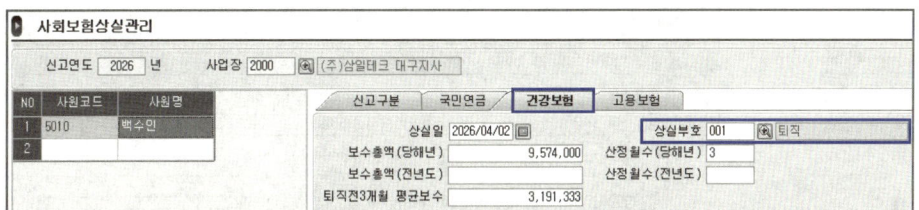

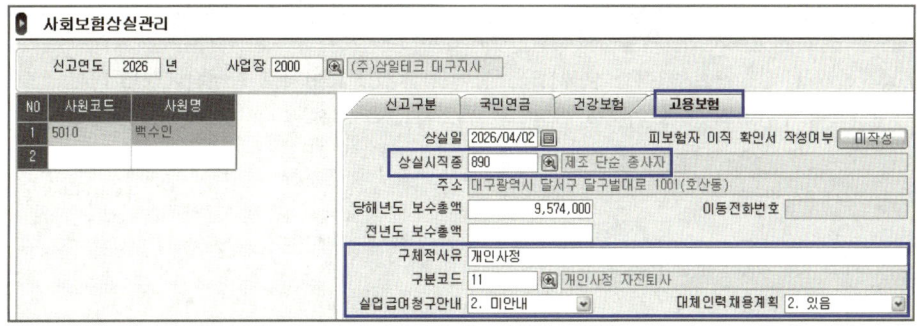

3.4 사회보험상실신고서

사회보험상실신고 메뉴에 등록된 데이터에 의해 상실신고서가 자동 작성된다.

자격상실신고서 화면

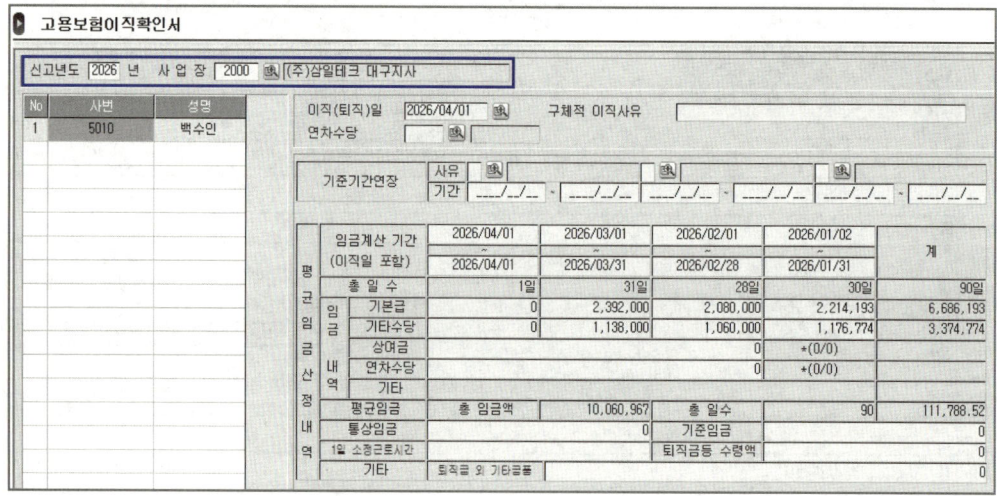

고용보험이직확인서 화면

참고 퇴직한 사원이 고용보험 이직확인서를 요청한 경우 이직확인서를 작성하여 신고하여야 한다.
(실업급여 수급자격 제한 여부를 판단하는 기초자료로 사용된다.)

04 연말정산관리 프로세스

★ **학습목표(NCS_ 수행준거)**

연말 정산 실시하기!(능력단위요소 : 0202020109_23v5.5)

5.1 당해 연도 변경된 소득세법에 따라 연말정산 정보를 사전에 갱신할 수 있다.

5.2 신청된 근태자료에 따라, 기한 내에 관련서류를 수집할 수 있다.

5.3 잠정적인 연말정산결과를 산출하기 위하여 조직 구성원별 제출서류를 시스템에 등록할 수 있다.

5.4 정확한 연말정산을 위하여 조직 구성원에게 이의신청을 접수할 수 있다.

5.5 이의신청을 반영하여 확정된 연말정산결과를 조직 구성원에게 통지할 수 있다.

▌ 연말정산관리 프로세스 ▌

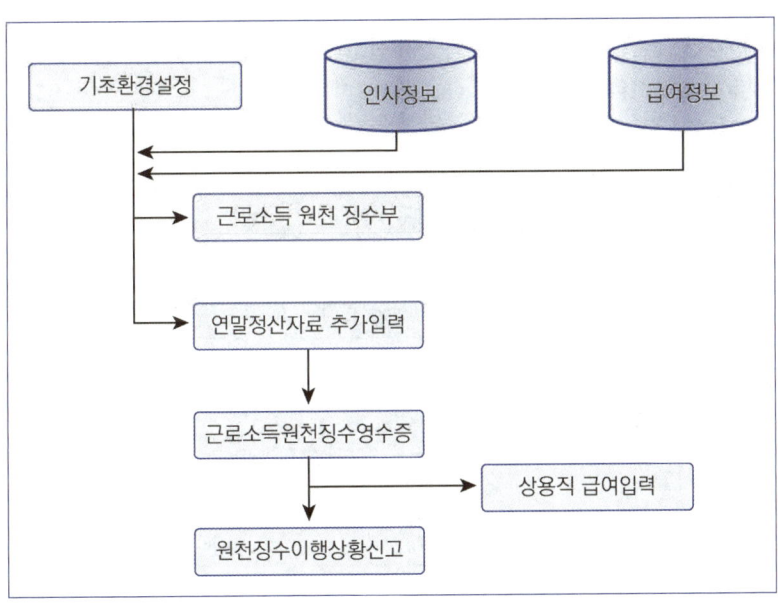

구 분	내 용
기초환경설정	소득세액환경설정 등의 연말정산을 위한 기초환경이 등록되어 있어야 한다.
근로소득 원천징수부 확인	근로소득 원천징수부의 사원별 연말정산 기초 데이터를 확인한다.
연말정산추가자료 입력	인사/급여정보를 바탕으로 신고된 소득공제신고서의 해당 데이터를 사원별로 입력한다.
근로소득원천징수영수증	연말정산추가자료 입력메뉴에서 입력한 데이터는 자동 정산처리되어 근로소득원천징수영수증을 출력할 수 있다.
원천징수이행상황신고	확정된 연말정산 데이터는 원천징수이행상황신고서에 자동 반영된다.
상용직 급여입력	연말정산이 끝난 후의 추가징수/환급되는 데이터는 자동으로 연말정산결과 데이터가 반영되는 월의 급여지급 시 자동으로 조정, 반영된다.

4.1 연말정산자료입력

근로소득자가 제출한 근로소득자소득공제신고서에 의하여 연말정산 작업을 진행하기 위한 개인별 기초 데이터를 입력하는 메뉴이다.

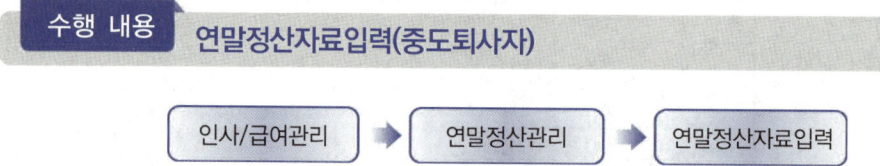

수행 내용 **연말정산자료입력(중도퇴사자)**

인사/급여관리 ➡ 연말정산관리 ➡ 연말정산자료입력

다음은 (주)삼일테크 대구지사 백수인의 중도퇴사(4월 1일)에 따른 연말정산을 위한 자료이다. 연말정산자료입력 메뉴에 해당사항을 입력하여 정산을 완료하시오.
(정산연월: 2026년 4월)

지출내역		지출액	대상자	비고
보험료	자동차보험	850,000원	백수인(본인)	국세청자료
의료비	골절치료	2,800,000원	백수인(본인)	국세청자료
교육비	교복구입비	500,000원	백정민(자)	그밖의 자료

수행 결과 연말정산자료입력(중도퇴사자)

❶ 정산연월: 2026년 4월로 입력하고(계속근로자는 13월로 입력, 중도퇴사자는 퇴사월을 입력) 사원코드 란에서 F2를 누르고 백수인을 선택한다.

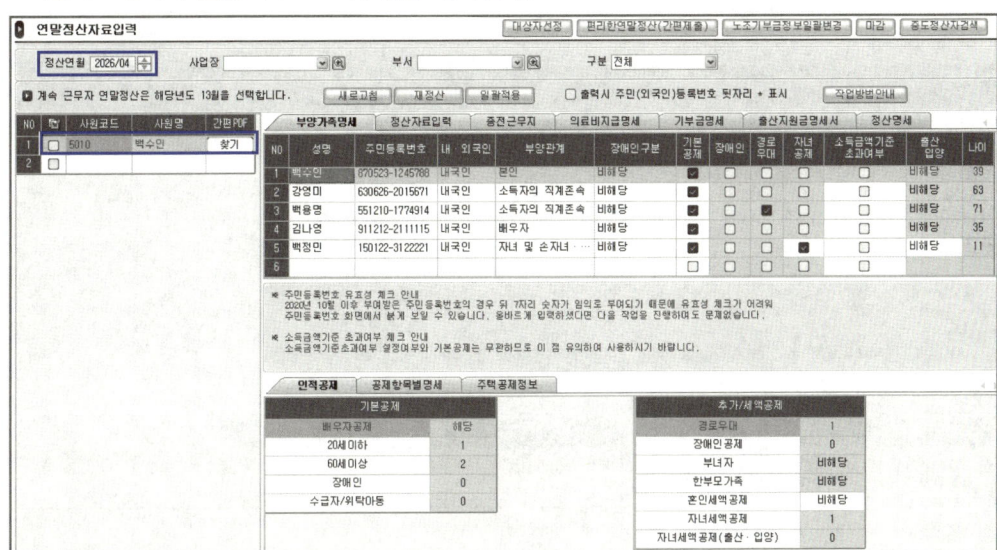

❷ 부양가족명세 탭에서 백수인(본인)을 선택하고 하단의 공제항목별명세 탭에서 보험료를 입력한다.

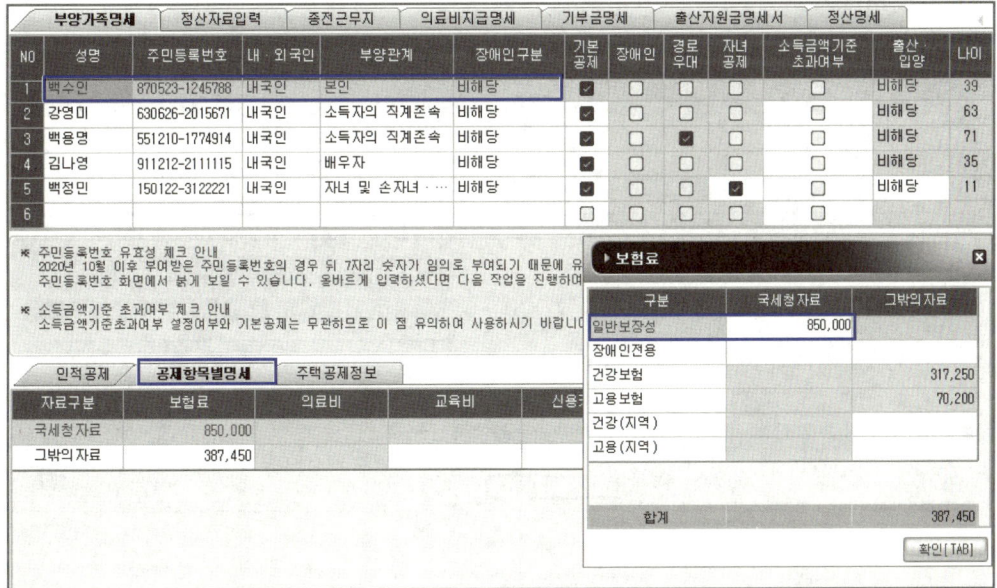

❸ 의료비 란에서 더블클릭하여 의료비명세서로 이동하여 해당 금액을 입력한 후 부양가족명세 탭으로 복귀, 하단의 공제항목별명세 탭에 반영된 의료비 금액을 확인한다.

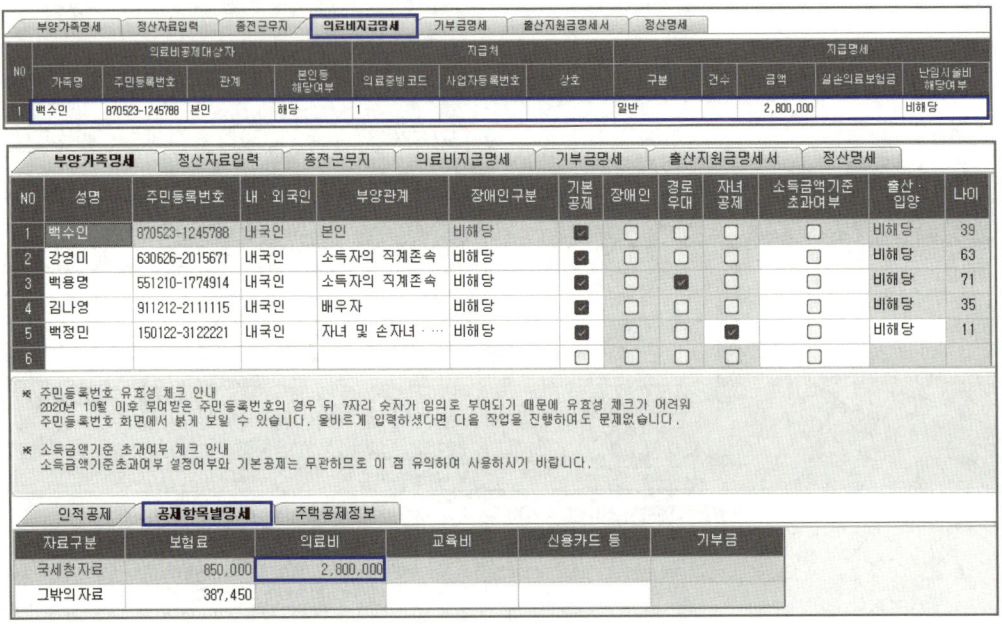

❹ 백정민(직계비속)을 선택하고 하단의 공제항목별명세 탭에서 더블클릭하여 교육비 화면에 해당 금액을 입력한다.

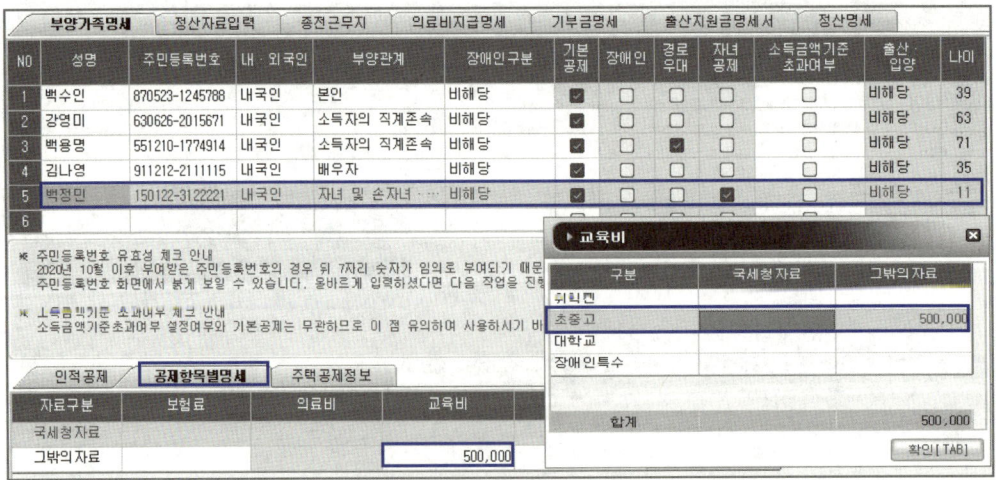

❺ 최종적으로 정산자료입력 화면에서 연말정산 입력자료의 결과를 확인할 수 있으며, 또한 상단의 [마감]을 클릭하여 마감 상태가 되어야 근로소득원천징수영수증을 조회할 수 있다.

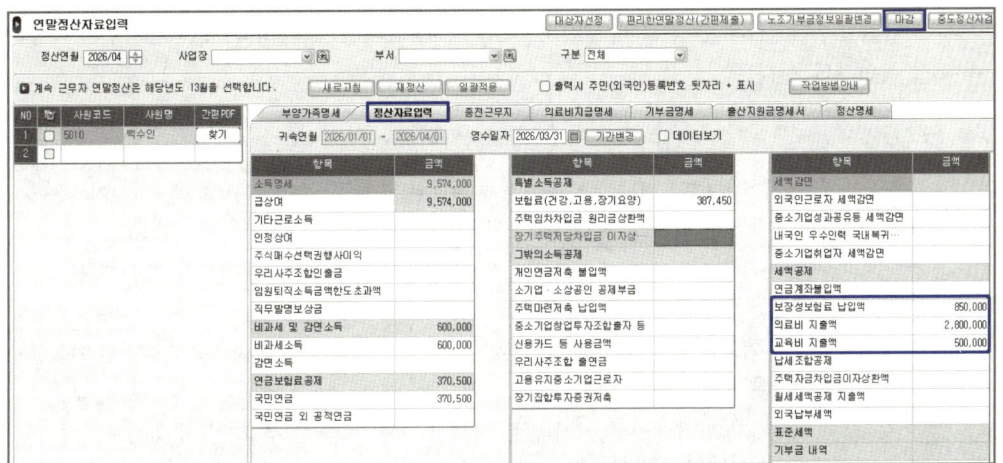

🔖 주요항목 설명

▌부양가족명세 탭 ▌

[인사기록카드] [가족] 탭에서 부양여부에 체크된 가족은 기본공제 대상자로 자동 반영된다.

▌정산자료입력 탭 ▌

[공제항목별명세]에 입력된 공제항목이 자동 반영되며, 이외 공제자료 금액을 입력하면 연말정산에 반영된다.

▌종전근무지 탭 ▌

종전근무지에 대한 자료를 입력한다.

▌의료비명세 탭 ▌

의료비 지급내역을 입력하는 메뉴로 의료비가 있는 근로자에 대하여 의료비지급명세서를 작성한다.

▌기부금명세 탭 ▌

기부금 지급내역을 입력하는 메뉴로 기부금이 있는 근로자에 대하여 기부금명세서를 작성한다.

▌인적공제 탭 ▌

[인적공제]의 기본공제 및 추가공제는 기본적으로 프로그램에서 자동으로 계산되며 수정이 불가능하다. 다만, '부녀자공제'는 근로자 본인의 성별이 여성인 경우 활성화되며, 해당여부는 사용자가 직접 등록해야 한다.

구 분	내 용
기본공제	[인사기록카드] 메뉴의 부양여부가 체크된 가족 중 주민등록번호에 따라 기본공제 대상자인 경우 자동으로 체크된다.
경로우대	[인사기록카드] 메뉴의 부양여부가 체크된 가족 중 만 70세 이상인 경우, 자동으로 체크된다.
장애인공제	[인사기록카드] 메뉴의 부양여부가 체크된 가족 중 장애인 여부가 '해당'인 가족은 자동으로 체크된다.
부녀자	배우자가 있거나, 배우자가 없는 자로서 기본공제대상 부양가족이 있는 세대주(근로소득금액이 3천만원 이하인 근로자)
한부모가족	배우자가 없는 사람으로서 기본공제대상인 직계비속 또는 입양자가 있는 경우(부녀자공제와 중복되는 경우 한부모 적용)
혼인세액공제	거주자가 혼인신고를 한 경우 생애 1회(초혼 & 재혼 무관)에 한해 혼인신고를 한 해당 연도에 50만원을 종합소득세액에서 공제한다.
자녀세액공제	기본공제대상 자녀(8세 이상)가 있는 경우 (1명: 25만원, 2명: 55만원, 3명 이상: 55만원+2명 초과인원수×40만원)
자녀세액공제 (출산 · 입양)	첫째 30만원, 둘째 50만원, 셋째부터는 1인당 70만원

▌공제항목별명세 탭 ▌

[공제항목별명세]에 본인 및 각 부양가족별로 보험료 등의 각 공제항목을 등록하면 [정산자료입력]에 자동 반영된다.

제4부

합격 문제풀이

제1장

최신 기출문제

인사 2급 2026년 1회 (2026년 1월 24일 시행)

[이론]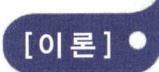

[과목: 경영혁신과 ERP]

01 [보기]에서 ERP의 기능적 특징에 대한 설명으로 가장 적절하지 않은 것은?

> **│ 보기 │**
>
> ㈜생산은 인사 데이터가 부서별로 분산되어 있어(채용팀 엑셀, 교육팀 별도 시스템, 급여팀 ERP 일부 사용) 데이터 불일치와 중복 입력 문제가 발생했다. 이에, ERP 인사 모듈을 도입하여 채용 −발령−근태−급여−교육−평가를 하나의 시스템에서 처리하고, 부서 간 정보를 실시간으로 공유해 업무 효율을 높이려 한다. 또한 해외 법인까지 확대 적용하는 방안도 검토 중이다.

① ERP는 선진 업무 프로세스를 기반으로 하여 경영혁신을 지원할 수 있다.
② ERP 시스템은 기업의 각 부서가 입력한 동일한 데이터를 중복 저장할 수 있다.
③ ERP 시스템은 다양한 국가의 법률 및 언어를 지원하므로, 글로벌 기업이 용이하게 사용할 수 있다.
④ ERP 시스템은 특정 벤더의 하드웨어 및 운영체제에 의존하지 않으며, 타 시스템과 쉽게 연계할 수 있다.

02 상용화 패키지 ERP 시스템 구축의 성공과 실패를 결정짓는 주요 요인으로 적절하지 않은 것은?

① 시스템 공급자와 기업 내부 인력의 역량
② ERP 패키지의 기능이 기업의 업무 환경에 얼마나 잘 적용되는지 여부
③ ERP 시스템을 효과적으로 활용하기 위한 사용자 교육과 반복적인 훈련
④ 기업 환경을 고려하여 ERP를 직접 개발할 수 있는 자체 개발 인력의 보유 여부

03 ㈜생산 인사팀은 매월 수백 건의 입·퇴사 서류 등록, 근태 자료 취합 및 ERP 입력, 급여 정산을 위한 수당·공제 항목 확인, 교육 이수 현황 업데이트를 수작업으로 처리하고 있었다. 이로 인해 처리 시간이 길어지고 입력 누락·오류가 자주 발생하여, 인사팀은 RPA 도입을 결정하였다. ㈜생산이 RPA 도입을 통해 기대할 수 있는 효과로 옳지 않은 것은?

① 데이터 입력 오류를 줄이고, 정확도를 향상할 수 있다.
② 문서 처리 시간을 단축하고, 업무 생산성을 향상할 수 있다.
③ 도입 초기의 RPA는 스스로 학습하여 창의적인 의사결정을 할 수 있다.
④ 단순 반복 업무를 자동화하여 직원들이 고부가가치 업무에 집중할 수 있다.

04 인공지능(AI) 규범 원칙에 대한 설명으로 옳은 것은?

① 인공지능은 기업의 이익을 우선적으로 고려하여 개발되어야 한다.
② 인공지능은 인간을 해치거나 속이는 능력을 갖출 수 있도록 개발될 수도 있다.
③ 인공지능은 인류의 공동 이익을 위해 개발되어야 하며, 투명성과 공정성을 지켜야 한다.
④ 인공지능은 모든 데이터 수집과 활용 과정에서 개인정보 보호 원칙을 무조건 배제할 수 있다.

[과목: 인적자원확보]

05 기능적 인사관리의 노동력 관리 중 고용관리에 해당하지 않는 것은?

① 채용관리　　　　　　　　　　② 배치관리
③ 승진관리　　　　　　　　　　④ 능력개발관리

06 [보기]는 ㈜생산의 인사관리 환경 변화 사례이다. 이 사례를 바탕으로 인사관리에서 '외부 환경 요인'에 해당하지 않는 것을 고르시오.

┤ 보기 ├

㈜생산은 최근 정부의 노동법 개정, 급격한 기술발전, 그리고 변화하는 노동시장 상황에 대응하기 위해 인사관리 방침을 수정하고 있다. 그러나 내부적으로는 조직문화와 사내 커뮤니케이션 방식 개선에도 힘쓰고 있다.

① 기술발전　　　　　　　　　　② 노동시장의 변화
③ 법률 및 정책 변화　　　　　　④ 기업내부의 조직 문화

07 [보기]에서 계량적 직무평가 방법만을 모두 고른 것은?

┤ 보기 ├

- A: ㈜생산은 20개 직무를 회의로 비교해 "중요도/난이도" 기준으로 전체 직무를 1~20위로 순위를 매겼다.
- B: ㈜KPC는 미리 만든 직무등급(1~6등급) 기준표에 따라 직무기술서를 보고 '급여담당 3등급, 인사기획 5등급'처럼 해당 등급에 분류했다.
- C: ㈜생산물류는 기술·책임·노력·환경 등 요소별로 기준직무와 비교해 각 직무의 상대가치를 판단하고, 그 결과를 임금 수준에 반영했다.
- D: ㈜생산제조는 지식, 문제해결, 책임, 환경 등 항목에 점수를 부여해 총점을 산출하고, 총점에 따라 직무등급과 임금밴드를 결정했다.

① A, B　　　　　　　　　　　② A, C
③ B, C　　　　　　　　　　　④ C, D

08 [보기]는 ㈜생산의 인사팀에서 진행한 인력계획 수립 사례이다. 이 사례를 바탕으로 인력계획 과정에서 가장 먼저 고려해야 할 사항을 고르시오.

보기

㈜생산은 내년도 사업 확장에 따라 필요한 인력을 적시에 확보하고자 한다. 이를 위해 경영진과 협의하여 사업목표와 예상 인력수요를 분석하고, 현재 직원들의 현황과 이직률 등을 고려하여 인력공급 상황도 점검하였다. 이후 구체적인 모집방법과 선발절차를 설계할 계획이다.

---

① 선발절차 설계　　　　　　　　　② 배치관리 기준 수립
③ 인력수요와 공급 예측　　　　　　④ 인력의 모집 방법 결정

09 입사 후에 해당 직무자들에 대한 그 직무와 시험문제와의 상관관계를 확인하는 타당도의 유형은?

① 현재타당도　　　　　　　　　　② 예측타당도
③ 이해타당도　　　　　　　　　　④ 내용타당도

[과목: 인적자원개발]

10 [보기]는 인사평가에서 어떤 현상에 대한 설명인가?

보기

㈜생산의 인사팀에서는 금년도 인사고과 결과를 분석하던 중, 모든 평가대상자를 상향으로 평가한 것으로 확인되었다. 이에 따라 우수한 직원과 부족한 직원 간의 차별성이 제대로 드러나지 않아 보상 및 승진에 어려움을 겪고 있다.

---

① 관대화 경향　　　　　　　　　　② 중심화 경향
③ 시간적 오류　　　　　　　　　　④ 논리적 오류

11 [보기]는 여러 기업에 대한 교육훈련 사례이다. 해당 교육 방법에 대한 장점으로 가장 적절한 것은?

보기

- A: 물류센터 신입사원이 선임과 2주간 페어를 이뤄 피킹 → 검수 → 포장 → 출고를 실제 주문 건으로 처리하며, 선임이 옆에서 즉시 피드백을 준다.
- B: 상담 신입이 실제 콜을 받되, 팀장이 모니터링하면서 응대 멘트·클레임 처리 방법을 실시간으로 교정해준다.
- C: 회계팀 신입이 월말 마감 업무를 선임과 함께 진행하면서 전표 입력 → 증빙 점검 → 오류 수정 → 결산 마감 순서를 실무 데이터로 학습한다.

---

① 낮은 비용으로 시행이 용이하다.
② 교육전문가에 의한 것으로 연수원을 이용한다.
③ 작업과 관계없이 많은 교육생에게 계획적 훈련이 가능하다.
④ 업무부담에서 벗어나 훈련에 전념할 수 있으므로 훈련효과가 증대된다.

최신 기출문제

12 [보기]의 인사관리에서 활용되는 제도로 가장 적절한 것은?

┤ 보기 ├

㈜생산은 직원의 장기적인 경력개발과 승진 후보자 선발을 위해 종합적이고 구조화된 평가 방식을 도입하였다.
이 제도는 집단 토론, 상황 모의, 역할 연기, 프레젠테이션 등의 다양한 평가기법을 활용해 직원의 잠재력, 리더십, 문제해결 능력 등을 다각도로 평가한 뒤, 그 결과를 바탕으로 경력개발 및 승진 계획에 반영한다.

① 직무순환 제도　　　　　　　　② 자기신고 제도
③ 기능목록 제도　　　　　　　　④ 종합평가센터 제도

13 직무의 상대적 가치를 평가하여 임금 수준을 결정하는 임금체계는 무엇인가?

① 연봉제　　　　　　　　　　　② 직무급제
③ 성과급제　　　　　　　　　　④ 연공급제

14 [보기]는 ㈜생산의 인사담당자가 신입사원에게 임금 지급 기준을 설명하는 상황이다. 근로기준법상 임금에 포함되지 않는 항목으로 가장 적절한 것은?

┤ 보기 ├

㈜생산 인사담당자는 신입사원에게 "근로기준법상 임금은 근로의 대가로 지급되는 금품이며, 지급 방식에 따라 임금에 포함되기도/아니기도 한다"고 설명했다. 회사의 지급 기준은 다음과 같다.
• 기본급: 매월 고정 지급
• 식대: 식사 여부와 무관하게 전 직원에게 매월 20만원 정액 지급
• 성과급: 분기별로 지급하되, 목표 달성 여부와 관계없이 전 직원에게 최소 30만원은 동일하게 지급(추가 성과분은 차등)
• 출장 교통비: 출장 시 영수증 제출분에 한해 실제 지출액을 실비로 정산하여 지급

① 기본급　　　　　　　　　　　② 정액 식대(매월 20만원)
③ 성과급 중 "최소 보장 30만원" 부분　④ 출장 교통비(영수증 기준 실비정산)

15 [보기]는 신입사원 A씨가 입사 후 겪은 상황이다. A씨가 가입한 4대 보험 중에서 해당 사례와 가장 관련 깊은 보험을 고르시오.

┤ 보기 ├

A씨는 중소기업에 정규직으로 입사한 지 3개월이 되었다. 최근 출퇴근 중 발생한 교통사고로 업무에 지장을 줄 정도의 부상을 입어 장기간 치료를 받아야 했다. A씨는 치료기간 동안 병원비와 생계 걱정이 커졌지만, 회사 인사팀에서는 "업무와 관련된 재해로 인정되면 치료비와 일부 소득 손실 보상이 가능하다"고 안내했다.

① 고용보험　　　　　　　　　　② 국민연금
③ 산재보험　　　　　　　　　　④ 국민건강보험

16 소득세법상 과세기간에 대한 설명으로 옳지 않은 것은?

① 소득세의 과세기간은 1월 1일부터 12월 31일까지 1년으로 한다.
② 거주자가 사망한 경우의 과세기간은 1월 1일부터 사망한 날까지로 한다.
③ 거주자가 주소를 국외로 이전하여 비거주자가 되는 경우의 과세기간은 1월 1일부터 출국한 날까지로 한다.
④ 거주자가 거소를 국외로 이전하여 비거주자가 되는 경우의 과세기간은 1월 1일부터 출국한 전날까지로 한다.

17 근로자가 연말정산 시 회사(원천징수의무자)에게 제출할 서류로 적절하지 않은 것은?

① 기부금 명세서
② 원천징수 이행상황 신고서
③ 의료비 지출 증빙서류 또는 내역서
④ 신용카드 등 사용금액 소득공제 신청서

[과목: 노사관계]

18 법정휴가에 해당하는 것은?

① 포상휴가
② 경조휴가
③ 하계휴가
④ 출산휴가

19 노사관계의 중요한 요소인 '단체협약'에 대한 설명으로 적절하지 않은 것은?

① 근로조건 및 기타 노사관계에 관한 사항을 규정한다.
② 단체협약은 법적인 효력을 가지며, 위반 시 제재를 받을 수 있다.
③ 노동조합과 사용자 또는 사용자단체 간의 서면으로 체결된 협약이다.
④ 단체협약의 유효기간은 법적으로 제한이 없으므로 영구적으로 설정할 수 있다.

20 단체교섭과 비교한 노사협의제에 대한 설명으로 옳지 않은 것은?

① 법적 효력이 있는 합의이다.
② 당사자는 근로자 대표와 사용자이다.
③ 노사 공동의 이익 증진을 목적으로 한다.
④ 기업경영, 생산성 향상 등을 목적으로 한다.

최신 기출문제

[실무]

:: 실무문제는 [실기메뉴]를 활용하여 답하시오.
웹하드(http://www.webhard.co.kr)에서 Guest(ID: samil3489, PASSWORD: samil3489)로
로그인하여 백데이터를 다운받아 설치한 후 인사2급 2026년 1회 '이현우 사원'으로 로그인한다.

01 다음 중 핵심 ERP 사용을 위한 기초 사원등록 정보를 확인하고, '사용자'로 등록된 사원의 등록내역
으로 알맞지 않은 것은 무엇인가?

① 입사일은 '2002/12/01' 이다.   ② '인사입력방식'은 〈수정〉이다.
③ '품의서권한'은 〈미결〉이다.   ④ '검수조서권한'은 〈미결〉이다.

02 다음 중 핵심 ERP 사용을 위한 기초 부서 정보를 확인하고, 내역으로 알맞은 것은 무엇인가?

① [1000.관리부문]에 속해 있는 부서는 모두 사용 중이다.
② 〈2000.인사2급 인천지점〉 사업장에 속해 있는 부서는 모두 사용 중이다.
③ '9100.교육부'는 〈3000.인사 2급 강원지점〉 사업장에 속해있으며, 사용시작일은 '2020/01/01' 이다.
④ '2200.해외영업부'는 [2000.영업부문]에 속해있으며, 사용종료일은 '2025/12/31' 이다.

03 다음 중 [인사기초코드등록]의 〈4.사원그룹(G)〉 출력구분에 대한 설명으로 올바르지 않은 것은 무엇
인가?

① [일용직사원등록] 메뉴에서 조회되는 고용형태 코드를 생성하려면, 〈G1.고용구분〉에 비고가 '0'
인 고용형태 코드를 생성해야 한다.
② 〈G3.직책〉은 [인사정보등록] 메뉴에서 관리하고 있는 코드이다.
③ 생산직 연장근로 비과세 적용대상 코드를 만들려면, 〈G2.직종〉의 비고에 '1'을 입력해야 한다.
④ [인사정보등록] 메뉴에서 조회되는 직무 코드를 생성하려면, 〈G5.직무〉에 비고가 '1'인 직무 코
드를 생성해야 한다.

04 회사는 2026년 01월 [700.대리] 직급의 호봉을 아래 [보기]와 같이 일괄 등록하고자 한다. 호봉등
록을 완료 후 6호봉 '호봉합계'의 금액은 얼마인가?

┌─ 보기 ├─

• 기 본 급: 초기치 2,500,000원, 증가액 50,000원
• 직급수당: 초기치   10,000원, 증가액   5,000원
• 일괄인상
  1) 기본급 6.5% 정률인상   2) 직급수당 10,000 정액인상

① 2,915,500원   ② 2,928,750원
③ 2,973,750원   ④ 2,982,000원

05 당 회사의 인사/급여기준에 대한 설정을 확인했을 때, 올바르게 설명한 [보기] 내용은 몇 개인가? (단, 환경설정 기준은 변경하지 않는다.)

> ┤ 보기 ├
> • A: '사무직' 직종의 출결마감 기준일은 당월 1일에서 당월 말일까지이다.
> • B: 입사자의 경우 급여 계산 시, 20일 초과 근무 시 월 급여를 '월할' 지급한다.
> • C: 수습직의 경우 급여 계산 시, 지급율은 75%로 설정되어 있다.
> • D: 회사의 '월일수 산정' 기준은 '한달정상일'이며, 일수는 30일이다.

① 1개 ② 2개
③ 3개 ④ 4개

06 2026년 귀속 기준 급여 지급/공제항목설정을 확인하고, 그 설명으로 옳지 않은 것은? (단, 지급/공제항목설정 기준은 변경하지 않는다.)

① [P01.영업촉진비]는 휴직자에 대한 별도 계산식이 설정되어 있고, 입/퇴사자에게는 지급하지 않는다.
② [P02.가족수당]은 수습직에게는 지급하지 않는 항목이며, 배우자가 있는 경우 50,000원을 지급한다.
③ [P30.야간근로수당]은 감면 비대상 항목으로 비과세유형은 'O01.야간근로수당'으로 설정되어 있다.
④ [P50.자격수당]은 'O01.야간근로수당' 비과세 적용 기준요건인 월정급여에 포함되는 지급항목이다.

07 당 회사의 인사정보를 확인하고 관련된 설명으로 올바르지 않은 것은 무엇인가?

① [20000502.김종욱] 사원은 세대주가 아니며, 배우자 공제를 적용 받는다.
② [20001101.박용덕] 사원의 직급은 부장이며, 현재 책정된 임금의 연봉은 '60,000,000원'이다.
③ [20020603.이성준] 사원의 근무조는 2조이며, 노조에 가입되어 있다.
④ [20140903.정용빈] 사원은 학자금 상환 대상자이며, 2013/08 ~ 2018/08 까지 [T13. 중소기업취업감면(90% 감면)] 대상자로 설정되어 있었다.

08 당 회사는 전체 사업장의 〈995. 직무능력 향상 교육〉을 이수한 대상자에게 교육 지원금을 지급하기로 하였다. 교육 지원금으로 지급할 총 지급액으로 알맞은 것은 무엇인가? (교육 지원금은 이수 대상자당 200,000원을 지급한다.)

① 1,200,000원 ② 1,400,000원
③ 1,800,000원 ④ 2,000,000원

09 당 회사는 2025년 귀속 모든 사업장의 사원별 상벌현황을 확인하고자 한다. 아래 [보기]의 기준에 해당하는 포상 대상자가 아닌 사원은 누구인가? (단, 퇴사자는 제외한다.)

> ┤ 보기 ├
>
> • 상벌코드: 100.고과포상
> • 포상일자: 2025.12.31.
> • 포상내역: 업무 성과 포상

① [20001102.정영수]　　　　　　　② [20010402.제갈형서]
③ [20040301.오진형]　　　　　　　④ [20140501.김화영]

10 당 회사는 창립기념일을 맞아 2025년 12월 31일 기준으로 모든 사업장에 대해 만 20년 이상 장기근속자에 대해 특별근속수당을 지급하기로 하였다. 아래 [보기]를 기준으로 지급한 총 특별근속수당은 얼마인가? (단, 퇴사자는 제외하며, 미만일수는 버리고, 모든 경력사항을 포함한다.)

> ┤ 보기 ├
>
> • 20년 초과 ~ 25년 이하: 200,000원
> • 25년 초과　　　　　　: 300,000원

① 2,600,000원　　　　　　　　　② 2,800,000원
③ 3,100,000원　　　　　　　　　④ 3,400,000원

11 당 회사의 2026년 01월 귀속 급여(지급일자: 2026/01/25)에 해당하는 대상자 중 [2016018.박지성] 사원의 '책정임금'이 변경되었다. [보기]를 기준으로 직접 '책정임금'을 변경하고 모든 지급 대상자에 대해 급여를 계산할 때, '과세' 총액은 얼마인가? (단, 그 외 급여계산에 필요한 조건은 프로그램에 등록된 기준을 이용한다.)

> ┤ 보기 ├
>
> • 사원명(사원코드): [2016018.박지성]
> • 계약시작년월: 2026/01
> • 연봉: 48,000,000원

① 43,114,110원　　　　　　　　　② 44,246,780원
③ 46,565,250원　　　　　　　　　④ 47,112,280원

12 당 회사는 2026년 01월 귀속 '특별급여' 소득을 지급하고자 한다. 아래 [보기]의 지급대상 요건으로 지급일자를 직접 추가하여 급여 계산 시, 대상자별 실지급액으로 옳지 않은 것은? (단, 그 외 급여계산에 필요한 조건은 프로그램에 등록된 기준을 이용한다.)

┤ 보기 ├
- 특별급여지급일자: 2026/01/31
- 동시발행 및 대상자선정: 분리, 직종및급여형태별
- 특별급여지급대상: 〈2000.인사2급 인천지점〉 사업장을 제외한 사업장의 사무직(월급), 생산직(월급)

① [20110101.김윤미]: 5,201,510원
② [20120101.정수연]: 6,854,160원
③ [20130102.김용수]: 5,544,220원
④ [20140102.김희수]: 5,488,310원

13 당 회사는 초과근무에 대해 수당을 지급하고 있다. 아래 [보기]의 기준을 토대로 2025년 12월 귀속 〈급여〉구분 [20040301.오진형] 사원의 '초과근무수당'을 계산하면 얼마인가? (단, 근무수당을 계산하면서 발생되는 모든 원단위 금액은 절사하며, 책정임금 시급은 원단위 금액을 절사하지 않고 계산한다.)

┤ 보기 ├
- 초과근무수당
  = 1유형근무 수당 + 2유형근무 수당

- 초과근무 시급: 책정임금 시급
- 1유형근무 수당 = (평일연장근무시간 + 토일정상근무시간) × 2 × 초과근무 시급
- 2유형근무 수당 = (평일심야근무시간 + 토일연장근무시간) × 2.5 × 초과근무 시급

① 1,349,600원
② 1,512,160원
③ 1,638,940원
④ 1,825,510원

14 당 회사는 일용직 사원에 대해 사원별 지급형태를 구분하여 일용직 급여를 지급하고 있다. 아래 [보기]를 확인하여 2026년 01월 귀속 지급일 중 '매일지급' 대상자를 직접 반영 후 급여계산할 때, 해당 지급일의 급여내역에 대해 올바르지 않은 것은? (단, 급여계산에 필요한 조건은 프로그램에 등록된 기준대로 확인한다.)

┤ 보기 ├
- 지급형태: '매일지급' 지급일
- 지급 대상자: '시급직'인 '1100.총무부', '1200.경리부' 사원
- 평일 10시간 근무, 토요일 4시간 근무
- 비과세(신고제외분): 12,000원(평일만 적용)

① 해당 지급일자의 대상자는 총 6명이며, 실제 공제된 고용보험료는 총 241,190원이다.

② 해당 지급일자의 대상자는 총 31일 중 27일을 근무하였으며, 생산직 비과세 적용 대상자가 아닌 사원이 존재한다.

③ 해당 지급일자에 신고 대상 비과세는 총 2,469,280원 지급되었으며, 급여를 현금으로 지급 받는 사원은 존재하지 않는다.

④ 해당 지급일자의 대상자 중 [0015.한주원] 사원은 4대 보험 및 소득세를 공제하지 않고 급여를 지급 받았다.

15 2026년 01월 귀속 일용직 급여작업 전, 아래 [보기]를 기준으로 [0008.최민용] 사원의 사원정보를 직접 변경하고 급여계산을 했을 때, 해당 지급일의 모든 지급 대상자에게 실제 지급된 금액의 합계는 얼마인가? (단, 그 외 급여계산에 필요한 조건은 프로그램에 등록된 기준을 따른다.)

┤ 보기 ├
- 사원정보 변경
  1) 생산직비과세 적용 '안함'
  2) 국민/건강/고용보험여부 '부'
  3) 급여/시간단가: 31,500원
- 일용직 급여지급
  1) 지급형태: '일정기간지급' 지급일
  2) 평일 10시간 근무 / 토요일 2시간 근무 가정
  3) 비과세(신고제외분): 10,000원(평일만 적용)

① 61,391,960원
② 62,293,710원
③ 63,735,130원
④ 64,110,120원

16 당 회사의 〈1000.인사2급 회사본사〉 사업장 기준 2025년 4분기의 지급총액 및 공제총액은 얼마인 가? (단, 지급구분은 '100.급여'로 적용하고, 사용자부담금을 포함한다.)

① 지급총액: 122,575,620원 / 공제총액: 16,866,570원
② 지급총액: 127,724,040원 / 공제총액: 16,866,570원
③ 지급총액: 284,328,300원 / 공제총액: 35,702,340원
④ 지급총액: 295,917,330원 / 공제총액: 35,702,340원

17 당 회사는 전체 사업장 기준 2025년 12월 귀속(지급일 1번) 급여구분의 대장을 확인하고자 한다. 근 무조별로 대장을 집계하여 확인했을 때, 근무조별 지급/공제항목의 금액으로 옳지 않은 것은?

① 1조 - 건강보험: 1,285,170원
② 2조 - 소득세: 1,571,080원
③ 3조 - 근속수당: 750,000원
④ 3조 - 직무발명보상금: 900,000원

18 근무조별로 월별 급상여 지급현황을 조회하고자 한다. 2025년 4분기 '002. 2조' 근무조 기준으로 조회 시, 근무조 전체 월별 급상여 지급/공제항목 내역으로 알맞지 않은 것은 무엇인가? (단, 지급구 분은 '100.급여'로 조회한다.)

① 건강보험: 2,517,870원   ② 근속수당: 2,400,000원
③ 소득세: 4,713,240원   ④ 급여합계: 87,677,160원

19 당 회사는 〈1000.인사2급 회사본사〉 사업장을 제외한 나머지 사업장에 대해 2025년 하반기 급여 집계 현황을 '부서별'로 구분하여 집계하고자 한다. 2025년 하반기 동안 지급구분이 '100.급여'인 지 급내역 중 '고용보험'이 가장 많이 공제된 '부서'로 알맞은 것은 무엇인가?

① 관리지원부   ② 생산부
③ 자재부   ④ 교육부

20 당 회사는 〈2000.인사2급 인천지점〉 사업장에 대해 2025년 12월 귀속(지급일 1번)에 이체한 급/상 여를 확인하고자 한다. 이체 현황에 대한 설명으로 올바르지 않은 것은? (단, 무급자는 제외한다.)

① 해당 조회조건의 대상자는 모두 11명이고, 급여 이체 대상의 이름과 예금주명이 다른 사원이 존재한다.
② 해당 조회조건의 대상자 중 가장 많은 금액의 급여가 이체된 사원은 [20020603.이성준]이다.
③ '기업은행'에서 발생한 급여 이체 금액은 '신한은행'에서 발생한 급여 이체 금액보다 적다.
④ 해당 조회조건의 실지급액은 총 36,483,560원이 발생했으며, 대상자는 모두 급여를 계좌로 지 급 받는다.

인사 2급 | 2025년 6회 (2025년 11월 22일 시행)

[이론]

[과목: 경영혁신과 ERP]

01 기계학습에 대한 설명으로 옳지 않은 것은?

① 비지도학습 방법에는 분류모형과 회귀모형이 있다.
② 비지도학습은 입력값에 대한 목표치가 주어지지 않는다.
③ 지도학습은 학습 데이터로부터 하나의 함수를 유추해 내기 위한 방법이다.
④ 강화학습은 선택 가능한 행동들 중 보상을 최대화하는 행동 혹은 순서를 선택하는 방법이다.

02 [보기]는 무엇에 대한 설명인가?

┤ 보기 ├

㈜생산은 ERP 도입을 앞두고 인사·근태·급여 전 과정을 '현행 유지'가 아닌 제로베이스에서 전면 재검토했다. 부서별로 다르던 신청서·승인 절차를 통합하고, 승인 단계는 7단계 → 3단계로 축소, 사원·관리자 셀프서비스를 도입했다. 또한 직무·직급 코드를 표준화하고, 근태 → 급여 → 회계로 이어지는 흐름을 전면 재설계하여 처리 시간 50% 단축과 오류율 절반 감소를 목표로 삼았다. 즉, 비용, 품질, 서비스, 속도와 같은 핵심적 부분에서 극적인 성과를 이루기 위해 기업의 업무프로세스를 기본적으로 다시 생각하고 근본적으로 재설계하였다.

① JIT
② BPR
③ TQM
④ HRD

03 ERP의 발전과정으로 가장 적절한 것은?

① MRPⅡ → MRPⅠ → ERP · 확장형ERP
② ERP → 확장형ERP → MRPⅠ → MRPⅡ
③ MRPⅠ → ERP → 확장형ERP → MRPⅡ
④ MRPⅠ → MRPⅡ → ERP → 확장형ERP

04 [보기]에 대한 설명으로 적절한 것은?

> **⊣ 보기 ├**
>
> ㈜생산의 인사팀은 다양한 기능을 지원하는 ERP를 도입하였다. 이 시스템은 AI 기반 빅데이터 분석과 비즈니스 애널리틱스 기능을 포함한다. 인사팀은 시스템을 통해 매월 조직·직무·근무유형별 인건비·근태·평가 데이터를 분석하고 있다. 특히, 사업부의 초과근무 급증과 이직 위험 지수가 상승하면 시스템이 사전에 경고하고, 인사팀은 해당 부서와 협의하여 교대제·충원·교육 예산을 조정해 초과근무 수당과 이직을 줄이는 의사결정을 통해 선제적인 대응을 할 수 있게 되었다.

① 복리후생 신청 전자결재 단계 확대
② 출입통제 IoT 센서 설치로 설비 안전성 강화
③ 채용 면접 일정의 자동 예약으로 대기시간 감소
④ 인건비·이직 위험에 대한 예측 및 인사 의사결정 지원

[과목: 인적자원확보]

05 인적자원관리 방식 중 인적자원의 능력계발과 만족감 증진에 관심을 두는 실천적 경영을 중시하는 관리법은?

① 인간중심적 관리   ② 행동지향적 관리
③ 전략지향적 관리   ④ 미래지향적 관리

06 직무와 관련된 용어로 직업이라고 불리는 것은?

① 직종   ② 직위
③ 과업   ④ 직군

07 [보기]의 사례는 D기업에서 직무평가를 수행하는 과정에서 발생한 상황이다. 평가자가 범한 오류 유형으로 가장 적절한 것을 고르시오.

> **⊣ 보기 ├**
>
> 〈사례〉
> D기업의 인사팀은 부서별 직무 가치를 평가하고 있었다. 회계부서에서 근무하는 김 대리는 평소 책임감 있고 성실한 태도로 동료들의 신뢰를 받고 있었다. 이에 인사담당자는 김 대리가 수행하는 회계직무의 난이도와 책임도를 실제보다 높게 판단하여 해당 직무를 상위 등급으로 평가하였다.

① 후광 효과(Halo effect)   ② 가혹화 경향(Strictness error)
③ 관대화 경향(Leniency error)   ④ 중심화 경향(Central tendency error)

08 직무평가 방법 중 하나인 '서열법(Ranking Method)'의 단점으로 보기 어려운 것은?

① 평가 전반에 평가자의 주관이 개입될 가능성이 높다.
② 직무 간 서열을 통해 상대적 직무가치를 단순하게 파악할 수 있다.
③ 유사한 직무가 많을 경우, 각 직무의 순위를 정확히 매기기 어렵다.
④ 평가 대상 직무 수가 많을 경우, 평가자의 부담이 커지고 신뢰도가 낮아질 수 있다.

09 내부모집에 대한 설명으로 가장 적절하지 않은 것은?

① 내부모집은 종업원의 경력 개발 경로를 제시하고, 승진·배치전환과 연계되어 동기부여 효과를 기대할 수 있다.
② 내부모집을 활용하면 지원자의 근무 태도나 성과에 대한 자료를 이미 보유하고 있어 선발 시 평가가 용이하다.
③ 내부모집을 과도하게 활용하면 외부 인력 유입이 줄어들어 조직이 경직되고, 새로운 아이디어 도입이 어려워질 수 있다.
④ 내부모집은 조직 구성원을 대상으로 비밀리에 진행할수록 불필요한 소문이 차단되어 신뢰 형성에 유리하다는 장점을 가진다.

[과목: 인적자원개발]

10 [보기]는 무엇에 대한 설명인가?

┤ 보기 ├

종업원 직무수행평가에 필요한 정보를 파악하기 위해 개인별 능력 평가표를 종업원별로 기능보유 색인을 작성하여 데이터베이스화하여 경력개발에 활용하는 방법이다.

① 기능목록제도   ② 자기신고제도
③ 직무순환제도   ④ 종합평가센터제도

11 인적자원 개발을 위한 교육 훈련 기법 중 OJT(On-the-Job Training)에 대한 설명으로 가장 적절하지 않은 것은?

① 표준화된 대규모 인원 교육에 가장 효과적인 기법이다.
② 직무 현장에서 실제 업무를 통해 학습이 이루어지는 방식이다.
③ 개별 학습자의 능력과 진도에 맞춰 교육 내용 조절이 용이하다.
④ 즉각적인 피드백을 통해 업무 수행 능력 향상에 직접적으로 기여한다.

12 승진관리의 원칙으로 적절하지 않은 것은?

① 안정성의 원칙   ② 적정성의 원칙
③ 공정성의 원칙   ④ 합리성의 원칙

[과목: 임금 및 복리후생관리]

13 [보기]에 해당하는 내용을 고르시오.

┤ 보기 ├

㈜생산의 건설노조는 계약이 이루어질 때 단체교섭을 통하여 영향력을 행사하고 계약기간 중에는 고충처리절차를 통해 영향력을 발휘하여 보상의 내용을 유리하게 하고자 노력한다. 기업 역시 같은 상황에서 경영권을 바탕으로 계약을 유리하게 전개하고자 한다.

① 윤리적 거래   ② 정치적 거래
③ 사회적 거래   ④ 심리적 거래

14 [보기]는 A기업의 보상제도에 대한 설명이다. 이 기업이 운영 중인 보상제도 유형으로 가장 적절한 것은?

┤ 보기 ├

A기업은 최근 실적 중심의 조직문화를 정착시키기 위해 보상체계를 개편하였다. 이 제도에 따르면, 개인이나 팀이 설정된 목표를 초과 달성하거나 우수한 실적을 낸 경우, 기본급 외에 추가적인 보상이 주어진다. 보상의 규모는 달성한 결과 수준에 따라 차등 지급되며, 직원들은 실적 향상을 위해 보다 적극적으로 업무에 참여하게 되었다.

① 연봉제   ② 능력급제
③ 시간급제   ④ 성과급제

15 [보기]는 ㈜생산의 복리후생 제도 개선 사례이다. 이 사례에서 강조된 복리후생 관리방안으로 가장 적절한 것을 고르시오.

┤ 보기 ├

㈜생산은 복리후생 만족도가 낮다는 내부 조사를 받고, 사내 워킹그룹을 구성해 개선 방향을 논의했다. 직원 인터뷰와 설문을 통해 "육아, 주거, 자기계발" 등 분야별 니즈를 파악했고, 이를 기반으로 직원들이 자신의 상황에 맞게 복지 항목을 선택할 수 있는 제도를 운영하기 시작했다.

① 성과 우수자에게만 복리후생을 제공한다.
② 모든 직원에게 동일한 복리후생을 적용한다.
③ 복리후생 제도의 법적 기준을 최소한으로 충족한다.
④ 직원 욕구에 기반한 선택적 복리후생제도를 운영한다.

최신 기출문제

16 원천징수 사무처리 규정 상 과세자료에 포함되지 않는 것은?

① 직접적으로 국세의 과세에 근거가 되는 비과세 자료
② 간접적으로 국세의 과세에 근거가 되는 비과세 자료
③ 직접적으로 국세의 과세에 근거가 되는 탈세정보 자료
④ 간접적으로 국세의 과세에 근거가 되는 과세미달 자료

17 원천징수이행상황신고서의 제출 시기로 옳은 것은?

① 소득 지급일이 속하는 달 10일까지
② 소득 지급일이 속하는 달 20일까지
③ 소득 지급일이 속하는 달의 다음 달 10일까지
④ 소득 지급일이 속하는 달의 다음 달 20일까지

[과목: 노사관계]

18 [보기]에서 설명하는 근로시간제의 유형은 무엇인가?

┤ 보기 ├

연구개발, 사무직, IT서비스 등과 같이 업무 특성상 출퇴근 시각을 일률적으로 정하기보다, 근로자가 자신의 생활 패턴과 업무량에 맞추어 근무시간을 조정할 필요가 있는 경우에 활용되는 제도이다. 사용자는 1개월 등 일정한 정산기간 동안의 총 근로시간만을 정해 두고, 그 범위 안에서 출퇴근 시각과 1일 근로시간의 배분을 근로자가 자율적으로 선택하도록 한다. 필요한 경우 정해진 시간대에는 반드시 근무하도록 하는 핵심근로시간을 둘 수 있다.

① 재량 근로시간제   ② 선택적 근로시간제
③ 탄력적 근로시간제   ④ 사업장 밖 간주근로시간제

19 노동조합의 기본권으로 적절하지 않은 것은?

① 단결권: 근로자가 노동조합을 조직하거나 가입할 수 있는 권리
② 단체행동권: 노동조합이 자신들의 주장을 관철하기 위해 파업, 태업 등 쟁의행위를 할 수 있는 권리
③ 단체교섭권: 노동조합이 사용자 또는 사용자 단체와 단체협약을 체결하기 위해 교섭할 수 있는 권리
④ 경영참가권: 노동조합이 기업의 경영 의사결정 과정에 직접적으로 참여하여 최종 결정을 할 수 있는 권리

20 단체협약서의 미실행 혹은 단체협약서의 약속이 달리 적용될 경우 등 노사 간 분쟁 시 해당 근로자를 대신하여 노동조합에서 사용자 측과 협상하고 해결해주는 제도는 무엇인가?

① 숍제도
② 고충처리제도
③ 헤드헌팅제도
④ Industrial 제도

[실무]

::: 실무문제는 [실기메뉴]를 활용하여 답하시오.
웹하드(http://www.webhard.co.kr)에서 Guest(ID: samil3489, PASSWORD: samil3489)로 로그인하여 백데이터를 다운받아 설치한 후 인사2급 2025년 6회 '이현우 사원'으로 로그인한다.

01 다음 중 핵심 ERP 사용을 위한 기초 사업장 정보를 확인한 내용으로 옳지 않은 것은?

① [1000.인사2급 회사본사] 사업장의 업태는 '제조.도매'이다.
② [2000.인사2급 인천지점] 사업장은 '반기'별로 이행상황신고서를 제출한다.
③ [3000.인사2급 강원지점] 사업장은 등록된 사업장 중 가장 최근 개업했다.
④ 주(총괄납부)사업장으로 등록되어 있는 사업장은 [1000.인사2급 회사본사] 사업장이 유일하다.

02 다음 중 핵심 ERP 사용을 위한 기초 부서 정보를 확인한 내용으로 옳은 것은?

① 2025/11/22 기준, 현재 사용 중인 부서는 모두 8개다.
② 2025/11/22 기준, 현재 사용 중인 부서는 [3000.인사2급 강원지점] 사업장을 제외한 사업장에 속해 있다.
③ 등록된 부서 중 [2200.해외영업부]는 2026년부터 사용되지 않을 예정이다.
④ 현재 등록된 부문들은 모두 사용 중이며, [7000.AI연구부문]은 가장 최근 사용하기 시작한 부문이다.

03 다음 중 [H.인사/급여관리] 모듈에 대한 [ERP13I02.이현우] 사원의 설정을 확인하고 관련된 설명으로 옳지 않은 것은?

① 당 회사에 등록된 모든 근로자의 인사기록카드를 조회할 수 있다.
② 상용직 근로자의 급여를 지급하기 위해 급여지급일자를 새롭게 등록할 수 있다.
③ 회사에 재직 중인 모든 근로자의 급여명세서를 출력하여 전달할 수 있다.
④ 기존에 등록 되어있는 일용직 사원의 정보를 변경할 수 있다.

04 당 회사는 2025년 11월 [700.대리] 직급의 호봉을 아래 [보기]와 같이 일괄 등록하고자 한다. 호봉 등록을 완료하고 호봉 금액을 확인 시, 5호봉 '호봉합계'의 금액은 얼마인가?

┤ 보기 ├
- 기 본 급: 초기치 2,400,000원, 증가액 70,000원
- 직급수당: 초기치   55,000원, 증가액 18,000원
- 일괄인상
  1) 정률인상 적용: 기본급 2.9%
  2) 정액인상 적용: 직급수당 7,000원

① 2,685,690원   ② 2,757,720원
③ 2,801,690원   ④ 2,891,720원

05 당 회사의 인사/급여환경설정의 설명으로 옳지 않은 것은? (단, 환경설정 기준은 변경하지 않는다.)

① 11월에 입사한 사원의 정상 월급여가 300만원이고 해당 월의 근무일수가 27일인 경우, 해당 사원은 270만원의 급여를 지급받는다.
② 11월에 퇴사 예정인 사원의 정상 월급여가 300만원이고 해당 월의 근무일수가 20일인 경우, 해당 사원은 200만원의 급여를 지급받는다.
③ 당 회사의 10월 월일수는 실제 달력일수인 31일이다.
④ 당 회사에서 근무 중인 생산직의 11월 출결일은 10월 25일부터 11월 24일까지로 계산된다.

06 2025년 귀속 '급여' 지급항목설정을 확인하고, 그 설명으로 옳지 않은 것은? (단, 지급/공제항목설정 기준은 변경하지 않는다.)

① [P00.기본급]은 책정임금의 월급을 기준으로 지급하는 항목이다.
② [P02.가족수당]에 등록된 가족별 수당금액은 모두 동일하게 책정 되어있다.
③ [P30.야간근로수당]은 비과세 적용 기준요건인 '월정급여'에 포함되는 지급항목이다.
④ [P50.자격수당]은 입퇴사자에게는 미지급되는 수당이다.

07 당 회사 [20001102.정영수] 사원의 정보로 옳지 않은 것은?

① 주민등록주소는 '인천 중구 운서동'이고, 현재 세대주이다.
② 2000/01/01에 입사했고, 2010/10/10에 중도퇴사한 이력이 존재한다.
③ 국외소득이 발생하는 사원은 아니며, 급여는 [030.기업]은행을 통해 이체 받는다.
④ 노조에 가입 되어있지 않고, 최근 계약한 책정임금의 연봉은 '78,000,000원'이다.

08 당 회사는 2025년 10월 한 달간 진행한 AI 활용 교육에서 우수한 성적을 얻은 직원에 한하여 수당을 지급하기로 했다. 아래 [보기]를 기준으로 지급한 대상자들의 총 지급 금액으로 알맞은 것은 무엇인가?

┤ 보기 ├

- 교육명: [150.임직원 AI 활용 교육]
- 수당 지급 금액
  - 교육평가 A등급: 200,000원
  - 교육평가 B등급: 100,000원

① 1,600,000원　　　　　② 1,800,000원
③ 2,200,000원　　　　　④ 2,400,000원

09 당 회사는 2025년 귀속 모든 사업장의 사원별 상벌현황을 확인하고자 한다. 해당 귀속연도의 [100.우수표창] 대상자 중 포상/징계일자가 다른 대상자는 누구인가? (단, 퇴사자는 제외한다.)

① [20000601.이종현]　　　　② [20010401.노희선]
③ [20110401.강민주]　　　　④ [20161107.박선우]

10 회사는 창립기념일을 맞아 2025년 10월 31일 기준으로 모든 사업장 소속의 만 15년 이상 장기근속 자에 대해 특별근속수당을 지급하기로 하였다. 아래 [보기]를 기준으로 지급한 특별근속수당 총 금액은 얼마인가? (단, 퇴사자는 제외하며, 미만일수는 버리고, 이전 경력은 제외한다.)

┤ 보기 ├

- 15년 초과 20년 이하: 150,000원
- 20년 초과: 200,000원

① 2,150,000원　　　　　② 2,200,000원
③ 2,250,000원　　　　　④ 2,300,000원

11 당 회사의 2025년 11월 귀속 급여(지급일자: 2025/11/25)에 해당하는 대상자 중 [20110401.강민주] 사원이 개인적인 사유로 휴직을 신청하였다. [20110401.강민주] 사원의 휴직 내역을 [보기]와 같이 등록한 뒤 모든 지급 대상자의 급여를 계산했을 때, '과세' 총액은 얼마인가? (단, 그 외 급여계산에 필요한 조건은 프로그램에 등록된 기준을 이용한다.)

┤ 보기 ├

- 시작일, 종료일: 2025/11/03, 2025/11/10
- 휴직사유: [300.질병휴직]
- 휴직지급률: 75%
- 퇴직기간적용: 함

① 85,531,950원   ② 85,781,950원
③ 89,289,110원   ④ 89,539,110원

12 당 회사는 2025년 11월 귀속 '특별급여' 소득을 지급하고자 한다. 아래 [보기]의 지급대상 요건으로 지급일자를 직접 추가하여 모든 지급 대상자의 급여를 계산했을 때, '소득세' 총액은 얼마인가? (단, 그 외 급여계산에 필요한 조건은 프로그램에 등록된 기준을 이용한다.)

┤ 보기 ├

- 특별급여지급일자: 2025/11/30
- 동시발행 및 대상자선정: 분리, 직종및급여형태별
- 특별급여지급대상: [2000.인사2급 인천지점] 사업장을 제외한 사업장의 급여형태가 '월급'인
　　　　　　　　　　모든 직종

① 2,554,580원   ② 2,810,000원
③ 5,335,740원   ④ 5,869,240원

13 당 회사는 사원별 '지각/조퇴/외출시간'을 기준으로 '기본급 공제액'을 계산하여 해당 금액을 '기본급'에서 공제하고 지급한다. 아래 [보기]의 기준을 토대로 2025년 10월 귀속 [20110101.배유진] 사원의 근태내역을 확인하고, '기본급 공제액'을 계산하면 얼마인가? (단, 공제액을 계산하면서 발생되는 모든 원단위 금액은 절사하며, 책정임금 시급은 원단위 금액을 절사하지 않고 계산한다.)

┤ 부기 ├

- 기본급 공제액: 1유형 공제액 + 2유형 공제액
- 1유형 공제액: (조퇴시간 + 외출시간) × 2.25 × 책정임금 시급
- 2유형 공제액: (지각시간) × 2.75 × 책정임금 시급

① 307,050원   ② 331,950원
③ 362,810원   ④ 390,670원

14 당 회사는 2025/11 귀속 일용직 사원의 급여를 지급하려는데 대상자가 추가되지 않은 것을 확인했다. 아래 [보기]를 확인하여 대상자를 추가한 뒤 급여를 계산했을 때, 해당 지급일자의 총 차인지급액은 얼마인가? (단, 그 외 급여계산에 필요한 조건은 프로그램에 등록된 기준을 따른다.)

┤ 보기 ├

- 지급형태: 매일지급
- [3100.관리부] 또는 [4100.생산직(생산부)] 소속의 일용직 사원 중 급여형태가 [004.시급]인 일용직 사원
- 평일 9시간 근무 가정

① 13,195,000원 　　　　　　　② 15,080,000원
③ 15,291,760원 　　　　　　　④ 16,695,000원

15 2025년 11월 귀속 일용직 급여작업 전, 아래 [보기]를 기준으로 [0020.성준] 사원의 사원정보를 직접 변경하고 급여를 계산했을 때, 해당 지급일에 대한 설명으로 옳은 것은? (단, 그 외 급여계산에 필요한 조건은 프로그램에 등록된 기준을 따른다.)

┤ 보기 ├

- 사원정보 변경
  1) 생산직비과세 적용 '함'
  2) 국민/건강/고용보험여부 '여'
- 일용직 급여지급
  1) 지급형태: '일정기간지급' 지급일
  2) 평일 10시간 근무 / 토요일 4시간 근무 가정
  3) 비과세(신고제외분): 12,000원(평일만 적용)

① 지급인원은 총 6명이고, 모두 [5100.자재부] 소속이다.
② 대상자들은 모두 11월 한 달간 25일을 근무했다.
③ 대상자들의 과세총액과 비과세총액의 합은 25,778,660원이다.
④ 모든 대상자들의 급여에서 소득세가 공제되었으며, 소득세의 총합은 81,600원이다.

16 당 회사의 [2000.인사2급 인천지점] 사업장 기준 2025년 3분기의 지급총액 및 공제총액은 얼마인가? (단, 사용자부담금은 포함한다.)

① 지급총액: 150,548,760원 / 공제총액: 11,558,560원
② 지급총액: 150,548,760원 / 공제총액: 22,766,460원
③ 지급총액: 156,948,750원 / 공제총액: 11,558,560원
④ 지급총액: 156,948,750원 / 공제총액: 22,766,460원

17 당 회사는 [2000.인사2급 인천지점] 사업장에 대해 2025년 10월 귀속(지급일 1번)에 이체한 급/상여를 확인하고자 한다. 이체 현황에 대한 설명으로 옳지 않은 것은? (단, 무급자는 제외한다.)

① 해당 귀속연월의 급여는 '2025/10/25'에 지급되었다.
② 해당 조회조건의 대상자는 모두 11명이고, 4개의 은행을 통해 급여가 이체되었다.
③ 해당 사업장에서 가장 많은 금액이 이체된 사원은 [20010402.박국현]이고, 5,402,630원이 이체되었다.
④ 해당 사업장에는 총 42,367,170원이 이체되었으며, '국민은행'으로 이체된 금액이 가장 크다.

18 2025년 3분기에 지급된 급/상여내역을 부서별로 확인하고자 한다. 전체 사업장의 급/상여내역 중 급여구분이 [100.급여]인 데이터를 조회했을 때, 부서별 지급항목 소계내역으로 옳지 않은 것은?

① '경리부'의 기본급: 7,814,200원
② '관리부'의 근속수당: 5,370,720원
③ '국내영업부'의 직책수당: 600,000원
④ '생산부'의 야간근로수당: 450,000원

19 당 회사는 전체 사업장을 대상으로 급/상여 지급액 등 변동사항을 확인하고자 한다. 2025년 10월 변동 상태에 대한 설명으로 옳지 않은 것은? (단, 모든 기준은 조회된 데이터를 기준으로 확인한다.)

┤ 보기 ├
- 기준연월: 2025년 10월
- 비교연월: 2024년 10월
- 사용자부담금 '제외'

① 인원의 변동은 없으며, 기본급은 비교연월보다 5,570,320원 상승했다.
② 4대 사회보험 중 고용보험을 제외한 항목의 금액이 상승했으며, 국민연금은 비교연월보다 112,190원 상승했다.
③ [20001101.박용덕] 사원의 지급내역 중 변동사항은 '근속수당'만 존재하며, 비교연월보다 26,150원 상승했다.
④ [20001102.정영수] 사원은 기준연월과 비교연월의 공제내역을 비교했을 때, 모든 항목의 금액 변동이 있는 유일한 사원이다.

20 당 회사는 2025년 3분기에 진행했던 급여작업을 수당별로 확인하고자 한다. [2000.인사2급 인천지점] 사업장을 제외한 보기의 대상자 중 [S00.국민연금]을 가장 많이 공제한 사원은 누구인가?

① [20110101.배유진]
② [20120101.정수연]
③ [20130102.김용수]
④ [20000601.이종현]

인사 2급　2025년 5회 (2025년 9월 27일 시행)

[이론]

[과목: 경영혁신과 ERP]

01 [보기]에서 빅데이터 5V 특성 중 가장 뚜렷하게 나타나는 것을 고르시오.

┤ 보기 ├

㈜생산솔루션은 ERP 인사시스템에 출퇴근 기록, 직원 만족도 설문(텍스트), 면접 영상 녹화, SNS 후기 등 다양한 데이터를 수집·저장하고 있다. 최근에는 비정형 데이터의 비중이 커져 이를 효율적으로 분석할 필요가 커졌다.

① Value
② Variety
③ Veracity
④ Velocity

02 [보기]는 ㈜생산에서 빅데이터 플랫폼을 활용하여 ERP 인사 데이터를 처리하는 단계별 내용이다. 순서로 가장 적절한 것을 고르시오.

┤ 보기 ├

- (가) 수집된 데이터를 클라우드 기반 빅데이터 플랫폼(Hadoop, Spark 등)에 저장하고, 이상값 제거·정제 과정을 거친다. (데이터 저장/처리)
- (나) 분석 결과를 대시보드 형태로 시각화하여 경영진에게 제공하고, 인사 의사결정에 활용한다. (데이터 시각화/활용)
- (다) 직원들의 근태 기록, 설문 응답, 채용 지원서 데이터를 ERP 인사시스템과 외부 시스템에서 자동으로 불러온다. (데이터 수집)

① (가) – (나) – (다)
② (나) – (가) – (다)
③ (다) – (가) – (나)
④ (다) – (나) – (가)

03 ERP 시스템의 프로세스, 화면, 필드, 그리고 보고서 등 거의 모든 부분을 기업의 요구사항에 맞춰 구현하는 방법을 무엇이라 하는가?

① 정규화(Normalization)
② 트랜잭션(Transaction)
③ 컨피규레이션(Configuration)
④ 커스터마이제이션(Customization)

04 ERP도입 기업의 사원들을 위한 ERP교육을 계획할 때, 고려사항으로 가장 적절하지 않은 것은?

① 전사적인 참여가 필요함을 강조한다.
② 지속적인 교육이 필요함을 강조한다.
③ 최대한 ERP커스터마이징이 필요함을 강조한다.
④ 자료의 정확성을 위한 철저한 관리가 필요함을 강조한다.

[과목: 인적자원확보]

05 인사관리의 주요 목표로 가장 적절한 것은?

① 기업의 단기적인 재무 성과 극대화
② 직원들의 개인적인 삶의 질 향상만을 추구
③ 최고 경영진의 의사 결정만을 전적으로 지원
④ 조직의 목표 달성에 기여하며, 동시에 구성원의 만족과 발전을 도모

06 인적자원계획의 수립 시, 기업 외부 환경 분석 요소로 가장 적절하지 않은 것은?

① 노동 시장의 변화와 동향   ② 경쟁사의 인력 운영 전략
③ 정부의 고용 관련 정책 및 법규   ④ 기업 내부의 직무 만족도 및 이직률 변화

07 배치관리의 원칙으로 사람을 소모시키면서 사용하지 않고 성장시키면서 사용해야 한다는 원칙은?

① 적재적소 원칙   ② 실력주의 원칙
③ 균형주의 원칙   ④ 인재육성주의 원칙

08 [보기]는 A기업 인사팀의 직무분석 사례이다. 사례를 참고하여 직무분석의 효과적인 활용과 한계에 대한 설명 중 옳지 않은 것을 고르시오.

> **보기**
>
> A기업은 최근 사업 다각화에 따라 기존 직무들을 재분석하고 신규 직무도 체계적으로 정의하였다. 직무분석 결과를 바탕으로 채용, 교육훈련, 보상체계뿐 아니라 조직 재구성 및 인력배치에도 적극 활용하였다. 하지만 일부 고도의 창의력과 자율성을 요구하는 직무에 대해서는 직무분석이 적합하지 않다는 의견도 있다.

① 직무분석은 채용과 교육훈련 프로그램 설계에 필수적인 기초 자료를 제공한다.
② 창의력과 자율성이 중요한 직무는 직무분석을 통해 구체적으로 정의하고 평가하기에 적합하다.
③ 직무분석은 보상체계 구축뿐만 아니라 조직 구조 및 인력배치 결정에도 전략적으로 활용될 수 있다.
④ 직무분석은 명확하고 반복적인 업무에 더 효과적이며, 고도의 자율적 직무에는 한계가 있을 수 있다.

09 [보기]는 ㈜생산의 인적자원 수요예측 사례이다. 이 기업이 활용한 인력 수요예측 방법으로 가장 적절한 것은 무엇인가?

┤ 보기 ├

㈜생산은 최근 3년간의 매출액과 인력 수의 추세를 분석하여, 매출액 대비 필요 인력 비율(생산성비율)을 산출하였다. 이를 바탕으로 내년도 예상 매출액에 따라 필요한 인력 수요를 계산하였다.

① 명목집단법
② 델파이기법
③ 전문가예측법
④ 생산성비율분석

[과목: 인적자원개발]

10 인사고과(Personnel Appraisal)의 실시 목적에 대한 설명으로 가장 적절하지 않은 것은?

① 직원 간의 사적 친목 도모 추구
② 공정한 보상 및 승진 결정의 근거를 마련
③ 직무수행에 대한 피드백을 제공하여 직원의 역량 개발을 촉진
④ 직원의 능력과 성과를 정기적으로 평가하여 인사 결정의 기초 자료로 활용

11 [보기]에서 설명하고 있는 교육·훈련 및 개발의 방법은?

┤ 보기 ├

㈜생산여행사 직원 6명이 모여서 내년도 계절별 여행상품 개발에 대한 안건으로 자유롭게 논의하였다. 2025년 12월 1일 ~ 2025년 12월 3일까지 총 3일간 회의를 진행했다. 회의에서 제시한 안건들 중 가장 적합한 여행상품을 선택하고 자유롭게 의견을 교환하였다.

① 사례연구법
② 역할연기법
③ 인바스켓훈련
④ 브레인스토밍

12 [보기]는 ㈜생산의 인적자원 개발 사례이다. 이 사례에서 언급된 활동 중에서 '경력관리'의 주요 내용으로 보기 어려운 것은?

┤ 보기 ├

㈜생산은 구성원의 지속적인 성장을 위해 다양한 인사제도를 운영하고 있다. 팀장 이상의 리더를 대상으로 리더십 향상교육, 사내 강사 육성 프로그램, 중장기 경력계획 수립 워크숍 등을 정기적으로 제공하며, 직무전환 희망자에게는 직무 순환 기회도 부여하고 있다.
신입사원에게는 입사 직후 조직 적응을 위한 오리엔테이션을 집중적으로 운영하고 있다.

① 리더십 향상 교육
② 직무 순환 기회 제공
③ 신입사원 오리엔테이션 운영
④ 중장기 경력계획 수립 워크숍

[과목: 임금 및 복리후생관리]

13 [보기]의 사례에서, 기업이 중점을 두고 있는 임금관리 전략으로 가장 적절한 것은?

┤ 보기 ├

㈜생산은 최근 인재확보 경쟁이 치열해지자, 유사 업종의 임금수준을 조사한 후 자사 보상 수준을 상향 조정하였다. 이는 구직자들에게 매력적인 기업으로 인식되고, 입사 지원율이 크게 증가하는 결과를 가져왔다.

① 임금 통제 전략
② 외부 경쟁력 확보 전략
③ 내부 공정성 확보 전략
④ 직무 중심 임금 체계 전략

14 임금수준을 결정하는 요인으로 옳지 않은 것은?

① 정부규제
② 같은 업종의 타사 임금수준
③ 노동력의 수요와 공급 상황
④ 종업원 개개인의 심리적 만족 수준

15 [보기]의 ( ) 안에 들어갈 보험료율을 고르시오.

┤ 보기 ├

국민연금보험료 = 가입자의 기준 소득월액 × ( )%(연금보험료율)

① 4.5
② 3.3
③ 7.6
④ 9.5

16 소득세법상 거주자는 국내에 몇 일 이상의 거소를 둔 개인을 의미하는가?

① 123일 이상
② 153일 이상
③ 183일 이상
④ 213일 이상

17 고용보험에 대한 설명으로 적절하지 않은 것은?

① 실업급여 보험료는 근로자가 전액 부담한다.
② 고용안정·직업능력 개발 사업 보험료는 사업주가 전액 부담한다.
③ 실업급여 보험료 중 근로자 부담분에 대하여 사업주가 매월 임금 지급 시 원천징수한다.
④ 고용보험은 근로자의 실업 예방과 생활 안정, 직업능력 개발을 지원하기 위한 사회보험이다.

[과목: 노사관계]

18 [보기]는 ㈜생산디자인의 근로시간 운영 방식에 대한 사례이다. 해당 기업이 채택하고 있는 근로시간 제도로 가장 적절한 것은 무엇인지 고르시오.

┤ 보기 ├

디자인 회사인 ㈜생산디자인은 직원들의 창의성과 워라밸 향상을 위해 새로운 근무제도를 도입하였다. 이 제도는 직원들이 1개월 단위로 총 근로시간(예: 160시간)만 채우면, 개인 상황에 따라 출퇴근 시간을 자유롭게 조정할 수 있으며, 하루 6시간 또는 10시간 근무도 자율적으로 조절할 수 있다. 단, 팀 회의와 협업을 위해 오전 10시부터 오후 3시까지는 필수 근무시간(코어타임)으로 정하였다.

① 시차 출퇴근제
② 법정 근로시간제
③ 선택적 근로시간제
④ 의무적 근로시간제

19 숙련공을 조직기반으로 하는 노동조합의 형태로 가장 적절한 것은?

① 일반조합
② 직종별 노동조합
③ 기업별 노동조합
④ 중견기업별 노동조합

20 회사가 근로자에게 회사 주식을 유상 또는 무상의 방법으로 취득하게 하여 근로자를 주주로서 기업 경영에 참가시키는 제도로 가장 적절한 것은?

① 락커플랜
② 스캔론플랜
③ 스톡옵션제도
④ 종업원지주제도

[실무]

:: 실무문제는 [실기메뉴]를 활용하여 답하시오.
웹하드(http://www.webhard.co.kr)에서 Guest(ID: samil3489, PASSWORD: samil3489)로 로그인하여 백데이터를 다운받아 설치한 후 인사2급 2025년 5회 '이현우 사원'으로 로그인한다.

01 다음 중 핵심 ERP 사용을 위한 기초 사원등록 정보를 확인하고, '사용자'로 등록된 사원의 설명으로 옳지 않은 것은?

① 조회되는 사원이 속한 부서는 [3100.관리부]이다.
② 조회되는 사원은 '2002/12/01'에 입사하였다.
③ 조회되는 사원의 회계입력방식은 '승인'이다.
④ 조회되는 사원의 비상연락망은 기재되어 있지 않다.

02 다음 중 핵심 ERP 사용을 위한 기초 부서 정보를 확인한 설명으로 옳지 **않은** 것은?

① '2025/09/27' 기준으로 현재 사용 중인 부서는 모두 10개이다.
② '2025/09/27' 기준으로 [2000.인사2급 인천지점] 사업장에 속한 부서가 가장 적게 사용되고 있다.
③ [2200.해외영업부] 부서는 2026년부터는 사용되지 않을 예정이다.
④ 가장 최근 사용이 중단된 부서는 [6100.경리부]이며, '2021/12/31'까지 사용되었다.

03 다음 중 [H.인사/급여관리] 모듈에 대한 [ERP13I02.이현우] 사원의 설정을 확인하고 관련된 설명으로 옳지 **않은** 것은?

① 당 회사에 등록된 근로자의 인사기록카드를 조회할 수 있다.
② 상용직 근로자의 급여를 지급하기 위해 급여지급일자를 새롭게 등록할 수 있다.
③ 기존에 등록된 일용직 근로자의 사원정보를 수정할 수 있다.
④ 회사 내 모든 근로자의 급여명세를 출력하여 전달할 수 있다.

04 당 회사는 2025년 09월 [800.주임] 직급의 호봉을 아래 [보기]와 같이 일괄 등록하고자 한다. 호봉 등록을 완료 후 5호봉 '기본급'의 금액은 얼마인가?

┤ 보기 ├
• 기 본 급: 초기치 2,180,000원, 증가액 110,000원
• 직급수당: 초기치   65,000원, 증가액   12,000원
• 일괄인상: 기본급 3.2%, 직급수당 1.6% 정률인상

① 2,703,840원   ② 2,817,360원
③ 2,818,648원   ④ 2,944,360원

05 당 회사의 인사/급여기준에 대한 설정을 확인한 뒤, 설정을 올바르게 설명한 [보기] 내용은 몇 개인가? (단, 환경설정 기준은 변경하지 않는다.)

┤ 보기 ├
• A: 근무일수가 17일인 입사자의 월 급여는 실제 근무한 일수만큼 계산하여 지급한다.
• B: 월 200만원을 지급받는 근로자의 수습기간이 끝나지 않았다면, 실제로는 160만원을 지급받는다.
• C: 월일수 산정 시, 실제 귀속연월의 실제 일수를 적용한다.
• D: 당 회사에 등록되어 있는 모든 직종의 출결 마감 기준일은 당월 1일부터 말일까지이다.

① 0개   ② 1개
③ 2개   ④ 3개

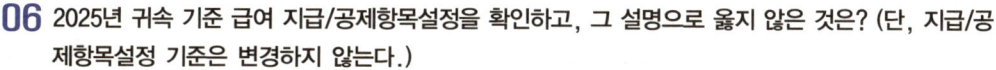

06 2025년 귀속 기준 급여 지급/공제항목설정을 확인하고, 그 설명으로 옳지 않은 것은? (단, 지급/공제항목설정 기준은 변경하지 않는다.)

① [P01.영업촉진비]는 특정 부서에 속하는 근로자에게만 지급하며, 부서별로 지급하는 금액이 다르다.

② [P02.가족수당]은 수습기간에 해당하는 근로자에게는 지급하지 않으며, 등록된 가족수당 대상자 중 [900.자]를 제외한 분류대상들은 모두 같은 금액을 지급한다.

③ [P06.근속수당]은 근속기간이 1년 이상인 대상자에게 지급하며, 근속기간이 15년 이상인 대상자에게는 150,000원을 지급한다.

④ [P70.직무발명보상금]은 비과세유형이 [R11.직무발명보상금]인 수당이며, [002.생산직]인 경우에만 지급한다.

07 당 회사 [20001102.정영수] 사원에 대한 설명으로 옳은 것은?

① '2000/01/01'에 입사했으며 현재 [4100.생산부] 소속이다.

② 직종은 [002.생산직]이며 급여형태는 [001.월급]이다.

③ 과거에 [T13.중소기업취업감면(90% 감면)]대상자였다.

④ 노조에 가입되어 있고, 배우자공제를 받고 있다.

08 당 회사는 2025년 08월 한달간 진행한 역량강화 교육에서 우수한 성적을 얻은 직원에 한하여 수당을 지급하기로 했다. 아래 [보기]를 기준으로 지급한 대상자들의 총 지급 금액으로 알맞은 것은 무엇인가?

┤ 보기 ├

• 교육명: [994.임직원역량강화교육(2025년)]
• 수당 지급 금액
  1) 교육평가 A등급: 200,000원　　2) 교육평가 B등급: 100,000원

① 1,400,000원　　　　　　　② 1,550,000원
③ 1,800,000원　　　　　　　④ 2,200,000원

09 당 회사는 [2000.인사2급 인천지점] 사업장의 2024년 '이직률'을 확인하고자 한다. 2024년을 기준으로 [2000.인사2급 인천지점] 사업장의 평균 이직률은 얼마인가? (단, 모든 정보는 프로그램에 입력된 기준으로 확인한다.)

① 0.17　　　　　　　　　② 1.34
③ 1.67　　　　　　　　　④ 3.00

10 당 회사는 2025년 08월 31일 기준으로 전체 사업장의 만 15년 이상 장기근속자에 대해 특별근속수당을 지급하기로 하였다. 아래 [보기]를 기준으로 지급한 총 특별근속수당은 얼마인가? (단, 퇴사자는 제외하며, 미만일수는 버리고, 모든 경력사항을 제외한다.)

┤ 보기 ├

• 15년 초과 ~ 20년 이하: 150,000원
• 20년 초과 ~ 25년 이하: 200,000원
• 25년 초과: 250,000원

① 2,550,000원　　　　　　　　　② 3,050,000원
③ 3,500,000원　　　　　　　　　④ 4,250,000원

11 당 회사는 2025년 09월 귀속 '급여' (지급일자: 2025/09/25) 지급 시, [20140501.김화영] 사원의 변경된 책정임금을 반영하여 급여작업을 진행하고자 한다. [보기]를 기준으로 직접 '책정임금'을 추가하고 모든 지급 대상자에 대해 급여를 계산할 때, 해당 지급일자의 과세총액은 얼마인가? (단, 그 외 급여계산에 필요한 조건은 프로그램에 등록된 기준을 이용한다.)

┤ 보기 ├

• 사원명: [20140501.김화영]
• 계약시작년월: 2025/09
• 연봉: 43,800,000원

① 85,576,100원　　　　　　　　　② 86,476,100원
③ 90,176,100원　　　　　　　　　④ 91,076,100원

12 당 회사는 추석을 맞이하여 2025년 09월 귀속 '특별급여'를 지급하고자 한다. 아래 [보기]의 지급대상 요건으로 지급일자를 직접 추가하여 모든 지급 대상자에 대해 급여를 계산할 때, '회사부담금' 총액은 얼마인가? (단, 그 외 급여계산에 필요한 조건은 프로그램에 등록된 기준을 이용한다.)

┤ 보기 ├

• 특별급여지급일자: 2025/09/30
• 동시발행 및 대상자선정: 분리, 직종및급여형태별
• 특별급여지급대상: [1000.인사2급 회사본사] 사업장 소속이 아니고, 급여형태가 '월급'인 사무직과 생산직인 근로자

① 1,105,350원　　　　　　　　　② 1,172,010원
③ 2,150,670원　　　　　　　　　④ 2,277,360원

13 당 회사는 사원별 '지각/조퇴/외출시간'을 기준으로 '기본급 공제액'을 계산하여 해당 금액을 '기본급'에서 공제하고 지급한다. 아래 [보기]의 기준을 토대로 2025년 08월 귀속 [20110101.김윤미] 사원의 근태내역을 확인하고, '기본급 공제액'을 계산하면 얼마인가? (단, 공제액을 계산하면서 발생되는 모든 원단위 금액은 절사하며, 책정임금 시급은 원단위 금액을 절사하지 않고 계산한다.)

┤ 보기 ├

- 기본급 공제액: 1유형 공제액 + 2유형 공제액
- 1유형 공제액: (조퇴시간 + 외출시간) × 2.25 × 책정임금 시급
- 2유형 공제액: (지각시간) × 2.75 × 책정임금 시급

① 1,130,560원   ② 1,231,610원
③ 1,298,730원   ④ 1,377,440원

14 당 회사는 일용직 사원에 대해 사원별 지급형태를 구분하여 일용직 급여를 지급하고 있다. 아래 [보기]를 확인하여 2025년 09월 귀속 지급일 중 '매일지급' 대상자를 직접 반영 후 급여를 계산했을 때, 해당 지급일의 급여내역에 대한 설명으로 옳은 것은? (단, 그 외 급여계산에 필요한 조건은 프로그램에 등록된 기준대로 확인한다.)

┤ 보기 ├

- 지급형태: '매일지급' 지급일
- 지급 대상자: [4100.생산부] 사원
- 평일 10시간 근무, 토요일 4시간 근무
- 비과세(신고제외분) 적용: 12,000원 (평일만 적용)

① 대상자는 총 5명이고, 모든 일용직 사원이 30일 중 25일을 근무하였다.
② 비과세 금액이 존재하며, 이는 모두 비과세신고분에 해당한다.
③ 가장 많은 금액을 지급 받는 사원은 [0001.김인사]이고, 11,655,170원을 지급받는다.
④ 모든 일용직 사원의 급여에서 소득세가 공제되며, 총 354,600원이 공제되었다.

15 당 회사는 일용직 사원에 대해 급여를 지급하고자 한다. 아래 [보기]를 기준으로 2025년 09월 귀속 일용직 대상자의 정보를 변경 후 모든 대상자들에 대해 급여를 계산했을 때, 해당 지급일에 대한 설명으로 옳은 것은? (단, 그 외 급여계산에 필요한 조건은 프로그램에 등록된 기준을 따른다.)

> **보기**
> • 생산직 비과세적용 대상자 추가: [0019.윤규연]
> • 지급형태: '일정기간지급' 지급일
> • 평일 9시간 근무
> • 비과세(신고제외분) 적용: 12,000원

① 대상자는 총 4명이고, 모든 일용직 사원이 30일 중 22일을 근무하였다.
② 비과세금액은 신고분과 신고제외분 금액이 모두 존재하며, 총 1,760,560원이 발생했다.
③ 대상자들에게 총 지급된 금액은 15,132,730원이며, [002.김연호] 사원이 가장 많은 금액을 지급받는다.
④ 공제된 국민연금의 총액은 729,090원이며, 지방소득세의 총액은 109,780원이다.

16 당 회사는 [2000.인사2급 인천지점] 사업장과 [3000.인사2급 강원지점] 사업장에 대한 2025년 상반기 급여 내역을 확인하고자 한다. 직급별 과세총액 및 비과세총액의 소계로 옳지 않은 것은? (단, 사용자부담금은 제외하여 조회한다.)

① 사원 – 과세총액: 45,574,940원 / 비과세총액: 1,200,000원
② 대리 – 과세총액: 145,916,170원 / 비과세총액: 3,600,000원
③ 과장 – 과세총액: 87,016,870원 / 비과세총액: 1,800,000원
④ 차장, 부장의 합산 – 과세총액: 100,058,690원 / 비과세총액: 3,000,000원

17 당 회사는 전체 사업장 기준 2025년 08월 귀속 급여에 대한 대장을 확인하고자 한다. 부서별로 대장을 집계하여 확인했을 때, 부서별 지급/공제항목의 금액으로 옳지 않은 것은?

① [1200.경리부] – 근속수당: 350,000원
② [2100.국내영업부] – 야간근로수당: 160,000원
③ [3100.관리부] – 건강보험: 594,810원
④ [4100.생산부] – 소득세: 552,520원

18 당 회사의 2025년 상반기의 급/상여 지급현황을 확인하고자 한다. [100.급여] 지급내역 중 [2100.국내영업부] 소속 사원 중 야간근로수당을 지급받은 내역이 있는 사원은 누구인가?

① [20000601.이종현]
② [20010402.제갈형서]
③ [20030701.엄현애]
④ [20120101.정수연]

19 당 회사는 전체 사업장을 대상으로 급/상여 지급액 등 변동사항을 확인하고자 한다. 2025년 08월 변동 상태에 대한 설명으로 옳지 않은 것은? (단, 모든 기준은 조회된 데이터를 기준으로 확인한다.)

> ┤ 보기 ├
> • 기준연월: 2025년 08월
> • 비교연월: 2024년 08월
> • 사용자부담금 '포함'

① 인원에 대한 변동사항은 없으며, 과세금액의 경우 비교연월에 비해 1,433,330원 증가했다.
② 4대 사회보험 공제금액의 변동사항은 없으며, 소득세의 경우 비교연월에 비해 174,550원 증가했다.
③ 기준연월에 지급받은 영업촉진비는 비교연월에 비해 과세금액을 증가하게 한 유일한 요인이다.
④ [20000601.이종현] 사원은 영업촉진비를 추가로 지급받음으로 인해, 비교연월에 비해 소득세가 44,580원 증가하는 결과를 얻었다.

20 당 회사는 2025년 상반기 급여 작업에 대해 수당별 지급현황을 확인하고자 한다. 다음 중 [2000.인사2급 인천지점] 사업장 기준 [P06.근속수당]을 가장 많이 지급 받은 사원은 누구인가?

① [20020603.이성준]
② [20130701.신별]
③ [20140901.강민우]
④ [20140903.정용빈]

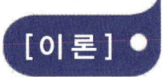

인사 2급 ┃ 2025년 4회 (2025년 7월 26일 시행)

[이론] ●

[과목: 경영혁신과 ERP]

01 제품, 공정, 생산설비와 공장에 대한 실제 세계와 가상 세계의 통합시스템이며 제조 빅데이터를 기반으로 사이버모델을 구축하고 이를 활용하여 최적의 설계 및 운영을 수행하는 것을 무엇이라 하는가?

① 비즈니스 애널리틱스(Business Analytics)
② 사이버물리시스템(Cyber Physical System, CPS)
③ 공급사슬관리(Supply Chain Management, SCM)
④ 예지보전 시스템(Prognostics and Health Management, PHM)

02 [보기]의 ㈜생산성에 적용된 기술에 대한 설명으로 가장 적절한 것은?

┤ 보기 ├

㈜생산은 ERP 인사 시스템에 신규 기술을 도입하여 직원들의 조직몰입도와 이직 가능성을 분석하고자 한다. 이를 위해 직원들이 작성한 사내 익명게시판의 글, 퇴사 면담 기록, 인사평가 의견란에 입력된 비정형 데이터를 수집하였다. 인사팀은 이를 분석해 직원들의 감정 변화, 이직 징후, 조직문화 개선 방향 등을 도출하고자 한다.

① 소수의 직원들을 직접 인터뷰하여 감정을 분석하는 방식이다.
② 음성 데이터나 이미지 데이터를 처리하는 데 최적화된 AI 기술이다.
③ 자연어 형태의 데이터를 분석하여 유의미한 정보를 추출하는 기법이다.
④ 정형 데이터의 통계적 분석을 통해 직원의 업무성과를 직접 수치화하는 기술이다.

03 [보기]의 ERP 아웃소싱에 대한 사례에 대한 설명으로 가장 적절하지 않은 것은?

┤ 보기 ├

㈜생산은 ERP 인사 모듈의 도입 및 운영을 위해 외부 전문 IT 아웃소싱 업체와 계약을 체결하였다. 해당 업체는 인사정보 시스템의 설계부터 구축, 테스트, 유지보수까지 전 과정에 참여하며, 인사부서는 주기적으로 커스터마이징 요청과 피드백을 전달하고 있다. 최근 ㈜생산은 시스템 내부의 성과관리 기능을 자사 맞춤형으로 개선하고자 하였으나, 기술적 제약과 계약 범위 문제로 반영에 어려움을 겪고 있다.

① ERP 아웃소싱은 개발과 유지에 필요한 인력 운용에 도움을 줄 수 있다.
② ERP 아웃소싱은 기업 내부의 인사IT 기술력 부족을 보완하는 데 유리할 수 있다.
③ ERP 아웃소싱은 외부 전문성을 활용해 기업이 보유하지 않은 인사 관련 지식을 확보하는 방법이 될 수 있다.
④ ERP 아웃소싱을 도입하면 시스템 구축 이후 내부 인사 부서 인력으로 모든 커스터마이징이 자유롭게 가능하다.

04 [보기]는 ㈜생산의 ERP 시스템 도입 성공 사례이다. ERP 도입 효과에 대한 설명으로 가장 적절하지 않은 것은?

┤ 보기 ├

㈜생산은 전사 인사 업무의 디지털 전환을 위해 ERP 시스템을 도입하였다. 시스템 도입 효과는 다음과 같다.

• 연차 사용 촉진 관리업무 표준화 및 관련 업무 프로세스를 자동화하여, 연차 관련 업무 절차가 약 75% 축소되었다.
• 근태 기록과 급여계산식을 연동하여 실시간 급여 자동 산출이 가능해졌다.
• 세무신고 기능도 사전에 설정된 Best Practice 기반으로 구현되어 신고 오류가 현저히 줄어들었다.

① 세무신고의 Best Practice 내재화하여 업무 프로세스 개선하였다.
② 기업의 인적 자원을 효율적으로 관리하여 기업의 경쟁력을 강화시켰다.
③ 데이터 접근이 용이해짐에 따라 인사 담당 실무자 수준에서 경영 의사결정이 가능해졌다.
④ 반복적이고 규칙 기반의 인사 업무를 시스템화함으로써 업무의 효율성이 증가하였고, 수작업 계산 오류 가능성이 줄어들었다.

[과목: 인적자원확보]

05 인사관리에 대한 설명으로 가장 적절하지 않은 것은?

① 인사관리의 목표는 기업조직의 목표에서 도출되어야 하며 기업의 목표달성에 기여해야 한다.

② 근로생활의 질 충족을 통해 근로자의 작업환경과 관계 개선, 노동 의욕 향상, 종업원 사기 증진에 기여한다.

③ 기업의 경영활동에 필요한 직무별 양적·질적·시간적 요구에 따른 인력을 제공하고, 노동성과를 극대화시킴으로써 경제적 효율성을 추구한다.

④ 인력확보, 인력개발, 인력보상, 인력유지로 구분되어 있으며, 업무별 명확한 기능범위를 정하고, 독자적으로 수행되어야 효율성을 달성할 수 있다.

06 직무분석에 대한 설명으로 가장 적절한 것은?

① 과업은 독립된 목적으로 수행되는 하나의 명확한 작업활동을 의미하며, 직군은 유사한 과업들이 모여 하나의 일의 범위를 형성하는 것을 의미한다.

② 생산본부는 자격사업 업무에 4명, 교육사업 업무에 3명, 컨설팅사업 업무 5명, 감독직에 2명이 배치되어 있다. 해당 경우 직무(Job)는 4개, 직위(Position)도 4개이다.

③ 이미 설계·운영되고 있는 직무는 기술변화 등으로 항상 변화하고 개선되어야 하는 경우가 많은데, 직무분석을 통해 직무 구조 및 과정의 개선에 직무분석 정보를 활용하여 인력확보 활동만을 지원한다.

④ 직무내용에 대한 정보, 직무수행자에게 요구되는 자격 요건 정보 등에 대한 정보를 획득하고, 이를 체계적으로 정리하여 직무내용에 관한 정보를 '직무기술서'로 작성하고, 직무수행자에게 요구되는 자격조건에 관한 정보는 직무명세서로 작성한다.

07 [보기]는 어느 직무분석 방법의 단점을 나열한 것이다. 해당 직무분석 방법으로 가장 적절한 것은?

┤ 보기 ├

• 마케팅 전략 수립, 학술연구, 과학자 등 직무의 시작에서 종료까지 긴 직무에 적용하기 어렵다.
• 법률 관련 직무 등 정신적인 활동에 대해서 적용하기 어렵다.
• 직무분석 담당자가 해당 방법을 통해 직무분석을 수행할 경우 업무에 방해가 될 수 있다.
• 해당 방법을 통해 획득한 정보의 신뢰성에 문제가 있을 수 있다.

① 관찰법   ② 질문지법
③ 작업기록법   ④ 중요사실기록법

08 직무전문화에 대한 설명으로 가장 적절하지 않은 것은?

① 한 작업자의 여러 종류의 일(Task)을 숫자면에서 줄이는 것이다.
② 직무전문화가 이루어질수록 생산성은 지속적으로 높아지게 된다.
③ 기업은 직무전문화를 통해 작업자의 선발과 훈련이 용이해지고, 숙련공의 의존이 낮아져 노무비를 절약할 수 있다.
④ 작업자는 직무전문화를 통해 작업결과에 대한 책임 부담이 적어지고, 특별한 직무교육을 받을 필요성이 감소하게 된다.

09 [보기]의 면접 방법으로 가장 적절한 것을 고르시오.

┤ 보기 ├

㈜생산은 최근 AI 기반 제품기획 전문가를 채용하기 위해 면접을 진행했다. 이 과정에서 인사팀장, 기술연구소장, 전략기획팀장이 함께 한 명의 지원자를 상대로 각자의 전문 분야에 대해 질문하며 평가하였다.

① 압박면접   ② 패널면접
③ 비지시적 면접   ④ 블라인드 면접

[과목: 인적자원개발]

10 [보기]의 평가방법으로 가장 적절한 것은?

┤ 보기 ├

㈜생산의 인사팀은 홍길동 사원의 업무성과 평가를 위해 다음과 같은 네 가지 진술문을 사용하고자 한다.

• 고객의 문의사항에 신속하게 응대한다(적절).
• 문제 해결을 위해 타 부서와 적극적으로 협력한다(적절).
• 고객에게 불친절하게 대응한다(부적절).
• 문제 상황에서 책임을 회피하려 한다(부적절).

인사평가 담당자는 이 네 개 항목 중 두 개의 진술을 선택하도록 하여, 직원의 업무 수행 행동을 간접적으로 평가하였다.

① 쌍대비교법   ② 강제할당법
③ 강제선택법   ④ 중요사건평가법

11 [보기]에 해당하는 교육훈련 방법은 무엇인가?

> **보기**
>
> ㈜생산은 최근 생산라인 신입사원 김철수의 현장 적응을 위해 교육훈련을 실시하였다. 이 과정에서 김철수 사원은 생산팀의 직속 상사인 장그래 대리로부터 작업장 내에서 직접 작업 시범을 보고, 작업 순서와 주의사항에 대한 설명을 들은 후 실습을 통해 반복 훈련을 받았다.

① 도제훈련   ② 액션러닝
③ 그리드훈련   ④ 행동모델법

12 [보기]에서 설명하는 승진의 유형은?

> **보기**
>
> 일정 기간 직무수행능력 및 업적만을 평가하여 특별히 유능한 사람에게 승진의 기회를 제공하는 것

① 대용승진   ② 역직승진
③ 발탁승진   ④ 연공승진

[과목: 임금 및 복리후생관리]

13 2026년 기준 근로기준법에 의한 최저시급은 얼마인가?

①   9,860원   ② 10,030원
③ 10,320원   ④ 10,520원

14 퇴직급여에 대한 설명으로 적절하지 않은 것은?

① 근로자가 퇴직한 경우에는 그 지급 사유가 발생한 날부터 20일 이내에 퇴직금을 지급하여야 한다.
② 사용자는 계속 근로기간 1년에 대하여 30일분 이상의 평균임금을 퇴직금으로 퇴직하는 근로자에게 지급할 수 있는 제도를 설정하여야 한다.
③ 확정기여형 퇴직연금은 기업이 납입해야 하는 부담금이 사전에 확정되며, 기업이 근로자 개발계좌에 정기적으로 기여금을 납입하고 근로자가 직접 적립금을 운용하게 된다.
④ 확정급여형 퇴지연금은 종업원이 퇴식할 때 받는 퇴직급여가 사전에 확정되어 기업이 매년 부담금을 납입하여 기업이 직접 책임지고 운용하며, 기업의 운용 결과에 관계없이 근로자는 사전에 정해진 수준의 퇴직급여를 수령한다.

15 복리후생에 대한 설명으로 가장 적절하지 않은 것은?

┤ 보기 ├

㈜생산의 김대리는 재작년 회사에서 직원들의 건강증진을 목적으로, 문화시설 결제 후 영수증 첨부 시 매달 5만 원씩 비용을 지원해주는 복리후생 프로그램의 신설을 통해 헬스장을 등록하게 되었다. 김대리는 건강이 좋아졌다고 느끼며, 복지제도를 지원한 회사에 감사함을 느끼고 애사심도 증가하였다.

① 대상자 선정, 프로그램 형태 결정, 소요되는 재원 조달방법을 고려하여 설계해야 한다.
② 복리후생은 종업원의 다양한 욕구와 기업의 경영환경을 모두 고려하여 설계해야 한다.
③ 복리후생은 근로자의 생계 보장이나 생활 안정에 기여할 뿐 조직성과나 근로의욕과는 무관하다.
④ 선택적 복리후생 제도는 근로자가 자신의 필요에 따라 복지 항목을 선택할 수 있도록 설계되는 제도이다.

16 소득세법에 대한 설명으로 가장 적절하지 않은 것은?

① 개인단위 과세 제도이며, 직접세이다.
② 신고납세주의이며, 누진세율을 적용한다.
③ 과세방법에 따라 종합과세, 분류과세, 분리과세로 분류된다.
④ 종합과세 대상 소득은 이자, 배당, 사업, 근로, 연금, 양도 소득이 있다.

17 4대 사회보험에 대한 설명으로 가장 적절하지 않은 것은?

① 건강보험은 국민건강을 증진시키기 위한 사회보장 제도로 매월 납입한 보험료를 재원으로 진료비의 일부분을 부담해준다. 2026년도 건강보험요율 7.19%를 사용자와 근로자가 반반씩 부담한다.
② 고용보험은 근로자가 실업한 경우 생활에 필요한 급여를 지급함으로써 근로자의 생활 안전과 구직활동을 촉진하는 사회보장제도이다. 근로기준법 상 근로자, 65세 이후 고용된 근로자 및 공무원도 가입대상자에 포함된다.
③ 국민연금은 노령연금, 유족연금, 장애연금 등을 지급함으로써 국민의 생활 안정과 복지증진을 도모하는 사회보장제도이다. 기업은 신규입사자 있는 경우 다음 달 15일까지 사업자 가입자 자격 취득신고서를 작성해 신고해야 한다.
④ 산업재해보상보험은 산업재해근로자를 보호하기 위해 국가가 보험료를 징수한 재원으로 산재근로자에게 보상하는 제도이다. 업무상 재해를 입을 경우 근로복지공단에 산재보험 신청 후 심사를 통해 대상자를 선별하며, 보험사업에 소요되는 재원인 보험료는 원칙적으로 사업주가 전액 부담해야 한다.

[과목: 노사관계]

18 [보기]의 기업의 사례별 근로시간 유형이 바르게 짝지어지지 않은 것을 고르시오.

| 보기 |

- A: ㈜생산정밀은 근로자 A와 주 5일, 1일 8시간씩, 주 40시간 근로계약을 체결하고 있으며, 초과 시 연장근로수당을 지급한다.
- B: ㈜생산기획의 기획팀은 1개월 단위로 총 근로시간만 정해두고, 하루 6시간 근무하거나 어떤 날은 10시간 일하는 등 팀원들이 자율적으로 출퇴근 시간을 조정한다.
- C: ㈜생산물류의 출장직원 B는 하루 종일 외근하면서 회사의 출퇴근 시스템을 사용하지 않는다. 회사는 사전에 '외근 시 일 8시간 근로한 것'으로 인정하기로 하였다.
- D: ㈜생산정보기술은 IT개발 및 고객 대응을 하는 기업으로, 모든 팀원은 오전 10시부터 오후 3시까지는 반드시 근무해야 한다. 이외의 출퇴근 시간은 각자 자율적으로 조정할 수 있으며, 일부 직원은 오전 7시에 출근하여 오후 4시에 퇴근하기도 하고, 일부는 오전 10시에 출근하여 오후 7시에 퇴근한다. 다만, 협업과 회의를 위해 오전 10시~오후 3시를 '집중근무시간(Core Time)'으로 지정하였다.

① A: 법정 근로시간제
② B: 선택적 근로시간제
③ C: 탄력적 근로시간제
④ D: 집중 근무제

19 숍 시스템(shop system)의 종류는 대표적으로 3가지가 있다. 포함되는 않는 것은?

① 오픈 숍
② 유니온 숍
③ 클로즈드 숍
④ 체크오프 숍

20 [보기]에서 설명하는 제도로 가장 적절한 것은?

| 보기 |

㈜생산의 김사원은 최근 같은 팀의 상급자에게 지속적으로 퇴근 직전에 일을 지시받는 일이 반복되면서 스트레스를 호소하게 되었다.
김사원은 사내 인트라넷을 통해 담당자에게 '부당한 지시에 따른 업무 스트레스'를 정식 접수하였다. 담당자는 해당 사례를 접수한 후 팀장과 면담을 진행하였고, 지시 방식 개선과 업무분장을 재조정하기로 협의하였다. 이후 김사원은 업무 스트레스가 완화되었고, 공식 제도를 통해 자신의 의견이 반영되었다는 점에서 조직에 대한 신뢰감을 갖게 되었다.

① 옐로도그
② 스톡옵션제도
③ 고충처리제도
④ 종업원지주제도

[실무]

:: 실무문제는 [실기메뉴]를 활용하여 답하시오.
웹하드(http://www.webhard.co.kr)에서 Guest(ID: samil3489, PASSWORD: samil3489)로
로그인하여 백데이터를 다운받아 설치한 후 인사2급 2025년 4회 '이현우 사원'으로 로그인한다.

01 다음 중 핵심 ERP 사용을 위한 기초 사업장 정보를 확인하고, 그 내역으로 올바르지 않은 것은?

① 〈1000.인사2급 회사본사〉 사업장의 관할세무서는 '104.남대문' 이다.
② 〈2000.인사2급 인천지점〉 사업장의 지방세신고지 행정동은 '2823751000.부평구청' 이다.
③ 〈3000.인사2급 강원지점〉 사업장의 사업장주소는 '강원도 춘천시 경춘로 2134' 이다.
④ 〈1000.인사2급 회사본사〉 사업장은 해당 회사의 본점 사업장이지만, 주(총괄납부)사업장은 아니다.

02 다음 중 핵심 ERP 사용을 위한 기초 부서 정보를 확인하고, 내역으로 알맞지 않은 것은 무엇인가?

① 〈2000.인사2급 인천지점〉 사업장에 속한 부서는 현재 모두 사용 중이다.
② [2000.영업부문]에 속한 부서는 현재 모두 사용 중 이다.
③ '1300.기획부'는 현재 사용하지 않는 부서이며, 사용종료일은 '2019/12/31' 이다.
④ 〈3000.인사2급 강원지점〉 사업장에 속한 부서는 '7100.교육부'가 유일하며, '2021/01/02'부터 사용되었다.

03 다음 중 [H.인사/급여관리] 모듈에 대한 [ERP13I02.이현우] 사원의 설정 내역을 확인하고 관련된 설명으로 올바르지 않은 것은 무엇인가?

① [급/상여이체현황] 메뉴에서는 회사에 속한 모든 대상자의 자료에 대해서 출력이 가능하다.
② [연말정산자료입력] 메뉴에서는 회사에 속한 모든 대상자의 자료에 대해서 수정이 가능하다.
③ [일용직사원등록] 메뉴에서는 회사에 속한 모든 대상자의 자료에 대해서 삭제가 가능하다.
④ [근로소득원천징수부] 메뉴에서는 로그인한 사원 본인의 자료만 조회할 수 있다.

04 당 회사는 2025년 07월 [700.대리] 직급의 호봉을 아래 [보기]와 같이 일괄 등록하고자 한다. 호봉 등록을 완료하고 호봉 금액을 확인 시, 5호봉 '호봉합계'의 금액은 얼마인가?

┤ 보기 ├

- 기 본 급: 초기치 2,500,000원, 증가액 100,000원
- 직급수당: 초기치   50,000원, 증가액   30,000원
- 일괄인상
  1) 정률인상 적용: 기본급 2.6%
  2) 정액인상 적용: 직급수당 10,000원

① 3,155,400원   ② 3,288,000원
③ 3,420,600원   ④ 3,553,200원

05 당 회사의 인사/급여기준에 대한 설정을 확인하고, 관련 설명으로 올바르지 않은 것은 무엇인가? (단, 환경설정 기준은 변경하지 않는다.)

① 2025년 07월 귀속 기준으로 월일수 산정 시, 31일을 적용한다.
② 주민세(종업원분) 신고서의 데이터는 '귀속연월' / '지급연월'이 모두 일치하는 경우에 집계된다.
③ '생산직' 직종의 출결마감기준일은 전월 25일부터 당월 24일까지 이다.
④ 퇴사자의 경우 25일 초과 근무 시, 월 급여를 '월할' 지급한다.

06 2025년 귀속 기준 지급/공제항목설정을 확인하고, 그 설명으로 옳지 않은 것은? (단, 지급/공제항목설정 기준은 변경하지 않는다.)

① [P06.근속수당]은 '입/퇴사자' 에게는 지급하지 않는 항목이다.
② [P07.특별급여]는 '휴직자'에게도 휴직 계산식이 적용되지 않고 정상 지급하는 항목이다.
③ [P20.직책수당]은 직책별로 지급하며, '400.팀장'에게 300,000원을 지급한다.
④ [P70.직무발명보상금]은 비과세유형으로 'R11.직무발명상금'이 설정되어 있고, 감면대상 항목이 아니다.

07 당 회사의 인사정보를 확인하고 관련된 설명으로 올바르지 않은 것은 무엇인가?

① [20010402.박국현] 사원은 노조에 가입되어 있고, 호봉은 '7호봉'이다.
② [20020603.이성준] 사원의 계정유형은 '300.제조계정'이고, 2025/01에 새롭게 임금을 책정했다.
③ [20161107.박선우] 사원은 현재 [T13.중소기업취업감면(90% 감면)] 대상자이고, 근무조는 '002.2조'이다.
④ [20190701.장석훈] 사원은 수습적용 이력이 존재하고, 급여이체은행은 '우리'은행이다.

08 당 회사는 전체 사업장의 〈160. ERP 활용 교육〉 교육평가가 우수한 사원을 대상으로 포상을 지급하기로 하였다. 아래 [보기]를 기준으로 지급한 대상자들의 총 지급금액으로 알맞은 것은 무엇인가?

┤ 보기 ├
- 교육평가 A등급: 300,000원
- 교육평가 B등급: 100,000원

① 1,200,000원
② 1,600,000원
③ 1,700,000원
④ 1,900,000원

09 당 회사는 전체 사업장에 대해 사내 동호회 가입 현황을 확인하고자 한다. 다음 중 현재 '600.요리동호회' 가입자가 아닌 사원은 누구인가? (단, 퇴사자는 제외한다.)

① [20010401.노희선]
② [20040301.오진형]
③ [20161107.박선우]
④ [20190701.장석훈]

10 당 회사는 창립기념일을 맞아 2025년 06월 30일 기준으로 전체 사업장의 만 15년 이상 장기근속자에 대해 특별근속수당을 지급하기로 하였다. 아래 [보기]를 기준으로 지급한 총 특별근속수당은 얼마인가? (단, 퇴사자는 제외하며, 미만일수는 버리고, 모든 경력사항을 제외한다.)

┤ 보기 ├
- 15년 초과 ~ 20년 이하: 150,000원
- 20년 초과 ~ 25년 이하: 200,000원
- 25년 초과: 250,000원

① 1,850,000원
② 2,050,000원
③ 2,200,000원
④ 2,350,000원

11 당 회사의 2025년 07월 귀속 급여(지급일자: 2025/07/25)에 해당하는 대상자 중 [20130701.김수영] 사원이 개인적인 사유로 휴직을 신청하였다. [20130701.김수영] 사원의 휴직 내역을 [보기]와 같이 등록한 뒤 모든 지급 대상자에 대해 급여를 계산할 때, '과세' 총액은 얼마인가? (단, 그 외 급여계산에 필요한 조건은 프로그램에 등록된 기준을 이용한다.)

┤ 보기 ├
- 시작일: 2025/07/01, 종료일: 2025/07/20
- 휴직사유: [300.질병휴직]
- 휴직지급율: 70%
- 퇴직기간적용: 함

① 44,922,720원
② 45,759,790원
③ 46,204,160원
④ 47,486,420원

최신 기출문제

12 당 회사는 2025년 07월 귀속 '특별급여' 소득을 지급하고자 한다. 아래 [보기]의 지급대상 요건으로 지급일자를 직접 추가하여 모든 지급 대상자에 대해 급여를 계산할 때, '회사부담금' 총액은 얼마인가? (단, 그 외 급여계산에 필요한 조건은 프로그램에 등록된 기준을 이용한다.)

> ┤ 보기 ├
>
> • 특별급여지급일자: 2025/07/31
> • 동시발행 및 대상자선정: 분리, 직종및급여형태별
> • 특별급여지급대상: 〈2000.인사2급 인천지점〉 사업장을 제외한 사업장의 모든 직종 및 급여형태

① 1,206,100원   ② 1,362,260원
③ 1,481,770원   ④ 1,530,930원

13 당 회사는 초과근무에 대해 수당을 지급하고 있다. 아래 [보기]의 기준을 토대로 2025년 06월 귀속의 [20110101.배유진] 사원의 '초과근무수당'을 계산하면 얼마인가? (단, 근무수당을 계산하면서 발생되는 모든 원단위 금액은 절사하며, 책정임금 시급은 원단위 금액을 절사하지 않고 계산한다.)

> ┤ 보기 ├
>
> • 초과근무수당
>   = 1유형 근무수당 + 2유형 근무수당
>
> • 초과근무 시급: 책정임금 시급
>   – 1유형 근무수당 = (평일연장근무시간 + 토일정상근무시간) × 2 × 초과근무 시급
>   – 2유형 근무수당 = (평일심야근무시간 + 토일연장근무시간) × 2.5 × 초과근무 시급

① 1,024,360원   ② 1,109,610원
③ 1,207,500원   ④ 1,321,110원

14 당 회사는 일용직 사원에 대해 사원별 지급형태를 구분하여 일용직 급여를 지급하고 있다. 아래 [보기]를 확인하여 2025년 07월 귀속 지급일 중 '매일지급' 대상자를 직접 반영 후 급여계산할 때, 해당 지급일의 급여내역에 대해 바르지 않은 것은 무엇인가? (단, 급여계산에 필요한 조건은 프로그램에 등록된 기준대로 확인한다.)

> ┤ 보기 ├
>
> • 지급형태: '매일지급' 지급일
> • 지급 대상자: '시급직'인 '1100.총무부', '4100.생산부' 사원
> • 평일 10시간 근무, 토요일 2시간 근무
> • 비과세 적용 10,000원(평일만 적용)

① 해당 지급일자의 대상자는 총 31일 중 27일을 근무하였으며, 모두 생산직 비과세 적용 대상자이다.
② 해당 지급일자의 대상자는 모두 과세 추가 지급 금액이 없으며, 소득세는 총 112,930원 이다.
③ [0007.황시윤] 사원에게 연장 비과세는 1,081,000원 지급 되었고, 시간단가는 23,500원 이다.
④ [0018.안채호] 사원은 고용보험이 47,500원만큼 공제 되었고, 급여를 계좌로 지급 받는다.

15 2025년 07월 귀속 일용직 급여작업 전, 아래 [보기]를 기준으로 [0015.박동민] 사원의 사원정보를 직접 변경하고 급여계산을 했을 때, 해당 지급일에 실제 지급된 금액의 합계는 얼마인가? (단, 그 외 급여계산에 필요한 조건은 프로그램에 등록된 기준을 따른다.)

┤ 보기 ├

- 사원정보 변경
  1) 생산직비과세 적용 '안함'
  2) 국민/건강/고용보험여부 '부'
- 일용직 급여지급
  1) 지급형태: '일정기간지급' 지급일
  2) 평일 10시간 근무 / 토요일 4시간 근무 가정
  3) 비과세(신고제외분): 12,000원(평일만 적용)

① 34,411,800원   ② 35,204,380원
③ 37,418,700원   ④ 37,782,420원

16 당 회사의 〈2000.인사2급 인천지점〉 사업장의 2025년 2분기의 과세총액 및 비과세총액은 각각 얼마인가? (단, 사용자부담금은 포함한다.)

① 과세총액: 60,583,560원 / 비과세총액: 2,363,130원
② 과세총액: 138,825,000원 / 비과세총액: 5,984,670원
③ 과세총액: 172,891,220원 / 비과세총액: 7,145,520원
④ 과세총액: 257,486,730원 / 비과세총액: 11,606,160원

17 당 회사는 전체 사업장 기준 2025년 06월 귀속 급여에 대한 대장을 확인하고자 한다. 부서별로 대장을 집계하여 확인했을 때, 부서별 지급/공제항목의 금액으로 옳지 않은 것은?

① '3100.관리부' – 직책수당: 150,000원
② '7100.교육부' – 고용보험: 153,440원
③ '4100.생산부' – 건강보험: 466,840원
④ '5100.자재부' – 직무발명보상금: 250,000원

18 근무조별로 월별 급상여 지급현황을 조회하고자 한다. 2025년 2분기 '003. 3조' 근무조 기준으로 조회 시, 근무조 전체 월별 급상여 지급/공제항목 내역으로 알맞지 않은 것은 무엇인가? (단, 지급구분은 100.급여로 조회한다.)

① 직책수당: 900,000원   ② 사회보험부담금: 4,837,290원
③ 국민연금: 2,301,600원   ④ 차인지급액: 95,545,620원

최신 기출문제

19 당 회사는 〈2000.인사2급 인천지점〉 사업장에 대해 2025년 06월 귀속(지급일 1번)에 이체한 급/상여를 확인하고자 한다. 이체 현황에 대한 설명으로 옳지 않은 것은 무엇인가? (단, 무급자는 제외한다.)

① 해당 지급일자에 지급된 급/상여의 총 실지급액은 39,571,060원이다.

② 현금으로 급/상여를 지급 받는 사원은 존재하지 않는다.

③ '우리은행'을 통해 급여를 지급 받는 인원은 3명이며, 총 이체 금액은 8,755,710원이다.

④ '국민은행'에 이체된 금액은 '기업은행'과 '신한은행'에 이체된 금액의 합보다 많다.

20 당 회사는 〈2000.인사2급 인천지점〉 사업장에 대해 수당별 지급/공제현황을 확인하고자 한다. 다음 중 2025년 상반기동안 'P06.근속수당'이 가장 많이 지급된 사원은 누구인가?

① [20010402.박국현] ② [20020603.이성준]

③ [20040301.오진형] ④ [20130701.김수영]

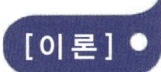

인사 2급 | **2025년 3회 (2025년 5월 24일 시행)**

[이론]

[과목: 경영혁신과 ERP]

01 ㈜생산HR은 이직률 예측 모델을 제작하기 위해 일반적인 머신러닝 워크플로우(machine learning workflow)에 맞추어 업무를 수행하고자 한다. [보기]는 단계별 업무에 대한 설명이며, 순서로 적절한 것을 고르시오.

┤ 보기 ├

(주)생산HR은 이직률 예측 모델을 만들기 위해 직원의 근속기간, 근무 부서, 연차 사용률, 근무 평가 점수 등의 데이터를 확보하려 한다.
- (가) 데이터 수집(Data Acquisition): 사내 인사시스템에서 최근 3년간 인사 데이터를 추출함
- (나) 모델링 및 훈련(Modeling and Training): 퇴사 예측을 위한 분류 모델을 구축하고, 80%의 데이터를 학습용으로 사용하여 모델 훈련 시작함
- (다) 평가(Evaluation): 훈련된 모델이 실제 퇴사자 데이터를 얼마나 잘 예측하는지 정확도와 정밀도를 기준으로 분석함
- (라) 점검 및 탐색(Inspection and Exploration): 특정 부서에서 이직률이 지나치게 높고, 일부 항목의 값이 비정상적으로 입력되어 있음을 확인하고 원인을 파악함

① (가) → (나) → (다) → (라)
② (가) → (라) → (나) → (다)
③ (라) → (나) → (가) → (라)
④ (라) → (가) → (나) → (다)

02 [보기]는 업무효율화를 위해 ㈜생산디지털 인사팀의 챗봇(Chat-bot) 도입 사례이다. 본 사례에서 챗봇은 어떤 기술적 특성과 비즈니스 혁신 효과를 반영하고 있는가?

┤ 보기 ├

㈜생산디지털은 최근 인사 부서의 단순 민원 업무가 급증하자, 사내 인트라넷에 AI 기반 챗봇을 도입하였다. 직원들은 이 챗봇을 통해 "연차 신청 절차는?", "육아휴직 대상은?", "급여명세서 어디서 출력하나요?" 등의 질문에 대해 실시간 자동 응답을 받을 수 있다. 이를 통해 인사담당자는 보다 전문적인 상담과 전략적 업무에 집중할 수 있게 되었다.

① 인사담당자와의 직접 통화를 통해 복잡한 업무 절차를 간소화한다.
② 인사 시스템 내 결재선 확인 기능을 통해 전자결재 업무를 자동화한다.
③ 템플릿화된 FAQ를 이메일로 배포하여 인사 관련 기업 내부 민원을 줄인다.
④ 빅데이터 기반으로 학습된 AI 챗봇이 반복 질문에 자동 응답함으로써 인사 민원의 자동화와 업무 효율화를 지원한다.

최신 기출문제

03 차세대 ERP의 비즈니스 애널리틱스(Business Analytics)에 관한 설명으로 가장 적절하지 않은 것은?

① ERP시스템의 방대한 데이터 분석을 위해 비즈니스 애널리틱스가 차세대 ERP의 핵심요소가 되고 있다.
② 비즈니스 애널리틱스는 정형 데이터만을 대상으로 하며, 비정형 데이터는 분석 대상에 포함되지 않는다.
③ 비즈니스 애널리틱스는 기존 리포팅을 넘어 통계 기반의 고급 분석과 미래 예측 기능을 제공할 수 있다.
④ 비즈니스 애널리틱스는 대시보드나 리포트처럼 단순한 시각화뿐만 아니라 예측·시나리오 분석 기능도 포함한다.

04 'Best Practice' 기반의 ERP 패키지 도입을 통해 프로세스 혁신을 달성하려는 기업의 접근 방식으로 가장 적절하지 않은 것은?

① 내부 프로세스를 먼저 혁신(BPR)한 후 ERP시스템을 도입한다.
② 기존 사내 업무방식을 유지한 상태에서 ERP시스템을 도입한다.
③ ERP시스템 도입과 동시에 프로세스 혁신(BPR)을 함께 추진한다.
④ ERP 패키지에서 제공하는 표준 프로세스를 기준으로 업무 프로세스를 재설계(BPR)한다.

[과목: 인적자원확보]

05 인사관리 이론 중 행동과학적 이론이 아닌 것은?

① 맥그리거 – X·Y 이론
② 허즈버그 – 2요인 이론
③ 피들러 – 상황 리더십 이론
④ 매슬로우 – 욕구 5단계 이론

06 직무평가 방법 중 서열법에 대한 단점이 아닌 것은?

① 유사직무가 많을 경우 서열을 매기기 어렵다.
② 전반적인 평가 과정에서 평가자의 주관이 개입될 소지가 크다.
③ 평가결과 직무들 간의 서열을 통해 직무가치의 차이를 객관적으로 평가할 수 있으나, 직무의 다양한 평가 요소를 고려하기 어렵다.
④ 기업의 규모가 클 경우 평가대상 직무 수가 많을 때 직무평가자의 평가능력의 한계가 예상되며, 이로 인해 신뢰도를 확보하기 어렵다.

07 [보기]는 ㈜생산의 인적자원 수요예측 사례이다. ㈜생산에서 활용한 인력예측 방법은 무엇인가?

> **┤ 보기 ├**
>
> ㈜생산은 최근 3년간 매출액과 직원 수 변동 추이를 분석하여, 내년도 인력 수요를 예측하고자 하였다. 이를 위해 매출액 대비 필요 인력 비율을 산출하고, 이를 기반으로 내년도 인원 계획을 수립하였다.

① 명목집단법
② 델파이기법
③ 전문가예측법
④ 생산성비율분석

08 [보기]의 A~D는 직무분석방법에 대한 설명이며, 가~라는 각 분석방법에 대한 장·단점을 설명하고 있다. 분석방법에 대한 장·단점 설명이 모두 옳게 짝지어진 것은?

> **┤ 보기 ├**

구분	내용
A	직무분석을 수행하는 사람이 특정 직무가 수행되고 있는 것을 관찰하고 내용을 기록하는 방법
B	직무수행자에게 질문지를 나누어 주어 작성하게 함으로써 직무에 대한 정보를 확득하는 방법
C	직무분석을 실시하는 담당자가 해당직무 수행자에게 면접을 실시하여 직무에 관한 정보를 확득하는 방법
D	직무수행자가 직무행동 가운데 성과와 관련하여 효과적인 행동 패턴을 추출하여 분류하는 방법

구분	내용
가	· 장점: 다른 분석 방법보다 정보수집을 위한 자원이 절약됨 · 단점: 질문지 구성이 어려우며, 답변 해석에 따라 결과의 내용이 달라질 수 있음
나	· 장점: 시간이 짧은 직무단위에 대한 정보를 수집하는데 유용함 · 단점: 직무담당자가 특정 직무 관찰 시, 직무수행자의 작업에 방해가 될 수 있음
다	· 장점: 직무행동과 직무성과 간의 관계를 직접적으로 파악할 수 있음 · 단점: 분류 및 평가에 많은 시간과 노력이 소요됨
라	· 장점: 긴 작업의 경우 직무수행자가 요약해서 설명해 줄 수 있고 정신적 활동까지 파악이 가능함 · 단점: 피면접자가 피해를 입을지도 모른다고 판단하게 되면 해당 직무 정보 제공을 기피하는 경우가 종종 발생함

① A-가 / B-나 / C-다 / D-라
② A-가 / B-나 / C-라 / D-다
③ A-나 / B-가 / C-다 / D-라
④ A-나 / B-가 / C-라 / D-다

09 선발시험에 합격한 사람들의 시험 성적과 입사 후의 직무성과를 비교하여 타당성을 검사하는 방법으로 가장 적절한 것은?

① 예측 타당성　　　　　　② 구성 타당성
③ 내용 타당성　　　　　　④ 동시 타당성

[과목: 인적자원개발]

10 [보기]는 ㈜생산이 인사고과를 다양한 인사관리 활동에 활용하는 사례이다. 이 사례에서 설명하는 인사고과의 역할에 대한 설명으로 가장 적절한 것은?

> ┤ 보기 ├
>
> ㈜생산은 조직 전체의 인사관리를 체계화하기 위해 인사고과를 적극적으로 활용하고 있다. 우선, 기존 직원들의 질적 수준을 분석하여 신규 채용 기준을 마련했으며, 교육훈련 대상자 선발과 승진 대상자 추천에도 평가 결과를 반영하고 있다. 또한 인력 배치 및 이동 시 적재적소 배치를 위해 평가 결과를 참고하고, 저성과자에 대해서는 직무 재설계나 추가 교육훈련을 진행하고 있다. 나아가 성과 기반 임금체계 구축을 위해 직원들의 평가 결과를 임금조정에 반영하고, 직원들의 만족도 및 애사심 수준을 파악하여 이직 방지 대책도 마련하고 있다.

① 인사고과는 교육훈련과 승진을 위한 참고 자료로 사용된다.
② 인사고과는 종업원의 심리적 만족도 조사를 활용할 수 있다.
③ 인사평가는 채용 과정에서만 활용되며, 직무성과 자료로 활용된다.
④ 인사고과는 인력확보, 개발, 배치, 유지, 활용, 보상 등 인사관리 전 과정에 활용된다.

11 인사평가의 신뢰성은 "측정하고자 하는 평가내용이 얼마나 정확하게 측정되었는가?"에 대한 내용이다. [보기]의 사례에서 발생한 신뢰성 저해 오류에 대한 설명으로 가장 적절한 것은?

> ┤ 보기 ├
>
> • 2024년 상반기 김생산 사원의 업적점수는 60점, 이길동 사원의 업적점수는 70점을 받았다. 2024년 하반기 김생산 사원은 열심히 하여 업적점수를 80점 받았고, 이길동 사원은 집안에 발생한 문제로 인해 업무에 영향을 받아 업적점수가 60점으로 내려갔다.
> • 두 사원의 2024년 단순 평균 업적점수는 70점이지만 김생산 사원은 최종 75점을 받았고, 이길동 사원은 최종 65점의 평가를 받았다.

① 두 사원의 업무 성과를 비교하다 보니 대비효과가 발생하였다.
② 업적점수가 떨어진 이길동 사원에게 가혹화 효과가 발생하였다.
③ 두 사원의 평균점수를 기반으로 평가하는 중심화 경향이 발생하였다.
④ 하반기에 높은 점수를 받은 김생산의 최종점수가 높아지는 시간적 오류가 발생하였다.

12 이직의 유형은 자발적 이직과 비자발적 이직으로 구분되며, 이직은 기업에 순기능을 가져오기도 하지만 역기능을 가져오기도 한다. 자발적 이직의 순기능이 아닌 것은?

① 노동비용 절감   ② 저성과자 교체
③ 새로운 변화의 기회   ④ 이동과 승진기회 축소

[과목: 임금 및 복리후생관리]

13 임금 지급의 기본 원칙에 해당하지 않는 것은?

① 현물 지불의 원칙   ② 직접 지불의 원칙
③ 전액 지불의 원칙   ④ 정기 지불의 원칙

14 직능급(종업원가치기준) 장·단점에 대한 설명으로 적절하지 않은 것은?

① 단순 노무직의 경우 도입이 어렵다는 단점이 있다.
② 인건비 부담이 감소하나, 경영 질서 유지가 어렵다.
③ 능력에 따라 임금이 결정되므로 근로자의 불만이 해소된다.
④ 종업원의 자기개발의 의욕을 자극하여 생산성 향상에 기여한다.

15 [보기]의 ㈜생산제조에 적용된 임금 형태는 무엇인가?

┤ 보기 ├

㈜생산제조는 조립라인 근로자에게 작업 단위별로 표준작업시간을 설정해두고 있다. 근로자는 이 표준시간을 기준으로 작업을 수행하며, 임금은 단위시간당 임금률에 표준시간을 곱하여 산출된다. 실제 소요시간이 기준시간보다 짧거나 길더라도, 기준 시간 기준으로 임금이 동일하게 지급된다.

① 생산 성과급제   ② 복률 성과급제
③ 표준 시간급제   ④ 차등 시간급제

16 고용보험에 대한 설명으로 옳지 않은 것은?

① 근로자를 사용하는 모든 사업 또는 사업장은 의무적으로 가입하여야 한다.
② 60세 이후에 고용된 자는 적용제외 대상이다. (실업급여는 적용 제외하나 고용안정·직업능력개발사업은 적용한다.)
③ 1월간 소정근로시간이 60시간 미만인 근로자(1주가 15시간 미만인자 포함)는 적용 제외 대상이다.
④ 고용안정·직업능력개발사업 보험료에 대하여는 사업주가 전액 부담하여야 하나, 실업급여 보험료에 대하여는 노사가 일정 비율을 나누어 부담한다.

17 소득세에 대한 설명으로 적절한 것은?

① 거주자의 소득세 납세지는 사업지이다.
② 소득세는 소득구간이 증가함에 따라 4%씩 과세비율이 높아진다.
③ 원천이나 유형이 다른 종류의 소득을 하나의 과세표준에 합산하는 과세방법을 분리과세라고 한다.
④ 결정세액에서 이미 납부한 세액을 차감하면 실제 내야할 세금을 구할 수 있는데 이를 납부할 세액이라고 한다.

최신 기출문제

[과목: 노사관계]

18 [보기]에 가장 적절한 근로시간에 해당하는 것은 무엇인가?

> **보기**
>
> 취재, 연구, 설계 및 분석, 디자인 업무 등과 같이 업무의 수행 방법이나 수단, 시간 배분 등이 근로자의 재량에 따라 결정되어 근로시간보다 성과에 의해 근무 여부를 판단할 수 있는 경우 노사 간의 합의 시간을 근로시간으로 보는 것

① 간주 근로시간제   ② 재량 근로시간제
③ 선택적 근로시간제   ④ 탄력적 근로시간제

19 임금, 근로시간, 복지, 고용, 기타 대우 등의 근로조건의 결정에 관한 노사 간 주장의 불일치 때문에 발생한 분쟁상태를 무엇이라 하는가?

① 알선   ② 조정
③ 중재   ④ 노동쟁의

20 [보기]는 무엇에 대한 설명인가?

> **보기**
>
> 조합비를 징수할 때 사용자가 노동조합의 의뢰를 받아 급여계산 시 조합비를 일괄공제하여 전달해 주는 방법이다.

① 고충처리제도   ② 체크오프제도
③ 종업원지주제도   ④ 메인터넌스 숍제도

[실무]

> ❖❖ 실무문제는 [실기메뉴]를 활용하여 답하시오.
> 웹하드(http://www.webhard.co.kr)에서 Guest(ID: samil3489, PASSWORD: samil3489)로 로그인하여 백네이터를 나운받아 설치한 후 인사2급 2025년 3회 '이현우 사원'으로 로그인한다.

01 다음 중 핵심 ERP 사용을 위한 기초 사원등록 정보를 확인하고, '사용자'로 등록 된 사원의 등록내역으로 알맞지 않은 것은 무엇인가?

① '조회권한'은 〈회사〉이다.
② '입사일'은 2002/12/01이고 '3100.관리부'에 소속되어 있다.
③ '인사입력방식'은 〈수정〉이다.
④ '검수조서권한'은 〈승인〉이다.

02 다음 중 핵심 ERP 사용을 위한 기초 부서 정보를 확인하고, 내역으로 알맞지 않은 것은 무엇인가?

① 〈2000.인사2급 인천지점〉 사업장에 속한 부서 중 현재 사용하지 않는 부서는 1개이다.
② '6100.경리부'는 현재는 사용하지 않는 부서이며, 사용종료일은 '2021/12/31' 이다.
③ [1000.관리부문]에 속한 부서 중 현재 사용하지 않는 부서는 1개이다.
④ '8100.관리부'는 현재 사용하는 부서이며, [1000.관리부문]에 속한 부서이다.

03 당 회사의 〈사용자권한설정〉의 '인사/급여관리' 모듈에 대한 '이현우' 사원의 설정 내역을 확인하고 관련된 설명으로 올바르지 않은 것은 무엇인가?

① [급여관리]에 속한 메뉴에서는 모든 자료에 대해서 출력이 가능하다.
② [일용직급여지급일자등록] 메뉴에서는 모든 자료에 대해서 삭제가 불가능하다.
③ [전표관리]에 속한 메뉴에서는 모든 자료에 대해서 변경이 가능하다.
④ [소득자별정보현황] 메뉴에서는 본인이 소속된 부서의 자료만 조회할 수 있다.

04 당 회사는 2025년 05월 [800.주임] 직급의 호봉을 아래 [보기]와 같이 일괄 등록하고자 한다. 호봉 등록을 완료 후 5호봉 '호봉합계' 금액은 얼마인가?

┤ 보기 ├

• 기 본 급: 초기치 2,700,000원, 증가액 70,000원
• 직급수당: 초기치   140,000원, 증가액 50,000원
• 일괄인상
  1) 정률인상 적용: 기본급 4.2%   2) 정액인상 적용: 직급수당 5,000원

① 3,105,160원   ② 3,204,280원
③ 3,450,160원   ④ 3,573,100원

05 당 회사의 인사/급여기준에 대한 설정을 확인하고, 관련 설명으로 올바른 것은 무엇인가? (단, 환경 설정 기준은 변경하지 않는다.)

① 원천징수이행상황 신고서의 데이터는 '귀속연월' / '지급연월'이 모두 일치하는 경우에 집계된다.
② 입사자의 경우 20일 초과 근무 시, 월 급여를 '월할' 지급한다.
③ '사무직' 직종의 출결마감기준일은 전월 25일부터 당월 24일까지 이다.
④ 2025년 05월 귀속 기준으로 월일수 산정 시, 한달정상일로 설정된 30일을 적용한다.

06 2025년 귀속 기준 지급/공제항목설정을 확인하고, 그 설명으로 옳지 않은 것은? (단, 지급/공제항목설정 기준은 변경하지 않는다.)

① [P00.기본급]은 책정임금의 월급을 기준으로 지급하는 항목이다.
② [P02.가족수당]은 '입사자'에게는 지급하지 않는 항목이다.
③ [P30.야간근로수당]은 비과세 적용 기준요건인 '월정급여'에 포함되는 지급항목이다.
④ [P50.자격수당]은 '휴직자'에게도 휴직 계산식이 적용되지 않고 정상 지급하는 항목이다.

최신 기출문제

07 당 회사의 인사정보를 확인하고 관련된 설명으로 올바르지 않은 것은 무엇인가?

① [20000601.이종현] 사원의 직급은 '이사'이며, 중도정산 이력이 존재한다.
② [20010401.노희선] 사원의 급여이체은행은 '기업'은행이고, 생산직총급여 비과세 대상자이다.
③ [20110101.김윤미] 사원은 국외소득이 존재하고, 부녀자공제 적용 대상자이다.
④ [20140501.김화영] 사원의 수습적용 이력이 존재하고, 노조에 가입되어 있다.

08 당 회사는 전체 사업장의 〈994. 임직원역량강화교육(2025년)〉 교육평가가 우수한 사원을 대상으로 포상을 지급하기로 하였다. 아래 [보기]를 기준으로 지급한 대상자들의 총 지급금액으로 알맞은 것은 무엇인가?

┤ 보기 ├
• 교육평가 A등급: 200,000원
• 교육평가 B등급: 100,000원

① 800,000원 ② 900,000원
③ 1,100,000원 ④ 1,200,000원

09 당 회사는 〈1000.인사2급 회사본사〉 사업장의 2025년 1월 기준 (2025/01/01 ~ 2025/01/31) '재직기간'을 확인하고자 한다. 다음 중 해당 기준일의 재직기간이 가장 긴 사원은 누구인가? (단, 모든 정보는 프로그램에 입력된 기준으로 확인하고, 퇴사자는 제외한다.)

① [20000601.이종현] ② [20010402.제갈형서]
③ [20030701.엄현애] ④ [20130102.김용수]

10 당 회사는 창립기념일을 맞아 2025년 04월 30일 기준으로 전체 사업장의 만 15년 이상 장기근속자에 대해 특별근속수당을 지급하기로 하였다. 아래 [보기]를 기준으로 지급한 총 특별근속수당은 얼마인가? (단, 퇴사자는 제외하며, 미만일수는 버리고, 모든 경력사항을 제외한다.)

┤ 보기 ├
• 15년 초과 ~ 20년 이하: 100,000원
• 20년 초과: 200,000원

① 1,800,000원 ② 1,900,000원
③ 2,100,000원 ④ 2,200,000원

11 당 회사의 2025년 05월 귀속 급여(지급일자: 2025/05/25)에 해당하는 대상자 중 [20140903.정용빈] 사원의 '책정임금'이 변경되었다. [보기]를 기준으로 직접 '책정임금'을 변경하고 모든 지급 대상자에 대해 급여를 계산할 때, '과세' 총액은 얼마인가? (단, 그 외 급여계산에 필요한 조건은 프로그램에 등록된 기준을 이용한다.)

┤ 보기 ├

- 사원명(사원코드): [20140903.정용빈]
- 계약시작년월: 2025/05
- 연봉: 50,000,000원

① 40,180,820원   ② 40,458,980원
③ 42,164,190원   ④ 42,824,920원

12 당 회사는 2025년 05월 귀속 '특별급여' 소득을 지급하고자 한다. 아래 [보기]의 지급대상 요건으로 지급일자를 직접 추가하여 모든 지급 대상자에 대해 급여를 계산할 때, '소득세' 총액은 얼마인가? (단, 그 외 급여계산에 필요한 조건은 프로그램에 등록된 기준을 이용한다.)

┤ 보기 ├

- 특별급여지급일자: 2025/05/31
- 동시발행 및 대상자선정: 분리, 직종및급여형태별
- 특별급여지급대상: 〈2000.인사2급 인천지점〉 사업장을 제외한 사업장의 모든 직종 및 급여형태

① 659,860원   ② 672,320원
③ 694,510원   ④ 719,360원

13 당 회사는 초과근무에 대해 수당을 지급하고 있다. 아래 [보기]의 기준을 토대로 2025년 04월 귀속의 [20130701.신별] 사원의 '초과근무수당'을 계산하면 얼마인가? (단, 근무수당을 계산하면서 발생되는 모든 원단위 금액은 절사하며, 책정임금 시급은 원단위 금액을 절사하지 않고 계산한다.)

┤ 보기 ├

- 초과근무수당
  = 1유형 근무수당 + 2유형 근무수당

- 초과근무 시급: 책정임금 시급
  1) 1유형 근무수당 = (평일연장근무시간 + 토일정상근무시간) × 2 × 초과근무 시급
  2) 2유형 근무수당 = (평일심야근무시간 + 토일연장근무시간) × 2.5 × 초과근무 시급

① 821,910원   ② 837,290원
③ 851,240원   ④ 862,790원

14 당 회사는 일용직 사원에 대해 사원별 지급형태를 구분하여 일용직 급여를 지급하고 있다. 아래 [보기]를 확인하여 2025년 05월 귀속 지급일 중 '매일지급' 대상자를 직접 반영 후 급여계산할 때, 해당 지급일의 급여내역에 대해 바르지 않은 것은 무엇인가? (단, 급여계산에 필요한 조건은 프로그램에 등록된 기준대로 확인한다.)

> ┤ 보기 ├
>
> • 지급형태: '매일지급' 지급일
> • 지급 대상자: '시급직'인 '1200.경리부', '5100.자재부' 사원
> • 평일 10시간 근무, 토요일 2시간 근무
> • 비과세 적용 12,000원(평일만 적용)

① 해당 지급일자의 대상자는 모두 과세 추가 지급 금액이 없으며, 국민연금은 총 294,730원 이다.
② 해당 지급일자의 대상자는 총 31일 중 27일을 근무하였으며, 실지급액은 총 30,293,260원 이다.
③ [0003.김주원] 사원에게 연장 비과세는 1,686,080원 지급 되었고, 급여를 현금으로 지급 받는다.
④ [0006.이희성] 사원은 생산직 비과세 적용 대상자가 아니며, 소득세가 공제되지 않았다.

15 2025년 05월 귀속 일용직 급여작업 전, 아래 [보기]를 기준으로 [0016.문리리] 사원의 사원정보를 직접 변경하고 급여계산을 했을 때, 해당 지급일에 실제 지급된 금액의 합계는 얼마인가? (단, 그 외 급여계산에 필요한 조건은 프로그램에 등록된 기준을 따른다.)

> ┤ 보기 ├
>
> • 사원정보 변경
> 1) 생산직비과세 적용 '함'
> 2) 국민/건강/고용보험여부 '부'
> • 일용직 급여지급
> 1) 지급형태: '일정기간지급' 지급일
> 2) 평일 10시간 근무 / 토요일 4시간 근무 가정
> 3) 비과세(신고제외분): 12,000원(평일만 적용)

① 51,761,440원   ② 52,377,000원
③ 58,741,550원   ④ 59,079,700원

16 당 회사의 〈1000.인사2급 회사본사〉 사업장 기준 2025년 1분기의 지급총액 및 공제총액은 각각 얼마인가? (단, 사용자부담금은 포함한다.)

① 지급총액: 118,825,620원 / 공제총액: 16,389,420원
② 지급총액: 123,974,040원 / 공제총액: 16,389,420원
③ 지급총액: 126,992,460원 / 공제총액: 14,391,780원
④ 지급총액: 131,850,750원 / 공제총액: 14,391,780원

17 당 회사는 전체 사업장 기준 2025년 04월 귀속 급여에 대한 대장을 확인하고자 한다. 근무조별로 대장을 집계하여 확인했을 때, 근무조별 지급/공제항목의 금액으로 옳지 않은 것은?

① '001.1조' – 근속수당: 1,050,000원
② '001.1조' – 사회보험부담금: 1,695,940원
③ '002.2조' – 건강보험: 839,290원
④ '003.3조' – 소득세: 836,710원

18 부서별로 월별 급상여 지급현황을 조회하고자 한다. 2025년 1분기 '2100. 국내영업부' 부서 기준으로 조회 시, 부서 전체 월별 급상여 지급/공제항목 내역으로 알맞지 않은 것은 무엇인가? (단, 지급구분은 100.급여로 조회한다.)

① 직무발명보상금: 1,350,000원   ② 지급합계: 54,048,030원
③ 장기요양보험료: 441,540원   ④ 공제합계: 7,010,010원

19 당 회사는 전체 사업장을 대상으로 급/상여 지급액 등 변동사항을 확인하고자 한다. 2025년 04월 변동 상태에 대한 설명으로 알맞지 않은 것은 무엇인가? (단, 모든 기준은 조회된 데이터를 기준으로 확인한다.)

┤ 보기 ├

· 기준연월: 2025년 04월
· 비교연월: 2024년 04월
· 사용자부담금 '포함'

① 전체 급/상여 지급 대상 '인원'은 변동 사항이 없고 '기본급' 지급액은 증가하였다.
② [20140901.강민우] 사원의 경우 지급항목 중 '근속수당' 항목이 50,000원 증가하였고, '소득세' 공제액은 감소하였다.
③ 전체 '지방소득세' 공제액은 증가하였고 '고용보험' 공제액은 변동 사항이 없다.
④ 전체 '사업자부담금'은 변동 사항이 없고, '차인지급액'은 감소하였다.

20 당 회사는 〈1000.인사2급 회사본사〉 사업장에 대해 수당별 지급/공제현황을 확인하고자 한다. 다음 중 2024년 하반기동안 'S00.국민연금'이 가장 많이 공제된 사원은 누구인가?

① [20000502.김종욱]   ② [20000601.이종현]
③ [20030701.엄현애]   ④ [20130102.김용수]

인사 2급 2025년 2회 (2025년 3월 22일 시행)

[이론]

[과목: 경영혁신과 ERP]

01 인공지능(AI) 규범 원칙에 대한 설명으로 옳은 것은?

① 인공지능은 기업의 이익을 우선적으로 고려하여 개발되어야 한다.
② 인공지능은 인간을 해치거나 속이는 능력을 갖출 수 있도록 개발될 수도 있다.
③ 인공지능은 인류의 공동 이익을 위해 개발되어야 하며, 투명성과 공정성을 지켜야 한다.
④ 인공지능은 모든 데이터 수집과 활용 과정에서 개인정보 보호 원칙을 무조건 배제할 수 있다.

02 블록체인에 대한 설명으로 옳은 것은?

① 블록체인은 기부금의 사용 내역을 숨기기 위해 개발되었다.
② 블록체인은 한 곳에서만 데이터를 저장하고 관리하는 기술이다.
③ 블록체인은 계약을 맺을 때 꼭 변호사가 있어야 하는 기술이다.
④ 블록체인은 데이터를 안전하게 공유하고 변경하기 어렵게 만든 기술이다.

03 e-Business 지원 시스템을 구성하는 단위 시스템에 해당되지 않는 것은?

① 성과측정관리(BSC)
② EC(전자상거래) 시스템
③ 의사결정지원시스템(DSS)
④ 고객관계관리(CRM) 시스템

04 ERP와 기존의 정보시스템(MIS) 특성 간의 차이점에 대한 설명으로 가장 적절하지 않은 것은?

① 기존 정보시스템의 업무범위는 단위업무이고, ERP는 통합업무를 담당한다.
② 기존 정보시스템의 전산화 형태는 중앙집중식이고, ERP는 분산처리구조이다.
③ 기존 정보시스템은 수평적으로 업무를 처리하고, ERP는 수식석으로 업무를 처리한다.
④ 기존 정보시스템은 파일시스템을 이용하고, ERP는 관계형 데이터베이스시스템(RDBMS)을 이용한다.

[과목: 인적자원확보]

05 과학적 관리법에 관한 설명으로 가장 거리가 먼 것은?

① 차별적 성과급을 지급한다.
② 동작연구와 시간연구를 한다.
③ 테일러에 의한 조직 이론의 기초가 되었다.
④ 표준화, 전문화, 단순화 3S 원칙을 추구한다.

06 [보기]에서 설명하는 문서는 무엇인가?

┤ 보기 ├

교육회사인 ㈜생산교육의 인사팀은 직원 채용을 위해 직무분석을 수행한 후 다음과 같은 문서를 작성하였다. 해당 문서에는 지원자의 학력, 직무경험, 필요한 자격증 및 신체적 요건 등 인적 요건이 중심이 되어 기록되었다. 이 문서를 통해 인사팀은 채용 기준을 명확히 하고자 한다.

① 직무평가서   ② 직무명세서
③ 직무분석표   ④ 직무고과표

07 직무와 관련된 용어로 독립된 특정한 목표를 위하여 수행되는 하나의 명확한 작업 활동을 의미하는 용어는 무엇인가?

① 직종   ② 직위
③ 과업   ④ 직군

08 [보기]의 상황에서 ㈜생산성이 채택할 수 있는 가장 적절한 인력계획방법은 무엇인가?

┤ 보기 ├

• 조립형 로봇의 부품을 생산 및 판매하는 ㈜생산성은 안정적인 비즈니스 모델을 바탕으로 꾸준히 성장해왔으나, 최근 장기적인 경기침체와 지속적인 수요 감소로 생산량이 감소하였다. 이에 따라 인력 과잉 문제도 발생하였다. 경영진은 이를 해결하기 위해 회의를 진행하였고, 그 내용은 아래와 같다.
  ✓ 인력계획을 통해 위기에 대응할 것
  ✓ 외부기관의 위탁생산 및 위탁업무를 최대한 지양할 것
• 정규직 규모를 유지할 것
  ✓ 미래 먹거리 사업 발굴을 위해 꾸준한 R&D 투자와 R&D 기능을 담당하는 연구실의 인력을 증원할 것

① 신규채용   ② 아웃소싱
③ 직무재배치   ④ 조기퇴직제

09 선발도구는 측정하고자 하는 것을 제대로 측정하는지를 알려주는 타당성이 있어야 하는데 이러한 타당성을 평가하는 데는 세 가지 척도가 있다. 이에 포함되지 않는 것은?

① 구성 타당성　　　　　　　　　　　② 내용 타당성

③ 유용 타당성　　　　　　　　　　　④ 기준 관련 타당성

[과목: 인적자원개발]

10 [보기]는 인사평가에서 어떤 현상에 대한 설명인가?

┤ 보기 ├

㈜생산의 인사팀에서는 인사고과 결과를 분석하던 중, 평가 점수가 평균값에 집중되어 대부분의 피고과자들이 중간 정도의 평가를 받은 것을 확인했다. 이에 따라 우수한 직원과 부족한 직원 간의 차별성이 제대로 드러나지 않아 보상 및 승진에 어려움을 겪고 있다.

① 관대화 경향　　　　　　　　　　　② 엄격화 경향

③ 중심화 경향　　　　　　　　　　　④ 상동적 태도

11 [보기]의 ㈜생산성에 적용된 신입사원 교육훈련방법의 단점으로 가장 적절한 것은 무엇인가?

┤ 보기 ├

㈜생산은 신입사원의 빠른 업무 적응을 위해 현장에서 실무 중심의 교육훈련을 진행하고 있다. 상급자와 함께 직접 실무 근무현장에서 업무를 수행하면서 필요한 지식, 기술, 태도 등을 익히도록 한다. 이러한 방식은 경제적이며, 실무에 밀접하게 연결되어 있어 현장감 있는 교육이 가능하다. 하지만 일부 문제도 발생할 수 있다.

① 실무 현장에서 업무를 수행하다 보니 획일화된 내용을 익히고 학습하게 된다.

② 교육 담당자의 수준 차이로 인해 교육 내용과 수준의 통일성을 유지하기 어렵다.

③ 사업 수행 인력이 교육훈련에 투입되어 인건비의 문제가 발생하며, 다른 교육훈련보다 경제성이 떨어진다.

④ 신입사원의 적응 기간을 충분히 고려하지 못한 채 실무에 투입시키며, 신입사원의 스트레스로 인해 사내 퇴사자가 증가한다.

12 [보기]는 무엇에 대한 설명인가?

┤ 보기 ├

직원들의 장기적인 성장을 지원하기 위해 새로운 경력개발제도를 도입하려고 한다. 이 제도는 직원의 장래성, 리더십, 잠재력 등을 다양한 평가 기법(예: 그룹 토론, 상황 시뮬레이션, 역할 연기 등)을 통해 다각적으로 평가하고, 이를 바탕으로 직원의 경력개발 계획을 체계적으로 수립하는 방식이다.

① 기능목록제도　　　　　　　　　　② 자기신고제도

③ 직무순환제도　　　　　　　　　　④ 종합평가센터제도

[과목: 임금 및 복리후생관리]

13 임금관리의 3대 과제로 적절하지 않은 것은?

① 임금수준   ② 임금체계
③ 임금형태   ④ 임금요구

14 임금수준 결정요인에 대한 설명으로 가장 적절하지 않은 것은?

① 기업은 근로자에게 최저임금을 보장해야 한다.
② 임금수준은 종업원에게 지급되는 평균임금을 의미한다.
③ 동종업에 종사하더라도, 다양한 원인에 의해 임금차이는 크게 발생할 수 있다.
④ 기업은 업종, 규모, 설비 등을 고려하여 지급 능력 안에서 임금의 하한선을 결정한다.

15 연장근로, 야간근로 등에 대한 가산금을 산출하는 기준으로 사용되는 것으로 가장 적합한 것은?

① 통상임금   ② 최저임금
③ 업종임금   ④ 기업임금

16 [보기]에서 복리후생 효과 중 성격이 다른 하나는 무엇인가?

┤ 보기 ├

㈜생산은 직원의 생활과 근로환경의 개선을 위해 다양한 제도를 시행한다. 올해는 종업원들에게 경조금, 간식비를 증대하고, 사내동아리 참여자들에 한해 활동비를 일부 지원해 주기로 하였다. 단순히 생각하면 회사의 지출만 증가하는 정책으로 오해받을 수 있지만, 경영진은 이러한 정책들을 통해 직원들의 결근율을 줄이고 이직을 방지할 수 있어 간접적인 **(A. 원가절감)**에 기여한다고 판단한다. 또한 회사의 복지가 좋다는 채용사이트의 정보를 보고 입사지원자의 수가 증가하였으며, **(B. 우수 인력 확보)**가 수월했다. 더불어 이러한 복리후생 정책은 직원들이 **(C. 경력개발을 통한 자아실현)**, 개인적인 성취감 등을 경험할 수 있도록 하였으며, **(D. 기업 이미지 개선)**에도 많은 도움이 되었다.

① A. 원가절감   ② B. 우수 인력 확보
③ C. 경력개발을 통한 자아실현   ④ D. 기업의 이미지 개선

17 연말정산 시 근로자의 제출서류로 적합하지 않은 것은?

① 기부금 명세서   ② 의료비 지급 명세서
③ 신용카드 소득공제 신청서   ④ 원천징수 이행상황 보고서

[과목: 노사관계]

18 약정휴가에 해당하지 않는 것은?

① 경조휴가
② 출산휴가
③ 포상휴가
④ 하계휴가

19 노동자가 헌법상의 기본권으로 가지는 노동 3권에 해당하지 않는 것은?

① 단결권
② 단체교섭권
③ 단체합의권
④ 단체행동권

20 근로자가 경영에 참가하는 방법 중 직접적으로 참여하는 제도가 아닌 것은?

① 럭커 플랜
② 스캔론 플랜
③ 종업원지주제도
④ 노사공동결정제도

실무문제는 [실기메뉴]를 활용하여 답하시오.
웹하드(http://www.webhard.co.kr)에서 Guest(ID: samil3489, PASSWORD: samil3489)로
로그인하여 백데이터를 다운받아 설치한 후 인사2급 2025년 2회 '이현우 사원'으로 로그인한다.

01 다음 중 핵심 ERP 사용을 위한 기초 사업장 정보를 확인하고, 그 내역으로 올바르지 않은 것은?

① [1000.인사2급 회사본사] 사업장의 사업장주소는 '서울특별시 중구 을지로 29'이다.
② [2000.인사2급 인천지점] 사업장은 '반기'별로 이행상황신고서를 제출한다.
③ [3000.인사2급 강원지점] 사업장의 업태는 '교육서비스업'이다.
④ 주(총괄납부)사업장으로 등록되어 있는 사업장은 [1000.인사2급 회사본사] 사업장이 유일하다.

02 다음 중 핵심 ERP 사용을 위한 기초 부서 정보를 확인하고, 내역으로 올바른 것은?

① 2025/03/22 기준 현재 사용 중인 부서 중 [1000.인사2급 회사본사] 사업장 소속의 부서는 모두 5개이다.
② 2025/03/22 기준 현재 사용이 종료된 부서는 모두 2개이며, 2개의 부서 모두 같은 날에 사용이 종료되었다.
③ 가장 오랜 기간 사용된 부서는 모두 [1000.관리부문] 소속이다.
④ 2025/01/01부터 사용 중인 부문은 [7000.AI연구부문] 이다.

03 다음 중 [H.인사/급여관리] 모듈에 대한 [ERP13I02.이현우] 사원의 설정 내역을 확인하고 관련된 설명으로 올바르지 않은 것은?

① [ERP13I02.이현우] 사원은 당 회사에 등록된 모든 근로자의 인사정보를 수정할 수 있다.
② [ERP13I02.이현우] 사원은 당 회사에 등록된 모든 근로자의 면허자격 정보를 조회할 수 있지만 추가할 수는 없다.
③ [ERP13I02.이현우] 사원은 당 회사에 등록된 모든 근로자의 연말정산자료입력 작업을 할 수 있다.
④ [ERP13I02.이현우] 사원은 상용직 급여에 대한 전표작업을 할 수 없다.

04 당 회사는 2025년 03월 [800.주임] 직급의 호봉을 아래 [보기]와 같이 일괄 등록하고자 한다. 호봉 등록을 완료 후 5호봉 '기본급' 금액은 얼마인가?

┤ 보기 ├
• 기 본 급: 초기치 2,000,000원, 증가액 100,000원
• 직급수당: 초기치   50,000원, 증가액 35,000원
• 일괄인상: 기본급 6.5%, 직급수당 3.5% 정률인상

① 2,556,000원
② 2,752,650원
③ 2,769,000원
④ 3,038,100원

05 당 회사의 인사/급여기준에 대한 설정을 확인한 뒤, 설정을 올바르게 설명한 [보기] 내용은 몇 개인가? (단, 환경설정 기준은 변경하지 않는다.)

┤ 보기 ├
• A: 입사자 급여계산 시, 근무일수가 20일을 초과하는 경우 '월'의 방식으로 급여를 지급하고 그렇지 않은 경우 실제 근무일만큼 급여를 지급한다.
• B: 수습직의 경우 3개월 간 80%에 해당하는 급여를 지급받는다.
• C: 월일수 산정 시, '한달 정상일'에 입력된 기준일(월)수를 일수로 적용한다.
• D: '생산직'의 출결마감 기준일은 전월 25일에서 당월 24일까지이다.

① 1개
② 2개
③ 3개
④ 4개

06 2025년도 귀속 '급여' 구분의 '지급항목'에 대한 설정으로 올바르지 않은 것은?

① 전년도와 비교했을 때, 등록된 지급항목 중 [P02.가족수당]의 가족별 분류에 대한 변동사항이 있다.
② [P06.근속수당]은 모든 근속기간의 계산식이 [근무한년수]×[시급]'으로 동일하게 계산된다.
③ [P30.야간근로수당]은 직종코드가 [002.생산직]인 근로자에 대해서만 150,000원씩 지급받는다.
④ 'P'로 시작하는 지급항목 코드의 과세구분이 '비과세'인 지급항목의 분류여부 설정은 모두 '분류'이다.

07 당 회사 [20120101.정수연] 사원의 정보로 올바르지 않은 것은?

① '2013/11/01'에 입사했으며, 입사일과 그룹입사일이 다르다.
② 현재 [7100.교육부]소속이고, 직책은 [500.파트장]이다.
③ 현재 [T13.중소기업취업감면(90% 감면)]대상자이고, 2025/01에 새롭게 임금을 책정했다.
④ 배우자공제를 받고 있으며, 노조에 가입되어 있지는 않다.

08 당 회사는 [150.임직원 AI 활용 교육]을 진행하였다. 아래 [보기] 기준으로 교육평가 내역을 직접 확인 시, 교육평가 결과가 'B등급'이 아닌 사원은 누구인가?

┤ 보기 ├

• 교육명: [150.임직원 AI 활용 교육]
• 시작/종료일: 2025/01/01 ~ 2025/03/31

① [20000502.김종욱]　　　　　　② [20010402.박국현]
③ [20110101.배유진]　　　　　　④ [20130102.김용수]

09 당 회사는 [2025년 1/4분기 인사발령]을 사원별로 진행하고자 한다. [20250101] 발령호수의 발령 내역을 확인하고, 그 설명으로 올바른 것은?

① 해당 발령호수의 모든 대상자는 부서와 직책 정보만 변경된다.
② 해당 발령호수의 모든 대상자는 부서에 대한 발령전정보가 존재한다.
③ 해당 발령호수의 직책정보가 변경되는 대상자는 [20010402.박국현] 사원만 존재한다.
④ 해당 발령호수의 [20161107.박선우] 사원은 발령 후 총무부로 부서이동을 한다.

10 회사는 창립기념일을 맞아 2025년 02월 28일 기준으로 모든 사업장에 대해 만 15년 이상 장기근속 자에 대해 특별근속수당을 지급하기로 하였다. 아래 [보기]를 기준으로 지급한 특별근속수당 총 금액은 얼마인가? (단, 퇴사자는 제외하며, 미만일수는 올리고, 이전 경력은 제외한다.)

┤ 보기 ├

• 15년 이상 20년 미만: 150,000원
• 20년 이상: 200,000원

① 2,150,000원　　　　　　② 2,200,000원
③ 2,250,000원　　　　　　④ 2,300,000원

11 2025년 03월 귀속(1번 순번) 급여를 계산하기 전 [20010401.노희선] 사원의 책정임금을 새로 계약하였다. [보기]와 같이 책정임금을 새로 등록하고 급여계산을 했을 때, [20010401.노희선] 사원의 '소득세'와 '지방소득세'는 얼마인가?

┤ 보기 ├

- 계약시작년월: 2025년 03월
- 연봉: 42,766,830원

① 소득세: 171,930원 / 지방소득세: 17,190원
② 소득세: 187,950원 / 지방소득세: 18,790원
③ 소득세: 211,980원 / 지방소득세: 21,190원
④ 소득세: 236,010원 / 지방소득세: 23,600원

12 당 회사는 2025년 03월 귀속 '상여' 소득을 지급하고자 한다. 〈2024년 12월 귀속 상여〉 지급일 기준으로 아래 [보기]와 같이 직접 지급일을 추가 등록하여 상여 계산 시, 대상자들의 총 '과세' 금액은 얼마인가? (단, 그 외 급여계산에 필요한 조건은 프로그램에 등록된 기준을 이용한다.)

┤ 보기 ├

- 지급일자: 2025/04/10
- 상여지급대상기간: 2025/01/01 ~ 2025/03/31

① 23,193,840원
② 23,331,350원
③ 24,275,840원
④ 24,304,470원

13 당 회사는 초과근무에 대해 수당을 지급하고 있다. 아래 [보기]의 기준을 토대로 2025년 02월 귀속 〈급여〉구분 [20020603.이성준] 사원의 '초과근무수당'을 계산하면 얼마인가? (단, 근무수당을 계산하면서 발생되는 모든 원단위 금액은 절사하며, 책정임금 시급은 원단위 금액을 절사하지 않고 계산한다.)

┤ 보기 ├

- 초과근무수당 = 1유형 근무수당 + 2유형 근무수당
- 1유형 근무수당 = (평일연장근무시간 + 토일정상근무시간) × 1.5 × 책정임금 시급
- 2유형 근무수당 = (평일심야근무시간 + 토일연장근무시간) × 2 × 책정임금 시급

① 1,286,050원
② 1,295,960원
③ 1,303,680원
④ 1,313,590원

14 당 회사는 일용직 사원에 대해 급여를 지급하고자 한다. 아래 [보기]를 기준으로 2025년 03월 귀속 일용직 대상자의 정보를 변경 후 모든 대상자들에 대해 급여 계산을 했을 때, 해당 지급일에 대한 설명으로 올바르지 않은 것은? (단, 그 외 급여계산에 필요한 조건은 프로그램에 등록된 기준을 따른다.)

> **보기**
> • 생산직 비과세적용 대상자 추가: [0019.류성준]
> • 지급형태: 매일지급
> • 평일 9시간 근무 가정
> • 비과세(신고제외분): 12,000원

① 해당 지급일의 대상자는 모두 5명이고, 발생한 과세총액의 합은 20,750,310원이다.
② 해당 지급일의 대상자는 모두 31일 중 21일을 근무하였다.
③ 해당 지급일에서는 일부 대상자에 대해서만 총 67,620원의 소득세가 공제되었다.
④ 해당 지급일의 실지급액 합은 19,898,880원이고, 회사부담금 총액은 1,046,740원이다.

15 당 회사는 2025/03 귀속 일용직 사원에 대해 급여를 지급 시, 대상자가 누락된 것을 확인했다. 아래 [보기]를 확인하여 대상자를 추가 후, 급여 적용 시 해당 지급일자의 과세총액은 얼마인가? (단, 그 외 급여계산에 필요한 조건은 프로그램에 등록된 기준을 따른다.)

> **보기**
> • 지급형태: 일정기간지급
> • [1200.경리부]이고 급여형태가 [003.일급]인 대상자 추가
> • 평일 8시간 근무 가정

① 13,918,240원   ② 14,775,210원
③ 15,678,530원   ④ 16,380,000원

16 당 회사는 [2000.인사2급 인천지점] 사업장과 [3000.인사2급 강원지점] 사업장에 대한 2024년 4/4분기의 '과세/비과세' 지급 내역을 확인하고자 한다. 과세총액이 가장 많이 발생한 부서와 비과세총액이 가장 많이 발생한 부서로 올바른 것은? (단, 사용자부담금은 제외한다.)

① 과세총액: 관리부 / 비과세총액: 자재부
② 과세총액: 생산부 / 비과세총액: 교육부
③ 과세총액: 관리부 / 비과세총액: 교육부
④ 과세총액: 생산부 / 비과세총액: 자재부

17 당 회사는 전체 사업장 기준 2025년 02월 귀속 〈급여〉 급여구분의 대장을 확인하고자 한다. 근무조별로 대장을 집계하여 확인했을 때, 근무조별 지급/공제항목의 금액으로 올바르지 않은 것은?

① 1조 – 가족수당: 260,000원   ② 2조 – 영업촉진수당: 300,000원
③ 2조 – 직무발명보상금: 250,000원   ④ 3조 – 자격수당: 300,000원

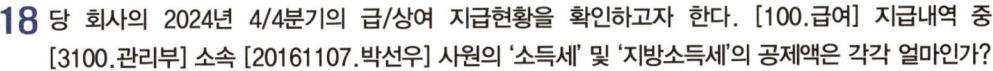

18 당 회사의 2024년 4/4분기의 급/상여 지급현황을 확인하고자 한다. [100.급여] 지급내역 중 [3100.관리부] 소속 [20161107.박선우] 사원의 '소득세' 및 '지방소득세'의 공제액은 각각 얼마인가?

① 소득세:　　286,290원 / 지방소득세:　28,620원
② 소득세:　　507,780원 / 지방소득세:　50,760원
③ 소득세:　　563,850원 / 지방소득세:　56,370원
④ 소득세: 1,803,480원 / 지방소득세: 180,330원

19 당 회사는 전 사업장을 대상으로 급/상여 지급액 등 변동사항을 확인하고자 한다. 2025년 02월 변동 상태에 대한 설명으로 올바르지 않은 것은? (단, 모든 기준은 조회된 데이터를 기준으로 확인한다.)

┤ 보기 ├

• 기준연월: 2025년 02월(지급일 1번)
• 비교연월: 2024년 02월(지급일 1번)
• 사용자부담금: 제외

① 비교연월과 기준연월의 급/상여 지급인원의 변동은 없다.
② 비교연월에 비해 기본급은 2,747,470원 상승했다.
③ [20001102.정영수] 사원의 지급 항목에서는 근속수당과 자격수당의 금액 변동이 존재한다.
④ [20110101.배유진] 사원의 지급/공제항목에서는 기본급을 제외한 모든 항목에서 금액 변동이 존재한다.

20 당 회사는 [2000.인사2급 인천지점] 사업장에 대해 수당별 지급현황을 확인하고자 한다. 선택지에 제시된 사원 중에서 2024년 4/4분기동안 [P06.근속수당]을 가장 많이 지급받은 사원은 누구인가?

① [20001102.정영수]　　　　　② [20010401.노희선]
③ [20020603.이성준]　　　　　④ [20030701.엄현애]

최신 기출문제

인사 2급 | 2025년 1회 (2025년 1월 25일 시행)

[이론]

[과목: 경영혁신과 ERP]

01 정형화된 데이터 기반의 자료 작성, 단순 반복 업무 처리, 고정된 프로세스 단위 업무 수행이 이루어
지는 RPA 적용단계는 무엇인가?

① 인지자동화
② 예측모델구축
③ 기초프로세스 자동화
④ 데이터 기반의 머신러닝(기계학습) 활용

02 [보기]는 무엇에 대한 설명인가?

> **┤ 보기 ├**
> • 인터넷을 통해서 모든 사물을 서로 연결하여 정보를 상호 소통하는 지능형 정보기술 및 서비스
> • 해당 기기들이 내장 센서를 통해 데이터를 수집하고 인터넷을 통해 서로 연결·통신하며, 수집된
>   정보 기반으로 자동화된 프로세스나 제어기능을 수행함
> • 스마트 가전, 스마트 홈, 의료, 원격검침, 교통 등 다양한 산업 분야에 적용됨

① 사물인터넷(Internet of Things)
② 클라우드 컴퓨팅(Cloud Computing)
③ 인공신경망(Artificial Neural Network)
④ 사이버물리시스템(Cyber Physical System)

03 'Best Practice'를 목적으로 ERP 패키지를 도입하여 시스템을 구축하고자 할 경우 가장 적절하지
않은 방법은?

① BPR과 ERP 시스템 구축을 병행하는 방법
② ERP 패키지에 맞추어 BPR을 추진하는 방법
③ 기존 업무처리에 따라 ERP 패키지를 수정하는 방법
④ BPR을 실시한 후에 이에 맞도록 ERP 시스템을 구축하는 방법

04 기업에서 ERP시스템을 도입하기 위해 분석, 설계, 구축, 구현 등의 단계를 거친다. 이 과정에서 필수적으로 거쳐야하는 "GAP분석" 활동의 의미를 적절하게 설명한 것은?

① TO-BE 프로세스 분석
② TO-BE 프로세스에 맞게 모듈을 조합
③ 현재업무(AS-IS) 및 시스템 문제 분석
④ 패키지 기능과 TO-BE 프로세스와의 차이 분석

[과목: 인적자원확보]

05 인적자원관리 패러다임의 변화에 대한 설명으로 적절하지 않은 것은?

① 연공 중심 → 성과 중심
② 역할 중심 → 사람 중심
③ 비용 관점 → 수익 관점
④ 일방적 통보 → 쌍방향 소통

06 직무 관련 용어에 대한 설명으로 적절하지 않은 것은?

① 요소: 목표를 위하여 수행되는 하나의 명확한 작업 활동
② 직종: 직업이라고도 불리며, 동일하거나 유사한 직군들의 집단
③ 직무: 작업의 종류와 수준이 동일하거나 유사한 직위들의 집단
④ 직위: 근로자 개인에게 부여된 하나 또는 그 이상의 과업들의 집단

07 직무분석의 절차(단계) 중 실시단계에 수행하는 내용으로 가장 적절하지 않은 것은?

① 직무분석표 작성
② 분석방법의 결정
③ 직무정보의 수집
④ 직무정보의 분석

08 직무평가의 방법 중 요소비교법의 장·단점에 대한 설명으로 적절하지 않은 것은?

① 평가의 타당도 및 신뢰도가 우수하다.
② 평가 과정이 단순하여 비용과 시간이 절약된다.
③ 평가요소에 대한 주관이 개입될 가능성이 높아진다.
④ 기준직무를 통하여 평가하므로 유사한 직무 및 기업 내의 전체직무를 평가하는데 용이하다.

09 도구를 선발 대상자들에게 적용했을 때 안정적이고 일관성 있는 결과를 얻어낼 수 있는지를 판단하는 기준을 나타내는 것은?

① 타당성
② 효율성
③ 효용성
④ 신뢰성

최신 기출문제

[과목: 인적자원개발]

10 직장 내 훈련(On the Job Training)에 대한 설명으로 적절하지 않은 것은?

① 낮은 비용으로 시행이 용이하다.
② 도제훈련, 직무교육훈련 등이 있다.
③ 훈련과 직무가 직결되므로 경제적이다.
④ 전문적인 지식과 기능을 전달하기 용이하다.

11 경력개발의 원칙에 해당하지 않는 것은?

① 균형주의 원칙
② 승진경로의 원칙
③ 적재적소배치의 원칙
④ 경력기회개발의 원칙

12 리더십 이론 중 문제해결 방안을 전문가가 직접 제시하기보다는 해결 당사자가 해결방안을 스스로 발견할 수 있도록 지원하는 리더십은 무엇인가?

① 셀프 리더십
② 슈퍼 리더십
③ 코칭 리더십
④ 카리스마 리더십

[과목: 임금 및 복리후생관리]

13 평균임금의 적용대상에 해당하지 않는 것은?

① 휴업수당
② 감급제재의 제한
③ 평균임금의 최저한도
④ 재해보상 및 산업재해보상보험급여

14 비과세 근로소득에 대한 설명으로 올바른 것은?

① 월 30만원 한도의 자가운전보조금
② 직무발명 보상금으로서 700만원 이하의 보상금
③ 직전 연도 총급여액이 3,700만원 이하로서 월정액 급여가 260만원 이하인 사무직 근로자가 받는 연장근로수당
④ 근로자 또는 그 배우자의 출산이나 10세 이하 자녀의 보육과 관련하여 지급받는 자녀 1인당 월 20만원의 금액

15 우리나라는 국가가 저임금근로자의 최저생활을 보호하기 위해 최저임금제도를 시행하고 있다. 최근 발표된 2026년도 적용연도 기준 최저임금 시급은 얼마인가?

① 9,860원
② 10,030원
③ 10,320원
④ 10,520원

16 4대보험에 해당하지 않는 것은?

① 건강보험　　　　　　　　　　② 개인연금
③ 고용보험　　　　　　　　　　④ 국민연금

17 법정휴가에 해당하지 않는 것은?

① 연차 휴가　　　　　　　　　　② 보상 휴가
③ 출산 휴가　　　　　　　　　　④ 경조 휴가

[과목: 노사관계]

18 [보기]의 설명으로 가장 적절한 것은?

┤ 보기 ├

근로자의 노동조합이 사용자와 근로조건의 유지·개선에 관하여 의논하고 절충할 수 있는 권리

① 단결권　　　　　　　　　　　② 단체행동권
③ 경영참가권　　　　　　　　　④ 단체교섭권

19 근로자 측 노동쟁의 행위에 해당하지 않는 것은?

① 보이콧　　　　　　　　　　　② 피케팅
③ 긴급조정　　　　　　　　　　④ 생산통제

20 [보기]에서 설명하는 경영참가 제도는 무엇인가?

┤ 보기 ├

근로자의 참여의식을 높이기 위하여 위원회제도를 활용해 근로자의 경영참여와 개선된 생산의 판매가치를 기초로 한 성과배분제

① 럭커 플랜　　　　　　　　　　② 스캘론 플랜
③ 스톡옵션 제도　　　　　　　　④ 종업원지주 제도

[실무]

실무문제는 [실기메뉴]를 활용하여 답하시오.
웹하드(http://www.webhard.co.kr)에서 Guest(ID: samil3489, PASSWORD: samil3489)로
로그인하여 백데이터를 다운받아 설치한 후 인사2급 2025년 1회 '이현우 사원'으로 로그인한다.

01 다음 중 핵심 ERP 사용을 위한 기초 사원등록 정보를 확인하고, '사용자'로 등록된 사원의 등록내역
으로 알맞지 않은 것은 무엇인가?

① 부서는 '3100.관리부' 이다.　　　　　② 입사일은 '2002/12/01' 이다.
③ '회계입력방식'은 〈승인〉이다.　　　　④ '조회권한'은 〈회사〉이다.

02 다음 중 핵심 ERP 사용을 위한 기초 부서 정보를 확인하고, 그 내역으로 알맞지 않은 것은 무엇인
가?

① 현재 사용하지 않는 부서는 총 2개 이다.
② [2000.영업부문]에 속한 부서는 모두 사용 중 이다.
③ 〈2000.인사2급 인천지점〉 사업장에 속한 부서는 모두 사용 중이다.
④ '6100.경리부'는 [3000.관리부문(인천지점)]에 속해 있으며, '2021/12/31'에 사용 종료되었다.

03 다음 중 [인사기초코드등록]의 〈4.사원그룹(G)〉 출력구분에 대한 설명으로 올바르지 않은 것은 무엇
인가?

① 생산직 연장근로 비과세 적용대상 코드를 만들려면, 〈G2.직종〉의 비고에 '1'을 입력해야 한다.
② 〈G5.직무〉 중 '004.생산' 직무는 [일용직사원등록] 메뉴에서만 관리하고 있는 코드이다.
③ [일용직사원등록] 메뉴에서 현재 조회되고 있는 고용형태는 '002.일용직', '003.인턴직' 이다.
④ 〈G3.직책〉은 [인사정보등록] 및 [일용직사원등록] 메뉴에서 관리하고 있는 코드이다.

04 당 회사는 2025년 01월 [800.주임] 직급의 호봉을 아래 [보기]와 같이 일괄 등록하고자 한다.
[800.주임] 직급의 호봉등록을 완료하였을 때, 6호봉 기준의 '호봉합계'는 얼마인가?

┤ 보기 ├
• 기 본 급: 초기치 2,300,000원, 증가액 100,000원
• 직급수당: 초기치　 120,000원, 증가액　50,000원
• 일괄인상: 기본급 3.5%, 직급수당 4.0% 정률인상

① 3,127,300원　　　　　　　　　　② 3,282,800원
③ 3,438,300원　　　　　　　　　　④ 3,593,800원

05 당 회사의 인사/급여 설정기준을 확인하고 관련된 설명으로 옳지 않은 것은 무엇인가? (단, 환경설정 기준은 변경하지 않는다.)

① 지방소득세 특별징수 명세/납부서의 데이터는 '귀속연월', '지급연월'이 모두 일치하는 경우 집계된다.
② 한 달의 일수는 귀속 월의 실제 일수를 기준으로 반영한다.
③ 입사자의 경우 지정한 '기준일수' 미만 근무 시, 월 급여를 '일할' 지급한다.
④ 원천징수이행상황 신고서의 신고 진행 시, 주사업장에서 종사업장까지 일괄로 취합하여 신고한다.

06 당 회사의 2024년 12월 귀속 급/상여 지급일자 등록을 확인하고, 그 내역으로 옳지 않은 것은 무엇인가?

① '상여' 지급 시, '상여지급대상기간' 내 입사자는 실제 근무일수 기준으로 상여소득을 지급한다.
② '급여' 지급 시, '지급직종및급여형태' 기준으로 [상용직급여입력및계산] 메뉴에 대상자가 자동으로 반영된다.
③ '상여' 지급 시, '상여지급대상기간' 내 '생산직' 근로자에 대해서만 상여를 지급한다.
④ '급여'를 지급하는 일자에 '상여'를 추가하여 지급할 수 있다.

07 당 회사의 인사정보를 확인하고 관련된 설명으로 올바르지 않은 것은 무엇인가?

① [20001101.박용덕] 사원의 직급은 '400.부장'이며, 노조에 가입되어 있다.
② [20030701.엄현애] 사원의 급여 이체은행은 '040.국민'은행이며, 20세 이하 부양가족이 존재한다.
③ [20110101.김윤미] 사원은 '8100.관리부' 소속이며, 국외소득이 존재한다.
④ [20140901.강민우] 사원은 배우자 공제가 적용되며, 학자금상환 대상자로 상환통지액은 100,000원이다.

08 당 회사는 전체 사업장의 〈993. 임직원정기교육(2025년)〉 교육평가가 우수한 사원을 대상으로 포상을 지급하기로 하였다. 아래 [보기]를 확인하여 대상자들의 총 지급금액으로 알맞은 것은 무엇인가?

┤ 보기 ├

- 교육평가 A등급: 150,000원
- 교육평가 B등급: 50,000원

① 500,000원   ② 550,000원
③ 600,000원   ④ 650,000원

09 당 회사 [20030701.엄현애] 사원에 대해 〈가족〉 정보를 확인하고, 등록 정보에 대한 설명으로 올바르지 않은 것은 무엇인가?

① 부양가족 중 연말정산 '인적공제 및 공제항목별명세' 미적용 대상자는 존재하지 않는다.
② 부양가족 중 '가족수당' 적용 대상자는 존재하지 않는다.
③ 부양가족 중 연말정산 '장애인공제' 적용 대상자가 존재한다.
④ 부양가족 중 동거를 하고 있지 않은 대상자는 존재하지 않는다.

10 당 회사는 창립기념일을 맞아 2024년 12월 31일 기준으로 전체 사업장의 만 20년 이상 장기근속자에 대해 특별근속수당을 지급하기로 하였다. 아래 [보기]를 기준으로 지급한 총 특별근속수당은 얼마인가? (단, 퇴사자는 제외하며, 미만일수는 올리고, 모든 경력사항은 제외한다.)

┤ 보기 ├
• 20년 초과 ~ 25년 이하: 200,000원
• 25년 초과: 250,000원

① 1,800,000원　　　　② 1,850,000원
③ 2,000,000원　　　　④ 2,050,000원

11 당 회사는 2025년 01월 귀속 '급여' (지급일자: 2025/01/25) 지급 시, [20130701.신별] 사원의 변경된 책정임금을 반영하여 급여작업을 진행하고자 한다. [보기]를 기준으로 직접 '책정임금'을 변경하고 모든 지급 대상자에 대해 급여를 계산할 때, 해당 지급일자의 과세총액은 얼마인가? (단, 그 외 급여계산에 필요한 조건은 프로그램에 등록된 기준을 이용한다.)

┤ 보기 ├
• 사원명: [20130701.신별]
• 계약시작년월: 2025/01　　　• 연봉: 45,000,000원

① 39,997,490원　　　　② 40,180,820원
③ 40,597,490원　　　　④ 41,224,310원

12 당 회사는 2025년 01월 귀속 '특별급여' 소득을 지급하고자 한다. 아래 [보기]의 지급대상 요건으로 지급일자를 직접 추가하여 모든 지급 대상자에 대해 급여를 계산할 때, '과세' 총액은 얼마인가? (단, 그 외 급여계산에 필요한 조건은 프로그램에 등록된 기준을 이용한다.)

┤ 보기 ├
• 특별급여지급일자: 2025/01/31
• 동시발행 및 대상자선정: 분리, 직종및급여형태별
• 특별급여지급대상: 〈2000.인사2급 인천지점〉 사업장을 제외한 사업장의 모든 직종 및 급여형태

① 31,296,500원　　　　② 32,426,120원
③ 33,117,430원　　　　④ 34,201,560원

13 당 회사는 사원별 '지각/조퇴/외출시간'을 기준으로 '기본급 공제액'을 계산하여 해당 금액을 '기본급'에서 공제하고 지급한다. 아래 [보기]의 기준을 토대로 2024년 12월 귀속 [20130102.김용수] 사원의 근태내역을 확인하고, '기본급 공제액'을 계산하면 얼마인가? (단, 공제액을 계산하면서 발생되는 모든 원단위 금액은 절사하며, 책정임금 시급은 원단위 금액을 절사하지 않고 계산한다.)

┤ 보기 ├

- 초과근무수당
  - 1유형 근무수당 + 2유형 근무수당

- 초과근무 시급: 책정임금 시급
  - 1유형 근무수당 = (지각시간 + 외출시간) × 2 × 책정임금 시급
  - 2유형 근무수당 = (조퇴시간) × 2.5 × 책정임금 시급

① 534,280원   ② 542,450원
③ 566,750원   ④ 582,120원

14 당 회사는 일용직 사원에 대해 사원별 지급형태를 구분하여 일용직 급여를 지급하고 있다. 아래 [보기]를 확인하여 2025년 01월 귀속 지급일 중 '매일지급' 대상자를 직접 반영 후 급여계산할 때, 해당 지급일의 급여내역에 대한 설명 중 올바르지 않은 것은 무엇인가? (단, 급여계산에 필요한 조건은 프로그램에 등록된 기준대로 확인한다.)

┤ 보기 ├

- 지급형태: '매일지급' 지급일
- 지급 대상자: 부서가 '4100.생산부'이고 급여형태가 '004.시급'인 사원
- 평일 10시간 근무, 토요일 4시간 근무
- 비과세 적용 12,000원(평일만 적용)

① 해당 지급일자의 대상자는 5명 이며, 신고대상 항목이 아닌 비과세는 총 1,380,000원 지급되었다.
② [0014.백석준] 사원은 급여를 현금으로 지급 받으며, 장기요양보험료는 66,000원 공제되었다.
③ 해당 지급일자의 대상자는 총 31일 중 27일을 근무하였으며, 과세총액은 33,107,540원 이다.
④ [0016.문리리] 사원은 신고대상 항목인 비과세를 지급 받지 않았고, 소득세가 공제되지 않았다.

15 2025년 01월 귀속 일용직 급여작업 전, 아래 [보기]를 기준으로 [0004.김향기] 사원의 사원정보를 직접 변경하고 급여계산을 했을 때, 2025년 01월 귀속 해당 일용직 대상자들의 실지급액 총계는 얼마인가? (단, 그 외 급여계산에 필요한 조건은 프로그램 등록된 기준을 따른다.)

┤ 보기 ├

• 사원정보 변경
 1) 생산직비과세 적용 '함'
 2) 고용보험 여부: '여' / 국민연금 여부: '여' / 건강보험 여부: '여'
• 일용직 급여지급
 1) 지급형태: '일정기간지급' 지급일
 2) 평일 10시간 근무 / 토요일 2시간 근무

① 50,196,960원　　　　　　　　　② 50,867,750원
③ 51,221,110원　　　　　　　　　④ 52,369,240원

16 당 회사의 〈2000.인사2급 인천지점〉 사업장 기준 2024년 4분기의 〈과세/비과세〉 총액은 각각 얼마인가? (단, 사용자부담금은 포함한다.)

① 과세총액: 119,992,470원 / 비과세총액:　6,450,000원
② 과세총액: 119,992,470원 / 비과세총액:　8,158,290원
③ 과세총액: 266,228,310원 / 비과세총액: 13,800,000원
④ 과세총액: 266,228,310원 / 비과세총액: 25,389,030원

17 당 회사는 〈2000.인사2급 인천지점〉 사업장에 대해 2024년 12월 귀속(지급일 1번)에 이체한 급/상여를 확인하고자 한다. 이체 현황에 대한 설명으로 옳지 않은 것은? (단, 무급자는 제외한다.)

① 계좌이체를 통해 급/상여를 지급 받지 않는 사원은 존재하지 않는다.
② 해당 사업장의 급/상여 지급 대상자는 총 11명이며, 총 실지급액은 36,314,410원이다.
③ '신한은행'을 통해 급/상여를 지급 받는 인원은 3명이며, 총 이체 금액은 11,056,710원이다.
④ '기업은행'에 이체된 금액은 '국민은행'에 이체된 금액보다 적다.

18 당 회사는 2024년 4분기 급여 작업에 대해 수당별 지급현황을 확인하고자 한다. 다음 중 〈1000.인사2급 회사본사〉 사업장 기준 'T00.소득세'가 가장 많이 공제된 사원은 누구인가?

① [20130102.김용수]　　　　　　　② [20120101.정수연]
③ [20010402.제갈형서]　　　　　　④ [20000601.이종현]

19 당 회사는 전체 사업장 기준 2024년 12월 귀속(지급일 1번) 급여에 대한 대장을 확인하고자 한다. 부서별로 대장을 집계하여 확인했을 때, 부서별 지급/공제항목의 금액으로 옳지 않은 것은?

① '1200.경리부' – 자격수당: 160,000원
② '9100.교육부' – 건강보험: 263,720원
③ '2100.국내영업부' – 소득세: 739,270원
④ '4100.생산부' – 야간근로수당: 100,000원

20 당 회사는 부서별 월별 급/상여 지급현황을 확인하고자 한다. 2024년 4분기 '3100.관리부' 부서 기준으로 조회 시, 부서 전체 월별 급/상여 지급/공제항목 내역으로 알맞지 않은 것은?

① 근속수당: 1,950,000원
② 사회보험부담금: 2,331,180원
③ 급여합계: 64,059,990원
④ 장기요양보험료: 231,000원

최신 기출문제

인사 2급   2024년 6회 (2024년 11월 23일 시행)

[이론] ●

[과목: 경영혁신과 ERP]

01 머신러닝 워크플로우 프로세스의 순서를 고르시오.

① 데이터 수집 → 점검 및 탐색 → 전처리 및 정제 → 모델링 및 훈련 → 평가 → 배포
② 점검 및 탐색 → 데이터 수집 → 전처리 및 정제 → 모델링 및 훈련 → 평가 → 배포
③ 데이터 수집 → 전처리 및 정제 → 모델링 및 훈련 → 평가 → 배포 → 점검 및 탐색
④ 데이터 수집 → 전처리 및 정제 → 점검 및 탐색 → 모델링 및 훈련 → 평가 → 배포

02 [보기]에서 가장 성공적인 ERP 도입이 기대되는 회사를 고르시오.

┤ 보기 ├
- 회사 A: 현재 업무 방식이 최대한 반영될 수 있도록 업무 단위에 맞추어 ERP 도입을 추진 중이다.
- 회사 B: 시스템의 전문지식이 풍부한 IT 및 전산 관련 부서 구성원으로 도입 TFT를 결성하였다.
- 회사 C: ERP 도입 과정에서 부서 간 갈등 발생 시, 최고경영층의 개입이 최소화 될 수 있도록 하향식(Top-Down) 의사결정을 배제한다.
- 회사 D: 프로세스 개선을 위해 효율적인 업무 프로세스를 재정립하고, 성공적인 ERP 도입을 위해 유능한 컨설턴트를 고용하고자 한다.

① 회사 A   ② 회사 B
③ 회사 C   ④ 회사 D

03 빅데이터의 주요 특성(5V)으로 옳지 않은 것은?

① 속도   ② 다양성
③ 정확성   ④ 일관성

04 ERP 아웃소싱(Outsourcing)에 대한 설명으로 적절하지 않은 것은?

① ERP 자체개발에서 발생할 수 있는 기술력 부족을 해결할 수 있다.
② ERP 아웃소싱을 통해 기업이 가지고 있지 못한 지식을 획득할 수 있다.
③ ERP시스템 구축 후에는 IT아웃소싱 업체로부터 독립적으로 운영할 수 있다.
④ ERP 개발, 구축, 운영, 유지보수 등에 필요한 인적 자원 절약 효과를 거둘 수 있다.

[과목: 인적자원확보]

05 테일러의 과학적 관리법에 관한 설명으로 가장 거리가 먼 것은?

① 조직 이론의 기초가 된다.
② 차별적 성과급을 지급했다.
③ 동작연구와 시간연구를 한다.
④ 표준화, 전문화, 단순화를 추구한다.

06 작업의 종류와 수준이 동일하거나 유사한 직위들의 집단을 무엇이라고 하는가?

① 직무   ② 과업
③ 요소   ④ 직군

07 ㈜생산성에서는 [보기]와 같이 사내인트라넷을 통해 인적자원을 모집하고자 한다. ㈜생산성의 모집 방법을 고르시오.

┤ 보기 ├

직무공고 안내

인재개발센터 > 홍길동 센터장   동록일: 2024-11-23 10:01:13
👁 281

"다음과 같이 능력있는 인재를 찾습니다."

❑ 모집직무 및 응모자격
• 모집직무

부문	인원	직무내역
생산성정책센터	1	• 생산성 통계 분석·정책연구 • 서비스생선성 공적개발원조 컨설팅
자격검정센터	1	• ERP정보관리사 출제기획 • 국가공인민간자격 시행관리

• 응모자격: 인사규정시행규칙 제21조에 의거 ㈜생산성 근무 2년 이상인 자

❑ 지원서 접수
• (접수기간) 2024.11.23. ~ 11.26 18:00 限
• (접수방법) 이메일로 지원서 제출
   * 담당자: 김철수 (내선 123, chulsookim@kpc.co.kr)
• (제출서류) 지원서 (별지 서식 참조)

❑ 심사절차
• 인사위원회 면접전형(11.29. 예정) 실시. 끝.

① 인턴십   ② 헤드헌터
③ 종업원파견   ④ 사내공모제

08 인력의 수요가 공급보다 많을 경우 해야 될 조치로 적절하지 않은 것은?

① 아웃소싱
② 직무공유제
③ 파견근로 활용
④ 초과근로 활용

09 [보기]의 면접 방법에 해당하는 것은?

┤ 보기 ├

다수의 면접자가 한 사람의 피면접자를 상대로 하는 면접방식으로 관리직 또는 전문직 선발 시 많이 활용하는 방법이다.

① 패널 면접
② 압박 면접
③ 정형적 면접
④ 비지시적 면접

[과목: 인적자원개발]

10 인사고과 평가에 대한 오류 중 피고과자의 대다수를 중간정도로 판단하는 경향을 말하는 것은 무엇인가?

① 관대화 경향
② 엄격화 경향
③ 중심화 경향
④ 상동적 태도

11 [보기]에서 설명하는 교육훈련 방법은 무엇인가?

┤ 보기 ├

실제 상황과 비슷한 상황을 부여하는 방법으로 주로 문제 해결 능력이나 기획 능력을 향상시킬 때 이용한다.

① 액션러닝
② 인바스켓법
③ 비즈니스 게임
④ 행동모델링 법

12 비자발적 이직에 해당하지 않는 것은?

① 정년 퇴직
② 일시 해고
③ 파면·해고
④ 전직·사직

[과목: 임금 및 복리후생관리]

13 임금수준의 결정 요인으로 가장 거리가 먼 것은?

① 노동시장 요인
② 직무의 특수성
③ 근로자의 생계비
④ 기업의 지급 능력

14 산재보험에 관한 설명 중 옳지 않은 것은?

① 보험사업에 소요되는 재원인 보험료는 사업주가 전액 부담한다.
② 산재보험 급여는 평균임금을 기초로 하는 정률보상 방식으로 행한다.
③ 근로자의 업무상 재해에 대하여 사용자에게는 고의·과실의 유무를 불문하는 무과실 책임주의에 따른다.
④ 산재보험은 산재근로자와 가족의 생활을 보장하기 위해 기업이 책임을 지는 의무보험이다.

15 임금수준 결정요인에 대한 설명으로 옳은 것은?

① 임금수준이란 기업이 일정 기간 근로자에게 지급하는 금액의 총량을 뜻한다.
② 기업은 근로자와 특수계약을 통해 최저임금제도보다 낮은 임금을 지급해도 된다.
③ 기업은 업종, 규모, 설비 등에 고려하여 지급 능력 안에서 임금의 상한선을 결정한다.
④ 대부분 해당 기업이 속해 있는 업계 평균임금에 초점을 두기 때문에, 동종업계에 속한 기업 간 임금차이는 5% 이상 발생하지 않는다.

16 연말정산에 대한 설명으로 적절하지 않는 것은?

① 연말정산 월별 납부자의 신고·납부기한은 다음 해 2월 10일이다.
② 연말정산 반기별 납부자의 신고·납부기한은 다음 해 7월 10일이다.
③ 2개 이상의 근로소득이 있는 경우 종된 근무지의 원천징수영수증을 주된 근무지의 원천징수 의무자에게 제출하여 연말정산한다.
④ 중도입사자의 연말정산은 전근무지의 근로소득 원천징수영수증을 발급받아 해당 연도 근로소득에 합산하여 연말정산한다.

17 근로시간제 유형에 관한 설명 중 옳지 않은 것은?

① 2주 단위 이내 탄력적 근로시간제에서는 특정일에 1일 8시간을 초과하여 근로하게 할 수 있다.
② 선택적 근로시간제의 경우 1주간의 근로시간이 40시간을 초과한 시간에 대해서는 연장·야간 및 휴일 근로로 적용해야 한다.
③ 재량 근로시간제에서는 업무의 수행 방법이나 수단, 시간 배분 등을 근로자가 결정하며, 근로시간보다 성과에 의해 근무 여부를 판단한다.
④ 간주 근로시간제에서는 근로자가 사유로 인하여 사업장 밖에서 근로하여 근로시간 산정이 어려운 경우에 일정 합의시간을 근로시간으로 본다.

[과목: 노사관계]

18 법정외수당(약정수당)에 해당하지 않는 것은?

① 근속수당   ② 휴업수당
③ 가족수당   ④ 직무수당

19 [보기]에서 설명하는 노동조합 제도는 무엇인가?

┤ 보기 ├

조합비를 징수할 때 사용자가 노동조합의 의뢰에 의하여 조합비를 급여계산 시 일괄 공제하여 전달해주는 방법

① 유니언 숍　　　　　　　　　　② 에이전시 숍
③ 클로즈드 숍　　　　　　　　　　④ 체크오프 제도

20 경영참가제도의 유형 분류 중 적절하지 않은 것은?

① 이윤참가-스캘론 플랜　　　　　② 성과참가-스톡옵션제도
③ 자본참가-종업원지주제도　　　　④ 의사결정참가-노사협의제도

[실무]

:: 실무문제는 [실기메뉴]를 활용하여 답하시오.
웹하드(http://www.webhard.co.kr)에서 Guest(ID: samil3489, PASSWORD: samil3489)로 로그인하여 백데이터를 다운받아 설치한 후 인사2급 2024년 6회 '이현우 사원'으로 로그인한다.

01 다음 중 핵심 ERP 사용을 위한 기초 사원등록 정보를 확인하고, '사용자'로 등록된 사원의 등록 내역으로 옳지 않은 것은?

① '인사입력방식'은 〈승인〉이다.　　② '회계입력방식'은 〈승인〉이다.
③ '조회권한'은 〈회사〉이다.　　　　④ '품의서권한'은 〈미결〉이다.

02 다음 중 핵심 ERP 사용을 위한 기초 부서 정보를 확인한 내용으로 옳지 않은 것은?

① '2024/11/23' 기준, 사용 중인 부서는 총 9개다.
② [2200.해외영업부]는 2025년부터 사용하지 않는 부서이다.
③ 2006년부터 사용된 부서는 모두 [1000.관리부문] 소속이다.
④ [3000.관리부문(인천지점)]은 현재 사용하지 않는 부문이다.

03 당 회사의 [ERP13I02.이현우] 사원의 [H.인사/급여관리] 모듈의 설정 내역을 확인하고, 관련된 설명으로 옳지 않은 것은?

① 근로자의 부양가족에 대한 정보를 인사기록카드에 입력할 수 있다.
② 회사 내 모든 근로자의 급여대장을 출력할 수 있다.
③ 본인이 속한 사업장의 근로자에 대해서만 연말정산자료입력 작업을 할 수 있다.
④ 발생한 급여에 대해 전표집계 및 생성 작업을 할 수 없다.

04 당 회사는 2024년 01월 [800.주임] 직급의 호봉을 아래 [보기]와 같이 일괄 등록하고자 한다. 호봉 등록을 완료 후 6호봉 '호봉합계'의 금액으로 옳은 것은?

┤ 보기 ├

- 기 본 급: 초기치 2,700,000원, 증가액 120,000원
- 직급수당: 초기치   70,000원, 증가액   15,000원
- 일괄인상
  1) 기본급 6.5% 정률인상
  2) 직급수당 12,500원 정액인상

① 3,300,000원   ② 3,445,000원
③ 3,514,500원   ④ 3,672,000원

05 당 회사의 인사/급여기준에 대한 설정을 확인하고, 관련된 설명으로 옳은 것은? (단, 환경설정 기준은 변경하지 않는다.)

① '생산직' 직종의 출결기준일은 전월 25일부터 당월 말일까지다.
② 퇴사자의 경우 '기준일수'와는 관계없이 월 급여를 '일할' 지급한다.
③ 지방소득세 신고서의 데이터는 '귀속연월' 또는 '지급연월'이 일치하는 경우 집계된다.
④ 2024년 11월 귀속 기준으로 월일수 산정 시, 한달정상일로 설정된 30일을 적용한다.

06 2024년도 귀속 [급여]구분에 등록된 '지급항목'에 대한 설명으로 옳은 것은?

① [P00.기본급]은 각 근로자의 호봉테이블에 해당하는 금액이 지급된다.
② 근로자에게 자녀가 존재하는 경우 [P02.가족수당]으로 50,000원이 지급된다.
③ 3년 이상 5년 미만 근속한 근로자는 [P06.근속수당]으로 [근무한년수]×[시급]만큼 지급된다.
④ 재직구분이 [J06.육아휴직]인 근로자는 [P40.육아수당]으로 200,000원이 지급된다.

07 당 회사 [20110401.강민주] 사원의 정보로 옳지 않은 것은?

① 현재 세대주가 아니며, 종교종사자도 아니다.
② 입사일과 그룹입사일이 다르며, 수습기간을 거친 이력이 있다.
③ 현재 [4100.생산부] 소속이며, 생산직 총급여 비과세를 적용하는 사원이다.
④ 가장 최근 책정된 임금의 적용시작년월은 '2023/01'이고, 책정된 월급은 2,603,750원이다.

08 당 회사는 2024년 4분기에 [990.2024년 법정의무교육]을 진행하고 있다. 보기의 근로자들 중 이수 여부가 다른 근로자는 누구인가?

① [20000502.김종욱]   ② [20010401.노희선]
③ [20030701.엄현애]   ④ [20120101.정수연]

09 당 회사는 [2024년 4/4분기 인사발령]을 사원별로 진행하고자 한다. [20241001] 발령호수의 발령 내역을 확인하고, 그 설명으로 옳지 않은 것은?

① 해당 발령호수의 발령일자는 '2024/10/01'이고, 발령내역은 부서, 직책, 직급이 등록되어 있다.
② 현재 '해외영업부'에 속한 대상자들의 부서는 모두 발령 후 '관리부'로 변경된다.
③ 발령 후 직급이 변경되는 대상자는 [20010401.노희선]과 [ERP13102.이호재]만 해당한다.
④ 발령 후 직책이 변경되는 대상자는 모두 현정보가 '관리부' 소속인 사원들이다.

10 회사는 창립기념일을 맞아 2023년 12월 31일 기준으로 모든 사업장에 대해 만 15년 이상 장기근속 자에 대해 특별근속수당을 지급하기로 하였다. 아래 [보기]를 기준으로 총 지급한 특별근속수당은 얼마인가? (단, 퇴사자는 제외하며, 미만일수는 버리고, 이전 경력은 제외한다.)

┤ 보기 ├

• 15년 초과 20년 이하: 150,000원
• 20년 초과: 200,000원

① 1,550,000원   ② 1,700,000원
③ 1,850,000원   ④ 2,000,000원

11 당 회사의 2024년 11월 귀속 급여(지급일자: 2024/11/25)에 해당하는 대상자 중 [20120101.정수 연] 사원이 개인적인 사유로 휴직을 신청하였다. [20120101.정수연] 사원의 휴직 내역을 [보기]와 같이 등록한 뒤 모든 지급 대상자를 급여 계산할 때, 모든 지급 대상자들의 '과세' 총액의 합으로 옳 은 것은? (단, 그 외 급여계산에 필요한 조건은 프로그램에 등록된 기준을 이용한다.)

┤ 보기 ├

• 시작일: 2024/11/11, 종료일: 2024/11/22
• 휴직사유: [300.질병휴직]
• 휴직지급율: 75%
• 퇴직기간적용: 함

① 82,278,080원   ② 82,288,080원
③ 82,538,080원   ④ 82,548,080원

12 당 회사는 2024년 11월 귀속 '특별급여' 소득을 지급하고자 한다. 아래 [보기]와 같이 직접 지급 일자를 생성하고 지급 대상 요건을 등록하여 급여 계산 시, [20161107.박선우] 사원의 과세총액으로 옳은 것은? (단, 그 외 급여계산에 필요한 조건은 프로그램에 등록된 기준을 이용한다.)

┤ 보기 ├

- 급여구분: 특별급여 (지급일자: 2024/12/10)
- 동시발행 및 대상자선정: 분리, 직종 및 급여형태별
- 지급직종: 사무직(연봉/일급), 생산직(월급/일급)
- 지급사업장: [1000.인사2급 회사본사], [2000.인사2급 인천지점]

① 1,141,660원   ② 1,341,660원
③ 1,577,580원   ④ 1,764,330원

13 당 회사는 사원별 '지각, 조퇴, 외출시간'에 대해 급여에서 공제하고 지급하려고 한다. 아래 [보기]의 기준을 토대로 산정할 경우, 2024년 10월 귀속(지급일 1번) [20130701.김수영] 사원의 지각, 조퇴, 외출시간에 따른 공제금액으로 옳은 것은? (단, 프로그램에 등록된 기준을 그대로 적용하며 원 단위는 절사한다.)

┤ 보기 ├

- 시급: [20130701.김수영] 사원의 책정임금 시급
- 공제금액: (지각시간 + 조퇴시간 + 외출시간) × 시급

① 108,840원   ② 111,460원
③ 124,570원   ④ 134,330원

14 당 회사는 일용직 사원에 대해 사원별 지급형태를 구분하여 일용직 급여를 지급하고 있다. 아래 [보기]를 확인하여 2024년 11월 귀속 지급일 중 '매일지급' 대상자를 직접 반영 후 급여계산할 때, 해당 지급일의 급여내역에 대해 옳지 않은 것은? (단, 급여계산에 필요한 조건은 프로그램에 등록된 기준대로 확인한다.)

┤ 보기 ├

- 지급형태: '매일지급' 지급일
- 지급 대상자: '시급직'인 [1200.경리부], [4100.생산부] 사원
- 평일 9시간 근무, 토요일 4시간 근무
- 비과세 적용 12,000원(평일만 적용)

① 해당 지급일자의 대상자는 총 30일 중 26일을 근무하였으며, 실지급액은 18,279,140원 이다.
② 해당 지급일자의 대상자 중 가장 많은 소득세를 공제한 사원은 [0016.김소현]이다.
③ [0007.황시윤] 사원을 제외한 나머지 사원들의 급여에서 국민연금이 공제되었으며, 총 700,690원이 공제되었다.
④ [4100.생산부] 소속의 사원들은 모두 현금으로 급여를 지급받았다.

15 2024년 11월 귀속 일용직 급여작업 전, 아래 [보기]를 기준으로 [0019.류성준] 사원의 사원정보를 직접 변경하고 급여계산을 했을 때, 해당 지급일의 실지급 총액으로 옳은 것은? (단, 그 외 급여계산에 필요한 조건은 프로그램에 등록된 기준을 따른다.)

> **┤ 보기 ├**
>
> • 사원정보 변경
>   1) 생산직비과세 적용 '함'
>   2) 국민/건강/고용보험여부 '여'
> • 일용직 급여지급
>   1) 지급형태: '일정기간지급' 지급일
>   2) 평일 10시간 근무 / 토요일 2시간 근무 가정
>   3) 비과세(신고제외분): 10,000원(평일만 적용)

① 19,204,360원   ② 19,950,760원
③ 20,593,200원   ④ 21,267,030원

16 당 회사의 [2000.인사2급 인천지점] 사업장 기준 2024년 3분기의 지급총액 및 공제총액으로 옳은 것은? (단, 사용자부담금은 제외한다.)

① 지급총액: 117,188,850원 / 공제총액: 15,923,130원
② 지급총액: 135,231,810원 / 공제총액: 15,923,130원
③ 지급총액: 135,231,810원 / 공제총액: 19,184,160원
④ 지급총액: 141,080,130원 / 공제총액: 19,184,160원

17 당 회사는 [1000.인사2급 회사본사] 사업장을 제외한 사업장에 대해 2024년 10월 귀속(지급일 1번)에 이체한 급/상여를 확인하고자 한다. 이체 현황에 대한 설명으로 옳지 않은 것은? (단, 무급자는 제외한다.)

① 계좌이체를 통해 급/상여를 지급받지 않는 사원이 존재한다.
② '국민은행'을 통해 급여를 지급받는 인원은 4명이며, 총 이체 금액은 14,056,160원이다.
③ 해당 조회조건의 사업장들에 지급된 급/상여의 총 실지급액은 53,734,650원이다.
④ 급/상여는 2024/10/25에 지급하였고, 가장 많은 급/상여를 지급받은 사원은 [20010402.박국현]이다.

18 당 회사는 2024년 3분기에 발생한 급/상여를 부서별로 조회하고자 한다. [4100.생산부] 기준으로 조회했을 때, 해당 부서의 지급/공제항목 금액의 총계로 옳지 않은 것은? (단, 지급구분은 [100.급여]로 조회한다.)

① 기 본 급: 39,507,930원   ② 근속수당: 4,450,000원
③ 국민연금: 1,777,500원   ④ 건강보험: 1,400,520원

19 당 회사는 모든 사업장을 대상으로 급/상여 지급액 등 변동사항을 확인하고자 한다. 아래 [보기]를 기준으로 조회했을 때, 급/상여 변동 상태에 대한 설명으로 옳지 않은 것은? (단, 모든 기준은 조회된 데이터를 기준으로 확인한다.)

> **┤ 보기 ├**
> • 기준연월: 2024년 10월(지급일: 2024/10/25)
> • 비교연월: 2023년 10월(지급일: 2023/10/25)
> • 사용자부담금: [0.제외]

① 기준연월과 비교연월의 기본급의 차이는 없으나, 과세금액이 2,379,670원만큼 차이가 난다.
② 사회보험 항목 중 기준연월과 비교연월의 차이가 없는 항목은 '국민연금'이 유일하다.
③ [20010402.박국현]사원의 근속수당은 비교연월에 비해 277,770원만큼 감소했다.
④ [20130701.김수영]사원의 장기요양보험료는 비교연월에 비해 150원만큼 증가했다.

20 당 회사는 2024년 3분기에 지급한 급여에 대한 수당별 금액을 확인하고자 한다. [4100.생산부]와 [5100.자재부] 소속 사원 중 보기의 사원만 놓고 비교했을 때, [P06.근속수당]의 총합이 가장 높은 사원으로 옳은 것은?

① [20190701.장석훈]
② [20130701.김수영]
③ [20110401.강민주]
④ [20040301.오진형]

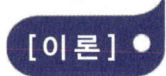

인사 2급 ┃ 2024년 5회 (2024년 9월 28일 시행)

[이론]

[과목: 경영혁신과 ERP]

01 ERP와 인공지능(AI), 빅데이터(Big Data), 사물인터넷(IoT) 등 혁신기술과의 관계에 대한 설명으로 가장 적절하지 않은 것은?

① 현재 ERP는 기업 내 각 영역의 업무프로세스를 지원하여 독립적으로 단위별 업무처리를 추구하는 시스템으로 발전하고 있다.

② 제조업에서는 빅데이터 분석기술을 기반으로 생산자동화를 구현하고 ERP와 연계하여 생산계획의 선제적 예측과 실시간 의사결정이 가능하다.

③ ERP에서 생성되고 축적된 빅데이터를 활용하여 기업의 새로운 업무개척이 가능해지고, 비즈니스 간 융합을 지원하는 시스템으로 확대가 가능하다.

④ 현재 ERP는 인공지능 및 빅데이터 분석기술과의 융합으로 전략경영 등의 분석도구를 추가하여 상위계층의 의사결정을 지원할 수 있는 지능형시스템으로 발전하고 있다.

02 ERP 구축 전에 수행되는 단계적으로 시간의 흐름에 따라 비즈니스 프로세스를 개선해가는 점증적 방법론은 무엇인가?

① ERD(Entity Relationship Diagram)

② BPI(Business Process Improvement)

③ MRP(Material Requirement Program)

④ SFS(Strategy Formulation & Simulation)

03 ERP시스템의 SCM 모듈을 실행함으로써 얻는 장점으로 가장 적절하지 않은 것은?

① 공급사슬에서의 가시성 확보로 공급 및 수요변화에 대한 신속한 대응이 가능하다.

② 정보투명성을 통해 재고수준 감소 및 재고회전율(inventory turnover) 증가를 달성할 수 있다.

③ 공급사슬에서의 계획(plan), 조달(source), 제조(make) 및 배송(deliver) 활동 등 통합 프로세스를 지원한다.

④ 마케팅(marketing), 판매(sales) 및 고객서비스(customer service)를 자동화함으로써 현재 및 미래 고객들과 상호작용할 수 있다.

04 ERP의 특징에 대한 설명으로 가장 옳지 않은 것은?

① Open Multi-vendor: 특정 H/W 업체에만 의존하는 open 형태를 채용, C/S형의 시스템 구축이 가능하다.

② 통합업무시스템: 세계유수기업이 채용하고 있는 Best Practice Business Process를 공통화, 표준화 시킨다.

③ Parameter 설정에 의한 단기간의 도입과 개발이 가능: Parameter 설정에 의해 각 기업과 부문의 특수성을 고려할 수 있다.

④ 다국적, 다통화, 다언어: 각 나라의 법률과 대표적인 상거래 습관, 생산방식이 시스템에 입력되어 있어서 사용자는 이 가운데 선택하여 설정할 수 있다.

[과목: 인적자원확보]

05 포드 시스템의 3S원칙에 해당하지 않는 것은?

① 표준화 ② 구조화
③ 전문화 ④ 단순화

06 인적자원관리 체계의 기능적 인적자원관리 중 노동력 관리에 해당하는 것은?

① 임금관리 ② 고용관리
③ 근로시간관리 ④ 산업안전관리

07 [보기]에 대한 직무분석 방법으로 가장 적절한 것은?

┤ 보기 ├

직무분석자가 전체 작업 과정 동안 무작위로 많은 관찰을 하여 직무 행동에 대한 정보를 얻는 방법

① 작업 기록법 ② 워크 샘플링법
③ 마코브 체인법 ④ 업무일지 분석법

08 직무전문화에 관한 설명으로 적합하지 않은 것은?

① 종업원의 숙련도를 증대시킬 수 있다.

② 직무의 비인간화 등의 문제점이 발생할 수 있다.

③ 전체적인 과업을 보다 작은 요소로 분할하여 담당하게 한다.

④ 직무의 내용을 고도화하여 작업상의 책임과 권한을 늘리며, 능력을 발휘할 수 있게 한다.

09 인적자원계획 방법중 수리적(정량적)기법에 해당하지 않는 것은?

① 추세분석 ② 회귀분석
③ 선형계획법 ④ 전문가 예측법

[과목: 인적자원개발]

10 인사고과 평가 방법 중 평가자가 일을 효과적 또는 비효과적으로 수행하는 요인에 대해 핵심적이고 중요한 행동에 초점을 맞추어 평가하는 방법은 무엇인가?

① 체크리스트법   ② 행위기준고과법

③ 평정척도고과법   ④ 중요사건평가법

11 직장 내 훈련(OJT)에 관한 설명으로 적절하지 않은 것은?

① 훈련과 직무가 직결되며, 경제적이다.

② 전문적인 지식과 기능을 전달할 수 있다.

③ 교육훈련의 내용과 수준의 통일성을 갖추기 힘들다.

④ 교육생의 수준에 맞게 실무와 밀착된 교육훈련을 할 수 있다.

12 승진의 유형 중 일정 기간의 직무수행 능력 및 업적만을 평가하여 특별히 유능한 사람에게 승진을 제공하는 제도는 무엇인가?

① 역직 승진   ② 직급 승진

③ 대용 승진   ④ 발탁 승진

[과목: 임금 및 복리후생관리]

13 각종 소득 중 종합과세 대상 소득이 아닌 것은?

① 사업소득   ② 양도소득

③ 기타소득   ④ 연금소득

14 연말정산에 관한 설명 중 적절하지 않은 것은?

① 연말정산 시기는 다음 해 3월 10일이다.

② 연말정산 반기별 납부자의 신고·납부 기한은 다음 해 7월 10일이다.

③ 중도 입사자는 전근무지의 근로소득 원천징수영수증을 발급받아 해당 연도 근로소득에 합산하여 연말정산 하다.

④ 2개 이상의 근로소득이 있는 경우에는 종된 근무지의 원천징수 영수증을 주된 근무지의 원전징수 의무자에게 제출한다.

15 [보기]의 (　　)에 들어갈 임금의 종류를 고르시오.

┤ 보기 ├

(　　　　)을 산정하여야 할 사유가 발생한 날 이전 3개월 동안에 그 근로자에게 지급된 임금의 총액을 그 기간의 총 일수로 나눈 금액

① 기준 임금　　　　　　　　　　② 총액 임금
③ 통상 임금　　　　　　　　　　④ 평균 임금

16 법정 복리후생제도의 유형으로 적절하지 않는 것은?

① 사회보장보험　　　　　　　　② 산전·산후 유급휴가
③ 퇴직금 및 퇴직연금　　　　　④ 경조금 및 학자금지원

17 [보기]의 (A)에 알맞은 숫자는 무엇인가?

┤ 보기 ├

- 일용근로자의 원천징수세액
- [일급여액 − 150,000원] × 6% − 근로소득세액공제[산출세액 × (A)%]

① 45　　　　　　　　　　　　　② 55
③ 65　　　　　　　　　　　　　④ 75

[과목: 노사관계]

18 [보기]에서 설명하는 노동조합의 가입 방법은 무엇인가?

┤ 보기 ├

기업이 근로자를 채용할 때 조합원이 아닌 자를 근로자로 채용할 수는 있지만 일단 채용된 후에는 일정기간 내에 자동으로 노조에 가입하게 되는 제도

① 오픈 숍　　　　　　　　　　　② 유니언 숍
③ 에이전시 숍　　　　　　　　　④ 클로즈드 숍

19 노동쟁의 조정제도에 해당하지 않는 것은?

① 조정　　　　　　　　　　　　② 중재
③ 대체고용　　　　　　　　　　④ 긴급조정

20 비정규직 근로자보호법의 대상이 되는 근로자에 해당하지 않는 것은?

① 파견 근로자   ② 원격 근로자
③ 단시간 근로자   ④ 기간제 근로자

> ▪▪ 실무문제는 [실기메뉴]를 활용하여 답하시오.
> 웹하드(http://www.webhard.co.kr)에서 Guest(ID: samil3489, PASSWORD: samil3489)로
> 로그인하여 백데이터를 다운받아 설치한 후 인사2급 2024년 5회 '이현우 사원'으로 로그인한다.

01 다음 중 핵심 ERP 사용을 위한 기초 사원등록 정보를 확인하고, '사용자'로 등록된 사원의 등록내역
으로 알맞지 않은 것은 무엇인가?

① '조회권한'은 〈사업장〉이다.
② '입사일'은 2002/12/01이고 '3100.관리부'에 소속되어 있다.
③ '회계입력방식'은 〈수정〉이다.
④ '품의서권한'은 〈미결〉이다.

02 다음 중 핵심 ERP 사용을 위한 기초 부서 정보를 확인하고, 내역으로 알맞지 않은 것은 무엇인가?

① [3000.관리부문(인천지점)]에 속한 부서는 '3100.관리부', '6100.경리부'가 존재하며 이 중
'6100.경리부'는 현재 사용하지 않는 부서이다.
② '9100.교육부'는 〈3000.인사2급 강원지점〉 사업장에 속해 있으며, 사용시작일은 '2021/01/01'
이다.
③ [2000.영업부문]에 속해 있는 부서는 모두 사용 중 이다.
④ 〈2000.인사2급 인천지점〉 사업장에 속한 부서는 모두 사용 중 이다.

03 당 회사의 〈사용자권한설정〉의 '인사/급여관리' 모듈에 대한 '이현우' 사원의 설정 내역을 확인하고
관련된 설명으로 올바르지 않은 것은 무엇인가?

① [급여명세] 메뉴에서는 본인이 소속된 사업장의 자료만 조회할 수 있다.
② [전표관리]에 속한 메뉴에서는 모든 자료에 대해서 삭제가 불가능하다.
③ [인사관리]에 속한 메뉴에서는 회사에 속한 모든 근로자의 자료를 출력할 수 있다.
④ [소득자별정보현황] 메뉴에서는 본인의 자료만 변경할 수 있다.

04 당 회사는 2024년 09월 [800.주임] 직급의 호봉을 아래 [보기]와 같이 일괄 등록하고자 한다. 호봉 등록을 완료 후 6호봉 '호봉합계' 금액은 얼마인가?

> ┤ 보기 ├
>
> • 기 본 급: 초기치 2,500,000원, 증가액 100,000원
> • 직급수당: 초기치   120,000원, 증가액 50,000원
> • 일괄인상
>   1) 정률인상 적용: 기본급 3.5%
>   2) 정액인상 적용: 직급수당 10,000원

① 3,105,000원   ② 3,331,500원
③ 3,485,000원   ④ 3,638,500원

05 당 회사의 인사/급여기준에 대한 설정을 확인하고, 관련 설명으로 올바른 것은 무엇인가? (단, 환경 설정 기준은 변경하지 않는다.)

① '생산직' 직종의 출결마감기준일은 전월 25일부터 당월 말일까지 이다.
② 퇴사자의 경우 지정한 '기준일수' 초과 근무 시, 월 급여를 '일할' 지급한다.
③ 지방소득세 신고서의 데이터는 '귀속연월' / '지급연월'이 모두 일치하는 경우에만 집계된다.
④ 2024년 08월 귀속 기준으로 월일수 산정 시, 한달정상일로 설정된 30일을 적용한다.

06 2024년 귀속 기준 지급/공제항목설정을 확인하고, 그 설명으로 옳지 않은 것은? (단, 지급/공제항 목설정 기준은 변경하지 않는다.)

① [P06.근속수당]은 '수습직' 에게는 지급하지 않는 항목이며, 근속기간이 6년인 경우 100,000원 을 지급한다.
② [P11.특별급여]는 '사무직' 직종에게 지급 시, 책정임금의 월급을 기준으로 65%로 지급하고, '생 산직' 직종에게 지급 시, 책정임금의 월급을 기준으로 75%로 지급한다.
③ [P30.야간근로수당]은 비과세 적용 기준요건인 '월정급여'에 포함되는 지급항목이다.
④ [P50.자격수당]은 '100.정보기술자격(ITQ)' 자격 대상자인 경우 80,000원을 지급한다.

07 당 회사의 인사정보를 확인하고 관련된 설명으로 올바르지 않은 것은 무엇인가?

① [20001102.정영수] 사원의 근무조는 '2조'이며, 노조에 가입되어 있다.
② [20010402.제갈형서] 사원의 직급은 '부장'이며, 급여이체은행은 '국민'은행이다.
③ [20130701.신별] 사원은 휴직이력이 존재하고, 휴직사유는 '육아휴직'이며 급여형태는 '연봉'이다.
④ [20140901.강민우] 사원의 현재 책정된 임금의 연봉은 '35,000,000원'이며, 학자금상환 대상 자이다.

08 당 회사는 전체 사업장의 〈992.임직원역량강화교육〉 교육평가가 우수한 사원을 대상으로 포상을 지급하기로 하였다. 아래 [보기]를 기준으로 지급한 대상자들의 총 지급금액으로 알맞은 것은 무엇인가?

┤ 보기 ├
- 교육평가 A등급: 200,000원
- 교육평가 B등급: 100,000원

① 800,000원   ② 900,000원
③ 1,100,000원   ④ 1,200,000원

09 당 회사는 〈2000.인사2급 인천지점〉 사업장의 2023년 하반기 (2023.07.01. ~ 2023.12.31.) '이직률'을 확인하고자 한다. 해당 기간동안 〈2000.인사2급 인천지점〉 사업장의 평균 이직률은 얼마인가? (단, 모든 정보는 프로그램에 입력된 기준으로 확인한다.)

① 0.08   ② 0.17
③ 0.69   ④ 1.39

10 당 회사는 창립기념일을 맞아 2024년 08월 31일 기준으로 전체 사업장의 만 15년 이상 장기근속자에 대해 특별근속수당을 지급하기로 하였다. 아래 [보기]를 기준으로 지급한 총 특별근속수당은 얼마인가? (단, 퇴사자는 제외하며, 미만일수는 올리고, 모든 경력사항을 제외한다.)

┤ 보기 ├
- 15년 초과 ~ 20년 이하: 100,000원
- 20년 초과: 150,000원

① 1,450,000원   ② 1,600,000원
③ 1,800,000원   ④ 1,950,000원

11 당 회사의 2024년 09월 귀속 급여(지급일자: 2024/09/25)에 해당하는 대상자 중 [2016018.박지성] 사원이 중소기업취업감면 대상자로 변경되었다. [2016018.박지성] 사원의 감면유형 및 기간을 [보기]와 같이 등록한 뒤 모든 지급 대상자에 대해 급여를 계산할 때, '소득세' 총액은 얼마인가? (단, 그 외 급여계산에 필요한 조건은 프로그램에 등록된 기준을 이용한다.)

┤ 보기 ├
- 감면코드: T13. 중소기업취업감면 (90% 감면)
- 감면기간: 2024/09 ~ 2026/08

① 1,590,440원   ② 1,619,430원
③ 1,656,850원   ④ 2,150,000원

12 당 회사는 2024년 09월 귀속 '특별급여' 소득을 지급하고자 한다. 아래 [보기]의 지급대상 요건으로 지급일자를 직접 추가하여 모든 지급 대상자에 대해 급여를 계산할 때, '과세' 총액은 얼마인가? (단, 그 외 급여계산에 필요한 조건은 프로그램에 등록된 기준을 이용한다.)

┤ 보기 ├

- 특별급여지급일자: 2024/09/30
- 동시발행 및 대상자선정: 분리, 직종및급여형태별
- 특별급여지급대상: 〈2000.인사2급 인천지점〉 사업장을 제외한 사업장의 모든 직종 및 급여 형태

① 27,792,450원
② 29,176,840원
③ 31,296,500원
④ 34,217,690원

13 당 회사는 초과근무에 대해 수당을 지급하고 있다. 아래 [보기]의 기준을 토대로 2024년 08월 귀속의 [20020603.이성준] 사원의 '초과근무수당'을 계산하면 얼마인가? (단, 근무수당을 계산하면서 발생되는 모든 원단위 금액은 절사하며, 책정임금 시급은 원단위 금액을 절사하지 않고 계산한다.)

┤ 보기 ├

- 초과근무수당
  = 1유형 근무수당 + 2유형 근무수당
- 초과근무 시급: 책정임금 시급
  - 1유형 근무수당 = (평일연장근무시간 + 토일정상근무시간) × 2 × 초과근무 시급
  - 2유형 근무수당 = (평일심야근무시간 + 토일연장근무시간) × 2.5 × 초과근무 시급

① 598,130원
② 607,330원
③ 621,890원
④ 645,990원

14 당 회사는 일용직 사원에 대해 사원별 지급형태를 구분하여 일용직 급여를 지급하고 있다. 아래 [보기]를 확인하여 2024년 09월 귀속 지급일 중 '매일지급' 대상자를 직접 반영 후 급여계산할 때, 해당 지급일의 급여내역에 대한 설명으로 바르지 않은 것은 무엇인가? (단, 급여계산에 필요한 조건은 프로그램에 등록된 기준대로 확인한다.)

┤ 보기 ├

- 지급형태: '매일지급' 지급일
- 지급 대상자: '시급직'인 '1200.경리부', '4100.생산부' 사원
- 평일 10시간 근무, 토요일 2시간 근무
- 비과세 적용 12,000원(평일만 적용)

① 해당 지급일자의 대상자는 총 30일 중 25일을 근무하였으며, 과세총액은 41,317,520원 이다.
② [0006.이희성] 사원은 급여를 계좌로 지급 받으며, 신고 대상인 비과세 항목은 지급 받지 않았다.
③ [0009.강하나] 사원에게 연장 비과세는 총 252,000원 지급 되었고, 소득세는 57,750원 공제되었다.
④ [0015.한주원] 사원은 4대 사회보험 및 소득세가 공제되지 않고 급여를 지급 받았다.

최신 기출문제

15 2024년 09월 귀속 일용직 급여작업 전, 아래 [보기]를 기준으로 [0017.조혜나] 사원의 사원정보를 직접 변경하고 급여계산을 했을 때, 해당 지급일에 실제 지급된 금액의 합계는 얼마인가? (단, 그 외 급여계산에 필요한 조건은 프로그램에 등록된 기준을 따른다.)

┤ 보기 ├

- 사원정보 변경
  1) 생산직비과세 적용 '안함'
  2) 국민/건강/고용보험여부 '부'
- 일용직 급여지급
  1) 지급형태: '일정기간지급' 지급일
  2) 평일 10시간 근무 / 토요일 4시간 근무 가정
  3) 비과세(신고제외분): 12,000원(평일만 적용)

① 32,687,360원   ② 33,091,400원
③ 35,856,320원   ④ 36,658,390원

16 당 회사의 〈1000.인사2급 회사본사〉 사업장 기준 2024년 2분기의 과세총액 및 비과세총액은 각각 얼마인가? (단, 사용자부담금은 포함한다.)

① 과세총액: 113,675,620원 / 비과세총액:　5,100,000원
② 과세총액: 113,675,620원 / 비과세총액:　7,548,420원
③ 과세총액: 118,775,620원 / 비과세총액: 14,258,210원
④ 과세총액: 118,775,620원 / 비과세총액: 16,308,930원

17 당 회사는 전체 사업장 기준 2024년 08월 귀속 급여에 대한 대장을 확인하고자 한다. 부서별로 대장을 집계하여 확인했을 때, 부서별 지급/공제항목의 금액으로 옳지 않은 것은?

① 교육부 – 근속수당: 500,000원
② 국내영업부 – 고용보험: 147,180원
③ 생산부 – 사회보험부담금: 602,150원
④ 자재부 – 야간근로수당: 100,000원

18 근무조별로 월별 급상여 지급현황을 조회하고자 한다. 2024년 2분기 '002. 2조' 근무조 기준으로 조회 시, 근무조 전체 월별 급상여 지급/공세항목 내역으로 알맞지 않은 것은 무엇인가? (단, 지급구분은 100.급여로 조회한다.)

① 근속수당: 2,400,000원   ② 고용보험: 292,590원
③ 사회보험부담금: 3,083,940원   ④ 소득세: 4,713,240원

19 당 회사는 전체 사업장을 대상으로 급/상여 지급액 등 변동사항을 확인하고자 한다. 2024년 08월 변동 상태에 대한 설명으로 알맞지 않은 것은 무엇인가? (단, 모든 기준은 조회된 데이터를 기준으로 확인한다.)

┤ 보기 ├
- 기준연월: 2024년 08월
- 비교연월: 2023년 08월
- 사용자부담금 '포함'

① [20030701.엄현애] 사원의 경우 지급항목 중 '근속수당' 항목이 50,000원 증가하였다.
② 전체 '국민연금' 및 '고용보험' 공제액은 감소하였다.
③ 전체 급/상여 지급 대상 '인원' 및 '비과세' 지급액은 변동 사항이 없다.
④ 전체 '소득세' 공제액 및 '기본급' 지급액은 변동 사항이 없다.

20 당 회사는 〈2000.인사2급 인천지점〉 사업장에 대해 수당별 지급/공제현황을 확인하고자 한다. 다음 보기의 사원 중 2024년 상반기동안 'T00.소득세'가 가장 적게 공제된 사원은 누구인가?

① [20140501.김화영]
② [20010401.노희선]
③ [20140903.정용빈]
④ [20040301.오진형]

인사 2급　2024년 4회 (2024년 7월 27일 시행)

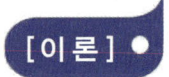

[과목: 경영혁신과 ERP]

01 클라우드 컴퓨팅 서비스 유형에 대한 설명으로 가장 적절하지 않은 것은?

① PaaS는 데이터베이스와 스토리지 등을 제공하는 서비스이다.
② ERP 소프트웨어 개발을 위한 플랫폼을 클라우드 서비스로 제공받는 것을 PaaS라고 한다.
③ ERP 구축에 필요한 IT인프라 자원을 클라우드 서비스로 빌려 쓰는 형태를 IaaS라고 한다.
④ ERP, CRM 솔루션 등의 소프트웨어를 클라우드 서비스를 통해 제공받는 것을 SaaS라고 한다.

02 ERP와 전통적인 정보시스템(MIS) 특성 간의 차이점에 대한 설명으로 가장 적절하지 않은 것은?

① 전통적인 정보시스템의 시스템구조는 폐쇄형이나 ERP는 개방성을 갖는다.
② 전통적인 정보시스템의 업무범위는 단위업무이고, ERP는 통합업무를 처리한다.
③ 전통적인 정보시스템의 업무처리 대상은 Process 중심이나 ERP는 Task 중심이다.
④ 전통적인 정보시스템의 저장구조는 파일시스템을 이용하나 ERP는 관계형 데이터베이스시스템 (RDBMS) 등을 이용한다.

03 기업에서 ERP시스템을 도입하기 위해 분석, 설계, 구축, 구현 등의 단계를 거친다. 이 과정에서 필수적으로 거쳐야하는 "GAP분석" 활동의 의미를 적절하게 설명한 것은?

① TO−BE 프로세스 분석
② TO−BE 프로세스에 맞게 모듈을 조합
③ 현재업무(AS−IS) 및 시스템 문제 분석
④ 패키지 기능과 TO−BE 프로세스와의 차이 분석

04 'Best Practice' 도입을 목적으로 ERP 패키지를 도입하여 시스템을 구축하고자 할 경우 가장 적절하지 않은 방법은?

① BPR과 ERP 시스템 구축을 병행하는 방법
② ERP 패키지에 맞추어 BPR을 추진하는 방법
③ 기존 업무처리에 따라 ERP 패키지를 수정하는 방법
④ BPR을 실시한 후에 이에 맞도록 ERP 시스템을 구축하는 방법

[과목: 인적자원확보]

05 과학적 관리의 인사관리에 대한 설명으로 적절하지 않은 것은?

① 과업관리 도입
② 고임금·저노무비의 실천
③ 매슬로우의 욕구계층이론과 맥그리거의 X·Y 이론
④ 작업분석 및 시간·동작연구 실시로 차별적 성과급 제도 도입

06 [보기]의 직무분석 방법에 대한 방법에 해당하는 것은?

┤ 보기 ├

전체 작업 과정 동안 무작위로 많은 관찰을 하여 직무 행동에 대한 정보를 얻는 방법

① 관찰법
② 종합적 방법
③ 워크 샘플링법
④ 업무일지 분석법

07 직무설계의 목적에 대한 설명으로 가장 적절하지 않은 것은?

① 노사협상력 증대
② 작업의 생산성 향상
③ 종업원의 동기부여 향상
④ 신기술에 대한 신속한 대응

08 인력 부족 시 대응 전략에 해당하지 않는 것은?

① 아웃소싱
② 임시직고용
③ 다운사이징
④ 파견근로 활용

09 면접자는 지원자에게 악의, 적대가 있는 것으로 가정하고, 지원자를 당황하게 한 후 반응을 관찰하여 감정적인 자제 등을 평가하는 면접시험의 유형은 무엇인가?

① 집단면접
② 개별면접
③ 스트레스면접
④ 비구조적면접

[과목: 인적자원개발]

10 인사고과 평가의 오류에 대한 설명으로 적절하지 않은 것은?

① 중심화 경향은 피고과자의 대다수를 중간 정도로 판단하는 경향이다.
② 관대화 경향은 고과자가 피고과자를 가능하면 후하게 평가하려는 경향을 말한다.
③ 엄격화 경향은 고과자가 전반적으로 피고과자를 가혹하게 평가하여 평가결과의 분포가 평균 이하로 편중되는 경향을 말한다.
④ 현혹효과는 피평가자에 대한 경직적인 편견을 가진 지각을 뜻하는 것으로서 타인에 대한 평가가 그가 속한 사회적 집단에 대한 지각을 기초로 해서 이루어지는 것을 말한다.

11 교육훈련방법 중 '적절한 소수의 사람들이 모여서 집단회의를 열고 집단의 리더가 제기한 문제에 대하여 참가자 각자가 생각나는 아이디어를 자연스럽게 자발적으로 제시하여 이것들로부터 유용한 아이디어를 가능한 한 많이 얻어 문제의 해결책을 찾아 보고자 하는 방법'은 무엇인가?

① 액션러닝　　　　　　　　　　② 심포지엄
③ 인바스켓법　　　　　　　　　　④ 브레인스토밍

12 리더가 부하들에게 교환적 의도를 가지고 접근하며, 경제적·물질적 성격의 교환관계를 통해 성과를 추진하는 리더십은?

① 코칭 리더십　　　　　　　　　② 셀프 리더십
③ 거래적 리더십　　　　　　　　④ 변혁적 리더십

[과목: 임금 및 복리후생관리]

13 통상임금과 평균임금에 대한 설명으로 옳지 않은 것은?

① 평균임금 - 장해보상　　　　　② 평균임금 - 해고예고수당
③ 통상임금 - 연장근로가산수당　④ 통상임금 - 야간근로가산수당

14 단위시간당 임금률에 표준시간을 곱하여 임금을 산출하는 방식의 성과급제는 무엇인가?

① 단순성과급제　　　　　　　　② 복률성과급제
③ 차별성과급제　　　　　　　　④ 표준시간급제

15 고용보험 적용제외 대상이 아닌 것은?

① 외국인 근로자　　　　　　　　② 별정우체국 직원
③ 60세 이후에 고용된 자　　　　④ 1월간 소정근로시간이 60시간 미만인 근로자

16 근로소득에서 비과세소득에 해당되지 않는 것은?

① 이자소득　　　　　　　　　　② 실업급여
③ 근로장학금　　　　　　　　　④ 자가운전보조금

17 소득세 납세의무자에 대한 설명 중 다음 (A)에 알맞은 것은?

┤ 보기 ├

거주자란 국내에 주소를 두거나 (A)일 이상의 거소를 둔 개인을 말한다.

① 100　　　　　　　　　　　　② 180
③ 183　　　　　　　　　　　　④ 360

[과목: 노사관계]

18 야간·휴일 근무에 대한 설명으로 적절하지 않은 것은?

① 야간근로는 오후 12시부터 다음날 오전 8시까지 근무를 말한다.
② 사용자는 임산부와 18세 미만자를 야간 또는 휴일에 근로시키지 못한다.
③ 사용자는 18세 이상의 여성을 야간근로를 시키려면 근로자의 동의를 받아한다.
④ 사용자는 휴일근로한 근로자의 경우 8시간 이내는 통상임금의 100분의 50, 8시간을 초과한 경우는 통상임금의 100분의 100을 지급하여야 한다.

19 직업이나 산업, 직업에 관계없이 하나 또는 수 개의 산업에 걸쳐 흩어져 있는 일반 근로자들에 의해 폭넓게 규합하는 노동조합의 형태는 무엇인가?

① 일반 노동조합   ② 직업별 노동조합
③ 기업별 노동조합   ④ 산업별 노동조합

20 부당노동행위의 유형에 해당하지 않는 것은?

① 황견계약   ② 불이익대우
③ 단체교섭의 거부   ④ 사용자의 대체고용

[실무] ●

✦✦ 실무문제는 [실기메뉴]를 활용하여 답하시오.
웹하드(http://www.webhard.co.kr)에서 Guest(ID: samil3489, PASSWORD: samil3489)로 로그인하여 백데이터를 다운받아 설치한 후 인사2급 2024년 4회 '이현우 사원'으로 로그인한다.

01 다음 중 핵심 ERP 사용을 위한 기초 사업장 정보를 확인하고, 그 내역으로 알맞지 않은 것은 무엇인가?

① 〈1000.인사2급 회사본사〉 사업장의 업태는 '제조.도매' 이다.
② 〈2000.인사2급 인천지점〉 사업장은 당 회사의 종사업장이다.
③ 〈2000.인사2급 인천지점〉 사업장의 주업종코드는 '369301.제조업' 이다.
④ 〈3000.인사2급 강원지점〉 사업장은 원천징수이행상황 신고 시, '반기' 신고를 하는 유일한 사업장이다.

02 다음 중 핵심 ERP 사용을 위한 기초 부서 정보를 확인하고, 그 내역으로 알맞은 것은 무엇인가?

① [4000.생산부문]에 속한 부서는 모두 사용 중이다.
② 현재 사용하지 않는 부서는 총 3개 이다.
③ 〈1000.인사2급 회사본사〉 사업장에 속한 부서는 모두 사용 중이다.
④ '1300.기획부'는 [2000.영업부문]에 속해 있으며, 사용종료일은 2021/12/31이다.

03 다음 중 [인사기초코드등록]의 〈4.사원그룹(G)〉 출력구분에 대한 설명으로 올바르지 않은 것은 무엇인가?

① 〈G4.직급〉은 [인사정보등록] 메뉴에서만 관리하고 있는 코드이다.
② [일용직사원등록] 메뉴에서 현재 조회되고 있는 고용형태는 〈002.생산직〉 이다.
③ 생산직 연장근로 비과세 적용대상 코드를 만들려면, 〈G2.직종〉의 비고에 '1'을 입력해야 한다.
④ [인사정보등록] 메뉴에서 조회되는 고용형태 코드를 만들려면, 〈G1.고용구분〉에 비고가 '1'인 고용형태 코드를 생성해야 한다.

04 당 회사는 2024년 07월 [700.대리] 직급의 호봉을 아래 [보기]와 같이 일괄 등록하고자 한다. [700.대리] 직급의 호봉등록을 완료하였을 때, 7호봉 기준의 '호봉합계'는 얼마인가?

┤ 보기 ├
• 기 본 급: 초기치 2,500,000원, 증가액 100,000원
• 직급수당: 초기치   120,000원, 증가액 50,000원
• 일괄인상: 기본급 4.5%, 직급수당 3.0% 정률인상

① 3,239,500원
② 3,672,100원
③ 3,828,100원
④ 3,984,100원

05 당 회사의 인사/급여 설정기준을 확인하고 관련된 설명으로 옳지 않은 것은 무엇인가? (단, 환경설정 기준은 변경하지 않는다.)

① '수습직'의 지급기간은 3개월이고, 지급율은 70%이다.
② 한 달의 일수는 한달 정상일에 입력된 기준일(월) 수를 반영한다.
③ 원천징수이행상황 신고서의 데이터는 '귀속연월'이 같은 경우에 집계된다.
④ 퇴사자의 경우 지정한 '기준일수' 초과 근무 시, 월 급여를 '일할' 지급한다.

06 당 회사의 2024년 06월 귀속 급/상여 지급일자 등록을 확인하고, 그 내역으로 옳지 않은 것은 무엇인가?

① 급여와 상여는 동일한 지급일에 동시에 지급한다.
② '지급직종및급여형태' 기준으로 급여 대상자를 사용자가 직접 선택하여 반영한다.
③ 해당 지급일자에 '특별급여'를 추가하여 지급할 수 있다.
④ '상여지급대상기간' 내 퇴사자는 실제 근무한 일 수 만큼 상여소득을 지급한다.

07 당 회사의 인사정보를 확인하고 관련된 설명으로 올바르지 않은 것은 무엇인가?

① [20000601.이종현] 사원은 '2100.국내영업부' 소속이며, 급여 이체은행은 '030.기업' 은행이다.
② [20001102.정영수] 사원의 직책은 '700.매니저'이며, 노조에 가입되어 있다.
③ [20040301.오진형] 사원은 생산직총급여 비과세 대상자이며, 국외소득이 존재한다.
④ [20110101.배유진] 사원은 세대주이며, 수습적용 이력이 존재하고 수습만료일은 '2020/08/10'이다.

08 당 회사는 전체 사업장의 〈991. 임직원역량강화교육(2024년)〉 교육평가가 우수한 사원을 대상으로 포상을 지급하기로 하였다. 아래 [보기]를 기준으로 지급한 총 지급액은 얼마인가?

┤ 보기 ├

• 교육평가 A등급: 100,000원
• 교육평가 B등급: 50,000원

① 250,000원　　　　　　　　　　② 300,000원
③ 400,000원　　　　　　　　　　④ 450,000원

09 당 회사 [20000502.김종욱] 사원에 대해 〈가족〉 정보를 확인하고, 등록 정보에 대한 설명으로 올바르지 않은 것은 무엇인가?

① 부양가족 중 연말정산 '장애인공제' 적용 대상자가 존재한다.
② 부양가족 중 연말정산 '인적공제 및 공제항목별명세' 미적용 대상자가 존재한다.
③ 부양가족 중 '가족수당' 적용 대상자는 존재하지 않는다.
④ 부양가족 중 '외국인'은 존재하지 않는다.

10 당 회사는 창립기념일을 맞아 2024년 06월 30일 기준으로 전체 사업장의 만 15년 이상 장기근속자에 대해 특별근속수당을 지급하기로 하였다. 아래 [보기]를 기준으로 지급한 총 특별근속수당은 얼마인가? (단, 퇴사자는 제외하며, 미만일수는 올리고, 모든 경력사항을 포함한다.)

┤ 보기 ├

• 15년 초과 ~ 20년 이하: 150,000원
• 20년 초과: 200,000원

① 2,100,000원　　　　　　　　　② 2,250,000원
③ 2,400,000원　　　　　　　　　④ 2,550,000원

최신 기출문제

11 당 회사는 2024년 07월 귀속 '급여'(지급일자: 2024/07/25) 지급 시, [20110101.배유진] 사원의 변경된 책정임금을 반영하여 급여작업을 진행하고자 한다. [보기]를 기준으로 직접 '책정임금'을 변경하고 모든 지급 대상자에 대해 급여를 계산할 때, 해당 지급일자의 과세총액은 얼마인가? (단, 그 외 급여계산에 필요한 조건은 프로그램에 등록된 기준을 이용한다.)

┤ 보기 ├

- 사원명: [20110101.배유진]
- 계약시작년월: 2024/07
- 연봉: 50,000,000원

① 79,104,510원　　　　　　　② 80,414,110원
③ 82,333,010원　　　　　　　④ 82,998,070원

12 당 회사는 2024년 07월 귀속 '특별급여'(지급일자: 2024/07/31) 소득을 지급하고자 한다. 아래 [보기]를 기준으로 '특별급여' 지급항목의 지급 요건을 직접 변경하고 모든 지급 대상자에 대해 급여를 계산할 때, 해당 지급일자의 과세총액은 얼마인가? (단, 그 외 급여계산에 필요한 조건은 프로그램에 등록된 기준을 이용한다.)

┤ 보기 ├

- 지급항목: P07.특별급여
- 분류코드: 005.직종별
   1) '001.사무직'(금액: 150,000원)
   2) '002.생산직'(금액: 250,000원)

① 14,751,490원　　　　　　　② 15,251,490원
③ 16,464,160원　　　　　　　④ 17,120,100원

13 당 회사는 사원별 '지각/조퇴/외출시간'을 기준으로 '기본급 공제액'을 계산하여 해당 금액을 '기본급'에서 공제하고 지급한다. 아래 [보기]의 기준을 토대로 2024년 06월 귀속 [20010402.박국현] 사원의 근태내역을 확인하고, '기본급 공제액'을 계산하면 얼마인가? (단, 공제액을 계산하면서 발생되는 모든 원단위 금액은 절사하며, 책정임금 시급은 원단위 금액을 절사하지 않고 계산한다.)

┤ 보기 ├

- 기본급 공제액
   = 1유형 공제액 + 2유형 공제액

- 1유형 공제액: (지각시간 + 외출시간) × 1.5 × 책정임금 시급
- 2유형 공제액: (조퇴시간) × 2 × 책정임금 시급

① 208,320원　　　　　　　② 212,450원
③ 226,150원　　　　　　　④ 241,180원

14 당 회사는 일용직 사원에 대해 사원별 지급형태를 구분하여 일용직 급여를 지급하고 있다. 아래 [보기]를 확인하여 2024년 07월 귀속 지급일 중 '매일지급' 대상자를 직접 반영 후 급여계산할 때, 해당 지급일의 급여내역에 대한 설명 중 올바르지 않은 것은 무엇인가? (단, 급여계산에 필요한 조건은 프로그램에 등록된 기준대로 확인한다.)

┤ 보기 ├

- 지급형태: '매일지급' 지급일
- 지급 대상자: 부서가 '5100.자재부'이고 급여형태가 '004.시급'인 사원
- 평일 10시간 근무, 토요일 2시간 근무
- 비과세 적용 12,000원(평일만 적용)

① 해당 지급일자에 신고대상 항목이 아닌 비과세는 총 1,104,000원 지급 되었다.

② 해당 지급일자에 실제 지급된 금액이 가장 적은 사원은 [0015.박동민] 사원이며, 해당 사원에게 실제 지급된 금액은 3,974,820원 이다.

③ [0010.유성룡] 사원은 급여를 현금으로 지급 받으며, 고용보험은 29,760원 공제되었다.

④ 해당 지급일자의 대상자는 총 31일 중 27일을 근무하였으며, 모든 대상자는 생산직 비과세 적용 대상자이다.

15 2024년 07월 귀속 일용직 급여작업 전, 아래 [보기]를 기준으로 [0007.황시윤] 사원의 사원정보를 직접 변경하고 급여계산을 했을 때, 2024년 07월 귀속 해당 일용직 대상자들의 실지급액 총계는 얼마인가? (단, 그 외 급여계산에 필요한 조건은 프로그램에 등록된 기준을 따른다.)

┤ 보기 ├

- 사원정보 변경
  1) 생산직비과세 적용 '안함'
  2) 국민연금 여부: '여' / 건강보험 여부: '여'
- 일용직 급여지급
  1) 지급형태: '일정기간지급' 지급일
  2) 평일 10시간 근무 / 토요일 2시간 근무 가정

① 30,790,640원 ② 31,609,850원
③ 31,911,710원 ④ 32,163,390원

16 당 회사의 〈2000.인사2급 인천지점〉 사업장 기준 2024년 2분기의 〈지급/공제〉 총액은 각각 얼마인가? (단, 사용자부담금은 제외한다.)

① 지급총액: 84,022,140원 / 공제총액: 10,576,400원
② 지급총액: 86,330,340원 / 공제총액: 10,576,400원
③ 지급총액: 194,693,130원 / 공제총액: 24,159,730원
④ 지급총액: 200,537,490원 / 공제총액: 24,159,730원

17 당 회사는 〈2000.인사2급 인천지점〉 사업장에 대해 2024년 06월 귀속(지급일 1번)에 이체한 급/상여를 확인하고자 한다. 이체 현황에 대한 설명으로 옳지 않은 것은? (단, 무급자는 제외한다.)

① 해당 사업장의 급/상여 이체 대상의 총 인원은 11명이며, 총 실지급액은 93,052,060원이다.
② 계좌이체를 통해 급/상여를 지급 받지 않는 사원은 존재하지 않는다.
③ '기업은행'에 이체된 금액은 '신한은행'에 이체된 금액보다 적다.
④ '우리은행'을 통해 급/상여를 지급 받는 인원은 3명이며, 총 이체 금액은 21,602,030원이다.

18 당 회사는 2024년 상반기 급여 작업에 대해 수당별 지급현황을 확인하고자 한다. 다음 중 〈2000.인사2급 인천지점〉 사업장 기준 'P06.근속수당'을 가장 적게 지급 받은 사원은 누구인가?

① [20010401.노희선]　　　　　　　② [20010402.박국현]
③ [20001101.박용덕]　　　　　　　④ [20020603.이성준]

19 당 회사는 전체 사업장에 대해 2024년 2분기 급여 집계 현황을 '부서별'로 구분하여 집계하고자 한다. 2024년 2분기 동안 지급구분이 [급여]인 내역 중 '소득세'가 가장 많이 공제된 '부서'로 알맞은 것은 무엇인가?

① 총무부　　　　　　　　　　　② 경리부
③ 관리부　　　　　　　　　　　④ 생산부

20 당 회사는 부서별 월별 급/상여 지급현황을 확인하고자 한다. 2024년 06월 귀속 '5100.자재부' 부서 기준으로 조회 시, 부서 전체 월별 급/상여 지급/공제항목 내역으로 알맞지 않은 것은?

① 지급합계: 29,274,370원　　　　② 소득세: 2,036,800원
③ 사회보험부담금: 504,750원　　④ 공제합계: 3,295,310원

국가공인 ERP® 정보관리사 합격지름길 수험서

삼일아이닷컴 **www.samili.com**에서 유용한 정보 확인!
ERP 전체모듈 자료는 웹하드(http://www.webhard.co.kr)에서 다운로드!

- 교재의 실무예제(수행내용) 입력이 완성된 각 부문별 백데이터 제공
- 출제경향을 완벽히 분석한 유형별 연습문제와 해설 수록
- 최신 기출문제 수록 및 통합DB 제공
- 저자들의 빠른 Q&A

정가 20,000원

13320

ISBN 979-11-6784-537-5

NCS 국가직무능력표준적용
National Competency Standards

iCUBE-핵심 ERP

답안 및
풀이

I can!

2026 ERP 정보관리사

인사

2급

김진우 · 임상종 · 김혜숙 지음

SAMIL | 삼일회계법인
삼일인포마인

제2장

합격문제 답안

01 핵심ERP 인사실무 출제유형

02 최신 기출문제

핵심ERP 인사실무 출제유형

01 핵심ERP Master DB설정

1.1 회사등록정보(사업장등록)

1	2	3	4						
②	②	④	③						

[풀이]

01 ② 핵심 ERP를 사용하기 위해서는 회사의 조직을 등록하여야 하며, 조직등록은 [회사등록] → [사업장등록] → [부문등록] → [부서등록] → [사원등록]의 순서로 작업

02 ② [시스템관리] → [회사등록정보] → [사업장등록] 신고관련사항 탭에서 세무서코드, 주업종 코드와 전자신고 ID 설정가능

03 ④ [시스템관리] → [회사등록정보] → [사업장등록] 기본등록사항 탭에서 관할세무서 확인, 신고관련사항 탭에서 지방세신고지(행정동) 확인

04 ③ [시스템관리] → [회사등록정보] → [사업장등록] 관련 내용 확인
㈜삼일테크 대구지사의 이행상황신고구분은 '반기'이다.

1.2 회사등록정보(부서&사원등록)

1	2	3	4						
②	②	③	③						

[풀이]

01 ② [시스템관리] → [회사등록정보] → [부서등록] 사업장(1000.(주)삼일테크본사),
조회기준일 적용(2026/12/01) 후 조회되는 부서 확인

02 ② [시스템관리] → [회사등록정보] → [사원등록] 조회 후 임영인 사원의 조회권한 확인

03 ③ [시스템관리] → [회사등록정보] → [사원등록] 조회 후 사원별 조회권한 확인
본사 물류팀 임영인 사원은 조회권한이 '부서'이므로, 본인이 속한 부서의 정보만 조회할 수 있다.

04 ③ [시스템관리] → [회사등록정보] → [사원등록] 조회 후 정종철 임원의 전표입력 방식(미결) 확인
　　미결전표에 대해서만 수정 및 삭제가 가능하며, 승인전표의 경우 수정권자의 승인해제 작업 후 수정 및
　　삭제가 가능하다.

1.3 회사등록정보(시스템환경설정&사용자권한설정)

1	2	3	4						
②	③	④	④						

[풀이]

01 ② [시스템관리] → [회사등록정보] → [시스템환경설정] 조회구분(1.공통) 끝전 단수처리 유형 확인

02 ③ [시스템관리] → [회사등록정보] → [시스템환경설정] 조회구분(1.공통, 3.인사) 관련 내용 확인
　　➔ 일용직사원에 대한 대용량데이터는 '0.미사용'으로 설정되어 있다.

03 ④ [시스템관리] → [회사등록정보] → [사용자권한설정] 사원별 모듈구분(B.영업관리)확인
　　➔ 백수인 사원은 영업관리 모듈에 대한 권한이 설정되지 않아 영업현황과 영업분석 메뉴를 조회 할 수 없다.

04 ④ [시스템관리] → [회사등록정보] → [사용자권한설정] 임영찬 사원의 모듈별 권한 확인
　　➔ 관리팀 임영찬 사원은 전체모듈에 대해 전권이 설정되어 있으므로, 영업관리 정보를 조회할 수 있다.

02 인사 기초정보 관리

2.1 인사기초코드등록

1	2	3	4						
②	④	③	③						

[풀이] ●

01 ② 급여지급시에 처리될 자격수당을 지급하기 위해서는 [인사/급여관리] → [기초환경설정] → [인사기초코드등록]
　　자격수당관련 기초코드등록 작업이 선행되어야 한다.

02 ④ [인사/급여관리] → [기초환경설정] → [인사기초코드등록] 출력구분(0.인사) 관리항목별 수정여부 확인
　　➔ HF.발령내역은 관리내역의 수정이 변경불가능한 항목이다.

03 ③ 사용하지 않는 인사기초코드는 삭제하지 말고, 사용여부를 '0.미사용'으로 설정하여야 한다.

04 ③ 생산직 연장근로 비과세 적용 시 'G2.직종'의 비고에 '1'을 입력해야 한다.

2.2 **소득/세액공제환경설정**

1	2	3						
③	③	④						

[풀이]

01 ③ [인사/급여관리] → [기초환경설정] → [소득/세액공제환경설정] 관련 내용 확인
➔ 인적공제 항목 중 70세 이상의 경로자에 대해 1,000,000원이 공제 가능하다.

02 ③ [인사/급여관리] → [기초환경설정] → [소득/세액공제환경설정] 비과세 및 감면항목에서 지급명세서
제출대상 확인

03 ④ [인사/급여관리] → [기초환경설정] → [소득/세액공제환경설정] 소득공제 항목의 과세표준 구간 확인

 2.3 **사회보험환경등록**

1								
④								

[풀이]

01 ④ [인사/급여관리] → [기초환경설정] → [사회보험환경설정] 사회보험별 근로자부담 요율 확인
➔ 건강보험, 국민연금, 고용보험은 근로자와 사업주가 각각 50%를 부담하며, 장기요양보험은 건강보험료
부담액의 13.14%를 근로자와 사업주가 각각 부담한다.

2.4 **인사/급여환경설정**

1	2							
④	①							

[풀이]

01 ④ [인사/급여관리] → [기초환경설정] → [인사/급여환경설정] 환경설정 내용 확인
➔ 퇴사자의 경우 25일 초과 근무한 경우 월급여를 정상 지급하고, 25일 미만 근무하는 경우,
일할 계산하여 지급한다.

02 ① [인사/급여관리] → [기초환경설정] → [인사/급여환경설정] 환경설정 내용 확인
➔ 월일수 산정 시, 귀속 월의 실 일수(당월일)를 적용한다.

2.5 호봉테이블등록

1	2	3							
④	③	②							

[풀이]

01 ④ 호봉테이블의 호봉코드 [인사기초코드등록] 메뉴와 [호봉테이블등록]메뉴의 '코드설정' 메뉴에서도 등록 가능하다.

02 ③ [인사/급여관리] → [기초환경설정] → [호봉테이블등록] 직급(사원), 호봉이력(2026년 7월) 선택 후 5호봉 급여액 확인

03 ② [인사/급여관리] → [기초환경설정] → [호봉테이블등록] 직급(주임) 선택 후 호봉이력(2026년 9월) 입력, 일괄등록(초기치 2,300,000원, 증가액 50,000원), 일괄인상(기본급 정률 5%), 정률적용 후 3호봉 호봉합계액 확인

2.6 지급공제항목등록

1	2	3	4	5					
④	③	③	③	②					

[풀이]

01 ④ [지급공제항목등록] 메뉴는 항목 수정 후 창을 닫으면 자동마감 되므로 별도의 마감작업이 필요없다.

02 ③ [인사/급여관리] → [기초환경설정] → [지급공제항목등록] 급여구분(급여), 지급/공제구분(지급), 지급항목(P.00 기본급) 기본급의 지급형태 확인
→ 기본급의 형태는 연봉, 월급, 시급 등 3가지이다.

03 ③ [인사/급여관리] → [기초환경설정] → [지급공제항목등록] 급여구분(급여), 지급/공제구분(지급), 지급항목(P.10 직책수당) 직책별 직책수당 확인
→ 과장의 직책수당은 100,000원이다.

04 ③ [인사/급여관리] → [기초환경설정] → [지급공제항목등록] 급여구분(급여), 지급/공제구분(지급) 가족수당과 자격수당 항목 확인
→ ERP정보관리사 자격 취득자에게는 100,000원의 자격수당을 지급하고 있다.

05 ② [인사/급여관리] → [기초환경설정] → [지급공제항목등록] 급여구분(급여), 지급/공제구분(지급), 지급항목(P.50 연장근로수당) 관련 내용 확인
→ 연장근로수당은 월정급에 제외되는 항목이다.

2.7 급/상여지급일자등록

1								
②								

[풀이]

01 ② [인사/급여관리] → [기초환경설정] → [급/상여지급일자등록] 귀속연월(2026년 3월) 관련 내용 확인
→ 입사자와 퇴사자는 상여금 지급 대상자에서 제외된다.

03 인사프로세스 실무

3.1 인사정보등록

1	2	3	4					
③	④	③	③					

[풀이]

01 ③ [인사/급여관리] → [인사관리] → [인사정보등록] 노란색의 필수입력 항목 확인
→ 직급은 필수입력항목은 아니지만, 월급제 사원의 급여계산을 위해서는 반드시 작성되어야 한다.

02 ④ [인사/급여관리] → [인사관리] → [인사정보등록] 사원별 인사정보등록 내용 확인
→ 백수인의 급여형태는 시급이다.

03 ③ [인사/급여관리] → [인사관리] → [인사정보등록] 사원별 인사정보등록 내용 확인
→ 임영인은 두루리 사회보험 신청자가 아니다.

04 ③ [인사/급여관리] → [인사관리] → [인사정보등록] 박효진 사원의 인사정보등록 내용 확인
→ 중소기업취업감면(감면유형 T13)은 2026년 11월까지 적용받는다.

3.2 인사기록카드

1	2							
①	③							

[풀이]

01 ① [인사/급여관리] → [인사관리] → [사원정보현황] 자격/면허 탭, 자격수당 지급 대상자 확인
→ 2026년 하반기 자격취득자 중 수당여부가 '해당'인 사원은 임영찬(TAT(세무정보)), 장혜영(FAT(회계정보))이다.

02 ③ [인사/급여관리] → [인사관리] → [사원정보현황] 자격/면허 탭, 자격수당 지급 대상자 확인
→ (ERP정보관리사 100,000원 × 2명) + (FAT(회계정보) 50,000원 × 1명)
+ (TAT(세무정보) 80,000원 × 1명) = 330,000원

3.3 부양가족관리

1	2							
③	④							

[풀이]

01 ③ [인사/급여관리] → [인사관리] → [인사정보등록] 임영찬 사원의 부양가족 현황 확인
→ 임영찬 사원의 부양가족 중 장애인 공제대상 인원은 0명이다.

02 ④ [인사/급여관리] → [인사관리] → [인사정보등록] 백수인 사원의 부양가족 현황 확인
→ 백수인 사원의 부양가족 중 8세이상 20세이하 공제대상 인원은 1명이다.

3.4 교육관리(교육평가)

1	2							
④	①							

[풀이]

01 ④ [인사/급여관리] → [인사관리] → [교육관리] 교육대상자설정 탭, 교육코드(100.직무역량 강화교육)
교육대상자 확인
→ 교육대상자는 총 4명(정종철, 임영찬, 장혜영, 임영인)이다.

02 ① [인사/급여관리] → [인사관리] → [교육평가] 교육명(100.직무역량 강화교육) 교육 평가결과 확인
→ 교육평가 결과가 '우수'인 사원은 장혜영 1명이므로, 시상금은 50,000원이다.

3.5 인사발령

1							
③							

[풀이]

01 ③ [인사/급여관리] → [인사관리] → [인사발령등록(사원별)] 발령호수(2026-001), 발령구분(보직변경),
발령일자(2026/01/01), 제목(2026년 정기인사) 조회되는 발령내역 확인
→ 발령대상자인 장혜영(영업팀 → 물류팀)과 임영인(물류팀 → 영업팀)의 부서는 서로 다르다.

3.6 근속년수현황

1							
④							

[풀이]

01 ④ [인사/급여관리] → [인사관리] → [근속년수현황] 기준일(2026/12/31), 퇴사자(0.제외),
년수기준(1.미만일수 버림), 경력포함(0.제외) 특별근속수당 대상자 확인
→ 10년초과 15년이하(30,000원 × 3명) + 15년초과 20년이하(50,000원 × 2명) = 190,000원

3.7 근태결과/상용직급여입력및계산

1	2	3					
③	③	②					

[풀이]

01 ③ [인사/급여관리] → [급여관리] → [근태결과입력] 귀속연월(2026년 3월), 지급일(1.2026/03/28 급여),
조회조건(1.사업장), 사업장(2000.(주)삼일태크 대구지사) 백수인 사원의 근태결과 확인
사원명(백수인)선택, 마우스 오른쪽 버튼 누른 후 사원정보 메뉴에서 책정임금의 시급 확인
→ 1유형근무수당: (평일연장근무시간 44시간 + 토일정상시간 0시간) × 1.5 × 13,000원 = 858,000원
2유형근무수당: (평일심야근무시간 0시간 + 토일연장근무시간 0시간) × 2 × 13,000원 = 0원

02 ③ [인사/급여관리] → [급여관리] → [상용직급여입력및계산] 귀속연월(2026년 2월), 지급일(1.2026/02/28
급여), 조회조건(1.사업장), 사업장(1000.(주)삼일태크본사) 급여총액 탭, 회사부담금 총액 확인

03 ② [인사/급여관리] → [급여관리] → [상용직급여입력및계산] 귀속연월(2026년 2월), 지급일(1.2026/02/28
급여), 조회조건(1.사업장), 사업장(2000.(주)삼일태크 대구지사) 개인정보 탭, 차인지급액 확인

3.8 급여관련 조회메뉴

1	2	3	4						
②	④	①	②						

[풀이]

01 ② [인사/급여관리] → [급여관리] → [급/상여이체현황] 소득구분(1.급상여), 귀속연월(2026년 1월), 지급일
(1.2026/01/28 급여), 무급자(1.제외), 조회조건(1.사업장, 1000.(주)삼일테크본사) 이체은행 및 금액 확인
➔ 급여이체 은행은 기업은행이며, 지급총액은 14,626,570원이다.

02 ④ [인사/급여관리] → [급여관리] → [사원별급상여변동현황] 기준연월(2026/03), 사용자부담금(1.포함),
비교연월(2026/01) 급여지급내역 확인
➔ 비과세 대상 금액은 변화가 없다.

03 ① [인사/급여관리] → [급여관리] → [급상여집계현황] 조회기간(2026/01~2026/03),
지급구분(100.급여), 조회구분(2.부서), 집계구분(1.항목별) 부서별 사회보험사업자부담금 확인
➔ 관리팀의 사회보험사업자부담금은 700,380원이다.

04 ② [인사/급여관리] → [급여관리] → [항목별급상여지급현황] 귀속연월(2026년01월~2026년03월),
지급구분(100.급여), 집계구분(1.부서별) 부서별 급여 지급내역 확인
(급상여집계현황 메뉴에서도 관련 내용 조회가능)
➔ 영업팀은 기본급 이외에 식대 600,000원이 지급되었다.

3.9 일용직관리

1	2								
③	①								

[풀이]

01 ③ [인사/급여관리] → [일용직관리] → [일용직사원등록] 김민재 사원의 관련 내용 확인
➔ 고용보험은 가입대상이지만, 국민연금과 건강보험은 가입대상이 아니다.

02 ① [인사/급여관리] → [일용직관리] → [일용직급여입력및계산] 귀속연월(2026/03), 지급일(1.2026/03/31)
일용직 김민재 사원의 급여 내역 확인
➔ 비과세신고제외분 40,000원이 있다.

회계전표처리

1	2								
②	④								

[풀이]

01 ② [인사/급여관리] → [전표관리] → [전표집계및생성] 지급유형(1.상용직급여), 귀속연월(2026/02), 회계단위(1000.㈜삼일테크본사), 결의일자(2026/02/28), 작성자(2010.임영찬) '집계내역' 메뉴실행 → 집계내역선택(㈜삼일테크본사, ㈜삼일테크 대구지사) 계정과목별 금액 확인
→ 직원급여는 11,710,000원이다.

02 ④ 오류내역: 전표 집계 시 '계정과목이 지정되지 않은 지급/공제항목이 존재합니다.'
→ 해당 오류는 '계정과목설정' 메뉴의 계정유형 별 지급/공제항목의 계정코드가 누락되었기 때문에 발생한 문제이며, 해당 계정과목에 계정코드를 설정하면 해당 오류는 발생하지 않는다.

최신 기출문제 답안 및 해설

인사 2급   2026년 1회 (2026년 1월 24일 시행)

[이론 답안]

1	2	3	4	5	6	7	8	9	10
②	④	③	③	④	④	④	③	④	①
11	**12**	**13**	**14**	**15**	**16**	**17**	**18**	**19**	**20**
①	④	②	④	③	④	②	④	④	①

[풀이]

01 ② 부서별로 동일한 데이터를 중복 저장할 경우 데이터 불일치와 중복 입력 문제가 발생하게 되며, ERP도입을 통해 중복업무의 배제 및 실시간 정보처리체계 구축이 가능해진다.

02 ④ 기업의 업무 프로세스에 적합한 ERP 패키지를 선택하는 경우 자체 개발 인력의 보유는 필요하지 않다.

03 ③ RPA(로봇 프로세스 자동화)의 도입 초기는 정형화된 데이터를 기반으로 단순 반복 업무처리만 가능했다.
[RPA 적용단계]
- 기초프로세스 자동화: 정형화된 데이터를 기반으로 단순 반복 업무처리, 고정된 프로세스 단위 업무 수행
- 데이터 기반의 머신러닝 활용: 이미지에서 텍스트 추출, 자연어 처리로 정확도와 기능성을 향상
- 인지자동화: 빅데이터 분석을 통해 사람이 수행하는 복잡한 작업과 의사결정을 내리는 수준

04 ③ 2018년 9월 세계경제포럼에서 인공지능 규범(AI code)의 5개 원칙이 발표되었으며 내용은 다음과 같다.
- Code 1: 인공지능은 인류의 공동 이익과 이익을 위해 개발되어야 한다.
- Code 2: 인공지능은 투명성과 공정성의 원칙에 따라 작동해야 한다.
- Code 3: 인공지능이 개인, 가족, 지역 사회의 데이터 권리 또는 개인정보를 감소시켜서는 안 된다.
- Code 4: 모든 시민은 인공지능을 통해서 정신적, 정서적, 경제적 번영을 누리도록 교육받을 권리가 있다.
- Code 5: 인간을 해치거나 파괴하거나 속이는 자율적 힘을 인공지능에 절대로 부여하지 않는다.

05 ④ 기능적 인사관리 중 노동력관리는 고용관리(채용, 배치, 이동, 승진, 퇴직 등)와 개발관리(교육훈련, 능력개발을 관리)로 구분된다.

06 ④ 기업의 조직문화는 기업 내부에서 형성되고 변화하는 내부환경 요소이며, 법률, 노동시장, 기술발전 등은 외부환경 요인에 해당한다.

07 ④ A: 서열법, B: 분류법, C: 요소비교법, D: 점수법
- 종합적(비계량적) 평가 방법: 서열법, 분류법,
- 분석적(계량적) 평가 방법: 요소비교법, 점수법

08 ③ 인력계획의 첫 단계는 미래의 필요한 인력(수요)과 현재 및 미래에 확보 가능한 인력(공급)을 예측하여 인력 불균형을 파악하는 것이다.

09 ④ 선발도구의 타당도를 평가하는 기준은 아래와 같으며, 시험문제와의 상관관계는 내용타당도에 해당한다.

구 분		내 용
기준 관련 타당도	동시 타당성	현직 근로자의 시험성적과 직무성과를 비교하여 선발 도구의 타당성을 검사
	예측 타당성	선발시험에 합격한 사람들의 시험성적과 입사 후의 직무성과를 비교하여 타당성을 검사
내용 타당성		요구하는 내용을 선발 도구가 얼마나 잘 나타내는지를 논리적으로 판단하며 선발시험의 문항 내용이 측정 대상인 직무성과와의 관련성을 잘 나타내고 있는지를 측정
구성 타당성		시험의 이론적 구성과 가정을 측정

10 ① 인사평가 오류 중 고과자가 피고과자를 가능하면 후하게 평가(상향평가)하려는 경향은 관대화 경향에 대한 설명이다.
- 중심화 경향: 피고과자의 대다수를 중간 정도로 판단하는 경향
- 시간적 오류: 상반기(과거) 업적보다 하반기(최근) 업적을 중요하게 평가

11 ① 보기의 내용은 OJT(직장 내 훈련)에 대한 설명이며, ②③④는 Off-JT(직장 외 훈련)에 대한 특징이다.

12 ④ 다양한 평가방법을 통해 직원의 잠재력, 역량, 리더십 등을 다면적으로 평가하는 제도는 종합평가센터 제도에 대한 설명이다.
- 직무순환 제도: 담당직무를 순차적으로 교체하여 개인에게 폭넓은 경험을 제공하는 제도
- 자기신고 제도: 종업원이 자신의 능력 등에 대하여 일정한 양식의 자기신고서에 작성하는 방법
- 기능목록 제도: 종업원의 직무수행에 필요한 정보를 파악하기 위한 개인별 능력평가표이며, 종업원별로 기능보유색인을 작성하여 경력개발에 활용하는 방법

13 ② 직무의 난이도, 책임, 요구되는 기술 수준 등을 평가하여 그 직무 자체의 가치에 따라 임금수준을 결정하는 임금체계는 직무급제에 대한 설명이다.

14 ④ 종업원이 실제 지출한 비용을 영수증 등으로 정산해주는 실비변상적 지출(출장 교통비 등)은 근로의 대가가 아닌 비용 보전이므로, 임금에 포함하지 않는다.

15 ③ 업무와의 관련성이 인정되는 출퇴근 중 사고에 대한 보상은 산재보험(산업재해보상보험)에 대한 내용이며, 산재보험은 업무 중 또는 업무와 관련된 사고나 질병으로 인한 치료비와 휴업급여(소득 손실 보전)등을 보상하는 제도이다.

16 ④ 소득세법상 거주자가 주소 또는 거소를 국외로 이전하여 비거주자가 되는 경우의 과세기간은 1월 1일부터 출국한 날까지로 정의하고 있다.

17 ② 원천징수이행상황신고서와 근로소득지급명세서는 기업이 연말정산 완료 후 제출하는 서류이다.
[연말정산 시 근로자 제출서류] '다음연도 2월 말까지 제출'
- 소득·세액공제신고서, 연말정산 공제 증명자료
- 기부금명세서, 의료비지급명세서, 신용카드 등 소득공제 신청서

[연말정산 후 제출서류] '다음연도 3월 10일까지 제출'
- 원천징수이행상황신고서, 근로소득지급명세서

18 ④ 출산휴가는 법정휴가에 해당한다.
- 법정휴가: 연차휴가, 생리휴가, 출산전후휴가, 가족돌봄휴가 등
- 약정휴가: 하계휴가, 경조휴가, 포상휴가 등

19 ④ 단체협약의 유효기간은 '노동조합 및 노동관계조정법'에 따라 최장 3년으로 제한하고 있으며, 유효기간이 만료되면 갱신하거나 새로운 단체협약을 체결하여야 한다.

20 ① 노사협의제는 법적 구속력이 없는 합의에 해당하지만, 단체교섭은 단체협약을 체결하여 법적 효력이 존재한다.
- 노사협의제: 노사가 함께 협의기구를 만들어 기업경영의 여러 문제를 노사공동으로 해결하기 위한 협의·자문제도
- 단체교섭: 임금 및 승급 조건, 노동시간에 대한 사용자와의 교섭

[실무 답안]

1	2	3	4	5	6	7	8	9	10
②	④	④	③	④	①	④	①	④	①

11	12	13	14	15	16	17	18	19	20
③	②	①	③	③	②	③	①	②	②

[풀이]

01 ② [시스템관리] → [회사등록정보] → [사원등록] '사용자만' 체크 후 관련 내용 확인
➜ 조회되는 사원의 인사입력방식은 '승인'이다.

02 ④ [시스템관리] → [회사등록정보] → [부서등록] 관련 내용 확인
① '1000.관리부문'에 속한 부서 중 '1300.관리부'는 현재 사용기간이 만료되었다. (X)
② '2000.인사2급 인천지점' 사업장의 부서 중 '6100.경리부'는 현재 사용기간이 만료되었다. (X)
③ '9100.교육부'는 '3000.인사2급 강원지점' 사업장의 부서이며, 사용시작일은 2021/01/01이다. (X)
④ '2200.해외영업부'는 '2000.영업부문'에 속한 부서이며, 사용종료일은 2025/12/31이다. (O)

03 ④ [인사/급여관리] → [기초환경설정] → [인사기초코드등록] 출력구분(4.사원그룹)의 관련 내용 확인
➜ '인사정보등록' 메뉴에서 조회되는 직무코드는 사용여부(사용·미사용) 값을 기준으로 조회된다.

04 ③ [인사/급여관리] → [기초환경설정] → [호봉테이블등록] 대상직급(대리) 호봉 등록 후 6호봉 합계금액 확인
• 호봉이력(시작년월: 2026/01) 입력
• [일괄등록] 기본급: 초기치(2,500,000원) 증가액(50,000원), 직급수당: 초기치(10,000원) 증가액(5,000원)
• [일괄인상] 기본급: 정률 6.5% → '정률적용', 직급수당: 10,000원 → '정액적용'
➜ 호봉 등록 후 확인되는 '700.대리' 직급의 6호봉 합계액은 2,973,750원이다.

05 ④ [인사/급여관리] → [기초환경설정] → [인사/급여환경설정] 관련 내용 확인
• A: 사무직의 출결기준이 '당월, 1일'이므로, 당월 1일에서 당월 말일까지이다. (O)
• B: 입사자의 급여계산 기준이 '월일, 20일'이므로, 20일 초과 근무 시 월 급여를 정상 지급한다. (O)
• C: 수습직의 급여계산 기준이 '일, 지급율 75%'이므로, 일할계산하여 75%를 지급한다. (O)
• D: 회사의 월일수 산정 기준이 '한달정상일'이므로, 적용 일수는 30일이다. (O)

06 ① [인사/급여관리] → [기초환경설정] → [지급공제항목등록] 급여구분(급여), 지급/공제구분(지급),
귀속연도(2026년) '마감취소' 후 관련 내용 확인
➜ 'P01.영업촉진비'는 휴직자에 대한 별도의 계산식이 설정되어 있고, 입/퇴사자에게는 '일할'로 지급하고
있다.

07 ④ [인사/급여관리] → [인사관리] → [인사정보등록] 사원별 관련 내용 확인
➜ 정용빈 사원은 학자금 상환 대상자이며, '2013/08~2018/08'까지 'T12.중소기업취업감면(70% 감면)' 대상
자로 설정되어 있다.

08 ① [인사/급여관리] → [인사관리] → [교육현황] 교육별사원현황탭, 교육명(995.직무능력 향상 교육)
교육 이수여부가 '이수'인 대상자 확인
➜ 교육지원금 지급액: 교육 이수 대상자 6명 × 200,000원 = 1,200,000원

09 ④ [인사/급여관리] → [인사관리] → [인사고과/상벌현황] 상벌현황 탭, 상벌코드(100.고과포상),
퇴사자(0.제외), 포상/징계일자(2025/12/31~2025/12/31) 포상/징계 대상자 확인
➜ 김화영 사원은 해당일자의 포상/징계 대상자에 해당하지 않는다.

10 ① [인사/급여관리] → [인사관리] → [근속년수현황] 퇴사자(0.제외), 기준일(2025/12/31),
년수기준(1.미만일수 버림), 경력포함(2.포함) 근속년수현황별 수당 지급 대상자 확인
→ 특별근속수당: 20년초과(1,400,000원) + 25년초과(1,200,000원) = 2,600,000원
(20년초과 7명 × 200,000원 + 25년초과 4명 × 300,000원)

11 ③ [인사/급여관리] → [인사관리] → [인사정보등록] 박지성 사원선택,
책정임금 등록(계약시작년월: 2026/01, Ctrl+F3 실행, 연봉: 48,000,000원 입력
[인사/급여관리] → [급여관리] → [상용직급여입력및계산] 귀속연월(2026/01),
지급일(1.2026/01/25 급여), '급여계산' 후 급여총액 탭에서 전체사원의 과세총액 확인
→ 급여 지급 대상자 전체 과세총액은 46,565,250원이다.

12 ② [인사/급여관리] → [기초환경설정] → [급/상여지급일자등록] 귀속연월(2026/01), 지급일자등록
(지급일자(2026/01/31), 동시발행(분리), 대상자선정(직종및급여형태별), 급여구분(특별급여),
지급직종및급여형태(2000.인사2급 인천지점 사업장을 제외한 모든 사업장 선택,
급여형태가 '월급'인 사무직과 생산직 선택)
[인사/급여관리] → 급여관리 → [상용직급여입력및계산] 귀속연월(2026/01),
지급일(2.2026/01/31 특별급여), 조회되는 전체사원 선택, '급여계산' 후 대상자별 차인지급액 확인
→ 해당 지급일의 정수연 사원의 차인지급액은 6,073,680원이다.

13 ① [인사/급여관리] → [급여관리] → [근태결과입력] 귀속연월(2025년 12월), 지급일(1.2025/12/25 급여),
오진형 사원의 근태결과 확인
(1유형 근무수당 관련: 평일연장근무시간 14시간 30분, 토일정상근무시간 10시간 15분)
(2유형 근무수당 관련: 평일심야근무시간 8시간, 토일연장근무시간 6시간 45분)
사원명(오진형)선택, 마우스 오른쪽 버튼 누른 후 사원정보 메뉴에서 책정임금의 시급(15,625원) 확인
→ 1유형 근무수당: (평일연장 14.5 + 토일정상 10.25) × 2 × 15,625원(시급) = 773,430원(773,437.5원)
2유형 근무수당: (평일심야 8 + 토일연장 6.75) × 2.5 × 15,625원(시급) = 576,170원(576,171.875원)
초과근무수당: 1유형 수당(773,430원) + 2유형 수당(576,170원) = 1,349,600원

14 ③ [인사/급여관리] → [일용직관리] → [일용직급여지급일자등록] 귀속연월(2026/01), 지급일(1.매일지급)
부서(1100.총무부, 1200.경리부), 급여형태(004.시급) 조회되는 대상자 선택 후 대상자 추가
[인사/급여관리] → [일용직관리] → [일용직급여입력및계산] 귀속연월(2026/01), 지급일(1.매일지급)
조회되는 전체사원 선택, 일괄적용(일괄적용시간: 평일 10시간, 비과세(신고제외분): 12,000원),
일괄적용(일괄적용시간: 토요일 4시간) 일용직급여 관련 내용 확인
→ 해당 지급일 대상자 중 '0017.조혜나' 사원은 현금으로 급여를 지급 받는다.

15 ③ [인사/급여관리] → [일용직관리] → [일용직사원등록] 기본정보 탭, 최민용 사원 선택 후 사원정보 변경,
생산직비과세적용(안함), 국민/건강/고용보험 여부(부), 급여/시간단가(31,500원)
[인사/급여관리] → [일용직관리] → [일용직급여입력및계산] 귀속연월(2026/01), 지급일(2.일정기간지급)
조회되는 전체사원 선택, 일괄적용(일괄적용시간: 평일 10시간, 비과세(신고제외분): 10,000원),
일괄적용(일괄적용시간: 토요일 2시간) 지급 대상자의 차인지급액 확인
→ 해당 지급일 대상자(10명)의 과세총액 합은 63,735,130원이다.

16 ② [인사/급여관리] → [급여관리] → [연간급여현황] 조회기간(2025/10~2025/12), 분류기준(지급/공제),
사업장(1000.인사2급 회사본사), 사용자부담금(1.포함) 조회되는 지급총액 및 공제총액 확인
→ 지급총액은 127,724,040원, 공제총액은 16,866,570원이다.

17 ③ [인사/급여관리] → [급여관리] → [급여대장] 귀속연월(2025/12), 지급일(1.2025/12/25.급여 분리),
집계(3.근무조별) 근무조별 급여 관련 내용 확인
→ 3조의 근속수당은 950,000원이다.

18 ① [인사/급여관리] → [급여관리] → [월별급/상여지급현황] 조회기간(2025/10~2025/12),
지급구분(100.급여), 조회구분(3.근무조), 근무조(002.2조) 지급항목 확인
→ 근무조 2조의 건강보험 합계액은 2,259,810원이다.

합격문제 답안

19 ② [인사/급여관리] → [급여관리] → [항목별급상여지급현황] 귀속연월(2025/07~2025/12),
지급구분(100.급여), 사업장(2000. 인사2급 인천지점, 3000.인사2급 강원지점),
집계구분(1.부서별) 부서별 고용보험 금액 확인
➡ 관리지원부(526,250원), 생산부(552,500원), 자재부(163,100원), 교육부(334,750원)

20 ② [인사/급여관리] → [급여관리] → [급/상여이체현황] 소득구분(1.급상여), 귀속연월(2025/12), 지급일
(1.2025/12/25 급여 분리), 무급자(1.제외), 조회조건(1사업장, 2000.인사2급 인천지점) 이체현황 확인
➡ 해당 지급일의 대상자 중 가장 많은 금액의 급여가 이체된 사원은 '20001101.박용덕'이다.

인사 2급 | 2025년 6회 (2025년 11월 22일 시행)

[이론 답안]

1	2	3	4	5	6	7	8	9	10
①	②	④	④	②	①	①	②	④	①

11	12	13	14	15	16	17	18	19	20
①	①	②	④	④	③	③	②	④	②

[풀이]

01 ① 기계학습(머신러닝)이란 방대한 데이터를 분석해 미래를 예측하는 기술로 일반적으로 생성된 데이터를 정보와 지식(규칙)으로 변환하는 컴퓨터 알고리즘을 의미하며, 유형별 학습방법은 다음과 같다.
- 지도학습: 분류모형, 회귀모형
- 비지도학습: 군집분석, 오토인코더, 생성적 적대신경망(GAN)

02 ② 비용, 품질, 서비스, 속도와 같은 핵심적 부분에서 극적인 성과를 이루기 위해 기업의 업무프로세스를 기본적으로 다시 생각하고 근본적으로 재설계하는 것은 BPR(업무프로세스 재설계)에 대한 설명이다.

03 ④ ERP 발전과정은 'MRP → MRP II → ERP → 확장형 ERP'이며, 최근에는 인공지능 및 빅데이터 분석 기술과의 융합으로 분석 도구가 추가되어 선제적 예측과 실시간 의사결정지원이 가능한 '차세대 ERP'로 진화되고 있다.

04 ④ ERP 도입을 통해 인건비·이직 위험에 대한 예측 및 인사결정의 지원이 주요 내용이다.

05 ② 인적자원관리 방식 중 인적자원의 능력개발과 만족감 증진에 관심을 두는 실천적 경영을 중시하는 것은 행동지향적 관리에 대한 설명이다.
- 인간중심적 관리: 종업원을 하나의 인격적 주체로 인식하는 관리
- 전략지향적 관리: 경영자가 종업원들의 잠재적 능력개발에 주력하는 관리
- 미래지향적 관리: 인적자원의 활용, 보전보다는 미래 지향적 관점에서 인력을 육성 및 개발하는 관리

06 ① 직종은 직업이라고도 하며, 동일하거나 유사한 직군들의 집단을 의미한다.
- 과업: 근로자에게 할당된 일의 단위를 의미하며, 수행하는 특정 작업 활동
- 직위: 한 사람에게 주어진 과업의 집단
- 직군: 동일하거나 유사한 직무의 집단(예: 사무직, 관리직, 영업직 등)

07 ① 인사고과 평가의 오류 중 평가 대상의 특정 긍정적 혹은 부정적 특성이 다른 특성을 평가하는데 영향을 미치는 후광효과에 대한 설명이다.
- 가혹화 경향: 고과자가 전반적으로 피고과자를 가혹하게 평가하려는 경향(엄격화 경향)
- 관대화 경향: 고과자가 피고과자를 가능하면 후하게 평가하려는 경향
- 중심화 경향: 피고과자의 대다수를 중간 정도로 판단하는 경향(집중화 경향)

08 ② 직무들을 상대적인 가치 순서대로 나열하는 방법인 서열법은 직무가치의 차이를 파악할 수 없다.
　　[서열법의 장점]
　　　• 평가 방법이 간단하고 신속한 평가 가능
　　　• 서열에 따라 결정되기 때문에 평가 시 관대화 경향이나 중심(집중)화 경향이 제거됨
　　[서열법의 단점]
　　　• 평가자의 주관이 개입될 수 있으며, 직무가치의 차이를 파악할 수 없음
　　　• 유사 직무의 서열화와 직무 수가 많은 기업에서는 적용이 어려움

09 ④ 모집·선발 과정이 과도하게 비공개·비밀리에 진행될 경우 기업내 불신·소문 등이 커질 수 있는 단점이 있다.

10 ① 직무수행평가에 필요한 정보를 파악하기 위해 개인별 능력평가표를 종업원별로 기능보유색인을 작성하여 데이터베이스화하는 것은 경력개발제도의 유형 중 기능목록제도에 대한 설명이다.
　　　• 자기신고제도: 종업원이 자신의 담당직무 능력 활용과 관련되는 내용을 자기신고서에 작성
　　　• 직무순환제도: 담당직무를 순차적으로 교체하여 구성원들에게 폭넓은 경험을 제공
　　　• 종합평가센터제도: 직원의 장래성, 리더십, 잠재력 등을 다양한 평가기법을 통해 다각적으로 평가

11 ① OJT는 직무 현장에서 개별 또는 소규모로 이루어지는 교육 방식이며, 표준화된 대규모 인원의 교육에 효과적인 방법은 Off-JT에 적합한 기법이다.

12 ① 승진관리의 기본원칙은 "적정성의 원칙(승진보상의 크기)", "공정성의 원칙(승진보상의 원칙)", "합리성의 원칙(공헌의 측정기준)"이 해당된다.

13 ② 임금수준의 거래형태 중 보상을 노사 당사자 사이에서 권력과 영향력이 작용하여 결정되는 것으로 인식하는 정치적 거래에 대한 설명이다.
　　　• 윤리적 거래: 보상이 노사 당사자 간 경제원리와 협상에 의해 결정되기보다는 윤리의식을 토대로 공정하게 교환되어야 한다고 인식
　　　• 사회적 거래: 보상을 조직과 개인이 관계를 맺음으로써 개인이 받게 되는 것으로 조직과 사회에 있어서 지위의 상징으로 인식
　　　• 심리적 거래: 노동을 임금과 교환하면서 얻는 만족감 등을 포함하는 일체의 만족감을 보상으로 인식

14 ④ 근로자의 직무 성과나 기업 기여도에 따라 임금을 지급하는 형태를 의미하는 성과급제에 대한 설명이다.
　　　• 연봉제: 임금을 연간 단위로 책정하는 방식
　　　• 능력급제: 개인의 능력 수준에 따라 임금을 결정하는 방식
　　　• 시간급제: 근로자의 근로 시간에 따라 임금을 결정하는 방식

15 ④ 복리후생 제도 중 직원들의 다양성을 고려해 맞춤형 제도를 제공하는 선택적 복리후생에 대한 설명이다.

16 ③ 과세자료는 명칭이나 형식에 불구하고 일정 서식으로 문서화되고, 직접·간접으로 국세의 과세근거가 되는 자료(비과세 및 과세미달 자료 포함)를 의미하며, 탈세정보자료는 해당되지 않는다.

17 ③ 원천징수이행상황신고서는 소득 지급일이 속하는 달의 다음 달 10일까지 제출하여야 한다.
　　(월별신고가 원칙이지만, 상시 고용인원 20인 이하의 경우는 반기신고가 가능하다.)

18 ② 총 근로시간을 정해두고, 그 범위 내에서 근로자가 출퇴근 시간을 자유로이 선택하는 근무제도는 선택적 근로시간제에 대한 설명이다.
　　　• 재량 근로시간제: 업무의 성질상 업무수행 방법을 근로자 재량에 맡길 필요가 있는 경우 사용자가 근로자 대표와 서면합의로 정한 시간을 근로한 것으로 인정하는 것
　　　• 탄력적 근로시간제: 일정기간 내에서 어느 주 또는 어느 날의 근로시간을 탄력적으로 배치하여 운용하는 방법
　　　• 사업장 밖 간주근로시간제: 근로시간의 산정이 어려운 영업·A/S·출장·택시운송 등에서 노사합의로 정한 시간을 근로한 것으로 간주하는 방법

19 ④ 노동조합의 3대 권리는 "단결권", "단체행동권", "단체교섭"이 해당되며, 노동조합이 기업의 경영 의사결정 과정에 참여할 수 있도록 하는 경영참가권은 노동조합의 권리로 보장되는 것은 아니다.

20 ② 근로자가 직무 수행 중 느끼는 불만, 불합리한 대우, 근무환경 등의 문제를 조직 내에서 공식적으로 접수·조사·해결하는 절차인 고충처리제도에 대한 설명이다.

[실무 답안]

1	2	3	4	5	6	7	8	9	10
②	③	③	④	①	②	①	③	④	②

11	12	13	14	15	16	17	18	19	20
④	①	②	③	①	④	③	④	②	①

[풀이]

01 ② [시스템관리] → [회사등록정보] → [사업장등록] 사업장별 관련 내용 확인
➔ '2000.인사2급 인천지점' 사업장의 이행상황신고 구분은 '0.월별'이다.

02 ③ [시스템관리] → [회사등록정보] → [부서등록] 관련 내용 확인
① 2025/11/22 현재 사용 중인 부서는 모두 9개이다. (X)
② 2025/11/22 현재 사용 중인 부서중 강원지점에 속하는 부서(교육부)도 있다. (X)
③ '2200.해외영업부'는 2025/12/31로 사용기간이 만료될 예정이다. (O)
④ 현재 등록된 부분 중 '3000.관리부문(인천지점)'은 사용기간이 2019/12/31 만료되었다. (X)

03 ③ [시스템관리] → [회사등록정보] → [사용자권한설정] 모듈구분(H.인사/급여관리) 관련 내용 확인
➔ '급여명세' 메뉴의 조회권한이 '사업장'이므로 본인이 속한 사업장의 급여명세를 출력할 수 있다.

04 ④ [인사/급여관리] → [기초환경설정] → [호봉테이블등록] 대상직급(대리) 호봉 등록 후 5호봉 합계금액 확인
• 호봉이력(시작년월: 2025/11) 입력
• [일괄등록] 기본급: 초기치(2,400,000원) 증가액(70,000원), 직급수당: 초기치(55,000원) 증가액(18,000원)
• [일괄인상] 기본급: 정률 2.9% → '정률적용', 직급수당: 7,000원 → '정액적용'
➔ 호봉 등록 후 확인되는 '700.대리' 직급의 5호봉 합계액은 2,891,720원이다.

05 ① [인사/급여관리] → [기초환경설정] → [인사/급여환경설정] 관련 내용 확인
① 입사자의 급여계산 기준이 '월일(25일)'이므로, 27일 근무시 정상 급여(300만원)가 지급된다. (X)
② 퇴사자의 급여계산 기준이 '월일(25일)'이므로, 20일 근무시 200만원(300만원 × 20일/30일)이 지급된다. (O)
③ 월일수 산정 시, '당월일'이므로, 10월의 일수는 실제 달력일수인 31일을 적용한다. (O)
④ '생산직'의 경우 전월 25일에서 당월 24까지의 출결마감일이 적용된다. (O)

06 ② [인사/급여관리] → [기초환경설정] → [지급공제항목등록] 급여구분(급여), 지급/공제구분(지급),
귀속연도(2025년) '마감취소' 후 관련 내용 확인
➔ 'P02.가족수당'에 등록된 가족별 수당금액은 '900.자'는 30,000원 이고, 그 외 부양가족은 100,000원으로 책정되어 있다.

07 ① [인사/급여관리] → [인사관리] → [인사정보등록] 정영수 사원의 관련 내용 확인
➔ 인적정보 탭에서 확인되는 세대주여부가 '1.부'이므로, 세대원에 해당한다.

08 ③ [인사/급여관리] → [인사관리] → [교육현황] 교육기간(2025/10/01~2025/10/30), 교육별사원현황탭,
교육명(150.임직원 AI 활용 교육) 사원별 평가등급 확인
➔ 교육평가 수당: A등급 1,400,000(200,000원 × 7명) + B등급 800,000원(100,000원 × 8명)
= 2,200,000원

09 ④ [인사/급여관리] → [인사관리] → [인사고과/상벌현황] 상벌현황 탭, 상벌코드(100.우수표창), 퇴사자(0.제외), 포상/징계일자(2025/01/01~2025/12/31) 사원별 포상/징계일자 확인
➡ 이종현(2025/03/31), 노희선(2025/03/31), 강민주(2025/03/31), 박선우(2025/09/30)

10 ② [인사/급여관리] → [인사관리] → [근속년수현황] 퇴사자(0.제외), 기준일(2025/10/31), 년수기준(1.미만일수 버림), 경력포함(0.제외) 근속년수현황별 수당 지급 대상자 확인
➡ 특별근속수당: 15년초과(600,000원) + 20년초과(1,600,000원) = 2,200,000원
(15년초과 4명 × 150,000원 + 20년초과 8명 × 200,000원)

11 ④ [인사/급여관리] → [인사관리] → [인사정보등록] 강민주 사원선택, 재직정보 탭, 휴직기간 등록
(시작일: 2025/11/03, 종료일: 2025/11/10, 휴직사유: 300.질병휴직, 휴직지급율: 75%, 퇴직기간적용: 함)
[인사/급여관리] → [급여관리] → [상용직급여입력및계산] 귀속연월(2025/11),
지급일(1.2025/11/25 급여), 조회되는 전체사원 선택, '급여계산' 후 급여총액 탭에서 과세총액 확인
➡ 급여 지급 대상자 전체 과세총액은 89,539,110원이다.

12 ① [인사/급여관리] → [기초환경설정] → [급/상여지급일자등록] 귀속연월(2025/11), 지급일자등록
(지급일자(2025/11/30), 동시발행(분리), 대상자선정(직종및급여형태별), 급여구분(특별급여),
지급직종및급여형태(2000.인사2급 인천지점 사업장을 제외한 모든 사업장 선택,
급여형태가 '월급'인 모든 직종 선택)
[인사/급여관리] → 급여관리] → [상용직급여입력및계산] 귀속연월(2025/11),
지급일(2.2025/11/30 특별급여), 조회되는 전체사원 선택, '급여계산' 후 급여총액 탭에서 소득세 확인
➡ 해당 지급일의 소득세 총액은 2,554,580원이다.

13 ② [인사/급여관리] → [급여관리] → [근태결과입력] 귀속연월(2025년 10월), 지급일(1.2025/10/25 급여),
배유진 사원의 근태결과 확인
(1유형 공제액 관련: 조퇴 30분, 외출: 6시간 15분)
(2유형 공제액 관련: 지각 1시간 45분)
사원명(배유진)선택, 마우스 오른쪽 버튼 누른 후 사원정보 메뉴에서 책정임금의 시급(16,598원) 확인
➡ 1유형 공제액: (조퇴 0.5 + 외출 6.25) × 2.25 × 16,598원(시급) = 252,082.125원
2유형 공제액: (지각 1.75) × 2.75 × 16,598원(시급) = 79,877.875원
기본급 공제액: 1유형 공제액(252,080원) + 2유형 공제액(79,870원) = 331,950원

14 ③ [인사/급여관리] → [일용직관리] → [일용직급여지급일자등록] 귀속연월(2025/11), 지급일(1.매일지급)
부서(3100.관리부, 4100.생산부), 급여형태(004.시급) 조회되는 대상자 선택후 대상자 추가
[인사/급여관리] → [일용직관리] → [일용직급여입력및계산] 귀속연월(2025/11), 지급일(1.매일지급)
조회되는 전체사원 선택, 일괄적용(일괄적용시간: 평일 9시간) 총 차인지급액 확인
➡ 급여총액 탭에서 확인되는 지급인원 4명에 대한 차인지급액은 15,291,760원이다.

15 ① [인사/급여관리] → [일용직관리] → [일용직사원등록] 기본정보 탭, 성준 사원 선택 후 사원정보 변경,
생산직비과세적용(함), 국민/건강/고용보험 여부(여)
[인사/급여관리] → [일용직관리] → [일용직급여입력및계산] 귀속연월(2025/11), 지급일(2.일정기간지급)
조회되는 전체사원 선택, 일괄적용(일괄적용시간: 평일 10시간, 비과세(신고제외분): 12,000원),
일괄적용(일괄적용시간: 토요일 4시간) 관련 내용 확인
➡ ① 지급인원은 총 6명이고, 모두 '5100.자재부' 소속이다. (O)
② 11월 10일 입사자인 성준 사원은 11월 한달간 18일을 근무하였다. (X)
③ 대상자들의 과세총액과 비과세총액(비과세신고제외분 포함)의 합은 27,158,660원이다. (X)
④ 일부 대상자들은 소득세가 공제되지 않았다. (X)

16 ④ [인사/급여관리] → [급여관리] → [연간급여현황] 조회기간(2025/07~2025/09), 분류기준(지급/공제),
사업장(2000.인사2급 인천지점), 사용자부담금(1.포함) 조회되는 지급총액 및 공제총액 확인
➡ 지급총액은 156,948,750원, 공제총액은 22,766,460원이다.

17 ③ [인사/급여관리] → [급여관리] → [급/상여이체현황] 소득구분(1.급상여), 귀속연월(2025/10), 지급일
(1.2025/10/25 급여), 무급자(1.제외), 조회조건(1사업장, 2000.인사2급 인천지점) 이체현황 확인
➔ 해당 사업장에서 가장 많은 급여가 이체된 사원은 '정영수'이고, 이체된 금액은 6,248,680원이다.

18 ④ [인사/급여관리] → [급여관리] → [월별급/상여지급현황] 조회기간(2025/07~2025/09),
지급구분(100.급여), 조회구분(2.부서), 부서별 지급항목 확인
➔ '생산부'의 야간근로수당은 900,000원이다.

19 ② [인사/급여관리] → [급여관리] → [사원별급/상여변동현황] 기준연월(2025/10), 비교연월(2024/10),
사용자부담금(0.제외) 전체 사업장의 사원별급/상여변동현황 확인
➔ 4대 사회보험의 모든 금액이 상승하였다.

20 ① [인사/급여관리] → [급여관리] → [수당별연간급여현황] 조회기간(2025/07~2025/09),
수당코드(S00.국민연금), 조회조건(1.사업장, 2000.인사2급 인천지점을 제외한 모든 사업장)
사원별 국민연금 공제금액 확인
➔ 배유진(358,460원), 정수연(351,000원), 김용수(351,620원), 이종현(323,720원)

인사 2급 | 2025년 5회 (2025년 9월 27일 시행)

[이론 답안]

1	2	3	4	5	6	7	8	9	10
②	③	④	③	④	④	④	②	④	①

11	12	13	14	15	16	17	18	19	20
④	③	②	④	④	③	①	③	②	④

[풀이]

01 ② 빅데이터의 주요 특징(5V)은 규모(Volume), 다양성(Variety), 속도(Velocity), 정확성(Veracity), 가치(Value) 등이 해당되며, 다양한 형태의 데이터를 수집·저장하는 특징은 데이터의 다양성에 대한 내용이다.

02 ③ 빅데이터를 활용하여 데이터를 처리하는 순서는 [데이터 수집] → [데이터 저장/처리] → [데이터 시각화/활용] 의 단계를 거치게 된다.

03 ④ ERP 시스템의 일정 부분을 기업의 요구사항에 맞춰 구현하는 방법은 '커스터마이제이션'에 대한 설명이며, 커스터마이제이션(커스터마이징)은 ERP 도입 시 최소화하는 것이 바람직하다.

04 ③ 사용자가 사용방법과 기호에 맞춰 하드웨어나 소프트웨어를 설정 및 수정하거나 기능을 변경하는 것을 의미하는 커스터마이징은 최소화하는 것이 바람직하다.

05 ④ 인사관리는 조직의 전략적 목표 달성을 지원하는 동시에, 구성원들의 만족과 발전을 도모하는 것이며, 단기적 재무 성과나 특정 집단 혹은 개인의 이익만을 추구하는 것은 아니다.

06 ④ 기업 내부의 직무 만족도 및 이직률 변화는 기업의 내부 환경 분석 요소에 해당한다.

07 ④ 기업 내 모든 직무에 대한 풍부한 경험 축적을 통해 미래지향적 인재 육성과 관련된 내용으로 배치관리 원칙 중 인재육성주의 원칙에 대한 설명이다.
- 적재적소 원칙: 현재 역량뿐만 아니라 성장 가능성까지 평가한 후, 각 부서의 중장기적인 인재 육성과 잘 맞추어 배치
- 실력주의 원칙: 종업원의 직무능력 및 잠재력 등을 기준으로 적정배치가 가능하도록 하는 원칙
- 균형주의 원칙: 기업 내 인재가 특정 직무(직종)에 편중되지 않게 배치

08 ② 창의력과 자율성이 중요한 직무는 변화무쌍하고 정형화하기 어려우므로 직무분석 적용에 한계가 있어 직무를 구체적으로 정의하기나 평가하는 데 어려움이 있다.

09 ④ 과거의 성과 지표(매출 등)와 인력 수 사이의 비율을 바탕으로 미래 인력 수요를 예측하는 것은 생산성비율 분석(계량적 수요예측)에 대한 설명이다.
- 델파이기법: 설문조사 등의 방법으로 다수 전문가들의 의견을 수렴하여 미래 상황을 예측하는 기법
- 명목집단법: 서로 다른 분야에 근무하는 사람들을 명목상 집단으로 간주하여 그들에게 자유로운 아이디어를 문서로 받아 반대 논쟁을 최소화하는 과정을 통해 문제해결을 시도하는 기법

10 ① 인사고과는 직원의 성과 향상, 능력 개발, 공정한 인사 결정(보상, 승진 등)을 주된 목적으로 한다.

11 ④ 회의를 통해 둘 이상의 아이디어를 결합이라는 연쇄반응을 통해 새로운 아이디어를 창출하는 방법은 브레인스토밍에 대한 설명이며, 두뇌풍선이라고도 한다.

12 ③ 경력관리는 개인의 장기적인 경력 경로 설정 및 발전을 지원하는 것이 주된 목적이며, 신입사원의 오리엔테이션은 단기적인 직무 적응을 위한 교육으로 경력관리의 주된 내용으로 보기는 어렵다.

13 ② 임금관리 전략 중 외부 경쟁력 확보와 관련된 내용이다.

14 ④ 기업의 임금수준은 근로자의 최저생계비(하한선), 기업의 지불능력(상한선), 노동시장의 상황에 의해 결정되며, 종업원 개개인의 심리적 만족은 임금수준의 결정요인에 해당하지 않는다.

15 ④ 국민연금보험료는 가입자의 [기준 소득월액 x 9.5%]이며, 가입자와 사용자가 각각 4.75% 부담하게 된다.

16 ③ 소득세법상 '거주자'란 국내에 주소를 두거나 183일 이상 거소를 둔 개인을 말한다.

17 ① 실업급여는 근로자와 사업주가 절반씩 부담하며, 사업주가 전액 부담하는 것은 산재보험에 대한 설명이다.

18 ③ 총 근로시간을 정해두고, 그 범위 내에서 근로자가 출퇴근 시간을 자유로이 선택하는 근무제도는 선택적 근로시간제에 대한 설명이다.

19 ② 숙련공을 조직기반으로 하는 것은 직종별 노동조합에 대한 설명이다.

20 ④ 근로자가 자사의 주식을 취득, 보유하여 자본출자자로 기업경영에 참여하는 것은 종업원지주제도에 대한 설명이다.
- 락커플랜 : 부가가치 수준을 기준으로 성과급을 산정하는 제도
- 스캔론플랜: 기업내 제안제도와 참여 중심으로 성과급을 산정하는 제도
- 스톡옵션 제도: 주식매입선택권이라고 하며, 기업의 설립 혹은 기술혁신 등 기여 종업원(임직원)에게 일정 수량의 주식을 낮은 가액으로 매입할 수 있도록 해주는 제도

[실무 답안]

1	2	3	4	5	6	7	8	9	10
③	②	④	①	②	④	①	③	②	①

11	12	13	14	15	16	17	18	19	20
④	①	②	③	③	④	②	④	③	①

[풀이]

01 ③ [시스템관리] → [회사등록정보] → [사업장등록] 사업장별 관련 내용 확인
→ '사용자'로 등록된 이현우 사원의 회계입력방식은 '수정'이다.

02 ② [시스템관리] → [회사등록정보] → [부서등록] 관련 내용 확인
→ '2025/09/27' 기준으로 '3000.인사2급 강원지점'에 속한 부서가 가장 적게 사용되고 있다.
(회사본사 사용부서: 5곳, 인천지점 사용부서: 3곳, 강원지점 사용부서: 2곳)

03 ④ [시스템관리] → [회사등록정보] → [사용자권한설정] 모듈구분(H.인사/급여관리) 관련 내용 확인
→ '급여명세' 메뉴의 조회권한이 '사업장'이므로 본인이 속한 사업장의 급여명세를 출력할 수 있다.

04 ① [인사/급여관리] → [기초환경설정] → [호봉테이블등록] 대상직급(주임) 호봉 등록 후 5호봉 합계금액 확인
- 호봉이력(시작년월: 2025/09) 입력
- [일괄등록] 기본급: 초기치(2,180,000원) 증가액(110,000원), 직급수당: 초기치(65,000원) 증가액 (12,000원)
- [일괄인상] 기본급: 정률 3.2%, 직급수당: 1.6% → '정률적용'
→ 호봉 등록 후 확인되는 '800.주임' 직급의 5호봉 합계액은 2,703,840원이다.

05 ② [인사/급여관리] → [기초환경설정] → [인사/급여환경설정] 관련 내용 확인
- A: 입사자의 급여계산 기준이 '월일(20일)'이므로, 17일 근무시 실제 근무한 일수만큼 급여가 지급된다.(O)
- B: 수급시간동안 급여의 75%를 지급 하므로 150만원(200만원 x 75%)을 지급한다.(X)
- C: 월일수 산정 시, '한달정상일'에 기재된 30일을 적용한다.(X)
- D: '생산직'과 '수습직'의 경우 전월 25일에서 당월 24까지의 출결마감일이 적용된다.(X)

06 ④ [인사/급여관리] → [기초환경설정] → [지급공제항목등록] 급여구분(급여), 지급/공제구분(지급), 귀속연도(2025년) '마감취소' 후 관련 내용 확인
→ 'P70.직무발병보상금'은 직종이 '사무직'인 경우에만 지급한다.

07 ① [인사/급여관리] → [인사관리] → [인사정보등록] 정영수 사원의 관련 내용 확인
② 급여형태는 '002.연봉'이다.
③ 감면대상자가 아니었다.
④ 배우자공제는 '1.비해당'으로 등록되어 있으므로 배우자공제 적용을 받지 않는다.

08 ③ [인사/급여관리] → [인사관리] → [교육현황] 교육기간(2025/08/01~2025/08/31), 교육별사원현황탭, 교육명(994.임직원역량강화교육(2025년)) 사원별 평가등급 확인
→ 교육평가 포상금: A등급 1,000,000원(200,000원 × 5명) + B등급 800,000원(100,000원 × 8명)
= 1,800,000원

09 ② [인사/급여관리] → [인사관리] → [사원입퇴사현황] 이직현황 탭, 분류구분(1.사업장), 분류코드(2000.인사2급 인천지점), 조회기간(2024/01~2024/12) 평균이직률 확인
→ 인천지점 사업장의 해당 기간 내 평균이직률은 '1.34%'이다.

10 ① [인사/급여관리] → [인사관리] → [근속년수현황] 퇴사자(0.제외), 기준일(2025/08/31), 년수기준(1.미만일수 버림), 경력포함(0.제외) 근속년수현황별 수당 지급 대상자 확인
→ 특별근속수당: 15년초과(600,000원) + 20년초과(1,200,000원) + 25년초과(750,000원) = 2,550,000원
(15년초과 4명 × 150,000원 + 20년초과 6명 × 200,000원 + 25년초과 3명 × 250,000원)

11 ④ [인사/급여관리] → [인사관리] → [인사정보등록] 김화영 사원선택, 급여정보 탭, 책정임금 등록
(계약시작년월: 2025/09, Ctrl+F3 실행, 연봉: 43,800,000원)
[인사/급여관리] → [급여관리] → [상용직급여입력및계산] 귀속연월(2025/09),
지급일(1.2025/09/25, 급여), 전체사원 선택, '급여계산' 후 과세총액 확인
→ 해당지급일자의 과세총액은 91,076,100원이다.

12 ① [인사/급여관리] → [기초환경설정] → [급/상여지급일자등록] 귀속연월(2025/09), 지급일자등록
(지급일자(2025/09/30), 동시발행(분리), 대상자선정(직종및급여형태별), 급여구분(특별급여),
지급직종및급여형태(1000.인사2급 회사본사 사업장을 제외한 모든 사업장 선택,
급여형태가 '월급'인 사무직과 생산직 선택)
[인사/급여관리] → 급여관리 → [상용직급여입력및계산] 귀속연월(2025/09),
지급일(2.2025/09/30 특별급여), 조회되는 전체사원 선택, '급여계산' 후 급여총액 탭에서 회사부담금 확인
→ 해당 지급일의 회사부담금 총액은 1,105,350원이다.

13 ② [인사/급여관리] → [급여관리] → [근태결과입력] 귀속연월(2025년 08월), 지급일(1.2025/08/25 급여),
김윤미 사원의 근태결과 확인
(1유형 공제액 관련: 조퇴 1시간, 외출: 7시간 45분)
(2유형 공제액 관련: 지각 25시간 15분)
사원명(김윤미)선택, 마우스 오른쪽 버튼 누른 후 사원정보 메뉴에서 책정임금의 시급(13,819원) 확인
→ 1유형 공제액: (조퇴 1 + 외출 7.75) × 2.25 × 13,819원(시급) = 272,061원
2유형 공제액: (지각 25.25) × 2.75 × 13,819원(시급) = 959,556원
기본급 공제액: 1유형 공제액(272,060원) + 2유형 공제액(959,550원) = 1,231,610원

14 ③ [인사/급여관리] → [일용직관리] → [일용직급여지급일자등록] 귀속연월(2025/09), 지급일(1.매일지급)
부서(4100.생산부) 조회되는 대상자 선택 후 대상자 추가
[인사/급여관리] → [일용직관리] → [일용직급여입력및계산] 귀속연월(2025/09), 지급일(1.매일지급)
조회되는 전체사원 선택, 일괄적용(일괄적용시간: 평일 10시간, 비과세(신고제외분): 12,000원),
일괄적용(일괄적용시간: 토요일 4시간) 일용직급여 관련 내용 확인
→ ① 사원들은 30일 중 26일을 근무하였다.
　② 비과세 금액은 비과세신고분과 비과세신고제외분이 존재한다.
　④ '문리리' 사원은 급여에서 소득세가 공제되지 않았다.

15 ③ [인사/급여관리] → [일용직관리] → [일용직사원등록] 기본정보 탭, 윤규연 사원 선택 후 사원정보 변경,
생산직비과세적용(함)
[인사/급여관리] → [일용직관리] → [일용직급여입력및계산] 귀속연월(2025/09), 지급일(2.일정기간지급)
조회되는 전체사원 선택, 일괄적용(일괄적용시간: 평일 9시간, 비과세(신고제외분): 12,000원) 관련 내용 확인
→ ① '송준' 사원과 '윤규연' 사원은 23일 중 17일을 근무하였다.
　② 비과세 금액은 총 2,696,560원(비과세신고분 + 비과세신고제외분)이다.
　④ 국민연금 총액은 738,090원이고, 지방소득세 총액은 10,080원이다.

16 ④ [인사/급여관리] → [급여관리] → [연간급여현황] 조회기간(2025/01~2025/06), 분류기준(과세/비과세),
사업장(2000.인사2급 인천지점, 3000.인사2급 강원지점), 조회구분(직급), 사용자부담금(0.제외)
조회되는 과세 및 비과세총액 확인
→ 차장과 부장 직급의 비과세 총액 합계액은 1,800,000원이다.

17 ② 인사/급여관리] → [급여관리] → [급여대장] 귀속연월(2025/08), 지급일(1.2025/08/25.급여),
집계(2.부서별) 부서별 급여관련 내용 확인
→ '2100.국내영업부'의 야간근로수당은 100,000원이다.

18 ④ [인사/급여관리] → [급여관리] → [월별급/상여지급현황] 조회기간(2025/01~2025/06),
지급구분(100.급여), 조회구분(2.부서), 부서(2100.국내영업부) 사원별 야간근로수당 확인
→ 기간내 야간근로수당을 지급받은 사원은 '정수연' 사원 뿐이다.

19 ③ [인사/급여관리] → [급여관리] → [사원별급/상여변동현황] 기준연월(2025/08), 비교연월(2024/08),
사용자부담금(1.포함) 전체 사업장의 사원별급/상여변동현황 확인
→ 과세금액을 증가시킨 요인은 '기본급'과 '근속수당'의 증가와 '영업촉진비'의 신규지급이다.
(차인지급액에 빨간색으로 표기되는 항목이 변경된 내역에 해당한다.)

20 ① [인사/급여관리] → [급여관리] → [수당별연간급여현황] 조회기간(2025/01~2025/06),
수당코드(P06.근속수당), 사업장(2000.인사2급 인천지점) 사원별 근속수당 확인
→ 이성준(900,000원), 신별(600,000원), 강민우(600,000원), 정용빈(600,000원)

인사 2급 | 2025년 4회 (2025년 7월 26일 시행)

[이론 답안]

1	2	3	4	5	6	7	8	9	10
②	③	④	③	④	④	①	②	②	③

11	12	13	14	15	16	17	18	19	20
①	③	③	①	③	④	②	③	④	③

[풀이]

01 ② 실제의 물리적인 제품, 생산설비, 공정, 공장을 사이버 공간에 그대로 구현하고 서로 긴밀하게 통합되어 동작하는 통합시스템은 사이버물리 시스템에 대한 설명이다.

02 ③ 직원들이 작성한 사내 익명게시판의 글, 면담 기록, 인사평가 의견란의 내용 등, 자연어 형태로 구성된 비정형 또는 반정형 텍스트데이터에서 패턴 또는 관계를 추출하여 의미 있는 정보를 찾아내는 자연어 처리 기법이 핵심기술인 텍스트마이닝과 관계되는 내용이다.

03 ④ 사용자가 사용 방법과 기호에 맞춰 하드웨어나 소프트웨어를 설정 및 수정하거나 기능을 변경하는 것을 의미하는 커스터마이징은 최소화하는 것이 바람직하다.

04 ③ 인사 업무의 디지털 전환을 위해 ERP 시스템을 도입하는 경우, 인사프로세스와 관련된 업무에는 효율성을 기할 수 있으나, 인사 담당 실무자 수준에서 경영 의사결정이 이루어지는 것은 아니다.

05 ④ 인적자원관리는 하나의 과정(process)으로서 조직 내 인적자원의 확보와 개발, 보상 및 유지라는 하나의 흐름으로 유기적으로 연계되어 있다. 세부적인 기능이 분리되어 있다 하더라도 통합적으로 운영되어야 효율성과 효과성을 높일 수 있다.

06 ④ 직무내용에 관한 내용은 '직무기술서'에 작성하고, 직무수행자의 자격요건 정보는 '직무명세서'에 작성한다.
　① 유사한 과업을 모아 일의 범위를 형성하는 것은 직무에 대한 설명이다.
　② 직위는 사람의 수가 기준이 되며, 보기의 내용을 기준으로 한 직위는 14개이다.
　③ 직무설계에 대한 내용이며, 인력확보 활동 이외에 생산성 향상, 품질개선 등에 영향을 미친다.

07 ① 직무분석 방법 중 숙련된 직무분석자가 직무수행자를 직접 관찰하여 관련된 항목을 체크하거나 평가하도록 하는 방법인 관찰법에 대한 설명이다.
　• 질문지법: 표준화된 질문지를 근로자에게 배부하여 스스로 기입하게 하는 방법
　• 직업기록법: 직무담당자가 매일 자신의 직무에 대한 작업일지와 메모 사항 등을 기록하여 직무정보를 얻는 방법

08 ② 직무전문화가 도입됨에 따라 어느 수준까지는 생산성이 증가하지만, 그 정도가 과도하게 높아지게 되면 작업자의 심리상태에 영향을 끼쳐 근로의욕을 훼손시키므로 생산성은 낮아질 수 있다.

09 ② 전문분야별 다수의 면접자가 한 명의 지원자를 평가하는 것은 패널면접에 대한 설명이다.
　• 압박면접(스트레스 면접): 피면접자를 갑작스러운 공격적 행동이나 무시하는 행동 등으로 의도적으로 긴장 또는 좌절 상태에 빠지게 하여 피면접자의 감정 조절 능력 및 인내도를 평가하는 면접방식
　• 비지시적 면접: 면접자가 특정한 질문 목록을 준비하지 않고 중요하다고 생각되는 내용에 대해 자유롭게 질문하는 방식
　• 블라인드 면접: 지원자의 학력, 성별, 출신 학교, 나이, 가족관계 등 개인 신상 정보를 배제하고 직무역량과 경험을 중심으로 평가하는 방식

10 ③ 업무성과 평가를 위한 질문(2개의 적절, 2개의 부적절)중 두 개의 질문을 선택하도록 하는 것은 강제선택법에 대한 설명이다.
- 쌍대비교법: 구성원들 중에서 2명씩 골라 계속 비교하는 방법으로 비교의 빈도가 매우 높으나 서열정리가 편리함
- 강제할당법: 고과자가 사전에 일정한 평가의 범위와 수를 결정해 놓고, 일정한 비율에 맞추어 강제로 할당하는 고과 방법으로 중심화, 관대화, 가혹화 등의 인사 평가오류 방지가 가능하다.
- 중요사건평가법: 평가자가 일을 효과적 또는 비효과적으로 수행하는 요인에 대해 핵심적이고 중요한 행동에 초점을 맞추어 평가하는 방법

11 ① 직속 상사로부터 1:1로 기술이나 작업의 노하우를 전수받는 것으로 도제훈련에 대한 설명이다.
- 액션러닝: 교육 참가자들이 소규모집단을 구성하여 팀워크를 바탕으로 해결하도록 하여 문제해결과정에 대한 성찰을 통해 학습하도록 하는 방법
- 그리드훈련: 리더의 행동 유형을 정립하고 가장 이상적인 리더는 생산과 인간이 관점 모두를 극대화할 수 있는 9.9형이라고 전제하는 훈련 방법
- 행동모델법: 가장 이상적인 행동을 제시하고 교육 참가자가 이 행동을 이해하고 반복하게 함으로써 행동 변화를 유도하는 방법

12 ③ 승진의 유형 중 일정 기간의 직무수행 능력 및 업적만을 평가하여 특별히 유능한 사람에게 승진기회를 제공하는 것은 발탁 승진에 대한 설명이다.
- 대용승진: 직무내용의 실질적인 변화는 없지만 직위 또는 자격호칭에 변화를 주어 인사체증과 사기저하를 방지하는 것
- 역직승진: 직계승진의 일부라고 볼 수 있지만, 직무와 직계에 연계되는 직위처리제도가 확립되지 못하는 경우에는 관리체계로서의 직위만 계장 → 과장 → 차장 → 부장과 같은 역직위의 서열계층이 올라가는 것
- 연공승진: 조직원의 승진에 있어서 능력보다는 근무경력이나 나이 등 시간의 차이에 의해 승진에 우선권을 주는 것

13 ③ 최저임금제도는 국가가 저임금근로자의 최저생활을 보호하기 위하여 노사 간의 임금결정과정에 개입하여 임금의 최저수준을 정하고 사용자에게 이 수준 이상의 임금을 지급하도록 법적으로 강제하는 법정임금을 의미한다.(2024년: 9,860원, 2025년: 10,030원, 2026년: 10,320원)

14 ① 사용자는 근로자가 퇴직한 경우에는 그 지급사유가 발생한 날부터 14일 이내에 퇴직금을 지급하여야 한다.

15 ③ 복리후생은 근로자와 그 가족의 생활수준 향상을 위해서 시행하는 간접적인 보상으로 근로자의 건전한 노동력의 확보, 노동생산성의 향상, 근로생활의 안정화와 질 향상 등에 영향을 미친다.

16 ④ 종합과세 대상 소득은 이자, 배당, 사업, 근로, 연금, 기타소득 등이 해당되며, 퇴직소득과 양도소득은 분류과세 대상 소득이다.

17 ② 공무원은 고용보험 가입 대상이 아니며, 65세 이후 고용된 근로자는 고용보험 중 실업급여 항목은 적용대상이 아니다.

18 ③ C는 실제 시간 측정 곤란한 외근, 출장 등의 업무를 사전정한 시간으로 간주하는 간주 근로시간제에 대한 설명이다.

19 ④ 오픈 숍, 유니온 숍, 클로즈드 숍은 노동조합 가입의 기본적 형태에 해당하며, 체크오프 제도는 노동조합의 가입비를 회사가 급여에서 공제하여 노동조합에 납부하는 조합비 일괄공제 제도이다.

20 ③ 근로자가 직무 수행 중 느끼는 불만, 불합리한 대우, 근무환경 등의 문제를 조직 내에서 공식적으로 접수·조사·해결하는 절차인 고충처리제도에 대한 설명이다.
- 스톡옵션 제도: 주식매입선택권이라고 하며, 기업의 설립 혹은 기술혁신 등 기여 종업원(임직원)에게 일정 수량의 주식을 낮은 가액으로 매입할 수 있도록 해주는 제도
- 종업원지주제도: 근로자가 자사의 주식을 취득, 보유하여 자본출자자로 기업경영에 참여하는 제도

[실무 답안]

1	2	3	4	5	6	7	8	9	10
④	②	②	①	①	③	③	①	③	④

11	12	13	14	15	16	17	18	19	20
②	②	③	④	④	②	①	③	④	①

[풀이]

01 ④ [시스템관리] → [회사등록정보] → [사업장등록] 사업장별 관련 내용 확인
→ '1000.인사2급 회사본사' 사업장은 해당 회사의 본점이며, 주(총괄납부)사업장에 해당한다.

02 ② [시스템관리] → [회사등록정보] → [부서등록] 관련 내용 확인
→ '2000.영업부문'에 속한 부서 중 현재 사용중인 부서는 '2100.국내영업부' 뿐이다.

03 ② [시스템관리] → [회사등록정보] → [사용자권한설정] 모듈구분(H.인사/급여관리) 관련 내용 확인
→ '연말정산자료입력' 메뉴의 조회권한이 '사업장'이므로 본인이 속한 사업장의 정보만 수정 가능하다.

04 ① [인사/급여관리] → [기초환경설정] → [호봉테이블등록] 대상직급(대리) 호봉 등록 후 5호봉 합계금액 확인
• 호봉이력(시작년월: 2025/07) 입력
• [일괄등록] 기본급: 초기치(2,500,000원) 증가액(100,000원), 직급수당: 초기치(50,000원) 증가액(30,000원)
• [일괄인상] 기본급: 정률 2.6% → '정률적용', [일괄인상] 직급수당: 정액 10,000원 → '정액적용'
→ 호봉 등록 후 확인되는 '700.대리' 직급의 5호봉 합계액은 3,155,400원이다.

05 ① [인사/급여관리] → [기초환경설정] → [인사/급여환경설정] 관련 내용 확인
→ 월일수 산정 기준이 '한달정상일'이므로, 월일수 산정시 30일을 적용한다.

06 ③ [인사/급여관리] → [기초환경설정] → [지급공제항목등록] 급여구분(급여), 지급/공제구분(지급),
귀속연도(2025년) '마감취소' 후 관련 내용 확인
→ 'P20.직책수당'은 직책별로 지급하며, '400.팀장'에게 지급되는 직책수당은 150,000원이다.

07 ③ [인사/급여관리] → [인사관리] → [인사정보등록] 사원별 관련 내용 확인
→ 박선우 사원은 현재 'T13.중소기업취업감면(90% 감면)' 대상자이며, 근무조는 '003.3조'이다.

08 ① [인사/급여관리] → [인사관리] → [교육현황] 교육별사원현황탭, 교육명(160.ERP 활용 교육)
사원별 평가등급 확인
→ 교육평가 포상금: A등급 900,000원(300,000원 × 3명) + B등급 300,000원(100,000원 × 3명)
= 1,200,000원

09 ③ [인사/급여관리] → [인사관리] → [사원정보현황] 동호회 탭, 동호회(600.요리동호회), 퇴직제외 선택 후 조회되는 동호회 가입자 확인
→ 박선우 사원은 동호회에서 탈퇴(탈퇴일자: 2018/01/01) 하였다.

10 ④ [인사/급여관리] → [인사관리] → [근속년수현황] 퇴사자(0.제외), 기준일(2025/04/30),
년수기준(1.미만일수 버림), 경력포함(0.제외) 근속년수현황별 수당 지급 대상자 확인
→ 특별근속수당: 15년초과(600,000원) + 20년초과(1,000,000원) + 25년초과(750,000원) = 2,350,000원
(15년초과 4명 × 150,000원 + 20년초과 5명 × 200,000원 + 25년초과 3명 × 250,000원)

11 ② [인사/급여관리] → [인사관리] → [인사정보등록] 김수영 사원선택, 재직정보 탭, 휴직기간 등록
(시작일: 2025/07/01, 종료일: 2025/07/20, 휴직사유: 300.질병휴직, 휴직지급율: 70%, 퇴직기간적용: 함)
[인사/급여관리] → [급여관리] → [상용직급여입력및계산] 귀속연월(2025/07),
지급일(1.2025/07/25 급여), 조회되는 전체사원 선택, '급여계산' 후 급여총액 탭에서 과세총액 확인
→ 급여 지급 대상자 전체 과세총액은 45,759,790원이다.

12 ② [인사/급여관리] → [기초환경설정] → [급/상여지급일자등록] 귀속연월(2025/07), 지급일자등록
   (지급일자(2025/07/31), 동시발행(분리), 대상자선정(직종및급여형태별), 급여구분(특별급여),
   지급직종및급여형태(2000.인사2급 인천지점 사업장을 제외한 모든 사업장 선택, 모든 직종 및 급여형태 선택)
   [인사/급여관리] → [급여관리] → [상용직급여입력및계산] 귀속연월(2025/07),
   지급일(2.2025/07/31 특별급여), 조회되는 전체사원 선택, '급여계산' 후 급여총액 탭에서 회사부담금 확인
   ➔ 해당 지급일의 회사부담금 총액은 1,362,260원이다.

13 ③ [인사/급여관리] → [급여관리] → [근태결과입력] 귀속연월(2025년 6월), 지급일(1.2025/06/25 급여),
   배유진 사원의 근태결과 확인
   (1유형 근무수당 관련: 평일연장근무시간 18시간 15분, 토일정상근무시간 8시간 45분)
   (2유형 근무수당 관련: 평일심야근무시간 4시간 30분, 토일연장근무시간 3시간)
   사원명(배유진)선택, 마우스 오른쪽 버튼 누른 후 사원정보 메뉴에서 책정임금의 시급(16,598원) 확인
   ➔ 1유형 근무수당: (평일연장 18.25 + 토일정상 8.75) × 2 × 16,598원(시급) = 896,290원
      2유형 근무수당: (평일심야 4.5 + 토일연장 3) × 2.5 × 16,598원(시급) = 311,210원
      초과근무수당: 1유형 수당(896,290원) + 2유형 수당(311,210원) = 1,207,500원

14 ④ [인사/급여관리] → [일용직관리] → [일용직급여지급일자등록] 귀속연월(2025/07), 지급일(1.매일지급)
   부서(1100.총무부, 4100.생산부), 급여형태(004.시급) 조회되는 대상자 선택 후 대상자 추가
   [인사/급여관리] → [일용직관리] → [일용직급여입력및계산] 귀속연월(2025/07), 지급일(1.매일지급)
   조회되는 전체사원 선택, 일괄적용(일괄적용시간: 평일 10시간, 비과세(신고제외분): 10,000원),
   일괄적용(일괄적용시간: 토요일 2시간) 일용직급여 관련 내용 확인
   ➔ 안채호 사원의 고용보험은 47,500원이 공제되었으며, 급여는 현금으로 지급 받는다.

15 ④ [인사/급여관리] → [일용직관리] → [일용직사원등록] 기본정보 탭, 박동민 사원 선택 후 사원정보 변경,
   생산직비과세적용(안함), 국민연금여부(부), 건강보험여부(부), 고용보험여부(부)
   [인사/급여관리] → [일용직관리] → [일용직급여입력및계산] 귀속연월(2025/07), 지급일(2.일정기간지급)
   조회되는 전체사원 선택, 일괄적용(일괄적용시간: 평일 10시간, 비과세(신고제외분): 12,000원),
   일괄적용(일괄적용시간: 토요일 4시간), 급여총액 탭, 대상자 전체의 차인지급액 확인
   ➔ 급여총액 탭에서 확인되는 지급 대상자(7명)의 차인지급액은 37,782,420원이다.

16 ② [인사/급여관리] → [급여관리] → [연간급여현황] 조회기간(2025/04~2025/06), 분류기준(과세/비과세),
   사업장(2000.인사2급 인천지점), 사용자부담금(1.포함) 조회되는 과세 및 비과세총액 확인
   ➔ 과세총액: 138,825,000원, 비과세총액: 5,984,670원

17 ① 인사/급여관리] → [급여관리] → [급여대장] 귀속연월(2025/06), 지급일(1.2025/06/25.급여),
   집계(2.부서별), 출력항목(모든 지급항목 선택) 부서별 급여관련 내용 확인
   ➔ '3100.관리부'의 직책수당은 300,000원이다.

18 ③ [인사/급여관리] → [급여관리] → [월별급/상여지급현황] 조회기간(2025/04~2025/06),
   지급구분(100.급여), 조회구분(3.근무조), 근무조(003.3조) 항목별 지급/공제액 확인
   ➔ 3조의 국민연금은 4,438,650원이다.

19 ④ [인사/급여관리] → [급여관리] → [급/상여이체현황] 소득구분(1.급상여), 귀속연월(2025/06), 지급일
   (1.2025/06/25 급여), 무급자(1.제외), 조회조건(1사업장, 2000.인사2급 인천지점) 이체현황 확인
   ➔ '국민은행'에 이체된 금액은 14,570,780원으로, '기업은행(7,043,640원)'과 '신한은행(9,200,930원)'의
      합 16,244,570원 보다 적다.

20 ① [인사/급여관리] → [급여관리] → [수당별연간급여현황] 조회기간(2025/01~2025/06),
   수당코드(P06.근속수당), 조회조건(1.사업장, 2000.인사2급 인천지점) 사원별 근속수당 확인
   ➔ 박국현(4,810,110원), 이성준(4,362,120원), 오진형(1,926,960원), 김수영(1,081,890원)

인사 2급 │ 2025년 3회 (2025년 5월 24일 시행)

[이론 답안]

1	2	3	4	5	6	7	8	9	10
②	④	②	②	③	③	④	④	①	④

11	12	13	14	15	16	17	18	19	20
④	④	①	②	③	②	④	②	④	②

[풀이]

01 ② 방대한 데이터를 분석해 미래를 예측하는 기술로 일반적으로 생성된 데이터를 정보와 지식으로 변환하는 컴퓨터 알고리즘인 머신러닝(기계학습) 워크플로우는 6단계로 구성된다.
(데이터수집 ➜ 점검 및 탐색 ➜ 전처리 및 정제 ➜ 모델링 및 훈련 ➜ 평가 ➜ 배포)

02 ④ 빅데이터 기반의 AI챗봇을 통해 반복되는 질문에 자동응답처리가 가능하게 되므로, 인사담당자는 보다 전문적인 상담과 전략적 업무에 집중할 수 있게 되었다.

03 ② 비즈니스 애널리틱스는 파일이나 스프레드시트와 데이터베이스를 포함하는 구조화된 데이터와 전자메일, 문서, 소셜미디어 포스트, 영상자료 등의 비구조화된 데이터를 동시에 활용이 가능하다.

04 ② ERP 도입을 통해 프로세스 혁신을 달성하기 위해서는 기존의 업무방식을 유지하지 말고, 업무 프로세스를 재설계(BPR) 하여야 한다.

05 ③ 피들러의 상황 리더십 이론은 시스템 접근방식의 인사관리에 해당한다.
- 행동과학적 인사관리(과업과 인간 지향): 매슬로우 욕구 5단계, 맥그리거 X·Y, 허즈버그 2요인, 아지르스 성숙·미성숙, 아담스 공정성, 포터·롤러 기대이론
- 시스템 접근방식의 인사관리(환경 적응과 혁신): 피들러 상황리더십, 호웰과 히긴스, 드러커

06 ③ 직무의 중요도에 따라 등급을 분류한 후 여러 평가자를 반복 평가 후 평균하여 각 직무의 서열을 결정하는 서열법은 직무 간 직무가치의 차이를 객관적으로 파악하기 어렵다. 예를 들어 서열 2위와 3위, 8위와 9위의 서열 차이가 직무가치의 차이와 동일하지 않을 수 있다.

07 ④ 매출액과 인원 수 비율을 기준으로 미래 인력을 예측하는 것은 생산성비율분석법에 대한 설명이다.
- 명목집단법: 서로 다른 분야에 근무하는 사람들을 명목상의 집단으로 간주하여 그들에게 자유로운 아이디어를 문시로 받는 기법
- 델파이기법: 설문조사 등의 방법으로 다수 전문가의 의견을 수렴하는 방법

08 ④ 직무분석방법 각각의 특징과 장·단점을 확인하면 다음과 같다.
- A: 관찰법, B: 질문지법, C: 면접법, D: 중요사건기록법
- 가: 질문지법, 나: 관찰법, 다: 중요사건기록법, 라: 면접법

09 ① 선발도구의 평가기준 중 시험성적(결과)으로 미래의 성과를 예측하는 것은 예측 타당성에 대한 설명이다.

구 분		내 용
기준 관련 타당성	동시 타당성	현직 근로자의 시험성적과 직무성과를 비교하여 선발 도구의 타당성을 검사
	예측 타당성	선발시험에 합격한 사람들의 시험성적과 입사 후의 직무성과를 비교하여 타당성을 검사
내용 타당성		요구하는 내용을 선발 도구가 얼마나 잘 나타내는지를 논리적으로 판단하며 선발시험의 문항 내용이 측정 대상인 직무성과와의 관련성을 잘 나타내고 있는지를 측정
구성 타당성		시험의 이론적 구성과 가정을 측정

10 ④ 인사고과는 신규 채용 기준 설정(확보), 교육훈련·승진(개발), 배치·이동(배치), 이직 방지(유지), 직무 재설계 및 교육훈련(활용), 임금조정(보상) 등에 활용되고 있다.

11 ④ 상반기(과거) 업적보다 하반기(최근) 업적을 중요하게 평가하는 시간적 오류가 발생하였다.

12 ④ 자발적 이직으로 인해 조직내 종업원들은 이동 및 승진기회의 확대를 가져올 수 있다.

13 ① 임금은 통화(현금)로 지급하여야 하며, 현물지급은 금지하고 있다.

[임금지급의 4가지 원칙]
- 통화 지불의 원칙: 사용자는 근로자에게 통화로 임금을 지급하여야 하며 현물급여는 금지
- 직접 지불의 원칙: 임금은 근로자 본인에게 직접 지급되어야 함
- 전액 지불의 원칙: 법령이나 단체협약에 의한 공제를 제외하고는 전액을 지불하여야 함
- 정기 지불의 원칙: 근로자의 생활 안정을 위하여 매월 일정한 날에 1회 이상 지급하여야 함

14 ② 종업원의 직무수행능력에 따라 개별임금을 결정하는 직능급(종업원가치기준)은 인건비의 부담이 증가되어 경영 질서의 유지가 곤란해지며, 단순 노무직에는 적용하기가 어렵다.

15 ③ 단위시간당 임률에 표준시간을 곱하여 임금을 산출하는 방식은 표준시간급제에 대한 설명이다.

- 통상임금: 근로자에게 정기적, 일률적으로 소정근로 또는 총근로에 대하여 지급하기로한 임금
  ➔ 평균임금의 최저한도 보장, 해고예고수당, 연장·야간·휴일근로수당, 연차유급휴가 및 출산전후휴가급여 등
- 평균임금: 사유가 발생한 날 이전 3개월 동안에 근로자에게 지급된 임금총액을 그 기간의 총일수로 나눈 금액
  ➔ 퇴직급여, 휴업수당, 재해보상 및 산업재해보상보험급여, 구직급여, 연차유급휴가수당 등

16 ② 고용보험(실업급여) 가입 대상자에서 제외되는 대상은 65세 이후에 고용된 자이다.

17 ④ 결정세액에서 기 납부한 세액을 차감하고 계산된 금액을 납부할세액 이라고 한다.

- 거주자의 소득세 납세지는 거주지이다.
- 소득세는 과세표준에 따라 8단계(6%, 15%, 24%, 35%, 38%, 40%, 42%, 45%) 누진세율이 적용된다.
- 다른 소득과 합산하여 과세하는 방법은 종합과세이다.

18 ② 업무의 성질상 업무수행 방법을 근로자 재량에 맡길 필요가 있는 경우 사용자가 근로자 대표와 서면합의로 정한 시간을 근로한 것으로 인정하는 것은 재량 근로시간제에 대한 설명이다.

- 간주 근로시간제: 사용자가 종업원에게 본인의 근로시간 관리를 위임해주는 제도
- 선택적 근로시간제: 1개월 이내의 정산기간을 평균으로 1주 평균 근로시간이 주 40시간을 초과하지 않는 범위 내에서 종업원이 자율적으로 1일 또는 1주 근무시간을 자유롭게 조정하는 직무설계방법
- 탄력적 근로시간제: 일정기간 내에서 어느 주 또는 어느 날의 근로시간을 탄력적으로 배치하여 운용하는 방법

19 ④ 노사 간 주장의 불일치 때문에 발생하는 분쟁상태는 노동쟁의에 대한 설명이다.

- 알선: 3자가 양측을 타협하도록 권유하는 것을 의미하며, 분쟁 자체를 의미하지는 않음
- 조정: 노사 간 입장 차이를 좁히기 위해 조정안을 제시하는 과정으로, 분쟁을 조정하는 행위
- 중재: 분쟁이 심할 경우 판정을 내리는 것이며, 분쟁을 해결하기 위한 수단

20 ② 노동조합이 조합비를 안정적으로 징수하기 위하여 사용자가 근로자의 급여에서 일괄 공제하는 것은 노동조합 가입방법 중 체크오프제도에 대한 설명이다.

합격문제 답안

[실무 답안]

1	2	3	4	5	6	7	8	9	10
③	④	①	③	②	②	③	①	②	④

11	12	13	14	15	16	17	18	19	20
②	①	④	①	④	②	③	③	④	①

[풀이]

01 ③ [시스템관리] → [회사등록정보] → [사원등록] '사용자만' 체크 후 관련 내용 확인
→ 조회되는 사원의 인사입력방식은 '미결'이다.

02 ④ [시스템관리] → [회사등록정보] → [부서등록] 관련 내용 확인
→ '8100.관리부'는 현재 사용중인 부서이며, '6000.관리부문(강원지점)'에 속한 부서이다.

03 ① [시스템관리] → [회사등록정보] → [사용자권한설정] 모듈구분(H.인사/급여관리) 관련 내용 확인
→ '급여관리'에 속한 메뉴 중 '연간급여현황' 메뉴에서는 출력이 불가능하다.

04 ③ [인사/급여관리] → [기초환경설정] → [호봉테이블등록] 대상직급(주임) 호봉 등록 후 5호봉 합계금액 확인
• 호봉이력(시작년월: 2025/05) 입력
• [일괄등록] 기본급: 초기치(2,700,000원) 증가액(70,000원), 직급수당: 초기치(140,000원) 증가액(50,000원)
• [일괄인상] 기본급: 정률 4.2% → '정률적용', [일괄인상] 직급수당: 정액 5,000원 → '정액적용'
→ 호봉 등록 후 확인되는 '800.주임' 직급의 5호봉 합계액은 3,450,160원이다.

05 ② [인사/급여관리] → [기초환경설정] → [인사/급여환경설정] 관련 내용 확인
→ ① 원천징수이행상황 신고서의 데이터는 '귀속연월'이 일치하는 경우에 집계된다.
③ '생산직', '수습직' 직종의 출결마감기준일이 전월 25일부터 당월 24일까지이다.
④ 2025년 05월 귀속 기준으로 월일수 산정 시, 당월일에 해당하는 31일을 적용한다.

06 ② [인사/급여관리] → [기초환경설정] → [지급공제항목등록] 급여구분(급여), 지급/공제구분(지급),
귀속연도(2025년) '마감취소' 후 관련 내용 확인
→ 'P02.가족수당'은 '퇴사자'에게 지급하지 않는 항목이다.

07 ③ [인사/급여관리] → [인사관리] → [인사정보등록] 사원별 관련 내용 확인
→ 김윤미 사원은 국외소득이 존재하고, 부녀자공제는 적용되지 않는다.

08 ① [인사/급여관리] → [인사관리] → [교육현황] 교육별사원현황탭, 교육명(994.임직원강화교육(2025년))
사원별 평가등급 확인
→ 교육평가 포상금: A등급 400,000원(200,000 × 2명) + B등급 400,000원(100,000 × 4명)
= 800,000원

09 ② [인사/급여관리] → [인사관리] → [사원입퇴사현황] 재직현황 탭, 분류구분(1.사업장),
분류코드(1000.인사2급 회사본사), 조회기간(2025/01/01~2025/01/31) 사원별 재직기간 확인
→ 재직기간이 가장 긴 사원은 '20010402.제갈형서'이다.

10 ④ [인사/급여관리] → [인사관리] → [근속년수현황] 퇴사자(0.제외), 기준일(2025/04/30),
년수기준(1.미만일수 버림), 경력포함(0.제외) 근속년수현황별 수당 지급 대상자 확인
→ 특별근속수당: 15년초과(400,000원) + 20년초과(1,800,000원) = 2,200,000원
(15년초과 4명 × 100,000원 + 20년초과 6명 × 200,000원 + 25년초과 3명 × 200,000원)

11 ② [인사/급여관리] → [인사관리] → [인사정보등록] 정용빈 사원선택,
　　책정임금 등록(계약시작년월: 2025/05, Ctrl+F3 실행, 연봉: 50,000,000원 입력
　　[인사/급여관리] → [급여관리] → [상용직급여입력및계산] 귀속연월(2025/05),
　　지급일(1.2025/05/25 급여), '급여계산' 후 급여총액 탭에서 전체사원의 과세총액 확인
　　➡ 급여 지급 대상자 전체 과세총액은 40,458,980원이다.

12 ① [인사/급여관리] → [기초환경설정] → [급/상여지급일자등록] 귀속연월(2025/05), 지급일자등록
　　(지급일자(2025/05/31), 동시발행(분리), 대상자선정(직종및급여형태별), 급여구분(특별급여),
　　지급직종및급여형태(2000.인사2급 인천지점 사업장을 제외한 모든 사업장 선택, 모든 직종 및 급여형태 선택)
　　[인사/급여관리] → [급여관리] → [상용직급여입력및계산] 귀속연월(2025/05),
　　지급일(2.2025/05/31 특별급여), 조회되는 전체사원 선택, '급여계산' 후 급여총액 탭에서 소득세총액 확인
　　➡ 급여 지급 대상자 전체 소득세총액은 659,860원이다.

13 ④ [인사/급여관리] → [급여관리] → [근태결과입력] 귀속연월(2025년 4월), 지급일(1.2025/04/25 급여),
　　신별 사원의 근태결과 확인
　　(1유형 근무수당 관련: 평일연장근무시간 16시간 30분, 토일정상근무시간 6시간 45분)
　　(2유형 근무수당 관련: 평일심야근무시간 4시간, 토일연장근무시간 2시간 15분)
　　사원명(신별)선택, 마우스 오른쪽 버튼 누른 후 사원정보 메뉴에서 책정임금의 시급(13,888원) 확인
　　➡ 1유형 근무수당: (평일연장 16.5 + 토일정상 6.75) × 2 × 13,888(시급) = 645,790원
　　　 2유형 근무수당: (평일심야 4 + 토일연장 2.25) × 2.5 × 13,888(시급) = 217,000원
　　　 초과근무수당: 1유형 수당(645,790원) + 2유형 수당(217,000원) = 862,790원

14 ① [인사/급여관리] → [일용직관리] → [일용직급여지급일자등록] 귀속연월(2025/05), 지급일(1.매일지급)
　　부서(1200.생산부, 5100.자재부), 급여형태(004.시급) 조회되는 대상자 선택 후 대상자 추가
　　[인사/급여관리] → [일용직관리] → [일용직급여입력및계산] 귀속연월(2025/05), 지급일(1.매일지급)
　　조회되는 전체사원 선택, 일괄적용(일괄적용시간: 평일 10시간, 비과세(신고제외분): 12,000원),
　　일괄적용(일괄적용시간: 토요일 2시간) 일용직급여 관련 내용 확인
　　➡ 해당 지급일 대상자의 국민연금 총액은 277,650원이다.

15 ④ [인사/급여관리] → [일용직관리] → [일용직사원등록] 기본정보 탭, 문리리 사원 선택 후 사원정보 변경,
　　생산직비과세적용(함), 국민연금여부(부), 건강보험여부(부), 고용보험여부(부)
　　[인사/급여관리] → [일용직관리] → [일용직급여입력및계산] 귀속연월(2025/05), 지급일(2.일정기간지급)
　　조회되는 전체사원 선택, 일괄적용(일괄적용시간: 평일 10시간, 비과세(신고제외분): 12,000원),
　　일괄적용(일괄적용시간: 토요일 4시간), 급여총액 탭, 대상자 전체의 차인지급액 확인
　　➡ 급여총액 탭에서 확인되는 지급 대상자(9명)의 차인지급액은 59,079,700원이다.

16 ② [인사/급여관리] → [급여관리] → [연간급여현황] 조회기간(2025/01~2025/03), 분류기준(지급/공제),
　　사업장(1000.인사2급 회사본사), 사용자부담금(1.포함) 조회되는 지급 및 공제총액 확인
　　➡ 지급총액: 123,974,040원, 공제총액: 16,389,420원

17 ③ 인사/급여관리] → [급여관리] → [급여대장] 귀속연월(2025/04), 지급일(1.2025/04/25.급여),
　　집계(3.근무조별), 출력항목(모든 지급항목 선택) 근무조별 급여관련 내용 확인
　　➡ '002.2조'의 건강보험은 753,270원이다.

18 ③ [인사/급여관리] → [급여관리] → [월별급/상여지급현황] 조회기간(2025/01~2025/03),
　　지급구분(100.급여), 조회구분(2.부서), 부서(2100.국내영업부) 항목별 지급액 확인
　　➡ 장기요양보험료는 225,210원이다.

19 ④ [인사/급여관리] → [급여관리] → [사원별급상여변동현황] 기준연월(2025/04), 사용자부담금(1.포함),
　　비교연월(2024/04) 급상여변동현황 확인
　　➡ 전체 '사업자부담금'은 변동 사항이 없으나, '차인지급액'은 증가하였다.

20 ① [인사/급여관리] → [급여관리] → [수당별연간급여현황] 조회기간(2024/07~2024/12),
　　수당코드(S00.국민연금), 조회조건(1.사업장, 1000.인사2급 회사본사) 사원별 국민연금 공제액 확인
　　➡ 김종욱(1,358,100원), 이종현(1,174,740원), 엄현애(896,400원), 김용수(954,960원)

인사 2급 | 2025년 2회 (2025년 3월 22일 시행)

[이론 답안]

1	2	3	4	5	6	7	8	9	10
③	④	①	③	④	②	③	③	③	③

11	12	13	14	15	16	17	18	19	20
②	④	④	④	①	③	④	②	③	③

[풀이]

01 ③ 2018년 9월 세계경제포럼에서 인공지능 규범(AI code)의 5개 원칙이 발표되었으며 내용은 다음과 같다.
- Code 1: 인공지능은 인류의 공동 이익과 이익을 위해 개발되어야 한다.
- Code 2: 인공지능은 투명성과 공정성의 원칙에 따라 작동해야 한다.
- Code 3: 인공지능이 개인, 가족, 지역 사회의 데이터 권리 또는 개인정보를 감소시켜서는 안 된다.
- Code 4: 모든 시민은 인공지능을 통해서 정신적, 정서적, 경제적 번영을 누리도록 교육받을 권리가 있다.
- Code 5: 인간을 해치거나 파괴하거나 속이는 자율적 힘을 인공지능에 절대로 부여하지 않는다.

02 ④ 블록체인은 기부금을 얼마나 사용하는지 투명하게 확인하기 위하여 개발되었으며, 네트워크 참여자들에게 분산 및 공유하는 분산원장 또는 거래장부이며, 특정인의 임의적인 조작이 어렵도록 설계된 저장플랫폼이라 할 수 있으며, 계약 시 법적 중개인(변호사 등)은 필요하지 않다.

03 ① 성과측정관리(BSC)는 전략적 기업경영 시스템에 해당한다.
- e-비즈니스 지원 시스템: 지식관리시스템, 의사결정지원시스템, 경영자정보시스템, 고객관계관리, 공급망 관리, 전자상거래 등
- 전략적 기업경영 시스템: 성과측정관리(균형성과표=BSC), 가치중심경영, 전략계획 수립 및 시물레이션, 활동기준경영

04 ③ 기존 정보처리시스템인 MIS는 수직적으로 업무를 처리하고, ERP는 수평적으로 업무를 처리한다.

05 ④ 표준화, 전문화, 단순화는 포드시스템의 3S 원칙에 해당하며, 합리성과 능률을 추구하여 대량 생산방식에 적용하였다.

06 ② 직무명세서에 대한 설명이다.
- 직무명세서는 직무표지, 직무개요 및 인적 특성(일반교육정도, 기술훈련, 전문훈련, 과기의 직무경험, 지적 능력, 신체적 요건, 개인특성 등)으로 구성되며, 인사팀은 직무명세서를 통해 채용 기준을 명확히 할 수 있다.
- 직무기술서는 직무표지(직명, 소속 과·부, 공장, 코드번호), 직무개요(직무수행의 목적이나 내용을 간략히 기술), 직무내용(직무수행에 관계되는 제 상황을 보다 상세하게 기술), 직무요건(직무수행에 필요한 제 요건을 정리)으로 구성된다.

07 ③ 독립된 특정 목표를 위해 수행되는 하나의 명확한 작업활동은 과업에 대한 설명이다.
- 직위: 한 사람에게 주어진 과업의 집단으로 여러 과업이 결합된 것
- 직무: 동일하거나 유사한 직위의 집단
- 직군: 동일하거나 유사한 직무의 집단(사무직, 관리직, 영업직 등)
- 직종: 동일하거나 유사한 직군의 집단

08 ③ 인력과잉시 대응전략은 직무분할, 조기퇴직, 정리해고, 무급휴가 등이 해당되지만, 경영진 회의 주요내용은 '인력계획을 통해 위기에 대응', '정규직 규모 유지', '연구실 인력 증원'이므로 직무재배치가 가장 적절한 대안이 된다.

09 ③ 선발도구의 타당도를 평가하는 기준 관련 타당성, 내용 타당성, 구성 타당성이 해당된다.

구 분		내 용
기준 관련 타당성	동시 타당성	현직 근로자의 시험성적과 직무성과를 비교하여 선발 도구의 타당성을 검사
	예측 타당성	선발시험에 합격한 사람들의 시험성적과 입사 후의 직무성과를 비교하여 타당성을 검사
내용 타당성		요구하는 내용을 선발 도구가 얼마나 잘 나타내는지를 논리적으로 판단하며 선발시험의 문항 내용이 측정 대상인 직무성과와의 관련성을 잘 나타내고 있는지를 측정
구성 타당성		시험의 이론적 구성과 가정을 측정

10 ③ 피고과자의 대대수를 중간 정도로 판단하는 경향은 인사고과 오류 중 중심화 경향에 대한 설명이다.
- 관대화 경향: 고과자가 피고과자를 가능하면 후하게 평가하려는 경향
- 엄격화(가혹화) 경향: 관대화 경향과는 반대로 고과자가 피고과자를 가혹하게 평가하는 경향
- 상동적 태도(오류): 타인에 대한 평가가 자신이 속한 사회적 집단(학교, 종교, 지역 등)에 대한 지각을 기초로 해서 이루어지는 평가

11 ② 직장 내 훈련(OJT)에 대한 설명이며, OJT훈련은 교육 내용과 수준의 통일성을 유지하기 어렵고, 교육 담당자의 역량에 따라 교육 효과가 달라질 수 있다.

구분	직장 내 훈련의 장점	직장 내 훈련의 단점
내용	• 개개인에 적합한 교육 가능 • 직장 설정에 맞는 교육 가능 • 학습내용을 현장에 바로 활용 가능 • 일과 학습의 병행 가능 • 직장 외 훈련보다 경제성이 높음	• 교육시간의 통일 어려움 • 작업수행의 지장초래 가능성 높음 • 교육내용과 수준의 통일이 어려움 • 기업 내·외부 환경에 영향을 많이 받음

12 ④ 직원의 장래성을 체계적으로 예측하여 경력개발을 추진하는 방법은 경력개발제도 중 종합평가센터제도에 대한 설명이다.
- 기능목록제도: 종업원의 직무수행에 필요한 정보를 파악하기 위한 개인별 능력평가표이며, 종업원별로 기능보유색인을 작성하여 경력개발에 활용하는 방법
- 자기신고제도: 종업원이 자신의 능력 등에 대하여 일정한 양식의 자기신고서에 작성하는 방법
- 직무순환제도: 담당직무를 순차적으로 교체하여 개인에게 폭넓은 경험을 제공하는 제도

13 ④ 임금관리의 3대 원칙은 임금수준(적정성), 임금체계(공정성), 임금형태(합리성)이다.

14 ④ 기업의 임금수준은 근로자의 최저생계비(하한선), 기업의 지불능력(상한선), 노동시장의 상황에 의해 결정된다.

15 ① 연장근로 및 야간근로 등에 대한 임금은 통상임금을 적용한다.
- 통상임금: 근로자에게 정기적, 일률적으로 소정근로 또는 총근로에 대하여 지급하기로 한 임금
  ➜ 평균임금의 최저한도 보장, 해고예고수당, 연장·야간·휴일근로수당, 연차유급휴가 및 출산전후휴가급여 등
- 평균임금: 사유가 발생한 날 이전 3개월 동안에 근로자에게 지급된 임금총액을 그 기간의 총일수로 나눈 금액
  ➜ 퇴직급여, 휴업수당, 재해보상 및 산업재해보상보험급여, 구직급여, 연차유급휴가수당 등

16 ③ 복리후생 효과 중 원가절감, 우수인력 확보, 기업의 이미지 개선 등은 사용자 측면의 효과이며, 경력개발을 통한 자아실현은 근로자 측면의 효과에 해당한다.

17 ④ 원천징수이행상황신고서와 근로소득지급명세서는 연말정산 완료 후 다음연도 3월 10일까지 제출하는 서류이다.

18 ② 출산휴가는 법정휴가에 해당한다.
- 법정휴가: 연차휴가, 생리휴가, 출산전후휴가, 가족돌봄휴가 등
- 약정휴가: 하계휴가, 경조휴가, 포상휴가 등

19 ③ 노동자가 헌법상의 기본권으로 가지는 노동 3권에는 단결권, 단체교섭권, 단체행동권이 해당된다.
- 단결권: 노동자들이 근로 조건의 향상을 위하여 노동조합을 조직할 권리
- 단체교섭권: 노동조합을 통해 사용자와 협상할 권리
- 단체행동권: 자신들의 주장을 관철하기 위해 쟁의 행위를 할 수 있는 권리

20 ③ 종업원지주제도는 근로자가 자사의 주식을 취득, 보유하여 자본출자자로 기업경영에 참여하게 하는 제도이며, 경영참가제도 중 간접참가 유형에 해당한다.

[실무 답안]

1	2	3	4	5	6	7	8	9	10
②	①	③	①	②	②	③	③	④	①

11	12	13	14	15	16	17	18	19	20
③	②	④	①	④	④	②	①	④	③

[풀이]

01 ② [시스템관리] → [회사등록정보] → [사업장등록] 사업장별 관련 내용 확인
→ '2000.인사2급 인천지점'은 월별로 이행상황신고서를 제출한다.

02 ① [시스템관리] → [회사등록정보] → [부서등록] 관련 내용 확인
→ ② 2025/03/22 기준 현재 사용이 종료된 부서는 1개이다.
③ 가장 오랜 기간 사용된 부서는 [1000.관리부문]과 [2000.영업부문] 소속이다.
④ [7000.AI연구부문]은 2025/04/01부터 사용 예정이다.

03 ③ [시스템관리] → [회사등록정보] → [사용자권한설정] 모듈구분(H.인사/급여관리) 관련 내용 확인
→ 연말정산자료입력 메뉴의 조회권한이 '사업장'이므로, 이현우 사원은 본인이 속한 사업장의 근로자에 대해서만 연말정산자료를 입력할 수 있다.

04 ① [인사/급여관리] → [기초환경설정] → [호봉테이블등록] 대상직급(주임) 호봉 등록 후 5호봉 기본급 확인
- 호봉이력(시작년월: 2025/03) 입력
- [일괄등록] 기본급: 초기치(2,000,000원) 증가액(100,000원), 직급수당: 초기치(50,000원) 증가액(35,000원)
- [일괄인상] 기본급: 정률 6.5%, 정률 3.5% → '정률적용'
→ 호봉 등록 후 확인되는 800.주임 직급의 5호봉 기본급 금액은 2,556,000원이다.

05 ② [인사/급여관리] → [기초환경설정] → [인사/급여환경설정] 관련 내용 확인
A: 입사자 급여계산시, 근무일수가 25일을 초과하는 경우 '월 급여'를 지급하고, 그렇지 않은 경우 계산하여 지급한다. (X)
B: 수습직의 경우 3개월간 70%의 급여를 지급한다. (X)
C: 월일수 산정은 '한달 정상일'이므로, 입력된 기준일수(30일)를 적용한다. (O)
D: '생산직'의 출결마감 기준은 '전월 25'이므로, 전월 25일에서 당월 24일까지를 적용한다. (O)

06 ② [인사/급여관리] → [기초환경설정] → [지급공제항목등록] 급여구분(급여), 지급/공제구분(지급), 귀속연도(2025년) '마감취소' 후 관련 내용 확인
→ 근속기간이 15년 이상인 경우 '근무년한수 × 시급 × 1.5'로 계산된다.

07 ③ [인사/급여관리] → [인사관리] → [인사정보등록] 사원별 관련 내용 확인
→ 정수연 사원은 'T12.중소기업취업감면(70% 감면)' 대상자였으며, 현재는 감면기간이 종료되었다.

08 ③ [인사/급여관리] → [인사관리] → [교육현황] 교육별사원현황탭, 교육명(150.임직원 AI 활용 교육),
사원별 평가등급 확인
→ 김종육(B등급), 박국현(B등급), 배유진(A등급), 김용수(B등급)

09 ④ [인사/급여관리] → [인사관리] → [인사발령(사원별)] 발령호수(20250101), 발령구분(부서이동),
제목(2025년 1/4분기 인사발령) 인사발령 관련 내용 확인
① 노희선 사원은 부서와 직책, 직급 정보가 변경된다.
② 박선우 사원은 부서에 대한 발령전정보가 존재하지 않는다.
④ 엄현애 사원을 제외한 모든 대상자의 직책정보가 변경된다.

10 ① [인사/급여관리] → [인사관리] → [근속년수현황] 퇴사자(0.제외), 기준일(2025/02/28),
년수기준(2.미만일수 올림), 경력포함(0.제외) 근속년수현황별 수당 지급 대상자 확인
→ 특별근속수당: 15년초과(750,000원) + 25년초과(1,400,000원) = 2,150,000원
(15년초과(20년이하) 5명 × 150,000원 + 20년초과 7명 × 200,000원)

11 ③ [인사/급여관리] → [인사관리] → [인사정보등록] 노희선 사원선택,
책정임금 등록(계약시작년월: 2025/03, Ctrl+F3 실행, 연봉: 42,766,830원 입력
[인사/급여관리] → [급여관리] → [상용직급여입력및계산] 귀속연월(2025/03),
지급일(1.2025/03/25 급여), '급여계산' 후 노희선 사원의 소득세와 지방소득세 확인
→ 노희선 사원의 소득세는 211,980원, 지방소득세는 21,190원이다.

12 ② [인사/급여관리] → [기초환경설정] → [급/상여지급일자등록] 귀속연월(2025/03), [전월복사] 메뉴 실행,
'2024년 12월 상여' 자료 반영 후 지급일자(2025/04/10)와 상여지급대상기간(2025/01/01~2025/03/31)
수정
[인사/급여관리] → [급여관리] → [상용직급여입력및계산] 귀속연월(2025/03),
지급일(2.2025/04/10 상여), 조회되는 전체사원 선택, '급여계산' 후 급여총액 탭에서 과세총액 확인
→ 상여 지급 대상자 전체 과세총액은 23,331,350원이다.

13 ④ [인사/급여관리] → [급여관리] → [근태결과입력] 귀속연월(2025년 2월), 지급일(1.2025/02/25 급여),
이성준 사원의 근태결과 확인
(1유형 근무수당 관련: 평일연장근무시간 18시간, 토일정상근무시간 13시간 45분)
(2유형 근무수당 관련: 평일심야근무시간 4시간 15분, 토일연장근무시간 1시간 45분)
사원명(이성준)선택, 마우스 오른쪽 버튼 누른 후 사원정보 메뉴에서 책정임금의 시급(22,031원) 확인
→ 1유형 근무수당: (평일연장 18 + 토일정상 13.75) × 1.5 × 22,031(시급) = 1,049,220원
2유형 근무수당: (평일심야 4.25 + 토일연장 1.75) × 2 × 22,031(시급) = 264,370원
초과근무수당: 1유형 수당(1,049,220원) + 2유형 수당(264,370원) = 1,313,590원

14 ① [인사/급여관리] → [일용직관리] → [일용직사원등록] 기본정보 탭, 류성준 사원 선택후 사원정보 변경, 생산
직비과세적용(함)
[인사/급여관리] → [일용직관리] → [일용직급여입력및계산] 귀속연월(2025/03), 지급일(1.매일지급)
조회되는 전체사원 선택, 일괄적용(일괄적용시간: 평일 9시간, 비과세(신고제외분): 12,000원),
일용직급여 관련 내용 확인
→ 해당 지급일 대상자(5명)의 과세총액 합은 18,444,720원이다.

15 ④ [인사/급여관리] → [일용직관리] → [일용직급여지급일자등록] 귀속연월(2025/03), 지급일(2.일정기간지급)
부서(1200.경리부), 급여형태(003.일급) 조회되는 대상자(1명) 선택후 대상자 추가
[인사/급여관리] → [일용직관리] → [일용직급여입력및계산] 귀속연월(2025/03), 지급일(2.일정기간지급)
조회되는 전체사원 선택, 일괄적용(일괄적용시간: 평일 8시간), 급여총액 탭, 대상자 전체의 과세총액 확인
→ 급여총액 탭에서 확인되는 지급 대상자(4명)의 과세총액은 16,380,000원이다.

16 ④ [인사/급여관리] → [급여관리] → [연간급여현황] 조회기간(2024/10~2024/12), 분류기준(과세/비과세), 사업장(2000.인사2급 인천지점, 3000.인사2급 강원지점), 사용자부담금(0.제외) 조회되는 과세총액 및 비과세총액 확인
→ 과세총액이 가장많이 발생한 부서는 생산부이고, 비과세총액이 가장 많이 발생한 부서는 자재부이다.

17 ② [인사/급여관리] → [급여관리] → [급여대장] 귀속연월(2025/02), 지급일(1.2025/02/25.급여), 집계(3.근무조별) 근무조별 급여관련 내용 확인
→ 2조의 영업촉진수당은 200,000원이다.

18 ① [인사/급여관리] → [급여관리] → [월별급/상여지급현황] 조회기간(2024/10~2024/12), 지급구분(100.급여), 조회구분(2.부서), '박선우' 사원의 소득세와 지방소득세 확인
→ 소득세(286,290원), 지방소득세(28,620원)

19 ④ [인사/급여관리] → [급여관리] → [사원별급상여변동현황] 기준연월(2025/02), 지급일(1.2025.02/25 급여) 사용자부담금(0.제외), 비교연월(2024/02), 지급일(1.2024/02/25 급여) 급상여변동현황 확인
→ '배유진' 사원은 기본급을 포함한 모든 지급/공제항목에서 금액이 변동되었다.

20 ③ [인사/급여관리] → [급여관리] → [수당별연간급여현황] 조회기간(2024/10~2024/12), 수당코드(P06.근속수당), 조회조건(1.사업장, 2000.인사2급 인천지점) 사원별 근속수당 확인
→ 근속수당이 가장많은 사원은 '이성준'이다.

인사 2급 2025년 1회 (2025년 1월 25일 시행)

[이론 답안]

1	2	3	4	5	6	7	8	9	10
③	①	③	④	②	①	②	②	④	④

11	12	13	14	15	16	17	18	19	20
①	③	③	②	②	②	④	④	③	②

[풀이]

01 ③ RPA(로봇 프로세스) 적용단계 중 정형화된 데이터 기반의 자료 작성, 단순 반복업무 처리 등은 1단계(기초 프로세스 자동화)에 대한 설명이다.

[RPA(로봇 프로세스) 적용단계]
- 1단계: 기초프로세스 자동화
  ➔ 정형화된 데이터 기반의 자료 작성, 단순 반복업무 처리, 고정된 프로세스 단위 업무 수행
- 2단계: 데이터 기반의 머신러닝 활용
  ➔ 이미지에서 텍스트 데이터 추출, 자연어 처리로 정확도와 기능성을 향상시키는 단계
- 3단계: 인지자동화
  ➔ RPA가 업무 프로세스를 스스로 학습하면서 자동화하는 단계이며, 빅데이터 분석을 통해 사람이 수행하는 더 복잡한 작업과 의사결정을 내리는 수준

02 ① 사물인터넷(IoT)에 대한 설명이다.
- 클라우드 컴퓨팅: 인터넷을 통하여 외부사용자에게 IT자원을 제공하고 사용하게 하는 기술서비스
- 인공신경망(ANN): 인간의 두뇌를 모사
- 사이버물리(CPS): 물리적인 제품, 생산설비, 공정, 공장을 사이버 공간에 두고 동작하는 통합시스템

03 ③ 선진 업무프로세스(Best Practice) 도입을 목적으로 ERP 패키지를 도입하였는데, 기존 업무처리에 따라 ERP 패키지를 수정한다면 BPR은 전혀 이루어지지 않는다.

04 ④ ERP 시스템의 도입단계(분석 ➔ 설계 ➔ 구축 ➔ 구현)중 GAP차이 분석은 설계단계에 해당하며, 이는 TO-BE 프로세스와 ERP 시스템의 표준 프로세스 간의 차이를 분석하는 것을 의미한다.

05 ② 인적자원관리의 패러다임은 사람중심에서 역할중심으로 변화 되었다.

06 ① 요소는 작업이 나누어질 수 있는 최소단위를 말하며, 목표를 위하여 수행되는 하나의 명확한 작업 활동은 과업에 대한 설명이다.

07 ② 직무분석은 준비단계 ➔ 실시단계 ➔ 정리단계로 구분되며 그 내용은 아래와 같다.
- 직무분석의 준비단계: 예비조사, 직무단위결정(예비단계), 분석방법의 결정
- 직무분석의 실시단계: 직무분석표 작성, 직무정보의 수집, 직무정보의 분석(본작업)
- 직무분석의 정리단계: 직무기술서, 직무명세서(정리단계)이동, 이직 등의 일정비율을 적용하여 미래 각 기간에 걸쳐 현재인원의 변동을 예측하는 방법

08 ② 직무평가 방법 중 요소비교법(계량적 평가)은 가장 기본이 되는 몇 개의 기준직무를 선정하여 기존직무의 평가요소별 가치를 임금액으로 환산하여 직무의 상대적 가치를 평가요소별로 비교하는 평가방법으로 평가과정이 복잡하고 비용과 시간이 많이 소요된다.

장점	단점
• 임금 공정성 제고 • 평가의 타당도 및 신뢰도가 우수 • 기준직무를 통하여 평가하므로 유사한 직무 및 기업 내의 전체 직무를 평가하는데 용이 • 직무기준이 적절히 선정되었다면 점수법보다 훨씬 합리적임	• 비용과 시간이 많이 소요됨 • 평가요소에 대한 주관이 개입될 가능성이 높음 • 평가 과정이 복잡함 • 기준직무가 잘못 선정되었을 경우 수용성을 이끄는 데 한계가 있음

09 ④ 선발 대상자들에게 적용되었을 때 안정적이고 일관성 있는 결과를 얻어낼 수 있는지를 판단하는 기준을 의미하는 것은 선발도구의 평가기준 중 신뢰성에 대한 설명이다.
- 타당성: 시험이 당초에 측정하려고 의도하였던 것을 얼마나 정확하게 측정하고 있는지를 밝히는 정도를 의미한다.
- 효율성: 제공할 비용보다 훨씬 큰 수익을 가져다주는 사람을 선발하고 지원자와 직무의 적합성, 능력과 태도 등 지속적 학습을 통해 장기적 공헌이 가능한 사원인지 판단하는 것을 의미한다.
- 효용성: 선발도구의 효용성이 높으면 선발에 있어서 평가도구의 성적이 미래의 직무 성과를 예측하는 능력이 크다는 것을 의미하며, 선발도구의 효용이 높으면 선발 비용이 절감되고 우수 인재의 선발 가능성이 높아진다.

10 ④ 직장 내 훈련(OJT)은 전문적인 지식과 기능을 전달하기 어렵다.

11 ① 균형주의 원칙은 인적자원관리(배치–전환배치)의 원칙에 해당한다.
[경력개발관리의 기본원칙]
- 적재적소배치의 원칙: 종업원의 적성·지식·경험·능력과 조직의 목표 달성에 필요한 직무가 잘 조화되도록 배치하여야 한다.
- 승진경로의 원칙: 기업의 모든 직위는 계층적인 승진경로를 통해 승진관리가 이루어져야 한다.
- 후진양성의 원칙: 인재확보를 위해 외부 보다는 내부 승진경로를 통해 종업원에게 동기부여를 하여야 한다.
- 경력기회개발의 원칙: 종업원이 경력 상 필요한 부분을 알게 되면 기업은 종업원을 위해 적절한 경력경로를 설계하여야 한다.

12 ③ 문제 해결방안을 전문가가 직접 제시하는 것이 아니라, 당사자가 해결책을 스스로 발견할 수 있도록 지원하는 것은 코칭리더십에 대한 설명이다.
- 셀프 리더십: 조직 내에서 리더만이 조직원을 관리하고 통제하는 것이 아니라 조직구성원 모두가 자율적으로 관리하고 이끌어 나가는 리더십
- 슈퍼 리더십: 부하들 스스로가 자신을 스스로 리드할 수 있는 역량과 기술을 갖추도록 여건을 조성하는 리더의 행위를 강조하는 리더십
- 카리스마 리더십: 모범적, 기업가적 행동을 통하여 개인적 권력을 행사하거나 미래의 비전을 알아보고 현재 상태를 변화시키려는 리더십

13 ③ 평균임금의 최저한도 보장은 통상임금에 대한 설명이다.
- 통상임금: 근로자에게 정기적, 일률적으로 소정근로 또는 총근로에 대하여 지급하기로한 임금
  → 평균임금의 최저한도 보장, 해고예고수당, 연장·야간·휴일근로수당, 연차유급휴가 및 출산전후휴가급여 등
- 평균임금: 사유가 발생한 날 이전 3개월 등안에 근로자에게 지급된 임금총액을 그 기간의 총일수로 나눈 금액
  → 퇴직급여, 휴업수당, 재해보상 및 산업재해보상보험급여, 구직급여, 연차유급휴가수당 등

14 ② 종업원, 교직원, 학생에게 지급되는 직무발명보상금은 연 700만원까지 비과세 적용된다.
- 자가운전보조금: 월 20만원 이내 비과세(본인소유 차량을 회사업무에 이용하고 별도 비용을 받지 않는 경우)
- 연장근로수당: 연 240만원 이내 비과세(월정 급여 260만원, 직전년도 총급여 3,700만원 이하인 생산직근로자가 받는 연장·야간·휴일근로 수당)
- 보육수당: 6세 이하의 자녀보육과 관련하여 지급받는 금액 자녀 1인당 월 20만원 이내의 금액

15 ② 최저임금제도는 국가가 저임금근로자의 최저생활을 보호하기 위하여 노사 간의 임금결정과정에 개입하여 임금의 최저수준을 정하고 사용자에게 이 수준 이상의 임금을 지급하도록 법적으로 강제하는 법정임금을 의미한다.(2024년: 9,860원, 2025년: 10,030원, 2026년: 10,320원)

16 ② 사회보험제도에는 건강보험, 국민연금, 고용보험, 산업재해보상보험이 해당된다.
- 건강보험: 질병과 부상에 대한 질병보험
- 국민연금: 사망 혹은 노령 등에 대한 연금보험
- 고용보험: 실업급여 및 구직자의 근로자직업능력개발 관련 보험
- 산재보험: 근로자들의 업무상 재해에 대한 산업재해와 관련된 보상보험

17 ④ 하계휴가, 경조휴가는 약정휴가에 해당한다.
- 법정휴가: 연차휴가, 생리휴가, 출산전후휴가, 가족돌봄휴가 등
- 약정휴가: 하계휴가, 경조휴가, 포상휴가 등

18 ④ 노동자들이 노동조합을 통해 사용자와 협상할 권리는 노동 3권 중 단체교섭권에 대한 설명이다.
- 단결권: 노동자들이 근로 조건의 향상을 위하여 노동조합을 조직할 권리
- 단체행동권: 자신들의 주장을 관철하기 위해 쟁의 행위를 할 수 있는 권리
- 경영참가권: 근로자 및 노동조합의 경영참가 범위 및 정도, 경영참여의 수준, 참가 방식 등 다양한 형태로 경영 의사결정에 참여하거나 영향력을 행사하는 것

19 ③ 긴급조정은 노동쟁의에 대한 정부의 조정제도이며, 노동부장관의 결정으로 중앙노동위원회가 쟁의행위를 중지시키는 형태이다.
- 근로자 측의 노동쟁의: 파업, 태업, 보이콧, 피케팅, 생산통제, 준비투쟁 등
- 사용자 측의 노동쟁의 유형에는 직장폐쇄, 대체고용 등
- 노동쟁의 조정제도 유형: 조정, 중재, 긴급조정 등

20 ② 경영참가 제도 중 스캔론 플랜(이익 참가)에 대한 설명이다.
- 럭커플랜(Rucker Plan): 성과급제로 스캔론 플랜보다 정교한 분석에 기초를 두고 있으며, 생산 부가가치의 증대를 목표로 한 노사협력 체제를 만들어 그 생산성 향상과 성과를 일정비율로 노사 간에 적정히 배분하는 제도
- 스톡옵션제도: 기업의 설립 혹은 기술혁신 등 기여종업원에게 일정수량의 주식을 낮은 가액으로 매입할 수 있도록 해주는 제도
- 종업원지주제도: 근로자가 자사의 주식을 취득, 보유하여 자본출자자로 기업경영에 참여하게 하는 제도

[실무 답안]

1	2	3	4	5	6	7	8	9	10
③	③	②	②	④	①	④	①	④	②

11	12	13	14	15	16	17	18	19	20
③	①	①	②	①	②	④	③	④	③

[풀이] ●

01 ③ [시스템관리] → [회사등록정보] → [사원등록] '사용자만' 체크 후 관련 내용 확인
➜ 조회되는 이현우 사원의 회계입력방식은 '수정'이다.

02 ③ [시스템관리] → [회사등록정보] → [부서등록] 관련 내용 확인
➜ '2000.인사2급 인천지점' 사업장에 속해 있는 부서중 '6100.경리부'는 현재 사용하지 않는 부서이다.

03 ② [인사/급여관리] → [기초환경설정] → [인사기초코드등록] 출력구분(4.사원그룹) 관리항목별 내용 확인
➜ '4.사원그룹'에 등록된 'G3.직책과' 'G4.직무'는 인사정보등록 및 일용직사원등록 메뉴에서 사용된다.

04 ② [인사/급여관리] → [기초환경설정] → [호봉테이블등록] 대상직급(주임) 호봉 등록 후 6호봉 합계금액 확인
• 호봉이력(시작년월: 2025/01) 입력
• [일괄등록] 기본급: 초기치(2,300,000원) 증가액(100,000원), 직급수당: 초기치(120,000원) 증가액(50,000원)
• [일괄인상] 기본급: 정률 3.5% → '정률적용', [일괄인상] 직급수당: 정률 4.0% → '정률적용'
➜ 호봉 등록 후 확인되는 800.주임 직급의 6호봉 합계액은 3,282,800원이다.

05 ④ [인사/급여관리] → [기초환경설정] → [인사/급여환경설정] 관련 내용 확인
➜ 원천세 신고유형이 '본점일괄신고'이므로, 원천징수이행상황 신고 시, 본점에서 다른 사업장까지 일괄로
취합하여 신고한다.

06 ① [인사/급여관리] → [기초환경설정] → [급/상여지급일자등록] 귀속연월(2024/12) 관련 내용 확인
➜ '상여' 지급 시, 입사자는 기준일수(월일, 20일)에 따라 상여소득을 지급한다.

07 ④ [인사/급여관리] → [인사관리] → [인사정보등록] 사원별 관련 내용 확인
➜ 강민우 사원은 배우자 공제가 적용되며, 학자금상환 대상자로 상환통지액은 200,000원이다.

08 ① [인사/급여관리] → [인사관리] → [교육현황] 교육별사원현황탭, 교육명(993.임직원정기교육(2025년))
사원별 평가점수 확인
➜ 교육평가 포상금: A등급 300,000원(150,000원 × 2명) + B등급 200,000원(50,000원 × 4명)
= 500,000원

09 ④ [인사/급여관리] → [인사관리] → [인사기록카드] 가족 탭, 엄현애 사원의 부양가족 확인
➜ 엄현애 사원의 부양가족 중 '엄기용', '나문형'은 동거하고 있지 않는 부양가족이다.

10 ② [인사/급여관리] → [인사관리] → [근속년수현황] 퇴사자(0.제외), 기준일(2024/12/31),
년수기준(2.미만일수 올림), 경력포함(0.제외) 근속년수현황별 수당 지급 대상자 확인
➜ 특별근속수당: 10년초과(1,600,000원) + 25년초과(250,000원) = 1,850,000원
(20년초과(25년이하) 8명 × 200,000원 + 25년초과(30년이하) 1명 × 250,000원)

11 ③ [인사/급여관리] → [인사관리] → [인사정보등록] 신별 사원선택,
책정임금 등록(계약시작년월: 2025/01, Ctrl+F3 실행, 연봉: 45,000,000원 입력
[인사/급여관리] → [급여관리] → [상용직급여입력및계산] 귀속연월(2025/01),
지급일(1.2025/01/25 급여), '급여계산' 후 급여총액 탭에서 선제사원의 과세총액 확인
➜ 급여 지급 대상자 전체 과세총액은 40,597,490원이다.

12 ① [인사/급여관리] → [기초환경설정] → [급/상여지급일자등록] 귀속연월(2025/01), 지급일자등록
(지급일자(2025/01/31), 동시발행(분리), 대상자선정(직종및급여형태별), 급여구분(특별급여),
지급직종및급여형태(1000.인사2급 회사본사, 전체, 3000.인사2급 강원지점, 전체)
[인사/급여관리] → [급여관리] → [상용직급여입력및계산] 귀속연월(2025/01),
지급일(2.2025/01/31 특별급여), 조회되는 전체사원 선택, '급여계산' 후 급여총액 탭에서 과세총액 확인
➜ 급여 지급 대상자 전체 과세총액은 31,296,500원이다.

13 ① [인사/급여관리] → [급여관리] → [근태결과입력] 귀속연월(2024년 12월), 지급일(1.2024/12/25 급여), 김용수 사원의 근태결과 확인(지각시간: 1시간 15분, 조퇴시간: 6시간 30분, 외출시간: 8시간 45분) 사원명(김용수)선택, 마우스 오른쪽 버튼 누른 후 사원정보 메뉴에서 책정임금의 시급(14,739원) 확인
➜ 1유형 공제금액: (지각 1.25 + 외출 8.75) × 2 × 14,739원(시급) = 294,780원
2유형 공제금액: (조퇴 6.5 × 2.5 × 14,739원(시급) = 239,500원(239,508.75원)
공제총액: 1유형 공제(294,780원) + 2유형 공제(239,500원) = 534,280원

14 ② [인사/급여관리] → [일용직관리] → [일용직급여지급일자등록] 귀속연월(2025/01), 지급일(1.매일지급) 부서(4100.생산부), 급여형태(004.시급) 조회되는 대상자(5명) 전체 선택 후 대상자 추가
[인사/급여관리] → [일용직관리] → [일용직급여입력및계산] 귀속연월(2025/01), 지급일(1.매일지급) 조회되는 전체사원 선택, 일괄적용(일괄적용시간: 평일 10시간, 비과세(신고제외분): 12,000원), 일괄적용(일괄적용시간: 토요일 4시간) 일용직급여 관련 내용 확인
➜ 백석준 사원은 급여를 현금으로 지급받으며, 장기요양보험료는 42,780원이 공제되었다.

15 ① [인사/급여관리] → [일용직관리] → [일용직사원등록] 기본정보 탭, 김향기 사원 선택 후 사원정보 변경, 생산직비과세적용(함), 국민연금여부(여), 건강보험여부(여), 고용보험여부(여)
[인사/급여관리] → [일용직관리] → [일용직급여입력및계산] 귀속연월(2025/01), 지급일(2.일정기간지급) 조회되는 전체사원 선택, 일괄적용(일괄적용시간: 평일 10시간), 일괄적용(일괄적용시간: 토요일 4시간), 급여총액 탭, 대상자 전체의 차인지급액 확인
➜ 급여총액 탭에서 확인되는 지급 대상자(9명)의 차인지급액은 50,196,960원이다.

16 ② [인사/급여관리] → [급여관리] → [연간급여현황] 조회기간(2024/10~2024/12), 분류기준(과세/비과세), 사업장(2000.인사2급 인천지점), 사용자부담금(1.포함) 조회되는 과세총액 및 비과세총액 확인
➜ 과세총액: 119,992,470원, 공제총액: 8,158,290원

17 ④ [인사/급여관리] → [급여관리] → [급/상여이체현황] 소득구분(1.급상여), 귀속연월(2024/12), 지급일 (1.2024/12/25 급여), 무급자(1.제외), 조회조건(1사업장, 2000.인사2급 인천지점) 급여 이체현황 확인
➜ 기업은행에 이체된 금액(9,711,550원)은 국민은행에 이체된 금액(8,390,400원)보다 많다.

18 ③ [인사/급여관리] → [급여관리] → [수당별연간급여현황] 조회기간(2024/10~2024/12), 수당코드(T00.소득세), 조회조건(1.사업장 1000.인사2급 회사본사) 사원별 소득세 확인
➜ 김용수(499,770원), 정수연(107,550원), 제갈형서(1,183,110원), 이종현(788,520원)

19 ④ [인사/급여관리] → [급여관리] → [급여대장] 귀속연월(2024/12), 지급일(1.2024/12/25.급여), 집계(2.부서별) 부서별 급여관련 내용 확인
➜ 생산부의 야간근로수당은 200,000원이다.

20 ③ [인사/급여관리] → [급여관리] → [월별급/상여지급현황] 조회기간(2024/10~2024/12), 조회구분(2.부서), 부서(3100.관리부) 항목별 지급액 확인
➜ 급여합계 총액은 66,391,170원이다.

합격문제 답안

인사 2급 — 2024년 6회 (2024년 11월 23일 시행)

[이론 답안]

1	2	3	4	5	6	7	8	9	10
①	④	④	③	④	①	④	②	①	③

11	12	13	14	15	16	17	18	19	20
②	④	②	④	③	①	②	②	④	②

[풀이]

01 ① 방대한 데이터를 분석해 미래를 예측하는 기술로 일반적으로 생성된 데이터를 정보와 지식으로 변환하는 컴퓨터 알고리즘인 머신러닝(기계학습) 워크플로우는 6단계로 구성되며, 수집된 빅데이터를 분석하여 주어진 일에 대한 해결책(의사결정 지원)제시를 자동화 한다.

[머신러닝(기계학습) 워크플로우 6단계]
- 1단계(데이터 수집): 인공지능 구현을 위한 방대한 양의 데이터와 컴퓨팅 파워가 필요
- 2단계(점검 및 탐색): 데이터들의 구조와 정제하는 방법을 탐색하여 데이터의 유형과 특징을 파악
- 3단계(전처리 및 정제): 데이터 중 분석하기에 부적합하거나 수정이 필요한 경우 전처리 혹은 정제
- 4단계(모델링 및 훈련): 머신러닝에 대한 코드를 작성하여 모델링 후 전처리완료된 데이터를 학습(훈련)
- 5단계(평가): 분석모델(연구모형)을 실행하고, 성능(예측정확도)을 평가
- 6단계(배포): 평가 단계를 거친 완성된 모델을 배포

02 ④ • ERP는 통합업무시스템으로 구축되어 실시간 경영체계를 실현하여 신속한 의사결정을 지원한다.
  - TFT는 최고 엘리트 사원으로 구성되어야 하며, 유능한 컨설턴트를 활용 하여야 한다.
  - ERP 도입은 Top-Down(하향식) 방식으로 담당자의 의견을 적극반영 하여야 한다.

03 ④ 빅데이터의 주요특성(5V)은 규모, 다양성, 속도, 정확성, 가치가 포함된다.

04 ③ IT아웃소싱을 하더라도 아웃소싱 업체에 전적으로 의존하거나 종속되는 것은 아니며, 협력관계가 유지된다.

05 ④ 표준화, 전문화, 단순화는 포드시스템의 3S 원칙에 해당하며 이를 통해 합리성과 능률을 추구할 수 있다.

테일러의 과학적 관리법	포드시스템
• 표준작업량 연구 • 동작연구와 시간연구 • 차별적 성과급: 표준작업량 이상(고임금), 표준작업량 이히(지임금) • 직장(Boss) 중시: 조직이론의 기초	• 3S 원칙: 표준화, 전문화, 단순화 • 3S를 채택한 대량 생산 방식 • 합리성과 능률 추구 • 기계적 작업으로 대량 생산(컨베이어 설치) • 작업원칙: 작업자는 작업 도중 허리를 굽혀서는 안 됨

06 ① 동일하거나 유사한 직위의 집단으로 유사한 업무내용을 가진 직위들을 하나의 관리단위로 설정한 것을 직무에 대한 설명이다.
- 과업: 독립된 특정 목표를 위해 수행되는 하나의 명확한 작업활동
- 요소: 작업이 나뉘어질 수 있는 최소단위
- 직군: 동일하거나 유사한 직종의 집단(사무직, 관리직, 영업직 등)
- 직무관리 용어: 작업요소 ➔ 과업 ➔ 직위 ➔ 직무 ➔ 직군 ➔ 직종 ➔ 팀(부서)

07 ④ 인적자원 모집 방법 중 사내게시판, 인트라넷 등을 통하는 것은 사내공모(사내모집)에 대한 설명이며, 사내 모집은 사외모집에 비해 시간과 비용의 소모가 작다.
- 인적자원의 내부모집: 기술목록, 직무공시, 승진 및 전보, 사보 등
- 인적자원의 외부모집: 광고, 인턴사원제도, 교육기관 추천, 종업원 추천, 헤드헌터 등

08 ② 인력의 수요가 공급보다 많은 경우(인력부족)는 아웃소싱, 파견근로, 초과근로 등의 전략을 취하여야 하며, 직무공유제는 인력 과잉 시 선택할 수 있는 전략이다.
- 인력 부족 시 대응 전략: 초과근로, 임시직 고용, 파견근로 활용, 아웃소싱 등
- 인력 과잉 시 대응 전략: 직무분할제, 조기퇴직제, 정리해고, 무급휴가제도, 다운사이징, 조직 내 직무 재배치 등

09 ① 다수의 면접관이 한 명의 지원자를 면접하는 방법으로 평가자간의 신뢰도가 높은 방법은 패널면접에 대한 설명이다.
- 스트레스(압박) 면접: 면접자가 지원자에게 악의적인 질문을 통해 면접자의 반응이나 감정자제 등을 평가
- 구조화 면접(지시적 면접, 정형적 면접): 면접자가 기본적으로 아주 세분화되고 상세한 내용의 질문을 준비 해서 질문하는 형태로 질문사항이 매우 조직적으로 작성되며, 지원자의 배경, 지식, 태도, 동기 등에 대하 여 자세한 질문을 하는 방식
- 비지시적 면접(비구조화면접): 지정해진 질문지 없이 면접관이 자유롭게 질문하고 그에 대해 질문자가 답 을 하며 진행하는 방식

10 ③ 피고과자의 대다수를 중간 정도로 판단하는 경향은 인사고과 오류 중 중심화 경향에 대한 설명이다.
- 관대화 경향: 고과자가 피고과자를 가능하면 후하게 평가하려는 경향
- 엄격화(가혹화) 경향: 관대화 경향 반대로 고과자가 피고과자를 가혹하게 평가하는 경향
- 상동적 태도(오류): 타인에 대한 평가가 자신이 속한 사회적 집단(학교, 종교, 지역 등)에 대한 지각을 기초로 해서 이루어지는 평가

11 ② 실제 상황과 비슷하게 상황을 부여하는 방법으로 문제해결 능력을 향상시키는 것은 인바스켓법에 대한 설명 이다.
- 액션러닝: 소규모 집단을 구성하여 개인과 집단이 팀워크를 바탕으로 경영상의 실제문제를 정해진 시점까 지 해결하도록 하여 문제해결 과정에 대한 성찰을 통해 학습하도록 지원하는 교육방식
- 비즈니스 게임: 기업의 올바른 의사결정을 위한 교육방법 중 하나로 피교육자들을 몇 개의 팀으로 구성하여 모의 경영을 통한 훈련 방법
- 행동모델법: 교육 참가자에게 특정 상황에 대한 바람직한 행동을 제시한 후 교육 참가자가 해당 행동을 모 방하도록 훈련시키는 방법

12 ④ 전직, 사직 등은 자발적 이직에 해당한다.
- 자발적 이직: 전직, 사직, 휴직
- 비자발적 이직: 징계해고, 일시해고, 정년퇴직, 명예퇴직, 신체장애, 군복무, 사망 등
- 의원퇴직: 종업원이 타 회사로의 전직이나 일신상의 이유, 회사에 대한 불만 등으로 퇴직의 의사를 표시하는 퇴직원을 경영자에게 제출함으로써 이루어지는 퇴직

13 ② 기업의 임금수준은 근로자의 최저생계비(하한선), 기업의 지불능력(상한선), 노동시장의 상황에 의해 결정 된다.

14 ④ 산재보험은 산재근로자와 가족의 생활을 보장하기 위해 국가가 책임지는 의무보험으로 사업주가 전액 부담 하며, 농업 및 임업(벌목업은 1인 기준), 어업, 수렵업 중 법인 아닌 자의 사업으로 상시근로수가 5명 미만인 사업장은 가입대상에서 제외된다.

15 ③ 기업의 임금수준은 근로자의 최저생계비(하한선), 기업의 지불능력(상한선), 노동시장의 상황에 의해 결정 된다.
① 임금수준이란 근로자에게 지급되는 평균임금을 의미한다.
② 근로자의 임금은 최저임금제도보다 낮은 임금을 지급할 수 없다.
④ 동종사업에 종사하더라도 임금은 상황에 따라 크게 차이가 날 수 있다.

16 ① 매월 급여 지급 시 근로소득 간이세액표에 의해 원천징수하고 다음해 2월말 까지 연말정산하여 3월 10일까지 근로소득지급명세서 및 원천징수이행상황신고서를 제출한다.(반기납부자는 7월 10일까지)

17 ② 선택적 근로시간제의 경우 1주간의 근로시간이 40시간을 초과하는 경우 통상임금의 100분의 50을 가산하여 근로자에게 지급하지만, 연장·야간·휴일 근로로 적용하지는 않는다.

18 ② 휴업수당은 법정수당에 해당한다.
- 법정수당: 연장 및 야간근로수당, 휴일근로수당, 해고예고수당, 생리수당, 출산전후수당, 휴업수당, 연차유급휴가수당 등
- 약정수당(법정외 수당): 가족수당, 상여금, 직무수당, 근속수당, 인센티브 등

19 ④ 노동조합비를 급여계산시 일괄 공제하여 전달하는 것은 체크오프 제도에 대한 설명이다.
- 유니언 숍: 노동조합의 기본적인 형태 중 기업이 근로자를 채용할 때 조합원이 아닌자를 채용할 수 있지만, 일정기간내에 자동으로 노동조합에 가입되는 것은 유니언 숍에 대한 설명이다.
- 에이전시 숍: 특정 노동조합의 가입을 강제하지 않지만, 비조합원에 대해서도 조합비에 해당하는 금액을 노동조합에 납입하도록 하는 제도
- 클로즈드 숍: 노동조합의 조합원만 사용자에게 고용될 수 있는 제도

20 ② 스톡옵션제도는 종업원지주제도와 함께 경영참가 제도 중 자본참가 유형에 해당하며, 스톡옵션제도는 간접참가에 해당하고 나머지 방법은 모두 직접참가에 해당한다.
[경영참가 제도 유형]
- 자본참가: 종업원지주제도, 스톡옵션제도
- 이익(이윤)참가: 스캔론플랜, 럭커플랜
- 의사결정 참가: 노사협의제도, 노사공동결정제도

[실무 답안]

1	2	3	4	5	6	7	8	9	10
②	③	①	④	④	③	②	①	④	③

11	12	13	14	15	16	17	18	19	20
②	①	②	①	④	③	①	②	③	④

01 ② [시스템관리] → [회사등록정보] → [사원등록] '사용자만' 체크 후 조회되는 관련 내용 확인
➡ 회계입력방식은 '수정'이다.

02 ③ [시스템관리] → [회사등록정보] → [부서등록] 관련 내용 확인
➡ 2006년부터 사용된 부서 중 생산부[4000.생산부문]와 자재부[5000.자재부문]는 소속이 다르다.

03 ① [시스템관리] → [회사등록정보] → [사용자권한설정] 모듈구분(H.인사/급여관리) 관련 내용 확인
➡ 인사기록카드 메뉴의 변경 권한이 없어 부양가족정보의 수정 및 추가입력은 불가능하다.

04 ④ [인사/급여관리] → [기초환경설정] → [호봉테이블등록] 대상직급(주임) 호봉 등록 후 6호봉 합계금액 확인
- 호봉이력(시작년월: 2024/01) 입력
- [일괄등록] 기본급: 초기치(2,700,000) 증가액(120,000원), 직급수당: 초기치(70,000원) 증가액 (15,000원)
- [일괄인상] 기본급: 정률 6.5% → '정률적용', [일괄인상] 직급수당: 정액 12,500원 → '정액적용'
➡ 호봉 등록 후 확인되는 800.주임 직급의 6호봉 합계액은 3,672,000원이다.

05 ④ [인사/급여관리] → [기초환경설정] → [인사/급여환경설정] 관련 내용 확인
➔ ① '생산직' 직종의 출결기준일은 전월 25일부터 당월 24일까지이다.
② 퇴사자 급여계산 기준이 "월일"과 "25일"이므로, 25일 초과 근무시 월 급여를 지급하고, 초과하지 못하는 경우 일할 계산하여 지급한다.
③ 지방소득세의 집계방식 '귀속, 지급연월'이므로, 지방소득세 신고서는 '귀속연월'과 '지급연월' 모두 일치하는 데이터를 집계한다.

06 ③ [인사/급여관리] → [기초환경설정] → [지급공제항목등록] 급여구분(급여), 지급/공제구분(지급), 귀속연도(2024년) '마감취소' 후 관련 내용 확인
➔ ① 기본급은 책정임금의 [월급]에 해당하는 금액이 지급된다.
② 자녀에게 지급되는 가족수당은 30,000원이다.
④ 재직구분이 '육아휴직'인 근로자의 육아수당은 "[월급] × 0.8"에 해당하는 수당이 지급된다.

07 ② [인사/급여관리] → [인사관리] → [인사정보등록] 강민주 사원의 관련 내용 확인
➔ 입사일과 그룹입사일은 동일하지만, 수습적용이 되어있지 않다.

08 ① [인사/급여관리] → [인사관리] → [교육현황] 교육기간(2024/10/01~2024/12/31), 교육별사원현황탭, 교육명(990.2024년 법정의무교육) 사원별 이수여부 확인
➔ 김종욱(이수), 노희선(미이수), 엄현애(미이수), 정수연(미이수)

09 ④ [인사/급여관리] → [인사관리] → [인사발령(사원별)] 발령호수(20241001), 발령구분(부서이동), 제목(2024년 4/4분기 인사발령) 인사발령 관련 내용 확인
➔ 직책이 변경되는 사원 중 '이호재'의 현정보는 '해외영업부'이다.

10 ③ [인사/급여관리] → [인사관리] → [근속년수현황] 퇴사자(0.제외), 기준일(2023/12/31), 년수기준(1.미만일수 버림), 경력포함(0.제외) 근속년수현황별 수당 지급 대상자 확인
➔ 특별근속수당: 15년초과(450,000원) + 20년초과(1,400,000원) = 1,850,000원
(15년초과(20년이하) 3명 × 150,000원 + 20년초과(25년이하) 7명 × 200,000원)

11 ② [인사/급여관리] → [인사관리] → [인사정보등록] 정수연 사원선택, 재직정보 탭, 휴직기간 등록
(시작일: 2024/11/11, 종료일: 2024/11/22, 휴직사유: 300.질병휴직, 휴직지급율: 75%, 퇴직기간적용: 함)
[인사/급여관리] → [급여관리] → [상용직급여입력및계산] 귀속연월(2024/11), 지급일(1.2024/11/25 급여), 조회되는 전체사원 선택, '급여계산' 후 급여총액 탭에서 과세총액 확인
➔ 급여 지급 대상자 전체 과세총액은 82,288,080원이다.

12 ① [인사/급여관리] → [기초환경설정] → [급/상여지급일자등록] 귀속연월(2024/11), 지급일자등록
(지급일자(2024/12/10), 동시발행(분리), 대상자선정(직종및급여형태별), 급여구분(특별급여), 지급직종및급여형태(1000.인사2급 회사본사, 사무직(연봉/일급), 생산직(월급/일급), 2000.인사2급 인천지점, 사무직(연봉/일급), 생산직(월급/일급))
[인사/급여관리] → [급여관리] → [상용직급여입력및계산] 귀속연월(2024/11), 지급일(2.2024/12/10 특별급여), 조회되는 전체사원 선택, '급여계산' 후 개인정보 탭에서 박선우 사원의 과세총액 확인 ➔ 박선우 사원의 과세총액은 1,141,660원이다.

13 ② [인사/급여관리] → [급여관리] → [근태결과입력] 귀속연월(2024년 10월), 지급일(1.2024/10/25 급여), 김수영 사원의 근태결과 확인
(지각시간: 1시간 45분, 조퇴시간: 4시간, 외출시간: 2시간 45분)
사원명(김수영)선택, 마우스 오른쪽 버튼 누른 후 사원정보 메뉴에서 책정임금의 시급(13,114원) 확인
➔ 근태결과에 따른 공제금액: 책정임금 시급(13,114) × 8.5(8시간 30분) = 111,460원(111,469원)

14 ① [인사/급여관리] → [일용직관리] → [일용직급여지급일자등록] 귀속연월(2024/11), 지급일(1.매일지급) 부서(1200.경리부, 4100.생산부), 급여형태(004.시급) 조회되는 대상자(4명) 전체 선택 후 대상자 추가
[인사/급여관리] → [일용직관리] → [일용직급여입력및계산] 귀속연월(2024/11), 지급일(1.매일지급) 조회되는 전체사원 선택, 일괄적용(일괄적용시간: 평일 9시간, 비과세(신고제외분): 12,000원), 일괄적용(일괄적용시간: 토요일 4시간) 일용직급여 관련 내용 확인
➔ 급여총액 탭에서 확인되는 차인지급액은 19,131,090원이다.

15 ④ [인사/급여관리] → [일용직관리] → [일용직사원등록] 기본정보 탭, 류성준 사원 선택 후 사원정보 변경,
　　　 생산직비과세적용(함), 고용보험여부(여), 국민연금여부(여), 건강보험여부(여)
　　　 [인사/급여관리] → [일용직관리] → [일용직급여입력및계산] 귀속연월(2024/11), 지급일(2.일정기간지급)
　　　 조회되는 전체사원 선택, 일괄적용(일괄적용시간: 평일 10시간, 비과세(신고제외분): 10,000원),
　　　 일괄적용(일괄적용시간: 토요일 2시간) 급여총액 탭, 대상자 전체의 차인지급액 확인
　　　 ➜ 급여총액 탭에서 확인되는 지급 대상자(5명)의 차인지급액은 21,267,030이다.

16 ③ [인사/급여관리] → [급여관리] → [연간급여현황] 조회기간(2024/07~2024/09), 분류기준(지급/공제),
　　　 사업장(2000.인사2급 인천지점), 사용자부담금(0.제외) 조회되는 지급총액 및 공제총액 확인
　　　 ➜ 지급총액: 135,231,810원, 공제총액: 19,184,160원

17 ① [인사/급여관리] → [급여관리] → [급/상여이체현황] 소득구분(1.급상여), 귀속연월(2024/10), 지급일
　　　 (1.2024/10/25 급여), 무급자(1.제외), 조회조건(1사업장, 1000.인사2급 회사본사) 급여 이체현황 확인
　　　 ➜ 모든 사원은 계좌이체를 통하여 급/상여를 지급받았다.

18 ② [인사/급여관리] → [급여관리] → [월별급/상여지급현황] 조회기간(2024/07~2024/09),
　　　 지급구분(100.급여), 조회구분(2.부서), 부서(4100.생산부) 항목별 지급액 확인
　　　 ➜ 근속수당 지급액은 4,780,290원이다.

19 ③ [인사/급여관리] → [급여관리] → [사원별급상여변동현황] 기준연월(2024/10), 지급일(1.2024.10/25 급여)
　　　 사용자부담금(0.제외), 비교연월(2023/10), 지급일(2023/10/25 급여) 급상여변동현황 확인
　　　 ➜ '박국현' 사원의 근속수당은 비교연월에 비해 277,770원 증가하였다.

20 ④ [인사/급여관리] → [급여관리] → [수당별연간급여현황] 조회기간(2024/07~2024/09),
　　　 수당코드(P06.근속수당), 조회조건(2.부서, 4100.생산부, 5100.자재부) 사원별 근속수당 확인
　　　 ➜ 장석훈(179,670원), 김수영(432,750원), 강민주(357,960원), 오진형(963,480원)

인사 2급　2024년 5회 (2024년 9월 28일 시행)

[이론 답안]

1	2	3	4	5	6	7	8	9	10
①	②	④	①	②	②	②	④	④	④

11	12	13	14	15	16	17	18	19	20
②	④	②	①	④	④	②	②	③	②

[풀이]

01 ① ERP 도입 후 인공지능, 빅데이터, 사물인터넷 등의 혁신기술은 통합적 업무처리 시스템이 추구되어야 한다.

02 ② BPI(Business Process Improvement)는 단계적으로 시간의 흐름에 따라 비즈니스 프로세스를 개선하는 점증적 방법론을 의미한다.

03 ④ 마케팅(marketing), 판매(sales) 및 고객서비스(customer service)를 자동화하는 것은 고객관계관리(CRM)에 대한 설명이다.

04 ① ERP는 '오픈-멀티벤더 시스템'으로 특정 하드웨어나 운영체제에 의존하지 않고, 다양한 애플리케이션과 연계가능한 개방형 시스템이다.

05 ② 3S의 원칙에는 표준화, 전문화, 단순화가 있으며, 이를 통해 합리성과 능률을 추구할 수 있다.

06 ② 고용관리는 개발관리와 함께 기능적 인사관리 중 노동력관리에 해당한다.
[기능적 인사관리]
• 노동력관리: 고용관리(채용, 배치, 이동, 승진 등), 개발관리(교육훈련과 능력개발)
• 근로조건관리: 임금관리, 복리후생관리, 산업안전관리, 보건위생관리
• 인간관계관리: 인간관계의 개선이나 인간성 실현을 목표로 근로생활 질 향상 및 고충처리제도 도입 등
• 노사관계관리: 올바른 노사관계확립 및 협력관계 유지를 위한 관리

07 ② 직무 분석자가 전체 작업 과정 동안 무작위로 많은 관찰하는 것은 워크 샘플링법에 대한 설명이다.
• 작업기록법: 직무담당자가 매일 자신의 직무에 대한 작업일지와 메모 사항 등을 기록하는 방법
• 마코브 체인법: 시간의 흐름에 따른 개별 종업원의 직무이동확률을 파악하기 위해 개발된 것으로 승진, 이동, 이직 등의 일정비율을 적용하여 미래 각 기간에 걸쳐 현재인원의 변동을 예측하는 방법

08 ④ 직무의 내용을 고도화하여 작업상의 책임과 권한을 늘리는 것은 직무충실화에 대한 설명이다.
• 직무전문화: 전체적인 과업을 보다 작은 요소로 분할하고 나누어 담당하여 종업원의 숙련도를 증가시키는 방법으로 수평적 전문화(과업의 내용과 양에 따른 직무분화)와 수직적 전문화(의사결정 권한과 책임의 배분에 따른 직무분화)로 구분된다.

09 ④ 전문가 예측법(델파이기법)은 인적자원계획 방법 중 정성적 방법에 해당한다.
• 정량적 방법: 추세분석법, 시계열분석법, 회귀분석, 선형계획법, 작업연구기법 등
• 정성적 방법: 명목집단법(NGT), 델파이기법(전문가 예측), 자격요건분석 등

10 ④ 평가자가 일을 효과적 또는 비효과적으로 수행하는 요인에 대한 핵심적이고 중요한 행동에 초점을 맞추어 평가하는 방법으로, 종업원의 성공업적 및 실패업적 까지 기록하여 평가하는 방법은 중요사건기록법에 대한 설명이다.
- 체크리스트법: 평가에 적당한 몇 가지의 표준행동을 기술한 리스트를 작성 후 해당 사항에 체크하는 채점 기준표를 통해 평가하는 방법
- 행위기준고과법: 피평가자의 실제 행동을 관찰하여 평가하며, 중요사건 기록법을 기초로하여 더 정교하게 계량적으로 발전시킨 방법
- 평정척도고과법: 숙련, 노력, 근무성적 등 필요한 분석적 평가요소를 선정하고 각 항목에 대한 평가요소의 척도에 그 정도를 표시하는 방법

11 ② 전문적인 지식과 기능을 전달할 수 있는 교육훈련은 직장 외 훈련방식에 대한 설명이다.

12 ④ 승진의 유형 중 일정 기간의 직무수행 능력 및 업적만을 평가하여 특별히 유능한 사람에게 승진기회를 제공하는 것은 발탁 승진에 대한 설명이다.
- 역직승진: 직계승진의 일부라고 볼 수 있지만, 직무와 직계에 연계되는 직위처리제도가 확립되지 못하는 경우에는 관리체계로서의 직위만 계장 → 과장 → 차장 → 부장과 같은 역직위의 서열계층이 올라가는 것
- 직급승진: 조직 내 계급구조에 따라 상위직급으로 이동하는 것
- 대용승진: 직무내용의 실질적인 변화는 없지만 직위 또는 자격호칭에 변화를 주어 인사체증과 사기저하를 방지하는 것

13 ② 양도소득과 퇴직소득은 분류과세 한다.
- 분류과세: 오랜 시간 누적되어온 소득을 합산해서 과세표준을 계산하면 누진세율로 많은 세부담을 지게 되므로, 누진세율에 의한 세부담을 완화하기 위한 제도이다.
- 종합과세: 이자소득, 배당소득, 사업소득, 근로소득, 연금소득, 기타소득을 합산하여 과세하며, 특정소득에 대해서는 원천징수로 과세를 종결하는 분리과세를 하고 있다.
- 분리과세: 특정 소득에 대해서는 원천징수로 납세의무를 종결(예외)되는 과세제도이다. 2,000만원 이하의 금융소득(이자소득 & 배당소득), 일용근로소득, 복권당첨소득 등이 있다.

14 ① 매월 급여 지급 시 근로소득 간이세액표에 의해 원천징수하고 다음해 2월말 까지 연말정산하여 3월 10일까지 근로소득지급명세서 및 원천징수이행상황신고서를 제출한다.(반기납부자는 7월 10일까지)

15 ④ 사유가 발생한 날 이전 3개월 동안에 근로자에게 지급된 임금총액을 그 기간의 총일수로 나눈 금액은 평균임금에 대한 설명이다.
- 기준임금: 일정한 노동 시간이나 노동량에 대하여 고정된 임금 및 노동 협약에서 정한 임금
- 통상임금: 근로자에게 정기적, 일률적으로 소정근로 또는 총근로에 대하여 지급하기로 한 임금

16 ④ 경조금 및 학자금 지원 등은 임의 복리후생제도에 해당한다.
- 법정 복리후생: 사회보장보험(건강보험, 산재보험, 고용보험, 국민연금), 퇴직금 및 퇴직연금, 휴일, 연차유급휴가, 산전·산후 유급휴가
- 임의 복리후생: 기숙사 제공 및 사내 편의시설, 보건위생 및 보양시설, 사내대출제도, 경조금, 학자금 지원

17 ② 일용근로자는 산출세액의 55%를 공제한다.
- 일용근로자 원천징수세액: (일급여액-150,000원) × 6% × (1-55%) × 근로일수

18 ② 노동조합의 기본적인 형태 중 기업이 근로자를 채용할 때 조합원이 아닌자를 채용할 수 있지만, 일정기간 내에 자동으로 노동조합에 가입되는 것은 유니언 숍에 대한 설명이다.
- 오픈 숍: 사용자가 조합원이든 비조합원이든 자유롭게 근로자를 채용할 수 있는 제도
  노동조합의 변형적인 형태: 에이전시 숍, 메인터넌스 숍, 프리퍼렌셜 숍
- 에이전시 숍: 특정 노동조합의 가입을 강제하지 않지만, 비조합원에 대해서도 조합비에 해당하는 금액을 노동조합에 납입하도록 하는 제도
- 클로즈드 숍: 노동조합의 조합원만 사용자에게 고용될 수 있는 제도

19 ③ 대체고용은 사용자 측의 노동쟁의에 해당한다.
- 사용자 측의 노동쟁의: 직장폐쇄, 조업계속(대체고용) 등
- 근로자 측의 노동쟁의: 파업, 태업, 보이콧, 피케팅, 생산통제, 준법투쟁 등

20 ② 비정규직 근로자 보호법의 대상이 되는 근로자는 기간제 근로자, 단시간 근로자, 파견 근로자이다.

[실무 답안]

1	2	3	4	5	6	7	8	9	10
①	④	④	③	③	①	④	②	④	②

11	12	13	14	15	16	17	18	19	20
①	③	②	③	③	②	①	②	④	①

[풀이]

01 ① [시스템관리] → [회사등록정보] → [사원등록] '사용자만' 체크 후 조회되는 관련 내용 확인
➔ '사용자'로 등록된 이현우 사원의 조회권은 '회사'이다.

02 ④ [시스템관리] → [회사등록정보] → [부서등록] 관련 내용 확인
➔ '2000.인사2급 인천지점' 사업장에 속한 부서 중 [6100.경리부]는 사용기간이 종료되어 현재 사용하지 않는 부서이다.

03 ④ [시스템관리] → [회사등록정보] → [사용자권한설정] 모듈구분(H.인사/급여관리) 관련 내용 확인
➔ 소득자별정보현황 메뉴의 조회권한이 '부서'이므로, 본인이 소속된 부서의 자료를 변경할 수 있다.

04 ③ [인사/급여관리] → [기초환경설정] → [호봉테이블등록] 대상직급(주임) 호봉 등록 후 6호봉 합계금액 확인
- 호봉이력(시작년월: 2024/09) 입력
- [일괄등록] 기본급: 초기치(2,500,000원) 증가액(100,000원), 직급수당: 초기치(120,000원) 증가액 (55,000원)
- [일괄인상] 기본급: 정률 3.5% → '정률적용', [일괄인상] 직급수당: 정액 10,000원 → '정액적용'
➔ 호봉 등록 후 확인되는 800.주임 직급의 6호봉 합계액은 3,485,000원이다.

05 ③ [인사/급여관리] → [기초환경설정] → [인사/급여환경설정] 관련 내용 확인
➔ ① '생산직' 직종의 출결기준일은 전월 25일부터 당월 24일까지이다.
② 퇴사자 급여계산 기준이 "월일"과 "25일"이므로, 25일 초과 근무시 월 급여를 지급하고, 초과하지 못하는 경우 일할 계산하여 지급한다.
④ '월일수 산정'의 기준이 '당월일'이므로, 8월 귀속 기준으로 월일수 산정 시, 당월일 기준으로 31일을 적용한다.('당월일'은 해당 월의 일수를 적용함)

06 ① [인사/급여관리] → [기초환경설정] → [지급공제항목등록] 급여구분(급여), 지급/공제구분(지급), 귀속연도(2024년) '마감취소' 후 관련 내용 확인
➔ 근속수당은 수습직에게는 지급하지 않으며, 근속기간이 6년 이상인 경우 50,000원을 지급한다.

07 ④ [인사/급여관리] → [인사관리] → [인사정보등록] 사원별 관련 내용 확인
➔ 강민우 사원의 책정임금 중 연봉은 30,000,000원 이며, 학자금상환 대상자이다.

08 ② [인사/급여관리] → [인사관리] → [교육현황] 교육별사원현황탭, 교육명(992.임직원역량강화교육) 사원별 교육평가 확인
➔ 교육평가 포상금: A등급 600,000원(200,000원 × 3명) + B등급 300,000원(100,000원 × 3명)
= 900,000원

09 ④ [인사/급여관리] → [인사관리] → [사원입퇴사현황] 이직현황 탭, 분류구분(1.사업장),
분류코드(2000.인사2급 인천지점), 조회기간(2023/07~2023/12) 사업장 평균 이직률 확인
➜ 인천지점의 평균 이직률: 1.39

10 ② [인사/급여관리] → [인사관리] → [근속년수현황] 퇴사자(0.제외), 기준일(2024/08/31),
년수기준(2.미만일수 올림), 경력포함(0.제외) 근속년수현황별 수당 지급 대상자 확인
➜ 특별근속수당: 15년초과(400,000원) + 20년초과(1,200,000원) = 1,600,000원
(15년초과(20년이하) 4명 × 100,000원 + 20년초과(25년이하) 8명 × 150,000원)

11 ① [인사/급여관리] → [인사관리] → [인사정보등록] 박지성 사원선택, 급여정보 탭, 감면유형 등록
감면코드(T13.중소기업취업감면 '90% 감면'), 기간(2024/09~2026/08)
[인사/급여관리] → [급여관리] → [상용직급여입력및계산] 귀속연월(2024/09),
지급일(1.2024/09/25 급여), 조회되는 전체사원 선택, '급여계산' 후 급여총액 탭에서 소득세 확인
➜ 급여 지급 대상자 전체 소득세는 1,590,440원이다.

12 ③ [인사/급여관리] → [기초환경설정] → [급/상여지급일자등록] 귀속연월(2024/09), 지급일자등록
(지급일자(2024/09/30), 동시발행(분리), 대상자선정(직종및급여형태별), 급여구분(특별급여),
지급직종및급여형태(1000.인사2급 회사본부, 사무직(전체), 생산직(전체), 수습직(전체),
3000.인사2급 강원지점, 사무직(전체), 생산직(전체), 수습직(전체))
[인사/급여관리] → [급여관리] → [상용직급여입력및계산] 귀속연월(2024/11),
지급일(2.2024/09/30 특별급여), 조회되는 전체사원 선택, '급여계산' 후 급여총액 탭에서 과세총액 확인
➜ 급여 지급 대상자 전체 과세총액은 31,296,500원이다.

13 ② [인사/급여관리] → [급여관리] → [근태결과입력] 귀속연월(2024년 8월), 지급일(1.2024/08/25 급여),
이성준 사원의 근태결과 확인
(평일연장근무: 8시간, 토일정상: 4시간 15분, 평일심야: 2시간 30분, 토일연장: 1시간 45분)
사원명(이성준)선택, 마우스 오른쪽 버튼 누른 후 사원정보 메뉴에서 책정임금의 시급(17,291원) 확인
➜ 1유형근무수당: (평일연장근무시간 8 + 토일정상시간 4.25) × 2 × 17,291원
= 423,620원(423,629.5원)
2유형근무수당: (평일심야근무시간 2.5 + 토일연장근무시간 1.75) × 2.5 × 17,291원
= 183,710원(183,716,875원)
초과근무수당: 1유형근무수당(423,620원) + 2유형근무수당(183,710원) = 607,330원

14 ③ [인사/급여관리] → [일용직관리] → [일용직급여지급일자등록] 귀속연월(2024/09), 지급일(1.매일지급)
부서(1200.경리부, 4100.생산부), 급여형태(004.시급) 조회되는 대상자(8명) 전체 선택 후 대상자 추가
[인사/급여관리] → [일용직관리] → [일용직급여입력및계산] 귀속연월(2024/09), 지급일(1.매일지급)
조회되는 전체사원 선택, 일괄적용(일괄적용시간: 평일 10시간, 비과세(신고제외분): 12,000원),
일괄적용(일괄적용시간: 토요일 2시간) 일용직급여 관련 내용 확인
➜ 강하나 사원의 연장비과세총액은 1,323,000원 이고, 소득세 총액은 57,750원이다.

15 ③ [인사/급여관리] → [일용직관리] → [일용직사원등록] 기본정보 탭, 조혜나 사원 선택 후 사원정보 변경,
생산직비과세적용(안함), 고용보험여부(부), 국민연금여부(부), 건강보험여부(부)
[인사/급여관리] → [일용직관리] → [일용직급여입력및계산] 귀속연월(2024/11), 지급일(2.일정기간지급)
조회되는 전체사원 선택, 일괄적용(일괄적용시간: 평일 10시간, 비과세(신고제외분): 12,000원),
일괄적용(일괄적용시간: 토요일 2시간) 급여총액 탭, 대상자 전체의 차인지급액 확인
➜ 급여총액 탭에서 확인되는 지급 대상자(6명)의 차인지급액은 35,856,320원이다.

16 ② [인사/급여관리] → [급여관리] → [연간급여현황] 조회기간(2024/04~2024/06), 분류기준(과세/비과세),
사업장(1000.인사2급 회사본부), 사용자부담금(1.포함) 조회되는 과세총액 및 비과세총액 확인
➜ 과세총액: 113,675,620원, 비과세총액: 7,548,420원

17 ① [인사/급여관리] → [급여관리] → [급여대장] 귀속연월(2024/08), 지급일(1.2024/08/25 급여),
집계(2.부서별) ➜ 교육부의 근속수당은 300,000원이다.

18 ② [인사/급여관리] → [급여관리] → [월별급/상여지급현황] 조회기간(2024/04~2024/06),
지급구분(100.급여), 조회구분(3.근무조), 근무조(002.2조) 항목별 지급액 확인
→ 고용보험 합계는 531,540원이다.

19 ④ [인사/급여관리] → [급여관리] → [사원별급상여변동현황] 기준연월(2024/08), 사용자부담금(1.포함),
비교연월(2023/08), 급상여변동현황 확인
→ 전체 '기본급'의 지급액은 변동 없지만, '소득세'의 공제액은 증가하였다.

20 ① [인사/급여관리] → [급여관리] → [수당별연간급여현황] 조회기간(2024/01~2024/06),
수당코드(T00.소득세), 조회조건(1.사업장, 2000.인사2급 인천지점) 사원별 소득세 공제액 확인
→ 김화영(349,360원), 노희선(548,760원), 정용빈(1,159,740원), 오진형(1,063,620원)

인사 2급 | 2024년 4회 (2024년 7월 27일 시행)

[이론 답안]

1	2	3	4	5	6	7	8	9	10
①	③	④	③	③	③	①	③	③	④

11	12	13	14	15	16	17	18	19	20
④	③	②	④	③	①	③	①	①	④

[풀이]

01 ① 데이터베이스 클라우드 서비스와 스토리지 클라우드 서비스는 IaaS에 속한다.
- IaaS(인프라 서비스): 업무에 필요한 기본적인 서버, 스토리지, 데이터베이스 등의 IT인프라 자원을 제공
- PaaS(플랫폼 서비스): 응용소프트웨어 개발에 필요한 플랫폼과 도구를 서비스로 제공
- SaaS(소프트웨어 서비스): 응용소프트웨어를 웹 브라우즈를 통해 접속하여 사용하도록 서비스를 제공

02 ③ 전통적인 정보시스템인 MIS는 Task(기능 및 일)중심의 수직적 처리 방식이고, ERP는 프로세스 중심의 수평적 처리 방식이다.

03 ④ ERP 시스템의 도입단계(분석 ➡ 설계 ➡ 구축 ➡ 구현) 중 GAP차이 분석은 설계단계에 해당하며, 이는 TO-BE 프로세스와 ERP 시스템의 표준 프로세스 간의 차이를 분석하는 것을 의미한다.

04 ③ 선진 업무프로세스(Best Practice) 도입을 목적으로 ERP 패키지를 도입하였는데, 기존 업무처리에 따라 ERP 패키지를 수정한다면 BPR은 전혀 이루어지지 않는다.

05 ③ 과학적관리의 인사관리는 종업원의 작업분석 및 시간·동작연구 실시로 차별적 성과급 제도의 도입을 통해 고임금, 저노무비를 실현하고자 하는 것이 특징이며, 매슬로우의 욕구 5단계 이론과 맥그리거의 X·Y 이론은 행동과학적 인사관리(과업과 인간 지향)에 대한 내용이다.

06 ③ 직무 분석자가 전체 작업 과정 동안 무작위로 많은 관찰하는 것은 워크 샘플링법에 대한 설명이다.
- 관찰법: 직무분석자가 직무수행자인 작업자 옆에서 직무수행을 관찰 및 기술하는 방법
- 종합분석법(종합적 방법): 직무분석 방법 중 둘 이상의 방법을 병행하여 종합적으로 분석하는 방법
- 마코브 체인법: 시간의 흐름에 따른 개별 종업원의 직무이동확률을 파악하기 위해 개발된 것으로 승진, 이동, 이직 등의 일정비율을 적용하여 미래 각 기간에 걸쳐 현재인원의 변동을 예측하는 방법

07 ① 직무설계의 목적은 직무 개선을 통하여 조직이 성과 창출과 근로환경 향상을 목적으로 하며, 세부적 내용은 다음과 같다.
- 생산성 향상 및 종업원의 동기부여 향상
- 품질개선과 원가절감
- 이직 및 훈련비용 감소
- 신기술에 신속한 적응

08 ③ 다운사이징은 대표적인 인력 과잉 시 대응 전략에 해당한다.
- 인력 부족 시 전략: 초과근로, 임시직 고용, 파견근로 활용, 아웃소싱 등
- 인력 과잉 시 대응 전략: 직무분할제, 조기퇴직제, 정리해고, 무급휴가제도, 다운사이징, 조직 내 직무재배치 등

09 ③ 면접 방법 중 지원자를 당황하게 한 후 반응을 관찰하는 것은 스트레스 면접에 대한 설명이다.
- 집단면접: 여러명의 지원자를 한꺼번에 면접하는 방법으로, 시간이 절약되고 지원자간의 비교가 용이
- 비구조화면접: 지원자의 다양한 측면에 대해 면접관이 자유롭게 질문하고 지원자가 답하는 면접법
- 패널면접: 다수의 면접관이 한 명의 지원자를 면접하는 방법으로 평가자간의 신뢰도가 높은 면접법

10 ④ 인사고과 평가 오류 중 타인에 대한 평가가 그가 속한 사회적 집단(학교, 종교, 지역, 국가 등)에 대한 지각을 기초로 해서 이루어지는 경향은 상동적 오류에 대한 설명이다.
- 현혹효과(후광효과, 헤일로 효과): 하나의 평가요소에 대한 호의적 혹은 비호의적인 인상이 다른 모든 평가 요소에 대해서 동일하게 평가하려는 경향

11 ④ 교육훈련 방법 중 소수의 회의를 통해 둘 이상의 아이디어 결합이라는 연쇄반응을 통해 새로운 아이디어를 창출하는 방법으로 두뇌풍선으로 불리어지는 것은 브레인스토밍에 대한 설명이다.
- 액션러닝: 소규모 집단을 구성하여 개인과 집단이 팀워크를 바탕으로 경영상의 실제문제를 정해진 시점까지 해결하도록 하여 문제해결 과정에 대한 성찰을 통해 학습하도록 지원하는 훈련방법
- 심포지엄: 두 사람 이상의 전문가가 서로 다른 시각에서 의견을 제시하며 토론하는 방법
- 인바스켓법: 실제 상황과 비슷하게 상황을 부여하는 방법

12 ③ 리더가 부하들에게 교환적 의도를 가지고 접근하며, 경제적·물질적 성격의 교환관계를 통해 성과를 추진하는 리더십은 거래적 리더십에 대한 설명이다.
- 코칭 리더십: 문제 해결방안을 전문가가 직접 제시하는 것이 아니라, 당사자가 해결책을 스스로 발견할 수 있도록 지원하는 리더십
- 셀프 리더십: 조직 내에서 리더만이 조직원을 관리하고 통제하는 것이 아니라 조직구성원 모두가 자율적으로 관리하고 이끌어 나가는 리더십
- 변혁적 리더십: 조직구성원들이 리더를 신뢰할 수 있게 하는 카리스마를 지니고 있으며, 조직의 변화를 가져올 수 있는 새로운 목표를 제시하고 성취할 수 있도록 하는 리더십
- 슈퍼 리더십: 부하들 스스로가 자신을 스스로 리드할 수 있는 역량과 기술을 갖추도록 여건을 조성하는 리더의 행위를 강조하는 리더십

13 ② 해고예고수당은 통상임금에 해당한다.
- 기준임금: 일정한 노동 시간이나 노동량에 대하여 고정된 임금 및 노동 협약에서 정한 임금
  ➔ 기본급, 가족수당
- 통상임금: 근로자에게 정기적, 일률적으로 소정근로 또는 총근로에 대하여 지급하기로한 임금
  ➔ 평균임금의 최저한도 보장, 해고예고수당, 연장·야간·휴일근로수당, 연차유급휴가 및 출산전후휴가급여 등
- 평균임금: 사유가 발생한 날 이전 3개월 동안에 근로자에게 지급된 임금총액을 그 기간의 총일수로 나눈 금액
  ➔ 퇴직급여, 휴업수당, 재해보상 및 산업재해보상보험급여, 구직급여, 연차유급휴가수당 등

14 ④ 단위시간당 임금률에 표준시간을 곱하여 임금을 산출하는 방식은 표준시간급제에 대한 설명이다.
- 단순성과급: 고정임률 하에서 생산단위를 기준으로 성과급을 계산하여 생산량 비례급이라고도 불림
- 차별성과급: 생산단위를 기준으로 복수임률을 적용하는 것으로 표준작업량 이상이면 고임률을, 이하인 경우 저임률을 적용

15 ③ 65세 이후에 고용된 자는 고용보험 가입 대상에서 제외된다.
[고용보험 가입 제외대상]
- 65세 이후 고용된 자(실업급여는 제외되며, 고용안정 및 직업능력개발사업은 적용)
- 1월간 소정근로시간이 60시간 미만인 근로자(1주간 15시간 미만인자 포함)
- 공무원, 사립학교교직원연금법 적용자, 별정우체국 직원, 외국인 근로자

16 ① 이자소득은 과세(원천징수) 대상 소득이다.

17 ③ 거주자는 국내에 주소를 두거나 183일 이상의 거소를 둔 개인으로 국내·외 원천소득에 대해 납세의무를 진다.

18 ① 야간근로는 오후 10시부터 오전 6시까지 사이의 근로를 의미하며, 통상임금의 100분의 50을 가산하여 임금을 지급하여야 한다.

19 ① 직업이나 산업에 관계없이 일반 근로자들에 의해 폭넓게 규합하는 노동조합은 일반 노동조합에 대한 설명이다.
  • 직업별 노동조합: 특정한 산업 혹은 기업과 무관하게 동일 직업이나 동일 직종에 종사하는 근로자들이 결성하는 형태(역사적으로 가장 오래된 형태)
  • 기업별 노동조합: 동일한 기업에 종사하는 근로자들로 조직되는 직장별 노동조합의 형태
  • 산업별 노동조합: 일정 산업에 종사하는 근로자들이 특정 기업이나 직종과 무관하게 조직하는 형태

20 ④ 부당노동행위는 사용자가 노동조합의 정당한 권리를 침해하거나, 노동조합이 사용자의 정당한 권리를 침해할 수 있는 행위를 말하며, 불이익 대우, 황견계약, 단체교섭의 거부, 지배·개입 및 경비원조 등이 해당된다. 사용자의 대체고용은 사용자 측의 노동쟁의 유형이다.
  [부당노동행위 유형]
  • 불이익 대우: 사용자의 부당행위로 해고, 전근, 배치전환, 출근정지, 휴직 등이 근로자에게 불이익을 주는 경우
  • 황견계약: 근로자가 노동조합에 가입하지 않거나, 탈퇴할 것을 고용조건으로 하여 근로자에게 불이익을 주는 경우
  • 단체교섭 거부: 노동조합의 대표자 또는 노동조합원으로부터 위임받은 자와의 단체협약 체결, 기타의 단체교섭을 정당한 이유없이 거부하거나 방해하는 행위
  • 지배·개입 및 경비원조: 사용자가 근로자의 노동조합의 조직 또는 운영을 지배하거나 이에 개입하는 행위와 노동조합의 전임자에게 급여를 지급하거나 노동조합의 운영비를 원조하는 행위

[실무 답안]

1	2	3	4	5	6	7	8	9	10
④	①	②	②	④	②	③	①	③	①

11	12	13	14	15	16	17	18	19	20
④	②	①	④	②	③	④	①	③	③

 [풀이]

01 ④ [시스템관리] → [회사등록정보] → [사업장등록] 관련 내용 확인
  → 원천징수이행상황 신고 시 '반기'신고를 하는 사업장은 '1000.인사2급 회사본사'와 '2000.인사2급 인천지점' 2곳이다.

02 ① [시스템관리] → [회사등록정보] → [부서등록] 관련 내용 확인
  → ② 현재 사용하지 않는 부서는 2곳이다.
    ③ '1000.인사2급 회사본사' 사업장에 속한 부서 중 '1300.기획부'와 '2200.해외영업부'는 사용하지 않는다.
    ④ '1300.기획부'는 [2000.영업부문]에 속해 있으며, 사용종료일은 2019/12/31이다.

03 ② [인사/급여관리] → [기초환경설정] → [인사기초코드등록] 출력구분(4.사원그룹(G)) 관련 내용 확인
  → [G1.고용구분] 중 [일용직사원등록] 메뉴에서 조회되는 고용형태는 비고란에 '0'이 표기되어 있는 '002.일용직'과 '003.기술직'이다.

04 ② [인사/급여관리] → [기초환경설정] → [호봉테이블등록] 대상직급(대리) 호봉 등록 후 7호봉 합계금액 확인
  • 호봉이력(시작년월: 2024/07) 입력
  • [일괄등록] 기본급: 초기치(2,500,000원) 증가액(100,000원), 직급수당: 초기치(120,000원) 증가액(50,000원)
  • [일괄인상] 기본급: 정률 4.5% → '정률적용', [일괄인상] 직급수당: 정률 3% → '정률적용'
  → 호봉 등록 후 확인되는 700.대리 직급의 7호봉 합계액은 3,672,100원이다.

05 ④ [인사/급여관리] → [기초환경설정] → [인사/급여환경설정] 관련 내용 확인
  ➡ 퇴사자 급여계산 기준이 "월일"과 "25일"이므로, 25일 초과 근무시 월 급여를 지급하고, 초과하지 못하는 경우 일할 계산하여 지급한다.

06 ② [인사/급여관리] → [기초환경설정] → [급/상여지급일자등록] 귀속연월(2024/06) 등록된 내용 확인
  ➡ 지급 대상자는 '지급직종및급여형태'를 기준으로 대상자는 자동으로 반영된다.

07 ③ [인사/급여관리] → [인사관리] → [인사정보등록] 사원별 관련 내용 확인
  ➡ 오진형 사원은 생산직총급여 비과세 대상이며, 국외소득은 존재하지 않는다.

08 ① [인사/급여관리] → [인사관리] → [교육현황] 교육별사원현황탭, 교육명(991.임직원역량강화교육(2024년)) 사원별 교육평가 확인
  ➡ 교육평가 포상금: A등급 100,000원(100,000원 × 1명) + B등급 150,000원(50,000원 × 3명) = 250,000원

09 ③ [인사/급여관리] → [인사관리] → [인사기록카드] 가족 탭, 김종욱 사원의 부양가족 확인
  ➡ 김종욱 사원의 부양가족 중 가족수당 대상자는 모두 3명(김연숙, 김태민, 김태형)이다.

10 ① [인사/급여관리] → [인사관리] → [근속년수현황] 퇴사자(0.제외), 기준일(2024/06/30), 년수기준(2.미만일수 올림), 경력포함(2.포함) 근속년수현황별 수당 지급 대상자 확인
  ➡ 특별근속수당: 15년초과(900,000원) + 20년초과(1,200,000원) = 2,100,000원
  (15년초과(20년이하) 6명 × 150,000원 + 20년초과(25년이하) 6명 × 200,000원)

11 ④ [인사/급여관리] → [인사관리] → [인사정보등록] 배유진 사원 선택, 급여정보 탭, 책정임금 등록(계약시작년월: 2024/07, Ctrl+F3 실행, 연봉: 50,000,000원 입력
  [인사/급여관리] → [급여관리] → [상용직급여입력및계산] 귀속연월(2024/07), 지급일(1.2024/07/25 급여), 전체사원 선택, '급여계산' 후 급여총액 탭에서 과세총액 확인
  ➡ 7월 급여 과세총액은 82,998,070원이다.

12 ② [인사/급여관리] → [기초환경설정] → [지급공제항목등록] 급여구분(특별급여), 지급/공제구분(지급), 귀속연도(2024년) '마감취소' 후 직종별 금액 수정(001.사무직: 150,000원, 002.생산직: 250,000원)
  [인사/급여관리] → [급여관리] → [상용직급여입력및계산] 귀속연월(2024/07), 지급일(2.2024/07/31 특별급여), 조회되는 전체사원 선택, '급여계산' 후 급여총액 탭에서 과세총액 확인
  ➡ 급여 지급 대상자 전체 과세총액: 15,251,490원

13 ① [인사/급여관리] → [급여관리] → [근태결과입력] 귀속연월(2024년 6월), 지급일(1.2024/06/25 급여), 박국현 사원의 근태결과 확인(지각 1시간 45분, 조퇴 2시간 15분, 외출 1시간 30분)
  사원명(박국현)선택, 마우스 오른쪽 버튼 누른 후 사원정보 메뉴에서 책정임금의 시급(22,222원) 확인
  ➡ 1유형 공제액: 3.25(지각 및 외출 3시간 15분) × 1.5 × 22,222원(시급) = 108,330원(108,332.25원)
  2유형 공제액: 2.25(조퇴 2시간 15분) × 2 × 22,222원(시급) = 99,990원(99,999원)
  공제총액: 1유형 공제액(108,330원) + 2유형 공제액(99,990원) = 208,320원

14 ④ [인사/급여관리] → [일용직관리] → [일용직급여지급일자등록] 귀속연월(2024/07), 지급일(1.매일지급) 부서(5100.자재부), 급여형태(004.시급) 조회되는 대상자(4명) 전체 선택 후 대상자 추가
  [인사/급여관리] → [일용직관리] → [일용직급여입력및계산] 귀속연월(2024/07), 지급일(1.매일지급) 조회되는 전체사원 선택, 일괄적용(일괄적용시간: 평일 10시간, 비과세(신고제외분): 12,000원), 일괄적용(일괄적용시간: 토요일 2시간) 일용직급여 관련 내용 확인
  ➡ 박소담 사원은 생산직 비과세가 적용되지 않는다.

15 ② [인사/급여관리] → [일용직관리] → [일용직사원등록] 기본정보 탭, 황시윤 사원 선택 후 사원정보 변경, 생산직비과세적용(안함), 국민연금여부(여), 건강보험여부(여)
  [인사/급여관리] → [일용직관리] → [일용직급여입력및계산] 귀속연월(2024/07), 지급일(2.일정기간지급) 조회되는 전체사원 선택, 일괄적용(일괄적용시간: 평일 10시간), 일괄적용(일괄적용시간: 토요일 2시간), 급여총액 탭, 대상자 전체의 차인지급액 확인
  ➡ 급여총액 탭에서 확인되는 지급 대상자(6명)의 차인지급액은 31,609,850원이다.

16 ③ [인사/급여관리] → [급여관리] → [연간급여현황] 조회기간(2024/04~2024/06), 분류기준(지급/공제), 사업장(2000.인사2급 인천지점), 사용자부담금(0.제외) 조회되는 지급총액 및 공제총액 확인
  → 지급총액: 194,693,130원, 공제총액: 24,159,730원

17 ④ [인사/급여관리] → [급여관리] → [급/상여이체현황] 소득구분(1.급상여), 귀속연월(2024/06), 지급일(1.2024/06/25 급여), 무급자(1.제외), 조회조건(1사업장, 2000.인사2급 인천지점) 급여 이체현황 확인
  → 우리은행을 통해 급/상여를 지급 받는 인원은 총 3명이며, 이체 총액은 20,681,500원이다.

18 ① [인사/급여관리] → [급여관리] → [수당별연간급여현황] 조회기간(2024/01~2024/06), 수당코드(P06.근속수당), 조회조건(1.사업장 2000.인사2급 인천지점) 사원별 근속수당 확인
  → 노희선(2,030,750원), 박국현(3,277,710원), 박용덕(2,606,060원), 이성준(2,987,530원)

19 ③ [인사/급여관리] → [급여관리] → [항목별급상여지급현황] 조회기간(2024/04~2024/06), 지급구분(100.급여), 집계구분(1.부서별) 부서별 소득세 확인
  → 총무부(1,613,480원), 경리부(997,440원), 관리부(5,095,880원), 생산부(3,344,760원)

20 ③ [인사/급여관리] → [급여관리] → [월별급/상여지급현황] 조회기간(2024/06~2024/06), 조회구분(2.부서), 부서(5100.자재부) 자재부의 급/상여 지급현황 확인
  → 사회보험 부담금은 550,100원이다.

저자 약력

김진우

- 경남대학교 경영학석사(회계전문가 과정)
- 경남대학교 경영학박사(회계전공)
- 한국생산성본부 ERP 공인강사
- 영남사이버대학교 외래교수
- 영진전문대학교 외래교수
- 창원문성대학교 외래교수
- 경남도립거창대학 세무회계유통과 초빙교수
- 거창세무서 국세심사위원회 위원
- 한국공인회계사회 AT연수강사
- (현) 울산과학대학교 세무회계학과 겸임교수
- (현) 세명대학교 경영학부 겸임교수
- (현) 서원대학교 경영학부 겸임교수

- ERP정보관리사 회계 1급, 2급 (「삼일인포마인」, 2026)
- ERP정보관리사 인사 1급, 2급 (「삼일인포마인」, 2026)
- ERP정보관리사 물류·생산 1급, 2급 (「삼일인포마인」, 2026)
- I CAN 전산세무 2급 (「삼일인포마인」, 2026)
- I CAN 전산회계 1급 (「삼일인포마인」, 2026)
- I CAN 전산회계 2급 (「삼일인포마인」, 2026)
- 바이블 원가회계 (「도서출판 배움」, 2021)
- 바이블 회계원리 (「도서출판 배움」, 2023)

임상종

- 계명대학교 경영학박사(회계학)
- (주)더존비즈온 근무
- 한국생산성본부 ERP 공인강사
- 국세청 국세심사위원
- 국세청 납세자보호위원
- 중소기업청 정책자문위원
- (현) 계명대학교 경영대학 회계세무학과 교수

- ERP정보관리사 회계 1급, 2급 (「삼일인포마인」, 2026)
- ERP정보관리사 인사 1급, 2급 (「삼일인포마인」, 2026)
- ERP정보관리사 물류·생산 1급, 2급 (「삼일인포마인」, 2026)

김혜숙

- 홍익대학교 교육대학원 석사 졸업(상업교육)
- 홍익대학교 일반대학원 박사 수료(세무학)
- 홍익대학교 외래교수
- 한국공인회계사회AT(TAT·FAT)연수강사
- 한국생산성본부 ERP연수강사
- (주)더존에듀캠 전임교수
- (현) 해커스 TAT(세무실무) 1급, 2급 전임교수
- (현) 서울사이버대학교 세무회계과 겸임교수
- (현) 안양대학교 글로벌경영학과 겸임교수

- ERP정보관리사 회계 1급, 2급 (「삼일인포마인」, 2026)
- ERP정보관리사 인사 1급, 2급 (「삼일인포마인」, 2026)
- ERP정보관리사 물류·생산 1급, 2급 (「삼일인포마인」, 2026)
- I CAN FAT 회계실무 2급 (「삼일인포마인」, 2023)
- I CAN FAT 회계실무 1급 (「삼일인포마인」, 2023)
- I CAN TAT 세무실무 2급 (「삼일인포마인」, 2023)
- I CAN TAT 세무실무 1급 (「삼일인포마인」, 2023)
- SAMIL전산세무2급 (「삼일인포마인」, 2011)
- SAMIL전산회계1급 (「삼일인포마인」, 2011)
- SAMIL전산회계2급 (「삼일인포마인」, 2011)

2026 국가공인 ERP 정보관리사 인사 2급

발 행	▌2026년 4월 2일 발행(2026년판)
저 자	▌김진우, 임상종, 김혜숙
발 행 인	▌오 연 관
발 행 처	▌**삼일피더블유씨솔루션**
주 소	▌서울특별시 한강대로 273 용산빌딩 4층
등 록	▌1995. 6. 26 제3-633호
전 화	▌(02) 3489-3100
팩 스	▌(02) 3489-3141
정 가	▌20,000원
I S B N	▌979-11-6784-537-5 13320

저자와의
협의하에
인지생략